Biometrische und epidemiologische Methoden

von

Prof. Dr. Karl-Ernst Biebler

Ernst-Moritz-Arndt-Universität Greifswald

und

Dr. Bernd Jäger

Ernst-Moritz-Arndt-Universität Greifswald

Oldenbourg Verlag München Wien

Bibliografische Information der Deutschen Nationalbibliothek

Die Deutsche Nationalbibliothek verzeichnet diese Publikation in der Deutschen
Nationalbibliografie; detaillierte bibliografische Daten sind im Internet über
<http://dnb.d-nb.de> abrufbar.

© 2008 Oldenbourg Wissenschaftsverlag GmbH
Rosenheimer Straße 145, D-81671 München
Telefon: (089) 4 50 51-0
oldenbourg.de

Lektorat: Wirtschafts- und Sozialwissenschaften, wiso@oldenbourg.de
Herstellung: Anna Grosser
Coverentwurf: Kochan & Partner, München
Gedruckt auf säure- und chlorfreiem Papier
Druck: Grafik + Druck, München
Bindung: Thomas Buchbinderei GmbH, Augsburg

ISBN 978-3-486-58511-7

Inhaltsverzeichnis

Vorwort

Wissenschaftliche Datenauswertungen sind in vielen Bereichen der Lebenswissenschaften immanenter Teil der Forschungsarbeit. Die inhaltliche Zuständigkeit für die jeweilige Thematik und die Verfügbarkeit leistungsfähiger Rechentechnik sowie mächtiger Softwaresysteme veranlassen viele Forscher zu eigenständiger Bearbeitung ihrer Daten. Zudem sind nicht immer Möglichkeiten zu arbeitsteiligen Problemlösungen gegeben. Der Preis der Autarkie ist neben einem hohen Zeitaufwand für diese Aktivitäten die notwendige Einarbeitung in die mathematischen Grundlagen der Analyseverfahren. Natürlich beinhalten die naturwissenschaftlichen und medizinischen Studiengänge entsprechende Ausbildungsabschnitte im methodischen Bereich. Die dafür verfügbaren Anteile in den Curricula erlauben jedoch meist nicht mehr als eine Einführung. Das Weitere bleibt der individuellen Weiterbildung überlassen.

Im Kern geht es um Mathematik. Auf verschiedene ihrer Teilgebiete muss Bezug genommen werden, um biometrische und epidemiologische Methoden zu begründen und zu erklären. Mit Recht denkt man zuerst an die Statistik, und sie ist auch Gegenstand der meisten methodischen Grundkurse. Eine Einschränkung darauf ließe jedoch viele Möglichkeiten umfassender Informationsauswertung ungenutzt.
Die verfügbaren Mathematik-Kenntnisse der Schulzeit beschränken sich auf Funktionen einer Veränderlicher, Geometrie der Ebene und des dreidimensionalen Raumes sowie Grundelemente der Wahrscheinlichkeitsrechnung. Das ist für die Bewertung höherdimensionaler Datenmengen nicht ausreichend.

Das vorliegende Lehr- und Handbuch enthält daher nicht nur die essentiellen Grundlagen der Wahrscheinlichkeitsrechnung und der univariaten Statistik. Der n-dimensionale reelle Zahlenraum wird vorgestellt, Koordinaten und Koordinatentransformationen sind behandelt, Abstandsbegriffe werden erläutert. Die Grundanliegen von multivariaten Verfahren der Datenauswertung wie Cluster- und Diskriminanzanalyse sind so als algebraische und topologische Methoden fassbar. Man hat nun eine erweiterte Vorstellung von den Begriffen, die üblicherweise in das statistische Vokabular eingeordnet werden.

Das Buch ist methodenorientiert geschrieben, benutzt weitgehend eine Diktion der Biometrie und Epidemiologie und setzt im allgemeinen Teil die Schulkenntnisse in Mathematik voraus. Es ist auch für Wissenschaftler und Studierende anderer Fachrichtungen geeignet, die mit Datenauswertungen befasst sind.

Wahrscheinlichkkeitsrechnung, Statistik und Algebra erfahren eine einführende, weitgehend systematische und anwendungsorientierte Darstellung. Beispiele sollen die Erarbeitung unterstützen.

Neben Grundlagen der biometrischen und epidemiologischen Methodik kommen Beispiele aus der Theorie der Epidemien und aus der genetischen Epidemiologie zur Darstellung. Hier wird auf mathematische Modellbildungen und die damit zusammenhängenden Probleme der Parameterberechnung und Modellwahl eingegangen. Zu verdeutlichen ist, dass auch Methoden der Datenauswertung der Qualitätskennzeichnung bedürfen. Numerisch richtig gerechnet zu haben bedeutet nicht notwendig, dass man auch problemadäquat gearbeitet hat. Die Behandlung derartiger Probleme erfordert den Zugriff auf weitere Gebiete der Mathematik. In den behandelten Beispielen erfolgen genauere Hinweise.

Frau Bianca Ladwig hat uns bei der technischen Manuskriptarbeit engagiert unterstützt. Herr Dr. Michael Wodny gab wertvolle Hinweise zum Manuskript. Ihnen gilt unser Dank!

Unseren Lesern wünschen wir Erfolg bei der Arbeit. Hinweise auf Fehler und Vorschläge zur Verbesserung des Buches sind uns willkommen.

Karl-Ernst Biebler
Bernd Jäger   Greifswald, im Oktober 2007

1 Einleitung

Biometrische und epidemiologische Methoden besitzen in vielen Forschungsvorhaben der Lebenswissenschaften eine hervorragende Bedeutung. Ihre Anwendungen ermöglichen adäquate Ergebnisdarstellungen, eröffnen Möglichkeiten von Datenanalysen mit der Zielstellung von Hypothesenfindungen und sind Grundlage von Verallgemeinerungen der aus Beobachtungen abgeleiteten Aussagen. Dies ist besonders dann effektiv, wenn eine an der Fragestellung orientierte und in der vorgesehenen Auswertungsmethode begründete Strategie der Beobachtungen und ggf. des experimentellen Vorgehens eingesetzt wird.
Idealerweise werden also Fragestellung, mathematisches Modell, Planung der Beobachtung bzw. des Experiments und Datenauswertung als Einheit gesehen. Für Standardsituationen sind sogenannte Studiendesigns entwickelt worden, die inzwischen in der Forschung einen festen Platz haben.
Nicht unterschätzt werden darf bei wissenschaftlichen Datenauswertungen der Aufwand an Wissen, Erfahrungen und Zeit für die Datensicherheit, -erfassung, -kontrolle, -pflege und -auswahl! Diese Arbeitsfelder sind allerdings nicht Gegenstand des vorliegenden Buches.

Die Biometrie ist im Berührungsfeld der Lebenswissenschaften und der Mathematik angesiedelt. Dem entsprechend ist sie an den Erfordernissen der jeweiligen biologischen Fachprobleme orientiert und stellt kein mehr oder weniger abgeschlossenes Sachgebiet in der Mathematik dar. Sie erbringt jedoch unter Anderem eigenständige Beiträge zur Mathematik und in den Anwendungsbereichen. Auch im Anwendungsfalle hat Biometrie stets mathematischen Charakter.
Frühe Beispiele für die Anwendung mathematischer Methoden zur Beschreibung von Lebensvorgängen sind die Arbeiten von VERHULST (1838) zum Wachstum oder von MENDEL (1866) zur Vererbung. GALTON (1822 – 1911), er gilt als Begründer der Biometrie, brachte etwa 1873 stochastische Prozesse zur Beschreibung der Veränderlichkeit von Populationsgrößen in Anwendung. Beschäftigt man sich mit der historischen Entwicklung der Biometrie, findet man immer wieder auch Beiträge von Medizinern. Genannt seien hier PAUL MARTINI mit seiner Methodenlehre zur therapeutischen Forschung aus dem Jahre 1932 oder CARL V. LIEBERMEISTER, der als erster bereits 1877 einen kombinatorischen Test zur Bewertung von Vierfeldertafeln veröffentlichte. Auf den LIEBERMEISTER-Test wird in diesem Buch näher eingegangen. Für den Hinweis auf die Arbeiten v. LIEBERMEISTER's, der u.a. in Greifswald wirkte und hier auch 1856 promoviert wurde, sind wir Herrn Prof. Dr. Dietz aus Tübingen sehr dankbar.

Epidemiologie setzt sich aus den griechischen Worten epi für über, demos für Volk und logos für Lehre zusammen und wird mit unterschiedlichen der Medizin assoziierten Bedeutungen verbunden. Epidemie (griechisch) bezeichnet im Umgangssprachlichen eine zumeist plötzlich auftretende und sich räumlich weit ausdehnende Massenerkrankung (Seuche). Eine Endemie (griechisch) ist eine auf einen definierten geographischen Bereich begrenzte

Krankheit (z.B. Malaria). Epidemiologie als Lehre von den seuchenartigen Erkrankungen (Duden 2006) ist jedoch zu eng gefasst:

Epidemiologie ist die auf eine definierte Population bezogene statistische Betrachtung des Gesundheitsstatus und seines Umfeldes unter dem Aspekt zeitlich-räumlicher Variation. Dazu gehören die Fragen nach der Entstehung, der Therapie, der Prävention und den Auswirkungen von Gesundheitsstörungen.

Epidemiologie wird von unterschiedlichen Standpunkten aus gesehen. Als populationsbezogene Sichtweise auf bestimmte Krankheiten gehört sie zweifellos in das zuständige medizinische Fachgebiet (z.B. allergische Erkrankungen, Diabetes mellitus, genetische Störungen, Herzkreislauferkrankungen). Zu administrativen Zwecken ist ein beachtlicher Aufwand epidemiologischer Aktivitäten notwendig. Hier sind Bevölkerungsstatistiken, Krankheitsregister, Gesundheitsberichterstattungen, Gesundheitssurveys u.ä. zu nennen. Die Begriffe Umweltepidemiologie, Sozialepidemiologie, Arzneimittelepidemiologie erklären sich selbst und bezeichnen die Bezugsfelder des Fachinteresses. Schließlich ist Epidemiologie eine Methodenlehre, die sich wesentlich auf Biometrie stützt.

Ursprünglich befasste sich die Epidemiologie mit den Phänomenen der Infektionskrankheiten. Dramatische Epidemien veranlassten zu Verlaufsbeobachtungen und zum Studium beschreibender Modelle. Diese Theorien der Epidemien sind mathematischen Charakters und lieferten Einsichten in den Mechanismus von Infektionsvorgängen sowie die möglichen Wirkungen von Interventionen. Ein frühes Beispiel dafür ist die Arbeit von SNOW (1855) über die Cholera, Näheres dazu findet man bei BAILEY (1975). Interessante Beispiele für die Anwendung epidemiologischer Methoden bei der Entdeckung, Erforschung und Bekämpfung spezieller Krankheiten lassen sich aus jedem medizinischen Fachgebiet zitieren. Der aus der statistischen Analyse von Beobachtungsmaterial erbrachte Nachweis des Zusammenhanges von Schädigungen des Embryos und mütterlicher Rötelnerkrankung hat GREGG (1941) weltberühmt gemacht.

Ein sinnvoller Zusammenhang zwischen Bevölkerungsstatistik und Medizinalstatistik wurde nicht erst in unserer Zeit zur Aufklärung des Phänomens Krankheit und zur Konzipierung staatlicher Maßnahmen zur Verbesserung der Volksgesundheit genutzt. In Deutschland war es die Zeit des aufgeklärten Absolutismus, die hier bemerkenswerte Entwicklungen brachte. Der Universalgelehrte LEIBNIZ (1646-1716) unterbreitete Vorschläge für eine Medizinalgesetzgebung und verwies hierbei auf die Anwendung der Statistik. Interessant ist ein Blick auf die Medizinalstatistik in Preußen und im Deutschen Reich (STÜRZBECHER 1990).

Die moderne Auffassung von Epidemiologie wird geprägt von der heutigen Möglichkeit, in groß angelegten Studien nach Beziehungen zwischen Erkrankungen und ihren bedingenden Faktoren zu suchen. Sicherlich muss hier als historisches Beispiel die FRAMINGHAM-Studie genannt werden. Etwa 5 000 Menschen wurden von 1948 bis 1964 hinsichtlich der Koronarsklerose und etwaiger Risikofaktoren beobachtet. Diese erste derartige Untersuchung hat zu wertvollen Erfahrungen, aber auch zu kontroversen Diskussionen geführt (z.B. IMMICH 1990, STREITBERG 1992, WEGSCHEIDER 1994). Inzwischen erfassen international angelegte epidemiologische Studien vielfach größere Probandenzahlen.

Das vorliegende Buch stellt eine Methodenlehre dar. Damit sind die notwendige Beschränkung gegeben und gleichzeitig das Allgemeine in den Vordergrund gestellt.

Im Wesen geht es um Mathematik. Dabei wird das Anliegen verfolgt, neben den Grundlagen der Wahrscheinlichkeitsrechnung und Statistik auf weitere Gebiete der Mathematik und ihre Anwendungsmöglichkeiten in der biometrisch-epidemiologischen Methodik hinzuweisen.

Wie üblich werden zunächst beschreibende Statistik, Grundbegriffe der Wahrscheinlichkeits-rechnung und Verfahren der Statistik für univariate Größen dargestellt. Es kann sich für bestimmte Fragestellungen jedoch lohnen, über Alternativen zur Standardvorgehensweise nachzudenken. Genügt eine appoximative Konfidenzschätzung? Sollte eine sequenzielle Methode der Parameterschätzung den Vorzug erhalten?

Zumeist bezieht man sich bei der Beschreibung eines interessierenden Phänomens auf meh-rere Merkmale. Die damit nötige multivariate Bewertung von Daten erfordert Kenntnisse der Matrizenrechnung. Im zweiten Kapitel findet sich daher eine kurz gefasste Darstellung zur linearen Algebra. Mit diesem Hintergrund werden Koordinatentransformationen und Ab-standsbegriffe verständlich. Multivariate topologische Datenanalysen wie Diskriminanzana-lysen oder Clusteranalysen sind erläutert. Diese benötigen den Begriff der Zufallsgröße nicht. Auf das in der Praxis schwierig zu überprüfende Vorliegen entsprechender Vertei-lungsvoraussetzungen über mehrdimensionale Zufallsgrößen braucht demnach nicht geachtet zu werden.

Es wird ein Weg aufgezeigt, entsprechend der Problemstellung Abstandsbegriffe für Daten vom gemischten Typ zu konstruieren. Damit können bekannte topologische Klassifikations-methoden modifiziert werden.

Einen algebraischen Aspekt hat auch die Beschreibung mehrdimensionaler Zufallsgrößen: Welche Vorstellungen lassen sich mit dem Begriff der Varianz bei der Ausdehnung ins Mehrdimensionale verbinden? Anwendung finden diese Denkweisen bei der Konstruktion von simultanen Konfidenzbereichen für die Parameter mehrdimensionale Zufallsgrößen. Dies wird für den zweidimensionalen Fall im Abschnitt 4.4 detailliert am Problem der Kon-fidenzschätzung für MENDEL'sche Erbmodelle ausgearbeitet.

Einige wichtige Methoden der Epidemiologie sind im 3. Kapitel ausgeführt. Zunächst erfol-gen Definitionen und Erläuterungen von Grundbegriffen. Ursachen, Wirkungen und Einflüs-se des betrachteten Geschehens werden in ein Grundmodell gefügt. Dabei interessiert eine Systematik der möglichen Beobachtungssituationen, die eine Einordnung der anzuwenden-den biometrischen Auswerteverfahren erlaubt.

Epidemiologische Maßzahlen werden damit in einen erklärenden Kontext gestellt. An dieser Stelle bietet sich Gelegenheit, die typischen Studienformen der Epidemiologie zu erläutern.

Das 4. Kapitel stellt Möglichkeiten der mathematischen Modellierung populationsbezogener biologischer Prozesse vor. Deterministische und stochastische Epidemie-Modelle werden entwickelt und vergleichend betrachtet.

Am Beispiel MENDEL'scher Erbmodelle sind Modellentwicklung, Modellwahl, Parameter-schätzungen und Versuchsplanung in Abhängigkeit von den gegebenen Beobachtungsmög-lichkeiten zusammenhängend und detailliert behandelt. Approximative und exakte Parame-terschätzungen sind vergleichend betrachtet, sequenzielle Schätzmethoden sind untersucht. Es wird verdeutlicht, dass die Eigenschaften statistischer Verfahren der Datenauswertung mathematisch zu analysieren sind und Konsequenzen für die Versuchsplanung haben.

Im letzten Abschnitt werden Möglichkeiten und Grenzen der Beschreibung und Prognose von Prävalenzverläufen des Diabetes mellitus aufgezeigt. Ein stochastischer Prozess model-liert für diese altersabhängige Erkrankung die Prävalenzentwicklung im Zusammenhang mit der Bevölkerungsdynamik. Die Modellparameter können aus einer außerordentlich umfang-reichen Datenbasis recht genau ermittelt werden. Das Modell reproduziert die Daten gut und gestattet aufgrund seiner mathematischen Eigenschaften eine Prognose. Untersuchungen etwa 15 Jahre nach Schließung der Datenbank erlaubten die Bewertung der Voraussagen.

Tabellen für Wahrscheinlichkeitsverteilungen und statistische Verfahren wurden neu berechnet. Im Text wird auf diese Tabellen verwiesen. Sie sind nicht in das Buch aufgenommen, stehen aber zur Verfügung unter

http://www.medizin.uni-greifswald.de/biometrie/dienstleistungen.html.

Die Literaturangaben betreffen nur die Zitate. Aus der Fülle der Lehrbücher zu den Methoden der Biometrie und Epidemiologie aber auch der Mathematik wird man unter individuellen Gesichtspunkten und nach Bedarf auswählen.

2 Wahrscheinlichkeitstheoretische, statistische und algebraische Grundlagen

In der Umgangssprache sind mit dem Begriff Wahrscheinlichkeit Vorstellungen und Erfahrungen verbunden. Für einen wissenschaftlichen Gebrauch ist das nicht ausreichend. Die Wahrscheinlichkeitsrechnung als Teil der Mathematik hat klare Begriffsbildungen und Aussagen zur Verfügung. Dazu soll hier eine Einführung gegeben werden.

Ein Blick auf die Geschichte der Wahrscheinlichkeitsrechnung zeigt, dass sie zu den jungen mathematischen Disziplinen zählt. Der Chevalier de MÉRÉ, ein leidenschaftlicher Spieler, bat die Chancen beim Glücksspiel betreffend seinen Freund B. PASCAL (1623-1662) um Rat. Dieser korrespondierte darüber mit dem ebenso bedeutenden Mathematiker P. de FERMAT (1601-1665). Es wurden wichtige Grundlagen der Wahrscheinlichkeitsrechnung entwickelt. Weitere frühe Beiträge lieferten u.a. JAKOB BERNOULLI (1654-1705), de MOIVRE (1667-1754) und LAPLACE (1749-1827). Grundlegendes zu leisten stand jedoch noch aus. In seinem denkwürdigen Vortrag auf dem 2. Internationalen Mathematikerkongress 1900 in Paris benannte D. HILBERT (1862-1943) neben weiteren fundamentalen Problemen der Mathematik die Klarstellung der Grundbegriffe der Wahrscheinlichkeitsrechnung als Aufgabe für das neue Jahrhundert. A. N. KOLMOGOROV (1903-1988) löste dieses HILBERT'sches Problem. Er veröffentlichte 1933 eine Arbeit, die einen axiomatischen Aufbau und damit die Grundlagen der Wahrscheinlichkeitsrechnung enthält.

Beschreibende Statistik wird von alters her für die Verwaltung von Staaten genutzt. Schriftliche Zeugnisse finden sich bereits im Alten Testament im Buch Numeri, das von einer Volkszählung berichtet, sowie in der Weihnachtsgeschichte des Neuen Testaments.

Für die Wissenschaft bekommt die Statistik als Methode erst in neuerer Zeit Bedeutung. ARISTOTELES postulierte die Möglichkeit von Erkenntnisgewinn durch Beobachtung. PLATO und später LEIBNIZ halten dagegen, dass absolute Wahrheit nur durch Denken gewonnen werden kann. Bedeutend für die Wissenschaftsentwicklung wird KANT: Man gewinnt nicht absolute Kenntnis über ein „Ding an sich", sondern man macht Beobachtungen, Experimente oder Erhebungen im „Raum der Erscheinungen dieses Dinges" und gibt darüber Aussagen ab. Nun erst gewinnen die experimentellen Methoden Akzeptanz in den Wissenschaften.

Entsprechend den Erfordernissen vollzieht sich auch die historische Entwicklung der Statistik als Wissenschaftsdisziplin. Die beschreibenden Methoden verlangen kaum theoretisches Fundament und waren seit jeher verfügbar. Schließende Methoden werden im 19. und 20. Jahrhundert entwickelt, wobei die Wahrscheinlichkeitstheorie als deren Grundlage erst in der ersten Hälfte des 20. Jahrhunderts eine exakte mathematische Grundlegung erfährt. Die in jüngster Zeit verfügbare Rechentechnik hat es möglich gemacht, vorhandene größere Datenmengen experimentell zu analysieren und daraus Hypothesen über Fachfragen abzuleiten. Diese explorative Statistik nutzt insbesondere auch graphische Darstellungsmöglichkeiten mit einer bis dahin nicht erreichten Aussagekraft.

Statistische Methoden haben heute in den Naturwissenschaften und vor allem in der Medizin nahezu den Rang einer Forschungstechnologie erhalten.

Die Methoden der Statistik werden üblicherweise in drei Gruppen eingeordnet:

- **beschreibende (deskriptive) Statistik**, die Wirklichkeit wird durch Abbildung in eine Zahlenmenge angenähert wiedergegeben und beschreibend dargestellt,
- **schließende (konfirmatorische) Statistik**, Aussagen über die Wirklichkeit sollen anhand vorliegenden Zahlenmaterials aus Beobachtungen oder Experimenten auf ihren Wahrheitsgehalt geprüft werden und
- **erkundende (explorative) Statistik**, Zahlenmaterial wird mit der Zielstellung durchgearbeitet, Hypothesen über die abgebildete Wirklichkeit zu gewinnen.

Für die Beschäftigung mit den Methoden der Wahrscheinlichkeitsrechnung und der Statistik ist es hilfreich, die eigene Position zu bestimmen. Maßgeblich dafür ist die konkrete Fragestellung. Sind die Objekte des Interesses die Methoden der Statistik an sich, bewegt man sich in der abstrakten Welt der Mathematik. Hier begegnet man Begriffen wie Zufallsgröße, Erwartungswert, Wahrscheinlichkeitsverteilung u.a. Studiert werden beispielsweise Eigenschaften von Berechnungsverfahren. Auf diese Weise entstehen Abbildungen der Realität, sogenannte mathematische Modelle.

Gegenstand medizinischer Forschung sind letzten Endes Menschen und ihre gesundheitlichen Probleme. Sollen Beobachtungen der realen Welt statistisch bewertet werden, arbeiten die Methoden der schließenden Statistik unter Beachtung gewisser notwendiger Voraussetzungen exakt und logisch einwandfrei. Sie sind in der abstrakten Welt der Mathematik begründet. Die Hauptschwierigkeiten bei der Anwendung der Statistik kann man in zwei Problemen sehen.

- Es ist nicht zu erwarten, dass zu jedem Sachverhalt in der Realität eine theoretische Beschreibung, d.h. eine Theorie, verfügbar ist.
- Mitunter treten grundsätzliche Schwierigkeiten auf, wenn die Passfähigkeit einer Theorie auf einen realen Sachverhalt, insbesondere das Bestehen notwendiger Anwendungsvoraussetzungen für ein statistisches Verfahren, überprüft werden soll.

Es sei an dieser Stelle ausdrücklich geraten, den fachlichen Kontext eines Problems in den Vordergrund zu stellen und die Anwendung statistischer Verfahren sowie die Ergebnisinterpretation wohlüberlegt und begründet vorzunehmen.

Ein Mindestmaß an Wissen über Statistik und damit Wahrscheinlichkeitsrechnung ist unverzichtbar. Für den Epidemiologen ist es zudem Voraussetzung für das Verständnis grundsätzlicher Anliegen seines Fachgebietes.

2.1   Beschreibende Statistik

2.1.1   Grundlegende Begriffe

Über einen gewissen Problemkreis der Realität soll Wissen gewonnen werden. Dies geschieht durch Beobachtung von Personen oder Objekten, Befragung von Personen, Untersuchung von Personen oder Objekten oder Messungen an Personen oder Objekten. Der nachfolgenden Erläuterung diene die Aufgabenstellung:

Kennzeichnen Sie den typischen Studenten!
Sofort ist klar, dass diese Problemstellung der Präzisierung bedarf, etwa:
- Was soll als typisch gelten?
- Auf welche Studenten bezieht sich die Aussage?
- Mit welcher „Präzision" soll diese Aussage erfolgen? (Hier wäre noch festzulegen, was unter „Präzision einer Aussage" zu verstehen ist.)

Eine konkretisierte Problemstellung kann lauten:

Beispiel 2.1
Kennzeichnen Sie die Studierenden der Fachrichtung Humanmedizin des Wintersemesters 2000 an den Universitäten der Bundesrepublik hinsichtlich
- Körperhöhe,
- Anzahl der Geschwister,
- Abiturnote in Mathematik,
- Geschlecht!

◄

> Als **Population** werden die Personen oder Objekte bezeichnet, über deren Eigenschaften Aussagen getroffen werden sollen.

In der Ausgangsfragestellung bilden alle Studenten der Gegenwart, Vergangenheit und Zukunft die Population. Für die präzisierte Problemstellung in Beispiel 2.1 wird diese Menge erheblich eingeschränkt auf das Studienfach, den Zeitpunkt und ein umschriebenes Territorium. Nach GRUND- UND STRUKTURDATEN (2001/2002, Seiten 170 und 172) waren dies 80 200 Personen.

> **Merkmale** sind die jeweils interessierenden und beobachteten Eigenschaften der Personen oder Objekte einer Population.

Im Beispiel 2.1 sind die Körperhöhe, Geschwisteranzahl, Abiturnote in Mathematik sowie Geschlecht als Merkmale aufgeführt. Mitunter bezeichnet man die Personen oder Objekte einer Population auch als **Beobachtungseinheiten** oder **Merkmalsträger**.

> **Merkmalsausprägungen** sind die möglichen Werte, die ein Merkmal annehmen kann.

Für das Geschlecht sollen nur die Kategorien männlich oder weiblich als Merkmalsausprägungen in Betracht kommen. Ein solches Merkmal heißt **dichotom**. Die Körperhöhe kann je nach Messgenauigkeit und verwendeter Maßeinheit unterschiedlich zum Ausdruck gebracht werden.

> **Grundgesamtheit** ist die Gesamtheit der Merkmalsausprägungen, die bei der Beobachtung eines gewissen Merkmals an den Objekten einer Population auftreten können.

Ob diese Beobachtung an jedem Objekt auch stattfindet, ist unerheblich. Es ist gleichfalls ohne Belang, ob eine mögliche Merkmalsausprägung tatsächlich beobachtet wurde. Für das Merkmal Geschlecht ist die aus zwei Elementen bestehende Menge {männlich, weiblich} die Grundgesamtheit. Je nach geltender Prüfungsordnung ist das Merkmal Abiturnote den Mengen {1, 2, 3, 4, 5} oder {1, 2, 3, 4, 5, 6} assoziiert. Die Grundgesamtheit zur Geschwisteranzahl ist nicht eindeutig festgelegt. Als Beispiele können {0,1, ..., 12} oder auch {0,1, ..., 20} dienen. Üblicherweise sind den Körperhöhen Zahlenintervalle als Grundgesamtheiten zugeordnet, z.B. [10, 200] oder [30, 250]. Auch hier ist eine eindeutige Festlegung der Grundgesamtheit aus dem sachlichen Kontext allein nicht möglich. Man hat Festlegungen zu treffen oder Konventionen zu beachten.

Wie am Beispiel 2.1 zu sehen ist, können die Merkmale verschiedenartig sein.

Man unterscheidet:
- **quantitative Merkmale** (Körperhöhe, Geschwisteranzahl)
- **qualitative** oder **kategoriale Merkmale** (Geschlecht)

Ausprägungen quantitativer Merkmale werden durch Zählen oder Messen gewonnen und unterscheiden sich durch ihre Größe (z.B. Körperhöhen in Zentimetern, Geschwisteranzahl), die Ausprägungen qualitativer Merkmale liegen kategorial vor (z.B. männlich/ weiblich).

Die Abiturnote in Mathematik lässt sich nicht zufriedenstellend ausschließlich einem der beiden genannten **Merkmalstypen** zuordnen.

Zur Angabe der Ausprägungen eines Merkmales dient eine **Skala**. Die Kennzeichnung solcher Skalen kann auch zur Klassifizierung von Merkmalen dienen.

Skalentypen sind:
- **Nominalskala**
- **Ordinalskala**
- **metrische Skala**

Die **Nominalskala** repräsentiert Kategorien von Merkmalsausprägungen. Sie unterliegen keiner Rangfolge und sind nicht vergleichbar (z.B. männlich/weiblich).

Sind die Merkmalsausprägungen Elemente einer **Ordinalskala**, so können sie geordnet werden. Ordinale Merkmale erlauben Vergleiche im Sinne einer Rangordnung. Hierher gehören die Leistungsbewertungen der Schule.

Eine **metrische Skala** ist eine Teilmenge der reellen Zahlen und gewährleistet, dass die Merkmalsausprägungen eine Rangordnung besitzen und dass die Differenzen zwischen ihnen interpretierbar sind. Es macht gerade das Wesen einer Messung aus, dass man die Resultate metrisch skaliert mitteilt.

Merke: Nominalskala, Ordinalskala und metrische Skala repräsentieren in dieser Reihenfolge hinsichtlich des Informationsgehaltes aufsteigend geordnete Skalenniveaus.

Schließlich soll eine weitere Klassifikationsmöglichkeit genannt werden.

Man unterscheidet:
- **stetige Merkmale**
- **diskrete Merkmale**

Ein diskretes Merkmal besitzt nur endlich viele oder abzählbar unendlich viele verschiedene Werte, z.B. Zensur, Haarfarbe (blond, schwarz, rot), Geschwisteranzahl, Augenzahl beim Würfeln. Ein stetiges Merkmal kann als Merkmalsausprägung beliebige Zahlen eines Intervalls annehmen. Die Körperhöhe ist ein stetiges Merkmal. Hierbei muss man differenzieren zwischen der tatsächlichen Ausprägung des Merkmals Körperhöhe und der praktisch realisierbaren endlichen Messgenauigkeit.

Mit der Wahl einer Skala ist eine Abbildung der Menge aller Ausprägungen eines Merkmals in die Menge der Elemente der Skala definiert. Die Skala stelle man sich als Zahlenmenge vor. Diesen Vorgang bezeichnet man auch als **Codierung**.

Beachte: Codierungen beeinflussen die statistische Analyse des Beobachtungsmaterials.

Neben Praktikabilität und mnemotechnischen Gesichtspunkten sind Konventionen wesentlich bei der Wahl einer Codierung. Mit einer Messung ist gleichzeitig eine Codierung der beobachteten Merkmalsausprägung verbunden. Temperaturwerte sind Zahlen. Als Skalen kennt man Grad Celsius, Grad Fahrenheit, Grad Reaumur, Grad Kelvin. Auch Konzentrationen können auf unterschiedliche Weise angegeben werden. Durch Codierung gewinnt ein qualitatives Merkmal keinen quantitativen Charakter! Werden beispielsweise „schwarz" mit „1" und „blond" mit „2" codiert, so sind weder „schwarz" < „blond" noch „2 · schwarz" = „blond" sinnvolle Relationen.

Der **Merkmalswert** ist die einem Merkmalsträger durch die Beobachtung zugeordnete codierte Merkmalsausprägung.

Anstelle von „Merkmalswerte" verwendet man auch die Begriffe **Beobachtungswerte** oder **Daten**. Beispielsweise ist die bei Student Meier gemessene Körperhöhe von 185 cm der Merkmalswert, für das Geschlecht ist der Merkmalswert 1, wenn „männlich" mit 1 codiert wurde. Um eine Population hinsichtlich eines Merkmales zu kennzeichnen, möchte man relative Häufigkeiten oder auch Wahrscheinlichkeiten für das Auftreten jeder Merkmalsausprägung angeben. Liegt für jeden Merkmalsträger sein Merkmalswert vor, man spricht dann von einer **Totalerhebung**, besitzt man diese Informationen.

Von den im Beispiel 2.1 genannten 80 200 Personen sind nach der gleichen Quelle 42 760 weiblich. Man kennt hinsichtlich des Merkmals Geschlecht die Population.

Eine Alternative zu den aufwendigen Totalerhebungen stellen die **Stichprobenerhebungen** dar, durch die nur eine gewisse Teilmenge der Grundgesamtheit erfasst wird. Es ist hierbei das Ziel, von den Beobachtungen an der **Stichprobe** auf die Gegebenheiten bezüglich der Grundgesamtheit zu schließen. Solche Methoden sind wahrscheinlichkeitstheoretisch begründet. Der Begriff der Stichprobe ist erst auf diesem Hintergrund exakt definierbar und wird später präzisiert.

Die im folgenden Text verwendete Symbolik ist Konvention und bedeutet

i :   Identifizierung, Reihenfolge, Nummerierung,

x_i : i-ter Beobachtungswert von Merkmal X,

$x_{(i)}$: i-ter Beobachtungswert, nachdem die Messreihe geordnet wurde.

Als **Urliste** bezeichnet man die tabellarische Darstellung von Daten in der Reihenfolge ihrer Beobachtung.

Durch größenmäßige Ordnung (von klein nach groß) kann man daraus eine **Rangliste** erstellen. Dies ist möglich bei ordinal sowie metrisch skalierten Merkmalen (s. Tab. 2.1).

Tab. 2.1 Ur- und Rangliste der Körperhöhen X von $N = 10$ Studenten (in cm)

i	1	2	3	4	5	6	7	8	9	10
Urliste x_i	171	170	177	192	201	169	173	176	174	187
Rangliste $x_{(i)}$	169	170	171	173	174	176	177	187	192	201

2.1.2   Häufigkeiten

Beispiel 2.2

Bei einer Erhebung wird für $N = 100$ Studenten die Geschwisteranzahl ermittelt. Die in Tab. 2.2 angegebenen Merkmalswerte bilden die Urliste. Dieses Zahlenmaterial ist unübersichtlich. Eine Rangliste bringt kaum einen Vorteil, da nur interessiert, welcher Merkmalswert wie oft auftritt. Außerdem fällt auf, dass nicht alle denkbaren Merkmalswerte auch beobachtet wurden, beispielsweise die Geschwisteranzahlen 7 und 8.

Tab. 2.2 Urliste der Geschwisteranzahlen von $N = 100$ Studenten

0, 0, 0, 1, 1, 0, 0, 1, 2, 0, 4, 0, 3, 1, 1, 0, 0, 0, 0, 0, 0, 0, 2, 6, 0, 1, 0, 1, 0, 0, 0, 9, 0, 0, 3, 1, 0, 3, 4, 0, 0, 1, 0, 0, 0, 5, 0, 0, 2, 2, 0, 1, 1, 1, 1, 1, 2, 2, 2, 0, 0, 0, 0, 4, 1, 1, 1, 3, 2, 2, 0, 0, 0, 0, 3, 1, 1, 3, 2, 0, 0, 2, 1, 1, 1, 1, 1, 1, 0, 0, 0, 2, 1, 1, 0, 0, 2, 2, 1, 1, 1

◄

Für ein Merkmal X sollen die möglichen Merkmalsausprägungen mit $a_1, ..., a_r$ bezeichnet werden, die Merkmalswerte bei N Beobachtungen von X heißen $x_1, ..., x_n$.

Man definiert die **absolute Häufigkeit** $H_N(a_j)$ der Merkmalsausprägung a_j bei N Beobachtungen als $H_N(a_j) =$ „Anzahl der Fälle, in denen a_j auftritt", $j = 1, 2, ..., r$. Absolute Häufigkeiten sind ganze Zahlen. Die Summe dieser r absoluten Häufigkeiten ist N,

$$H_N\left(a_1\right) + H_N\left(a_2\right) + ... + H_N\left(a_r\right) = \sum_{j=1}^{r} H_N\left(a_j\right) = N.$$

Sollen Beobachtungen unterschiedlichen Umfanges hinsichtlich desselben Merkmals verglichen werden, erweist sich der Übergang zu den **relativen Häufigkeiten** $h_N(a_j)$ als vorteilhaft. Diese sind wie folgt definiert:

$$h_N\left(a_j\right) = \frac{1}{N} H_N\left(a_j\right) \quad \text{für } j = 1, 2, ..., r.$$

Die $h_N(a_j)$ sind rationale Zahlen zwischen Null und Eins. Es gilt

$$h_N\left(a_1\right)+h_N\left(a_2\right)+\ldots+h_N\left(a_r\right)=\frac{1}{N}\sum_{j=1}^{r}H_N\left(a_j\right)=\frac{N}{N}=1.$$

Multipliziert man die relative Häufigkeit mit 100, so ergibt dies den prozentualen Anteil der jeweiligen Merkmalsausprägung an den Beobachtungen. Bei der Ermittlung der absoluten und relativen Häufigkeiten erweist sich das Anfertigen einer **Strichliste**, die aus der Urliste abgeleitet wird, als hilfreich (Tab. 2.3).

Zur graphischen Darstellung von Häufigkeiten gibt es unterschiedliche Möglichkeiten. Beim **Stabdiagramm** werden auf der Abszisse die Merkmalsausprägungen markiert. Ihnen werden als Ordinaten die entsprechenden relativen Häufigkeiten zugeordnet. Abb. 2.1 gibt den Inhalt der Tab. 2.3 als Stabdiagramm wieder.

Tab. 2.3 Strichliste, absolute und relative Häufigkeit von Geschwisteranzahlen, beobachtet an $N=100$ Studenten (siehe Tab. 2.2)

a_j		$H_N\left(a_j\right)$	$h_N\left(a_j\right)$
0	⊬⊬ ⊬⊬ ⊬⊬ ⊬⊬ ⊬⊬ ⊬⊬ ⊬⊬ ⊬⊬ ⊬⊬	45	0.45
1	⊬⊬ ⊬⊬ ⊬⊬ ⊬⊬ ⊬⊬ ‖‖‖‖	29	0.29
2	⊬⊬ ⊬⊬ ‖‖‖‖	14	0.14
3	⊬⊬ ‖	6	0.06
4	‖‖‖	3	0.03
5	‖	1	0.01
6	‖	1	0.01
9	‖	1	0.01
		100	1.00

Flächendiagramme können auf unterschiedliche Weise gestaltet werden. Ein Beispiel ist das bekannte **Kreisdiagramm** (englisch: pie-chart). Die Anzahl der beobachteten Merkmalsausprägungen darf hierbei nicht allzu groß sein. Die Flächenanteile entstehen durch Kreissegmente mit dem Zentriwinkel α_j, indem der Vollwinkel entsprechend den relativen Häufigkeiten aufgeteilt wird: $\alpha_j=360°\cdot h\left(a_j\right)$.

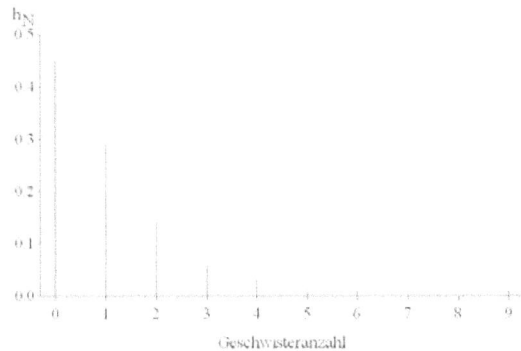

Abb. 2.1 Relative Häufigkeiten der Geschwisteranzahlen von $N=100$ Studenten (s. Tab. 2.3)

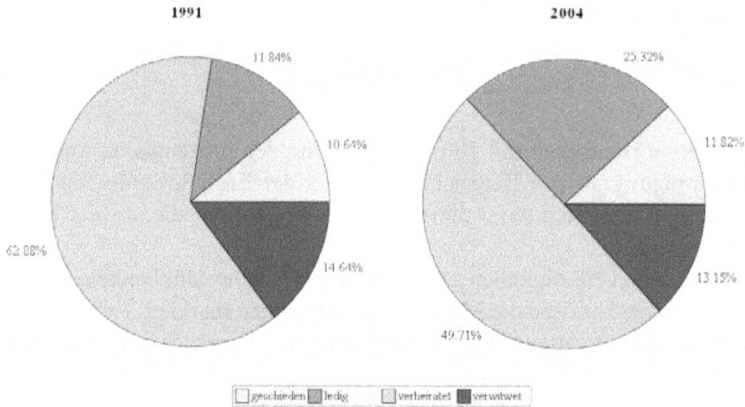

Abb. 2.2 Privathaushalte nach Familienstand in Mecklenburg-Vorpommern (Quelle: Statistisches Amt Mecklenburg-Vorpommern, Datenbank SIS-Online)

Beachte: Abbildungen und Tabellen sind stets erschöpfend zu beschriften!

2.1.3   Empirische Verteilungsfunktion

Die Merkmalsausprägungen a_1, ..., a_r können bei ordinalen - sie sollen stets als Zahlen codiert sein - oder metrischen Merkmalen der Größe nach geordnet werden. Dies sei nun vorausgesetzt.

Die **absolute Summenhäufigkeit** oder **absolute kumulierte Häufigkeit** $S_N(a_j)$ der j-ten Merkmalsausprägung a_j in einer Stichprobe vom Umfang N ist die Anzahl der Merkmalsträger, bei denen eine der Merkmalsausprägungen a_1, ..., a_j beobachtet wurde.

$$S_N\left(a_j\right) := H_N\left(a_1\right) + ... + H_N\left(a_j\right) = \sum_{i=1}^{j} H_N\left(a_i\right) \text{ für } j=1,\ ...,\ r.$$

Die **relative Summenhäufigkeit** oder **relative kumulierte Häufigkeit** $s_N(a_j)$ von a_j ist entsprechend

$$s_N\left(a_j\right) := h_N\left(a_1\right) + ... + h_N\left(a_j\right) = \sum_{i=1}^{j} h_N\left(a_i\right) = \frac{1}{N} \sum_{i=1}^{j} H_N\left(a_i\right) \text{ für } j=1,\ ...,\ r.$$

Eine Veranschaulichung bietet Tab. 2.4.

Die Folge der Zahlen $h_N(a_1)$, ..., $h_N(a_r)$ stellt eine Verteilung der relativen Häufigkeiten der in einer Stichprobe vom Umfang N beobachteten Merkmalsausprägungen dar. Sie ist insbesondere davon abhängig, welche Merkmalsausprägungen in der Stichprobe vorkommen. In Beispiel 2.2 wurden die möglichen Geschwisteranzahlen 7 und 8 in der in Tab. 2.2 dargestellten Stichprobe nicht beobachtet.

Tab. 2.4 Absolute und relative kumulierte Häufigkeiten der Geschwisteranzahlen von $N = 100$ Studenten (vergleiche Tab. 2.3)

Geschwister-anzahl	Häufigkeit $H_N(a_j)$	absolute kumulierte Häufigkeit $S_N(a_j)$	relative kumulierte Häufigkeit $s_N(a_j)$
0	45	45	0.45
1	29	74 = 45+29	0.74
2	14	88 = 74+14	0.88
3	6	94 = 88+6	0.94
4	3	97 = 94+3	0.97
5	1	98 = 97+1	0.98
6	1	99 = 98+1	0.99
9	1	100 = 99+1	1.00

Um die relativen Häufigkeiten beobachteter Merkmalsausprägungen für mehrere Stichproben aus der gleichen Grundgesamtheit vergleichen zu können, wird die sogenannte **empirische Verteilungsfunktion** $F_N(x)$ definiert:

$$F_N(x) := \begin{cases} 0 & x < a_1 \\ s_N(a_j) & a_j \le x < a_{j+1}, \ j = 1, \ldots, r-1 \\ 1 & a_r \le x \end{cases}$$

Diese Definition erfolgt mit Bezug auf die relativen kumulierten Häufigkeiten. Dies ist gleichbedeutend mit

$$F_N(x) = \frac{\text{Anzahl der Beobachtungen kleiner oder gleich } x}{\text{Gesamtzahl der Beobachtungen}} .$$

Die empirische Verteilungsfunktion ordnet jeder reellen Zahl einen Wert zwischen Null und Eins zu. Sie ist auf dem halboffenen Intervall $[a_j, a_{j+1})$ konstant. Diese Schreibweise bedeutet, dass der linke Begrenzungspunkt a_j zum Intervall gehört, nicht aber der rechte a_{j+1}.

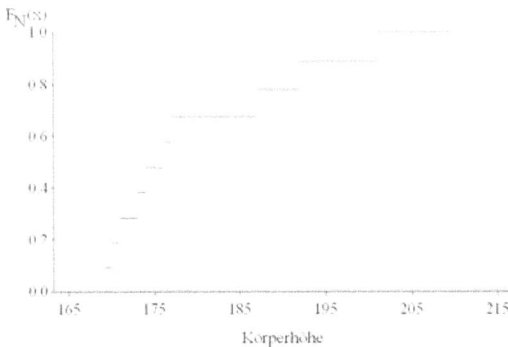

Abb. 2.3 Empirische Verteilungsfunktion der in Tab. 2.1 mitgeteilten Körperhöhen in cm

Die Abb. 2.3 und Abb. 2.4 geben die den Tab. 2.1 bzw. Tab. 2.3 zugehörigen empirischen Verteilungsfunktionen wieder. Die Werte der empirischen Verteilungsfunktion sind durch die relativen kumulierten Häufigkeiten gegeben (Tab. 2.4). Im Punkte $x = a_j$ nimmt die Funktion den Wert $s_N(a_j)$ an, sie hat hier eine Sprungstelle.

Im engen Zusammenhang mit der empirischen Verteilungsfunktion steht der Begriff **empirisches Quantil**. Werden die in einer Rangliste geordneten Beobachtungen $x_{(1)}, ..., x_{(N)}$ durch k-1 Zahlen in k Abschnitte derart unterteilt, dass jeder Abschnitt den k-ten Teil der Beobachtungen enthält, so heißen diese k-1 Zahlen empirische Quantile.
Sind unter den k-1 empirischen Quantilen r Beobachtungswerte, so muss jeder der k Abschnitte $(n-r)/k$ der restlichen N-r Beobachtungswerte enthalten.
Für $k = 2$ entsteht ein empirisches Quantil, der **Stichprobenmedian** oder **empirischer Median**. Er wird mit $x_{0.5}$ bezeichnet. Für $k = 4$ heißen die drei empirischen Quantile die **empirischen Quartile** $x_{0.25}$, $x_{0.5}$ und $x_{0.75}$. Deren mittleres ist natürlich der empirische Median.
Für $k = 10$ spricht man von **empirischen Dezilen** $x_{0.1}$ bis $x_{0.9}$, für $k = 100$ von **empirischen Perzentilen** $x_{0.01}$ bis $x_{0.99}$, wobei man in diesen Fällen schon größere Stichproben zur Verfügung haben sollte.
Quantile sind nicht für beliebige Werte N und k definiert. Sie sind nicht eindeutig bestimmt. Beispielsweise ist für gerades N jede zwischen den beiden mittleren der geordneten Beobachtungen gelegene Zahl empirischer Median im Sinne der obigen Definition. Man vereinbart jedoch, das arithmetische Mittel dieser mittleren Beobachtungen als den empirischen Median anzusehen. Für die in Tab. 2.1 mitgeteilten Körperhöhen gelten $x_{0.25} = 171$, $x_{0.5} = 175$ und $x_{0.75} = 187$.

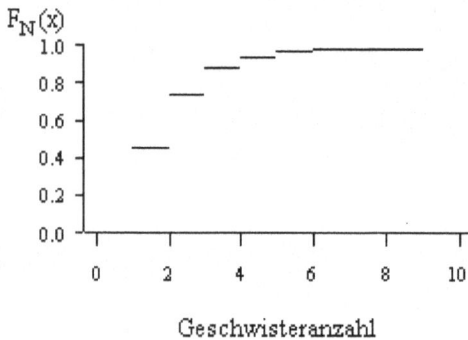

Abb. 2.4 Empirische Verteilungsfunktion der in Tab. 2.3 mitgeteilten Geschwisteranzahlen

2.1.4   Klassenbildung

Werden in einer Stichprobe sehr viele verschiedene Merkmalsausprägungen beobachtet, so werden die in Abschnitt 2.1.2 erläuterten Darstellungen von Häufigkeitsverteilungen unübersichtlich. Dies tritt insbesondere dann ein, wenn ein stetiges Merkmal mit großer Genauigkeit an einer nicht zu geringen Anzahl von Merkmalsträgern gemessen wird. Man gewinnt einen besseren Überblick über das Zahlenmaterial, wenn in der Menge der Merkmalsausprägungen eine Klasseneinteilung vorgenommen wird.

Tab. 2.5 In Klassen eingeteilte Körperhöhen von $N = 150$ Studenten

Nr.	Klasse	Klassen-mitte	Klassen-breite	Klassenhäufigkeit			
k	K_k	m_k	b_k	absolut $H_N(k)$	kumuliert absolut	relativ $h_N(k)$	kumuliert $s_N(k)$
1	(155 , 167]	161.0	12	13	13	0.0866	0.0866
2	(167 , 169]	168.0	2	9	22	0.0600	0.1466
3	(169 , 171]	170.0	2	19	41	0.1266	0.2732
4	(171 , 173]	172.0	2	18	59	0.1200	0.3932
5	(173 , 175]	174.0	2	17	76	0.1133	0.5065
6	(175 , 176]	175.5	1	10	86	0.0666	0.5731
7	(176 , 177]	176.5	1	9	95	0.0600	0.6331
8	(177 , 179]	178.0	2	13	108	0.0866	0.7197
9	(179 , 181]	180.0	2	10	118	0.0666	0.7863
10	(181 , 185]	183.0	4	16	134	0.1066	0.8929
11	(185 , 187]	186.0	2	8	142	0.0533	0.9462
12	(187 , 201]	194.0	14	8	150	0.0533	0.9995

Tab. 2.5 enthält Daten über die Körperhöhen von $N = 150$ Studenten. Es wird eine Einteilung der Werte in 12 **Klassen** K_k vorgenommen mit den **Klassenmitten** m_k und den **Klassenbreiten** b_k. So ergeben sich **absolute Klassenhäufigkeiten** $H_N(k)$, **relative Klassenhäufigkeiten** $h_N(k)$ und **relative kumulierte Häufigkeiten** $s_N(k)$. Die Einteilung in Klassen muss den Wertebereich der Merkmalsausprägungen **disjunkt** zerlegen, d.h. je zwei Klassen besitzen kein gemeinsames Element. Dabei ist auf die Randpunkte der Intervalle zu achten. Im Beispiel gehört der rechte Randpunkt zur betrachteten Klasse, der linke nicht. Dem beobachteten Sachverhalt sollte eine angemessene Klasseneinteilung Rechnung tragen! Verschieden breite Klassen können sinnvoll sein, eine äquidistante Einteilung bringt Rechenvorteile. Wie groß soll die Anzahl der Klassen gewählt werden? Als Orientierung kann die Quadratwurzel des Stichprobenumfanges N dienen: Die dieser nächstgelegene ganze Zahl sei die Klassenanzahl. Bei der Erstellung von einem Häufigkeitspolygon, einem Histogramm bzw. einer empirischer Verteilungsfunktion für Beobachtungsmaterial mit Klasseneinteilung ist festzulegen, welcher Wert in einer Klasse als Repräsentant dieser Klasse dienen soll. Darauf bezogen werden die genannten Darstellungen des Beobachtungsmaterials erarbeitet. Üblich ist es, jeweils die Klassenmitten als Bezugspunkte zu wählen.

Ein **Häufigkeitspolygon** im Falle äquidistanter Klasseneinteilung erhält man, wenn die Punkte $(m_k, h_N(k))$ durch Geraden miteinander verbunden werden, sonst berücksichtigt man die Klassenbreite b_k und bezieht sich auf die Punkte $(m_k, h_N(k)/b_k)$ (s. Abb. 2.5).

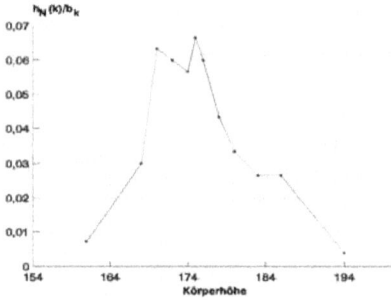

Abb. 2.5 Häufigkeitspolygon von $N = 150$ Körperhöhen (s. Tab. 2.5)

Das **Histogramm** wird am häufigsten bei der Darstellung von Beobachtungen stetiger Merkmale gebraucht. Es entsteht durch die Aneinanderfügung von Rechtecken, deren Flächen proportional den Häufigkeiten sind und wird in Bezug auf die relativen Häufigkeiten dargestellt (s. Abb. 2.6). Die Höhen der Rechtecke sind die Quotienten aus relativer Klassenhäufigkeit $h_N(k)$ und Klassenbreite b_k.

Für äquidistante Klasseneinteilungen sind bei der Histogrammdarstellung nur die relativen Häufigkeiten von Interesse. Die gemeinsame Klassenbreite ist Proportionalitätsfaktor (oder hier auch Maßstab) der graphischen Darstellung. Für das Beobachtungsmaterial aus Tab. 2.5 zeigt Abb. 2.7 das **Säulendiagramm** der relativen Häufigkeiten. Es ist das Analogon zum obengenannten Stabdiagramm für ein diskretes Merkmal. Die Säulen haben die jeweilige Breite b_k, ihre Mitte ist die Klassenmitte m_k, die Höhe ist die relative Klassenhäufigkeit $h_N(k)$.

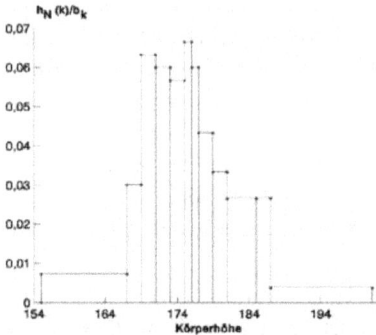

Abb. 2.6 Histogramm der von $N = 150$ klassierten Körperhöhen nach Tab. 2.5

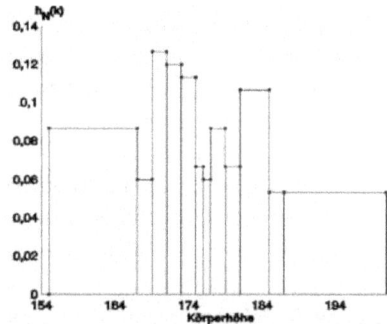

Abb. 2.7 Säulendiagramm der $N = 150$ klassierten Körperhöhen nach Tab. 2.5

Der Vergleich von Abb. 2.6 und Abb. 2.7 belehrt, dass die Nichtbeachtung der Klassenbreite zu optischen Täuschungen führt: Abb. 2.7 suggeriert ein häufigeres Auftreten kleiner und großer Körperhöhen (Randklassen) als beobachtet. Unterschiede sind auch bezüglich der Klassen Nr. 6, Nr. 7 und Nr. 11 zu konstatieren. Folglich sollte das Säulendiagramm nur bei konstanter Klassenbreite verwendet werden. Im Falle konstanter Klassenbreite sind Histogramm und Säulendiagramm identisch.

Die empirische Verteilungsfunktion für die $N = 150$ klassierten Körperhöhen nach Tab. 2.5 entsteht, indem die kumulierten Klassenhäufigkeiten $s_N(k)$ in den jeweiligen Klassenmitten m_k aufgetragen werden und so die Sprungstellen dieser Funktion ergeben (s. Abb. 2.8).

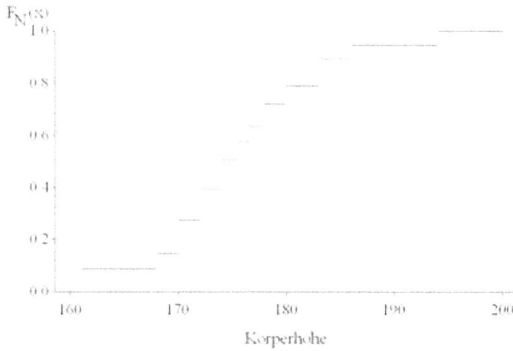

Abb. 2.8 Empirische Verteilungsfunktion von 150 klassierten Körperhöhen nach Tab. 2.5

Beachte: Bei klassierten Beobachtungen eines stetigen Merkmals ist das Histogramm eine angemessene Darstellung! Säulendiagramme sind nur bei konstanter Klassenbreite nutzbar!

2.1.5   Stichprobenparameter

Parameter ist ein häufig in der Statistik gebrauchter Begriff. Stichprobenparameter sind Zahlen, die aus den Daten einer Stichprobe errechnet werden und die diese Stichprobe kennzeichnen sollen. Sie werden auch als **statistische Maßzahlen** bezeichnet. Die Lage der Merkmalswerte einer Stichprobe wird durch Mittelwert, Stichprobenmedian oder Modalwert (sogenannte Lageparameter) zum Ausdruck gebracht. Stichprobenvarianz, empirische Standardabweichung, Variationskoeffizient, Spannweite oder Quartilabstand sind sogenannte Streuungsparameter. Diese Größen werden nachfolgend definiert. Ihre in diesem Text verwendeten symbolischen Bezeichnungen sind weitgehend standardisiert. Es seien $x_1, ..., x_N$ die in einer Stichprobe vom Umfang N beobachteten Merkmalswerte eines Merkmals X mit den Ausprägungen $a_0, ..., a_r$.

Das **arithmetische Mittel (Mittelwert)**

$$\bar{x} = \frac{1}{N} \sum_{i=1}^{N} x_i = \frac{1}{N} \sum_{j=1}^{r} a_j H_N(a_j)$$

ist ein für metrische Merkmale sinnvolles Lagemaß.

Bei Einteilung in p Klassen K_k kann es aus den Klassenmittelwerten $\bar{x}_k = \frac{1}{H_N(k)} \sum_{x_i \in K_k} x_i$

berechnet werden als

$$\overline{x} = \frac{1}{N} \sum_{k=1}^{p} \overline{x}_k \, H_N (K_k).$$

Für das arithmetische Mittel gilt:
1. Wird zu jedem Messwert x_i dieselbe Zahl a addiert (oder subtrahiert), so verschiebt sie das arithmetische Mittel um eben diese Größe;

$$\frac{1}{N} \sum_{i=1}^{n} (x_i \pm a) = \overline{x} \pm a$$

2. Die Summe der Abweichungen aller Messwerte von ihrem arithmetischen Mittel ist Null;

$$\sum_{i=1}^{N} (x_i - \overline{x}) = \sum_{i=1}^{N} x_i - \sum_{i=1}^{N} \overline{x} = \sum_{i=1}^{N} x_i - N \cdot \overline{x} = \sum_{i=1}^{N} x_i - N \sum_{i=1}^{N} \frac{x_i}{N} = 0.$$

3. Sind die Klassenmittel nicht bekannt, kann man sich auf die Klassenmitten $m_1, ..., m_p$ beziehen und einen Mittelwert

$$\overline{x}_M = \frac{1}{N} \sum_{k=1}^{p} m_k \, H_N (K_k)$$

bestimmen. Er ist nahe dem arithmetischen Mittel.

Der **Stichprobenmedian** $x_{0.5}$ ist der mittlere Wert in der Rangliste der Beobachtungen. Das Merkmal muss zumindest ordinalskaliert und in dem Falle nummerisch codiert sein. Ist N eine gerade Zahl, erklärt man das arithmetische Mittel der beiden in der Mitte der Rangliste liegenden Beobachtungswerte als den Median. Als Formel ergibt sich

$$x_{0.5} = \begin{cases} x_{((N+1)/2)} & \text{, falls } N \text{ ungerade} \\ \left(x_{(N/2)} + x_{((N+2)/2)} \right) : 2 & \text{, falls } N \text{ gerade .} \end{cases}$$

Der Median wird, im Gegensatz zum arithmetischen Mittel, nicht durch extrem liegende Merkmalswerte beeinflusst.

Liegen nominalskalierte Merkmale vor (z.B. Geschlecht, Blutgruppe), sind weder Mittelwert noch Median sinnvoll. Als Lageparameter kann hier der **Modalwert** verwendet werden. Er ist definiert als die Merkmalsausprägung, die die größte Häufigkeit in der Beobachtungsreihe besitzt. Bei in Klassen zusammengefassten Werten gilt als Modalwert die Klassenmitte der am dichtesten besetzten Klasse (das ist die Klasse mit größter Histogrammhöhe $h_N (k)/b_k$, für äquidistante Klasseneinteilung die Klasse mit größter relativer Klassenhäufigkeit $h_N (k)$).

Anmerkung: Bei mehrgipfligen und U-förmigen Histogrammen sind die Lagemaße arithmetisches Mittel, Stichprobenmedian und Modalwert nicht charakterisierend.

„Das durchschnittliche Lebensalter ist 30 Jahre" gibt hinsichtlich der Lebenserwartung allein noch keine gültige Vorstellung. Bei sehr hoher Säuglingssterblichkeit (U-förmiges Histogramm) kann ein Mensch nach dem Überleben der ersten Jahre durchaus sehr alt werden.

Die **Stichprobenvarianz** ist ein Streuungsparameter, definiert für metrisch skalierte Merkmale als

$$s^2 = \frac{1}{N-1} \sum_{i=1}^{N} (x_i - \overline{x})^2 = \frac{1}{N-1} \left(\sum_{i=1}^{N} x_i^2 - N\overline{x}^2 \right).$$

Diese Zahl ist näherungsweise der durchschnittliche Abstand der Beobachtungswerte von ihrem Mittelwert, wobei als Abstandsmaß die quadrierte Differenz gewählt wurde (beachte: Division durch N-1, nicht durch N). Dass man die Varianz unter Bezug auf das arithmetische Mittel erklärt, wird durch

$$\sum_{i=1}^{N} (x_i - \overline{x})^2 \leq \sum_{i=1}^{N} (x_i - c)^2, \quad c \in \mathbb{R},$$

motiviert. Diese Formel gibt eine Minimumeigenschaft des arithmetischen Mittels an. Die rechts stehende Summe wird als Funktion von c aufgefasst. Ihre Minimalstelle ist das arithmetische Mittel. Sind die Beobachtungswerte in p Klassen eingeteilt, kann man aus den Klassenmittelwerten $\overline{x}_k$ und den Klassenhäufigkeiten $H_N(k)$ den Streuungsparameter

$$s^2_{\overline{x}_k} = \frac{1}{N-1} \sum_{k=2}^{p} (\overline{x}_k - \overline{x})^2 H_N(k)$$

berechnen. Bei unbekannten Klassenmitteln beziehe man sich auf die Klassenmitten m_k

$$s^2_{m_k} = \frac{1}{N-1} \sum_{k=2}^{p} (m_k - \overline{x})^2 H_N(k).$$

Es gilt die Ungleichung

$$s^2_{\overline{x}_k} \leq s^2 \leq s^2_{m_k}$$

Die **empirische Standardabweichung** s ist die Quadratwurzel aus der Stichprobenvarianz,

$$s = \sqrt{\frac{1}{N-1} \sum_{i=1}^{N} (x_i - \overline{x})^2}.$$

Dadurch entsteht die Möglichkeit, für die Streuungskennzeichnung die gleiche Dimension wie für die Messwerte und für das arithmetische Mittel zur Verfügung zu haben. Die Angaben werden besser vergleichbar.

Der **Variationskoeffizient** v stellt das Streuungsmaß s im Verhältnis zum Mittelwert dar,

$$v = \frac{s}{\overline{x}}.$$

Damit wird der Vergleich der Streuungen verschiedener Messreihen unterstützt. Eine Standardabweichung von 10 ist bei einem Mittelwert von 1 bedeutender als bei einem Mittelwert von 1 000. Der Variationskoeffizient ist für Merkmale mit ausschließlich positiven Werten sinnvoll.

Bereits für ordinalskalierte Merkmale kann als Streuungsmaß der **Interquartilbereich**, auch **Quartilabstand** genannt, bestimmt werden,

$$I_{50} := x_{0.75} - x_{0.25} .$$

In dem damit angegebenen Bereich liegt die Hälfte der Beobachtungen.

Die Differenz zwischen dem größten $x_{(N)}$ und kleinsten Wert $x_{(1)}$ der Stichprobe,

$$R := x_{(N)} - x_{(1)} ,$$

heißt **Spannweite**.

Dieses Streuungsmaß ist allerdings stark abhängig von extremen Werten. **Ausreißer** stellen eine besondere Problematik in der statistischen Beschreibung von Versuchsergebnissen dar. Sind extreme Merkmalswerte zweifelhafte Resultate oder stellen sie Hinweise auf unvermutete Sachverhalte dar? Antwort auf diese Frage ist im fachlichen Kontext zu suchen.

Der Statistiker rät: Sofern keine zwingenden Sachgründe vorliegen, sollte man sich nicht zu bereitwillig von extremen Beobachtungsergebnissen trennen.
Als Ausreißer sollten höchstens solche Werte diskutiert werden, die außerhalb des Intervalls $[x_{0.5} - 2\,I_{50}, x_{0.5} + 2\,I_{50}]$ liegen.

Die Beurteilung der **Symmetrie** der durch eine Stichprobe erhobenen Merkmalswerte kann bereits mit einfachen Mitteln der beschreibenden Statistik unterstützt werden. Im Falle von Symmetrie stimmen arithmetisches Mittel und Median überein.

Ein Maß für die empirische **Schiefe** ist

$$K = \frac{x_{0.25} + x_{0.75} - 2\,x_{0.5}}{x_{0.75} - x_{0.25}} .$$

Ist der Median kleiner als der Mittelwert von $x_{0.25}$ und $x_{0.75}$, also $K > 0$, stellt sich das Histogramm als **linkssteil** heraus. Im umgekehrten Falle ist es **rechtssteil**. Es gilt $-1 < K < 1$. Liegt Symmetrie vor, so wird K gleich Null.

Abb. 2.9 gibt das sogenannte **Boxplot** der in Tab. 2.1 mitgeteilten Daten wieder. Die verwendeten Größen sind $x_{(1)} = 169$, $x_{(N)} = 201$, $x_{0.25} = 171$, $x_{0.5} = 175$, $x_{0.75} = 187$ und können unmittelbar aus der Rangliste (Tab. 2.1) abgelesen werden. Man sieht, dass die Werte nicht symmetrisch liegen. Der Wert $K = \dfrac{171 + 187 - 2 \cdot 175}{187 - 171} = 0.5 > 0$ weist auf Linkssteilheit hin.

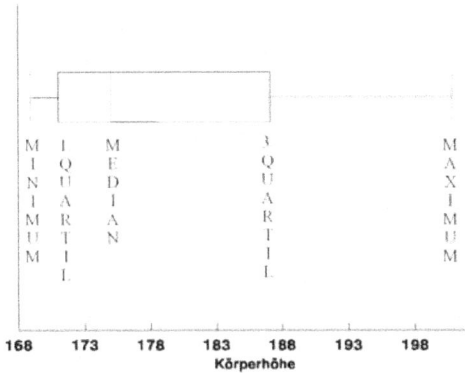

Abb. 2.9 Boxplot für $N = 10$ Körperhöhe nach Tab. 2.1

Für Stichproben größeren Umfanges ist die Ermittlung der Rangordnung der Daten aufwändig. Hier wurden durch die Mathematik effektive Sortier-Algorithmen bereitgestellt.

2.1.6   Raten

Bislang war von statistischen Maßzahlen die Rede. Sie kennzeichnen ein beobachtetes Merkmal. Quotienten zweier Maßzahlen, sie werden **Verhältniszahlen** genannt, verknüpfen derartige Angaben. Der Variationskoeffizient, er wurde bereits oben definiert, ist ein Beispiel dafür. Es geht jedoch meist darum, sachlich in Verbindung stehende Maßzahlen unterschiedlicher Gegebenheiten aufeinander zu beziehen. Derartige Quotienten sind **Beziehungszahlen** oder **Indexzahlen**, in der Epidemiologie als **Raten** gebräuchlich. Sie haben die allgemeine Form

$$Rate = \frac{Anzahl\ der\ Individuen\ mit\ bestimmter\ Eigenschaft}{Gesamtzahl\ der\ Individuen\ der\ Bezugspopulation}.$$

Üblich ist es auch, Raten als genormte Verhältniszahlen auszudrücken, also beispielsweise „Erkrankte" pro 1 000 oder „Gestorbene" pro 100 000.

Der Vergleich von Raten setzt streng genommen identische Bezugspopulationen voraus. Ist dieses nicht gegeben, kann möglicherweise durch **Standardisierung von Raten** eine vergleichende Betrachtung des Beobachtungsmaterials unterstützt werden. Ziel ist es, den Einfluss von Störfaktoren, Kovariablen bzw. Confoundern zu eliminieren.

Standardisierung von Raten
* direkte Standardisierung
* indirekte Standardisierung

Hinsichtlich einer Kovariablen (z.B. Alter) wird eine Einteilung der untersuchten Individuen in m **disjunkte** Klassen (z.B. Altersklassen) definiert, bezüglich der die Anzahl $N(k)$ der Individuen je Klasse der Bezugspopulation und die Anzahl $H(k)$ der Individuen mit der interessierenden Eigenschaft festzustellen sind. Die Rate R, als Quotient der Gesamtzahl H der

Individuen mit der interessierenden Eigenschaft und der Gesamtzahl N der untersuchten Individuen der Bezugspopulation, kann damit folgendermaßen dargestellt werden:

$$R = \frac{H}{N} = \frac{1}{N}\sum_{k=1}^{m} H(k) = \frac{1}{N}\sum_{k=1}^{m} N(k)\frac{H(k)}{N(k)} = \sum_{k=1}^{m}\frac{N(k)}{N}\frac{H(k)}{N(k)} = \sum_{k=1}^{m} p(k)r(k).$$

Die Rate R ist von der durch die Klasseneinteilung gegebenen Struktur $p(1)$, ..., $p(m)$ und der diesbezüglich beobachteten und berechneten Ratenstruktur $r(1)$, ..., $r(m)$ bestimmt. Bezieht man sich auf eine Standard-Population st unter Berücksichtigung der gegebenen Klasseneinteilung, gewinnt man $p_{st}(1)$, ..., $p_{st}(k)$ als Struktur. Die bezüglich st standardisierte Rate R_{st},

$$R_{st} = \sum_{k=1}^{m} p_{st}(k)r(k),$$

erlaubt die vergleichende Betrachtung von Raten unterschiedlicher Populationen. Dieses Verfahren nennt man **direkte Standardisierung von Raten**.

Kennt man für die Population A nicht $H^A(k)$, also die $r_A(1)$, ..., $r_A(m)$, sondern lediglich die Gesamtzahl H^A der Individuen mit der bestimmten Eigenschaft, so wendet man in der Epidemiologie oft die sogenannte **indirekte Standardisierung** an. Damit ist der Vergleich der beobachteten Fälle H^A mit den erwarteten Fällen H^E gemeint.

Aus beobachteten Klassenhäufigkeiten $N^A(k)$ in Population A berechnet man mit der Ratenstruktur $r_{st}(1)$, ..., $r_{st}(m)$ der Standardpopulation

$$H^E = \sum_{k=1}^{m} N^A(k)r_{st}(k).$$

Beispiele sind in Abschnitt 3.2.2 gegeben.

2.1.7   Zweidimensionale beschreibende Statistik

Werden von jedem Merkmalsträger mehrere Merkmale in einer Stichprobe erfasst, so kann neben der gesonderten Beschreibung und Bewertung jedes einzelnen dieser Merkmale deren gemeinsame Variation interessieren. Es ist üblich, von **univariater, bivariater** oder **multivariater Statistik** zu sprechen. Hier wird der zweidimensionale Fall dargestellt. Die multivariate Situation ist im Abschnitt 2.4 behandelt.

An N Merkmalsträgern sollen die beiden diskreten Merkmale X und Y beobachtet werden. Die Merkmalsausprägungen von X werden mit a_1, ..., a_r, die von Y mit b_1, ..., b_s bezeichnet. Jedem Individuum wird ein zweidimensionales Merkmal (X, Y) zugeordnet.

H_{jk} sei die absolute und $h_{jk} = H_{jk}/N$ die relative Häufigkeit der Merkmalsausprägung (a_j, b_k) in der Stichprobe vom Umfang N. Die H_{jk} ($j = 1$, ..., r und $k = 1$, ..., s) geben die beobachtete zweidimensionale Häufigkeitsverteilung von (X, Y) an.

Als **Kontingenztafel** bezeichnet man die Anordnung der absoluten Häufigkeiten H_{jk} in einem Zahlenschema mit r Zeilen und s Spalten (s. Tab. 2.6). Ebenso können die relativen Häufigkeiten h_{jk} in einer $r \times s$-Kontingenztafel arrangiert werden.

Es heißen

$$H_{j\bullet} = \sum_{k=1}^{s} H_{jk} \quad \text{bzw.} \quad h_{j\bullet} = \sum_{k=1}^{s} h_{jk}$$

absolute bzw. relative **Randhäufigkeiten** von a_j für $j = 1, ..., r$. Analog bezeichnen

$$H_{\bullet k} = \sum_{j=1}^{r} H_{jk} \quad \text{bzw.} \quad h_{\bullet k} = \sum_{j=1}^{r} h_{jk}$$

die absoluten bzw. relativen Randhäufigkeiten von b_k für $k = 1, ..., s$. Für $r = s = 2$ entsteht eine **Vierfeldertafel**. Die Kontingenztafel der relativen Häufigkeiten h_{jk} erlaubt eine graphische Darstellung als dreidimensionales Säulendiagramm (s. Abb. 2.11) und kann als Verallgemeinerung des Histogramms aufgefasst werden. Dabei ist darauf zu achten, dass das Volumen der einzelnen Säulen den entsprechenden relativen Häufigkeiten proportional ist. Im Beispiel sind die Grundflächen aller Säulen in Bezug auf die gewählte kategoriale Darstellung gleich groß, so dass Säulenhöhen und entsprechende relative Häufigkeiten proportional sind.

Liegen N Beobachtungen (x_i, y_i) für stetige Merkmale x und y vor, so können sie als **Punktewolke** in einem X-Y-Koordinatensystem präsentiert werden (s. Abb. 2.10).
Sie sind auch in einer Kontingenztafel darstellbar, wenn man zu Klasseneinteilungen übergeht (Tab. 2.6).
Als Lageparameter der zweidimensionalen Merkmalswerte (x_i, y_i) einer Stichprobe vom Umfang N kann der Vektor der Mittelwerte

$$(\overline{x}, \overline{y})$$

dienen.

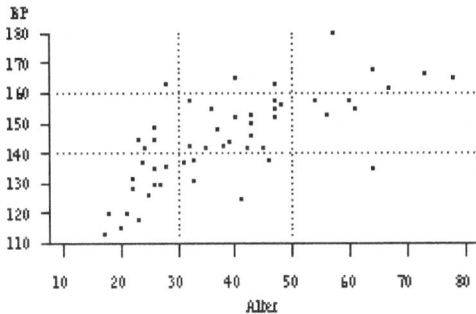

Abb. 2.10 Systolischer Blutdruck (BP) in Abhängigkeit vom Alter von 52 Patienten (senkrechte Linien grenzen junge, mittlere und alte Patienten, waagerechte Linien hypotone, normotone und hypertone Patienten voneinander ab)

Tab. 2.6 Blutdruck- und Alterskategorien von 52 Patienten

jung Alter < 30	mittel 30 ≤ Alter ≤ 50	alt Alter > 50	Definition	
1	2	5	BP > 160	hyperton
4	17	4	140 ≤ BP ≤ 160	normoton
13	5	1	BP < 140	hypoton

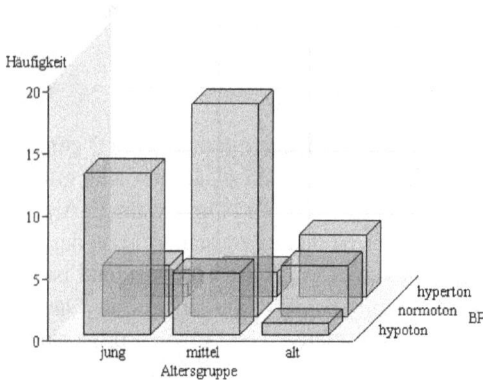

Abb. 2.11 Dreidimensionales Histogramm, Blutdruck (BP) und Altersgruppen von 52 Patienten

Als Analogon zur eindimensionalen Streuung $s^2 = \dfrac{1}{N-1}\sum_{i=1}^{N}(x_i - \overline{x})^2$ wird für den zweidimensionalen Fall die **empirische Kovarianz** s_{xy},

$$s_{xy} = \frac{1}{N-1}\sum_{i=1}^{N}(x_i - \overline{x})\cdot(y_i - \overline{y})$$

definiert. Für $s_{xy} > 0$ kann gefolgert werden, dass die Merkmale in einem Zusammenhang mit positiver Orientierung stehen, $s_{xy} < 0$ weist auf einen negativ orientierten Zusammenhang hin. Ist s_{xy} nahezu Null, gelten x und y als unabhängig voneinander.

Mit Blick auf die Beziehung der Merkmale X und Y zueinander entstehen für die Statistik zwei typische Fragestellungen:

Gibt es einen Zusammenhang zwischen X und Y und kann man ihn durch eine Maßzahl charakterisieren?

Der **Korrelationskoeffizient** nach PEARSON

$$r = \frac{s_{xy}}{s_x \cdot s_y} = \frac{\sum_{i=1}^{N}(x_i - \overline{x})(y_i - \overline{y})}{\sqrt{\sum_{i=1}^{N}(x_i - \overline{x})^2}\ \sqrt{\sum_{i=1}^{N}(y_i - \overline{y})^2}}$$

ist eine solche Maßzahl für metrisch skalierte Merkmale. Es gilt

$-1 \leq r \leq 1$.

Wenn die Merkmale X und Y in einem linearen Zusammenhang stehen, $Y = aX + b$ mit $a, b \in \mathbb{R}$, wird $r = +1$ oder $r = -1$. Man beachte, dass in einem solchen Fall die stochastische Beziehung durch eine deterministische ersetzt wird. Liegt r nahe Null, wird der Zusammenhang von X und Y durch eine lineare Beziehung nicht angemessen beschrieben. Der Korrelationskoeffizient ist ein Maß dafür, wie gut ein Zusammenhang zwischen X und Y durch eine lineare Beziehung beschrieben ist. Beobachtet man an dem zweidimensionalen Merkmal (X, Y), dass mit X auch Y größer wird, resultiert daraus ein positiver Korrelationskoeffizient. Weisen dagegen die Daten bei größer werdendem X ein kleiner werdendes Y auf, wird r negativ. Schlussfolgerungen aus dem Korrelationskoeffizienten hinsichtlich des Zusammenhanges der Merkmale X und Y haben formalen Charakter, eine kausale Beziehung zwischen den beiden beobachteten Merkmalen bedarf der zusätzlichen fachwissenschaftlichen Argumentation! Zur Begründung von Ursache-Wirkungs-Beziehungen kann der Korrelationskoeffizient r schon deshalb nicht dienen, da er bei einer Vertauschung von X und Y gleich bleibt. Der empirische Korrelationskoeffizient nach PEARSON setzt metrisch skalierte Merkmale voraus. Für ordinale Merkmale steht der **Rang-Korrelationskoeffizient** r_s nach SPEARMAN zur Verfügung. Er wird berechnet, indem man anstelle der beobachteten Werte deren koordinatenweise ermittelten Rangzahlen in die Berechnung der PEARSON-Größe r einfliessen lässt. Einfacher ist die Formel

$$r_s = 1 - \frac{6}{N^3 - N} \sum_{i=1}^{N} d_i^2 \, ,$$

wobei die d_i die Differenzen der Rangzahlen der beiden Koordinaten x_i und y_i der i-ten Beobachtung (x_i, y_i) bezeichnen.

Die Werte $r_s = 1$ bzw. $r_s = -1$ kennzeichnen die bestmöglichen Rangkorrelationen. Für metrisch skalierte Merkmale (x, y) ist ihr Zusammenhang geometrisch deutbar. Im Zusammenhang mit ordinal skalierten Merkmalen hat man sich monotone Zusammenhänge vorzustellen: Ein **monotoner Zusammenhang** besteht, wenn mit steigender (fallender) Ausprägung von x die Ausprägung von y ebenfalls steigt (fällt). Das Vorliegen ranggleicher Daten (sogenannte **Bindungen**) erfordert weitergehende Überlegungen (siehe z.B. BORTZ/LIENERT/BOEHNKE 2000).

Nicht immer sind **Scheinkorrelationen** so offensichtlich wie in folgenden Beispielen:

*   In der Statistikliteratur wird häufig zitiert: Von 1900 bis 1910 nahm die Anzahl der Geburten pro Jahr in Ostpreußen zu, ebenso die Zahl der besetzten Storchennester. Der Korrelationskoeffizient betrug $r = 0.96$. Im gleichen Zeitraum nahm die Zahl der Geburten wie die der Storchennester in Südschweden ab ($r = 0.92$).
*   Von 1927 bis 1932 erhöhte sich die Zahl der Sterbefälle an Magenkrebs im ganzen damaligen deutschen Reichsgebiet. Die Zahl verkauften Aluminiumgeschirrs nahm, pro Kopf der Bevölkerung gerechnet, ebenfalls zu. Dieses Datenmaterial weist den Korrelationskoeffizienten $r = 0.89$ auf (HILGERS 2003).

Hängen sowohl X als auch Y stark von einer dritten Größe Z ab (z.B. der Zeit), so kann rechnerisch eine hohe Korrelation entstehen.

Formale Korrelationen können sich auch ergeben, wenn zwei Größen in Beziehung gesetzt werden, die sich jeweils zu einer fixierten Größe ergänzen (z.B. sich zu 100% ergänzende Prozentsätze). Sie können des Weiteren bei der zusammenfassenden Beschreibung der Daten zweier verschiedener Stichproben entstehen. Wenn auch die betrachteten Größen in jeder der beiden Stichproben unkorreliert sind, so erzeugt der Lageunterschied der beiden Punktewolken eine formale Korrelation in der gesamten Datenmenge (SACHS 1997, S. 507 - 509).

Kann ein Zusammenhang zwischen X und Y als funktionale Abhängigkeit beschrieben werden?

Die Abb. 2.12 zeigt fiktive Messungen (x_i, y_i). Sieht man ein periodisches Verhalten oder zufällige Abweichungen von einer Geraden?

An die Messwerte soll eine Funktion, z.B. $y = f(x, \alpha)$, angepasst werden, wobei α ein einzelner Parameter aber auch ein Parametervektor sein kann. Ein übliches Verfahren dazu ist die

Methode der kleinsten Fehlerquadrate:

α wird so bestimmt, dass

$$SFQ = \sum_{i=1}^{N} \left(y_i - f\left(x_i, \alpha\right)\right)^2$$

minimal wird. Dabei bezeichnet N die Anzahl der Wertepaare.

Die Summe der Fehlerquadrate **SFQ** ist ein Maß für die Abweichung der Messungen von den Werten der im genannten Sinne bestangepassten Funktion der betrachteten Funktionenmenge. Die Bestimmung von α erfolgt nach klassischen Methoden der Analysis. Die partiellen Ableitungen von *SFQ* nach den Parametern ergeben ein Gleichungssystem, dessen Lösungen die gesuchten für die Parameter sind, wenn hinreichende Bedingungen (zweite partielle Ableitungen größer als 0) erfüllt sind. In einigen Fällen, z.B. für lineare Funktionen $y = \alpha_1 x + \alpha_2$, ist das Gleichungssystem linear. In der Regel ist ein nichtlineares System zu lösen, das im Allgemeinen nicht zu expliziten Formeln für die α_i führt.

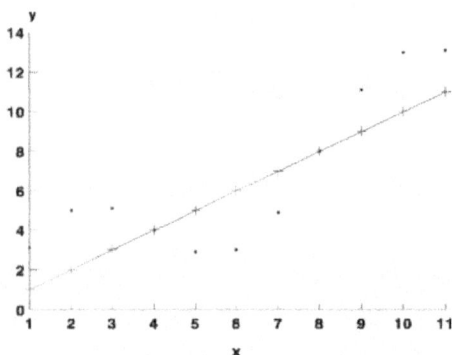

Abb. 2.12 Fiktive Messungen (x_i, y_i) und nach der Methode der kleinsten Fehlerquadrate angepasste lineare Funktion

2.2   Grundelemente der Wahrscheinlichkeitsrechnung

Das Zufällige und das Vorherbestimmte unserer Existenz und der Dinge um uns herum waren stets Gegenstand tiefen Nachdenkens, haben sogar religiöse Bedeutung. Offenbar verfügt der Mensch über Erfahrungen und Gewissheiten darüber, was er vorherzusehen in der Lage ist und welche Ereignisse zufälliger Natur sind. Mit Sicherheit fällt der Apfel vom Baum nach unten. Unvorhersagbar sind die Gewinnzahlen der nächsten Lottoziehung. Die kommenden Spielresultate bekannter Fußballmannschaften vermag der Experte gut einzuschätzen, aber nicht sicher anzugeben.

Die formale Beschreibung des Zufälligen wurde zu einem Anliegen der Mathematik. Zunächst war es das Glücksspiel, das entsprechende Überlegungen anregte. Inzwischen bestehen neben den rein theoretischen Interessen an der Wahrscheinlichkeitsrechnung viele Anwendungsfelder ihrer Resultate. Eines davon ist die Statistik, die sowohl Theorie bildend als auch anwendungsbezogen gesehen werden muss und die ihre Grundlagen in der Wahrscheinlichkeitstheorie hat.

Für viele wissenschaftliche Disziplinen ist die Kenntnis solcher mathematischen Grundideen unverzichtbar. Sie sind das Fundament wesentlicher Methoden des Faches und Voraussetzung für das eigentliche Verständnis vieler seiner Aussagen.

Im Folgenden wird nach der Behandlung einiger Grundbegriffe wie Ereignis oder Zufallsexperiment das KOLMOGOROV'sche Axiomensystem für die Wahrscheinlichkeit vorgestellt. Rechnen mit Wahrscheinlichkeit sowie die zentralen Begriffe Zufallsgröße und Verteilungsfunktion schließen sich an. Der Stoff wird nur durch die Reflexion an Beispielen zugänglich. Lernen im Sinne von Repetieren ist wenig hilfreich. Es werden elementare Kenntnisse aus der Mengenlehre vorausgesetzt.

2.2.1 Zufallsexperimente, Ereignisse

- **Deterministisches Experiment**
  Das Ergebnis des Experiments ist eindeutig bestimmt und bei Wiederholung damit voraussagbar, z.B.:
  - Ein Gegenstand fällt nach dem Loslassen nach unten.
  - Eine Flüssigkeit wird erwärmt. Ihre Temperatur steigt an.

- **Zufallsexperiment**
  Ein Zufallsexperiment ist ein Vorgang, der unter gleichen Bedingungen beliebig oft wiederholbar ist und bei dem verschiedene Ergebnisse möglich sind, z.B.:
  - Eine Münze wird geworfen. Wappen oder Zahl liegen oben.
  - Beim Würfeln ist die Augenzahl nicht voraussagbar.
  - Die Körperhöhe eines Menschen bei seiner Geburt ist nicht exakt voraussagbar.
  - Bei einer Reihenuntersuchung wird die Anzahl kariöser Zähne von Kindern festgestellt. Für das nächste zu untersuchende Kind ist das Resultat aus der Sicht des Zahnarztes eine nicht voraussagbare ganze Zahl.
  - Die Überlebenszeit nach einer Therapie ist ungewiss.

Die Wahrscheinlichkeitsrechnung beschreibt die Chancen des Eintretens der Ergebnisse von Zufallsexperimenten.

Bemerkung: Mit dem Begriff Zufallsexperiment wird eine idealisierte Situation beschrieben. Als Zufallsexperiment ist auch ein Gedankenexperiment vorstellbar: Unendlich oft sei ein Münzwurf wiederholt.

Das letzte der o.g. Beispiele zeigt auch, dass das Wort Experiment hier abweichend vom üblichen Sprachgebrauch Verwendung findet. Überhaupt haben in mathematischen Ausführungen die Begriffe oft einen abstrakteren Sinn als bei ihrer Verwendung in der Umgangssprache, sofern sie auch dort verwendet wurden. Man sollte sich dessen stets bewußt sein!

Als **Ergebnisraum** oder **Grundgesamtheit** Ω bezeichnet man die Menge aller möglichen **Ergebnisse eines Zufallsexperiments**. Jedes zufällige Ereignis ist Teilmenge von Ω. Die einelementigen Teilmengen von Ω werden **Elementarereignisse** genannt. Man sagt, „*das Ereignis A ist eingetreten*", wenn das Ergebnis des Zufallsexperiments ein Element von A ist.

Beispiel 2.3

Münzwurf:	Eine Münze wird geworfen. Es interessiert, ob nach dem Wurf Wappen oder Zahl nach oben zu liegen kommt.
Ergebnisraum:	$\Omega = \{$Wappen, Zahl$\}$ Dies modelliert eine formale Beschreibung des Vorganges. Sie beinhaltet, dass Fehlversuche oder besondere Situationen (z.B. die Münze steht senkrecht auf ihrem Rand) unbeachtet bleiben!
Elementarereignisse:	$\{$Wappen$\}$, $\{$Zahl$\}$ als die einelementigen Teilmengen des Ergebnisraumes
weitere Ereignisse:	$A = \Omega$, es wurde Wappen oder Zahl geworfen. Dieses Ereignis tritt mit Sicherheit ein. $A = \varnothing$, es wurde weder Wappen noch Zahl geworfen. Dieses Ereignis kann nicht eintreten. ◄

Beispiel 2.4

Würfelexperiment:	Geworfen wird ein Würfel, es interessiert die Augenzahl.
Ergebnisraum:	$\Omega = \{1, 2, 3, 4, 5, 6,\}$
Elementarereignisse:	z.B. $\{1\}$, „es wurde eine Eins gewürfelt"
weitere Ereignisse:	z.B. $A = \{2, 4, 6\}$, „es wurde eine gerade Zahl gewürfelt" ◄

Beispiel 2.5

Würfelexperiment:	Gewürfelt wird solange, bis erstmalig drei Sechsen hintereinander aufgetreten sind. Die Anzahl der dafür nötigen Würfe interessiert.
Ergebnisraum:	$\Omega = \{n \mid n \in N, n \geq 3\}$, also die natürlichen Zahlen 3, 4, 5, 6, ... Dieser Grundraum enthält abzählbar unendlich viele Elemente.
Elementarereignisse:	$\{3\}$, $\{4\}$, ...
weitere Ereignisse:	z.B. $A = \{7, 9, 93, 254\}$ ◄

Am letzten Beispiel wird deutlich, dass das dem Ergebnisraum Ω zugeordnete System $\wp(\Omega)$ aller Teilmengen von Ω außerordentlich vielfältig ist. $\wp(\Omega)$, das System aller Teilmengen von Ω, heißt **Potenzmenge** von Ω.

Für $\Omega = \{1, 2, 3\}$ wird die Potenzmenge angegeben. Sie besteht aus $2^3 = 8$ Mengen (der Exponent 3 ist die Anzahl der Elemente von Ω): $A_1 = \varnothing$, $A_2 = \{1\}$, $A_3 = \{2\}$, $A_4 = \{3\}$, $A_5 = \{1, 2\}$, $A_6 = \{1, 3\}$, $A_7 = \{2, 3\}$, $A_8 = \Omega = \{1, 2, 3\}$.

Es heißen die leere Menge $\emptyset$ das **unmögliche Ereignis**, der Grundraum Ω das **sichere Ereignis** und „nicht A" $= \overline{A}$ bzw. NA das zu A **komplementäre Ereignis**.

Man beachte die Terminologie:
Ω bezeichnet die Menge aller möglichen Ergebnisse des Zufallsexperiments, Ereignisse sind Teilmengen von Ω.
Die Gesamtheit aller Ereignisse bildet die sogenannte **Ereignisalgebra** $\wp(\Omega)$. Dass jede Ereignisalgebra als Mengenalgebra dargestellt werden kann, gehört zu den tiefliegenden Erkenntnissen der Mathematik. Verknüpfungen von Ereignissen können so als Mengenoperationen veranschaulicht werden. Man bleibt damit innerhalb der Ereignisalgebra, und dies gehört gerade zu ihren charakteristischen Eigenschaften.
In den oben besprochenen Beispiel 2.3, 2.4, und 2.5 ist die Ereignisalgebra mit der Potenzmenge von Ω identisch. Ist die Grundgesamtheit Ω jedoch ein Zahlenintervall, sind mit der genaueren Beschreibung der assoziierten Ereignisalgebra große Aufwendungen verknüpft. Interessenten müssen hierzu auf die Lehrbücher der Wahrscheinlichkeitstheorie und der Maßtheorie verwiesen werden.
Bei den nachfolgenden Ausführungen zur Wahrscheinlichkeitstheorie erleichtert der Bezug zur Mengenlehre die Formeldarstellungen sowie auch die dazu nötige bildliche Vorstellung.

Tab. 2.7 Häufig verwendete Mengenrelationen

Zufallsexperiment A, B Ereignisse	Mengenrelation $A \in \wp(\Omega), B \in \wp(\Omega)$
Mit A tritt auch B ein	$A \subseteq B$
A oder B treten ein	$A \cup B$
A und B treten ein	$A \cap B$
A tritt ein, nicht aber B	$A \setminus B$
A tritt nicht ein	$\Omega \setminus A$

Für Mengenrelationen lassen sich Rechenregeln beweisen, z.B.
$$A \cup (B \cup C) = (A \cup B) \cup C,$$
$$A \cap (B \cup C) = (A \cap B) \cup (A \cap C),$$
$$\Omega \setminus (A \cup B) = (\Omega \setminus A) \cap (\Omega \setminus B).$$
Man kann sie mit sogenannten **Euler-Venn-Diagrammen** veranschaulichen.

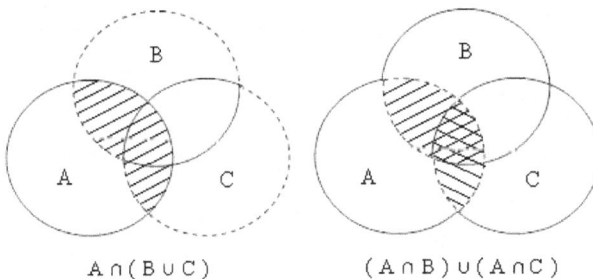

$$A \cap (B \cup C) \qquad (A \cap B) \cup (A \cap C)$$

Abb. 2.13 Euler-Venn-Diagramme für die Mengenrelation $A \cap (B \cup C) = (A \cap B) \cup (A \cap C)$

2.2.2   Wahrscheinlichkeit

Eine Bestimmung des Begriffes Wahrscheinlichkeit ist mit dem KOLMOGOROV'schen Axiomen (1933) gegeben. **Axiome** sind grundlegende Feststellungen, die nicht bewiesen werden und als Grundlage einer Theorie gelten können. Der Wert des nachfolgend genannten Axiomensystems besteht darin, minimalen Umfanges und trotzdem so reichhaltig zu sein, dass daraus eine gehaltvolle Theorie mathematisch sauber abgeleitet werden kann. Diese Wahrscheinlichkeitstheorie steht mit Erfahrung und Anschauung im Einklang und enthält bis dahin erbrachte Erkenntnisse der Wahrscheinlichkeitslehre.

Axiom 1

Jedem zufälligen Ereignis $A \in \wp(\Omega)$ ist eindeutig eine Zahl $P(A)$ mit der Eigenschaft $0 \leq P(A) \leq 1$ zugeordnet. $P(A)$ heißt **Wahrscheinlichkeit** von A. Es ist P als Funktion, definiert auf $\wp(\Omega)$, mit Werten in [0,1] auffassbar.

Axiom 2

Die Wahrscheinlichkeit des sicheren Ereignisses ist Eins: $P(\Omega) = 1$.

Axiom 3

Die Wahrscheinlichkeit einer Summe endlich oder abzählbar unendlich vieler Ereignisse, die einander paarweise ausschliessen, ist gleich der Summe der Einzelwahrscheinlichkeiten dieser Ereignisse.

Die Formeldarstellung des Axioms 3 schreibt sich für zwei Ereignisse A und B als

$$P(A \cup B) = P(A) + P(B) \text{ für } A \cap B = \varnothing, \, A, \, B \in \wp(\Omega).$$

Ausgehend von der Modellvorstellung werden die Begriffe Grundraum oder Grundgesamtheit Ω als Ergebnismenge des Zufallsexperiments sowie die Ereignisalgebra $\wp(\Omega)$ als Menge aller möglichen aus diesen Ergebnissen konstruierbaren Ereignisse erklärt. Die Bewertung des Zufälligen erfolgt durch die Funktion P_Ω, die jedem Ereignis aus $\wp(\Omega)$ eine Zahl aus dem Intervall [0, 1] zuordnet und die gewisse Eigenschaften besitzt. Damit ist eine quantitative Beschreibung des Zufälligen in sinnvoller Weise etabliert.

Es heißt [Ω, $\wp(\Omega)$, P_Ω] ein **Wahrscheinlichkeitsraum**.

Unvereinbare Ereignisse schließen sich gegenseitig aus. Beim Würfelexperiment beispielsweise sind das Würfeln einer geraden bzw. einer ungeraden Zahl unvereinbare Ereignisse.

Gilt für A und B aus $\wp(\Omega)$ die Beziehung $A \cap B = \varnothing$, so heißen diese **Ereignisse disjunkt** oder **unvereinbar**.

Aus den Axiomen leitet man Rechengesetze für Wahrscheinlichkeiten ab. Einige einfache sollen genannt und bewiesen werden.

1. Die Wahrscheinlichkeit des unmöglichen Ereignisses ist Null: $P(\emptyset) = 0$.

Beweis: Wegen $\emptyset \cap \emptyset = \emptyset$ erhält man nach Axiom 3
$P(\emptyset \cup \emptyset) = P(\emptyset) + P(\emptyset) = 2\,P(\emptyset)$.
Andererseits führt $\emptyset \cup \emptyset = \emptyset$ zu $P(\emptyset \cup \emptyset) = P(\emptyset)$.
Aus $P(\emptyset) = 2\,P(\emptyset)$ folgt aber $P(\emptyset) = 0$.

2. Für jedes Ereignis $A \in \wp(\Omega)$ gilt $P(\overline{A}) = P(\text{„nicht A“}) = 1 - P(A)$.

Beweis: Die Beweisidee wird am Urnenmodell anschaulich. Eine Urne enthalte 2 weiße
Kugeln und 1 schwarze Kugel. A sei „Ziehen von weiß“. Es sind $P(A) = 2/3$ und
$P(\text{„nicht A“}) = 1 - 2/3 = 1/3$. Allgemein argumentiert man:
Aus $A \cup (\Omega \setminus A) = \Omega$ und $A \cap (\Omega \setminus A) = \emptyset$ folgt nach Axiom 3
$P(A \cup (\Omega \setminus A)) = P(A) + P(\Omega \setminus A) = P(\Omega) = 1$, sodass $P(\Omega \setminus A) = 1 - P(A)$.

3. **Additionssatz** für Wahrscheinlichkeiten:
Für beliebige Ereignisse $A, B \in \wp(\Omega)$ gilt $P(A \cup B) = P(A) + P(B) - P(A \cap B)$.

Die Abb. 2.14 illustriert seine Aussage. Die Wahrscheinlichkeiten werden als Flächeninhalte
von A und B aufgefasst.

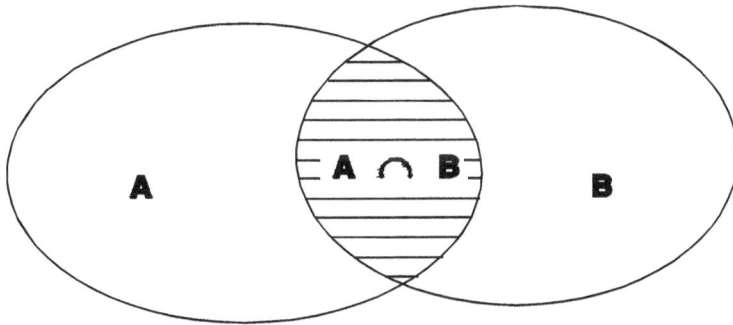

Abb. 2.14 Illustration zum Additionssatz für Wahrscheinlichkeiten

Beweis: Für $A, B \in \wp(\Omega)$ gelten
1. $A \cup B = A \cup (B \setminus (A \cap B))$ mit $A \cap (B \setminus (A \cap B)) = \emptyset$,
so dass nach dem dritten Axiom $P(A \cup B) = P(A) + P(B \setminus (A \cap B))$, bzw.
2. $B = (A \cap B) \cup (B \setminus (A \cap B))$ mit $(A \cap B) \cap (B \setminus (A \cap B)) = \emptyset$,
so dass nach dem dritten Axiom $P(B) = P(A \cap B) + P(B \setminus (A \cap B))$
und folglich $P(A \cup B) = P(A) + P(B) - P(A \cap B)$.

---

4.   Für $A \subseteq B$, d.h. mit A tritt stets auch B ein, gilt $P(A) \le P(B)$.

Beweis: Aus $A \subseteq B$ folgt $A \cup (B \setminus A) = B$ und $A \cap (B \setminus A) = \emptyset$.
Dann sind nach dem dritten Axiom $P(A) + P(B \setminus A) = P(B)$ und nach Axiom 1
$P(B \setminus A) \ge 0$, so dass $P(A) \le P(B)$.

Beispiel 2.6
In einer Klinik wurde über Jahre hinweg ein spezieller Teil der Erkrankten beobachtet. Seine Charakterisierung definiert eine Population, über die anhand der vorliegenden Untersuchungsergebnisse folgende Wahrscheinlichkeitsaussagen über das Auftreten von Adipositas A und Bluthochdruck H gemacht werden:
$$P(A) = 0.6, \ P(H) = 0.8, \ P(A \cap H) = 0.55.$$
Beide Krankheiten treten demnach gemeinsam mit einer Wahrscheinlichkeit von 0.55 auf.
$$P(A \cup H) = P(A) + P(H) - P(A \cap H) = 0.6 + 0.8 - 0.55 = 0.85$$
ist die Wahrscheinlichkeit, dass mindestens eine der beiden Krankheiten bei einem Menschen der Population auftritt. An der Abb. 2.14 verdeutlicht man sich sofort, dass
$$P(A) + P(H) - 2 P(A \cap H) = 0.6 + 0.8 - 2 \cdot 0.55 = 0.3$$
die Wahrscheinlichkeit für das Auftreten genau einer der beiden Erkrankungen A und H ist. Schließlich gibt
$$1 - P(A \cup H) = 1 - 0.85 = 0.15$$
die Wahrscheinlichkeit dafür an, dass ein Mitglied der Population weder an Adipositas noch an Bluthochdruck leidet.
◀

Durch drei Axiome wird der Begriff Wahrscheinlichkeit abstrakt definiert. Um ihn besser intuitiv erfassen zu können, seien nachfolgend fünf spezielle Aspekte des Wahrscheinlichkeitsbegriffes vorgestellt.

Klassische Definition der Wahrscheinlichkeit
Bereits historisch vor der axiomatischen Begründung der Wahrscheinlichkeitsrechnung wurde mit Wahrscheinlichkeiten kalkuliert. Dem Begriff lag damals eine Definition zugrunde, die als die klassische bezeichnet und die nun angegeben wird (LAPLACE 1749-1827, „Prinzip der gleich möglichen Fälle"):

Vorausgesetzt sei, das Zufallsexperiment besitzt <u>endlich viele gleichwahrscheinliche</u> Elementarereignisse.
Dann ist die Wahrscheinlichkeit $P(A)$ des Ereignisses A der Quotient aus der Anzahl der für A günstigen und der Anzahl der möglichen Fälle.

Beispiel 2.7
Es wird ein Würfel geworfen. Das Ereignis A bedeute „gerade Augenzahl". Der Grundraum $\Omega = \{1, 2, 3, 4, 5, 6\}$ enthält 6 Elementarereignisse $\{1\}, \{2\}, ..., \{6\}$. Drei der sechs möglichen Ereignisse, nämlich $\{2\}, \{4\}$ und $\{6\}$ führen zum Ereignis A. Damit ergibt sich
$$P(A) = \frac{3}{6} = \frac{1}{2}.$$

Die Wahrscheinlichkeit, eine gerade Zahl zu würfeln, beträgt 1/2. Das stimmt mit unserer Anschauung überein.

Wie groß ist die Wahrscheinlichkeit, eine Drei zu würfeln? Für $B = \{3\}$ gibt es einen günstigen Fall in der sechselementigen Ereignismenge $\{1, 2, 3, 4, 5, 6\}$ des Zufallsexperiments, es ist $P(B) = 1/6$. Wegen $A \cap B = \{2, 4, 6\} \cap \{3\} = \varnothing$ errechnet sich gemäß Axiom 3

$$P(A \cup B) = P(A) + P(B) = \frac{1}{2} + \frac{1}{6} = \frac{2}{3}$$

als die Wahrscheinlichkeit, (entweder) eine gerade Augenzahl oder eine Drei zu würfeln. ◄

Ein Standardbeispiel zur Demonstration der Grundgedanken der Wahrscheinlichkeitsrechnung ist das sogenannte **Urnenmodell**:

Beispiel 2.8
Eine Urne enthalte eine gewisse Anzahl Kugeln. Ein Teil davon sei weiß, ein weiterer Teil sei rot, der Rest schwarz.

Das Zufallsexperiment besteht im zufälligen Ziehen einer Kugel. Man wird die Kugeln gut durchmischen und ohne hinzusehen eine Kugel entnehmen. Wird die gezogene Kugel vor einer weiteren Ziehung wieder zurückgelegt, spricht man vom **Urnenmodell mit Zurücklegen**. Andernfalls heißt es **Urnenmodell ohne Zurücklegen**.

Nach der klassischen Definition der Wahrscheinlichkeit sind die Wahrscheinlichkeiten für das Ziehen einer weißen, einer roten und einer schwarzen Kugel die Quotienten aus der Anzahl der Kugeln der jeweiligen Sorte und der Gesamtzahl der Kugeln in der Urne. ◄

Wahrscheinlichkeit als relative Häufigkeit
Wird ein Zufallsexperiment häufig wiederholt, kann eine Stabilisierung der beobachteten relativen Häufigkeiten festgestellt werden. Dabei wird die Anzahl der Versuche als „sehr groß" vorausgesetzt.

Tab. 2.8 gibt Ergebnisse derartiger Experimente für den Münzwurf wieder. Selbstverständlich wurde dabei eine homogene Münze (beide Seiten gleichberechtigt) verwandt.

Tab. 2.8 Ergebnisse von Münzwurf-Experimenten. A bezeichnet das Ergebnis „Zahl"

	Anzahl N der Münzwürfe	absolute Häufigkeit von A	relative Häufigkeit von A
DE BUFFON	4 040	2 048	0.5069
K. PEARSON	12 000	6 019	0.5016
K. PEARSON	24 000	12 012	0.5005

Zu den genannten Namen sei kurz angemerkt: Graf de BUFFON (1707-1788) wurde namhaft durch die Angabe einer wahrscheinlichkeitstheoretisch begründeten Methode zur Bestimmung der Zahl π. KARL PEARSON (1857-1936) leistete in England Bedeutendes auf den Gebieten der angewandten und der mathematischen Statistik sowie der Biomathematik.

Die Wahrscheinlichkeit eines Ereignisses wird als eine relative Häufigkeit bei sehr vielen Wiederholungen des Zufallsexperimentes gedeutet. Immerhin ist nach den Angaben von Tab. 2.8 für $N = 24 000$ die beobachtete relative Häufigkeit 0.5005 sichtbar von der Wahrscheinlichkeit $P(A) = 0.5$ verschieden.

Geometrische Definition der Wahrscheinlichkeit

Ein Zufallsexperiment stelle man sich so vor, dass der Grundraum Ω sowie die Ereignisse als Flächen interpretierbar sind. Die Durchführung des Experiments lasse sich als zufälliges Werfen eines Punktes auf die (wieder Ω genannte) Grundfläche auffassen, wobei der geworfene Punkt auf jeden beliebigen Punkt von Ω fallen kann. Das Ereignis A ist eingetreten, wenn der geworfene Punkt in A fällt. Den Ereignissen entsprechen Teilmengen von Ω. Stimmen Flächeninhalte überein, so sollen die korrespondierenden Ereignisse gleiche Wahrscheinlichkeit haben und umgekehrt.

> **_Geometrische Definition der Wahrscheinlichkeit:_**
> $$P(A) = \frac{\text{Flächeninhalt der } A \text{ entsprechenden Teilfläche von } \Omega}{\text{Flächeninhalt von } \Omega}$$

Aufgrund dieser Definition kann man bei bekannter Wahrscheinlichkeit eine experimentelle Methode zur Flächenberechnung angeben.

Beispiel 2.9

Ein Quadrat der Seitenlänge a sei der Grundraum Ω. Als Teilfläche davon interessiere der einbeschriebene Kreis mit dem Durchmesser a. Sein Flächeninhalt soll experimentell bestimmt werden. Mit der Kreisfläche identifiziert man ein Ereignis A so: Falls ein zufällig auf das Quadrat geworfener Punkt im Kreis liegt, sei A eingetreten. Vorausgesetzt sei, dass alle Punkte des Quadrates die gleiche Chance haben, beim zufälligen Wurf getroffen zu werden. Die unbekannte Kreisfläche heiße FK. Nach der geometrischen Definition der Wahrscheinlichkeit gilt

$$P(A) = FK / a^2$$

andererseits liefert die klassische Definition der Wahrscheinlichkeit

$$P(A) = \frac{\text{Anzahl der Trefferpunkte des Kreises}}{\text{Anzahl aller geworfenen Punkte}}$$

eine Möglichkeit, $P(A)$ durch die relativen Häufigkeiten anzunähern. Damit hat man die Kreisfläche

$$FK = a^2 \cdot P(A)$$

um so genauer, je mehr Experimente zur Bestimmung von $P(A)$ erfolgen. Aus

$$FK = \pi \cdot (a/2)^2$$

sehen wir, dass mit $P(A)$ die Zahl π bestimmt werden kann: $\pi = 4 \cdot P(A)$ oder experimentell

$$\pi \approx 4 \, \frac{\text{Anzahl Trefferpunkte des Kreises}}{\text{Anzahl der geworfenen Punkte}}.$$

Das soeben geschilderte Verfahren ist am Computer realisiert worden. Es ist ein elementares Beispiel für sogenannte **Monte-Carlo-Methoden**. Die Abb. 2.15 gibt „Trefferbilder" von zufällig geworfenen Punkten auf Kreisflächen an. Die Tab. 2.9 zeigt, dass mit wachsender

Anzahl zufälliger Punkte das Ergebnis „stochastisch" besser wird, weil die Schätzungen für π vermutlich immer besser ausfallen.

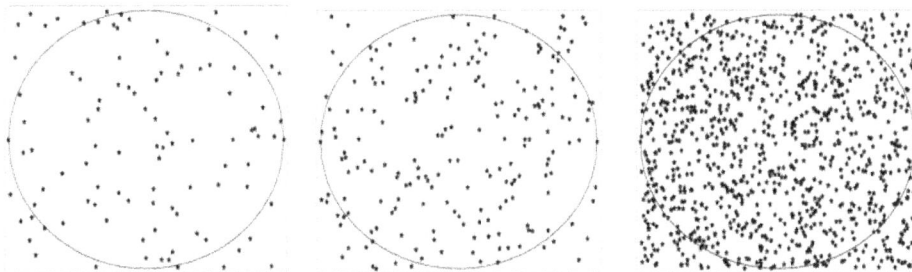

Abb. 2.15 Illustration der Monte-Carlo-Methode. Von links nach rechts werden 100, 200 bzw. 1 000 gleichverteilte Punkte zufällig auf die Quadratfläche platziert. Der Anteil der Punkte, die die Kreisfläche treffen, entspricht etwa dem Flächenanteil des Kreises.

Tab. 2.9   Stochastische Konvergenz der Schätzungen für π = 3.14159 in Abhängigkeit vom Simulationsumfang der Monte-Carlo-Methode

Anzahl Punkte	Kreistreffer	Schätzung für π
50	41	3.28
100	76	3.04
200	165	3.30
1 000	785	3.14
10 000	7 862	3.1448

◄

Subjektive Wahrscheinlichkeit
Sind Zufallsexperimente (im abstrakten Sinne) beispielsweise aus ethischen Gründen nicht wiederholbar, so lässt sich aus vorliegenden Informationen oft eine subjektive Wahrscheinlichkeit angeben.

> Überzeugungen, Erfahrungen oder Expertenmeinungen sind subjektive Wahrscheinlichkeiten.

Beispiel 2.10
Prof. Dr. mult. X referiert auf einem internationalen Kongress: „Das Auftreten schwerer Nebenwirkungen bei Medikament *Y* ist unwahrscheinlich."

◄

Wenngleich dieser Wahrscheinlichkeitsbegriff mit Blick auf Allgemeingültigkeit und Exaktheit der Definition der schwächste der hier diskutierten ist, so wird man seine Bedeutung und Berechtigung für viele Situationen nicht bezweifeln wollen.
Das vorangehende Beispiel weist auch auf die Schwierigkeit hin, Wahrscheinlichkeitsangaben verbal zu vermitteln. In einer Studie haben BRYANT/NORMAN (1980) beobachtet, dass die befragten Ärzte den Begriff „unwahrscheinlich" mit Wahrscheinlichkeiten zwischen 0.01 und 0.93 bewerteten. Man wird Wahrscheinlichkeitsaussagen in der Regel als Zahlenwerte mitteilen.

Wahrscheinlichkeit und Chance

Umgangssprachlich benennt man Wahrscheinlichkeit auch, indem die Chance für das Eintreten eines zufälligen Ereignisses angegeben wird. Die Aussagen „Die Wahrscheinlichkeit für den Wurf einer Sechs beim Würfeln ist 1/6" und „Die Chance für den Wurf einer Sechs beim Würfeln ist 1/5" sind gleichbedeutend.

> Die **Chance** (englisch: **odds**) $CH(A)$ eines Ereignisses A ist der Quotient aus den Wahrscheinlichkeiten seines Eintretens und seines Nichteintretens,
>
> $$CH(A) = \frac{P(A)}{1-P(A)}.$$

Wie können Wahrscheinlichkeiten und Chancen ineinander umgerechnet werden? Bezeichnet A den Wurf einer Sechs, so hat man

$$CH(A) = \frac{P(A)}{1-P(A)} = \frac{1/6}{1-1/6} = \frac{1/6}{5/6} = \frac{1}{5} = 0.2 \,.$$

Soll aus der gegebenen Chance die korrespondierende Wahrscheinlichkeit berechnet werden, ist von

$$P(A) = \frac{CH(A)}{1+CH(A)}$$

auszugehen. Mit der Chance $CH(A) = 1/5 = 0.2$ errechnet sich die Wahrscheinlichkeit

$$P(A) = \frac{0.2}{1+0.2} = \frac{0.2}{1.2} = \frac{1}{6}.$$

Die Chance $CH(Op) = 128/4 = 32$ für eine erfolgreiche Operation ist eine Zahl größer als Eins und ergibt als Wahrscheinlichkeit

$$P(Op) = \frac{CH(Op)}{1+CH(Op)} = \frac{32}{1+32} = \frac{32}{33} = 0.97 \,.$$

> Für $A \in \wp(\Omega)$ gilt $P(A) + P(\overline{A}) = 1$ sowie $CH(A) \cdot CH(\overline{A}) = 1$.

Strebt $P(A_n)$ gegen Null für n gegen Unendlich für eine Folge $\{A_n,\ n \in N\}$ von Ereignissen, so gilt dies auch für $CH(A_n)$. Strebt $P(A_n)$ gegen Eins, so wächst $CH(A)$ unbeschränkt.

Der Gebrauch der Begriffe Chance (odds) und Chancenverhältnis (odds ratio) ist in der Epidemiologie sehr verbreitet.

2.2.3 Unabhängige Ereignisse, bedingte Wahrscheinlichkeit

In diesem Abschnitt werden Wahrscheinlichkeiten für das Eintreten zweier Ereignisse A und B aus $\wp(\Omega)$ studiert. Die Wahrscheinlichkeiten dieser Ereignisse sind nicht zeitabhängig. Zunächst stelle man sich ihre Realisierungen als gleichzeitig vor. Sind A und B disjunkt, kann die Wahrscheinlichkeit von $A \cup B$ gemäß Axiom 3 des Axiomensystems von KOLMOGOROV als Summe der Einzelwahrscheinlichkeiten errechnet werden. Sofern A und B stochastisch unabhängig sind, ist die Wahrscheinlichkeit von $A \cap B$ das Produkt der Einzelwahrschein-lichkeiten. Sind keine der genannten Bedingungen erfüllt, können $P(A \cup B)$ und $P(A \cap B)$ nicht aus der Kenntnis von $P(A)$ und $P(B)$ ermittelt werden.

Nun soll das Zufallsexperiment zweimal nacheinander durchgeführt werden, wobei die Er-eignisse A und dann B auftreten mögen. Neben der Wahrscheinlichkeit $P(A)$ kann man nach der Wahrscheinlichkeit $P(A \mid B)$ für A unter der Bedingung, dass B eingetreten ist, fragen.

Die hier vermittelte Vorstellung vom zeitlichen Bezug der Ereignisse A und B ist für die wahrscheinlichkeitstheoretische Behandlung der bedingten Wahrscheinlichkeit $P(A \mid B)$ nicht erforderlich. Sie motiviert jedoch die üblichen Bezeichnungen von $P(A)$ als a-priori-Wahrscheinlichkeit und von $P(A \mid B)$ als a-posteriori-Wahrscheinlichkeit. Der Epidemiologe wird den Zeitbezug von „Krankheit" und „Exposition" jedoch in der umgekehrten Abfolge sehen, wenn er sich für die bedingte Wahrscheinlichkeit $P(\text{„krank"} \mid \text{„exponiert"})$ interessiert. Es mag deshalb vorteilhaft sein, den Übergang von $P(A)$ zu $P(A \mid B)$ als Folgerung aus den Zusatzinformationen zu interpretieren, die aus der zusätzlichen Kenntnis von B möglicher-weise erwachsen sind.

> **_Definition:_**
> Gilt $P(A \cap B) = P(A) \cdot P(B)$ für zwei Ereignisse A und B aus $\wp(\Omega)$, so heißen diese Ereignisse **stochastisch unabhängig**. Besteht diese Gleichung nicht, so heißen A und B **stochastisch abhängige** Ereignisse.

Das Wort „**stochastisch**" bedeutet soviel wie „zufällig". Man unterscheide die Begriffe „dis-junkte bzw. unvereinbare Ereignisse" und „stochastisch unabhängige Ereignisse"!

Beispiel 2.11
In einer Studie über den Gesundheitszustand einer Population sind Angaben zur Adipositas erfasst. Da der Einfluss von Umweltfaktoren interessiert, werden Angaben über Ehepaare analysiert. Die angegebenen Zahlen sind fiktiv. Bekannt seien für die Ereignisse M (Ehemann ist adipös) und F (Ehefrau ist adipös) die Wahrscheinlichkeiten $P(M) = 0.35$ und $P(F) = 0.40$. Was lässt sich daraus ableiten über die Wahrscheinlichkeit $P(M \cap F)$, dass beide Ehepartner adipös sind?

Ohne weitere Voraussetzungen kann aus der Kenntnis von $P(M)$ und $P(F)$ nicht auf $P(M \cap F)$ geschlossen werden!

Steht man auf dem Standpunkt, die Adipositas ist ausschließlich genetisch determiniert, so sind M und F stochastisch unabhängig. Dabei wird beispielsweise unterstellt, dass die Lei-besfülle kein Kriterium bei der Partnerwahl war und dass die gemeinsame Lebensführung eines Paares ohne Einfluss auf die Körpergewichte ist. In diesem Falle errechnet man $P(M \cap F) = P(M) \cdot P(F) = 0.35 \cdot 0.4 = 0.14$.

Diese Zahl ist erwartungsgemäß von der ebenfalls in der Studie festgestellten Wahrscheinlichkeit 0.29 des gleichzeitigen Auftretens von Adipositas bei beiden Ehepartnern verschieden. Umweltfaktoren spielen bei dem genannten Krankheitsbild also eine Rolle.

Bemerkung: Die Wahrscheinlichkeiten sind bekannt, wenn die Studie eine Totalerhebung
darstellt. Anderenfalls sind zur Behandlung der Fragestellung statistische Methoden der
Kontingenztafelanalyse anzuwenden.
Für das Beispiel soll der korrespondierende Wahrscheinlichkeitsraum angegeben werden.
Der Grundraum Ω besteht aus den vier Elementen (*wa, mna*), (*wa, ma*), (*wna, mna*) und
(*wna, ma*). Dies sind die möglichen Paar-Konstellationen (Frau adipös, Mann nicht adipös),
(Frau adipös, Mann adipös), (Frau nicht adipös, Mann nicht adipös) und (Frau nicht adipös,
Mann adipös). Damit kennt man auch die Ereignisalgebra. Die Wahrscheinlichkeiten für die
Elemente des Grundraumes sind in der Tab. 2.10 angegeben. Die Kenntnis der Wahrschein-
lichkeiten in den gekennzeichneten Feldern genügt, um die vollständigen Angaben durch
elementare Rechnungen zu rekonstruieren.

Könnte man die Unabhängigkeit der Ereignisse voraussetzen, ließen sich die Wahrscheinlichkeiten für die Elemente von Ω durch Produktbildung berechnen (s. Tab. 2.11). In
diesem Falle würden die beiden Angaben in den markierten Feldern zur vollständigen
Kenntnis aller Wahrscheinlichkeiten ausreichen.

Tab. 2.10 Wahrscheinlichkeiten für Adipositas bei Ehepaaren in einer Population (Angaben fiktiv)

		männlich		
		nicht adipös	adipös	Σ
	adipös	0.11	0.29	0.40
weiblich	nicht adipös	0.54	0.06	0.60
	Σ	0.65	0.35	1.0

Tab. 2.11 Wahrscheinlichkeiten für Adipositas bei Ehepaaren, berechnet unter der Unabhängigkeitsvoraussetzung
(Angaben fiktiv).

		männlich		
		nicht adipös	adipös	Σ
	adipös	0.26	0.14	0.40
weiblich	nicht adipös	0.39	0.21	0.60
	Σ	0.65	0.35	1.0

Soll das zufällige Ereignis „krank" unter einer Einflussgröße bzw. Bedingung „Exposition"
bewertet werden, ist die Begriffsbildung „bedingte Wahrscheinlichkeit" grundlegend. Ein
einleitendes artifizielles Beispiel soll von bedingten relativen Häufigkeiten zu bedingten
Wahrscheinlichkeiten überleiten. Anschließend wird auf die Möglichkeit der Charakterisierung diagnostischer Verfahren und die Verknüpfung von a-priori- und a-posteriori-Aussagen
eingegangen.

Beispiel 2.12
An 100 Schülern und Schülerinnen wurden Rauchgewohnheiten beobachtet.

Tab. 2.12 R Rauchgewohnheiten bei Schülern und Schülerinnen

Rauchen	Geschlecht		
	m	w	Σ
R	32	30	62
NR	23	15	38
Σ	55	45	100

Die relativen Häufigkeiten sind

$h(w)$	$= 45/100 = 0.45$	für „weiblich",
$h(R)$	$= 62/100 = 0.62$	für „Raucher ja" und
$h(R \cap w)$	$= 30/100 = 0.30$	für „Raucher ja und weiblich".

Diese Aussagen beziehen sich auf alle 100 beobachteten Schüler. Selbstverständlich ist es auch sinnvoll, für die Schülerinnen und für die Schüler die relative Häufigkeit für das Rauchen anzugeben. Das ist die **bedingte relative Häufigkeit** von Rauchen unter der Bedingung „w" $h(R \mid w) = 30/45$, bzw. die bedingt relative Häufigkeit von Raucher unter der Bedingung „m" $h(R \mid m) = 32/55$.

Die Ergebnismenge $\Omega = \{(R, w), (NR, w), (R, m), (NR, m)\}$ erfährt durch die Bedingung „w" eine disjunkte Zerlegung.

Wie anhand der Vierfeldertafel nachvollziehbar ist, bestehen die Beziehungen

$$h(R \mid w) = \frac{H(R \cap w)}{H(w)} = \frac{\dfrac{H(R \cap w)}{H(w) + H(m)}}{\dfrac{H(w)}{H(w) + H(m)}} = \frac{h(R \cap w)}{h(w)}.$$

Die bedingte relative Häufigkeit $h(R \mid w)$ ist damit auf die relativen Häufigkeiten $h(R \cap w)$ und $h(w)$ zurückgeführt. Analog gilt

$$h(R \mid m) = \frac{h(R \cap m)}{h(m)}.$$

Das vorangehende Beispiel motiviert den Begriff der bedingten Wahrscheinlichkeit.

Definition:

Die **bedingte Wahrscheinlichkeit** $P(A \mid B)$ eines Ereignisses A unter der Bedingung B ist

$$P(A \mid B) = \frac{P(A \cap B)}{P(B)}.$$

Zurück zum letzten Beispiel: Rauchen tritt in Verbindung mit den zwei disjunkten Ereignissen „m" und „w" auf,

$$R = (R \cap w) \cup (R \cap m).$$

Aus $m \cap w = \emptyset$ folgt $(R \cap m) \cap (R \cap w) = \emptyset$. Gemäß Axiom 3 erhält man daraus

$$P(R) = P\big((R \cap w) \cup (R \cap m)\big) = P(R \cap w) + P(R \cap m).$$

Erweitern ergibt

$$P(R) = \frac{P(R \cap w)}{P(w)} P(w) + \frac{P(R \cap m)}{P(m)} P(m),$$

Verwendung der Definition der bedingten Wahrscheinlichkeit führt auf

$$P(R) = P(R \mid w) \cdot P(w) + P(R \mid m) \cdot P(m).$$

Die relativen Häufigkeiten des letzten Beispiels seien für die Wahrscheinlichkeiten der in Rede stehenden Ereignisse (in Bezug auf eine nicht näher charakterisierte Grundgesamtheit!) genommen. Man rechnet nach:

$h(w) = 55/100$, $h(m) = 45/100$ sowie

$h(R) = h(R \mid w)\, h(w) + h(R \mid m)\, h(m) = 32/55 \cdot 55/100 + 30/45 \cdot 45/100 = 62/100.$ ◄

Diese Überlegungen werden verallgemeinert formuliert als

Satz von der totalen Wahrscheinlichkeit:
Es seien A_1, ..., A_k paarweise disjunkte Ereignisse, deren Vereinigung Ω ergibt. Dann gilt für ein Ereignis B

$$P(B) = \sum_{i=1}^{k} P(B \mid A_i)\, P(A_i).$$

Die Wahrscheinlichkeit für das Eintreffen sowohl des Ereignisses A als auch des Ereignisses B beschreibt der

---

Multiplikationssatz für Wahrscheinlichkeiten:
Für stochastisch unabhängige Ereignisse A und B gilt $P(A \cap B) = P(A) P(B)$, sonst ist

$$P(A \cap B) = P(A \mid B) P(B) = P(B \mid A) P(A).$$

Damit hat man die Möglichkeit, den Begriff „stochastisch unabhängige Ereignisse" im Zusammenhang mit dem Begriff „bedingte Wahrscheinlichkeit" zu erklären. Für A und B stochastisch unabhängig gilt nämlich

$$P(A \mid B) = \frac{P(A \cap B)}{P(B)} = \frac{P(A) P(B)}{P(B)} = P(A).$$

Die Bedingung B ist hier für die Wahrscheinlichkeit von A ohne Belang. Der Multiplikationssatz und der Satz von der totalen Wahrscheinlichkeit werden nun miteinander verknüpft. Durch Umstellen der Formel wird der Multiplikationssatz zu

$$P(A \mid B) = \frac{P(B \mid A) P(A)}{P(B)}.$$

Für das $P(B)$ im Nenner substituiert man gemäß dem Satz von der totalen Wahrscheinlichkeit $P(B) = P(B \mid A) P(A) + P(B \mid \overline{A}) P(\overline{A})$, denn es gelten $A \cap \overline{A} = \emptyset$ und $A \cup \overline{A} = \Omega$.

Damit entsteht die

BAYES'sche Formel

$$P(A \mid B) = \frac{P(B \mid A) \cdot P(A)}{P(B \mid A) \cdot P(A) + P(B \mid \overline{A}) \cdot P(\overline{A})}.$$

Die Wahrscheinlichkeit von A unter der Bedingung des Eintretens von B kann also berechnet werden, wenn die auf der rechten Seite der BAYES'schen Formel genannten Wahrscheinlichkeiten bekannt sind.

Wahrscheinlichkeiten werden unter dem Einfluss von Informationen modifiziert.

Die BAYES'sche Formel ist eine Vorschrift, nach der aus der **a-priori-Wahrscheinlichkeit** $P(A)$ die **a-posteriori-Wahrscheinlichkeit** $P(A \mid B)$ berechnet wird, wenn die Zusatzinformationen $P(B \mid A)$ und $P(\overline{B} \mid \overline{A})$ bekannt sind. Sofern $P(B \mid A) = P(B \mid \overline{A}) = 1 - P(\overline{B} \mid \overline{A})$ gilt, erhält man aus der BAYES'schen Formel $P(A \mid B) = P(A)$.
Es sind dann A und B stochastisch unabhängig.

Beispiel 2.13

Arzt 1 sieht einen Patienten mit Symptomen der Krankheit A. Er konsultiert Arzt 2, einen versierten Kollegen. Sie kommen gemeinsam zu der Auffassung, dass der Patient mit einer Wahrscheinlichkeit von 0.6 an A erkrankt ist. Weitere Untersuchungen ergeben eine Zusatzinformation: Der Patient leidet auch an Krankheit B. Arzt 2 entsinnt sich einer seriösen Publikation, in der mitgeteilt wurde, dass 80% aller Patienten mit A auch an B leiden, umgekehrt Patienten mit B ohne A sehr selten (1 %) sind. Man ist sich nun ziemlich sicher, dass der Patient an A leidet.
Nach der BAYES'schen Formel berechnet sich die a-posteriori-Wahrscheinlichkeit $P(A \mid B)$ aus $P(A) = 0.6$, $P(\overline{A}) = 0.4$, $P(B \mid A) = 0.80$ und $P(B \mid \overline{A}) = 0.01$ zu

$$P(A \mid B) = \frac{0.8 \cdot 0.6}{0.8 \cdot 0.6 + 0.4 \cdot 0.01} = 0.9917.$$

Sie ist erheblich größer als die a-priori-Wahrscheinlichkeit $P(A) = 0.6$.

◄

Werden anstelle der Wahrscheinlichkeiten von Ereignissen deren Chancen betrachtet, erhält man für die etwas kompliziert strukturierte Formel von BAYES eine einprägsamere Darstellung. Für die bedingten Wahrscheinlichkeiten

$$P(A \mid B) = \frac{P(B \mid A) \cdot P(A)}{P(B \mid A) \cdot P(A) + P(B \mid \overline{A}) \cdot P(\overline{A})}$$

und

$$P\left(\overline{A}\mid B\right)=\frac{P\left(B\mid\overline{A}\right)\cdot P\left(\overline{A}\right)}{P\left(B\mid\overline{A}\right)\cdot P\left(\overline{A}\right)+P\left(B\mid A\right)\cdot P\left(A\right)}$$

bildet man den Quotienten

$$\frac{P\left(A\mid B\right)}{P\left(\overline{A}\mid B\right)}=\frac{P\left(B\mid A\right)\cdot P\left(A\right)}{P\left(B\mid\overline{A}\right)\cdot P\left(\overline{A}\right)}\ .$$

Unter Beachtung der Definition für die Chance eines Ereignisses ist dies

$$CH\left(A\mid B\right)=\frac{P\left(B\mid A\right)}{P\left(B\mid\overline{A}\right)}\cdot CH\left(A\right)\ .$$

Der erste Faktor auf der rechten Seite der letzten Formel heißt **Likelihood-Quotient** $L\left(B\mid\left(A,\overline{A}\right)\right)$ für B bezüglich A und $\overline{A}$,

$$L\left(B\mid\left(A,\overline{A}\right)\right)=\frac{P\left(B\mid A\right)}{P\left(B\mid\overline{A}\right)}\ .$$

Die äquivalente Formulierung zur BAYES`schen Formel lautet damit:

Die **a-posteriori-Chance** $CH(A\mid B)$ ergibt sich aus der **a-priori-Chance** $CH(A)$ durch Multiplikation mit dem Likelihood-Quotienten für B bezüglich A und $\overline{A}$.

Beispiel 2.14
Das vorangegangene Beispiel 2.13 wird wieder aufgegriffen. Die Chance $CH(A)$ für die Krankheit A errechnet sich aus der Wahrscheinlichkeit $P(A)$ für A zu

$$CH\left(A\right)=\frac{P\left(A\right)}{1-P\left(A\right)}=\frac{0.60}{0.40}=1.5.$$

Mit $P(B\mid A)=0.80$ und $P\left(B\mid\overline{A}\right)=0.01$ ergibt sich ein Likelihood-Quotient $L\left(B\mid\left(A,\overline{A}\right)\right)$ für die Krankheit B bezüglich der Alternative Krankheit A vorhanden versus Krankheit A nicht vorhanden von

$$L\left(B\mid\left(A,\overline{A}\right)\right)=\frac{P\left(B\mid A\right)}{P\left(B\mid\overline{A}\right)}=\frac{0.80}{0.01}=80\ .$$

Damit hat man eine a-posteriori-Chance $CH(A\mid B)$ für A unter der Zusatzinformation, dass der Patient auch an B leidet, von $CH(A\mid B)=L\cdot CH(A)=80\cdot1.5=120.$
Dieser Chance $CH(A\mid B)=120$ entspricht die a-posteriori-Wahrscheinlichkeit

$$P\left(A\mid B\right)=\frac{CH\left(A\mid B\right)}{1+CH\left(A\mid B\right)}=\frac{120}{121}=0.9917,$$

die oben nach der BAYES`schen Formel ebenfalls errechnet wurde.

◄

Wie kann der Likelihood-Quotient interpretiert werden? Zunächst vergegenwärtigt man sich am Beispiel, dass die bedingte Wahrscheinlichkeit $P(B \mid A)$ zum Ausdruck bringt, das Vorliegen von Krankheit B ist ein Indiz **für** das Vorliegen von Krankheit A. Umgekehrt, $P\left(B \mid \overline{A}\right)$ drückt aus, dass das Vorliegen von Krankheit B **gegen** das Vorliegen von Krankheit A spricht. Wenn nun Krankheit B festgestellt ist, so spricht $L\left(B \mid \left(A, \overline{A}\right)\right) < 1$ **gegen** Vorliegen von Krankheit A, $L\left(B \mid \left(A, \overline{A}\right)\right) > 1$ jedoch **dafür**.
$L\left(B \mid \left(A, \overline{A}\right)\right) = 1$ bedeutet, dass man aus dem Vorliegen von Krankheit B nichts über Krankheit A hinzu erfährt. Die Ereignisse „Krankheit A" und „Krankheit B" sind in diesem Falle stochastisch unabhängig.
Auch bei der Charakterisierung diagnostischer Tests (siehe Abschnitt 3.3.3) bieten Likelihood-Quotienten gute Interpretationshilfen. Für ein positives diagnostisches Testergebnis T ergibt sich der Likelihood-Quotient

$$L = L^+ = \frac{P(T \mid K)}{P(T \mid NK)} \; .$$

Analog hat man für ein negatives diagnostisches Testergebnis NT

$$L = L^- = \frac{P(NT \mid K)}{P(NT \mid NK)} \; .$$

Die a-posteriori-Chance $CH(K \mid T)$ für Krankheit bei positivem Ergebnis des diagnostischen Tests ergibt sich aus der a-priori-Chance $CH(K)$ für die Krankheit als

$$CH(K \mid T) = L^+ \cdot CH(K) \, .$$

Entsprechend gilt $CH(NK \mid NT) = L^- \cdot CH(NK)$.

Beispiel 2.15
Die a-priori-Chance $CH(K)$ für „krank" ergibt sich aus der Prävalenz $P(K) = 0.1$ als

$$CH(K) = \frac{P(K)}{P(NK)} = \frac{0.1}{0.9} = \frac{1}{9} = 0.11 \, .$$

Für einen diagnostischen Test mit der Sensitivität $P(T \mid K) = 0.95$ und der Spezifität $P(NT \mid NK) = 0.98$ ist der Likelihood-Quotient L^+ für ein positives Testergebnis

$$L^+ = \frac{P(T \mid K)}{P(T \mid NK)} = \frac{0.95}{0.02} = 47.5 \, .$$

Damit errechnet sich eine a-posteriori-Chance für Krankheit bei positivem Testergebnis
$$CH(K \mid T) = L^+ \cdot CH(K) = 47.5 \cdot 0.11 = 5.27 :$$
Dies entspricht einer a-posteriori-Wahrscheinlichkeit

$$P(K \mid T) = \frac{CH(K \mid T)}{1 + CH(K \mid T)} = \frac{5.27}{6.27} = 0.84 \, .$$

Das ist der in Abschnitt 3.3.3 definierte und für die gleichen Daten dort beispielhaft berechnete positive prädiktive Wert.

◀

2.2.4   Zufallsgröße, Verteilungsfunktion

Das Zufallsexperiment als ein realer Vorgang kann eine Ergebnismenge besitzen, die keine Zahlenmenge ist. „Wappen" oder „Zahl" beim Münzwurf, sowie „bestanden" oder „nicht bestanden" (bzw. ein Leistungsprädikat) als Klausurergebnis sind Beispiele. Um ein Zufallsgeschehen mathematisch beschreiben zu können, abstrahiert man vom sachlichen Kontext.

> Werden den Ergebnissen bzw. den Ereignissen eines Zufallsexperiments reelle Zahlen zugeordnet, so heißt diese Zuordnung **Zufallsvariable** bzw. **Zufallsgröße**. Der Wert, der im konkreten Falle durch diese Zufallsgröße angenommen wird, heißt **Realisierung** der Zufallsgröße.

In Übereinstimmung mit der Konvention sollen X eine Zufallsgröße und x eine Realisierung von X bezeichnen.

Beispiel 2.16
Die Tab. 2.13 enthält Resultate dreimaligen Münzwurfes sowie die Realisierungen einer Zufallsgröße. Welches Ereignis ist dieser Zufallsgröße assoziiert?
Das interessierende Ereignis ist die Anzahl des Auftretens von *„Wappen"* bei 3 Würfen. Ihm ist die Zufallsvariable X zugeordnet, die als Realisierung die Zahlenwerte 0, 1, 2 oder 3 hat.

Tab. 2.13 Ergebnisse dreimaligen Münzwurfes und zugeordnete Realisierungen einer Zufallsgröße

Realisierung x der Zufallsgröße X	entsprechendes Ereignis
0	(Z, Z, Z)
1	(W, Z, Z), (Z, W, Z), (Z, Z, W)
2	(W, W, Z), (W, Z, W), (Z, W, W)
3	(W, W, W)

◀

Beispiel 2.17
Sieht man die Mathematikklausur als Zufallsexperiment an (natürlich rein abstrakt), so wird mit der Zahlenzuweisung zum standardisierten Leistungsprädikat, also der Klausurnote, die Zufallsvariable benannt. Ihre möglichen Realisierungen sind 1, 2, 3, 4, 5 und 6.

◀

Beim Münzwurf wird das Resultat erst dann zur Zufallsvariablen, wenn es als Zahl ausgedrückt wird. Beispiel einer Codierung: 0 entspreche „*W*", 1 entspreche „*Z*".
Jede Messung bewirkt eine Abbildung der Ergebnisse eines Zufallsexperiments in die Zahlenmenge $\mathbb{R}$. Die Geburtsmasse eines Kindes ist eine Zufallsgröße X, eine Realisierung beispielsweise der Messwert $x = 3340$ g. Die Verwendung des amerikanischen Gewichtssystems erfordert die Betrachtung einer anderen Zufallsgröße Y. Die angegebene Realisierung von X korrespondiert mit der Realisierung $y = 117.8$ oz (ounces) von Y.

Eine **diskrete Zufallsgröße** besitzt nur endlich viele oder abzählbar unendlich viele verschiedene Werte. Nimmt sie insbesondere nur zwei verschiedene Werte an, so heißt sie **dichotom**. Die Realisierungen einer **stetigen Zufallsgröße** können beliebige reelle Zahlen aus einem Intervall annehmen.

Vergleiche dazu die Begriffsbildungen „diskretes Merkmal" und „stetiges Merkmal" aus der beschreibenden Statistik! Beispiel für eine stetige Zufallsgröße ist die Geburtsmasse, die man durch eine (praktisch nicht mögliche) Messung beliebiger Genauigkeit feststellen könnte.

Definition:
> Für eine diskrete Zufallsgröße X mit den Werten x_1, x_2, x_3, ... ist ihre **Wahrscheinlichkeitsfunktion** durch $p_i = P(X = x_i)$ gegeben.

Beispiel 2.18
Für die in Tab. 2.13 angegebene Zufallsgröße X lautet die Wahrscheinlichkeitsfunktion

$$P(X = x) = \begin{cases} \frac{1}{8} & \text{für } x = 0 \\ \frac{3}{8} & \text{für } x = 1 \\ \frac{3}{8} & \text{für } x = 2 \\ \frac{1}{8} & \text{für } x = 3 \ . \end{cases}$$

Sie ist in der nachfolgenden Abbildung dargestellt. Der Graph sind die vier Punkte, deren Lage durch die senkrechten Striche markiert wird, nicht diese Striche !

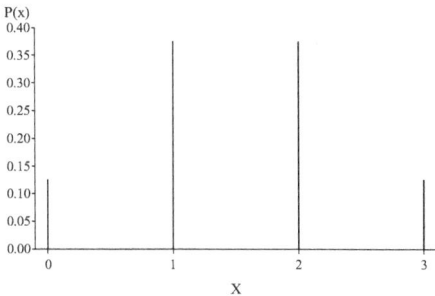

Abb. 2.16 Wahrscheinlichkeiten für die Anzahlen von „Wappen" bei dreimaligem Münzwurf

◄

Definition:
> Eine Abbildung F_X von $\mathbb{R}$ in $[0,\ 1]$ mit $F_X(x) = P(X \leq x)$ heißt **Wahrscheinlichkeitsverteilung** oder **Verteilungsfunktion** einer Zufallsgröße X.

Für eine diskrete Zufallsgröße X gilt

$$F_X(x) = \sum_{x_i \leq x} P(X = x_i),$$

d.h. der Wert der Verteilungsfunktion an der Stelle x ist die Summe aller Wahrscheinlichkeiten in den Punkten x_i kleiner oder gleich x. Aus der Definition der Verteilungsfunktion leitet man folgende Aussage ab: Die Wahrscheinlichkeit, dass die Zufallsgröße X im Intervall $(a, b]$ liegt, ist die Differenz der Werte der Verteilungsfunktion in den Intervallendpunkten;

$$P(a < X \leq b) = F_X(b) - F_X(a).$$

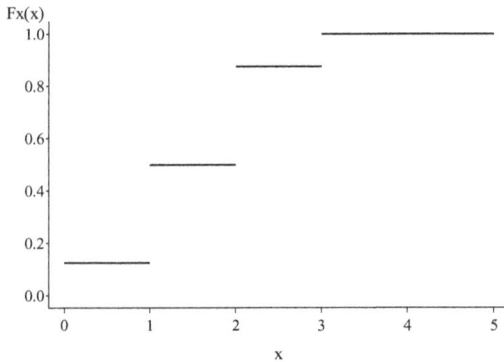

Abb. 2.17 Wahrscheinlichkeitsverteilung für die Anzahlen an „Wappen" bei dreimaligem Münzwurf

Beispiel 2.19

Für das in Tab. 2.13 gegebene Beispiel ist die Verteilungsfunktion

$$F_X(x) = P(X \leq x) = \begin{cases} 0 & \text{für } x < 0 \\ \frac{1}{8} & \text{für } 0 \leq x < 1 \\ \frac{4}{8} & \text{für } 1 \leq x < 2 \\ \frac{7}{8} & \text{für } 2 \leq x < 3 \\ 1 & \text{für } x \geq 3 \end{cases}$$

in Abb. 2.17 dargestellt. Es gilt $P(1 < X \leq 2) = F_X(2) - F_X(1) = 3/8$, jedoch ist $P(1 \leq X \leq 2) = P(1 < X \leq 2) + P(X = 1) = 3/8 + 3/8 = 6/8$. Bei dieser diskreten Zufallsgröße ist für den linken Intervallendpunkt $P(X = 1) = 3/8$ zu berücksichtigen.

◀

Definition:

Ausgehend von einem Wahrscheinlichkeitsraum $[\Omega, \wp(\Omega), P_\Omega]$ nennt man eine auf Ω definierte reellwertige Funktion X eine (reelle) Zufallsgröße über diesem Wahrscheinlichkeitsraum, wenn für alle $x \in \mathbb{R}$ gilt

$$\{X \leq x\} = \{\omega \in \Omega : X(\omega) \leq x\} \in \wp(\Omega).$$

Die Verteilungsfunktionen diskreter Zufallsgrößen sind stets Treppenfunktionen. Ist X eine stetige Zufallsgröße, so hat im Unterschied zu einer diskreten Zufallsgröße eine einzelne Realisierung x von X stets die Wahrscheinlichkeit Null, $P(X = x) = 0$.

Verteilungsfunktionen über einem Wahrscheinlichkeitsraum sind durch die folgenden Eigenschaften charakterisiert.

- $F_X(x)$ ist stets positiv und monoton wachsend

- $\lim\limits_{x \to -\infty} F_X(x) = 0$, $\lim\limits_{x \to +\infty} F_X(x) = 1$
- $F_X(x)$ ist rechtsseitig stetig .

Umgekehrt, jede reelle Funktion mit ebendiesen Eigenschaften ist Verteilungsfunktion einer Zufallsgröße über einem gewissen Wahrscheinlichkeitsraum. Diese Dualität zu kennen ist für die Anwendung der Wahrscheinlichkeitsrechnung wichtig, denn die Interpretation von wahrscheinlichkeitsbezogenen Datenauswertungen erfordert Klarheit über das verwendete wahrscheinlichkeitstheoretische Modell der beobachteten Realität! Weitergehende Betrachtungen dazu sollen hier nicht erfolgen. Interessenten ist zu empfehlen, sich tiefer mit Wahrscheinlichkeitstheorie zu befassen.

Für eine stetige Zufallsgröße kann die Verteilung der Wahrscheinlichkeitsmasse Eins über den Variationsbereich der Zufallsgröße durch die Angabe einer Dichtefunktion beschrieben werden.

Definition:

      Es sei X eine stetige Zufallsgröße mit der Verteilungsfunktion F_X *(x)*. Eine nichtnegative reelle Funktion $f_X(x)$ mit der Eigenschaft

$$\int\limits_{-\infty}^{x} f_X(\xi)\, d\xi = F_X(x) \quad \text{für alle } x \in \mathbb{R}$$

heißt **Wahrscheinlichkeitsdichte**, **Dichtefunktion** oder **Dichte** der Verteilungsfunktion $F_X(x)$.

Die Verwendung von ξ in obiger Formel machte sich notwendig, weil x als Integrationsgrenze benötigt wird. Für das Argument von f_X nimmt man ein neues Symbol.
Wollte man sich ein Beispiel beschaffen, das der realen Erfahrung entstammt und den Begriff der Wahrscheinlichkeitsdichte verdeutlicht, entsteht eine Schwierigkeit. Da die Wirklichkeit nur mit begrenzter Genauigkeit beobachtbar bzw. messbar ist, verfügt man eigentlich nie über stetige Zufallsgrößen. Dies bleibt ein Gedankenmodell, das jedoch häufig die Realität gut zu beschreiben in der Lage ist und darüber hinaus Aussagen über sie liefert.

Beispiel 2.20
Die Verteilungsfunktion $F_{[0,1]}(x)$ einer auf dem Intervall [0, 1] gleichverteilten Zufallsgröße ist aus der Dichtefunktion

$$f_{[0,1]}(x) = \begin{cases} 1 & \text{für} \quad x \in [0,1] \\ 0 & \text{sonst} \end{cases}$$

erhältlich:

$$F_{[0,1]}(x) = \int\limits_{-\infty}^{x} f_{[0,1]}(\xi)\, d\xi = \xi\Big|_{0}^{x} = \begin{cases} 0 & \text{für } x < 0 \\ x & \text{für } 0 \le x < 1 \\ 1 & \text{für } x \ge 1 \end{cases} .$$

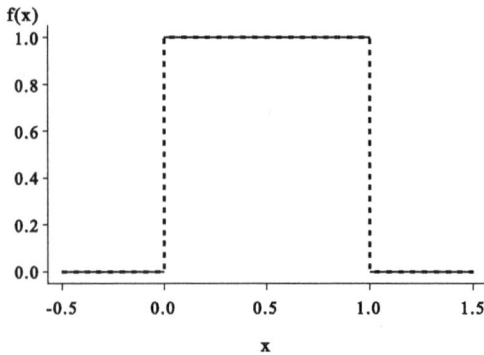

Abb. 2.18 Dichtefunktion der stetigen Gleichverteilung auf dem Intervall [0, 1]

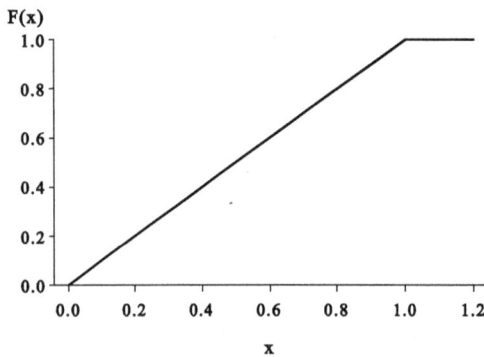

Abb. 2.19 Verteilungsfunktion der stetigen Gleichverteilung auf dem Intervall [0,1]

Diese **Gleichverteilung** auf [0, 1] beschreibt die Wahrscheinlichkeitsverteilung für „auf gut Glück" aus dem Intervall [0, 1] ausgewählte reelle Zahlen.

◄

Gleichverteilte Zufallszahlen können durch geeignete Algorithmen (**Zufallszahlengeneratoren**) am Computer realisiert werden. Damit sind Zufallsauswahlen, wie sie in der Epidemiologie häufig benötigt werden, praktisch durchführbar.

Beispiel 2.21
Ein Krankheitsregister enthalte Angaben über 10 000 Fälle, die 10 000 verschiedenen Personen entsprechen. Diese Fälle sind in chronologischer Reihenfolge mit den Zahlen von 1 bis 10 000 durchnummeriert worden. Für eine epidemiologische Studie wird aus bestimmten Gründen auf die letzten 5 000 Fälle des Registers Bezug genommen. Die benötigten Informationen machen Nachuntersuchungen erforderlich, wobei man sich auf eine Zufallsauswahl von N Fällen beschränken muss. Jede der Personen mit den Fallnummern 5 001 bis 10 000 soll mit der gleichen Wahrscheinlichkeit bei der Zufallsauswahl berücksichtigt werden.

Die betrachtete Zufallsgröße X ist die Fallnummer. Sie ist eine diskrete Zufallsgröße, die einer Gleichverteilung folgen soll: Jeder ihrer möglichen Werte tritt mit der gleichen Wahrscheinlichkeit von 1/5 000 auf. Die zugehörige Verteilungsfunktion ist eine Treppenfunktion mit 5 000 Sprungstellen und identischer Sprunghöhe 1/5 000. Im Sinne einer vereinfachten aber nur angenähert richtigen Darstellung der Situation soll nachfolgend X als stetige gleichverteilte Zufallsgröße aufgefasst werden. Man kann sich leicht vorstellen, dass das Intervall [5 000, 10 000] in 5 000 gleich lange disjunkte Teilintervalle der Länge 1 zerlegt ist, deren jedes mit einer Fallnummer identifiziert wird. Die Nummer FNR eines zufällig ausgewählten Falles wird errechnet als $FNR = 5\,000 + [5\,000 \cdot Z] + 1$, wobei Z eine durch den Rechner erzeugte auf [0, 1] gleichverteilte Zufallszahl bezeichnet. Der in der Formel enthaltene Ausdruck $[5\,000 \cdot Z]$ bedeutet die Zuordnung der in $5\,000 \cdot Z$ enthaltenen größten ganzen Zahl, so dass FNR eine ganze Zahl zwischen 5 001 und 10 000 ist.

Um den Anteil der Fälle in dem durch die chronologisch geordneten Fallzahlen 6 000 und 9 000 definierten Zeitraum zu kalkulieren, berechnet man aus der Dichtefunktion

$$f_X(x) = \begin{cases} \dfrac{1}{5\,000} & \text{für} \quad 5\,000 \leq x \leq 10\,000 \\ 0 & \text{sonst} \end{cases}$$

die Verteilung

$$F_X(x) = \int_{-\infty}^{x} f_X(\xi)\,d\xi = \begin{cases} 0 & \text{für } x < 5\,000 \\ \dfrac{x - 5\,000}{10\,000 - 5\,000} & \text{für } 5\,000 \leq x < 10\,000 \\ 1 & \text{für } x \geq 10\,000 \end{cases} \quad .$$

Damit hat man $P(6\,000 < X \leq 9\,000) = P(6\,000 \leq X \leq 9\,000) = F_X(9\,000) - F_X(6\,000) = 3/5.$

◄

Wahrscheinlichkeitsverteilungen können durch Parameter charakterisiert werden. Es werden Erwartungswert und Varianz vorgestellt.

Stichprobenparameter beziehen sich auf die Stichproben und reflektieren empirisches Wissen. Verteilungsparameter sind bezüglich einer Wahrscheinlichkeitsverteilung erklärt und dem „Theoriebereich" zugeordnet.

Definition:

Es sei X eine Zufallsgröße. Der **Erwartungswert** $E(X)$ von X ist

$$E(X) = \sum_i x_i\, P\left(X = x_i\right)$$

für X diskret mit den Realisierungen x_i sowie

$$E(X) = \int_{-\infty}^{\infty} x\, f_X(x)\, dx \quad \text{für } X \text{ stetig.}$$

$E(X)$ kennzeichnet die Lage der Verteilung. Er ist der Wert, der von X bei einer Realisierung „erwartungsgemäß" angenommen wird. $E(X)$ muss nicht zur Wertemenge von X gehören.

$E(X)$ muss nicht notwendig existieren. Im diskreten Falle erlaubt ein physikalisches Modell eine anschauliche Interpretation des Erwartungswertes: In den Punkten x_i liegen Punktmassen p_i ($0 < p_i < 1$), deren Summe 1 ergibt. $E(X)$ ist der Schwerpunkt dieses Systems von Punktmassen.

Beispiel 2.22
Beim einfachen Wurf eines Würfels hat man $P(X = i) = 1/6$ für $i = 1, ..., 6$. Damit ist

$$E(X) = \sum_{i=1}^{6} i\frac{1}{6} = 3.5 .$$

Der Erwartungswert 3.5 gehört nicht zur Wertemenge von X.

◄

Beispiel 2.23
Bezeichnet X die Anzahl von „W" bei 3 Münzwürfen, gilt

$$E(X) = 0 \cdot \frac{1}{8} + 1 \cdot \frac{3}{8} + 2 \cdot \frac{3}{8} + 3 \cdot \frac{1}{8} = \frac{12}{8} = 1.5 .$$

Dies entspricht der Anschauung.

◄

Beispiel 2.24
Für das Beispiel 2.21 einer stetigen Verteilung errechnet sich der Erwartungswert

$$E(X) = \int_{-\infty}^{\infty} x\, f_X(x)\, dx = \int_{-\infty}^{5\,000} x \cdot 0\, dx + \int_{5\,000}^{10\,000} x\, \frac{1}{5\,000}\, dx + \int_{10\,000}^{\infty} x \cdot 0\, dx$$

$$= \int_{5\,000}^{10\,000} x\, \frac{1}{5\,000}\, dx = \frac{1}{5\,000}\frac{1}{2} x^2 \Big|_{5\,000}^{10\,000} = 7\,500 .$$

◄

Definition:

      Es sei X eine Zufallsgröße. Als **Varianz** $V(X)$ von X bezeichnet man

$$V(X) = E\big[X - E(X)\big]^2 ,$$

es heißt $\sigma_X = \sqrt{V(X)}$ die **Standardabweichung** σ_X von X.

Für diskretes X gilt

$$V(X) = E\big[X - E(X)\big]^2 = \sum_i (x_i - E(X))^2\, P(X = x_i) ,$$

für stetiges X gilt

$$V(X) = \int_{-\infty}^{\infty} (x - E(X))^2\, f_X(x)\, dx .$$

Die Varianz muss nicht notwendig existieren. Sie beschreibt die „Variation" der Zufallsgröße X um ihren Erwartungswert $E(X)$. Diese Zahl $[X - E(X)]^2$ ist eine quadrierte Abweichung. Um direkt mit der Zufallsgröße X vergleichen zu können, geht man von der Varianz zur Standardabweichung über.

Beispiel 2.25
Für das Beispiel 2.23 der drei Münzwürfe war $E(X) = 1.5$, die Varianz ist

$$V(X) = (0-1.5)^2 \frac{1}{8} + (1-1.5)^2 \frac{3}{8} + (2-1.5)^2 \frac{3}{8} + (3-1.5)^2 \frac{1}{8} = 0.75.$$

◄

Beispiel 2.26
Zum Beispiel 2.21 wird ergänzt

$$V(X) = \int_{-\infty}^{\infty} \left[x - E(X)\right]^2 f_X(x)\,dx = \int_{5\,000}^{10\,000} \frac{[x - 7\,500]^2}{5\,000}\,dx$$

$$= \frac{1}{5\,000} \left(\frac{1}{3} x^3 - 7\,500\,x^2 - 7\,500^2\,x\right) \Big|_{5\,000}^{10\,000} = 2\,083\,333.$$

Die Standardabweichung ist $\sigma_x = 1\,443.4$ und mit der beobachteten Zufallsgröße besser vergleichbar als die Varianz.

◄

> **Definition:**
> Es seien X eine stetige Zufallsgröße, F_X ihre Verteilungsfunktion und p eine zwischen Null und Eins gelegene Zahl. Es heißt x_p **Quantil** der Ordnung p, wenn $F_X(x_p) = p$ gilt.

Von besonderem Interesse sind die Quantile $x_{0,95}$ und $x_{0,99}$ sowie der **Median** $x_{0,5}$.
Bemerkung: Man unterscheide Quantile und empirische Quantile!

Beispiel 2.27
Für die Gleichverteilung aus Beispiel 2.21 errechnen sich $x_{0,5} = 7\,500$, $x_{0,95} = 9\,750$ und $x_{0,99} = 9\,950$.

◄

> **Definition:**
> Es seien X eine Zufallsgröße mit dem Erwartungswert $E(X)$ und der Varianz $V(X)$. Wird X die Zufallsgröße
> $$Y = \frac{X - E(X)}{\sqrt{V(X)}}$$
> zugeordnet, so heißen diese Zuordnungsvorschrift **Standardisierungstransformation** und Y die zu X gehörige **standardisierte Zufallsgröße.**

Für die standardisierte Zufallsgröße Y gelten $E(Y) = 0$ und $V(Y) = 1$. Die Standardisierungstransformation ist eine umkehrbare Abbildung der Zufallsgrößen,

$$X = E(X) + Y \cdot \sqrt{V(X)}.$$

2.2.5   Spezielle Wahrscheinlichkeitsverteilungen

Die Binomialverteilungen
Die Definition des Begriffes Binomialverteilung wird durch die Betrachtung von Beispielen vorbereitet.

Beispiel 2.28
Die zwei möglichen Ergebnisse eines abstrakten Zufallsexperimentes „Therapie" seien „Erfolg" E oder „Misserfolg" M. Ihnen werden die Wahrscheinlichkeiten

$p\ \ \ \ = P(\text{„Erfolg"})\ \ \ \ \ = P(E)$ sowie
$1 - p = P(\text{„Misserfolg"}) = P(M)$ zugeordnet.

Die interessierende Zufallsgröße X sei die Gesamtzahl k von Erfolgen bei n Wiederholungen der Therapie. Wie groß ist die Wahrscheinlichkeit $P(X = k)$?
Es seien $n = 3$, $p = P(E) = 9/10$ und $1 - p = P(M) = 1/10$. Betrachtet werden alle möglichen Realisierungen von X und deren Wahrscheinlichkeiten (Tab. 2.14).

Tab. 2.14 Mögliche Anzahlen von Erfolgen bei 3 Therapieversuchen als binomialverteilte Zufallsgröße

Anzahl k der Erfolge	Ereignisse	Wahrscheinlichkeit des Ereignisses	$P(X = k)$
0	$M\,M\,M$	$1/10 \cdot 1/10 \cdot 1/10$	$1 \cdot p^0 (1 - p)^3 = 1/1\,000$
1	$M\,E\,M$	$9/10 \cdot 1/10 \cdot 1/10$	
	$E\,M\,M$	$1/10 \cdot 9/10 \cdot 1/10$	$3 \cdot p^1 (1 - p)^2 = 27/1\,000$
	$M\,M\,E$	$1/10 \cdot 1/10 \cdot 9/10$	
2	$E\,E\,M$	$9/10 \cdot 9/10 \cdot 1/10$	
	$M\,E\,E$	$1/10 \cdot 9/10 \cdot 9/10$	$3 \cdot p^2 (1 - p)^1 = 243/1\,000$
	$E\,M\,E$	$9/10 \cdot 1/10 \cdot 9/10$	
3	$E\,E\,E$	$9/10 \cdot 9/10 \cdot 9/10$	$1 \cdot p^3 (1 - p)^0 = 729/1\,000$
Σ		1	1

Bei $n = 3$ Wiederholungen des Zufallsexperiments sind die möglichen Realisierungen der Zufallsgröße X die Werte 0, 1, 2, oder 3. Die Wahrscheinlichkeit 1 ist auf diese zu verteilen. Die in der letzten Spalte von Tab. 2.14 stehenden Faktoren vor den Wahrscheinlichkeiten sind die Binomialkoeffizienten

$$\binom{n}{k} = \frac{n!}{k!\,(n-k)!}\ .$$

Für $n = 3$ und variierendes k erhält man

$$\binom{3}{0} = 1, \quad \binom{3}{1} = 3, \quad \binom{3}{2} = 3 \quad \text{und} \quad \binom{3}{3} = 1.$$

◄

Beispiel 2.29
Im Beispiel 2.8 wurde das Urnenmodell eingeführt, mit dem viele wahrscheinlichkeitstheoretische Überlegungen veranschaulicht werden können.
In einer Urne mögen sich schwarze und weiße Kugeln mit den Mischungsanteilen p und $q = 1 - p$ befinden. Wählt man zufällig eine Kugel aus der Urne aus, ist sie mit der Wahr-

scheinlichkeit p schwarz und mit der Wahrscheinlichkeit q weiß. Alle Ziehungen sollen mit Zurücklegen der Kugel erfolgen. Aus der Urne werden n Kugeln gezogen. Wie groß ist die Wahrscheinlichkeit dafür, dass genau k dieser n Kugeln schwarz sind?

Die Anzahl Y der gezogenen schwarzen Kugeln ist eine diskrete zufällige Variable mit den Werten 0,1,2, ..., n. Die Wahrscheinlichkeit $P(Y = k) = p_k$ hängt nur von der Gesamtzahl n der gezogenen Kugeln und der Wahrscheinlichkeit p ab. Mit Hilfe des Baumdiagramms (Abb. 2.20) verdeutlicht man sich die Verhältnisse bei viermaligem Ziehen ($n = 4$) mit dem Resultat „zwei der vier gezogenen Kugeln sind schwarz ($k = 2$)".

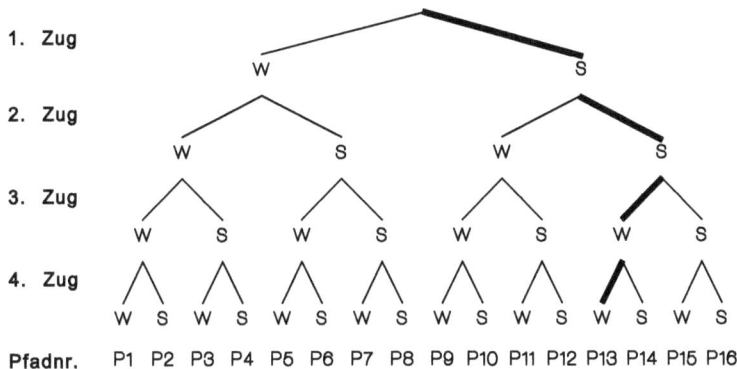

Abb. 2.20 Baumdiagramm, das ein viermaliges Ziehen von schwarzen und weißen Kugeln aus einer Urne beschreibt

Eine der Möglichkeiten, zwei schwarze und zwei weiße Kugeln zu ziehen besteht darin, bei den ersten beiden Würfen zunächst zwei schwarze und bei den anschließenden beiden Würfen nur noch weiße Kugeln zu ziehen. Der entsprechende Pfad P13 ist in der Abb. 2.20 fett eingezeichnet. Die Wahrscheinlichkeit für diesen konkreten Ausgang P13 des Zufallsexperiments lässt sich elementar berechnen als Produkt der Einzelwahrscheinlichkeiten „längs des Pfades", weil das Ziehen einer weiteren Kugel unabhängig vom vorangegangenen Resultat ist. Damit gilt

$$P(S, S, W, W) = p \cdot p \cdot (1 - p) \cdot (1 - p) = p^2 \cdot (1 - p)^2.$$

Aber auch die Pfade P4, P6, P7, P10 und P11 entsprechen dem Ziehen von zwei schwarzen und zwei weißen Kugeln. Die zugehörigen Wahrscheinlichkeiten für die Pfade sind

P11: $P(S, W, S, W) = p \cdot (1 - p) \cdot p \cdot (1 - p) = p^2 \cdot (1 - p)^2$,

P10: $P(S, W, W, S) = p \cdot (1 - p) \cdot (1 - p) \cdot p = p^2 \cdot (1 - p)^2$,

P7: $P(W, S, S, W) = (1 - p) \cdot p \cdot p \cdot (1 - p) = p^2 \cdot (1 - p)^2$,

P6: $P(W, S, W, S) = p \cdot (1 - p) \cdot p \cdot (1 - p) = p^2 \cdot (1 - p)^2$ und

P4: $P(W, W, S, S) = (1 - p) \cdot (1 - p) \cdot p \cdot p = p^2 \cdot (1 - p)^2$.

Alle diese Pfade haben die gleiche Wahrscheinlichkeit. Es gibt genau so viele Pfade entsprechend dem Ergebnis „zwei der gezogenen vier Kugeln sind schwarz", wie es Teilmengen vom Umfang $k = 2$ aus einer ($n = 4$) - elementigen Menge gibt:

$$\binom{4}{2} = \frac{4!}{2! \cdot (4-2)!} = 6.$$

Daraus folgt:

$$P(Y = 2) = P(S,S,W,W) + P(S,W,S,W) + P(S,W,W,S)$$

$$+ P(W,S,S,W) + P(W,S,W,S) + P(W,W,S,S) = \binom{4}{2} \cdot p^2 (1-p)^2 \ .$$

◄

Definition:

Ein Zufallsexperiment besitze zwei alternative Ergebnisse A und NA mit $p = P(A)$ und $1 - p = P(NA)$. Die Zufallsgröße X sei die Gesamtzahl k des Auftretens von A bei n Wiederholungen des Zufallsexperiments. Sie heißt binomialverteilt. Ihre Wahrscheinlichkeitsfunktion ist gegeben durch

$$P(X = k) = \binom{n}{k} p^k (1-p)^{n-k} , \quad k = 0, 1, 2, \ldots, n.$$

Die **Binomialverteilung** $B(n,p)$ wird durch diese Wahrscheinlichkeitsfunktion generiert.

Eine Binomialverteilung ist eine diskrete Verteilung und eindeutig charakterisiert durch die Parameter n und p. Damit ist die Familie $\{B(n, p) \mid n \in \mathbb{N}, \ n \geq 1, \ p \in [0,1]\}$ der Binomialverteilungen gegeben.

Eine binomialverteilte Zufallsgröße X hat den Erwartungswert $E(X) = n \cdot p$ und die Varianz $V(X) = n \cdot p \cdot (1-p)$.

Den Einfluss der Parameter n und p auf die Wahrscheinlichkeitsfunktion und die Verteilungsfunktion illustrieren die Abb. 2.21 bis Abb. 2.24.

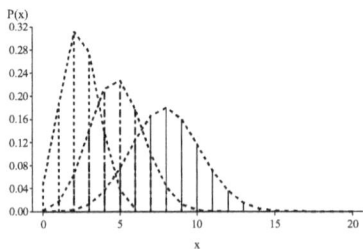

Abb. 2.21 Einfluss des Parameters n auf die Wahrscheinlichkeitsfunktionen, von links: $B(6,0.4)$, $B(12,0.4)$ und $B(20,0.4)$

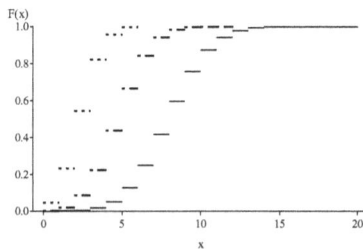

Abb. 2.22 Einfluss des Parameters n auf die Verteilungsfunktionen, von links: $B(6,0.4)$, $B(12,0.4)$ und $B(20,0.4)$

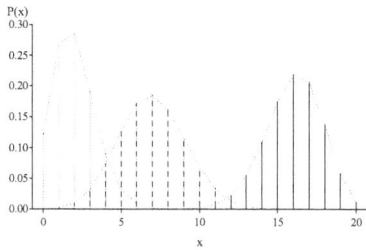

Abb. 2.23 Einfluss des Parameters p auf die Wahr-scheinlichkeitsfunktionen von $B(20,0.1)$, $B(20,0.35)$ und $B(20,0.8)$ (von links)

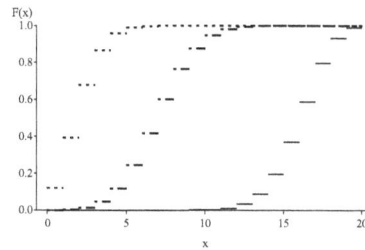

Abb. 2.24 Einfluss des Parameters p auf die Vertei-lungsfunktionen von $B(20,0.1)$, $B(20,0.35)$ und $B(20,0.8)$ (von links)

In der Regel sind die Wahrscheinlichkeitsfunktionen unsymmetrisch, wie die Abbildungen belehren. Als Maß für die Asymmetrie dient die **Schiefe** γ,

$$\gamma = \frac{1-2p}{\sqrt{n \cdot p \cdot (1-p)}} \ ,$$

die im Falle einer symmetrischen Wahrscheinlichkeitsfunktion den Wert Null annimmt. Man ersieht hieraus zwei Eigenschaften:

1. Für $p = 0.5$ ist der Zähler Null, mithin auch die Schiefe. Die Symmetrie der Wahrschein-lichkeitsfunktion für $p = q = 0.5$ folgt unmittelbar aus der Symmetrieeigenschaft des Bi-nomialkoeffizienten, denn

$$P(X=k) = \binom{n}{k} \cdot \left(\frac{1}{2}\right)^n = \binom{n}{n-k} \cdot \left(\frac{1}{2}\right)^n = P(X = n-k).$$

2. Für die Binomialverteilungen gehen mit wachsendem n und festgehaltenem p die Schie-fen gegen Null (Abb. 2.25), d.h. mit wachsendem n werden die Verteilungen symmetri-scher.

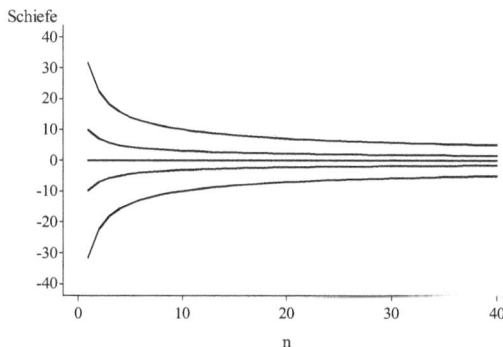

Abb. 2.25 Schiefe (Ordinate) der Binomialverteilung in Abhängigkeit von n (Abszisse) und $p = 0.001$, 0.01, 0.5, 0.99 und 0.999 (von oben nach unten)

Die Berechnung von Wahrscheinlichkeiten für binomialverteilte Zufallsgrößen wird in bestimmten Situationen vereinfacht durch die Rekursionsformel

$$P(X = k+1) = \left(\frac{n-k}{k+1}\right)\left(\frac{p}{1-p}\right)P(X=k).$$

Für „hinreichend großes" n ist eine Binomialverteilung näherungsweise durch eine Normalverteilung beschreibbar. Auf diese Weise entstehen Vorteile bei der Berechnung von Wahrscheinlichkeiten. Darauf wird im Abschnitt über Grenzwertsätze eingegangen.

Beispiel 2.30

In einer epidemiologischen Studie interessiert das Auftreten seltener rezessiver Erbleiden. Wie häufig muss diese Erkrankung mindestens sein, damit man unter den zufällig ausgewählten 10 000 Probanden der untersuchten Population mit hoher Gewissheit mindestens einen Erkrankten erwarten kann?

Wird diese Gewissheit mit 0.95 angesetzt, so berechnet man die unbekannte Wahrscheinlichkeit p des Auftretens der Erkrankung in der Population wie folgt:

$$0.95 = P(X \geq 1) = 1 - P(X = 0) = 1 - \binom{10\,000}{0}p^0(1-p)^{10\,000} = 1 - (1-p)^{10\,000}.$$

Aus dieser Bestimmungsgleichung erhält man $p = 0.0003$.

Bei einer Prävalenz von mindestens 0.0003 findet man mit einer Wahrscheinlichkeit von 0.95 mindestens einen Erkrankten in der Untersuchungspopulation.

◄

Die hypergeometrischen Verteilungen

Binomialverteilungen kommen in der Epidemiologie immer dann zur Anwendung, wenn dichotome Zufallsgrößen betrachtet werden und wenn die assoziierte Population als unendlich groß gedacht werden kann. Die Auswahl einer Stichprobe verändert dann nicht die Realität, über die man Informationen wünscht. Dies wird deutlich am Urnenmodell für eine Binomialverteilung: Ist die Anzahl der Kugeln sehr groß, wird durch Ziehen ohne Zurücklegen das Mischungsverhältnis beider Kugelsorten praktisch nicht verändert.

Weitergehende Überlegungen sind jedoch erforderlich, wenn der Stichprobenumfang relativ groß ist im Vergleich zur Populationsgröße. In einer solchen Situation kann die Anwendung einer hypergeometrischen Verteilung erforderlich werden.

Eine Zufallsgröße mit **hypergeometrischer Verteilung** ist durch ein Urnenmodell mit N Kugeln, von denen M die Eigenschaft A und $N - M$ die Eigenschaft NA (nicht A) besitzen, repräsentierbar. Es wird n-mal eine Kugel aus der Urne entnommen, ohne nach jedem Zug die Kugel zurückzulegen. Als Zufallsgröße X beobachtet man die Anzahl k von Kugeln mit der Eigenschaft A. Sie kann die Werte 0, 1, 2, ..., n annehmen, sofern $n \leq M$ ist, ansonsten nur von 0 bis M.

Definition:

Gegeben seien N Objekte, von denen M eine Eigenschaft A besitzen und N-M diese Eigenschaft nicht haben. Von den N Objekten werden n zufällig ausgewählt. Es sollen $1 \le M \le N$ und $1 \le n \le N$ gelten. Ein bereits ausgewähltes Objekt steht für die folgende Auswahl nicht mehr zur Verfügung. Die Anzahl k der zufällig ausgewählten Objekte mit der Eigenschaft A ist eine diskrete Zufallsgröße X und heißt **hypergeometrisch** verteilt, ihre Wahrscheinlichkeitsfunktion ist gegeben durch

$$P(X=k)=\frac{\binom{M}{k}\cdot\binom{N-M}{n-k}}{\binom{N}{n}} \quad \text{für } k = 0, ..., \min(n, M).$$

Eine hypergeometrische Verteilung ist durch die Parameter N, M und n gegeben.

Der Erwartungswert $E(X)$ und die Varianz $V(X)$ einer Zufallsgröße X mit hypergeometrischer Verteilung sind

$$E(X)=n\cdot\frac{M}{N} \quad \text{und}$$

$$V(X)=\frac{N-n}{N-1}\cdot n\cdot\frac{M}{N}\cdot\left(1-\frac{M}{N}\right).$$

Beispiel 2.31

Aus einer Urne mit $N=7$ Kugeln, von denen $M=5$ weiß und N - $M=2$ schwarz sind, wird $n=3$-mal ohne Zurücklegen gezogen. Die Zufallsgröße X bezeichnet die Anzahl der weißen Kugeln im Ergebnis dieses Zufallsexperimentes. Nach jedem möglichen Zug entsteht ein neues Mischungsverhältnis von weißen zu schwarzen Kugeln in der Urne. Die folgende Abbildung zeigt die Inhalte der Urne nach jedem Zug und die jeweiligen Wahrscheinlichkeiten für das Ziehen einer weißen Kugel bzw. einer schwarzen Kugel.

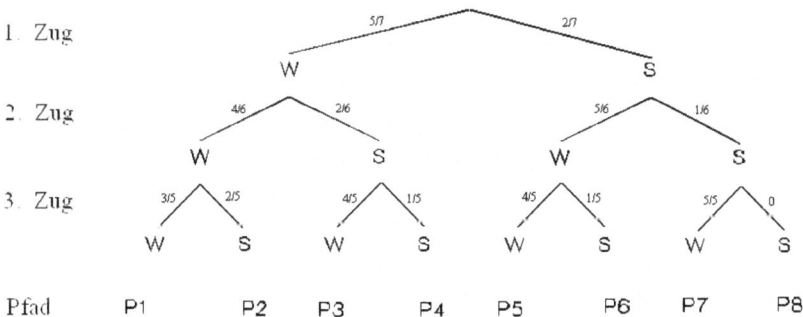

Abb. 2.26 Wahrscheinlichkeitsbaum einer hypergeometrischen Verteilung

Es ergeben sich 8 Pfade P1, P2, ..., P8, durch die alle möglichen Realisierungen der Zufallsgröße beschrieben sind. Jedem Pfad wird das Produkt der auf ihm notierten Wahrscheinlichkeiten (für das Ziehen einer weißen bzw. schwarzen Kugel nach links bzw. rechts) zugeordnet, beispielsweise $P(P2) = P(wws) = 5/7 \cdot 4/6 \cdot 2/5$.

Die Wahrscheinlichkeit $P(X = 2)$, mit 3 Zügen 2 weiße Kugeln zu ziehen, ergibt sich als
Summe der zugehörigen Pfadwahrscheinlichkeiten,

$$P(X = 2) = P(P2) + P(P3) + P(P5) = P(wws) + P(wsw) + P(sww)$$

$$= \frac{5}{7} \frac{4}{6} \frac{2}{5} + \frac{5}{7} \frac{2}{6} \frac{4}{5} + \frac{2}{7} \frac{5}{6} \frac{4}{5} = \frac{4}{7}.$$

Nach der definierenden Formel berechnet hat man ebenfalls

$$P(X = 2) = \frac{\binom{5}{2} \cdot \binom{7-5}{3-2}}{\binom{7}{3}} = \frac{\binom{5}{2} \cdot \binom{2}{1}}{\binom{7}{3}} = \frac{4}{7}.$$

Die Wahrscheinlichkeiten der Werte der Zufallsgröße X sind in der Tab. 2.15 zusammengefasst.

Tab. 2.15 Wahrscheinlichkeiten $P(X = k)$ für hypergeometrisch verteiltes X (Parameter $N = 7$, $M = 5$, $n = 3$)

k	Ereignis	Pfad	Wahrscheinlichkeit $P(X = k)$
3	0 schwarz, 3 weiß	P1	$\frac{5}{7} \cdot \frac{4}{6} \cdot \frac{3}{5} = 0.2857$
2	1 schwarz, 2 weiß	P2, P3, P5	$\frac{5}{7} \cdot \frac{4}{6} \cdot \frac{2}{5} + \frac{5}{7} \cdot \frac{2}{6} \cdot \frac{4}{5} + \frac{2}{7} \cdot \frac{5}{6} \cdot \frac{4}{5} = 0.5714$
1	2 schwarz, 1 weiß	P4, P6, P7	$\frac{5}{7} \cdot \frac{2}{6} \cdot \frac{1}{5} + \frac{2}{7} \cdot \frac{5}{6} \cdot \frac{1}{5} + \frac{2}{7} \cdot \frac{1}{6} \cdot \frac{5}{5} = 0.1428$
0	3 schwarz, 0 weiß	P8	$\frac{2}{7} \cdot \frac{1}{6} \cdot \frac{0}{5} = 0$

Für hypergeometrisch verteilte Zufallsgröße X kann unter gewissen Gesichtspunkten eine
binomialverteilte Zufallsgrößen Y eine gute Approximation sein. Mit der Vereinbarung
$p = M/N$ schreiben sich Erwartungswert und Varianz von X als

$$E(X) = n \cdot p \quad \text{bzw. } V(X) = \left(\frac{N-n}{N-1} \right) \cdot n \cdot p \cdot (1-p) .$$

Ist N sehr groß im Vergleich zu n, so wird der erste Faktor auf der rechten Seite der letzten
Gleichung nahezu Eins. Näherungsweise gilt damit

$$V(X) \approx n \cdot p \cdot (1-p) .$$

In Hinsicht auf Erwartungswert und Varianz könnte man anstelle X eine mit den Parametern $p = M / N$ und n binomialverteilte Zufallsgröße Y setzen, wenn dies wegen der rechentechnischen Vorteile Sinn macht. In einem solchen Falle hat man sich über die Größe des Approximationsfehlers Klarheit zu verschaffen. Dass dieser Konsequenzen haben kann, verdeutlicht folgendes Beispiel.

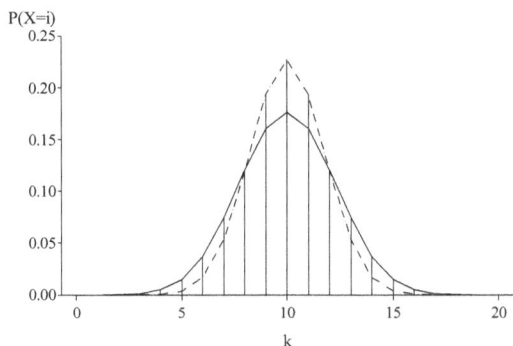

Abb. 2.27 Wahrscheinlichkeitsfunktionen der hypergeometrischen Verteilung mit $N = 200$, $M = 20$, $n = 100$ (durchgezogene Linie) und der approximierenden Binomialverteilung mit $n = 100$ und $p = 0.1$ (gestrichelte Linie). Die interpolierenden Kurven dienen zur Unterscheidung der beiden Wahrscheinlichkeitsfunktionen, die Funktionen sind diskret!

Beispiel 2.32

Für eine epidemiologische Studie wurden aus einer Population $N = 200$ Erwachsene zufällig ausgewählt. Da für die zu untersuchende Fragestellung übermäßiger Alkoholgenuss als Einflussfaktor beachtet werden muss, untersuchte man aus Kostengründen zunächst nur eine Teilstichprobe vom Umfang $n = 100$ der ausgewählten 200 Personen. Dabei wurden $k = 16$ Alkoholiker festgestellt. Ist dieses Untersuchungsergebnis konsistent mit der Annahme, dass 10% der 200 Studienteilnehmer Alkoholiker sind?

Zunächst wird die Wahrscheinlichkeit $P(X \geq 16)$ des mitgeteilten oder eines in Hinsicht auf die genannte Annahme extremeren Untersuchungsergebnisses unter Bezug auf eine hypergeometrisch verteilte Zufallsgröße X berechnet. Die Parameter dieser hypergeometrischen Verteilung sind $N = 200$, $M = 0.1 \cdot 200 = 20$ und $n = 100$;

$$P(X \geq 16) = P(X = 16) + P(X = 17) + P(X = 18) + P(X = 19) + P(X = 20)$$
$$= 0.003271 + 0.000666 + 0.000094 + 0.000008 = 0.004040.$$

Die äußerst geringe Wahrscheinlichkeit für das vorliegende Untersuchungsergebnis veranlasst zu der Schlussfolgerung, dass der Anteil der Alkoholiker in der Studie höher als 10 % sein muss. Soll die Situation durch eine binomialverteilte Zufallsgröße Y beschrieben werden, die Verteilungsparameter sind $n = 100$ und $p = 0.1$, so hat die Wahrscheinlichkeit $P(Y \geq 16)$ des beobachteten oder hinsichtlich der Annahme extremeren Untersuchungsergebnisses den Wert

$$P(Y \geq 16) = P(Y = 16) + ... + P(Y = 100)$$
$$= 1 - P(Y = 1) - ... - P(Y = 15) = 0.03989.$$

Ob man auf Grund dieses Resultates die 10%-Angabe bezweifelt, erscheint immerhin diskussionswürdig. Dies ist eine statistische Entscheidung, auf die Thematik wird später eingegangen. Der Unterschied beider Verteilungen wird in Abb. 2.27 illustriert. Insbesondere ist die Varianz $V(X) = 4.52261$ der hypergeometrischen Verteilung nur etwa halb so groß wie die Varianz $V(Y) = 9$ der assoziierten Binomialverteilung.

Die korrekte wahrscheinlichkeitstheoretische Beschreibung des Zufallsexperimentes durch eine hypergeometrisch verteilte Zufallsgröße erlaubt eine klare Verneinung der eingangs gestellten Frage. Wenig hilfreich ist es in diesem Falle, die Approximation durch eine Binomialverteilung zu benutzen.

◀

Die Poissonverteilungen

Die Poissonverteilungen sind nach den Binomialverteilungen die am häufigsten angewandten diskreten Wahrscheinlichkeitsverteilungen. Sie sind insbesondere geeignet zur Beschreibung seltener Ereignisse unter dem Aspekt ihres zeitlichen oder räumlichen Bezuges und damit für die Epidemiologie von besonderem Interesse. Betrachtet wird ein Zufallsexperiment, dessen zwei alternative Ergebnisse A und NA (nicht A) innerhalb einer definierten Zeitspanne t registriert werden. Die interessierende Zufallsgröße X ist die Anzahl k der Ereignisse A innerhalb der Zeitspanne t.

Als Beispiel für eine solche Zufallsgröße mag die einer bestimmten seltenen Erkrankung K zugeschriebene jährliche Anzahl von Todesfällen dienen. Bevor die hier zu besprechenden Poissonverteilungen als Wahrscheinlichkeitsverteilungen derartiger Zufallsgrößen definiert werden, folgen einige Erläuterungen. Zunächst denke man sich die gewählte Zeitspanne t, im Beispiel 1 Jahr, in kleine Intervalle Δt unterteilt. Es kann etwa unter Δt ein Tag verstanden werden. Folgende Voraussetzungen sollen als erfüllt gelten:

- Die Wahrscheinlichkeit, während Δt (d.h. an einem beliebigen Tag) an K zu sterben, ist sehr klein.
- Die Wahrscheinlichkeit für einen Todesfall während Δt ist etwa proportional zu Δt, also $P(\text{„einTodesfall"}) \approx \mu \cdot \Delta t$ mit einer Zahl $\mu > 0$. In der nachfolgenden Definition entspricht dem $\mu \cdot \Delta t$ der Parameter λ.
- Die Wahrscheinlichkeit, in Δt keinen Todesfall zu beobachten, ist näherungsweise $1 - \mu \cdot \Delta t$.
- Die Wahrscheinlichkeit in Δt mehr als einen Todesfall zu beobachten, ist Null.
- Für die betrachtete Zeitspanne t bleibt die Inzidenz der Todesfälle konstant. Das bedeutet, μ ist nicht zeitabhängig.
- Das Auftreten eines Todesfalles während eines beliebigen Zeitintervalles Δt ist ohne Einfluss auf die Wahrscheinlichkeit des Auftretens eines Todesfalles in einem Zeitraum, der auf Δt folgt.

Wählt man t sehr groß, so ist möglicherweise die vorletzte Voraussetzung nicht mehr erfüllt. Die letzte Voraussetzung ist sicher nicht erfüllt, wenn die Krankheit K als Epidemie auftritt. In diesem Falle sind zur Beschreibung des Prozesses mathematische Ansätze angemessen, wie sie beispielsweise in Kapitel 4 vorgestellt werden.

> **Definition:**
>
> Ein Zufallsexperiment besitze zwei alternative Ergebnisse A und NA. Die Zufallsgröße X sei die Anzahl des Auftretens von A in einem Zeitraum t. Sie heißt poissonverteilt mit dem Parameter λ, wenn ihre Wahrscheinlichkeitsfunktion durch
>
> $$P(X=k)=\frac{\lambda^k}{k!}e^{-\lambda},\ \lambda>0,\ k=0,1,2,\ \dots$$
>
> gegeben ist. Die zugehörige **Poissonverteilung** wird durch diese Wahrscheinlichkeitsfunktion erzeugt.

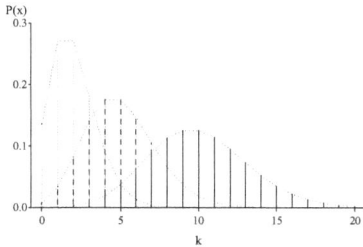

Abb. 2.28 Wahrscheinlichkeitsfunktionen der Poissonverteilungen (von links nach rechts $\lambda = 2$, 5 und 10)

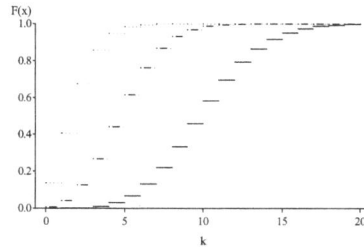

Abb. 2.29 Poissonverteilungen (von links nach rechts $\lambda = 2$, 5 und 10)

Für Erwartungswert $E(X)$ und Varianz $V(X)$ einer poissonverteilten Zufallsgröße X mit dem Parameter λ gelten

$$E(X)=V(X)=\lambda.$$

Die Wahrscheinlichkeiten bezüglich einer Poissonverteilung sind aus denjenigen der Binomialverteilungen durch Grenzübergänge von n gegen Unendlich und p gegen Null herleitbar, wenn $n \cdot p = \lambda$ angenommen wird. Es gilt für eine binomialverteilte Zufallsgröße X

$$P(X=k)=\binom{n}{k}p^k(1-p)^{n-k}=\frac{n!}{k!(n-k)!}\left(\frac{\lambda}{n}\right)^k\cdot\left(1-\frac{\lambda}{n}\right)^{n-k}$$

$$=\frac{\lambda^k}{k!}\frac{n\cdot(n-1)\cdot(n-2)\dots(n-k+1)}{n^k}\left(1-\frac{\lambda}{n}\right)^n\cdot\left(1-\frac{\lambda}{n}\right)^{-k}$$

$$=\frac{\lambda^k}{k!}\cdot1\cdot\left(1-\frac{1}{n}\right)\cdot\left(1-\frac{2}{n}\right)\dots\left(1-\frac{k-1}{n}\right)\cdot\left(1-\frac{\lambda}{n}\right)^n\cdot\left(1-\frac{\lambda}{n}\right)^{-k}.$$

Wegen $\lim\limits_{n\to\infty}\left(1-\frac{k}{n}\right)=1$ für alle k sowie $\lim\limits_{n\to\infty}\left(1-\frac{\lambda}{n}\right)^n=e^{-\lambda}$ und $\lim\limits_{n\to\infty}\left(1-\frac{\lambda}{n}\right)^{-k}=1$ hat man

$$P(X=x)=\frac{\lambda^k}{k!}\cdot e^{-\lambda}.$$

Beispiel 2.33

Das klassische Lehrbuchbeispiel zur Poissonverteilung stammt von L. BORTKIEWITCZ (1898). Das zu beschreibende zufällige Ereignis ist der Tod durch Hufschlag in der preußischen Armee, Zufallsgröße die Anzahl der Todesfälle pro Jahr. Registriert wurden diese Vorfälle in 10 Kavallerieregimentern während eines Beobachtungszeitraumes von 20 Jahren. An diese Daten wurde eine Poissonverteilung angepasst. Indem man die gemittelte jährliche Todesrate als Wert für λ nimmt,

$$\lambda \approx \overline{x} = \left(65 \cdot 1 + 22 \cdot 2 + 3 \cdot 3 + 1 \cdot 4\right) / 200 = 0.61,$$

sind die Wahrscheinlichkeiten $P(X = k)$ und damit die für jedes k zu erwartenden Häufigkeiten $E(k) = 200 \cdot P(X = k)$ ausrechenbar. In Tab. 2.16 sind die Daten zusammengestellt. Die Übereinstimmung zwischen Modell und Realität ist verblüffend.

Tab. 2.16 Tod durch Hufschlag in der preußischen Armee; beobachtete und entsprechend der angepassten Poissonverteilung erwartete Anzahlen

Anzahl k durch Hufschlag Getöteter pro Regiment und Jahr	beobachtete Häufigkeit	erwartete Häufigkeit $E(k)$
0	109	108.67
1	65	66.29
2	22	20.22
3	3	4.11
4	1	0.63
5 und mehr	0	0.09
Σ	200	200.00

◄

Die Normalverteilungen

Die Normalverteilungen besitzen hervorgehobene Bedeutung für die angewandte Statistik. Historisch gehen sie auf de MOIVRE (1730), LAPLACE (1812) und insbesondere GAUSS zurück (der Graph der Dichtefunktion der Standard-Normalverteilung heißt GAUSS'sche Glockenkurve).

Diese besondere Bedeutung ist darin begründet, dass viele Methoden, vor allem der schließenden Statistik, auf Normalverteilungsvoraussetzungen beruhen. In diesem Zusammenhang ist insbesondere auf den zentralen Grenzwertsatz hinzuweisen, der für das arithmetische Mittel einer Stichprobe unabhängig von der Verteilung der betrachteten Zufallsgröße eine angenäherte Normalverteilung aussagt. Außerdem erleichtern Normalverteilungen als Grenzverteilungen (auch diskreter Zufallsgrößen) praktische Rechnungen außerordentlich. Es sind also letztlich die mathematischen Eigenschaften dieser Funktionen, die ihr den hohen Grad an Bekanntheit bei den Anwendern statistischer Methoden einbrachten.

Irrig ist die Auffassung, viele in den Lebenswissenschaften interessierende Merkmale seien angenähert normalverteilt. Entsprechende Untersuchungen an umfangreichem Datenmaterial haben ergeben, dass dies eher die Ausnahme ist. Abweichungen von Normalverteilungen sind auch quantitativ beschreibbar. Dies ist für Robustheitsuntersuchungen statistischer Verfahren interessant. Ausführungen dazu finden sich nebst Verteilungscharakterisierungen für an Menschen und Tieren beobachtete Merkmale in (AUTORENKOLLEKTIV, 1980).

Definition:

Eine stetige Zufallsgröße X heißt **normalverteilt** bzw. **$N(\mu, \sigma^2)$-verteilt** mit den Parametern μ und σ^2, wenn ihre Dichte durch

$$f_X(x) = \frac{1}{\sqrt{2\pi\sigma^2}} e^{-\frac{1}{2}\frac{(x-\mu)}{\sigma^2}}, \quad \mu \in \mathbb{R}, \quad \sigma^2 > 0,$$

bzw. ihre Wahrscheinlichkeitsverteilung durch

$$F_X(x) = \int_{-\infty}^{x} \frac{1}{\sqrt{2\pi\sigma^2}} e^{-\frac{1}{2}\frac{(\xi-\mu)^2}{\sigma^2}} d\xi$$

gegeben sind.

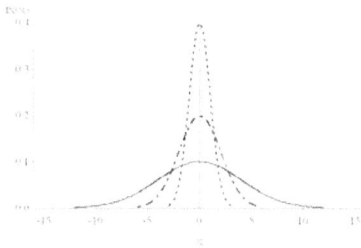

Abb. 2.30 Einfluss des Parameters σ auf die Dichten von $N(0,1)$, $N(0,2)$, $N(0,4)$, die Maxima werden kleiner

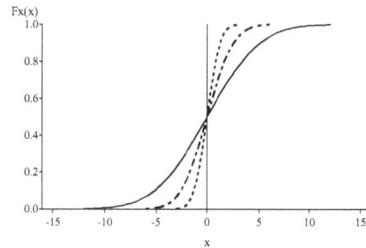

Abb. 2.31 Einfluss des Parameters σ auf die Verteilungsfunktionen von $N(0,1)$, $N(0,2)$, $N(0,4)$, die Verläufe werden gestreckter

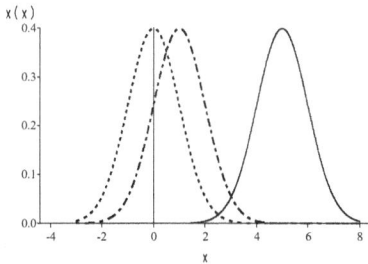

Abb. 2.32 Einfluss des Parameters μ auf die Dichten von $N(0,1)$, $N(1,1)$, $N(5,1)$ (von links nach rechts)

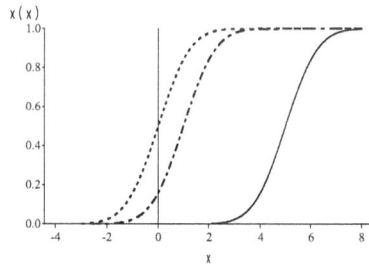

Abb. 2.33 Einfluss des Parameters μ auf die Verteilungsfunktionen von $N(0,1)$, $N(1,1)$, $N(5,1)$ (von links nach rechts)

Für eine normalverteilte Zufallsgröße X gelten $E(X) = \mu$ und $V(X) = \sigma^2$.

Durch die Parameter μ und σ ist eine Familie von Normalverteilungen definiert,

$$\left\{ N\left(\mu,\sigma^{2}\right)\mid \mu\in\mathbb{R},\ \sigma^{2}>0\right\}.$$

Die Normalverteilung $N(0, 1)$ heißt **Standardnormalverteilung**. In der Literatur ist es üblich, eine standardnormalverteilte Zufallsgröße mit U (mitunter auch Z), eine Realisierung davon mit u, ihre Dichtefunktion mit $\varphi(u)$ und ihre Verteilungsfunktion mit $\Phi(u)$ zu bezeichnen.

Einige Eigenschaften der Funktion $\varphi(u)$ lassen sich aus Abb. 2.30 ersehen. Insbesondere ist $\varphi(u)$ symmetrisch bzgl. $\mu = 0$, sie hat ein Maximum an der Stelle $u = 0$, sie strebt beiderseits gegen Null. Wendepunkte sind $(1, \varphi(1))$ und $(-1, \varphi(-1))$. Man betrachte Tab. A.1 der Standardnormalverteilung. Es gilt $\Phi(0) = P(U \leq 0) = 0.5$.

Abzulesen sind beispielsweise $\varphi(1) = 0.242$ als Wert der Dichtefunktion sowie die Wahrscheinlichkeit $P(X \leq 1) = \Phi(1) = 0.8413$ als Wert der Verteilungsfunktion.

> Symmetrie der Standard-Normalverteilung bedeutet $\Phi(-u) = 1 - \Phi(u)$, für die zugehörige Dichte gilt $\varphi(u) = \varphi(-u)$.

Die Tabellen der Standard-Normalverteilung und ihrer Dichte beschränken sich aus diesem Grunde auf positive u (vgl. Tab. A2). Man ermittelt beispielsweise $\varphi(-1) = \varphi(1) = 0.242$ und $\Phi(-1) = 1 - \Phi(1) = 1 - 0.8413 = 0.1587$.

Die **3σ - Regel** für eine $N(\mu, \sigma^{2})$-verteilte Zufallsgröße X besagt, dass außerhalb des Intervalls $[\mu - 3\sigma, \mu + 3\sigma]$ kaum Werte von X auftreten;

$$P\left(\mu-3\sigma \leq X \leq \mu+3\sigma\right) = P\left(|U| \leq 3\right) = 0.9974.$$

Erinnert sei an die Interpretation der Wahrscheinlichkeit als relative Häufigkeit. Damit kann die 3σ - Regel auch so veranschaulicht werden: Bei einer großen Anzahl von Realisierungen x einer $N(\mu, \sigma^{2})$-verteilte Zufallsgröße X liegen rund 99 % der Werte im Intervall $[\mu - 3\sigma, \mu + 3\sigma]$. Weiterhin gelten

$$P\left(\mu-1\sigma \leq X \leq \mu+1\sigma\right) = P\left(|U| \leq 1\right) = 0.6826 \approx 2/3 \text{ sowie}$$

$$P\left(\mu-2\sigma \leq X \leq \mu+2\sigma\right) = P\left(|U| \leq 2\right) = 0.9544 \approx 19/20.$$

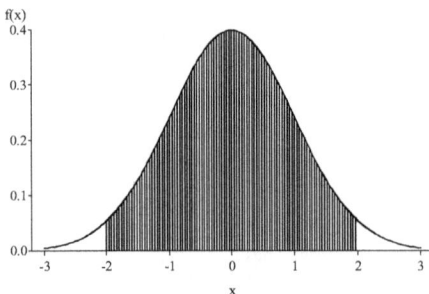

Abb. 2.34 Zur 2σ-Regel für die Standard-Normalverteilung: Die schraffierte Fläche entspricht der Wahrscheinlichkeit $P(|U| \leq 2) = 0.9544$

Die 3σ - Regel ist eine spezifische Eigenschaft der Normalverteilung! Allgemein hat man zur Abschätzung der Variation einer Zufallsgröße um ihren Erwartungswert die TSCHEBYSCHEV-Ungleichung zur Verfügung (s. Abschnitt 2.2.8.).
Durch die Standardisierungstransformation

$$U = \frac{X - E(X)}{\sqrt{V(X)}}$$

ist eine umkehrbar eindeutige Entsprechung zwischen einer $N(\mu, \sigma^2)$-verteilten Zufallsgröße X und der standardnormalverteilten Zufallsgröße U gegeben. Diese Formel lässt sich nach X umstellen,

$$X = E(X) + U\sqrt{V(X)}.$$

Hiermit wird erklärlich, warum eine einzige Tabelle ausreicht, die Werte einer beliebigen Normalverteilung zu ermitteln. Es gelten also für eine $N(\mu, \sigma^2)$-verteilte Zufallsgröße X

$$F_X(x) = \Phi\left(\frac{x - \mu}{\sigma}\right) \quad \text{und} \quad f_X(x) = \frac{1}{\sigma} \cdot \varphi\left(\frac{x - \mu}{\sigma}\right).$$

Beispiel 2.34 (HILGERS, 2003)
Bei der Herstellung von Tabletten kann man nicht erwarten, dass der Wirkstoffgehalt in allen Exemplaren derselbe ist.
Angenommen, die Zufallsgröße X „Wirkstoffgehalt" ist normalverteilt mit den Parametern $\mu = 100$ [mg] und $\sigma^2 = 25$ [mg^2] bzw. $\sigma = 5$ [mg].

*   Wie groß ist die Wahrscheinlichkeit, dass die Tablette höchstens 110 [mg] Wirkstoff enthält?

Es ist $P(X \le 110)$ zu berechnen. Zunächst wird von der Definition der Normalverteilung ausgegangen, $P(X \le 110) = \dfrac{1}{\sqrt{2\pi 25}} \displaystyle\int_{-\infty}^{110} e^{-\frac{1}{2}\frac{(x-100)^2}{25}}\, dx$. Dieses Integral ist nicht elementar ausrechenbar. Durch Standardisieren vereinfacht sich die Aufgabe wesentlich,

$$P(X \le 110) = P\left(\frac{X - 100}{\sqrt{25}} \le \frac{110 - 100}{\sqrt{25}}\right) = P(U \le 2).$$

U ist $N(0, 1)$-verteilt, aus der Tabelle A.1 ist $P(U \le 2) = 0.9772$ ablesbar. Dies ist die Wahrscheinlichkeit, dass der Wirkstoffgehalt einer Tablette 110 [mg] nicht übersteigt.

*   Wie groß ist die Wahrscheinlichkeit, dass eine Tablette mindestens 90 [mg] Wirkstoff enthält?

Aus Symmetriegründen gilt $P(X \le 110) = P(X \ge 90)$, die gesuchte Wahrscheinlichkeit ist wieder 0.9772. Ausführlich rechnet man

$$P(X \ge 90) = 1 - P(X \le 90) = 1 - P\left(\frac{X - \mu}{\sqrt{\sigma^2}} \le \frac{x - \mu}{\sqrt{\sigma^2}}\right) = 1 - P\left(U \le \frac{90 - 100}{5}\right)$$

$$= 1 - P(U \le -2) = 1 - (1 - P(U \le 2)) = 0.9772.$$

Folglich ist $P(X \leq 90) = 0.0228$ die Wahrscheinlichkeit eines Wirkstoffgehaltes von höchstens 90 [mg]. Nachdem zu vorgegebenen x-Werten die zugehörigen Wahrscheinlichkeiten der $N(100, 25)$-Verteilung berechnet wurden, sollen nun umgekehrt Quantile dieser Verteilung bestimmt werden.

3.   Welcher Wirkstoffgehalt wird von 95 % aller Tabletten nicht überschritten?
Nach Tab. A.2 gilt $P(U \leq 1.64) = 0.95$. Standardisierung von X ergibt

$$U = \frac{X - 100}{5} \text{, somit } P\left(\frac{X - 100}{5} \leq 1.64\right) = 0.95 .$$

Das gesuchte 0.95 -Quantil der $N(100, 25)$-Verteilung wird aus dem 0.95-Quantil $u_{0.95} = 1.64$ der Standard-Normalverteilung durch Umkehrung der Standardisierungstransformation berechnet als

$$x_{0.95} = E(X) + u_{0.95} \cdot \sqrt{V(X)} = 100 + 1.64 \cdot 5 = 108.2 .$$

◀

Die Exponentialverteilungen
Exponentialverteilte Zufallsgrößen sind für die Methoden der statistischen Lebensdaueranalyse von Bedeutung und unter diesem Gesichtspunkt auch für die Epidemiologie von Interesse. Im Abschnitt 2.3.4 wird darauf näher eingegangen.

Definition:
    Eine stetige Zufallsgröße X besitzt eine **Exponentialverteilung** mit der reellen Zahl $\lambda > 0$ als Parameter, wenn

$$F_X(x) = \begin{cases} 1 - e^{-\lambda x} & \text{für } x \geq 0 \\ 0 & \text{für } x < 0 \end{cases}$$

ihre Wahrscheinlichkeitsverteilung bzw.

$$f_X(x) = \begin{cases} \lambda e^{-\lambda x} & \text{für } x \geq 0 \\ 0 & \text{für sonst} \end{cases}$$

ihre Dichtefunktion ist.

Für eine exponentialverteilte Zufallsgröße X sind $E(X) = 1/\lambda$ der Erwartungswert und $V(X) = 1/\lambda^2$ die Varianz.

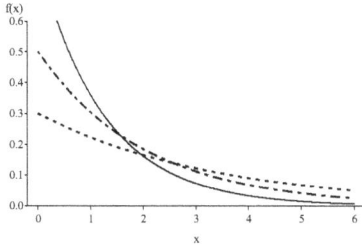

Abb. 2.35 Dichtefunktion der Exponentialverteilung für $\lambda = 0.3, 0.5, 0.8$ (Ordinatendurchgang ist λ)

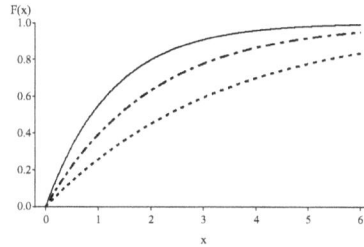

Abb. 2.36 Verteilungsfunktion der Exponentialfunktion für $\lambda = 0.3, 0.5, 0.8$ (von unten nach oben)

Der Erwartungswert einer exponentialverteilten Zufallsgröße ist leicht ausrechenbar:

$$E(X) = \int_{-\infty}^{+\infty} x f_X(x)\,dx = \int_0^{+\infty} x\,\lambda e^{-\lambda x}\,dx$$

$$= \lim_{b\to\infty} \int_0^b x\,\lambda e^{-\lambda x}\,dx = \lim_{b\to\infty}\left[-be^{-\lambda b} - \frac{1}{\lambda}e^{-\lambda b} + \frac{1}{\lambda}\right] = \frac{1}{\lambda}\,.$$

Ihre Varianz erhält man durch Grenzwertbildung sowie partielle Integration;

$$V(X) = \int_0^\infty \left(x - \frac{1}{\lambda}\right)^2 \lambda e^{-\lambda x}\,dx = \frac{1}{\lambda^2}\,.$$

Beispiel 2.35
Das Beispiel stellt die Beziehung zwischen einem Grundmodell der Pharmakokinetik und einer exponentialverteilten Zufallsgröße dar. Ein Arzneistoff wird intravenös in die Blutbahn appliziert und ergibt eine Anfangskonzentration $c(0) = A$. Man geht von der Vorstellung aus, dass die Änderungsgeschwindigkeit $c'(t)$ von $c(t)$ proportional zur aktuellen Konzentration $c(t)$ ist. Das heißt, je höher die aktuelle Konzentration, desto größer ist die Änderungsgeschwindigkeit. Das führt auf die Differentialgleichung

$$c'(t) = -k_{el}\cdot c(t).$$

Der Proportionalitätsfaktor k_{el} ist die sogenannte Eliminationskonstante. Das Lösen der Differentialgleichung nach der Methode der Trennung der Variablen ergibt

$$c(t) = A\cdot e^{-k_{el}\,t} \text{ für } t \geq 0.$$

Diese Lösung genügt der Differentialgleichung $c' = -k_{el}\,c$ und erfüllt die Anfangsbedingung $c(0) = A$.
Der Übergang von $c(t)$ zu einer Dichtefunktion $f_c(t)$ wird durch einen Normierungsschritt vollzogen, indem die Konzentrations-Zeit-Funktion durch ihr Integral dividiert wird. Man erhält

$$f_c(t) = \frac{c(t)}{\int_{-\infty}^{+\infty} c(t)\,dt} = k_{el}\cdot e^{-k_{el}t}$$

mit den Eigenschaften:

- $f_c(t) \geq 0$ für alle $t \in \mathbb{R}$

- $\displaystyle\int_{-\infty}^{+\infty} f_c(t)\, dt = \int_{-\infty}^{+\infty} k_{el}\ e^{-k_{el}t}\ dt = \int_{0}^{+\infty} k_{el}\ e^{-k_{el}t}\ dt = 1$

- $\displaystyle F_c(t) = \int_{-\infty}^{t} f_c(\tau)\, d\tau = \int_{0}^{t} k_{el}\ e^{-k_{el}t} = 1 - e^{-k_{el}t}.$

Diese Dichtefunktion $f_c(t)$ erzeugt eine stetige Wahrscheinlichkeitsverteilung $F_c(t)$. Die damit korrespondierende exponentialverteilte Zufallsgröße ist die Anwesenheitsdauer eines Pharmakonmoleküls im Organismus nach intravenöser Applikation (BIEBLER 1999).

◄

Beispiel 2.36
Ein radioaktiver Stoff zerfällt mit einer Halbwertzeit von 1 000 Jahren. Die Zerfallzeit wird als eine exponentialverteilte Zufallsgröße angesehen. Wie groß ist der Parameter λ dieser Wahrscheinlichkeitsverteilung? Die Zufallsgröße ist, anschaulich gesprochen, die Lebensdauer eines Atoms. Man startet mit der Bestimmungsgleichung $1/2 = F_X(1\,000) = 1 - e^{-\lambda \cdot 1\,000}$,

logarithmiert diese, $\ln\left(e^{-\lambda \cdot 1\,000}\right) = -\lambda \cdot 1\,000 = \ln(1/2) = -\ln 2$ und erhält

$$\lambda = (\ln 2)/1\,000 = 0.000\,693\,.$$

◄

Im Zusammenhang mit Schätzungen und statistischen Tests wird auf Wahrscheinlichkeitsverteilungen zurückgegriffen, die aus dem mathematischen Kontext solcher Verfahren hergeleitet wurden. Es sind dies insbesondere die t-Verteilungen, die χ^2-Verteilungen und die F-Verteilungen. Mitunter bezeichnet man sie auch als **Prüfverteilungen**. Diese Wahrscheinlichkeitsverteilungen lassen sich nur mit großem numerischen Aufwand berechnen. Sie liegen vertafelt vor und sind auch über Rechnerprogramme verfügbar. Auszüge solcher Tafeln sind im Anhang zu finden. Genauere Tabellen betreffend muss auf die Literatur verwiesen werden (z.B. RASCH/HERRENDÖRFER/BOCK/VICTOR/GUIARD 1996, 1998, 2008).

In den Definitionen der folgenden Prüfverteilungen wird die **Gammafunktion** $\Gamma(x)$ benötigt. Sie ist durch

$$\Gamma(x) = \int_{0}^{\infty} e^{-t}\ t^{x-1}\ dt$$

für $x \geq 0$ definiert und besitzt unter anderem folgende Eigenschaften:

$$\Gamma\left(\frac{1}{2}\right) = \sqrt{\pi}, \qquad \Gamma(N+1) = N! \text{ und } \Gamma\left(N+\frac{1}{2}\right) = \frac{(2N)!\sqrt{\pi}}{N!\,2^{2N}}\ .$$

Die zentralen t -Verteilungen
Es seien X_i, $i = 1, \ldots, N$, unabhängige und identisch $N(\mu, \sigma^2)$-verteilte Zufallsgrößen. Das arithmetische Mittel

$$\overline{X} = \frac{1}{N} \sum_{i=1}^{N} X_i$$

besitzt eine $N(\mu, \sigma^2/N)$-Verteilung. Also ist $U = \dfrac{\overline{X} - \mu}{\sigma}\sqrt{N}$ standardnormalverteilt. Kennt

man σ nicht und ersetzt diesen Parameter durch $S = \sqrt{\dfrac{1}{N-1}\sum_{i=1}^{N}\left(X_i - \overline{X}\right)^2}$, so kann die

Verteilung der Zufallsgröße

$$T = \frac{\overline{X} - \mu}{S}\sqrt{N}$$

erzeugt werden aus der Dichtefunktion

$$f_{T,N-1}(x) = \frac{\Gamma\left(\dfrac{N}{2}\right)}{\sqrt{\pi(N-1)}\,\Gamma\left(\dfrac{N-1}{2}\right)} \cdot \left(1 + \frac{x^2}{N-1}\right)^{-\frac{N}{2}}.$$

Die zugehörige Verteilungsfunktion heißt **zentrale t-Verteilung mit N - 1 Freiheitsgraden.**
Sie ist nur vom Parameter N abhängig. Quantile zentraler t-Verteilungen sind in Tab. A.3 zu
finden.
Für $N \to \infty$ konvergieren die Dichten der zentralen t-Verteilungen gegen die Dichte der
Standardnormalverteilung. Die Verteilungsfunktionen konvergieren dementsprechend gegen
die Verteilungsfunktion der Standardnormalverteilung.

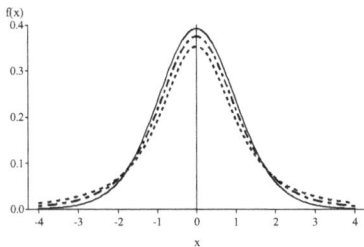

Abb. 2.37 Dichtefunktion (von unten) der t-
Verteilungen mit N = 2, 4, 15 Freiheitsgraden.

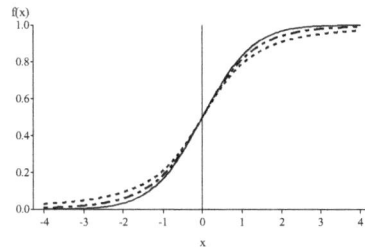

Abb. 2.38 Verteilungsfunktion (rechts, von oben)
der t-Verteilungen mit N = 2, 4, 15 Freiheitsgraden.

Die χ^2 - Verteilungen
Es seien die Zufallsgrößen X_i, $i = 1, ..., N$, unabhängig und identisch standardnormalverteilt.

Dann ist $\chi^2 = \sum_{i=1}^{N} X_i^2$ eine stetige Zufallsgröße mit der Dichte

$$f_{\chi^2,N}(x) = \begin{cases} \dfrac{1}{2^{\frac{N}{2}}\Gamma(N/2)} e^{-\frac{1}{2}x} x^{\frac{n}{2}-1} & \text{für } x > 0 \\ \\ 0 & \text{für } x \le 0. \end{cases}$$

Die mit dieser Dichte korrespondierende Verteilungsfunktion heißt zentrale χ^2-**Verteilung**
mit N Freiheitsgraden und ist nur vom Parameter N abhängig. Zugehörige Quantile findet
man in Tab. A.4.

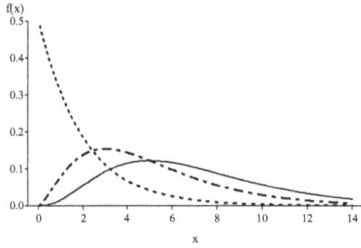

Abb. 2.39 Dichten χ^2-verteilter Zufallsgrößen mit N = 2, 5 und 7 Freiheitsgraden (Maximum rückt mit Freiheitsgrad nach rechts)

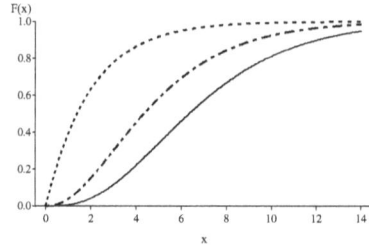

Abb. 2.40 Verteilungsfunktion χ^2-verteilter Zufallsgrößen mit N = 2, 5, 7 Freiheitsgraden (von oben nach unten)

Die F-Verteilungen

Es seien Y eine zentral χ^2-verteilte Zufallsgröße mit M Freiheitsgraden und Z eine zentral χ^2-verteilte Zufallsgröße mit N Freiheitsgraden. Dann ist

$$X = \frac{Y}{Z} \frac{N}{M}$$

eine Zufallsgröße mit der nur von M und N abhängigen Verteilungsdichte

$$f_{F,M,N}(x) = \begin{cases} \dfrac{\Gamma\big((M+N)/2\big)}{\Gamma(M/2)\Gamma(N/2)} M^{\frac{M}{2}} N^{\frac{N}{2}} x^{\frac{M}{2}-1} \big(N+M\,x\big)^{-\frac{M+N}{2}} & \text{für } x > 0 \\ \qquad\qquad 0 & \text{für } x \geq 0 \ . \end{cases}$$

Die zugehörige Verteilungsfunktion heißt zentrale F-Verteilung mit den Freiheitsgraden $F1 = M$ und $F2 = N$. Quantile sind in Tab. A.5 angegeben. Für die Benutzung von Tabellen sei noch der folgende Hinweis gegeben:
Besitzt X eine zentrale F-Verteilung mit den Freiheitsgraden $F1 = M$ und $F2 = N$, so ist X^{-1} eine zentral F-verteilte Zufallsgröße mit den Freiheitsgraden $F1 = N$ und $F2 = M$.

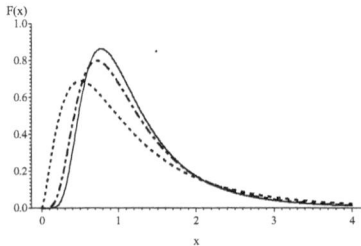

Abb. 2.41 Dichten zentraler F-Verteilungen mit den Parametern $M = 10$ und $N = 5$ (unten gepunktet), 15 (gestrichelt) und 30 (oben volle Linie)

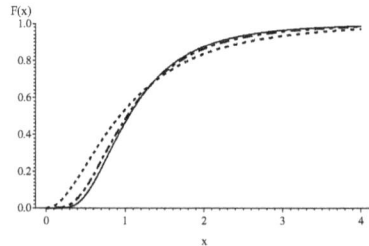

Abb. 2.42 Zentrale F-Verteilungen mit den Parametern $M = 10$ und $N = 5$ (unten gepunktet), 15 (gestrichelt) und 30 (oben volle Linie)

2.2.6   Zweidimensionale Zufallsgrößen

Wird bei der Durchführung eines Zufallsexperiments das Ergebnis hinsichtlich eines beobachteten Merkmals beschrieben, führt dies in der dargelegten Weise zum Begriff der Zufallsgröße. Naheliegend ist die Situation, am Objekt des Zufallsexperiments beispielsweise zwei
Merkmale <u>gleichzeitig</u> beobachten und für die assoziierten Zufallsgrößen deren <u>gemeinsame</u>
Wahrscheinlichkeitsverteilung angeben zu müssen. In diesem Zusammenhang treten die oft
gebrauchten Begriffe Kovarianz, Korrelation und Regression auf (letzterer wird im folgenden Abschnitt behandelt). Man unterscheide diese Begriffe von den analog benannten der
beschreibenden Statistik! Eine korrekte Interpretation von Datenauswertungen wird man
erreichen, wenn der wahrscheinlichkeitstheoretische Hintergrund der Anwendung erfasst
wurde.
Auf die Behandlung höherdimensionaler Zufallsgrößen, sie erfordert weitergehende algebraische Hilfsmittel (s. Abschnitt 2.4), wird in diesem Buch verzichtet. Für multivariate
Datenanalysen sollten zunächst algebraisch-topologisch begründete Methoden eingesetzt
werden. Sie kommen ohne Annahmen über höherdimensionale Wahrscheinlichkeitsverteilungen aus, die nachzuprüfen aufgrund der Datenlage eher selten möglich sein wird.

Definition:

> Die Wahrscheinlichkeitsverteilung $F_{XY}(x, y)$ einer **zweidimensionalen Zu-
> fallsgröße** (X, Y) ist definiert durch $F_{XY}(x, y) = P(X \leq x, Y \leq y)$.

$P(X \leq x, Y \leq y)$ ist die Wahrscheinlichkeit für das <u>gleichzeitige</u> Bestehen der beiden Beziehungen $X \leq x$ und $Y \leq y$.
$F_{XY}(x, y)$ ist eine Funktion von zwei Variablen, die Werte im Intervall $[0, 1]$ annimmt. Für
eine diskrete zweidimensionale Zufallsgröße ist die Wahrscheinlichkeitsfunktion eine ab-
zählbare Menge von Punkten des dreidimensionalen Raumes (siehe Abb. 2.43). Der einfacheren Notation halber sei die Wertemenge von (X, Y) endlich und bestehe aus den Punkten
(x_i, y_j), $i = 1, ..., n$ und $j = 1, ..., m$. Die Verteilungsfunktion $F_{XY}(x, y)$ entsteht durch Summation aus der Wahrscheinlichkeitsfunktion mit den Werten $p_{jk} = P(X = x_i, Y = y_j)$,

$$F_{XY}(x,y) = \sum_{x_x \leq x} \sum_{y_j \leq y} P(x_i, y_j) \,.$$

Die Verteilungsfunktion ist für diskrete zweidimensionale Zufallsgrößen eine zweidimensionale Treppenfunktion (siehe Abb. 2.44), für stetige zweidimensionale Zufallsgrößen eine
gekrümmte Fläche (siehe Abb. 2.45) über der (X, Y) - Ebene.

$$F_{XY}(x, \infty) = P(X \leq x, Y \leq \infty) = F_X(x)$$

bedeutet die Abhängigkeit der Funktion allein von der Variablen x, denn $Y \leq \infty$ ist eine stets
erfüllte Bedingung. Es heißen $F_X(x)$ und analog $F_Y(y)$ die **Randverteilungen** von $F_{XY}(x, y)$.
Im diskreten Falle ergeben sich mit obiger Notation

$$F_X(x) = P(X \leq x, Y \leq \infty) = \sum_{x_i \leq x} \sum_{j=1}^{m} p_{ij}$$

und analog $F_Y(y)$. Aus der Kenntnis der zweidimensionalen Verteilung $F_{XY}(x, y)$ kann man auf die beiden Randverteilungen schließen. Sind $F_X(x)$ und $F_Y(y)$ bekannt, so ist die gemeinsame Verteilung $F_{XY}(x, y)$ daraus nur unter einer zusätzlichen Annahme über die Zufallsgrößen X und Y erhältlich.

Definition:

> Die Zufallsgrößen X und Y heißen **unabhängig**, wenn sich ihre gemeinsame Verteilung $F_{XY}(x, y)$ als Produkt der Randverteilungen $F_X(x)$ und $F_Y(y)$ ergibt:
>
> $F_{XY}(x, y) = F_X(x) \cdot F_Y(y)$.

Beispiel 2.37

In Beispiel 2.11 wurden zwei dichotome Zufallsgrößen X (1 entspreche Adipositas beim männlichen Ehepartner, 0 stehe andernfalls) und Y (1 entspreche Adipositas beim weiblichen Ehepartner, 0 stehe andernfalls) vorgestellt. Aus den Randverteilungen ist die Verteilung $F_{XY}(x, y)$ der zweidimensionalen Zufallsgröße (X, Y) berechenbar, sofern X und Y stochastisch unabhängig sind. Kann von dieser Annahme nicht ausgegangen werden, ist Information über die gemeinsame Verteilung von X und Y erforderlich (s. Tab. 2.10 und Tab. 2.11). ◄

Definition:

> Wird die Verteilung $F_{XY}(x,y)$ durch eine Funktion $f_{XY}(x,y)$ erzeugt,
>
> $$F_{XY}(x,y) = \int_{-\infty}^{x} \int_{-\infty}^{y} f_{XY}(\xi, \eta)\, d\eta\, d\xi,$$
>
> so heißt $f_{XY}(x,y)$ die **Dichte** von $F_{XY}(x,y)$. Man nennt dann (X,Y) eine **stetige** zweidimensionale Zufallsgröße. Die Dichtefunktionen der **Randverteilungen** werden mit $f_X(x)$ und $f_Y(y)$ bezeichnet.

In Bezug auf Erwartungswert und Varianz erfordert die Betrachtung zweidimensionaler Zufallsgrößen eine Erweiterung dieser Begriffe. Die Existenz der nachfolgend benannten Erwartungswerte wird vorausgesetzt.

Zunächst gehe es um den Erwartungswert. Er wird im zweidimensionalen Falle bezüglich einer Verknüpfung $g(X,Y)$ der Zufallsgrößen erklärt.

Definition:

> Der **Erwartungswert** $E(g(X,Y))$ der Funktion $g(X,Y)$ ist für eine stetige zweidimensionale Zufallsgröße (X,Y) mit der Dichte $f_{XY}(x, y)$ definiert als
>
> $$E\big(g(X,Y)\big) = \int_{-\infty}^{+\infty} \int_{-\infty}^{+\infty} g(x,y)\, f_{XY}(x,y)\, dx\, dy,$$
>
> für eine diskrete zweidimensionale Zufallsgröße (X,Y) definiert als
>
> $$E\big(g(X, Y)\big) = \sum_{i,j} g(x_i, y_i)\, P\big(X = x_i, Y = y_i\big).$$

Indem diese Funktion $g(X,Y)$ speziell gewählt wird, ergeben sich dementsprechende Erwartungswerte. Für $g(X,Y) = X$ heißen

$$\mu_X = E(X) = \int_{-\infty}^{+\infty} x \cdot f_X(x)\, dx \quad \text{bzw.} \quad \mu_X = E(X) = \sum_i x_i P(X = x_i)$$

sowie für $g(X,\ Y) = Y$

$$\mu_Y = E(Y) = \int_{-\infty}^{\infty} y \cdot f_Y(y)\, dy \quad \text{bzw.} \quad \mu_Y = E(Y) = \sum_j y_j P(Y = y_j)$$

die **Randerwartungswerte** der stetigen zweidimensionalen Zufallsvariablen (X,Y) im stetigen bzw. diskreten Fall.
Sie sind die Erwartungswerte der Randverteilungen. Man bezeichnet (μ_X, μ_Y) auch als **Erwartungswert von (X,Y)**.
Nun soll die Erweiterung des Varianzbegriffes auf zweidimensionale Zufallsgrößen erfolgen. Die **Randvarianzen** σ_X^2 und σ_Y^2 von (X,Y) sind die Varianzen der Randverteilungen von X und von Y. Im eindimensionalen Falle hat man

$$\sigma_X^2 = V(X) = E\left[X - E(X)\right]^2$$

und

$$\sigma_Y^2 = V(Y) = E\left[Y - E(Y)\right]^2 \ .$$

Definition:
> Es sei (X,Y) eine zweidimensionale Zufallsvariable. Dann heißt
> $$\sigma_{XY} = cov(X,Y) = E\left[\left(X - E(X)\right)\left(Y - E(Y)\right)\right] = E\left[\left(X - \mu_X\right)\left(Y - \mu_Y\right)\right]$$
> die **Kovarianz** von (X,Y). Für $cov(X,Y) = 0$ heißen X und Y **unkorreliert.**

Der mittels der Kovarianz erklärbare

Korrelationskoeffizient
$$\rho_{XY} = \frac{cov(X,Y)}{\sqrt{V(X)}\sqrt{V(Y)}}$$

---

ist ein Maß für den „stochastischen Zusammenhang" von X und Y und nimmt Werte im Intervall $[-1;\ 1]$ an. Für Kovarianzen können eine Reihe von Aussagen bewiesen werden, von denen hier von besonderem Interesse sind:

* $cov(X,X) = V(X)$,

* $cov(X,Y) = E(X,Y) - E(X)\,E(Y)$,

* $cov(X,Y) = 0$ für X und Y stochastisch unabhängig.

Definition:

Das Zahlenschema K, $K = (k_{ij})$ mit $i,j = 1, 2$,

$$K = \begin{pmatrix} \sigma_{X^2} & \sigma_{XY} \\ \sigma_{XY} & \sigma_{Y^2} \end{pmatrix}$$

heißt **Kovarianzmatrix** der zweidimensionalen Zufallsgröße (X,Y).

Die Kovarianzmatrix ist wegen $\sigma_{XY} = \sigma_{YX}$ eine symmetrische Matrix. Sie enthält Informationen über die Streuung der zweidimensionalen Zufallsgröße (X,Y) und stellt insofern eine Ausweitung des Varianzbegriffes auf den zweidimensionalen Fall dar. Die **Dispersionsellipse** (s. Abb. 2.48) veranschaulicht die gemeinsame Variation von X und Y. Wegen der erforderlichen algebraisch-geometrischen Betrachtungen sind weitere Ausführungen dazu in Abschnitt 2.4 eingeordnet.

Stochastisch unabhängige Zufallsgrößen sind unkorreliert. Die Umkehrung dieser Aussage ist im Allgemeinen nicht richtig. Dies beweist ein Beispiel.

Beispiel 2.38

Je zwei Flächen eines idealen Würfels seien schwarz, weiß und rot gefärbt. Durch Codierung dieser Farben durch die Zahlen -1, 0 und 1 kann das Ergebnis des Würfelexperimentes als Zufallsgröße X angesehen werden.

Beim Wurf zweier solcher Würfel nimmt die zweidimensionale diskrete Zufallsgröße (X, Y) die $3 \cdot 3 = 9$ verschiedenen Werte mit gleicher Wahrscheinlichkeit an. Das Element $(0, 0)$ wird aus der Ergebnismenge eliminiert. Betrachtet wird das Zufallsexperiment mit den verbleibenden 8 möglichen Ergebnissen, die mit gleicher Wahrscheinlichkeit $p = 1/8$ auftreten. Die Erwartungswerte

$$E(X,Y) = p\,[(-1)(-1) + (-1)0 + (-1)1 + 0(-1) + 0\cdot1 + 1(-1) + 1\cdot0 + 1\cdot1] = 0;$$
$$E(X) = 3\,p\,(-1) + 2\,p\,0 + 3\,p\,1 = 0 \text{ und}$$
$$E(Y) = 3\,p\,(-1) + 2\,p\,0 + 3\,p\,1 = 0$$

für die der Einfachheit halber wieder (X,Y) genannten Zufallsgröße ergeben die Kovarianz

$$\mathrm{cov}\,(X,\,Y) = E(XY) - E(X)\,E(Y) = 0.$$

Diese unkorrelierten Zufallsgrößen sind nicht stochastisch unabhängig:

$$\tfrac{1}{8} = P\big((X,Y)=(0,1)\big) \neq P(X=0,Y)\cdot P(X,Y=1) = \tfrac{2}{8}\cdot\tfrac{3}{8} = \tfrac{6}{64}.$$

◀

Die Kenntnis der stochastischen Unabhängigkeit der beiden zufälligen Variablen X und Y des zufälligen Vektors (X,Y) stellt eine bedeutsame Information über (X,Y) dar: Die zweidimensionale Wahrscheinlichkeitsverteilung ist dann nämlich aus den beiden eindimensionalen Randverteilungen durch Produktbildung erhältlich. Das Wissen um Unkorreliertheit von X und Y erlaubt keine weiterreichenden Aussagen über den zufälligen Vektor (X,Y) bzw. seine Verteilung, man kennt davon nur ein Detail.

Die Polynomialverteilungen

Polynomialverteilungen entstehen durch eine Verallgemeinerung der Modellvorstellung, welche auf binomialverteilte Zufallsgrößen führt.

Definition:
Als Resultate eines Zufallsexperiments mögen die einander paarweise ausschließenden Ereignisse A_1, ..., A_s auftreten. Ihre Wahrscheinlichkeiten seien $p_i = P(A_i)$. Vorausgesetzt wird $p_1 + ... + p_s = 1$.
Der Vektor $X = (X_1, ..., X_s)$ der Zufallsgrößen X_j bezeichnet die Anzahlen k_j des Auftretens von A_j bei n Wiederholungen des Zufallsexperiments. Seine Wahrscheinlichkeitsverteilung heißt **Polynomialverteilung** mit den Parametern n und p_1, ..., p_s, die zugehörige Wahrscheinlichkeitsfunktion ist

$$P\left(X_1 = k_1, ..., X_s = k_s\right) = \frac{n!}{k_1! ... k_s!} p_1^{k_1} ... p_s^{k_s}$$

mit $k_1 + ... + k_s = n$.

Indem die Summen $\sum_{i=1}^{s} p_i = 1$ und $\sum_{i=1}^{s} k_i = n$ vorgegeben sind, ist jeweils einer der Parameter p_i aus den restlichen $s - 1$ Parametern bestimmbar.

Für eine Polynomialverteilung gelten
$$E(X_i) = n \cdot p_i \quad \text{und} \quad V(X_i) = n \cdot p_i \cdot (1 - p_i).$$
Die Elemente der Kovarianzmatrix sind

$$k_{ij} = \begin{cases} np_i\left(1 - p_i\right) & \text{für } i = j \\ -np_i\, p_j & \text{für } i \neq j \end{cases}$$

mit $i, j = 1, ..., s$.

Beispiel 2.39
Eine Urne enthalte Kugeln der Farben F_1, ..., F_s in den entsprechenden Mischungsanteilen p_1, ..., p_s mit $p_1 + ... + p_s = 1$. Gegebene Anzahlen N_i von Kugeln der Farben F_i definieren die Zahlen p_i als relative Häufigkeiten. (Um umgekehrt beliebige Mischungsanteile p_i ($i=0, ..., s$) vorzugeben, benötigt man eine Urne mit unendlich vielen Kugeln.)
Aus der Urne werden n Kugeln mit Zurücklegen gezogen. Zufallsgröße ist der Vektor $(X_1, ..., X_s)$, wobei X_i für die Anzahl der Kugeln der Farbe F_i unter den n gezogenen Kugeln steht. Diese Zufallsgröße ist polynomialverteilt:
Ein einzelnes Ziehungsergebnis $\left(X_1 = k_1, ..., X_s = k_s\right)$ tritt mit der Wahrscheinlichkeit $p_1^{k_1} \cdot p_2^{k_2} \cdot ... \cdot p_s^{k_s}$ auf, denn die stochastische Unabhängigkeit der Ziehungen mit Zurücklegen erlaubt die Anwendung des Multiplikationssatzes für Wahrscheinlichkeiten. Dieses Ziehungsergebnis kann auf unterschiedliche Arten zustande kommen. Man hat alle Ergebnisreihenfolgen mit dem gleichen summarischen Resultat k_i zu berücksichtigen. Die Anzahl der möglichen Ergebnisreihenfolgen ist gegeben durch den Polynomialkoeffizienten $n! / \left(k_1! ... k_s!\right)$. Damit gilt

$$P = \left(X_1 = k_1, ..., X_s = k_s\right) = \frac{n!}{k_1! ... k_s!} p_1^{k_1} \cdot p_2^{k_2} \cdots p_s^{k_s}.$$

Aus einer Urne mit 6 Kugeln, von denen eine weiß ($p_1 = 1/6$), zwei schwarz ($p_1 = 1/3$) und drei rot ($p_1 = 1/2$) sind, wird dreimal mit Zurücklegen gezogen. Die folgenden Abbildungen zeigen die Wahrscheinlichkeits- und die Verteilungsfunktion der zugehörigen Polynomial-verteilung. Der Graph der Wahrscheinlichkeitsfunktion besteht aus 16 Punkten. Die senk-rechten Linien verdeutlichen lediglich ihre Lage.

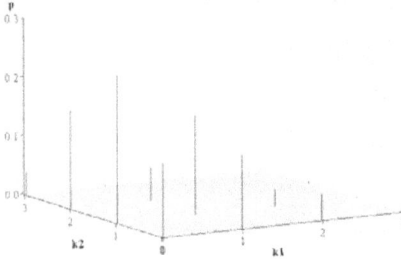

Abb. 2.43 Wahrscheinlichkeitsfunktion der Polynomialverteilung, Parameter sind n = 3, p_1 =1/6, p_2 = 1/3 und p_3 = ½

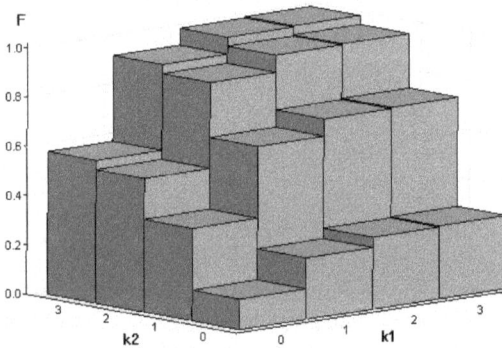

Abb. 2.44 Verteilungsfunktion der Polynomialverteilung zu den Parametern $n = 3$, p_1 =1/6, p_2 = 1/3 und p_3 =1/2

◄

Beispiel 2.40

In der genetischen Epidemiologie haben populationsgenetische Methoden einen zentralen Platz. Aus der Beobachtung vererblicher Merkmale sollen quantitativ begründete Rück-schlüsse auf deren Bezug zum Gesundheitszustand oder dessen Determinanten abgeleitet werden. Dabei kommen wahrscheinlichkeitstheoretischen Ansätzen und einer statistischen Methodik grundsätzliche Bedeutungen zu.

Es wird ein 3-Allelen-System ohne Dominanzbeziehungen betrachtet. Als Beispiel diene der Gc-Polymorphismus beim Menschen, der als fester Bestandteil der klassischen serogeneti-schen Abstammungsbegutachtung häufig untersucht ist. Er wurde 1977 als Folge der An-wendung der Isoelektrofokussierung von einem 2-Allelen-System zu einem 3-Allelen-System erweitert. Die Allele heißen A, B und C, ihre Wahrscheinlichkeiten in Bezug auf eine gewisse Population seien mit p, q und r bezeichnet. Mit der Voraussetzung $p + q + r = 1$ legt man fest, dass weitere Allele in diesem System nicht denkbar sind. Für das Gc-System gibt es formal $3^2 = 9$ Genotypen, die sich wegen der Identifizierungen von AB und BA, von AC und CA sowie von BC und CB auf die Anzahl von $3+2+1=6$ unterscheidbarer Genotypen G_i reduzieren. Diese G_i sind sämtlich beobachtbar. Die Wahrscheinlichkeiten für die Genotypen errechnen sich wegen der stochastischen Unabhängigkeit der Allelkombination, der Genetiker verwendet hierfür den Begriff Panmixie, nach dem Produktsatz für Wahrscheinlichkeiten. Man erhält

$$P(AA) = p^2 = p_1 \qquad P(AB) = 2pq = p_2$$
$$P(AC) = 2pr = p_3 \qquad P(BB) = q^2 = p_4$$
$$P(BC) = 2qr = p_5 \qquad P(CC) = r^2 = p_6$$

mit der Summe $p_1 + p_2 + \ldots + p_6 = (p+q+r)^2 = 1$.

Die Beobachtung der Genotypen bei n zufällig ausgewählten Individuen der Population kann als Zufallsexperiment aufgefasst werden.

Zufallsgröße ist der Vektor $\left(k_1 = H(G_1), \ldots, k_6 = H(G_6)\right)$ der dabei festgestellten Genotypenanzahlen $H(G_i)$, $i = 1, \ldots, 6$. Die assoziierte Verteilung ist die Polynomialverteilung mit den Parametern n und $p_1, \ldots, p_6$. Ein Urnenmodell kann die beschriebene Situation veranschaulichen.

Dieses wahrscheinlichkeitstheoretische Modell lässt sich vereinfachen. Allgemein gelten die folgenden Aussagen (BIEBLER/JÄGER 1988):

Es seien k Allele A_i einem Genlocus zugeordnet, ihre Werte seien $p_j = P(A_j)$, $j = 1, \ldots, k$.

Für das betrachtete Vererbungssystem seien alle Genotypen beobachtbar. Das Zufallsexperiment bestehe in der Beobachtung des Genotyps von n zufällig ausgewählten Individuen der betreffenden Population (Stichprobe). Aus den k Allelen lassen sich $s = k(k+1)/2$ Genotypen kombinieren, wobei die Identifikationen $A_m A_j = A_j A_m$ berücksichtigt werden. Die Genotypenwahrscheinlichkeiten sind

$$p_i^G(A_m A_j) = \begin{cases} 2p_m\,p_j & \text{für } m \neq j \\ p_m^2 & \text{für } m = j \end{cases}$$

für $i = 1, \ldots, s$. Mit den n Individuen beobachtet man $2n$ Allele und deren Häufigkeiten. Die Wahrscheinlichkeitsverteilung der Genotypenhäufigkeiten ist eine Polynominalverteilung mit den Parametern n und $p_1^G, \ldots, p_s^G$. Die Wahrscheinlichkeitsverteilung der Allelelhäufigkeiten ist ein Polynominalverteilung mit den Parametern $2n$ und $p_1^A, \ldots, p_k^A$. Zwischen diesen beiden Polynominalverteilungen gibt es eine umkehrbare eindeutige Entsprechung.

Für das Beispiel des Gc-Polymorphismus ergibt sich damit die Möglichkeit, durch Übergang von den beobachteten sechs Genotypenhäufigkeiten zu den entsprechenden drei Allelhäufigkeiten die Parameterzahl der Polynomialverteilung zu senken.

Da sich die Allelwahrscheinlichkeiten zu Eins addieren, sind lediglich zwei von ihnen variabel. Damit ist die wahrscheinlichkeitstheoretische Beschreibung des Gc-Polymorphismus auf ein zweiparametrisches Problem zurückgeführt. Weitere Betrachtungen zum Gc-System finden sich in Abschnitt 4.4.

◀

Die zweidimensionalen Normalverteilungen

Definition:

Eine stetige zweidimensionale Zufallsgröße (X, Y) heißt zweidimensional normalverteilt, wenn ihre Dichtefunktion $f_{X,Y}(x,y)$ gegeben ist als

$$f_{X,Y}(x,y) = \frac{1}{2\pi\,\sigma_X\,\sigma_Y\sqrt{1-\rho_{XY}^2}}$$

$$\cdot \exp\left\{-\frac{1}{2(1-\rho_{XY}^2)}\left[\left(\frac{x-\mu_X}{\sigma_X}\right)^2 - 2\rho_{XY}\frac{x-\mu_X}{\sigma_X}\frac{y-\mu_Y}{\sigma_Y} + \left(\frac{y-\mu_Y}{\sigma_Y}\right)^2\right]\right\}$$

Eine zweidimensionale Normalverteilung ist durch die fünf Parameter μ_X, μ_Y, σ_X^2, σ_Y^2 und ρ_{XY} bestimmt. Die Randverteilungen einer zweidimensionalen Normalverteilung sind die eindimensionalen Normalverteilungen mit den Erwartungswerten μ_X und μ_Y sowie den Varianzen σ_X^2 und σ_Y^2. Der Korrelationskoeffizient ρ_{XY} drückt den „stochastischen Zusammenhang" von X und Y aus.

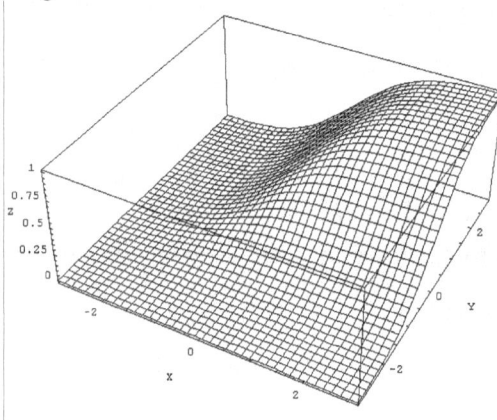

Abb. 2.45 Verteilungsfunktion der zweidimensionalen Normalverteilung; $\mu_x = 0$, $\mu_y = 0$, $\sigma_x = 1$, $\sigma_y = 1$, $\rho = 0.8$

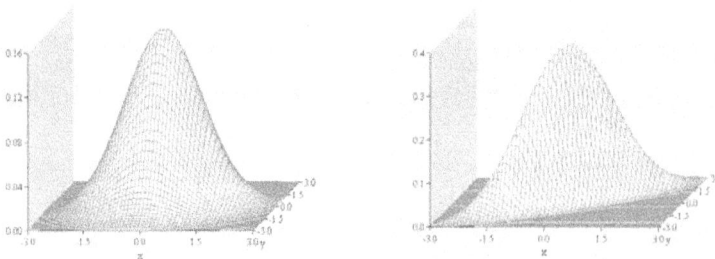

Abb. 2.46 3D-Plot der Dichtefunktionen von Normalverteilungen mit $\mu_x = \mu_y = 0$, $\sigma_x = \sigma_y = 1$ und verschiedenen Korrelationskoeffizienten $\rho = 0.1$ (links) und $\rho = 0.9$ (rechts)

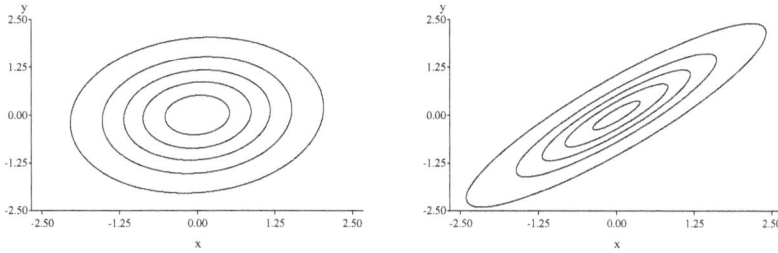

Abb. 2.47 Höhenlinien der Dichtefunktionen von Normalverteilungen mit den Parametern $\mu_x = \mu_y = 0$, $\sigma_x = \sigma_y = 1$ und verschiedenen Korrelationskoeffizienten $\rho = 0.1$ (links) und $\rho = 0.9$ (rechts)

Die Abb. 2.46 und Abb. 2.47 zeigen zweidimensionale Normalverteilungsdichten als 3D-Plot bzw. als Höhenlinienmodell für verschiedene Parameter ρ. Die Abb. 2.45 stellt eine Verteilungsfunktion $F_{XY}(x,y)$ dar:

$$F_{XY}(x,y) = \int\limits_{-\infty}^{x} \int\limits_{-\infty}^{y} f_{XY}(\xi,\eta)\, d\eta\, d\xi.$$

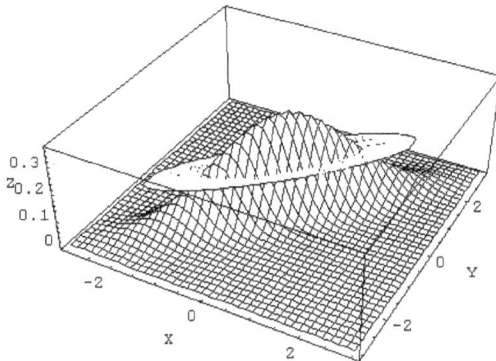

Abb. 2.48 Zweidimensionale Normalverteilung ($\mu_x = \mu_y = 0$, $\sigma_x = \sigma_y = 1$, $\rho = 0.9$) und Dispersionsellipse (diese liegt parallel zur (X, Y) – Ebene)

Es ist eine spezielle Eigenschaft der zweidimensionalen Normalverteilung, dass die Unkorreliertheit der zufälligen Variablen X und Y äquivalent zur stochastischen Unabhängigkeit ist. Das sieht man leicht ein:
Allgemein gilt, dass stochastisch unabhängige Zufallsgrößen die Kovarianz Null haben. Umgekehrt, setzt man im vorherigen Beispiel die Kovarianz gleich Null, also $\rho_{XY} = 0$, vereinfacht sich die Dichte der zweidimensionalen Normalverteilung zu

$$f_{XY}(x,y) = \frac{1}{2\pi\sigma_X\sigma_Y} \exp\left\{-\left[\frac{1}{2}\left(\frac{x-\mu_X}{\sigma_X}\right)^2 + \frac{1}{2}\left(\frac{y-\mu_Y}{\sigma_Y}\right)^2\right]\right\} = f_X(x)\cdot f_Y(y)$$

Dies bedeutet die stochastische Unabhängigkeit der Zufallsgrößen X und Y.

Die Abb. 2.48 zeigt die Dichtefunktion einer zweidimensional standardnormalverteilten Zufallsgröße mit dem Korrelationskoeffizienten $\rho = 0.9$. Die Dispersionsellipse ist eine geometrische Veranschaulichung für Streuung und Korrelation.

2.2.7   Regression

(X, Y) sei eine zweidimensionale Zufallsvariable. Nimmt die Zufallsgröße Y einen speziellen Wert y_0 an, kann der <u>bedingte</u> Erwartungswert

$$E\left(X \mid Y = y_0\right) = \int_{-\infty}^{+\infty} x \, f_x\left(x \mid Y = y_0\right) dx$$

erklärt werden. Aufgefasst als Funktion von y heißt er **Regression** von X auf Y,

$$R_1\left(y\right) = E\left(X \mid Y = y\right).$$

Analog definiert man die **Regressionsfunktion** von Y auf X

$$R_2\left(x\right) = E\left(Y \mid X = x\right).$$

Auf diese Weise sind zwei Funktionen $R_1(y) = E(X \mid Y = y)$ und $R_2(x) = E(Y \mid X = x)$ erklärt, die sich in der (X, Y) - Ebene veranschaulichen lassen.
Die Punktemenge $(x, R_2(x))$ nennt man die Regressionskurve der Zufallsgröße Y bezüglich X, entsprechend ist $(y, R_1(y))$ die Regressionskurve der Zufallsvariablen X bezüglich Y. Die Regressionskurven haben eine wichtige Minimalitäts-Eigenschaft:

$$E\left(\left[Y - R_1\left(x\right)\right]^2\right) = \min.$$

Dies bedeutet, dass die mittlere quadratische Abweichung der Zufallsgröße Y von der Zufallsgröße $g(X)$ am kleinsten ist, wenn $g(x)$ mit $R_1(x)$ übereinstimmt. Hier ist $g(X)$ eine beliebige Funktion der Zufallsgröße X. Die Regressionskurve läuft durch die Erwartungswerte, die Y in jedem Punkte x annimmt, und ist in diesem Sinne eine beste Charakterisierung des funktionalen Zusammenhangs der Zufallsgrößen X und Y.

> Ist die Zufallsgröße (X, Y) zweidimensional normalverteilt, so sind die Regressionskurven stets Geraden.

Für diese Situation gelten

$$R_1\left(y\right) = E\left(X \mid Y = y\right) = \mu_X + \rho \frac{\sigma_X}{\sigma_Y}\left(y - \mu_Y\right) = c + b\,y \quad \text{und}$$

$$R_2\left(x\right) = E\left(Y \mid X = x\right) = \mu_Y + \rho \frac{\sigma_Y}{\sigma_X}\left(x - \mu_X\right) = a + b\,x,$$

d.h. Anstiege und absolute Glieder der beiden Regressionsgeraden sind aus den Parametern der zweidimensionalen Normalverteilung berechenbar. Da dies allgemein nicht der Fall ist, besteht Anlass zu folgender

Definition:
Es seien X und Y Zufallsgrößen. Eine lineare Funktion $\alpha X + \beta$ mit $\alpha, \beta \in \mathbb{R}$, für die die Bedingung

$$E\left(\left[Y - (\alpha X + \beta)\right]^2\right) = \min$$

erfüllt ist, heißt **Regressionsgerade** von Y auf X.

Dies eröffnet einen wahrscheinlichkeitstheoretischen Zugang zum Verständnis der funktionalen Abhängigkeit zweier Merkmale.

2.2.8   Grenzwertsätze

Hier erfolgen Hinweise auf die Inhalte zweier für die angewandte Statistik wichtiger Grenzwertsätze. Eine korrekte Formulierung würde Begriffe erfordern, die in diesem Buch nicht entwickelt werden können.

Zunächst wird eine Möglichkeit dargestellt, die Streuung einer Zufallsgröße um ihre Erwartungswert abzuschätzen. Die Kenntnis der Verteilung ist dafür nicht nötig.

Für beliebige Zufallsgrößen X, deren Erwartungswert $E(X)$ und Varianz $V(X)$ existieren, gilt die **Tschebyschev-Ungleichung** für beliebiges positives $k \in \mathbb{R}$:

$$P\left(|X - E(X)| \ge k \cdot \sqrt{V(X)}\right) \le \frac{1}{k^2}.$$

Setzt man beispielsweise $k = 2$, so gilt $P\left(|X - E(X)| \ge 2 \cdot \sigma\right) \le 1/4$.

Dies bedeutet, außerhalb der zweifachen Standardabweichung um den Erwartungswert einer beliebigen Zufallsgröße liegen weniger als 1/4 ihrer Werte. Außerhalb der dreifachen Standardabweichung um den Erwartungswert liegen höchstens 1/9 der Werte einer Zufallsgröße.

Bemerkungen:
- Bei bekannter Verteilung kann die Ungleichung verschärft werden. Handelt es sich bei spielsweise um die Normalverteilung, gilt die 3σ-Regel.

- Die Ungleichung von Tschebyschev kann elementar in einer allgemeineren Form als $P(Y \ge K) \le E(Y)/K$ für beliebige positive reelle Zahlen K bewiesen werden: Für stetige Zufallsgrößen gilt

$$E(Y) = \int_{-\infty}^{+\infty} y \cdot f(y)\, dy = \int_{-\infty}^{K} y \cdot f(y)\, dy + \int_{K}^{+\infty} y \cdot f(y)\, dy$$

$$\ge \int_{K}^{+\infty} y\, f(y)\, dy \ge K \cdot \int_{K}^{+\infty} f(y)\, dy = K \cdot P(Y \ge K).$$

Die Herleitung für diskrete Zufallsgrößen geschieht analog. $Y = (X - E(X))^2$ ist eine Zufallsgröße mit $E(Y) = \sigma^2$, auf die die vorausgehende Aussage angewendet die TSCHEBYSCHEV-Ungleichung ergibt; man setze $K = k^2 \cdot \sigma^2$.

Betrachtet werden Zufallsgrößen X_i, $i = 1, 2, 3, \ldots$ mit identischen Wahrscheinlichkeitsverteilungen. Sie seien paarweise unabhängig. Es bezeichne $\bar{X}_N$, $N = 1, 2, 3, \ldots$, die Folge der arithmetischen Mittelwerte

$$\bar{X}_N = \frac{1}{N} \sum_{i=1}^{N} X_i.$$

Die $\bar{X}_N$ sind wiederum Zufallsgrößen.

Das **Gesetz der großen Zahlen** besagt, dass sich die Folge $\bar{X}_N$ für wachsendes N dem gemeinsamen Erwartungswert $E(X)$ der X_i nähert.

Diese Aussage wird an einem Zufallsexperiment illustriert: Betrachtet wird ein Ereignis A, das mit der Wahrscheinlichkeit $P(A) = p$ auftrete. X_i habe den Wert 1, falls A bei der i-ten Wiederholung des Experiments eintritt, und ist sonst Null. Der Mittelwert der X_i ist die relative Häufigkeit von A, und diese nähert sich nach dem Gesetz der großen Zahlen mit wachsender Zahl N von Versuchswiederholungen der Wahrscheinlichkeit $p = P(A)$. Hier findet sich eine Begründung dafür, Wahrscheinlichkeit als relative Häufigkeit zu interpretieren (vgl. Abschnitt 2.2.2).

Was kann über die Wahrscheinlichkeitsverteilung der Mittelwerte $\bar{X}_N$ ausgesagt werden? Sind die X_i unabhängig und identisch nach $N(\mu, \sigma^2)$ verteilt, so sind die Mittelwerte wieder normalverteilt mit den Parametern μ und σ^2/N. Kennt man die Wahrscheinlichkeitsverteilung der X_i nicht, kann die Verteilung der $\bar{X}_N$ immerhin angenähert beschrieben werden. Zunächst wird eine Standardisierungstransformation durchgeführt,

$$Z_N = \sqrt{N} \frac{\bar{X}_N - E(X)}{\sigma}.$$

Der **zentrale Grenzwertsatz** besagt, dass für wachsendes N die Folge der Verteilungsfunktionen der Z_N gegen die Standardnormalverteilung konvergiert.

Die Grenzverteilung bezeichnet man als **asymptotische Verteilung**, die Zufallsgröße heißt **asymptotisch standardnormalverteilt**. Der zentrale Grenzwertsatz wird oft als Rechtfertigung für die Anwendung einer Normalverteilung bei der Bearbeitung von Datenmaterial gebraucht.

Der zentrale Grenzwertsatz hilft beispielsweise bei der Berechnung der Wahrscheinlichkeiten binomialverteilter Zufallsgrößen. Ist X nach $B(n, p)$ verteilt, so sind die

$$P(X = k) = \binom{n}{k} p^k (1 - p)^{n-k}$$

für größere n und k nur aufwendig berechenbar. Es ist jedoch

$$Z = \frac{X - E(X)}{\sqrt{V(X)}} = \frac{X - np}{\sqrt{np(1-p)}}$$

angenähert standardnormalverteilt. Das ist der Inhalt des Satzes vom MOIVRE/LAPLACE.

In Abb. 2.49 ist die Wahrscheinlichkeitsfunktion der Binomialverteilung mit $p = 0.45$ und $n = 50$ dargestellt. Man erkennt eine symmetrische Funktion ähnlich einer GAUSS'schen Glockenkurve. Die Differenzen zur asymptotischen Normalverteilung liegen unterhalb von 0.001 und sind in der Grafik nicht darstellbar. Die Approximation ist umso besser, je „symmetrischer" die Wahrscheinlichkeitsfunktion ist, je besser p und $q = 1 - p$ übereinstimmen.

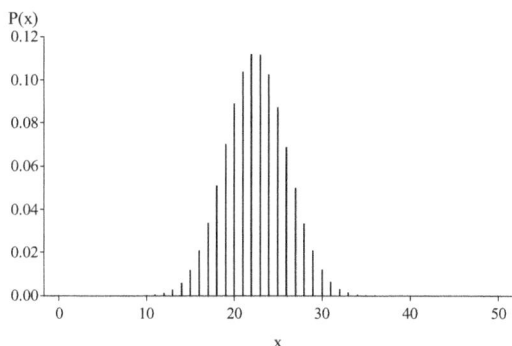

Abb. 2.49 Wahrscheinlichkeitsfunktion der Binomialverteilung zu den Parametern $p = 0.45$ und $n = 50$

Beispiel 2.41
Zum 1. Abschnitt der Ärztlichen Prüfung müssen von 320 Fragen mindestens 60 %, d.h. 192 und mehr, richtig beantwortet werden. Wie groß ist die Wahrscheinlichkeit, die Prüfung zu bestehen, wenn die „richtige" Antwort jeweils zufällig aus 5 vorgegebenen ausgewählt wird? Jede dieser 5 Antworten habe die gleiche Chance, benannt zu werden.
Das Problem wird beschrieben durch eine binomialverteilte Zufallsgröße Y mit den Parametern $n = 320$, $p = 0.2$, $E(Y) = n \cdot p = 64$ und $V(Y) = n \cdot p \cdot (1 - p) = 51.2$. Sie ist angenähert $N(58, 46.4)$-verteilt. Man geht über zur standardnormalverteilten Zufallsgröße U und berechnet

$$P(Y \geq 192) \approx P\left(U \geq \frac{192 - 64}{\sqrt{51.2}}\right) = P(U \geq 17.88) \approx 0.$$

Die Wahrscheinlichkeit ist praktisch Null, durch Raten die Prüfung zu bestehen. ◄

2.3   Verfahren der schließenden Statistik

Das Grundanliegen der Verfahren der schließenden Statistik besteht darin, den Wahrheitswert von Aussagen über die Realität unter Bezug auf Beobachtungsergebnisse durch die

Angabe von Wahrscheinlichkeiten zu beurteilen. Im Idealfalle erhält man damit einen statistischen Beweis für eine Aussage.

Eine solche Schlussweise wird dann angewendet, wenn sich die Beobachtungen auf einen Teil der Realität beschränken müssen (Stichprobe).

Anwendbar sind statistische Verfahren nur, wenn die gewonnenen Informationen als numerische Werte vorliegen, d.h. aus Zählungen oder Messungen hervorgegangen sind, und wenn sie als Realisierungen von Zufallsgrößen aufgefasst werden können.

Codierungen erlauben es, nichtnumerischen Merkmalen Zahlenwerte zuzuordnen und sie damit in Zufallsgrößen umzuwandeln. Transformationen von Zufallsgrößen, also Umrechnungen oder Skalenänderungen, beeinflussen in der Regel die statistischen Auswertungen!

Bei der statistischen Bearbeitung einer Fragestellung sollen folgende Aspekte sorgfältige Beachtung finden:

- Die Problemstellung muss sachdienlich präzisiert sein.
- Für den in Rede stehenden Ausschnitt der Realität und seine Beobachtung ist ein wahrscheinlichkeitstheoretisches Modell erforderlich.
- Die Beobachtungen werden in der erforderlichen Qualität und auf der Grundlage der fachbezogenen und der statistischen Versuchsplanung gewonnen.
- Die Auswertung der Daten erfolgt durch eine angemessene Methode, das statistische Verfahren im engeren Sinne.
- Die Resultate der statistischen Auswertung sind im Kontext der Realität zu interpretieren.

Um für eine Diskussion dieser Themen einen Bezug zu haben, wird folgende zu prüfende Aussage vorgegeben:

(A)   Diabetische Mütter bringen kräftigere Kinder zur Welt.

Die Problemformulierung

Zunächst sind allgemeine Eingrenzungen von (A) erforderlich: Auf welche Population bezieht sich diese Aussage? Gibt es einen Zeitbezug, der zu beachten ist? Welche Merkmale von Neugeborenen meint „kräftigere"? Worauf bezieht sich der in der Behauptung enthaltene Vergleich? Derartige Vorüberlegungen führen auf eine neue Formulierung:

(A1)   Im Jahre 2000 waren in Deutschland die Neugeborenen diabetischer Mütter sowohl schwerer als auch länger als die Neugeborenen nichtdiabetischer Mütter.

Sofort ist klar, dass auch (A1) unzureichend sein kann. Beispielsweise sind das Geschlecht der Kinder nicht erwähnt und der Diabetes der Mutter nicht näher spezifiziert.

Das wahrscheinlichkeitstheoretische Modell

Eingangs ist festzustellen, ob (A1) überhaupt auf ein Problem der schließenden Statistik führt. Dies wäre beispielsweise nicht der Fall, wenn man für jedes Neugeborene des Jahrganges 2000 die Angaben über Körperlänge, Geburtsgewicht und Diabetes der Mutter zur Verfügung hätte. (A1) wäre dann entsprechend der Tatsachenfeststellung entweder eine richtige oder eine falsche Aussage. Totalbeobachtungen liegen bei epidemiologischen Fragestellungen eher selten vor.

Die interessierenden und beobachtbaren Merkmale Körperlänge, Geburtsgewicht und Diabetes der Mutter haben zufälligen Charakter und sollen wahrscheinlichkeitstheoretisch beschrieben werden.

Das Geburtsgewicht wird als abstraktes Zufallsexperiment aufgefasst und mit einem Wahrscheinlichkeitsraum $[\Omega_G, \wp(\Omega_G), P_G]$ in Beziehung gebracht. Resultat des Messvorganges, der die Ausprägung des Merkmals durch einen Zahlenwert charakterisiert, ist eine Zufallsgröße X_G, deren Verteilung F_{XG} durch P_G induziert wird. Alle denkbaren Messwerte bilden die Grundgesamtheit, die mit Ω_G identifiziert werden kann. Mit der Population der im Jahr 2000 Neugeborenen ist im Beispiel eine weitere Grundgesamtheiten verbunden; $[\Omega_L, \wp(\Omega_L), P_L]$ bezieht sich auf die Körperlänge.

Mit der Population der Mütter korrespondiert ein den Diabetesstatus beschreibender Wahrscheinlichkeitsraum $[\Omega_D, \wp(\Omega_D), P_D]$, der die Grundgesamtheit Ω_D, der hier zu beachtenden Krankheitszustände umfasst.

> Der realitätsbezogene Begriff Population ist von dem der Wahrscheinlichkeitstheorie zugehörenden Begriff Grundgesamtheit zu unterscheiden.

Sollen die genannten Zufallsgrößen als diskret oder als stetig aufgefasst werden? Es ist hier nicht beabsichtigt, in eine philosophische Diskussion darüber einzutreten, ob unsere reale Welt als diskret oder stetig gedacht werden soll. Die Überlegungen zur Wahl des wahrscheinlichkeitstheoretischen Modells dürfen durchaus praktizistisch sein. Einerseits ist klar, endliche Messgenauigkeit spricht gegen ein stetiges Modell. Dieses kann aber sinnvolle Interpretationen erlauben. Andererseits macht es mitunter Sinn, Angaben betreffend eine als stetig denkbare Zufallsgröße kategorial zu klassifizieren.

Hinsichtlich des Wahrscheinlichkeitsmaßes P_G kann durch den sachlichen Kontext eine Festlegung bereits getroffen sein. Häufig macht man auch Verteilungsannahmen und prüft diese mittels statistischer Anpassungstests auf ihre Konsistenz zur beobachteten Realität.

Das statistische Verfahren

Die Problemstellung wird vor dem Hintergrund des gewählten wahrscheinlichkeitstheoretischen Modells in eine Hypothese umformuliert. Mit einem Verfahren der schließenden Statistik wird diese Hypothese geprüft.

Das statistische Verfahren wird entscheidend durch die Beobachtungsmöglichkeiten bestimmt. Von zentraler Bedeutung ist hierbei der Begriff der Stichprobe, der wiederholte und sich gegenseitig nicht beeinflussende Realisierungen der betrachteten Zufallsgröße beschreibt. Eine Stichprobe ist selbst wieder eine (mehrdimensionale!) Zufallsgröße.

> Die den meisten Verfahren der schließenden Statistik angemessene Untersuchungsmethodik basiert auf der Grundidee der Stichprobe.

Die klassische univariate Statistik assoziiert eine Population, eine Grundgesamtheit und eine Stichprobe. Werden mehrere Populationen bezüglich einer Grundgesamtheit und mehrerer Stichproben beurteilt, spricht man von **multiplen statistischen Verfahren**. Studiert man hingegen gleichzeitig mehrere Grundgesamtheiten, führt dies auf sogenannte **multivariate statistische Verfahren**. Die zugehörigen wahrscheinlichkeitstheoretischen Modelle sind mehrdimensional. Schließlich müssen sinnvolle Beobachtungsstrategien in das wahrscheinlichkeitstheoretische Konzept mit eingearbeitet werden. Verbundene Stichproben, Zeitreihen oder sequentielle Verfahren beispielsweise erfordern jeweils ihren angemessenen wahrscheinlichkeitstheoretischen Kontext und führen auf spezifische statistische Verfahren.

Eine systematische Übersicht in deutscher Sprache bietet die Verfahrensbibliothek von RASCH u.a. (1996, 1998, 2008). Der Leser findet hier auch Hilfe bei der rechentechnischen Umsetzung der statistischen Methoden.

In Hinsicht auf die Aussage (A1) ist festzustellen, dass die Beurteilung der zweidimensionalen Zufallsgröße (Geburtsgewicht, Körperlänge) in doppelter Hinsicht Schwierigkeiten aufwirft. Die ziemlich willkürliche Umformulierung von „kräftiger" aus (A) in „sowohl schwerer als auch länger" in (A1) bringt eine aufwendige wahrscheinlichkeitstheoretische Beschreibung mit sich. Sie bedeutet insbesondere die a-priori-Akzeptanz (oder die Überprüfung anhand von Beobachtungen) von Annahmen über die zweidimensionale Wahrscheinlichkeitsverteilung der beiden Merkmale.

Andererseits ist das Ausgangsproblem (A), wie jetzt zu sehen, mit der neuen Fragestellung nach dem Zusammenhang der Merkmale Geburtsgewicht und Körperlänge überlagert worden. Die Klärung dieses Problems würde weitere Beobachtungen erfordern, denn es gilt im Grundsatz:

> Eine Stichprobe kann nicht zur statistischen Entscheidung verschiedener Probleme dienen.

Möglich wäre es, sich für eines der beiden Merkmale zu entscheiden und eine univariate Fragestellung zu überprüfen:

(A2)   Im Jahre 2000 waren in Deutschland die Neugeborenen diabetischer Mütter schwerer als die Neugeborenen nichtdiabetischer Mütter.

(A2*)   Im Jahre 2000 waren in Deutschland die Neugeborenen diabetischer Mütter länger als die Neugeborenen nichtdiabetischer Mütter.

Sähe man die Geburtsgewichte als normalverteilt an, so kann die zu prüfende statistische Nullhypothese lauten:

> Die Erwartungswerte der Geburtsgewichte sind für diabetische Mütter und nichtdiabetische Mütter gleich.

Ob das Geburtsgewicht beispielsweise als normalverteilte Zufallsgröße angesehen werden kann, folgert man aus gesichertem Vorwissen oder aus Stichprobendaten mittels eines statistischen Anpassungstests.

Der Diabetes-Status der Mutter ist als eine kategoriale Zufallsgröße mit geeigneter Codierung denkbar. Dieses Merkmal dient als **Klassifizierungsvariable**. Ihre Wahrscheinlichkeitsverteilung ist für die statistische Versuchsplanung von Interesse.

Versuchsplanung

Zunächst sind fachbezogene Aspekte der vorgesehenen wissenschaftlichen Untersuchung zu erörtern. Hierzu gehören die Definition der Hauptzielgrößen der Studie, die Formulierung von Ein- und Ausschlusskriterien für die Beobachtungspersonen oder die Festlegung von Abbruchkriterien für die Studie. Die ethische Relevanz der Fragestellung, aber auch vorgesehener Interventions- oder Untersuchungsmethoden sind festzustellen. Die Bestimmungen zum Datenschutz sind zu beachten. Gegebenenfalls sind die zuständigen Gremien und Behörden zu konsultieren. Für ärztliche Untersuchungen von Beobachtungspersonen, für Messungen und Laboranalysen ist die Beachtung von inzwischen international abgestimmten Qualitätsstandards sicherzustellen. Dies gilt auch für die Verarbeitung und Auswertung von Daten.

Die statistische Versuchsplanung im engeren Sinne geht von der Art der Problemstellung aus: Kann die Zielpopulation klar definiert werden? Ergeben sich aus dem sachlichen Kontext besondere Beobachtungsstrategien? Welche sind die relevanten Merkmale? Sind Unterschiede nachzuweisen? Gilt das Interesse dem statistischen Nachweis von Äquivalenzen? Sind quantitative Charakterisierungen von Beobachtungsgrößen zu vorgegebener Qualität zu erbringen? Welche Alternativen zu den Ausgangshypothesen sollen beachtet werden? Welche Güte der statistischen Entscheidung wird verlangt? Welche Größenunterschiede von Messwerten gelten überhaupt als relevant?

Solche und weitere Fragestellungen führen auf die problembezogene Entscheidung für einen Studientyp und ein angemessenes statistisches Auswerteverfahren für die Daten. Bereits bei der Versuchsplanung ist sicherzustellen, dass die durchzuführenden Beobachtungen tatsächlich Realisierungen von Stichproben sind.

Für die Behandlung der praktisch wichtigen Fragen nach den erforderlichen Stichprobenumfängen gibt es keine generalisierte Vorgehensweise. Antworten, sofern sie denn gegeben werden können, sind aus dem betrachteten statistischen Verfahren zu begründen. Im Folgenden wird darauf nur beispielhaft eingegangen. Eine systematische Darstellung gibt BOCK (1998), eine Vielzahl statistischer Verfahren ist in RASCH u.a. (1996, 1998, 2008) mit zugehörigen Stichprobenumfangsplanungen dargestellt.

2.3.1   Stichprobe, Stichprobenraum, Stichprobenfunktion

Mittler zwischen der Realität und der abstrakten Welt ist die **Stichprobe**. In den seltensten Fällen kann man eine Grundgesamtheit (praktisch) vollständig beobachten. Soll vom Wissen über eine Teilmenge auf die Gesamtheit geschlossen werden, hat diese Teilmenge sinnvoll ausgewählt zu werden.

Hier wird der Begriff der Stichprobe erklärt und erörtert. Methoden zur Realisierung von Stichproben sind im Abschnitt 3.5 unter dem Stichwort Randomisierung zu finden.

> **_Definition:_**
>
> Es sei X eine Zufallsgröße mit der Verteilungsfunktion $F_X(x)$. Der Vektor $(X_1, ..., X_N)$ unabhängig und identisch verteilter Zufallsgrößen $X_i = X$ für $i = 1, ..., N$ heißt **Stichprobe vom Umfang** N über X, jede Realisierung $(x_1, ..., x_N)$ wird als **konkrete Stichprobe** bezeichnet.

Diese Definition ist recht abstrakt. Man verdeutlicht ihren Sinn durch die folgende Überlegung: Zufallsgröße sei die durch die Zahlen 0 (weiß) und 1 (schwarz) codierte Farbe von Kugeln. Grundgesamtheit ist also die Menge {0,1}. In einer Urne mögen sich 384 solcher Kugeln befinden. Eine konkrete Stichprobe vom Umfang N zu realisieren heißt, zufällig eine Kugel zu ziehen, die beobachtete Zahl 0 bzw. 1 zu notieren, die Kugel zurückzulegen und durch Wiederholung N Ergebnisse des Zufallsexperiments zu gewinnen.

Eine konkrete Stichprobe kann aufgefasst werden als Ergebnis einer Serie von N unabhängigen Wiederholungen ein und desselben Zufallsexperimentes, die die Realisierungen der Zufallsgröße X ergeben.

Beispiel 2.42
Eine ideale Münze wird fünfmal geworfen. Diese Prozedur ist eine Stichprobe vom Umfang $N = 5$ der Zufallsgröße X, die die zwei Werte 1 (entsprechend „Wappen") und 2 (entsprechend „Zahl") jeweils mit der Wahrscheinlichkeit 0.5 annimmt. Offenbar sind die Versuche unabhängig voneinander, und das beschreibende wahrscheinlichkeitstheoretische Modell ist für jeden Wurf dasselbe.
Die fünf Versuchsergebnisse, z.B. 1, 1, 1, 2, 2, sind eine konkrete Stichprobe.

Beispiel 2.43
Interessierende Zufallsgröße X sei die Anzahl des Auftretens von „Wappen" bei fünf Münzwürfen. X ist binomialverteilt mit den Parametern $n = 5$ und $p = 0.5$. Eine Stichprobe vom Umfang N zu realisieren bedeutet die N-malige Durchführung von fünf Münzwürfen. Eine konkrete Stichprobe vom Umfang N ist die Liste der dabei aufgezeichneten Resultate (Tab. 2.17).

Tab. 2.17 Resultate bei fünfmaligem Münzwurf: (3, 1, 0, ..., 2) als konkrete Stichprobe

	Wurf					X
	1	2	3	4	5	Anzahl Wappen
1	w	w	z	w	z	3
2	w	z	z	z	z	1
3	z	z	z	z	z	0
...	...	...	...	...	...	...
N	z	w	w	z	z	2

Beispiel 2.44
Eine Urne enthalte 40 weiße (Codierung „1") und 60 schwarze (Codierung „428") Kugeln. Nacheinander werden 8 Kugeln entnommen, ohne die bereits gezogenen wieder zurückzulegen. Dieses Vorgehen ist **keine** Stichprobenerhebung in Bezug auf die Zufallsgröße X_1, die die Werte 1 bzw. 428 mit den Wahrscheinlichkeiten $P(1) = 0.4$ und $P(428) = 0.6$ annimmt. Nachdem die erste Kugel entnommen wurde, sind die Wahrscheinlichkeiten für die Werte „1" und „428" neu festzustellen, man geht zu einer neuen Zufallsgröße X_2 über usw. Die Elemente X_i der Stichprobe sind nicht stochastisch unabhängig, ihre Wahrscheinlichkeitsverteilungen nicht identisch. Erfolgt Ziehen mit Zurücklegen der Kugel, gewinnt man jedoch eine Stichprobe.

Beispiel 2.45
Ein Student analysiert im Rahmen einer klinischen Studie Daten männlicher urologischer Patienten. Es fehlen ihm zu Vergleichen mit Gesunden Blutdruckwerte von Männern, so dass er Kommilitonen bittet, sich für Messungen zur Verfügung zu stellen.
Nicht nur im Hinblick auf die Altersverteilung ist das keine geeignete Vergleichsgruppe. Eine subjektiv getroffene Auswahl ist keine Stichprobe.

Zwei Stichproben bezeichnet man als **verbundene Stichproben**, wenn es eine umkehrbar eindeutige Entsprechung zwischen den Elementen dieser Stichproben gibt. Diese Zuordnungsvorschrift muss unabhängig von den Realisierungen der Stichproben existieren. Beurteilt man den interessierenden Merkmalswert vor und nach Behandlung, festgestellt an einer zufällig ausgewählten Gruppe von Patienten, so ist dies ein typisches Beispiel für verbundene Stichproben. Jedem Patienten sind zwei Merkmalswerte zugeordnet. Mit einer solchen Beobachtungstechnik möchte man die interindividuelle Variation gering halten. Etwa beobachtete Unterschiede sprechen dann stärker für einen Behandlungseffekt. **Unverbundene Stichproben** sind Stichproben, die nicht verbunden sind.

Dass eine Stichprobe „**repräsentativ**" sei, ist eine falsche Vorstellung! Die Stichprobe als Zufallsgröße ist nicht auf bestimmte Werte eingeschränkt. Bei zehnmaligem Münzwurf („Wappen" sei mit 1, „Zahl" mit 0 kodiert) sind als konkrete Stichprobe des Umfangs $N = 10$ alle denkbaren Vektoren der Länge 10 mit den Koordinaten 0 und 1 möglich. Man erwartet wohl, dass die 1 etwa fünfmal bei zehn Münzwürfen auftritt. Das Resultat kann jedoch durchaus $(0, 0, ..., 0)$ sein. Mit der geringen Wahrscheinlichkeit $(1/2)^{10} = 1/1024$ wird eine solche „untypische" Stichprobe allerdings auch nur selten realisiert.

Die Anwendung statistischer Methoden auf medizinische und epidemiologische Fragestellungen führt in vielen Fällen auf Aussagen über menschliche Populationen (z.B. Bevölkerung eines Gebietes, Patienten einer bestimmten Diagnose, Altersgruppen). Einer Population können mehrere Zufallsgrößen bzw. Grundgesamtheiten assoziiert sein.

Eine Zufallsgröße X zu realisieren bedeutet, ein Individuum der Population zufällig auszuwählen und an ihm den Wert der Zufallsgröße X festzustellen.

Demnach bedeutet die Erhebung einer Stichprobe vom Umfang N über X die Zufallsauswahl von N Individuen der beobachteten Population derart, dass Unabhängigkeit und identische Verteilung gewährleistet sind.

Diesem Zweck dienen **Randomisierungsverfahren**. Indem gewährleistet wird, dass jedes Individuum die gleiche Chance der Auswahl in die Stichprobe besitzt und dass die Auswahl von Individuen stochastisch unabhängig ist, gewährleistet man die angestrebte Korrespondenz zwischen Zufallsgröße und Population: Aussagen über die Zufallsgröße bzw. die Grundgesamtheit sind Aussagen betreffend die Population.

In diesem Sinne mag man das Stichprobenverfahren (d.h. das Verfahren zur Realisierung einer Stichprobe) mit Blick auf die Population als repräsentativ bezeichnen. Die konkrete Stichprobe kann jedoch durchaus, wie oben gesagt, untypische Werte aufweisen.

Weitere Ausführungen über Randomisierungsverfahren findet man im Abschnitt 3.5.

Merke:
Man unterscheide die konkrete Stichprobe und das Verfahren zu ihrer Realisierung. Die Stichprobe ist nicht „repräsentativ", das Stichprobenverfahren mag (etwas ungenau) so bezeichnet werden.

Bezeichnet X eine Zufallsgröße, so bilden ihre möglichen Realisierungen eine Teilmenge der reellen Zahlen $\mathbb{R}$. Eine Stichprobe vom Umfang N ist demnach eine Teilmenge des N-dimensionalen reellen Raumes $\mathbb{R}^N$.

Definition:

Die Gesamtheit $B^N \subseteq \mathbb{R}^N$ aller Realisierungen $(x_1, ..., x_N)$ der Stichprobe $(X_1, ..., X_N)$ heißt **Stichprobenraum**.

Beispiel 2.46

Für das Münzwerfexperiment seien „Wappen" mit 1 und „Zahl" mit 2 codiert. Bei einem Stichprobenumfang $N = 2$ ergibt sich der Stichprobenraum $B^2 = \{(1, 1), (1, 2), (2, 1), (2, 2)\}$. Dies sind die Eckpunkte eines Quadrates in der Zahlenebene $\mathbb{R}^2$. Sofern der Stichprobenumfang $N = 3$ beträgt, hat man $B^3 = \{(x_1, x_2, x_3) \mid x_1, x_2, x_3 \in \{1, 2\}\}$, die Eckpunkte eines Würfels im $\mathbb{R}^3$. Wird N größer als 3, geht die Möglichkeit der geometrischen Veranschaulichung des Stichprobenraumes verloren.

◄

Beispiel 2.47

Der dem zweimaligen Würfeln assoziierte Stichprobenraum ist ein Gitter von $6 \cdot 6 = 36$ Punkten im $\mathbb{R}^2$, $B^2 = \{(x_1, x_2) \mid x_1, x_2 \in \{1, 2, 3, 4, 5, 6\}\}$. Die Ergebnisse (a, b) und (b, a) werden unterschieden. B^3 ist ein räumliches Gitter von $6 \cdot 6 \cdot 6 = 216$ Punkten im $\mathbb{R}^3$.

◄

Beispiel 2.48

Das Körpergewicht männlicher Neugeborener wird für die deutsche Bevölkerung im Mittel mit 3 400 g angenommen. Um diese Angabe zu überprüfen, ist eine Stichprobe vom Umfang N vorgesehen. Die beobachtete Zufallsgröße Körpergewicht ist hinsichtlich ihrer Wahrscheinlichkeitsverteilung zu beschreiben. Nimmt man als Modell für die Realität die Familie der Normalverteilungen, so ist die gesuchte Wahrscheinlichkeitsverteilung mit der Kenntnis von Erwartungswert μ und Varianz σ^2 gegeben. Der Wertebereich einer normalverteilten Zufallsgröße ist die Menge der reellen Zahlen. Damit ergibt sich für den Stichprobenraum $B^N = \mathbb{R}^N$. Offensichtlich variieren Geburtsgewichte nur in einer Teilmenge von $\mathbb{R}$, weshalb die Annahme einer Normalverteilung der Werte diskussionswürdig ist.

◄

Mit der Wahrscheinlichkeitsverteilung $F_X(x)$ von X kennt man auch die Wahrscheinlichkeitsverteilung $F_{(X_1, ..., X_N)}(x_1, ..., x_N)$ der Stichprobe $(X_1, ..., X_N)$ als

$$F_{(X_1, ..., X_N)}(x_1, ..., x_N) = P\left(X_1(x) \leq x_1 \cap ... \cap X_N(x) \leq x_N\right) = \prod_{i=1}^{N} P(X \leq x_i) = \prod_{i=1}^{N} F_X(x_i).$$

Es sei nun daran erinnert, dass X als Zufallsgröße über einem Wahrscheinlichkeitsraum $[\Omega, \wp(\Omega), P_\Omega]$ erklärt ist.

Definition:

Eine auf der Stichprobe $(X_1,...,X_N)$ definierte reellwertige Funktion
$S = S(X_1, ..., X_N)$ heißt **Stichprobenfunktion** (auch: **Statistik**), wenn ihre
Werte Realisierungen einer reellen Zufallsgröße sind.

Genauere Betrachtungen darüber, wann Abbildungen von Zufallsgrößen wieder Zufallsgrößen sind, werden hier nicht angestellt. Dies ist Gegenstand der Maßtheorie.

Arithmetisches Mittel, empirische Varianz, empirische Standardabweichung, Stichprobenmedian, empirische Quantile, empirische Kovarianz, statistische Schätzungen und statistische Testgrößen sind Beispiele für Stichprobenfunktionen. Konstante Funktionen auf dem Stichprobenraum sind keine Stichprobenfunktionen.

Eine Stichprobenfunktion $S(X_1, ..., X_N)$ besitzt als Zufallsgröße eine Wahrscheinlichkeitsverteilung. Deren Kenntnis gestattet die Bewertung von Größen, die aus Stichprobenergebnissen vermöge S berechnet wurden. Alle Methoden der schließenden Statistik sind in diesem Kontext zu sehen! Die Bestimmung der Wahrscheinlichkeitsverteilungen für interessierende Stichprobenfunktionen gehört, neben anderen Resultaten, zu den Leistungen, welche die mathematische Statistik für die Begründung von Methoden der angewandten Statistik erbringt. Die folgenden Beispiele beschreiben einfache Fälle von Stichprobenfunktionen.

Beispiel 2.49

Auf der Stichprobe, die zweimaligem Würfeln entspricht, seien die Stichprobenfunktionen
$S_+(X_1, X_2) = X_1 + X_2$, sowie $S_{max}(X_1, X_2) = \max \{X_1, X_2\}$ gegeben. Diese Funktionen sind in
den Tab. 2.18 und Tab. 2.19 gegeben.

Tab. 2.18 Stichprobenfunktion $S_+(X_1, X_2) = X_1 + X_2$ für den zweimaligen Münzwurf

1. Wurf	2. Wurf					
	1	2	3	4	5	6
1	2	3	4	5	6	7
2	3	4	5	6	7	8
3	4	5	6	7	8	9
4	5	6	7	8	9	10
5	6	7	8	9	10	11
6	7	8	9	10	11	12

Tab. 2.19 Stichprobenfunktion $S_{max}(X_1, X_2) = \max \{X_1, X_2\}$ für den zweimaligen Münzwurf

1. Wurf	2. Wurf					
	1	2	3	4	5	6
1	1	2	3	4	5	6
2	2	2	3	4	5	6
3	3	3	3	4	5	6
4	4	4	4	4	5	6
5	5	5	5	5	5	6
6	6	6	6	6	6	6

Die Stichprobenfunktion $S_+(X_1, X_2)$ hat als Wertemenge die Zahlen $\{2, 3, ..., 12\}$. Ihre Wahrscheinlichkeitsverteilung ist in der nachfolgenden Tabelle angegeben. Man prüft diese Wahrscheinlichkeiten leicht nach, indem die relativen Häufigkeiten der Werte der Stichprobenfunktion $S_+(X_1, X_2)$ aus der angegebenen Tabelle aller ihrer Werte ermittelt werden.

Tab. 2.20 Wahrscheinlichkeitsfunktion von $S_+(X_1, X_2) = X_1 + X_2$

S_+	2	3	4	5	6	7	8	9	10	11	12
$P(S_+)$	1/36	2/36	3/36	4/36	5/36	6/36	5/36	4/36	3/36	2/36	1/36

Für $S_{max}(X_1, X_2)$ ergibt sich

Tab. 2.21 Wahrscheinlichkeitsfunktion von $S_{max}(X_1, X_2) = \max\{X_1, X_2\}$

S_{max}	1	2	3	4	5	6
$P(S_{max})$	1/36	3/36	5/36	7/36	9/36	11/36

◄

Beispiel 2.50

Es seien X eine $N\left(\mu, \sigma^2\right)$-verteilte Zufallsgröße und $(X_1, ..., X_N)$ eine Stichprobe über X. Als Stichprobenfunktion wird das arithmetische Mittel betrachtet,

$$S_{\bar{X}} = S_{\bar{X}}\left(X_1, ..., X_N\right) = \bar{X} = \frac{1}{N}\sum_{i=1}^{N} X_i.$$

Es ist $\bar{X}$ eine $N\left(\mu, \sigma^2/N\right)$-verteilte Zufallsgröße. Sie hat den gleichen Erwartungswert wie X, jedoch aufgrund der Mittelung eine geringere Varianz als X. Für die Stichprobenfunktion $S_Z\left(X_1, ..., X_N\right) = \dfrac{\bar{X} - \mu}{\sigma}\sqrt{N}$, die man durch Standardisierung aus der Stichprobenfunktion $\bar{X}$ erhält, ist damit bekannt, dass sie standardnormalverteilt ist. Der Beweis dieser Aussagen beruht auf den Eigenschaften der Normalverteilung und bereitet keine Schwierigkeiten.

Es sei nun X eine beliebige stetige Zufallsgröße. Für jede natürliche Zahl N sei die Stichprobenfunktion $\bar{X}$ eine nach $N\left(\mu, \sigma^2/N\right)$-verteilte Zufallsgröße. Dann ist X eine $N\left(\mu, \sigma^2\right)$-verteilte Zufallsgröße. Dies ist eine tiefliegende mathematische Aussage, die die Besonderheit der Normalverteilung unterstreicht.

◄

Die Bestimmung der Wahrscheinlichkeitsverteilungen für interessierende Stichprobenfunktionen ist eine i.A. nichttriviale Aufgabe. Für zwei Stichprobenfunktionen sollen ihre Wahrscheinlichkeitsverteilungen allgemein angegeben werden.

> Es seien X eine Zufallsgröße mit der Verteilungsfunktion $F_X(x)$ und $(X_1, ..., X_N)$ eine Stichprobe vom Umfang N über X. Die Verteilung der Stichprobenfunktion $S_{max}\left(X_1, ..., X_N\right) = \max\{X_1, ..., X_N\}$ ist gegeben als $F_{max}(x) = \left(F_X(x)\right)^N$.

Beweis: $F_{max}(x) = P\left(\max\{X_1, ..., X_N\} \le x\right) = P\left((X_1 \le x) \cap (X_2 \le x) \cap ... \cap (X_N \le x)\right)$

$$= \prod_{i=1}^{N} P(X_i \le x) = \prod_{i=1}^{N} F_{X_i}(x) = \left(F_X(x)\right)^N.$$

Hierbei nutzt man Unabhängigkeit und identische Verteilung der Komponenten des zufälligen Vektors $(X_1, ..., X_N)$.

◄

Beispiel 2.51
Für den zweimaligen Wurf eines Würfels ist im vorletzten Beispiel die Wahrscheinlichkeitsfunktion der Stichprobenfunktion $S_{max} = \max\{X_1, X_2\}$ in einer Tabelle angegeben. Daraus erhält man die Verteilungsfunktion

$$F_{max}(x) = \begin{cases} 0 & -\infty < x < 1 \\ \frac{1}{36} & 1 \le x < 2 \\ \frac{4}{36} & 2 \le x < 3 \\ \frac{9}{36} & 3 \le x < 4 \\ \frac{16}{36} & 4 \le x < 5 \\ \frac{25}{36} & 5 \le x < 6 \\ 1 & 6 \le x < \infty. \end{cases}$$

Sie ist das Quadrat der Verteilungsfunktion der Gleichverteilung auf $\{1, ..., 6\}$. $F_{max}(x)$ lässt sich so nicht nur einfach ausrechnen, sondern auch für einen beliebigen Stichprobenumfang N ermitteln.

◄

> Es seien X eine Zufallsgröße mit der Verteilungsfunktion $F_X(x)$ und $(X_1, ..., X_N)$ eine Stichprobe vom Umfang N über X. Es ist $F_{min}(x) = 1 - \left(1 - F(x)\right)^N$ die Verteilung der Stichprobenfunktion $S_{min}(X_1, ..., X_N) = \min\{X_1, ..., X_N\}$.

Der Beweis dieser Aussage ist ähnlich dem Beweis betreffend die Verteilung der Stichprobenfunktion S_{max}.
Im vorletzten Beispiel wurde die Wahrscheinlichkeitsverteilung der Stichprobenfunktion $\bar{X}$ angegeben, sofern X normalverteilt ist. Generell gilt, dass ohne Kenntnis über die Verteilung von X keine Aussage über die Verteilung des arithmetischen Mittels $\bar{X}$ getroffen werden kann.
Nach dem zentralen Grenzwertsatz ist bei großem Stichprobenumfang N das arithmetische Mittel asymptotisch normalverteilt. Dabei wird über die Verteilung von X nichts vorausgesetzt! Die Verwendung von Aussagen asymptotischen Charakters ist in der Statistik häufig anzutreffen. Bei der Datenauswertung entsteht dann die Frage, ob der Stichprobenumfang „groß genug" ist.
Die Begriffe Stichprobe, Stichprobenraum und Stichprobenfunktion sind gewissermaßen eine Brücke zwischen der Beobachtung der Realität und ihrer Beschreibung durch ein wahrscheinlichkeitstheoretisches Modell. Es hat sich erwiesen, dass diese Verbindung der Welt

der Anschauung und der Welt des Denkens eine fundamentale Bedeutung für die Forschungsmethodik hat, indem sie Schlussfolgerungen aus den quantitativen Resultaten von Beobachtungen und Messungen rational begründet. Genau hier ist also von der Statistik die Rede. Eine Rechtfertigung der Anwendungen ihrer Methodik stellt insbesondere der sogenannte **Hauptsatz der Statistik** (Satz von GLIVENKO) dar.

> *Hauptsatz der Statistik*
>
> Es seien X eine Zufallsgröße mit der Verteilungsfunktion F_X und $(X_1, ..., X_N)$ eine Stichprobe vom Umfang N über X. Dann strebt für N gegen Unendlich die Folge der empirischen Verteilungsfunktionen F_N gegen F_X.

Dieser Satz ist - cum grano salis - eine Begründung dafür, experimentelle Resultate bei genügend großem Versuchsumfang und im Kontext eines wahrscheinlichkeitstheoretischen Modells der Realität sowie einer den statistischen Anforderungen genügenden Versuchsplanung für den Beweis einer Aussage heranziehen zu können. Eine präzisere Formulierung des Hauptsatzes soll hier nicht gegeben werden. Sie würde insbesondere die Entwicklung des benötigten Konvergenzbegriffes erfordern. Statistische Datenauswertung bedeutet die Berechnung von Stichprobenfunktionen. Dies sind im Wesentlichen Punktschätzungen, Konfidenzschätzungen, Schätzungen von Verteilungsfunktionen und Tests.

2.3.2   Statistisches Schätzen

Das Anliegen des statistischen Schätzens besteht darin, statistische Maßzahlen, Wahrscheinlichkeiten, Wahrscheinlichkeitsverteilungen oder deren Parameter aus Stichproben angenähert zu ermitteln. Dies geschieht durch die Berechnung der Werte geeigneter Stichprobenfunktionen. Solche Stichprobenfunktionen mit wünschenswerten Eigenschaften gewinnt man oft unter Anwendung allgemeiner Prinzipien (z.B. Maximum-Likelihood-Methode, Momentenmethode, Methode der kleinsten Quadrate).

> In der Statistik bezeichnet man die Berechnung einer Stichprobenfunktion allgemein als **Schätzung**.

In diesem Abschnitt werden charakterisierende Eigenschaften von Schätzungen definiert. Das ist erforderlich, um die Qualität dieser statistischen Verfahren beurteilen zu können. Hierher gehört auch der jedem Epidemiologen geläufige Begriff Bias. Die Maximum-Likelihood-Methode vorzustellen eröffnet die Möglichkeit, an einigen Beispielen die Leistungsfähigkeit statistischer Methoden der Datenauswertung diskutieren zu können.

> Man unterscheidet
> * **Punktschätzungen**,
> * **Toleranzschätzungen** und
> * **Konfidenzschätzungen** .

A. Punktschätzungen
Zunächst sollen Punktschätzungen vorgestellt werden. Ein kurzer Exkurs in die statistische Schätztheorie ist dabei unverzichtbar.

> Werden Wahrscheinlichkeiten oder Parameter von Wahrscheinlichkeitsverteilungen als Werte einer Stichprobenfunktion berechnet, so spricht man von einer **Punktschätzung**.

Mittelwert, Stichprobenmedian, Stichprobenvarianz, Funktionswerte empirischer Verteilungsfunktionen sind Punktschätzungen. Offenbar wird man sich nur für solche Punktschätzungen interessieren, die die in Rede stehenden Größen auf der Basis einer konkreten Stichprobe auch sinnvoll und angenähert wiedergeben. Mittelwert bzw. Stichprobenmedian sind Punktschätzungen für den Erwartungswert $E(X)$ bzw. den Median $x_{0.5}$ der Zufallsgröße X, die Stichprobenvarianz schätzt die Varianz $V(X)$ und die empirische Verteilungsfunktion $F_N(x)$ ist eine Schätzung für $F_X(x)$. Punktschätzungen für die Parameter α und β einer Regressionsgeraden erhält man nach der Methode der kleinsten Quadrate.
Für eine Stichprobenfunktion fordert man gewisse Eigenschaften. Solche sind:

*   **Erwartungstreue**
    Eine Stichprobenfunktion heißt erwartungstreu, wenn ihr Erwartungswert mit dem zu schätzenden Parameter übereinstimmt.
*   **Effektivität**
    Unter gewissen Voraussetzungen an die Zufallsgröße und ihre Verteilungsfunktion kann für eine Stichprobe vom Umfang N eine Zahl angegeben werden, welche die untere Grenze für die Varianzen aller denkbaren Schätzfunktionen eines Verteilungsparameters α ist. Eine Schätzfunktion mit dieser Minimalvarianz heißt effizient.
*   **asymptotische Erwartungstreue** und **asymptotische Varianz**
    Leider kann nicht immer eine erwartungstreue oder effektive Schätzung konstruiert werden. Von vielen Schätzfunktionen weiß man etwa nur, dass für große Stichprobenumfänge N der Erwartungswert dem Parameter und die Varianz der Minimalvarianz nahekommt. Man spricht dann von asymptotisch erwartungstreuen und asymptotisch effektiven Schätzungen.
*   **systematischer Fehler (bias)**
    Die Differenz zwischen dem Erwartungswert einer Schätzfunktion und dem Verteilungsparameter heißt systematischer Fehler (engl.: bias).

Die vorgestellten Begriffe sollen genauer definiert und durch Beispiele verdeutlicht werden. Einige Aussagen der statistischen Schätztheorie sind dabei unverzichtbar.
Die Verteilungsfunktion $F_{X,\alpha}(x)$ einer Zufallsgröße X wird nachfolgend als durch einen Parameter α charakterisiert betrachtet. Dieser Parameter α gehöre einem **Parameterraum** $A \subseteq \mathbb{R}^m$ an. Beispiele für durch einen Parameter definierte Familien von Wahrscheinlichkeitsverteilungen:

* X sei $N(\mu, \sigma^2)$-verteilt. Dann wird in der Normalverteilungsfamilie die zu X gehörende Verteilung $F_{X,\alpha}(x)$ durch den zweidimensionalen Parameter $\alpha = (\mu, \sigma^2)$ gekennzeichnet. Es ist $A = \{\alpha = (x, y) \in \mathbb{R}^2 \mid y > 0\}$ der zugehörige Parameterraum.

- X sei eine auf dem Intervall $[0, \alpha]$ gleichverteilte stetige Zufallsgröße. Diese Verteilungsfamilie wird durch den Parameterraum $A = \{\alpha \,|\, \alpha \in \mathbb{R}^+\}$ definiert. Die Verteilungsfunktionen von X ist

$$F_{X,\alpha}(x) = \begin{cases} 0 & x < 0 \\ x/\alpha & 0 \le x < \alpha \\ 1 & x \ge \alpha. \end{cases}$$

- Zur Familie $B(n, p)$ der Binomialverteilungen gehört der Parameterraum A mit den Elementen $\alpha = (n, p) \in \{\mathbb{N} \times [0,1]\} \subseteq \mathbb{R}^2$.

- Parameterraum für die Exponentialverteilungen sind die echt positiven reellen Zahlen.

Von einer Zufallsgröße X sei bekannt, dass ihre Verteilung zu einer gewissen parametrisierten Verteilungsfamilie gehört. Um diese Verteilung zu ermitteln, ist die Berechnung des unbekannten Parameters aus einer Stichprobe nötig.

Definition:

Es seien X eine Zufallsgröße, $(X_1, ..., X_n)$ eine Stichprobe und $F_{X,\alpha}(x)$ ihre Verteilungsfunktion. Eine **Punktschätzung** $\hat{\alpha}_N$ für den unbekannten Parameter α ist eine spezielle Stichprobenfunktion $\hat{\alpha}_N = \hat{\alpha}_N(X_1, ..., X_N)$.

Punktschätzungen heißen auch Punktschätzer, sie können intuitiv definiert werden. Es gibt jedoch auch Konstruktionsprinzipien, auf die später eingegangen wird. Als Qualitätskennzeichnungen für Punktschätzungen dienen Erwartungstreue und Effektivität.

Definition:

Eine Punktschätzung $\hat{\alpha}_N$ für den Verteilungsparameter α heißt **erwartungstreu**, wenn $E_\alpha(\hat{\alpha}_N) = \alpha$ für alle $\alpha \in A$ gilt.

Die Bezeichnung $E_\alpha(\hat{\alpha}_N)$ weist darauf hin, dass der Erwartungswert unter der Annahme berechnet werden soll, dass α der Verteilungsparameter der Zufallsgröße X ist.

Beispiel 2.52

Es sei X eine auf $[0, \alpha]$ gleichverteilte stetige Zufallsgröße. Aus einer Stichprobe $(X_1, ..., X_N)$ soll der unbekannte Verteilungsparameter α geschätzt werden. Als Schätzfunktion wird das arithmetische Mittel gewählt,

$$\hat{\alpha}_N = \overline{X}_N = \frac{1}{N} \sum_{i=1}^{N} X_i \ .$$

Der Erwartungswert dieses Schätzers ist

$$E_\alpha(\hat{\alpha}_N) = E_\alpha\left(\frac{1}{N} \sum_{i=1}^{N} X_i\right) = \frac{1}{N} \sum_{i=1}^{N} E_\alpha(X_i) = \frac{1}{N} N \frac{\alpha}{2} = \frac{\alpha}{2} \ .$$

Es entspricht vollkommen der Anschauung, dass das arithmetische Mittel der Stichprobenwerte aus [0, α] im Falle der Gleichverteilung den Erwartungswert α/2 hat. Diese Schätzfunktion ist nicht erwartungstreu. Gleichzeitig sieht man, dass die Schätzfunktion

$$\hat{\alpha}_{N,1} := 2\,\overline{X}_N$$

diese Eigenschaft hat.

◀

Die Differenz $\hat{\alpha}_N - \alpha$ ist die Summe von systematischem Fehler $\left[E_\alpha(\hat{\alpha}_N) - \alpha \right]$ und zufäl-
ligem Fehler $\left[\hat{\alpha}_N - E_\alpha(\hat{\alpha}_N) \right]$.

Definition:

Es sei $\hat{\alpha}_N$ eine Punktschätzung für α. Dann heißt $B_N(\hat{\alpha}_N) = E_\alpha(\hat{\alpha}_N) - \alpha$,

$\alpha \in A$, der **systematische Fehler** (englisch: **bias**) von $\hat{\alpha}_N$ gegenüber α.

Beispiel 2.53
Für die stetige Gleichverteilung auf [0, α] soll die Erwartungstreue des Schätzers
$\hat{\alpha}_N = \max\{X_1, \ldots, X_N\}$ untersucht werden. Zunächst wird die Verteilungsfunktion dieser
Stichprobenfunktion benötigt. Ausgehend von $F_x(x)$ erhält man entsprechend dem im Ab-
schitt 2.3.1 formulierten Aussagen über die Verteilung von Stichprobenfunktionen

$$F_{\hat{\alpha}_N}(x) = \left[F_x(x) \right]^N = \begin{cases} 0 & \text{für} \quad x < 0 \\ \left(\frac{x}{\alpha}\right)^N & \text{für} \quad 0 \le x < \alpha \\ 1 & \text{für} \quad \alpha \le x \end{cases}$$

und durch Ableitung die zugehörige Wahrscheinlichkeitsdichte

$$f_{\hat{\alpha}_N}(x) = \begin{cases} 0 & \text{für} \quad x < 0 \\ N\left(\dfrac{x^{N-1}}{\alpha^N}\right) & \text{für} \quad 0 \le x < \alpha \\ 0 & \text{für} \quad \alpha \le x \end{cases} \quad .$$

Damit kann der Erwartungswert gemäß seiner Definition berechnet werden:

$$E_\alpha(\hat{\alpha}_N) = \int_{-\infty}^{+\infty} x\, f_{\hat{\alpha}_N}(x)\, dx = \int_0^\alpha x\, N\left(\frac{x^{N-1}}{\alpha^N}\right) dx = \frac{N}{N+1}\alpha \quad .$$

Der systematische Fehler $B_N(\hat{\alpha}_N)$ der Parameterschätzung $\hat{\alpha}_N$ beträgt

$$B_N(\hat{\alpha}_N) = E_\alpha(\hat{\alpha}_N) - \alpha = \frac{N}{N+1}\alpha - \alpha = -\frac{\alpha}{N+1} \quad .$$

Es gilt $\lim\limits_{N\to\infty} B_N(\hat{\alpha}_N) = 0$. Das Maximum der Stichprobenwerte ist kein erwartungstreuer Schätzer des Parameters α dieser Gleichverteilung. Aus dem Resultat kann ein erwartungstreuer Schätzer $\hat{\alpha}_{N,2}$ aber sofort abgeleitet werden:

$$\hat{\alpha}_{N,2} := \frac{N+1}{N}\max\{X_1,...,X_N\}.$$

◄

Das Beispiel führt einen Punktschätzer vor, dessen systematischer Fehler mit wachsendem Stichprobenumfang unbedeutend wird. Dies motiviert die folgende

---

Definition:

Eine Folge $\{\hat{\alpha}_N \mid N \in \mathbb{N}\}$ von Schätzungen $\hat{\alpha}_N$ für α heißt **asymptotisch erwartungstreu**, wenn $\lim\limits_{N\to\infty} E_\alpha(\hat{\alpha}_N) = \alpha$ für alle $\alpha \in A$ gilt.

Beispiel 2.54

In den beiden vorangegangenen Beispielen wurden für das betrachtete Schätzproblem zwei erwartungstreue Schätzungen angegeben,

$$\hat{\alpha}_{N,1} = 2\overline{X}_N \quad \text{und} \quad \hat{\alpha}_{N,2} = \frac{N+1}{N}\max\{X_1, ..., X_N\}.$$

Von diesen beiden Zufallsgrößen die für den Zweck „bessere" auszuwählen gelingt mit Blick auf ihre Varianzen.

Zunächst soll $V_\alpha(\hat{\alpha}_{N,1})$ ausgerechnet werden. Wiederum wird angenommen, dass α der Verteilungsparameter der Zufallsgröße X ist. Für eine auf $[0, \alpha]$ gleichverteilte stetige Zufallsgröße X beträgt die Varianz $V_\alpha(X) = \alpha^2/12$. Dies ist problemlos anhand der definierenden Beziehung für die Varianz und unter Verwendung der elementar bestimmbaren Dichtefunktion von X nachprüfbar. Es ergibt sich

$$V_\alpha(\hat{\alpha}_{N,1}) = V_\alpha(2\overline{X}_N) = 4\,V_\alpha\left(\frac{1}{N}\sum_{i=1}^N X_i\right) = \frac{4}{N^2}\big(N\cdot V_\alpha(X)\big) = \frac{4}{N^2}\cdot N\cdot\frac{\alpha^2}{12} = \frac{\alpha^2}{3N}.$$

Für die Berechnung von $V_\alpha(\hat{\alpha}_{N,2})$ ist die Beziehung $V(X) = E(X^2) - [E(X)]^2$ nützlich,

denn $E_\alpha(\max\{X_1, ..., X_N\}) = \frac{N}{N+1}\alpha$ wurde im letzten Beispiel bereits bestimmt. Es bleibt

die Kalkulation von $E_\alpha(X^2) = E_\alpha(\hat{\alpha}_N{}^2)$ für $\hat{\alpha}_N = \max\{X_1, ..., X_N\}$, wobei auf die oben bereits berechnete Dichte $f_{\hat{\alpha}_N}(x)$ zurückgegriffen werden muss:

$$E_\alpha(\hat{\alpha}_N{}^2) = \int\limits_{-\infty}^{+\infty} x^2 f_{\hat{\alpha}_N}(x)\,dx = \int\limits_0^\alpha x^2 N\frac{x^{N-1}}{\alpha^N}\,dx = \frac{N}{N+2}\alpha^2.$$

Die Varianz ist

$$V_\alpha\left(\hat{\alpha}_N\right)=\frac{N}{N+2}\alpha^2-\left[\frac{N}{N+1}\alpha\right]^2=\frac{N}{\left(N+1\right)^2\left(N+2\right)}\alpha^2.$$

Für die erwartungstreue Schätzung $\hat{\alpha}_{N,2}=\dfrac{N+1}{N}\max\left\{X_1,\,...,\,X_N\right\}$ berechnet sich die Varianz daraus als

$$V_\alpha\left(\hat{\alpha}_{N,2}\right)=V_\alpha\left(\frac{N+1}{N}\max\left\{X_1,\,...,\,X_N\right\}\right)$$

$$=\left(\frac{N+1}{N}\right)^2 V_\alpha\left(\max\left\{X_1,\,...,\,X_N\right\}\right)=\frac{\alpha^2}{N\left(N+2\right)}.$$

Die soeben ausgerechneten Varianzen stehen wegen $3N\leq N^2+2N$ für alle Stichprobenumfänge N in der Relation

$$V_\alpha\left(\hat{\alpha}_{N,1}\right)=\frac{\alpha^2}{3N}\geq\frac{\alpha^2}{N\left(N+2\right)}=V_\alpha\left(\hat{\alpha}_{N,2}\right).$$

◀

Definition:

Eine erwartungstreue Schätzung $\hat{\alpha}_N^*$ für den Verteilungsparameter α heißt **wirksamer** als eine erwartungstreue **Schätzung** $\hat{\alpha}_N$ für den Verteilungsparameter α, falls $V_\alpha\left(\alpha_N^*\right)\leq V_\alpha\left(\hat{\alpha}_N\right)$ für alle $\alpha\in A$ gilt.

Eine erwartungstreue Schätzung $\hat{\alpha}_N^*$ für den Verteilungsparameter α heißt **wirksamste** oder **effiziente Schätzung** für α, falls für alle erwartungstreuen Schätzungen $\hat{\alpha}_N$ und alle $N\in\mathbb{N}$ stets $V_\alpha\left(\alpha_N^*\right)\leq V_\alpha\left(\hat{\alpha}_N\right)$ gilt. Besteht diese Beziehung für alle $N\in\mathbb{N}$ mit $N\geq N_0$ (d.h. der Stichprobenumfang ist „genügend groß"), so heißt $\hat{\alpha}_N^*$ **asymptotisch wirksamst.**

Der Schätzer $\hat{\alpha}_{N,2}$ ist wirksamer als der Schätzer $\hat{\alpha}_{N,1}$. Der Quotient

$$\frac{V_\alpha\left(\hat{\alpha}_{N,2}\right)}{V_\alpha\left(\hat{\alpha}_{N,1}\right)}=\frac{3}{N+2}$$

ist unabhängig von α und konvergiert für $N\to\infty$ gegen Null. Für sehr große N ist $\hat{\alpha}_{N,1}$ also nicht sinnvoll, bereits für $N-4$ ist seine Varianz bereits doppelt so groß wie die von $\hat{\alpha}_{N,2}$.

Gibt es in der Menge aller erwartungstreuen Punktschätzungen für den Verteilungsparameter α eine „beste" Schätzung? Auf der Suche nach der Beantwortung dieser Frage spielt die **Ungleichung von RAO/CRAMER/DARMOIS/FRECHET** (kurz: Ungleichung von RAO/ CRAMER) eine wichtige Rolle. Diese Ungleichung soll nachfolgend für $\alpha\in A\subset\mathbb{R}$ dem Sinn nach angegeben werden. Eine mathematisch exakt formulierte und erweiterte Fassung betreffend muss auf Lehrbücher der mathematischen Statistik verwiesen werden. Dort findet man die Ungleichung auch für mehrdimensionale Parameterräume formuliert.

Ungleichung von RAO/CRAMER
Die Verteilung einer Zufallsgröße X sei vom Parameter $\alpha \in A \subseteq \mathbb{R}$ abhängig. Gegeben sei eine Stichprobe vom Umfang N über X.
Unter gewissen Regularitätsbedingungen gilt für jede Schätzer $\hat{\alpha}_N$ von α die Ungleichung

$$V_\alpha\left(\hat{\alpha}_N\right) \geq \frac{\left[\frac{d}{d\alpha} E_\alpha\left(\hat{\alpha}_N\right)\right]^2}{I_N(\alpha)} \quad \text{für } \alpha \in A .$$

Ist der Schätzer erwartungstreu, hat man $\left[\frac{d}{d\alpha} E_\alpha\left(\hat{\alpha}_N\right)\right] = 1$.

Die in der Ungleichung enthaltene Größe $I_N(\alpha)$ heißt **FISHER-Information**. Sie wird wie folgt erklärt:

Definition:
Für eine stetige Zufallsgröße X mit der Dichte $f_{X,\alpha}(x)$, $\alpha \in A \subset \mathbb{R}$, und eine Stichprobe $\left(X_1, ..., X_N\right)$ über X heißen $I_X(\alpha) = E_\alpha\left(\left[\frac{d}{d\alpha} \ln f_{X,\alpha}(x)\right]^2\right)$ die FISHER-Information von X sowie $I_N(\alpha) = N I_X(\alpha)$ die FISHER-Information von $\left(X_1, ..., X_N\right)$.
Für eine diskrete Zufallsgröße X mit den Werten $x_1, x_2, x_3, ...$ und den Wahrscheinlichkeiten $P_\alpha\left(X = x_i\right) = p_i(\alpha)$ sowie für eine Stichprobe $\left(X_1, ..., X_N\right)$ über X heißen $I_X(\alpha) = E_\alpha\left(\left[\frac{d}{d\alpha} \ln p_i(\alpha)\right]^2\right)$ die FISHER-Information von X sowie $I_N(\alpha) = N I_X(\alpha)$ die FISHER-Information von $\left(X_1, ..., X_N\right)$.

Die Ungleichung von RAO/CRAMER besagt, dass unter gewissen Voraussetzungen die Inverse der FISHER-Information einer Stichprobe vom Umfang N die kleinstmögliche Varianz eines Schätzers ist. Man erkennt, dass diese Zahl von der Dichte der beobachteten Zufallsgröße sowie vom Stichprobenumfang bestimmt und dass sie wie $1/N$ klein wird. In die Berechnung der minimalen Varianz gehen die Werte der konkreten Stichprobe nicht ein!
Die wirksamste Schätzung gewährleistet die bestmögliche Ausnutzung der in einer Stichprobe enthaltenen Information zum Zwecke der Parameterschätzung.
Die FISHER-Information kann zur Kennzeichnung der Varianz eines Schätzers herangezogen werden, wenn im betrachteten Falle die in der obigen Formulierung der Ungleichung von RAO/CRAMER nicht detailliert angegebenen „gewissen Regularitätsbedingungen" erfüllt sind. Genaueres dazu würde zu weit in die mathematische Statistik führen. Hier müssen Beispiele und Hinweise auf Fakten genügen.

Beispiel 2.55
Die FISHER-Information einer Stichprobe vom Umfang N über einer auf $[0,\,\alpha]$ gleichverteilten stetigen Zufallsgröße X rechnet man wie folgt aus:

$$I_N(\alpha) = N \cdot E_\alpha\left(\left[\frac{d}{d\alpha}\ln f_{X,\alpha}(x)\right]^2\right) = N \cdot E_\alpha\left(\left[\frac{d}{d\alpha}(-\ln\alpha)\right]^2\right)$$

$$= N \cdot E_\alpha\left(\left[-\frac{1}{\alpha}\right]^2\right) = N\int_0^\alpha \frac{1}{\alpha^2}\cdot\frac{1}{\alpha}\,dx = \frac{N}{\alpha^2}.$$

Die Minimalvarianz nach der Ungleichung von RAO/CRAMER wäre für alle erwartungstreuen
Schätzer von α demnach α^2 / N. Die oben ausgerechneten Varianzen

$$V_\alpha\left(\hat{\alpha}_{N,1}\right) = \frac{\alpha^2}{3N} \quad \text{und} \quad V_\alpha\left(\hat{\alpha}_{N,2}\right) = \frac{\alpha^2}{N(N+2)}$$

sind jedoch beide kleiner als diese Zahl.
Offenbar ist die Anwendung der Ungleichung von RAO/CRAMER für dieses Beispiel nicht
zulässig, die Regularitätsbedingungen sind nicht erfüllt. Dies soll im Einzelnen hier nicht
weiter erörtert werden. Unter Verwendung eines Satzes von LEHMANN/SCHEFFÉ (WITTING
1978, Satz 3.24) kann bewiesen werden, dass $\hat{\alpha}_{N,2}$ ein effizienter erwartungstreuer Schätzer
für α ist.

◄

Die Maximum-Likelihood-Methode
Sofern für eine Zufallsgröße Erwartungswert und Varianz existieren, sind dafür mit dem
arithmetischen Mittel und mit der empirischen Varianz zwei erwartungstreue Schätzfunktio-
nen gegeben. Allgemein stellt sich jedoch die Frage, auf welche Weise sinnhafte Schätzungen interessierender Parameter einer Zufallsgröße erhältlich sind, wenn man von Stichpro-
ben-Daten ausgehen kann.
Eine solche Möglichkeit bietet die Maximum-Likelihood-Methode. Sie beruht auf dem
Grundgedanken, eine vorliegende Stichprobe der interessierenden Zufallsgröße zum Bezugspunkt des Verfahrens zu machen. Man definiert die sogenannte Likelihood-Funktion und
betrachtet ihren Wert für die gegebene konkrete Stichprobe. Dieser Funktionswert ist vom
Verteilungsparameter der Zufallsgröße abhängig, also eine Funktion desselben. Den Wert
des Verteilungsparameters, der bei gegebener konkreter Stichprobe die Likelihood-Funktion
maximiert, wird als seine Maximum-Likelihood-Schätzung (MLS) bezeichnet, die Methode
als solche heißt Maximum-Likelihood-Schätzer (MLS). Der Unterschied der Begriffe und
Abkürzungen wird jeweils aus dem Kontext deutlich.
Eine systematische Einführung in die statistische Schätztheorie ist hier nicht beabsichtigt.
Der Anwender solcher Methoden soll jedoch angeregt werden, die Möglichkeiten und Grenzen der von ihm verwendeten Berechnungsverfahren kritisch zu prüfen. Die Beispiele sind
bewusst auf eine Standardfragestellung der genetischen Epidemiologie fokussiert und im
Abschnitt 4.4 zu finden. Es wird dabei sichtbar, dass schon für das einfachste Erbmodell eine
sorgfältige Kritik der biometrischen Methode erforderlich ist und dass bereits ein zweidimensionales Schätzproblem einen recht umfangreichen mathematischen Apparat bean-
sprucht.

Definition:

Für eine Zufallsgröße X mit der Dichte $f_{X,\alpha}(x)$, die von einem Parameter $\alpha \in A \subseteq \mathbb{R}^m$ abhängt, und eine beliebige konkrete Stichprobe $(x_1, ..., x_N)$ über X heißt

$$L(x_1, ..., x_N, \alpha) = \prod_{i=1}^{N} f_{X,\alpha}(x_i)$$

die **Likelihood-Funktion** von $(x_1, ..., x_N)$.

Ist X eine diskrete Zufallsgröße, deren Wahrscheinlichkeit von einem Parameter $\alpha \in A \subseteq \mathbb{R}^m$ abhängt, so setzt man

$$L(x_1, ..., x_N, \alpha) = \prod_{i=1}^{N} P(X = x_i).$$

Der Definitionsbereich der Likelihood-Funktion $L(x_1, ..., x_N, \alpha)$ bei gegebener konkreter Stichprobe $(x_1, ..., x_N)$ ist der Parameterraum $A \subset \mathbb{R}^m$. Aus der Differentialrechnung ist bekannt, dass die Extremstellen einer Funktion dort liegen, wo die ersten partiellen Ableitungen dieser Funktion den Wert Null haben. Die Funktionen $L(x_1, ..., x_N, \alpha)$ sowie $\ln L(x_1, ..., x_N, \alpha)$ besitzen aufgrund der Monotonie der Logarithmus-Funktion dieselben Extremstellen. Das Logarithmieren empfiehlt sich in vielen Anwendungssituationen aus technischen Gründen, wie nachfolgend in den Beispielen zu sehen sein wird. Damit erhält man die **Likelihood-Gleichung**

$$\frac{\partial}{\partial \alpha} \ln L(x_1, ..., x_N, \alpha) = 0.$$

Falls α eindimensional ist, steht anstelle der partiellen die gewöhnliche Ableitung.

Defintion:

Eine Lösung $\hat{\alpha}_N = \hat{\alpha}_N(x_1, ..., x_N)$ der Likelihood-Gleichung heißt **Maximum-Likelihood-Schätzer (MLS)** für den Parameter α der Zufallsgröße X mit der Verteilung $F_{X,\alpha}(x)$ bei gegebener beliebiger konkreter Stichprobe $(x_1, ..., x_N)$ über X, wenn $L(x_1, ..., x_N, \hat{\alpha}_N)$ ein Funktionsmaximum ist.

Dem Sinn nach ist zu unterscheiden zwischen dem Maximum-Likelihood-Schätzer als Berechnungsvorschrift und dem Wert dieser Funktion, der Schätzung. Die Berechnungsvorschrift liefert eine Zufallsgröße, da $(x_1, ..., x_N)$ eine beliebige Realisierung der Zufallsgröße $(X_1, ..., X_N)$ ist. Um die Schreibweise der Formeln nicht zu überlasten, wird auf unterschiedliche Symbole für Schätzer und Schätzung verzichtet.

Ein Maximum-Likelihood-Schätzer ist nicht notwendig eindeutig, er kann erwartungstreu sein oder nicht. Möglicherweise gibt es wirksamere Schätzer für das Problem. Der Likelihood-Ansatz muss nicht zu einer Lösung führen (Erbmodell $M4$ in Abschnitt 4.4).

Die bevorzugte Verwendung der Maximum-Likelihood-Methode zur Konstruktion von statistischen Schätzverfahren hat ihre Begründung darin, dass die so gewonnenen Methoden wünschenswerte Eigenschaften besitzen.

> Maximum-Likelihood-Schätzer sind „unter bestimmten Voraussetzungen" asymptotisch erwartungstreue und asymptotisch wirksamste Schätzungen sowie überdies asymptotisch normalverteilte Zufallsgrößen. Diese Normalverteilung besitzt den Erwartungswert α und die Varianz $I_N^{-1}(\alpha)$.

Näheres betreffend die „gewissen Voraussetzungen" muss auf die Literatur verwiesen werden (z.B. FISZ 1989).

Beispiel 2.56
Für eine Zufallsexperiment X mit den alternativen Ergebnissen A und $\bar{A}$ soll die Wahrscheinlichkeit $P(A) = p$ geschätzt werden. Die Likelihoodfunktion ist

$$L(x_1, ..., x_n) = p^k (1-p)^{n-k},$$

wobei k die Anzahl der Beobachtungen von A bei n Versuchen bezeichnet.

$$\frac{d}{dp} L = k p^{k-1} (1-p)^{n-k} - p^k (n-k)(1-p)^{n-k-1} = 0$$

führt auf die relative Häufigkeit

$$\hat{p} = k / n$$

als MLS für p. Fasst man die Wahrscheinlichkeit p als Parameter einer binomialverteilten Zufallsgröße Y auf und möchte diese schätzen, so ist von r Realisierungen von Y auszugehen. Die Likelihoodfunktion $L(y_1, ..., y_r) = \prod_{i=1}^{r} \binom{n}{k_i} p^{k_i} (1-p)^{n-k_i}$ ergibt die relative Häufigkeit

$$\hat{p} = \frac{1}{r \cdot n} \sum_{i=1}^{r} k_i$$ der Beobachtungen von A als MLS für p.

◄

Ebenfalls auf elementare Weise erhält man das arithmetische Mittel der Werte einer konkreten Stichprobe als MLS des Erwartungswertes für eine normalverteilte Zufallsgröße.
Da für die MLS lediglich asymptotische Eigenschaften unter gewissen Voraussetzungen angegeben sind, kann im Allgemeinen nicht gesagt werden, ab welchem Stichprobenumfang der systematische Fehler (Bias) eines Schätzers eine unbedeutende Größenordnung hat, ob die Varianz des Schätzers genau genug durch die asymptotische Varianz beschrieben wird und ob die Verteilung des Schätzers genügend genau durch eine Normalverteilung wiedergegeben ist. Im Grunde bestehen zwei Möglichkeiten der weiteren Aufklärung, nämlich der mathematische Beweis einer Aussage oder die rechnerexperimentelle Erkundung einer konkreten gegebenen Situation.
Kennt man für einen erwartungstreuen MLS die Varianz, kann aus deren Vergleich mit der **FISHER-Information** auf die Effizienz geschlossen werden. Gelingt der Nachweis der Effi-

zienz für einen erwartungstreuen MLS, kennt man aus der **Ungleichung von RAO/CRAMER** seine Varianz. Dabei ist sorgfältig auf die Voraussetzungen zu achten, unter denen die Aussagen über die Eigenschaften der Schätzer formuliert werden!

Beispiel 2.57

Wie im Beispiel 2.55, Schätzungen für den Parameter α der Gleichverteilung auf $[0, \alpha]$ dargelegt wurde, gelten die Ungleichungen

$$1/I_N(\alpha) > V_\alpha\left(\hat{\alpha}_{N,1}\right) > V_\alpha\left(\hat{\alpha}_{N,2}\right)$$

für die erwartungstreuen Schätzer $\hat{\alpha}_{N,1}$ und $\hat{\alpha}_{N,2}$. Außerdem wurde $\hat{\alpha}_{N,2}$ als effizient benannt. Verbirgt sich hier ein Widerspruch zu den Ausführungen über die asymptotischen Eigenschaften erwartungstreuer MLS? Keineswegs. Es kann nämlich gezeigt werden, dass für den Parameter der Gleichverteilung keine MLS existiert. Die Likelihood-Gleichung

$$\frac{\partial}{\partial \alpha} \ln L(x_1, \ldots, x_N, \alpha) = 0$$

konkretisiert sich zu

$$\frac{d}{d\alpha} \ln \prod_{i=1}^N f_{x,\alpha}(x_i) = \frac{d}{d\alpha} \ln \prod_{i=1}^N \frac{1}{\alpha} = \frac{d}{d\alpha} N(-\ln \alpha) = -\frac{N}{\alpha} = 0$$

und besitzt keine nichttriviale Lösung.

◄

Ausblick auf mehrdimensionale Schätzprobleme
Die Maximum-Likelihood-Methode lässt sich auf Situationen anwenden, in denen der zu schätzende Parameter ein Element des m-dimensionalen euklidischen Raumes $\mathbb{R}^m$ ist. An die Stelle einer Likelihood-Gleichung tritt dann ein im Allgemeinen nichtlineares Gleichungssystem. Nur in Sonderfällen hat man Formeln zur Berechnung der Schätzwerte. Die Schätzwerte sind in der Regel Resultate von aufwändigen numerischen Berechnungen.
Bei der mathematischen Beschreibung mehrdimensionaler Schätzprobleme muss man sich des Matrizenkalküls bedienen. Hauptaussagen über die Eigenschaften von MLS bleiben im Mehrdimensionalen entsprechend bestehen. Auf die Theorie kann hier nicht eingegangen werden. Ein Beispiel für ein zweidimensionales Schätzproblem von Allelwahrscheinlichkeiten ist in Abschnitt 4.4 ausgearbeitet.

B. Toleranzschätzungen

Eine **Toleranzschätzung** ist ein Intervall, in dem ein bestimmter Anteil der Realisierungen einer Zufallsgröße mit vorgegebener Wahrscheinlichkeit liegt.

Toleranzschätzungen betreffen die Werte der beobachteten Zufallsgröße. Damit sind sie als Methoden zur Bestimmung von Normalbereichen oder Referenzbereichen aus Stichproben geeignet.
Kennt man die Wahrscheinlichkeitsverteilung der betrachteten Zufallsgröße X, ist ein Toleranzintervall leicht anzugeben: Mit Wahrscheinlichkeit p liegt eine Beobachtung in dem Intervall, das von den Quantilen $x_{(1-p)/2}$ und $x_{(1+p)/2}$ begrenzt wird. Diese Aussage wird mit der Sicherheitswahrscheinlichkeit 1 getroffen, d.h. sie ist sicher richtig. Für $p = \frac{1}{2}$ dienen die

Quartile als Beispiel, denn in $[x_{0.25}; x_{0.75}]$ erwartet man 50 % aller Realisierungen von X. Das gleiche gilt für $[x_{0.2}; x_{0.7}]$ bzw. $[x_{0.1}; x_{0.6}]$, d.h. ein Toleranzintervall ist durch die alleinige Angabe von p nicht eindeutig festgelegt. Meist wird es symmetrisch zum Erwartungswert der Zufallsgröße konstruiert.

Die Wahrscheinlichkeitsverteilung von X sei stetig aber unbekannt. Es soll ein Toleranzintervall aus einer konkreten Stichprobe vom Umfang N geschätzt werden. Die Intervallgrenzen sind Zufallsgrößen, man berechnet sie aus geeigneten Stichprobenfunktionen. Angaben zum Toleranzintervall erfolgen nicht mehr mit Sicherheit.

$1-\tau$ bezeichne die Vertrauenswahrscheinlichkeit, dass der Anteil A der möglichen Werte von X im Toleranzintervall liegt, $0 \leq \tau \leq 1$ und $0 \leq A \leq 1$. Schätzungen für die untere bzw. obere Intervallgrenze sollen durch die zwei Stichprobenfunktionen $X_{(1)} = \min\{X_1, ..., X_N\}$ bzw. $X_{(N)} = \max\{X_1, ..., X_N\}$ erfolgen. Stichprobenumfang N sei die kleinste ganze Zahl derart, dass die Ungleichung von WILKS

$$N \cdot A^{(N-1)} - (N-1) \cdot A^N \leq \tau$$

besteht. Dann gilt: Mit der Wahrscheinlichkeit $1-\tau$ liegen mindestens $A \cdot 100\%$ aller Werte von X im Toleranzintervall $[X_{(1)}; X_{(N)}]$. Eine Tabelle von Werten τ, A und N entsprechend der angegebenen Ungleichung ist als A.12 im Anhang zu finden.

Über Toleranzintervalle gibt es eine umfangreiche Theorie. Anwendungsbezogene weiterführende Informationen finden sich beispielsweise in SACHS (2006) und in RASCH/HERRENDÖRFER/BOCK/GUIARD (1996). In der Medizin begegnet man Toleranzschätzungen als Referenzbereiche von Labordaten (s. Tab. 2.22). Allerdings ist die Festlegung dessen, was als normal gilt, bekanntlich nicht allein eine Frage statistischer Erwägungen.

Tab. 2.22 Referenzbereiche einiger Parameter (GREILING 1995)

Parameter	Referenzbereich
Alaninaminotransferase bei Frauen	$0.18 - 0.60\,\mu$mol / ls
Albumin bei Erwachsenen	34 - 50 g/l
Cholesterol gesamt	< 6.0 mmol / l
Creatininclearance bei Männern	1.60 - 2.40 ml/s

Beispiel 2.58
In einer bevölkerungsbezogenen Studie sind u.a. Referenzwerte für die ALAT-Konzentration festzulegen. Der Toleranzbereich soll 90 % der möglichen ALAT-Werte enthalten und mit einer Sicherheit von $1 - \tau = 0.95$ bestimmt sein. Die kleinste ganze Zahl, die mit diesen Vorgaben der Ungleichung von WILKS genügt, ist $N = 46$ (vgl. Tabelle A.12). Zwischen dem kleinsten und dem größten Wert einer Stichprobe dieses Umfanges liegen mindestens 90 % der ALAT-Werte der betrachteten und als sehr groß vorausgesetzten Population. Würden 100 derartige Stichproben realisiert, enthielten mindestens 95 der ermittelten Toleranzbereiche $[x_{(1)}, ..., x_{(N)}]$ wie gefordert 90 % der möglichen ALAT-Werte.

◀

C. Konfidenzschätzungen
Ein die Verteilung einer Zufallsgröße charakterisierender Parameter kann aus einer Stichprobe nicht mit Sicherheit ermittelt werden. Bei vorgegebenem Risiko einer Fehlentscheidung können aus einer Stichprobe aber begrenzende Werte berechnet werden, zwischen denen der

„wahre" Parameter der Wahrscheinlichkeitsverteilung liegt. Dieses Prinzip der Intervall-
schätzung geht auf J. NEYMAN (1935) zurück.
Eine triviale Lösung des genannten Problems ist die Angabe des Intervalls (0, 1), das den
Parameter p einer Binomialverteilung mit Wahrscheinlichkeit 1, also mit Sicherheit, enthält.

Definition:

Ein Intervall heißt **Konfidenz-** oder **Vertrauensintervall** zum Konfidenzniveau 1 - ε für einen Parameter bei gegebener Stichprobe, wenn die
Wahrscheinlichkeit, dass dieser Parameter nicht im Konfidenzintervall liegt,
kleiner als ε ist.

Gibt es mehrere Intervalle, die die in der Definition angegebene Eigenschaft besitzen, wählt
man als Konfidenzintervall zweckmäßig ein minimales Intervall mit sinnhafter Lage.
Aus einer Stichprobe sind für einen unbekannten Parameter möglicherweise sowohl eine
Punktschätzung als auch eine Intervallschätzung erhältlich. Punktschätzungen und Intervall-
schätzungen sind wieder Zufallsgrößen, jede konkrete Stichprobe liefert erneute Schätzungen. Die Güte dieser Schätzungen ist u.a. vom Stichprobenumfang abhängig und wächst mit
diesem. Über die Beziehungen zwischen einer Punktschätzung an sich und dem unbekannten
Parameter hat man zunächst keine Information. Hier zeigt sich der Wert der Konfidenzschätzung. Nachfolgend werden Konfidenzschätzungen für Parameter normalverteilter
Zufallsgrößen, binomialverteilter Zufallsgrößen, für den Median, für eine Verteilungsfunktion und für Regressionsgeraden vorgestellt. Weitere Beispiele finden sich in Abschnitt 4.4.

**Konfidenzschätzung für den Erwartungswert einer Normalverteilung bei bekannter
Varianz**

Es seien X eine $N(\mu, \sigma^2)$-verteilte Zufallsgröße, $(X_1, ..., X_N)$ eine Stichprobe. Die Varianz σ
sei bekannt. Es ist $Y_N = (X_1 + ... + X_N)/N$ der arithmetische Mittelwert und ein Konfidenzniveau 1 - ε sei vorgegeben. Es ist Y_N nach $N(\mu, \sigma^2/N)$ verteilt und eine Punktschätzung für μ.
Weiterhin bezeichne $u_{1-\varepsilon/2}$ das $(1-\varepsilon/2)$- Quantil der standardisierten Normalverteilung. Für
$\varepsilon = 0.05$ hat man beispielsweise $u_{1-\varepsilon/2} = 1.96$ (Tab. A.2).

Aus der Standardisierungstransformation $\dfrac{Y_N - \mu}{\sigma/\sqrt{N}} = u$ mit $u = u_{1-\varepsilon/2}$ oder $u = u_{\varepsilon/2}$ ergeben
sich die beiden Ungleichungen

$$Y_N - u_{1-\varepsilon/2} \cdot \sigma/\sqrt{N} \le \mu \le Y_N + u_{1-\varepsilon/2} \cdot \sigma/\sqrt{N}.$$

Das Quantil wurde so gewählt, dass gilt: $P\left(Y_N - u_{1-\varepsilon/2} \cdot \sigma/\sqrt{N} \le \mu \le Y_N + u_{1-\varepsilon/2} \cdot \sigma/\sqrt{N}\right) = \varepsilon$.

$\left[Y_N - u_{1-\varepsilon/2} \cdot \sigma/\sqrt{N}; Y_N + u_{1-\varepsilon/2} \cdot \sigma/\sqrt{N}\right]$ ist ein Konfidenzintervall zum Konfidenzniveau
1 - ε für den Erwartungswert einer normalverteilten Zufallsgröße bei bekannter Varianz σ.

Offenbar wird für wachsenden Stichprobenumfang N das Konfidenzintervall immer kleiner.
Mehr Information erlaubt eine präzisere Aussage. Das vorgegebene ε wurde so in zwei

Summanden zerlegt, dass sich symmetrisch zum Erwartungswert liegende Quantile $u_{\varepsilon/2} = -u_{1-\varepsilon/2}$ und $u_{1-\varepsilon/2}$ ergaben. Im Grunde kann jede Zerlegung von ε gewählt werden, so dass unendlich viele Konfidenzschätzungen konstruierbar sind.

Interpretation:
Würde sehr oft aus der Grundgesamtheit eine Stichprobe vom Umfang N gezogen, so erhielte man eine Vielzahl voneinander verschiedener Konfidenzintervalle. In mindestens $(1-\varepsilon)\cdot 100$ % der Fälle würde das jeweilige Konfidenzintervall den Parameter μ enthalten.
Jeder Punkt eines Konfidenzintervalles hat die gleiche Chance, mit μ übereinzustimmen, der Mittelwert ist dafür nicht prädestiniert.

FALSCH ist es zu sagen, der Parameter μ liegt mit vorgegebener Wahrscheinlichkeit in einem <u>fixierten</u> Intervall. Man spricht von der Wahrscheinlichkeit, dass der Parameter μ in dem aus einer Stichprobe errechneten Konfidenzintervall liegt!

Versuchsplanung:
Der Informationsgehalt einer Stichprobe kann durch die Breite des Konfidenzintervalls quantifiziert werden. Das ermöglicht eine statistische Versuchsplanung im folgenden Sinne: Wie groß ist der Stichprobenumfang N zu wählen, um eine Breite von höchstens B für das Konfidenzintervall zum Konfidenzniveau $1 - \varepsilon$ des interessierenden Parameters zu gewährleisten?
Für die Konfidenzschätzung des Erwartungswertes einer Normalverteilung bei bekannter Varianz ist N aus $2\cdot u_{1-\varepsilon/2}\cdot \sigma / \sqrt{N} = B$ explizit erhältlich als

$$\left(\frac{2\cdot u_{1-\varepsilon/2}\cdot \sigma}{B} \right)^2 = N_0 \, ,$$

wobei der gesuchte Stichprobenumfang N durch ganzzahliges Aufrunden aus N_0 entsteht.

Beispiel 2.59
Der Wirkstoffgehalt eines Präparates in Tabletten sei normalverteilt bei produktionsbedingter Standardabweichung $\sigma = 5$ [mg]. Der Gehalt ist unbekannt und wird durch eine Stichprobe vom Umfang $N = 16$ überprüft. Das arithmetische Mittel betrage 97.5. Gesucht ist zum Konfidenzniveau $1 - \varepsilon = 0.99$ ein zweiseitiger symmetrischer Konfidenzbereich für den Erwartungswert des Wirkstoffgehaltes.
Für $1 - \varepsilon/2 = 0.995$ ist das $N(0, 1)$-Quantil 2.58 (Tab. A.2). Gemäß den oben hergeleiteten Formeln errechnen sich die linke Grenze des Konfidenzintervalls zu
$\quad\quad$ 97.5 - 2.58 · 5/4 = 94.275
und die rechte zu
$\quad\quad$ 97.5 + 2.58 · 5/4 = 100.725.
Soll die Breite dieses Konfidenzintervalles höchstens 5 betragen, ist ein Stichprobenumfang von ganzzahlig gerundet $(2\cdot 2.58 \cdot 5 / 5)^2 \approx 27 = N$ erforderlich. Für eine geforderte Breite $B = 1$ ergäbe sich $N = 666$.
Eine Herstellerangabe von $\mu = 100$ [mg] wäre mit dem berechneten Konfidenzbereich [94.275; 100.725] verträglich. Würde eine Stichprobe vom Umfang $N = 324$ einen Mittelwert

von 101 ergeben, erhielte man analog [100.283; 101.717] als 0.99 - Konfidenzintervall. In diesem Falle müsste die Herstellerangabe μ = 100 [mg] zurückgewiesen werden. Allerdings geschieht dies mit einer Irrtumswahrscheinlichkeit von 1 - 0.99 = 0.01.

◀

Konfidenzschätzung für den Erwartungswert einer Normalverteilung bei unbekannter Varianz

Es seien X eine $N(\mu, \sigma^2)$-verteilte Zufallsgröße, X_i, i = 1, 2, ..., unabhängig und wie X verteilt, sowie Y_N, N = 1, 2, ..., die Folge der arithmetischen Mittelwerte. Es sei σ unbekannt und werde durch die empirische Standardabweichung s_N ersetzt, ein Konfidenzniveau 1 - ε sei vorgegeben. Man bildet die Zufallsgröße

$$T = \frac{Y_N - \mu}{s_N} \sqrt{N}.$$

Sie ist t-verteilt mit N - 1 Freiheitsgraden. Die Quantile $t_{N-1;1-\varepsilon/2}$ entnimmt man einer Tabelle der t-Verteilung (s. Tab. A.3) und erhält:

Ein Konfidenzintervall zum Konfidenzniveau 1 - ε für den Erwartungswert einer normalverteilten Zufallsgröße bei unbekannter und aus der konkreten Stichprobe zu schätzender Varianz ist

$$\left[Y_N - t_{N-1;1-\varepsilon/2} \frac{s_N}{\sqrt{N}} ; Y_N + t_{N-1;1-\varepsilon/2} \frac{s_N}{\sqrt{N}} \right].$$

Beispiel 2.60

Ein zweiseitiger symmetrischer Konfidenzbereich bei ε = 0.05 und bei einem Stichprobenumfang von N = 16 wird bei bekannter Varianz mittels $u_{0.975}$ = 1.96 (s. Tab A.2), bei unbekannter Varianz mittels $t_{15, 0.975}$ = 2.13 (s. Tab. A.3) bestimmt. Im zweiten Falle ist zu erkennen, dass das Konfidenzintervall etwas breiter wird. Die Unkenntnis von σ bedingt folgerichtig eine größere Unsicherheit der Schätzung.

◀

Konfidenzschätzung für den Parameter _p_ einer Binomialverteilung

Für die Konfidenzschätzung des Parameters p einer Binomialverteilung $B(n, p)$ existiert ein breites Methodenspektrum. Eine Übersicht dazu geben beispielsweise SANTNER/DUFFY (1989) und VOLLSET (1993).

Nachfolgend wird die exakte Methode zur Konfidenzschätzung für p einer sehr verbreiteten approximativen Berechnungsvorschrift gegenübergestellt. Es empfiehlt sich, bei kleinen Werten für p die exakten Konfidenzgrenzen zu berechnen!

Aus der **Betafunktion**

$$B(a,b) = \int_0^1 t^{a-1} (1-t)^{b-1} \, dt, \ a > 0, \ b > 0,$$

und der **unvollständigen Betafunktion**

$$B_p(a,b) = \int_0^p t^{a-1} (1-t)^{b-1} \, dt$$

kann $P(X \geq x)$ einer binomialverteilten Zufallsgröße X für $0 < p < 1$ wie folgt berechnet werden (JOHNSON/KOTZ/KEMP 1992):

$$I_p\left(k, n-k+1\right) = P\left(X \geq k\right) = \sum_{j=k}^{n} \binom{n}{j} p^j \left(1-p\right)^{n-j} = \frac{\int_0^p t^k \left(1-t\right)^{n-k} dt}{\int_0^1 t^k \left(1-t\right)^{n-k} dt} = \frac{B_p\left(k, n-k+1\right)}{B\left(k, n-k+1\right)}.$$

Diese Beziehung überprüft man durch partielle Integration und beweist sie durch vollständige Induktion. $I_p(k, n-k+1)$ heißt **regularisierte unvollständige Betafunktion**.

Das größte p_l, das der Gleichung

$$\frac{\varepsilon}{2} = \sum_{j=k+1}^{n} \binom{n}{j} p_l^{\,j} \left(1-p_l\right)^{n-j} = I_{p_l}\left(k, n-k\right)$$

und das kleinste p_r, das der Gleichung

$$\frac{\varepsilon}{2} = \sum_{j=0}^{k} \binom{n}{j} p_r^{\,j} (1-p_r)^{n-j} = I_{p_r}\left(k+1, n-k+1\right)$$

genügt, ergeben das exakte $(1 - \varepsilon)$ - Konfidenzintervall $[p_{lex}, p_{rex}]$. Dies erfordert ein Invertieren der regularisierten unvollständigen Betafunktionen. Für diese Rechnungen stehen beispielsweise in MATHEMATIKA® oder für SAS® Programme (DALY, 1992) bereit. Damit können auch notwendige Stichprobenumfänge kalkuliert werden, die eine vorgegebene Breite des Konfidenzintervalles gewährleisten. Die exakte Konfidenzschätzung kann auch in Bezug auf F-Verteilungen formuliert werden (JOHNSON/KOTZ/KEMP 1992, Seite 130).

Da Binomialverteilungen diskrete Wahrscheinlichkeitsverteilungen sind, beinhalten die exakten $(1 - \varepsilon)$- Konfidenzintervalle den Verteilungsparameter in der Regel mit einer höheren Wahrscheinlichkeit als $1 - \varepsilon$. Solche Schätzungen heißen konservativ. Dies kann Veranlassung zu weitergehenden Betrachtungen sein (AGRESTI/COULL 1998).

Die beidseitig gleiche Aufteilung des Konfidenzniveaus ist für diskrete Wahrscheinlichkeitsverteilungen unter Umständen nicht optimal. Man kann nach einer Zerlegung von ε in zwei Anteile fragen, so dass das assoziierte Konfidenzintervall minimale Länge hat für einen fixierten Beobachtungswert der Zufallsgröße bei gegebenem n. Ein solches **optimales Konfidenzintervall** zu verwenden verspricht hinsichtlich der statistischen Versuchsplanung Vorteile. Geht man beispielsweise von $p = 0.1$, $\varepsilon = 0.05$ und einer geforderten Breite von 0.18 des Konfidenzintervalls aus, ist der erforderliche Stichprobenumfang 53 bezüglich des üblichen sowie 49 bezüglich des optimalen Konfidenzintervalls. Der Vorteil nimmt mit großem n, geringerer Breite des Konfidenzintervalls sowie Werten von p nahe 0.5 rasch ab.

Näherungsweise Konfidenzintervalle für den Parameter p einer Binomialverteilung werden unter Bezug auf die Normalverteilungsapproximation berechnet. Sei X nach $B(n, p)$ verteilt, so ist nach dem zentralen Grenzwertsatz

$$Z = \frac{X - E\left(X\right)}{\sqrt{V\left(X\right)}} = \frac{X - np}{\sqrt{np\left(1 - p\right)}}$$

standardnormalverteilt. Für den Maximum-Likelihood-Schätzer $\hat{p} = X / n$ gelten demnach asymptotisch die Ungleichungen

$$-u_{1-\varepsilon/2} \leq \frac{X/n-p}{\sqrt{np(1-p)}} \leq u_{1-\varepsilon/2}.$$

Hier bezeichnet $u_{1-\varepsilon/2}$ das $(1-\varepsilon/2)$- Quantil der Standardnormalverteilung. Löst man die daraus resultierende Beziehung

$$\left|\frac{X}{n} - p\right| = \sqrt{np(1-p)}\, u_{1-\varepsilon/2}$$

als quadratische Gleichung nach p auf, so ergeben ihre beiden Wurzeln p_{la} und p_{ra} die Grenzen des asymptotischen Konfidenzintervalles $[p_{las}, p_{ras}]$ für p. Die explizite Formel wird hier nicht angegeben.

Einfacher und häufig praktiziert ist die Substitution von $\hat{p}$ für p, die auf das $(1-\varepsilon)$- Konfidenzintervall $\left[\hat{p} - u_{1-\varepsilon/2} \cdot \sqrt{\hat{p}(1-\hat{p})/n}\; ;\; \hat{p} + u_{1-\varepsilon/2} \cdot \sqrt{\hat{p}(1-\hat{p})/n}\right]$ führt.

Dabei summieren sich jedoch zwei Fehler:

*   Man nimmt die korrespondierende asymptotische Normalverteilung für die unbekannte Binomialverteilung.
*   Man ersetzt die unbekannte Wahrscheinlichkeit p durch die relative Häufigkeit $\hat{p}$.

Über die Approximationsfehler gibt es eine Vielzahl von Betrachtungen. Als Beispiel wird eine Abschätzung des erstgenannten Fehlers angegeben (NAWROTZKI 1994, Seite 225);

$$D = \sup_{x \in \mathbb{R}} \left|B_{n,p}(X \leq x) - \Phi\left(\frac{x-np}{\sqrt{np(1-p)}}\right)\right| \leq \frac{0.7975}{\sqrt{n}} \cdot \frac{p^2 + (1-p)^2}{\sqrt{p(1-p)}}.$$

Hier bezeichnet $B_{n,p}(X \leq x)$ die Wahrscheinlichkeit, dass eine $B(n, p)$- verteilte Zufallsgröße X einen Wert kleiner oder gleich x annimmt. $\Phi(\cdot)$ ist der Wert der Standardnormalverteilung an der angegebenen Stelle. Ob eine solche Abschätzung hilfreich ist, muss im Anwendungsfalle entschieden werden.

Beispiele für exakte und asymptotische Konfidenzintervalle binomialverteilter Zufallsgrößen sowie vergleichende Betrachtungen dazu finden sich im Abschnitt über genetische Epidemiologie in Kapitel 4. Dort werden auch Aspekte der Versuchsplanung bei Konfidenzschätzungen von Binomialwahrscheinlichkeiten behandelt.

Konfidenzschätzung für den Median

Die Konfidenzschätzungen für den Erwartungswert normalverteilter Zufallsgrößen sowie approximative Methoden machen wesentlich von der Kenntnis der Wahrscheinlichkeitsverteilung der arithmetischen Mittelwerte Gebrauch. Letztlich sind es die günstigen Eigenschaften der Normalverteilungen, die genutzt werden.

Anders ist dies beim Median. Die Berechnung eines Vertrauensintervalls für den Median ist nicht an Voraussetzungen über die Verteilung der beobachteten Zufallsgröße gebunden und damit ein universell anwendbares Verfahren.

Sei X eine Zufallsgröße, $X_{(1)}, ..., X_{(N)}$ eine der Größe nach geordnete Stichprobe vom Umfang N und $x_{0.5}$ der Median. Die Wahrscheinlichkeit, dass ein $x_{(i)}$ links bzw. rechts vom Median

$x_{0.5}$ zu liegen kommt, ist jeweils ½. Nach dem Binomialmodell berechnet sich die Wahrscheinlichkeit dafür, dass k von den N Stichprobenelementen links vom Median liegen, zu

$$P\left(N,k,\tfrac{1}{2}\right)=\binom{N}{k}\left(\frac{1}{2}\right)^{k}\left(1-\frac{1}{2}\right)^{N-k}=\binom{N}{k}\left(\frac{1}{2}\right)^{N}.$$

Sodann beträgt die Wahrscheinlichkeit, dass der an der Stelle λ stehende Wert $X_{(\lambda)}$ den Median $x_{0.5}$ überschreitet, $P\left(x_{0.5}<X_{(\lambda)}\right)=\sum_{k=0}^{\lambda-1}\binom{N}{k}\left(\frac{1}{2}\right)^{N}=\left(\frac{1}{2}\right)^{N}\sum_{k=0}^{\lambda-1}\binom{N}{k}$. Für $\lambda<\rho$ erhält man

$$P\left(x_{0.5}>X_{(\rho)}\right)=\left(\frac{1}{2}\right)^{N}\sum_{k=\rho}^{N}\binom{N}{k}. \text{ Folglich ist}$$

$$P\left(X_{(\lambda)}<x_{0.5}<X_{(\rho)}\right)=\left(\frac{1}{2}\right)^{N}\sum_{k=\lambda}^{\rho-1}\binom{N}{k}$$

die Wahrscheinlichkeit dafür, dass der Median zwischen $X_{(\lambda)}$ und $X_{(\rho)}$ liegt. Üblicherweise bestimmt man ein symmetrisches Konfidenzintervall, also $\rho=N-\lambda+1$. Soll das Konfidenzintervall den Median mit einer statistischen Sicherheit $1-\varepsilon$ enthalten, so ist aus der letzten Gleichung in Abhängigkeit von N die größte Zahl λ zu errechnen, für die gilt:

$$P\left(X_{(\lambda)}\le x_{0.5}\le X_{(\rho)}\right)>1-\varepsilon.$$

Für Stichprobenumfänge zwischen $N=6$ und $N=30$ werden zu den Konfidenzniveaus $1-\varepsilon=0.95$ und $1-\varepsilon=0.99$ die Vertrauensintervalle für den Median in Tabelle A.8 angegeben. Für kleinere N gibt es solche Konfidenzintervalle nicht; die vorgegebenen $1-\varepsilon$ können nicht eingehalten werden.
Für $N>15$ und insbesondere wegen $p=0.5$ nähert sich die den Überlegungen zugrundeliegende Binomialverteilung recht gut der Normalverteilung mit den Parametern $\mu=pN=N/2$ und $\sigma=\sqrt{p(1-p)N}=\sqrt{N}/2$. Näherungsweise können die Vertrauensgrenzen $x_{(\lambda)}$ und $x_{(\rho)}$ berechnet werden:

$$\lambda=\frac{N}{2}-0.98\sqrt{N} \text{ und } \rho=\frac{N}{2}+0.98\sqrt{N} \text{ für } \varepsilon=0.05 \text{ sowie}$$

$$\lambda=\frac{N}{2}-1.29\sqrt{N} \text{ und } \rho=\frac{N}{2}+1.29\sqrt{N} \text{ für } \varepsilon=0.01.$$

Dabei ist λ auf die nächste ganze Zahlen abzurunden und ρ auf die nächste ganze Zahl aufzurunden. Mit $N=40$ und $\varepsilon=0.05$ erhält man $\lambda=13$ und daraus $\rho=N-\lambda+1=27$. Der Konfidenzbereich geht vom 13. bis zum 27. Messwert der geordneten Stichprobe.

Beispiel 2.61
Bei 20 Patienten wurde die Selomin-Ausscheidung im Urin gemessen. Die angegebenen Zahlen sind Konzentrationswerte und bereits nach der Größe geordnet:
1.6, 2.11, 2.87, 4.89, 5.72, 5.82, 6.67, 7.27, 9.33, 10.42, 11.17, 11.28, 12.10, 12.54, 13.04, 13.27, 13.81, 14.33, 14.87, 19.92.

Das 0.05-Konfidenzintervall für den Median ist [5.82; 13.04]. Laut Tabelle A.8 beginnt es mit dem sechstgrößten und endet mit dem fünfzehntgrößten (20 - 6 + 1 = 15) Messwert.

◄

Konfidenzschätzung für eine Verteilungsfunktion
Die Verteilungsfunktion $F_X(x)$ einer stetigen Zufallsgröße X sei unbekannt. Anhand einer Stichprobe $X_1, ..., X_N$ vom Umfang N soll ein Vertrauensbereich konstruiert werden, in dem $F_X(x)$ mit einer Wahrscheinlichkeit $1 - \varepsilon$ liegt. Der über alle reellen Zahlen x ermittelte Abstand,

$$D_N = \sup_x \left| F_N(x) - F_X(x) \right|$$

zwischen der Verteilungsfunktion $F_X(x)$ der Zufallsgröße X und der aus der Stichprobe abgeleiteten empirischen Verteilungsfunktion $F_N(x)$ ist eine Zufallsgröße, deren Verteilung bekannt ist. Zu vorgegebenem N sowie Wahrscheinlichkeiten $\varepsilon = 0.05$ und $\varepsilon = 0.01$ enthält die Tab. A.9 einige Quantile $d_{N, 1-\varepsilon/2}$ dieser nach KOLMOGOROV und SMIRNOV benannten Verteilung, also

$$P\left(D_N \le d_{N, 1-\varepsilon/2} \right) = 1 - \frac{\varepsilon}{2} \ .$$

Einen Konfidenzbereich für eine Verteilungsfunktion ist der durch die beiden Funktionen

$$K_{unten}(x) = \max_x \left[F_N(x) - d_{N, 1-\varepsilon/2} ; 0 \right],$$

$$K_{oben}(x) = \min_x \left[F_N(x) + d_{N, 1-\varepsilon/2} ; 1 \right]$$

begrenzte Bereich der Ebene, wobei $d_{N, 1-\varepsilon/2}$ das Quantil der KOLMOGOROV-SMIRNOV-Verteilung ist.

Beispiel 2.62
Die folgende Abbildung zeigt für die Selomin-Werte des Beispiel 2.61 die empirische Verteilungsfunktion sowie den Konfidenzbereich (schraffiert). Für die Stichprobe vom Umfang $N = 20$ entnimmt man Tab. A.9. bei $\varepsilon = 0.05$ den Wert $d_{N, 1-\varepsilon/2} = 0.294$. Damit ist durch

$$K_{unten}(x) = \max_x \left[F_N(x) - 0.294 ; 0 \right],$$

$$K_{oben}(x) = \min_x \left[F_N(x) + 0.294 ; 1 \right]$$

eine Konfidenzschätzung für die unbekannte Verteilungsfunktion $F_X(x)$ gegeben (siehe Abb. 2.50). Die Breite des Konfidenzbereiches verringert sich mit größer gewähltem ε und wachsendem Stichprobenumfang N (s. letzte Zeile von Tab. A.9).

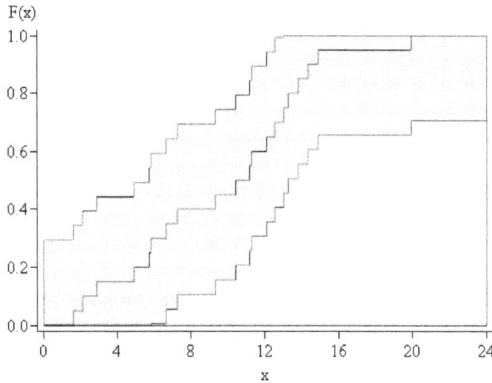

Abb. 2.50 Konfidenzschätzung für eine empirische Verteilungsfunktion (Beispiel 2.61). Der schraffierte Konfidenzbereich wird durch $K_{oben}(x)$, $K_{unten}(x)$ begrenzt.

Versuchsplanung:
Welchen **Stichprobenumfang** N hat man zu wählen, um bei $\varepsilon = 0.05$ einen Konfidenzbereich der maximalen Breite $B = 0.1$ zu erhalten? Für $N > 40$ gibt Tab. A.9 das Quantil $d_{N,1-\varepsilon/2} = 1.36 / \sqrt{N}$ an. Mit $B = 0.1$ ist $D_N = B/2 = 0.05$, somit gelten $D_N < 1.36 / \sqrt{N}$ und

$$N = \left(\frac{1.36}{0.05}\right)^2 \approx 740.$$

Soll ein Konfidenzbereich bestimmt werden, der mit weniger hoher Wahrscheinlichkeit $F_X(x)$ enthält, wird der Stichprobenumfang geringer.

Konfidenzschätzungen für eine Regressionsgerade
Es sei (X,Y) eine zweidimensional normalverteilte Zufallsgröße. Neben der Möglichkeit, für die Parameter der Regressionsgeraden $y = \alpha x + \beta$ Konfidenzschätzungen anzugeben, ist die Konstruktion von Konfidenzbereichen für diese Funktion bemerkenswert. Ausgangspunkt sind die Schätzungen von a bzw. b nach der Methode der kleinsten Fehlerquadrate für α und β aus einer Stichprobe vom Umfang N. Das Konfidenzniveau sei $1 - \varepsilon$. Zunächst soll das wahrscheinlichkeitstheoretische Modell des Regressionsansatzes konkretisiert werden. Für die N Realisierungen (x_i, y_i) der zweidimensional verteilten Zufallsgröße (X,Y) werden die Beziehungen $y_i = \alpha x_i + \beta + e_i$, $i = 1, ..., N$, unterstellt. Die Beobachtungswerte x_i gelten als fehlerfrei gemessen, für die Fehlerterme e_i werden Unabhängigkeit (Stichprobe!), Erwartungswert 0 und Varianz σ^2 sowie Normalverteilung vorausgesetzt.
Die Punktschätzungen a und b nach der Methode der kleinsten Fehlerquadrate für die Parameter α und β der Regressionsgeraden,

$$a = \frac{\sum_{i=1}^{N}(X_i - \overline{X})(Y_i - \overline{Y})}{\sum_{i=1}^{N}(X_i - \overline{X})^2} \quad \text{sowie}$$

$$b = \overline{y} - a\overline{x} \ ,$$

sind wiederum normalverteilte Zufallsgrößen; a ist $N(\alpha, \sigma_a^2)$-verteilt, b ist $N(\beta, \sigma_b^2)$-verteilt. Es bestehen die Beziehungen

$$\sigma_a^2 = \frac{\sigma^2}{\sum\limits_{i=1}^{N}(x_i - \overline{x})^2} \quad \text{und} \quad \sigma_b^2 = \sigma^2 \left[\frac{\frac{1}{N} + \overline{x}^2}{\sum\limits_{i=1}^{N}(x_i - \overline{x})^2} \right].$$

Im Allgemeinen ist die Fehlervarianz σ^2 unbekannt und aus den Daten zu schätzen. Nach Berechnung von a und b können die $e_i = y_i - (\alpha x_i + \beta)$ durch $\hat{e}_i = y_i - (a x_i + b)$ ersetzt werden. Als Schätzung s^2 für σ^2 nimmt man

$$s^2 = \frac{1}{N-2} \sum\limits_{i=1}^{N} \hat{e}_i^2 = \frac{1}{N-2} \sum\limits_{i=1}^{N} (y_i - ax_i - b)^2 \ .$$

Damit sind

$$s_a^2 = \frac{s^2}{\sum\limits_{i=1}^{N}(x_i - \overline{x})^2} \quad \text{und} \quad s_b^2 = s^2 \left[\frac{1}{N} + \frac{\overline{x}^2}{\sum\limits_{i=1}^{N}(x_i - \overline{x})^2} \right]$$

ausrechenbar und Schätzungen für σ_α^2 und σ_β^2. Mit Hilfe dieser Varianzschätzungen aus den Daten sowie den Tabellenwerten entsprechend den t-, F- bzw. χ^2-Prüfverteilungen lassen sich nachfolgend genannte Konfidenzschätzungen angeben.

*   Ein $(1 - \varepsilon)$-Konfidenzintervall für α ist $[a - K_a , a + K_a]$, wobei $K_a = s_a\, t_{N-2,\, 1-\varepsilon/2}$.

*   Ein $(1 - \varepsilon)$-Konfidenzintervall für β ist $[b - K_b , b + K_b]$, wobei $K_b = s_b\, t_{N-2,\, 1-\varepsilon/2}$.

*   Ein $(1 - \varepsilon)$-Konfidenzintervall für σ^2 ist $[(N - 2)\, s^2 / \chi^2_{N-2,\, 1-\varepsilon/2} , (N - 2)\, s^2 / \chi^2_{N-2,\, \varepsilon/2}]$.

*   Ein lokal definiertes Konfidenzintervall überdeckt an der Stelle $x = x^*$ den Erwartungswert $y = y(x) = E(Y \mid X = x^*)$ mindestens mit vorgegebener Wahrscheinlichkeit $1 - \varepsilon$. Es ist gegeben durch $\left[ax^* + b - K, \ ax^* + b + K \right]$, wobei

$$K = s \cdot t_{N-2,\, 1-\varepsilon/2} \cdot \sqrt{ \frac{1}{N} + \frac{\left(\overline{x} - x^* \right)^2}{\sum\limits_{i=1}^{N} \left(\overline{x} - x_i \right)^2} } \ .$$

Indem dieses Konfidenzintervall für jedes $x = x^*$ berechnet wird, entsteht ein Konfidenzbereich um die Regressionsgerade $y = ax + b$. Er ist am Mittelwert am schmalsten.

- Ein global definiertes Konfidenzintervall überdeckt an einer beliebigen Stelle x den Erwartungswert $y = y(x) = E(Y \mid X = x)$ mindestens mit vorgegebener Wahrscheinlichkeit $1 - \varepsilon$. Es ist gegeben durch $\left[ax + b - K_g, ax + b + K_g \right]$, wobei

$$K_g = \sqrt{2 \cdot s^2 \cdot F_{2,N-2,1-\varepsilon} \cdot \left(\frac{1}{N} + \frac{(\overline{x} - x)^2}{\displaystyle\sum_{i=1}^{N} (\overline{x} - x_i)^2} \right)}$$

Auch dieser Konfidenzbereich um die Gerade $y = ax + b$ ist beim Mittelwert der x_i am schmalsten, jedoch überall breiter als der lokal definierte.

- Ein Prognoseintervall überdeckt eine Realisierung von Y unter der Bedingung $X = x^*$ mindestens mit vorgegebener Wahrscheinlichkeit $1 - \varepsilon$. Es ist gegeben durch $\left[ax^* + b - P, \ ax^* + b + P \right]$, wobei

$$P = s \cdot t_{N-2,1-\varepsilon/2} \cdot \sqrt{1 + \frac{1}{N} + \frac{(\overline{x} - x^*)^2}{\displaystyle\sum_{i=1}^{N} (\overline{x} - x_i)^2}}.$$

Indem für jedes x ein Prognoseintervall berechnet wird, entsteht ein Prognosebereich. Abb. 2.51 verdeutlicht die qualitativen Unterschiede der angegebenen Bereiche, die Lage zueinander und bzgl. der Regressionsgeraden.

Versuchsplanung:
Die Kalkulation von notwendigen Stichprobenumfängen in Bezug auf Konfidenzschätzungen für die Parameter von Regressionsgeraden stellt sich etwas komplizierter dar, als dies im Zusammenhang mit der Konfidenzschätzung für eine Verteilungsfunktion demonstriert wurde. Es ist ratsam, dazu eine detaillierte Abhandlung zu studieren, z.B. BOCK (1998).

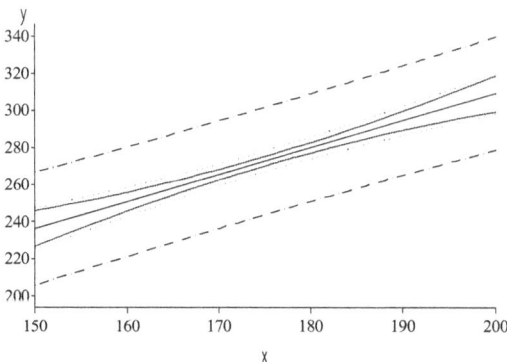

Abb. 2.51 Konfidenzschätzungen für eine Regressionsgerade: lokaler Konfidenzbereich, globaler Konfidenzbereich, Prognosebereich (von der Regressionsgerade innen nach aussen)

Konfidenzschätzungen für die Odds ratio

Im Zusammenhang mit der statistischen Analyse von Vierfeldertafeln hat sich der Begriff **Odds ratio** sowohl als wahrscheinlichkeitstheoretischer Verteilungsparameter als auch in vielen Anwendungsfeldern als ein gut interpretierbares Inhomogenitätsmaß etabliert. Betrachtet man die binomialverteilten Zufallsgrößen X und Y, verteilt nach $B(n_1, p_1)$ und $B(n_2, p_2)$, so kann ihr Unterschied durch die Differenz oder durch den Quotienten der Binomialwahrscheinlichkeiten ausgedrückt werden. Man kann auch den Quotienten der Chancen $CH(A)$ und $CH(B)$,

$$OR = \frac{p_1 / (1 - p_1)}{p_2 / (1 - p_2)},$$

(**Odds ratio**) betrachten. Hier bezeichenen A bzw. B die interessierenden Ereignisse der den binomialverteilten Zufallsgrößen X bzw. Y assoziierten dichotomen Zufallsgrößen mit $p_1 = P(A)$ und $p_2 = P(B)$. Daten liegen typischer Weise vor aus

- zwei unabhängigen Stichproben über X bzw. Y oder aber
- einer Stichprobe über die zweidimensionale Zufallsgröße (X, Y).

Die Beobachtungen werden in der **Vierfeldertafel** Tab. 2.23 zusammengefasst.

Die Randsummen sollen als fixiert gelten. Werden zwei unabhängige Stichproben realisiert, ist die Wahrscheinlichkeit der Vierfeldertafel das Produkt der Binomialwahrscheinlichkeiten,

$$P(a,b) = \binom{n_1}{a}\binom{n_2}{b} p_1^a (1-p_1)^{n_1 - a} p_2^b (1-p_2)^{n_2 - b}.$$

Tab. 2.23 Vereinbarung von Bezeichnungen für eine Vierfeldertafel

	Stichprobe über X (z.B. Therapie 1)	Stichprobe über Y (z.B. Therapie 2)	Randsumme
Ereignis ja (z.B. Erfolg)	a	b	k_1
Ereignis nein (z.B. kein Erfolg)	c	d	k_2
Randsumme	n_1	n_2	N

Mit der Randsumme k_1, damit $b = k_1 - a$, und der Odds ratio ergibt sich aus der vorangegangenen Formel nach einigen algebraischen Umformungen

$$P(a,k_1) = \binom{n_1}{a}\binom{n_2}{k_1 - a} OR^a (1 - p_1)^{n_1} p_2^{k_1} (1 - p_2)^{n_2 - k_1}.$$

Die Gleichung bietet eine Berechnungsmöglichkeit für die bedingte Verteilung der Vierfeldertafeln bei fixierten Randsummen. Die Wahrscheinlichkeit für a bei gegebenem k_1 ist

$$P_{bedingt}(a) = \frac{P(a,k_1)}{\sum_{i=a_u}^{a_O} P(i,k_1)} = \frac{\binom{n_1}{a}\binom{n_2}{k_1-a}OR^a}{\sum_{i=a_u}^{a_O}\binom{n_1}{i}\binom{n_2}{k_1-i}OR^i}.$$

Die Zufallsgröße a variiert bei gegebenen Rändern zwischen $a_u = max\{0, k_1 - n_2\}$ und $a_O = min\{k_1, n_1\}$.

Die Lösungen $K_{OR,\varepsilon,U}$ der Gleichung $G_U(OR) = \sum_{j=a}^{a_O} P_{bedingt}(j) = \varepsilon/2$ sowie $K_{OR,\varepsilon,O}$

der Gleichung $G_O(OR) = \sum_{j=a_U}^{a} P_{bedingt}(j) = \varepsilon/2$ bilden das so genannte **exakte**

$(1-\varepsilon)$-**Konfidenzintervall** $\left[K_{OR,\varepsilon,U}; K_{OR,\varepsilon,O}\right]$ der Odds ratio.

Offensichtlich sind diese exakten Konfidenzintervalle nur unter Nutzung von entsprechenden Rechnerprogrammen erhältlich.

Möchte man eine Maximum-Likelihood-Schätzung für die Odds ratio bezüglich der bedingten Wahrscheinlichkeitsverteilungen $P_{bedingt}(a)$ konstruieren, erkennt man sofort, dass die Gleichung nicht explizit nach dem Parameter OR auflösbar ist.

Setzt man beispielsweise $a = 10$, $b = 5$, $c = 3$ und $d = 7$ (vgl. Tab. 2.23), so erhält man als

übliche Schätzung $\widehat{OR} = \frac{10/3}{5/7} = 4.6667$. Die Maximum-Likelihood-Schätzung in Bezug

auf die bedingte Verteilung der Vierfeldertafeln ergibt 4.3623. Auf die numerische Behandlung dieses Problems wird hier nicht eingegangen. Die Abb. 2.52 möge dem Leser den Unterschied zwischen derMaximum-Likelihood-Schätzung und der üblichen heuristischen

Punktschätzung $\widehat{OR} = \frac{a/c}{b/d}$ verdeutlichen.

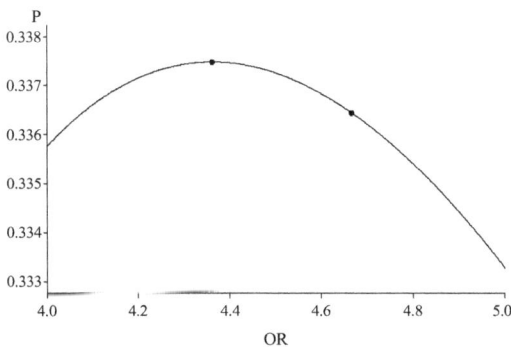

Abb. 2.52   Likelihood – Funktion in Bezug auf die bedingte Verteilung der Vierfeldertafeln als Funktion der Odds ratio, $a = 10$, $b = 5$, $c = 3$ und $d = 7$. MLH-Schätzer 4.3623 und heuristischer Punktschätzer 4.6667 für OR differieren

Der heuristische Schätzer $\widehat{OR} = \dfrac{a/c}{b/d}$ für die Odds ratio ist kein MLH-Schätzer.

Die Standard-Vorgehensweise zur Konstruktion von asymptotischen Konfidenzintervallen ist für die Odds ratio nicht anwendbar, da man die Varianz des Maximum-Likelihood-Schätzers nicht angeben kann. Vorgestellt werden im Folgenden zwei andere Möglichkeiten, asymptotische Konfidenzintervalle für die Odds ratio zu berechnen. Man betrachtet $ln(OR)$ und kann unter Zuhilfenahme von TAYLOR-Entwicklungen begründen, dass für den Schätzer $\widehat{OR}$ der Odds ratio die Größe $ln\left(\widehat{OR}\right)$ asymptotisch normalverteilt ist mit dem Erwartungswert $ln(OR)$ und der Varianz

$$V\left(ln\left(\widehat{OR}\right)\right) = 1/n_1 p_1 (1-p_1) + 1/n_2 p_2 (1-p_2).$$

Ein asymptotisch erwartungstreuer Schätzer für die Varianz ist nach WOOLF (1955)

$$\hat{V}_W\left(ln\left(\widehat{OR}\right)\right) = 1/a + 1/b + 1/c + 1/d.$$

Wie üblich bildet $\left[ln\left(\widehat{OR}\right) - u_{1-\varepsilon/2} \cdot \sqrt{\hat{V}_W\left(ln\left(\widehat{OR}\right)\right)}; ln\left(\widehat{OR}\right) + u_{1-\varepsilon/2} \cdot \sqrt{\hat{V}_W\left(ln\left(\widehat{OR}\right)\right)}\right]$ ein asymptotisches $(1-\varepsilon)$-Konfidenzintervall für $ln(OR)$. Nun ist noch die Rücktransformation vermöge der Exponentialfunktion erforderlich.

$$\left[exp\left(ln\left(\widehat{OR}\right) - u_{1-\varepsilon/2} \cdot \sqrt{\hat{V}_W\left(ln\left(\widehat{OR}\right)\right)}\right); \quad exp\left(ln\left(\widehat{OR}\right) + u_{1-\varepsilon/2} \cdot \sqrt{\hat{V}_W\left(ln\left(\widehat{OR}\right)\right)}\right)\right] =$$
$$\left[\widehat{OR} \cdot exp\left(-u_{1-\varepsilon/2}\sqrt{1/a + 1/b + 1/c + 1/d}\right); \quad \widehat{OR} \cdot exp\left(u_{1-\varepsilon/2}\sqrt{1/a + 1/b + 1/c + 1/d}\right)\right]$$

ist die $(1-\varepsilon)$ - **Konfidenzschätzung für die Odds ratio nach WOOLF.**

Sie bezieht sich, wie aus der Konstruktion ersichtlich, auf den Logarithmus der Odds ratio. Die zweite Konstruktionsvariante für ein asymptotisches Konfidenzintervall für die Odds ratio liefert ein so genanntes **testbezogenes Konfidenzintervall** (MIETTINEN 1976). Wieder bezieht man sich auf $ln(OR)$, gewinnt eine Schätzung für $V\left(ln\left(\widehat{OR}\right)\right)$ jedoch auf folgende Weise: Der Quotient $ln(\widehat{OR})/\sqrt{V(ln(\widehat{OR}))}$ ist unter der Nullhypothese $OR = 1$ bzw. $ln(OR) = 0$ asymptotisch standardnormalverteilt, sein Quadrat ist asymptotisch χ^2-verteilt mit einem Freiheitsgrad. Es werden $\ln\left(\widehat{OR}\right)$ und χ^2 aus den Daten der Vierfeldertafel berechnet. Dies ergibt $V_M\left(\ln\left(\widehat{OR}\right)\right) = \left(\ln\left(\widehat{OR}\right)\right)^2 / \chi^2$ als eine weitere Schätzung für $V\left(ln\left(\widehat{OR}\right)\right)$.

$$\left[exp\left(ln\left(\widehat{OR} \right) - u_{1-\varepsilon/2} \cdot \sqrt{\hat{V}_M \left(ln\left(\widehat{OR} \right) \right)} \right); \quad exp\left(ln\left(\widehat{OR} \right) + u_{1-\varepsilon/2} \cdot \sqrt{\hat{V}_M \left(ln\left(\widehat{OR} \right) \right)} \right) \right] =$$

$$\left[\widehat{OR}^{\,1-u_{1-\varepsilon/2}/\sqrt{\chi^2}} ; \ \widehat{OR}^{\,1+u_{1-\varepsilon/2}/\sqrt{\chi^2}} \right]$$

ist die testbezogene $(1-\varepsilon)$ -**Konfidenzschätzung für die Odds ratio nach** MIETTINEN.

Dem Anwender stehen zur Berechnung der Konfidenzgrenzen die Odds ratio mehrere Möglichkeiten zur Verfügung. Welche soll er wählen?

Den Vorzug erhält die Konfidenzschätzung, deren **tatsächliche Überdeckungswahrscheinlichkeit** für den Parameter dem **nominalen** (d.h. dem vorgegebenen) **Konfidenzniveau** möglichst nahe kommt. Die Konfidenzintervalle werden zwar so konstruiert, dass das Konfidenzniveau eingehalten wird. Eine größere Überdeckungswahrscheinlichkeit (die Wahrscheinlichkeit, dass das Konfidenzintervall den Parameter enthält) ist jedoch denkbar und bedeutet eine so genannte konservative Schätzung. Die Nullhypothese $OR = 1$ ist begünstigt, Abweichungen davon werden eher übersehen.

Die drei Konfidenzschätzungen sind in einem Rechnerexperiment vergleichbar. Zu vorgegebener Odds ratio OR wurden zehntausend Mal je zwei binomialverteilte Stichproben der Stichprobenumfänge $n_1 = 15$ und $n_2 = 20$ generiert, daraus jeweils die Vier-Felder-Tafel erzeugt, die Konfidenzintervalle nach den oben beschriebenen Methoden berechnet und geprüft, ob diese den Parameter OR überdecken. Ein 0.95 -Konfidenzintervall soll in höchstens 500 von 10 000 Fällen den vorgegebenen Parameter OR nicht überdecken. Da unendlich viele Paare (p_1, p_2) dasselbe OR ergeben, wurde $p_1 = 0.5$ fixiert. Aus der vorgegebenen Odds ratio errechnet man damit $p_2 = p_2(OR) = 1/(OR+1)$.

Nichtüberdeckungen

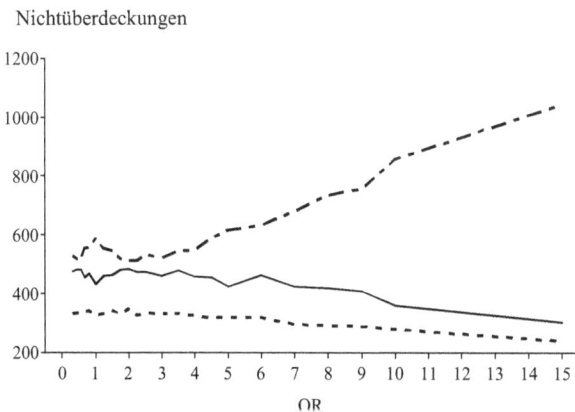

Abb. 2.53 Anzahl von Nichtüberdeckungen in Abhängigkeit von OR durch das exakte Konfidenzintervall (gepunktet), durch das Konfidenzintervall von WOOLF (voll) und durch das Konfidenzintervall nach MIETTINEN (gestrichelt) bei 10 000 Simulationen für $p_1 = 0.5$, $p_2 = p_2(OR) = 1/(OR+1)$, $n_1 = 15$ und $n_2 = 20$

Das Ergebnis der in einer SAS$^{\circledR}$ - Umgebung durchgeführten Berechnungen ist in Abb. 2.53 dargestellt. Das exakte Konfidenzintervall weist für alle betrachteten Werte von OR die geringste Anzahl von Nichtüberdeckungen unter den drei Typen von Konfidenzintervallen auf. Das Konfidenzintervall nach WOOLF hält für alle untersuchten Werte von OR das Konfidenzniveau ein und besitzt erst mit größerem OR eine höhere Überdeckungswahrscheinlichkeit als 0.95. Das Konfidenzintervall der Odds ratio nach MIETTINEN hält das vorgegebene Konfidenzniveau auch bei kleinem OR nur näherungsweise ein und ist für größer werdende OR vollkommen inakzeptabel. Das Verfahren von WOOLF kann nach diesen Simulationsexperimenten und für die beschriebene Situation als „beste" Konfidenzschätzung im Sinne der wünschenswerte Ausschöpfung des Konfidenzniveaus betrachtet werden. Es ist auch von SAS® für die Berechnung der Konfidenzgrenzen für OR gewissermaßen als Standard vorab eingestellt.

Ausblick auf mehrdimensionale Konfidenzschätzungen

Hier muss ein Beispiel genügen. Betrachtet wird eine zweidimensional normalverteilte Zufallsgröße (X,Y) mit den Erwartungswerten μ_X und μ_Y, den Varianzen σ_X^2 und σ_Y^2 sowie der Kovarianz ρ_{XY}. Diese ergeben den Erwartungswertvektor μ und die Kovarianzmatrix $\mathbf{K}$. Die Standardisierungstransformation wird in Matrixschreibweise notiert,

$$\left((X - \mu_X), \ (Y - \mu_Y) \right) \mathbf{K}^{-1/2}.$$

Sie führt auf eine zweidimensional standardnormalverteilte Zufallsgröße, deren Quadrat

$$\left((X - \mu_X), \ (Y - \mu_Y) \right) \mathbf{K}^{-1/2} \left((X - \mu_X), \ (Y - \mu_Y) \right)'$$

eine χ^2-verteilte Zufallsgröße mit 2 Freiheitsgraden ist. Setzt man anstelle (X,Y) die arithmetischen Mittel $(\bar{X}, \bar{Y})$ ein, so ist der Stichprobenumfang N bei den Kovarianzen zu berücksichtigen und man hat

$$\left((\bar{X} - \mu_X), \ (\bar{Y} - \mu_Y) \right) N \, \mathbf{K}^{-1/2} \left((\bar{X} - \mu_X), \ (\bar{Y} - \mu_Y) \right)'.$$

Bezeichnet $\chi^2_{2,1-\varepsilon}$ das $(1-\varepsilon)$-Quantil der χ^2-Verteilung, dann ist durch

$$\left((\bar{X} - \mu_X), \ (\bar{Y} - \mu_Y) \right) N \, \mathbf{K}^{-1/2} \left((\bar{X} - \mu_X), \ (\bar{Y} - \mu_Y) \right)' = \chi^2_{2,1-\varepsilon}$$

ein Konfidenzbereich für (μ_X, μ_Y) gegeben. Die letzte Formel stellt eine quadratische Form dar. Das ist eine Ellipsengleichung, sofern die Erwartungswerte bekannt sind. Da dies bei einem Schätzproblem gerade nicht der Fall ist, könnte man die Schätzwerte für die Parameter einsetzen. Sinnvoller ist es, mit einem numerischen Verfahren die Punktemenge zu bestimmen, welche die definierende Gleichung für den Konfidenzbereich erfüllt.
Ein durchgerechnetes Beispiel dazu findet sich im Abschnitt 4.4 im Zusammenhang mit Schätzproblemen bei Datenauswertungen zum Gc-System. Dabei wird auch auf Konfidenzschätzungen für die Parameter von Polynomialverteilungen eingegangen.

D. Sequentielle Schätzmethoden

Der stochastische Charakter von Parameterschätzern verbietet ein unkritisches sukzessives Erweitern der Datenmenge mit gleichzeitigem Blick auf die Schätzwerte. Möglicherweise könnte man der Versuchung erliegen, bei Erreichen eines genehmen Wertes das Verfahren abzubrechen und derart Wunschresultate zu erzeugen.

Allerdings gibt es sequentielle Methoden der statistischen Parameterschätzung. Eine solche Vorgehensweise wird in Abschnitt 4.4 wird an einem Beispiel aus der Genetik erläutert.

2.3.3   Statistisches Testen

Wissenschaftliche Aktivität ist auf die Verifikation von Aussagen gerichtet. Die einzelnen Wissenschaftsdisziplinen haben spezifische Methoden der Beweisführung zur Verfügung. Der schwächste Beweis ist der Autoritätenbeweis („nach Mitteilung von B. ist Aussage ... richtig", wobei B. als Autorität gilt). Die wünschenswerte logische Deduktion erfordert einen tragfähigen theoretischen Kontext. In den Biowissenschaften werden in den meisten Fällen Experimente, Untersuchungen, Beobachtungen zu Beweiszwecken herangezogen. Während Physiker und Chemiker die Bedingungen ihrer Experimente oft exakt definieren oder einstellen können und damit reproduzierbare Ergebnisse möglich sind, überlagert eine „natürliche biologische Variabilität" die vom Mediziner studierten Erscheinungen. Für die Datenauswertungen haben hier statistische Methoden eine herausragende Bedeutung. Die wahrscheinlichkeitstheoretisch begründeten statistischen Hypothesentests werden besonders häufig angewendet.

In diesem Abschnitt wird die Methodik des statistischen Testens dargelegt und an einigen Beispielen verdeutlicht. Die Vielfalt der Testverfahren und Anwendungssituationen kann nur ein spezielles Studium dieses Teiles der Statistik vermitteln. Dazu existiert ein breites Literaturangebot, das auch die fachlichen Besonderheiten der jeweiligen Anwendungsgebiete berücksichtigt.

Beispiel 2.63
Es soll geprüft werden, ob eine Münze als homogen und symmetrisch gelten kann. Die wahrscheinlichkeitstheoretische Beschreibung ist einfach: Die Wahrscheinlichkeiten für Wappen und Zahl sind für eine ideale Münze jeweils 0.5. In einem Versuch stellte sich bei 10 000 Würfen erstaunlicherweise 6 000mal Wappen ein, erwartet werden 5 000 solcher Versuchsausgänge. Es wird behauptet, die Differenz sei zufallsbedingt. Um diese Hypothese zu überprüfen soll ihre Wahrscheinlichkeit ermittelt werden. Das Geschehen ist mit dem Binomialmodell beschreibbar. Die Zufallsgröße X sei die Anzahl von „Wappen" bei $n = 6\ 000$ Würfen, $p = P$ („Wappen") $= 0.5$. Die Wahrscheinlichkeit des Beobachtungsergebnisses ist

$$P(X = 6\ 000) = \binom{10\ 000}{6\ 000}\left(\frac{1}{2}\right)^{6\ 000}\left(1 - \frac{1}{2}\right)^{4\ 000}.$$

Wäre die Zufallsgröße stetig, würde eine derartige Umsetzung der Ausgangsfragestellung keinen Sinn machen, denn einem Punkt (d.h. *einer* Realisierung der Zufallsgröße) würde immer die Wahrscheinlichkeit Null zugeordnet. Das konkrete Ergebnis könnte im Hinblick auf seine Wahrscheinlichkeit unter den gemachten Voraussetzungen nicht bewertet werden. Sinnvoller ist deshalb die Beurteilung der Wahrscheinlichkeit, die das beobachtete oder ein extremeres Stichprobenergebnis unter den gegebenen Voraussetzungen hat,

$$P(X \geq 6\ 000) = \sum_{k=6\ 000}^{10\ 000} P(X = k).$$

Um dies auszurechnen, wird auf die Approximation dieser Binomialverteilung durch die Normalverteilung $N(np,\ np(1-p)) = N(5\ 000, 2\ 500)$ Bezug genommen. Die Standardisierungstransformation nutzend berechnet man

$$P(X \geq 6\ 000) \approx P\left(U \geq \frac{6\ 000 - 5\ 000}{\sqrt{2\ 500}}\right) = P(U \geq 20).$$

Diese Wahrscheinlichkeit ist nahezu Null. Geht man von $p = 0.5$ aus, so ist das mitgeteilte Versuchsergebnis praktisch nicht möglich. Entgegen der oben geäußerten Meinung kann der Unterschied zwischen den 5 000 erwarteten und den 6 000 beobachteten Versuchsergebnissen „Wappen" nicht durch den Zufall erklärt werden. Damit ist aus statistischer Sicht richtig: Die Münze ist nicht homogen und symmetrisch, P(„Wappen") ist von 0.5 verschieden.

◄

Ein statistischer Test entscheidet über die Wahrheit einer Aussage aufgrund von Wahrscheinlichkeitsangaben. Das ist kein Beweis im logischen Sinne.

Die Signifikanztests
Ein statistischer Signifikanztest ist als eine geordnete Abfolge von Aktivitäten auffassbar.

1. *Die Formulierung der Aufgabenstellung*
Das interessierende Problem wird präzise benannt. Welches wahrscheinlichkeitstheoretische Modell ist zur Beschreibung verfügbar? Was gilt als Zufallsgröße, was weiß man über die Verteilung? Können die Beobachtungen als eine Stichprobe gelten?
Im Beispiel 2.63 wurde auf die Binomialverteilung Bezug genommen, die Münzwürfe sind gewiss unabhängige Realisierungen dieser Zufallsgröße und damit eine konkrete Stichprobe.

2. *Die Festsetzung des Signifikanzniveaus*
Für den statistischen Test ist das **Signifikanzniveau** α zu vereinbaren, $0 < \alpha < 1$. Es kennzeichnet ein vereinbartes Maß an Unsicherheit der Testaussage und ist eine Wahrscheinlichkeitsangabe. Die Verwendung des Buchstabens α ist hier ebenso Konvention wie die Werte $\alpha = 0.05$, $\alpha = 0.01$ oder $\alpha = 0.001$.

3. *Die Formulierung der statistischen Hypothesen*
Zwei Situationen sind zu unterscheiden:
*   Beobachtete Unterschiede zum erwarteten Wert erklären sich durch den Zufall. Die Münze ist homogen, H_0: $p = P$(„Wappen") = 0.5. Dies ist die **Nullhypothese** H_0 des Tests.
*   Beobachtete Unterschiede haben ihre Ursache in einem Widerspruch zu den gemachten Voraussetzungen. Die Münze ist nicht homogen. Dies ist eine **Alternativhypothese** H_A des Tests. Mehrere Alternativhypothesen sind möglich.
    1. H_A: $p = P$(„Wappen") $\neq 0.5$, d.h. p kann sowohl größer als auch kleiner 0.5 sein. Damit ist die **zweiseitige statistische Fragestellung** bzw. der **zweiseitige Test** formuliert. Es handelt sich um die allgemeine Situation beim Signifikanztest.
    2. H_A: $p = P$(„Wappen") < 0.5

3. H_A: $p = P(\text{„Wappen“}) > 0.5$

Die Fälle 2. und 3. bezeichnen jeweils eine **einseitige statistische Fragestellung** bzw. einen **einseitigen Test**. Aus Vorwissen oder aus sachlichen Gründen ist die Anwendung eines einseitigen statistischen Tests besonders zu rechtfertigen!

Für Beispiel 2.63 hat eine einseitige statistische Fragestellung keinen Sinn. In beiden Richtungen sind Abweichungen von $p = 0.5$ möglich.

4. *Die Berechnung der statistischen Prüfgröße*

Eine geeignete Stichprobenfunktion ordnet der konkreten Stichprobe eine Zahl zu, die der Testentscheidung zugrunde gelegt wird. Diese **Prüfgröße** T (oder auch **Testgröße**) ist Realisierung einer Zufallsgröße, deren Verteilung (**Testgrößenverteilung, Prüfverteilung**) bei Gültigkeit der Nullhypothese bekannt ist. Beispiele solcher Verteilungen sind die t-Verteilungen, die F-Verteilungen, die χ^2-Verteilungen (Chi-Quadrat-Verteilungen), die Normalverteilungen. Die Konstruktion von Testgrößen und die Herleitung ihrer Verteilungen sind u.a. Gegenstand der mathematischen Statistik.

Im Beispiel 2.63 ist die Prüfgröße die Anzahl der „Wappen“-Resultate in der Stichprobe vom Umfang 10 000. Die Verteilung dieser Prüfgröße ist die Binomialverteilung $B(n, p) = B(10\ 000, 0.5)$. Die Nullhypothese H_0: $p = 0.5$ wird hierbei als gültig angenommen.

5. *Die Testentscheidung*

Für die Prüfgröße T wird unter der Annahme, dass die Nullhypothese H_0 gilt, ein **kritischer Bereich** oder **Ablehnungsbereich** K festgelegt. Er enthält genau die Werte der Prüfgröße, die für die gewählte Alternativhypothese und gegen die Nullhypothese sprechen. K wird bezogen auf das Signifikanzniveau α definiert als möglichst große Menge mit der Eigenschaft $P_0(T \in K) \leq \alpha$. Die Wahrscheinlichkeit P_0 wird aus der Verteilung der Zufallsgröße T berechnet unter der Annahme der Gültigkeit der Nullhypothese H_0! Für einseitige statistische Fragestellungen legt man $K = (-\infty; \ a)$ oder $K = (b; \infty)$, für zweiseitige statistische Fragestellungen $K = (-\infty; a_1) \cup (a_2; \infty)$ fest. Hier sind a die größte Zahl mit $P(T \in (-\infty; a)) \leq \alpha$, b die kleinste Zahl mit $P(T \in (b; +\infty)) \leq \alpha$, sowie üblicherweise bei der zweiseitigen Fragestellung a_1 die größte Zahl mit $P(T \in (-\infty; a_1)) \leq \alpha/2$ und a_2 die kleinste Zahl mit $P(T \in (a_2; +\infty)) \leq \alpha/2$.

In Beispiel 2.63 wurde die Testentscheidung auf die Beurteilung einer standardnormalverteilten Zufallsgröße zurückgeführt. Aus der Tabelle A.2 der Standardnormalverteilung liest man für ein vorgegebenes $\alpha = 0.05$ das 0.95-Quantil 1.64 ab und erhält die kritischen Bereiche $K = (-\infty; -1.64)$ bzw. $K = (1.64; \infty)$ für die beiden einseitigen Tests. Das $1-\alpha/2 = 0.975$ - Quantil 1.96 ergibt den kritischen Bereich $K = (-\infty; -1.96) \cup (1.96; \infty)$ für den zweiseitigen Test. Die folgenden beiden Abbildungen veranschauliche dies.

Die binomialverteilte Prüfgröße X ist die Anzahl von „Wappen“ bei n Würfen. Aus rechentechnischen Gründen wurde sie in die standardnormalverteilte Zufallsgröße U überführt. Der entsprechend dem Stichprobenergebnis errechnete Wert $u = 20$ liegt weit im kritischen Bereich des zweiseitigen Tests, H_0 wird zum Signifikanzniveau $\alpha = 0.05$ abgelehnt.

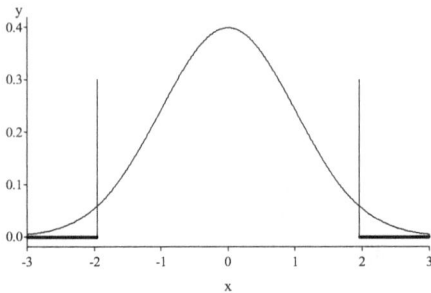

Abb. 2.54 Ablehnungsbereich für die Nullhypothese bei standardnormalverteilter Testgröße, $\alpha = 0.05$ sowie zweiseitiger Fragestellung

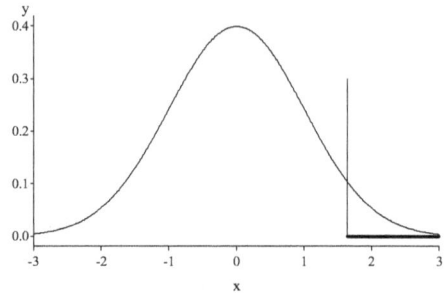

Abb. 2.55 Ablehnungsbereich für die Nullhypothese bei standardnormalverteilter Testgröße, $\alpha = 0.05$ sowie einer einseitigen Fragestellung

---

Definition:

Das vorangehend beschriebene Verfahren heißt α - Signifikanztest oder Signifikanztest zum Niveau α.

Bemerkungen:

- Vorab wird das Signifikanzniveau α des Tests festgelegt. Die Wahl von α wird aus dem fachlichen Kontext begründet. Bedeutsamkeit der Entscheidung, Genauigkeitsschranken von Messwerten, möglicher Stichprobenumfang u.ä. spielen dabei eine Rolle.
- Die Nullhypothese ist auf einen speziellen Sachverhalt gerichtet, im Beispiel 2.63 war es die Homogenität der Münze bzw. $p = 0.5$. Die Alternativhypothese als Negation der Nullhypothese beinhaltet alle anderen Möglichkeiten. Nur in gewissen Fällen ist die einseitige Fragestellung zulässig.
- Ein signifikantes Testergebnis muss nicht relevant im Hinblick auf die Fragestellung sein. Unangebracht hohe Messgenauigkeit von Körpertemperaturen kann zu statistisch bedeutsamen Unterschieden zwischen zwei Messreihen führen, die aber aus biologischer Sicht völlig belanglos sind.
- Führt der Signifikanztest nicht zur Ablehnung der Nullhypothese, ist für sie damit keinesfalls die Gültigkeit erwiesen!
- Die wiederholte Benutzung einer Stichprobe zum Testen verschiedener Hypothesen ist unzulässig und kann zu falschen Aussagen führen. Zehnmal „Wappen" als Resultat von zehn Münzwürfen ist mit einer Wahrscheinlichkeit von 1/1024 zwar ein seltenes, jedoch mögliches Ergebnis. Wird eine „pathologische" Stichprobe, etwa als Vergleichsgruppe, wiederholt zum statistischen Test verwendet, sind Fehlentscheidungen häufiger als durch α zugestanden.
- Ein sukzessives Abarbeiten möglicher statistischer Verfahren, angewandt auf einen Datensatz, mit anschließender Auswahl des „geeignetsten" Testergebnisses ist eine unkorrekte Vorgehensweise.

Die Fehler 1. und 2. Art

Die nachfolgende Tab. 2.24 erklärt und verdeutlicht die bei einem statistischen Test möglichen Fehlentscheidungen. Die Ablehnung der wahren Nullhypothese bedeutet, einen so genannten Fehler 1. Art von höchstens α zu begehen. Wird die Nullhypothese nicht abgelehnt, obwohl die Alternativhypothese wahr ist, begeht man einen Fehler 2. Art, üblicherweise bezeichnet mit β. Ausführlicher soll auf die Fehler 1. und 2. Art bei der Behandlung von Mittelwertvergleichen im folgenden Beispiel eingegangen werden.

Tab. 2.24 Fehler 1. und 2. Art beim statistischen Test

	H_0 ist wahr	H_A ist wahr
H_0 wird abgelehnt	Entscheidung falsch **Fehler 1. Art** Irrtumswahrscheinlichkeit α	Entscheidung richtig
H_0 wird nicht abgelehnt	Entscheidung richtig	Entscheidung falsch **Fehler 2. Art** Irrtumswahrscheinlichkeit β

Beispiel 2.64

1. Es sei X eine normalverteilte Zufallsgröße bekannter Varianz σ^2. Anhand einer Stichprobe vom Umfang N soll geprüft werden, ob für ihren Erwartungswert $\mu = \mu_0$ gilt.

2. Das Signifikanzniveau dieses Tests wird mit α = 0.05 festgelegt.

3. H_0: $\mu = \mu_0$, H_A: $\mu \neq \mu_0$.

4. Zur Testentscheidung dient die Prüfgröße

$$T = \frac{\bar{X} - \mu_0}{\sigma}\sqrt{N}.$$

Sie ist standardnormalverteilt, wenn X nach $N(\mu_0, \sigma^2)$ verteilt ist, und wird aufgrund der zweiseitigen Fragestellung mit den Quantilen $u_{1-\alpha/2} = 1.96$ bzw. $u_{\alpha/2} = -1.96$ verglichen. Wäre $\mu = \mu_0 + d$, $d \neq 0$, der Erwartungswert von X, bedeutete die Nichtablehnung von H_0, einen Fehler 2. Art β zu begehen. Dies verdeutlichen die beiden folgenden Abbildungen.

Eine Verringerung des Fehlers 1. Art zieht eine Vergrößerung des Fehlers 2. Art nach sich, und umgekehrt.

In diesen Abbildungen ist die Prüfgröße T unter H_0 nach $N(0,1)$ verteilt sowie für $\mu = \mu_0 + d$ nach $N(d\sqrt{N}/\sigma, 1) = N(2.5,1)$ verteilt. Die schraffierte Fläche stellt den Fehler 2. Art, die gefüllte den Fehler 1. Art dar. Das Quantil $u_{1-\alpha/2}$ wird bezüglich der Verteilung mit dem Erwartungswert μ_0, das Quantil u_β wird bezüglich der Verteilung mit dem Erwartungswert $\mu = \mu_0 + d$ berechnet.

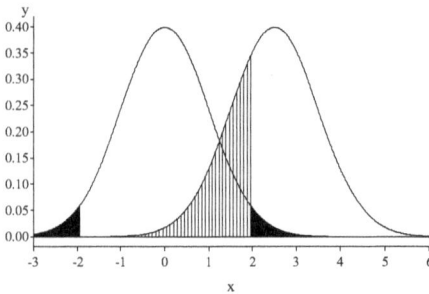

Abb. 2.56 Fehler 1. Art $\alpha = 0.05$ (schwarz) und Fehler 2. Art β (schraffiert) beim Mittelwertvergleich für normalverteilte Zufallsgrößen

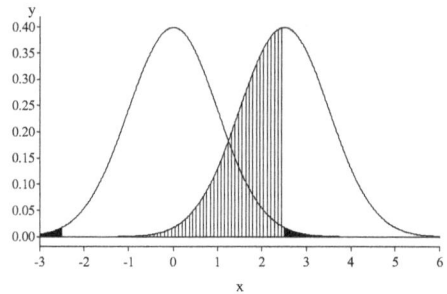

Abb. 2.57 Fehler 1. Art $\alpha = 0.01$ (schwarz) und Fehler 2. Art β (schraffiert) beim Mittelwertvergleich für normalverteilte Zufallsgrößen

Versuchsplanung:

Nun sei der Stichprobenumfang N als Variable angesehen. Im Sinne statistischer Versuchsplanung soll N in Abhängigkeit von vorgegebenen Fehlern α und β des statistischen Tests sowie vom als praktisch bedeutsam angesehenen Mindestabstand d der Erwartungswerte festgelegt werden. Für $\mu = \mu_0 + d$ hat die Prüfgröße den Erwartungswert $d\sqrt{N}/\sigma$,

wie sich aus $\dfrac{\overline{x} - (\mu_0 + d)}{\sigma}\sqrt{N} = \dfrac{\overline{x} - \mu_0}{\sigma}\sqrt{N} + \dfrac{d}{\sigma}\sqrt{N}$ ergibt.

Je größer der Abstand der beiden Erwartungswerte wird und je größer N ist, desto kleiner wird der Fehler 2. Art β. An den beiden vorangehenden Abbildungen kann man nachvollziehen, dass für den Abstand der Erwartungswerte beider Normalverteilungen

$$\frac{d}{\sigma}\sqrt{N} = u_{1-\alpha/2} + |u_\beta| = u_{1-\alpha/2} + u_{1-\beta}$$

gelten muss. Beachte, dass $|u_\beta|$ kleiner als der rechts davon liegende Erwartungswert der Verteilung ist und dass deshalb $u_{1-\beta}$ steht. Diese Formel wird nach N umgestellt,

$$N = \left(u_{1-\alpha/2} + u_{1-\beta}\right)^2 \frac{\sigma^2}{d^2}.$$

Ein derart kalkulierter Versuchsumfang N gewährleistet eine statistische Entscheidung zu vorgegebenen d, α, β und σ^2. Wählt man N größer als diese Zahl, wird der Fehler 2. Art kleiner. Es steigt die Wahrscheinlichkeit, kleinere Differenzen zwischen den Mittelwerten nachzuweisen. Sehr große Stichprobenumfänge begünstigen die Feststellung von Unterschieden durch den statistischen Test. Die Wahl von α und β ist demnach ein Optimierungsproblem und muss dem fachlichen Kontext angemessen sein. Der daraus abgeleitete Stichprobenumfang ist einzuhalten. Eine Versuchsplanung ohne Vorwissen oder ohne begründete Annahmen über d und σ^2 ist nicht möglich!

◄

Den Signifikanztests werden zwei hauptsächliche Nachteile angelastet. Zum einen ist lediglich die Ablehnung der Nullhypothese eine verwertbare Entscheidung, sofern nicht besondere Bedingungen die Berücksichtigung des Risikos 2.Art zulassen.

Andererseits wendet man gegen Signifikanztests ein, dass bei genügend großem Stichprobenumfang jede Nullhypothese abgelehnt wird. Dem steht die Überlegung entgegen, dass eine Nullhypothese als theoretische Abstraktion einer realen Situation praktisch nie richtig ist. Eine unbedeutende Mittelwertdifferenz soll nicht zur Ablehnung der Nullhypothese führen. Wie in Beispiel 2.64 dargelegt wurde, ist unter Umständen ein sinnvoll begrenzter Stichprobenumfang kalkulierbar. Man nennt dies die „**Methode der praktischen Signifikanzprüfung**".

Bemerkungen:
- Das Risiko 1. Art α wird vorgegeben. Es bezieht sich auf die Nullhypothese. Die statistischen Tests sind mit dem Ziel der Einhaltung des Signifikanzniveaus konstruiert.
- Das Risiko 2. Art β bezieht sich auf die Alternativhypothese. Es kann nur bei Vorliegen bestimmter Voraussetzungen kontrolliert werden. In Beispiel 2.64 wurde unter der Normalverteilungsannahme eine Versuchsplanung durchgeführt.
- Hinsichtlich der Resultatsangabe eines Signifikanztests werden folgenden Formulierungen vorgeschlagen, wenn β nicht kontrollierbar ist:
  1. Fall (H_0 wird abgelehnt)
  „Die Nullhypothese kann bezüglich vorliegender Daten mit dem XYZ-Test auf dem Signifikanzniveau α abgelehnt werden."
  2. Fall (H_0 wird nicht abgelehnt)
  „Auf dem Signifikanzniveau α ergab sich bezüglich vorliegender Daten mit dem XYZ-Test kein Widerspruch zur Nullhypothese."

Die Sequentialtests
Nach einem anderen Prinzip als Signifikanztests arbeiten die Sequentialtests. Ein Sequentialtest besteht aus einer Folge von Testentscheidungen bei sukzessiver Erhöhung des Stichprobenumfanges. Geprüft wird die Nullhypothese H_0: $p = p_0$ gegen die Alternative H_A:$p = p_1$.
Soll eine Sequentialtest durchgeführt werden, muss die Alternativhypothese also ganz speziell angebbar sein. Das Problem ist nicht die Vorgabe einer solchen Zahl, sondern die Begründung, dass alle anderen Wahrscheinlichkeiten als p_1 nicht als Alternative zu p_0 auftreten können. Die praktische Anwendung von Sequentialtests wird durch diese Anforderung an die Formulierung der Alternativhypothese wesentlich eingeschränkt!
Vorab sind die Risiken 1. Art α und 2. Art β festzulegen. Es bezeichnen X eine Zufallsgröße, $(x_1, ..., x_N)$ eine konkrete Stichprobe, $P\big((x_1, ..., x_N)\,|\,H_0\big)$ die Wahrscheinlichkeit für diese konkrete Stichprobe bei vorausgesetzter Gültigkeit von H_0 sowie $P\big((x_1, ..., x_N)\,|\,H_A\big)$ die Wahrscheinlichkeit bezüglich H_A. Die Testgröße des Sequentialtests,

$$T = \frac{P\big((x_1,...,x_N)\,|\,H_A\big)}{P\big((x_1,...,x_N)\,|\,H_0\big)},$$

heißt Likelihood - Quotient. Aus den vorgegebenen Risiken werden

$$T_u = \frac{\beta}{1-\alpha}, \; T_o = \frac{1-\beta}{\alpha}$$

berechnet. Der Sequentialtest führt zu den folgenden Entscheidungen:

- Falls $T \leq T_u$ gilt, wird H_o angenommen.

- Falls $T_u \leq T \leq T_o$ gilt, kann keine Entscheidung getroffen werden. Der Stichprobenumfang wird vergrößert, der Test ist erneut durchzuführen.
- Falls $T_o \leq T$ gilt, wird H_A angenommen.

Der Beweis, dass mit den Grenzen T_u und T_o des Likelihoodquotienten das α- und β-Risiko des Tests eingehalten werden, stammt von WALD (1947).

Sowohl die Ablehnung von H_0 (die Annahme von H_A) als auch die Annahme von H_0 (die Ablehnung von H_A) sind, wegen der Vorgabe von α und β, verwertbare Aussagen. Hier zeigt sich ein weiterer Vorteil dieses Konzepts im Vergleich mit den Signifikanztests.

Beispiel 2.65

Für eine dichotome Grundgesamtheit mit $P(A) = p$ und $P(\overline{A}) = 1 - p$ wird $H_0 : p = p_0$ gegen $H_A : p = p_1$ getestet. Durchgeführt werden n Versuche, wobei K-mal das Ereignis A auftrat. Die Testgröße ist

$$T = \left(\frac{p_1}{p_0}\right)^K \cdot \left(\frac{1-p_1}{1-p_0}\right)^{n-K}.$$

Aus dem Ansatz $T_u < \left(\frac{p_1}{p_0}\right)^K \cdot \left(\frac{1-p_1}{1-p_0}\right)^{n-K} < T_o$, wobei $T_u = \frac{\beta}{1-\alpha}$ und $T_o = \frac{1-\beta}{\alpha}$, erhält man nach Logarithmieren und Umstellen nach K die Ungleichungen

$$\frac{\ln T_u}{\ln\left(\frac{p_1(1-p_0)}{p_0(1-p_1)}\right)} + n \cdot \frac{\ln\left(\frac{1-p_0}{1-p_1}\right)}{\ln\left(\frac{p_1(1-p_0)}{p_0(1-p_1)}\right)} < K < \frac{\ln T_o}{\ln\left(\frac{p_1(1-p_0)}{p_0(1-p_1)}\right)} + n \cdot \frac{\ln\left(\frac{1-p_0}{1-p_1}\right)}{\ln\left(\frac{p_1(1-p_0)}{p_0(1-p_1)}\right)}.$$

Die untere bzw. die obere Schranke für K sind Funktionen $a \cdot n + b_0$ bzw. $a \cdot n + b_1$ die von n abhängen. Es gelten

$$a = \frac{\ln\left(\frac{1-p_0}{1-p_1}\right)}{\ln\left(\frac{p_1(1-p_0)}{p_0(1-p_1)}\right)}, \quad b_0 = -\frac{\ln\left(\frac{\beta}{1-\alpha}\right)}{\ln\left(\frac{p_1(1-p_0)}{p_0(1-p_1)}\right)} \text{ und } b_1 = \frac{\ln\left(\frac{1-\beta}{\alpha}\right)}{\ln\left(\frac{p_1(1-p_0)}{p_0(1-p_1)}\right)}.$$

Man entscheidet nach dem n-ten Versuch für H_0, wenn $K \leq a \cdot n + b_0$, oder für H_A, wenn $K \geq a \cdot n + b_1$ oder erhöht den Stichprobenumfang um 1 und testet erneut.

◄

Eine mögliche Systematik statistischer Testverfahren

Die verfügbaren statistischen Testverfahren lassen sich nicht angenähert in ihrer Vielfalt hier darstellen. Eine Übersicht geben zu wollen meint die Angabe von Orientierungshilfen. Genannt seien fünf Gesichtspunkte, die bei der Suche nach einem geeigneten Test beachtet werden sollten:

1. *Stichprobenanzahl*
Einstichprobenprobleme
Anhand <u>einer</u> Stichprobe sind Vergleiche zu vorgegebenen Fakten möglich. Beispiele:
- Ist die geworfene Münze homogen?
- Korrespondiert eine ermittelte empirische Verteilungsfunktion mit einer vorgegebenen Verteilungsfunktion?
- Ist der beobachtete Mittelwert mit einem Sollwert verträglich?

Zweistichprobenprobleme
Zweistichprobenprobleme entstehen beispielsweise bei Therapievergleichen und dabei erforderlichen Testentscheidungen. Die Daten können als verbundene oder unverbundene Stichproben vorliegen.
- Senkt die Gabe von Medikament A den Blutdruck stärker als die Anwendung von Medikament B?

Mehrstichprobenprobleme
Mehrstichprobenprobleme können entweder auf Zweistichprobenprobleme zurückgeführt werden oder verlangen multiple Tests.

Beispiel 2.66
Ein Hörtest soll über die Altersabhängigkeit des Hörvermögens bezüglich einer gewissen Population Auskunft geben. Es werden 8 Altersgruppen gebildet und für jede Altersgruppe zufällig ausgewählte Probanden untersucht. Die $\binom{8}{2} = \frac{8!}{2!\,6!} = 28$ möglichen Zweierkombinationen verschiedener Altersgruppen erlauben ebenso viele statistische Tests der gewonnenen Messreihen hinsichtlich unterschiedlichen Hörvermögens. Die zusammenfassende Interpretation wird sehr problematisch, da das Signifikanzniveau zusammengesetzter Aussagen schwierig zu quantifizieren ist. Ein **multipler statistischer Test**, angewandt auf die 8 Gruppen von Beobachtungsergebnissen, erlaubt eine summarische statistische Beurteilung.
◄

Sollen die Ergebnisse mehrerer Zweistichprobentests zu einer Gesamtaussage kombiniert werden, ist der Entscheidungsfehler dieses multiplen Tests zu untersuchen. Jede Einzelentscheidung soll zum Signifikanzniveau α erfolgen. Die zusammengesetzte Hypothese H_0 soll genau dann abgelehnt werden, wenn mindestens eine Einzelhypothese H_0^i abgelehnt wird. Die Anzahl der Fehlentscheidungen bei k einzelnen Entscheidungen ist binomialverteilt mit den Parametern k und α. Damit ergibt sich $1-(1-\alpha)^k$ als Wahrscheinlichkeit einer Fehlentscheidung der zusammengesetzten Hypothese. Für $k \geq 2$ ist dieser Wert größer als α. Die Tab. 2.25 verdeutlicht, dass bei α = 0.05 bereits für $k = 5$ der Fehler des multiplen Tests unakzeptabel ist. Die Wahrscheinlichkeit der Fehlentscheidung der zusammengesetzten Hypothese ist dann etwa das k-fache der Einzelentscheidung. Dies kann man umgehen, indem jede Einzelentscheidung zum Niveau $1-\sqrt[k]{1-\alpha}$ erfolgt. Zu einer ähnlichen Vorschrift für die Einzeltests gelangt man so: Aus dem dritten KOLMOGOROV'schen Axiom folgt sofort die **BONFERRONI-Ungleichung**

$$P\left(A_1 \cup ... \cup A_k\right) \leq P\left(A_1\right) + ... + P\left(A_k\right)$$

für beliebige Ereignisse A_i. Die BONFERRONI-Adjustierung α / k der Einzelentscheidungen gewährleitet demnach das Signifikanzniveau α des multiplen Tests. Dieses Vorgehen ist in Hinsicht auf die Stichprobenumfänge nicht optimal.

Eine bessere Verwertung der in den Daten enthaltenen Informationen erzielt man durch speziell konstruierte multiple Tests. Im folgenden Abschnitt werden als Beispiele dafür der Test von FRIEDMAN und der KRUSKALL-WALLIS-Test vorgestellt.

Tab. 2.25 Fehler 1. Art $1-(1-\alpha)^k$ eines aus k Einzeltests zum Signifikanzniveau α zusammengesetzten multiplen statistischen Tests

k	2	3	5	10	13
$1-(1-\alpha)^k$	0.10	0.14	0.23	0.40	0.49

2. *Stichprobenqualität*

Zwei oder mehrere Stichproben können paarweise voneinander **unabhängig** sein (im wahrscheinlichkeitstheoretischen Sinne). Beispiel: Es wird der Gewichtsverlust von n bzw. m zufälliger Probanden unter der Diät A bzw. B gemessen.

Zwei oder mehrere Stichproben sind **verbunden**. Beispiel: Eine zufällige Auswahl von Probanden wird vor und nach Belastung hinsichtlich der Herzfrequenz untersucht. Kann ein Merkmal nur in einem Teil der Grundgesamtheit beobachtet werden, so ist das durch den Übergang zu einer sogenannten **gestutzten** Verteilung dieser Zufallsgröße zu berücksichtigen. Ein statistischer Test muss dann bezüglich der gestutzten Verteilung konstruiert sein.

Beispiel 2.67

Körperhöhenmessung sei durch eine Markierung an der Wand möglich, die von 50 cm bis 250 cm reicht. Damit sind zweifellos alle Zwecke zu erreichen. Würden die Grenzen zwischen 150 cm und 170 cm liegen, könnten Messergebnisse nicht sinnvoll mit einer tatsächlichen Körperhöhenverteilung statistisch verglichen werden. Man müsste diese zunächst „in den Punkten 150 und 170 stutzen".

◄

Stichproben heißen **zensiert** (auch zensoriert), wenn nur Realisierungen innerhalb eines Stutzungsbereiches registriert werden. Prospektive klinische Studien bringen es beispielsweise oft mit sich, dass Patienten zu unterschiedlichen Zeitpunkten in die Studie eintreten oder dass sie nicht lange genug (z.B. Wohnortwechsel) beobachtet werden können (**drop-out**). Spezielle statistische Tests berücksichtigen dies.

3. *Merkmalstyp*

Die Auswahl statistischer Testverfahren wird wesentlich bestimmt durch den Merkmalstyp und die Skalierung der Beobachtungen. Man beachte alle Voraussetzungen der Tests!

4. *Mathematisches Modell*

Unterschiedliche mathematische Ansätze wurden zur Testkonstruktion genutzt. **Parametrische** Verfahren beziehen sich auf Parameter spezieller Verteilungsfamilien und gehen von entsprechenden Voraussetzungen aus. Ansonsten spricht man von **nichtparametrischen Tests**. Letztere kommen oft dann zur Anwendung, wenn ein spezieller Typ der Wahrscheinlichkeitsverteilung der beobachteten Zufallsgröße nicht vorausgesetzt werden kann. Die Art der zu prüfenden Hypothesen ist hierbei ebenfalls von Belang.

Sequentielle Tests sind dann indiziert, wenn sowohl die Nullhypothese als auch ihre Alternative durch jeweils einen Parameterwert charakterisiert sind und wenn nach jeder Beobachtung die Hypothesen geprüft werden können. Dies ermöglicht bei Vorliegen einer Entscheidung den Abbruch der Beobachtung. Eine sequentielle Entscheidungstechnik kommt bei gleichen Güteeigenschaften des Tests im Durchschnitt mit wesentlich geringeren Stichprobenumfängen aus als das übliche Vorgehen und sollte stärker beachtet werden.

Äquivalenztests finden beispielsweise in der Therapieforschung Anwendung. Hier wird darauf nicht eingegangen. Man lese dazu die Bücher von WELLEK (1994, 2003).

Für sogenannte **bedingte Tests** wird die Wahrscheinlichkeitsverteilung der Testgröße aus den jeweiligen Beobachtungsdaten durch zumeist kombinatorische Überlegungen gewonnen. Ein Beispiel hierfür ist der exakte Test von FISHER zum Vergleich von Binomialwahrscheinlichkeiten.

5. *Aufgabenstellung*

Statistische Tests dienen der Prüfung von Hypothesen über Größen wie Mittelwert, Streuung, Korrelationskoeffizient, Parameter einer Regressionsgeraden u.a. Standardfragestellungen gelten Parameterunterschieden zwischen Populationen oder der Verträglichkeit des Stichprobenergebnisses mit vorgegebenen Werten.

Anpassungstests beurteilen empirische Verteilungsfunktionen, Homogenität von Datenmaterial wird getestet, stochastische Unabhängigkeit von beobachteten Größen ist zu entscheiden. Neben orientierenden sogenannten Schnelltests können umfangreiche Test- und Analyseprozeduren gefragt sein.

Anwendungsbereiche statistischer Tests
- Anpassungstests für Verteilungen
- Signifikanztests (Ein- und Zweistichprobenproblem)
- Multiple Tests betreffend Mittelwertvergleiche, Kombinationseffekte und Kontraste
- Tests betreffend Varianzen und Kovarianzen
- Äquivalenztests
- Tests im Rahmen von Regressionsanalysen, Korrelationsanalysen, Faktoranalysen, Diskriminanzanalysen, Clusteranalysen
- Sequentialtests

A. Tests für stetige Zufallsgrößen

Tests zum Vergleich zweier unverbundener Stichproben
Eine Standardfragestellung ist die statistische Entscheidung der Nullhypothese
H_0: 2 unabhängige Stichproben entstammen der gleichen Grundgesamtheit.

Es werden im nachfolgend besprochen
- der Mediantest,
- der Lage-Schnelltest von TUKEY,
- der U-Test von MANN-WITHNEY,

- der t-Test bei bekannter und bei unbekannter Varianz sowie
- der multiple Test von FRIEDMAN.

Es soll immer die zweiseitige statistische Fragestellung betrachtet werden. Indem hier einige Möglichkeiten der Prüfung von H_0 diskutiert werden soll nicht der Eindruck entstehen, man dürfe einen Datensatz nacheinander mit verschiedenen Verfahren auswerten und sich dann für eines der Ergebnisse entscheiden. Wie oben bereits bemerkt wurde, ist solch eine Vorgehensweise falsch!

Beispiel 2.68

Bei 18 Schwangeren (Gruppe *A*) und bei einer Kontrollgruppe *B* von $N = 16$ Probandinnen wurde die Eiweißbindung eines Arzneimittels gemessen. Lässt sich ein Einfluss der Schwangerschaft auf die Eiweißbindung aus den in Tab. 2.26 wiedergegebenen Beobachtungswerten ableiten? Als Signifikanzniveau wird in Anbetracht des möglichen Untersuchungsumfanges $\alpha = 0.05$ festgelegt. Die Prozentwerte der Eiweißbindung wurden in den Gruppen bereits nach der Größe geordnet.

Tab. 2.26 Prozentwerte der Eiweißbindung eines Arzneimittels für zwei Stichproben von $N = 18$ Schwangeren und für $N = 16$ Probandinnen

Gruppe *A* (schwanger)	27.3, 27.9, 27.9, 28.2, 29.5, 29.5, 30.7, 31.2, 32.4, 33.0, 34.2, 35.0, 40.8, 42.1, 42.1, 45.2, 47.4, 48.1
Gruppe *B* (nicht schwanger)	26.8, 28.4, 31.4, 33.0, 36.4, 37.1, 37.8, 40.9, 43.4, 44.9, 46.3, 46.5, 47.9, 48.1, 48.3, 48.8

◄

- Eine Orientierung gelingt sofort durch die Betrachtung der **Konfidenzintervalle** K_A und K_B zum Konfidenzniveau α der beiden Stichprobenmediane.
  Das Konfidenzintervall für den Median (vergleiche Tab. A.8) in der Gruppe *A* reicht vom 5. bis zum 14. Messwert, $K_A = [29.5, 42.1]$, in der Gruppe *B* vom 4. bis zum 13. Messwert, $K_B = [33, 47.9]$. Die Intervalle sind nicht disjunkt. Auf einen Unterschied beider beobachteter Grundgesamtheiten kann so nicht geschlossen werden.
  Wären die Intervalle disjunkt, so wäre ein signifikanter Unterschied der beobachteten Grundgesamtheiten erwiesen.

- Einfach zu handhaben ist der **Mediantest**. Er setzt lediglich voraus, dass die beobachteten Merkmale ordinalskaliert sind. Beide Messreihen werden zusammengefasst und liefern einen gemeinsamen Stichprobenmedian $x_{0.5}$. Für jede der beiden Stichproben wird nun ausgezählt, wie viele Werte jeweils unterhalb bzw. oberhalb vom Median liegen. Diese Auszählung wird über eine Vierfeldertafel beurteilt.
  Nullhypothese H_0: Die Unterschiede beider Gruppen in Bezug auf die ermittelten Prozentwerte der Eiweißbindung sind zufallsbedingt.

  Statistische Entscheidung: Da keine Informationen über den Verteilungstyp der betrachteten Zufallsgrößen vorliegen, wird der Mediantest angewandt. Als Signifikanzniveau werden in Anbetracht der Untersuchungsbedingungen $\alpha = 0.05$ festgelegt.

Die Daten werden auf 2 variierende Dezimalstellen reduziert. Der Median der zusammengefassten Stichprobe ist $x_{0.5} = 36.75$. Damit ergibt sich die in Tab. 2.27 dargestellte Kontingenztafel. Darin stehen die beobachteten Anzahlen B_i. In der Gruppe A mit Umfang 18 würde man ober- bzw. unterhalb des Median 9 Frauen erwarten, in der Gruppe B mit Umfang 16 sollten je 8 unter- bzw. oberhalb des Median liegen.

Tab. 2.27   Kontingenztafel Beispiel 2.68, Messwertanzahlen ober- und unterhalb des gemeinsamen Medians 36.75

	Werte $> x_{0.5}$	Werte $< x_{0.5}$	Summe
Gruppe A	6	12	18
Gruppe B	11	5	16

$$\text{Die Testgröße } \chi^2 = \sum_i \frac{(B_i - E_i)^2}{E_i} = \frac{(6-9)^2}{9} + \frac{(12-9)^2}{9} + \frac{(11-8)^2}{8} + \frac{(5-8)^2}{8} = 4.25$$

liegt über dem kritischen Wert $\chi^2_{1;0.95} = 3.84$ (Tab. A.4). Auf die χ^2-Tests wird im Teil B diesen Abschnitts näher eingegangen.

Interpretation: Die Nullhypothese wird abgelehnt. Die Eiweißbindung des betrachteten Medikaments ist in der Schwangerschaft verändert.

◄

• Zur Entscheidung der Nullhypothese bieten sich des Weiteren sogenannte Lage-Schnelltests an. Diese Verfahren setzen Ordinalskalierung sowie neben der Stetigkeit der betrachteten Zufallsgröße gleichen Verteilungstyp und gleiche Varianz für die beiden beobachteten Zufallsvariablen voraus. Letztere Voraussetzungen an Hand kleiner Stichproben zu prüfen ist problematisch. Trotzdem sei auf diese Verfahren hier hingewiesen. Es wird der **Lage-Schnelltest von TUKEY** (1959) erläutert.

Die Elemente x_i der konkreten Stichprobe $\left(x_1, ..., x_{N_X}\right)$ des Umfanges N_X und die Elemente y_i der konkreten Stichprobe $\left(y_1, ..., y_{N_Y}\right)$ des Umfanges N_Y seien jeweils größenmäßig aufsteigend geordnet. Um die Testgröße T zu erhalten, summiere man die Anzahl der Elemente der „höher" gelegenen Stichprobe, die größer als das Maximum der „niedriger gelegenen" Stichprobe sind, zur Anzahl der Elemente der „niedriger gelegenen" Stichprobe, die das Minimum der „höher gelegenen" Stichprobe unterschreiten. Enthält eine Stichprobe sowohl das Maximum als auch das Minimum der Werte beider Stichproben, so ist $T = 0$.

Sofern T größer oder gleich 7 (für $\alpha = 0.05$) bzw. 10 (für $\alpha = 0.01$) ist, wird die Nullhypothese auf dem Signifikanzniveau α abgelehnt.

Diese Entscheidungsregel ist richtig für annähernd gleich umfangreiche Stichproben. Als Faustformel gilt: Für $N_X \leq N_Y$ muss die Relation $N_X \leq N_Y \leq \left(3 + 4N_X / 3\right)$ bestehen.

Beispiel 2.69

Gegeben seien zwei Stichproben x: 2.1, 2.3, 2.9, 3.9, 4.2 und y: 3.6, 3.8, 4.7, 4.9, 5.1.
Die Testgröße des Lage-Schnelltests von TUKEY hat den Wert $T = 6$
(2.1, 2.3, 2.9 < min(y) = 3.6 und 4.7, 4.9, 5.1 > max (x) = 4.2). Die Nullhypothese kann wegen $T < 7$ auf dem 0.05-Niveau nicht zurückgewiesen werden.

Da die Voraussetzungen über Verteilungstyp und Varianz aufgrund des geringen Stichprobenumfanges nicht vernünftig überprüft werden können und da kein a-priori-Wissen zur Verfügung steht, wird das Testergebnis als Orientierung angesehen.

◄

- Vorgestellt wird der **U-Test** (**MANN-WHITNEY-Test**). Er setzt ein ordinales Skalenniveau voraus, Stetigkeit der beobachteten Zufallsgrößen ist für seine Anwendbarkeit hinreichend aber nicht notwendig. Falls für alle reellen Zahlen x gilt $P(X > x) \leq P(Y > x)$, so heißt Y **stochastisch größer** als X. Die letzte Ungleichung ist äquivalent zu $F_Y(x) \leq F_X(x)$. Vorausgesetzt wird die Vergleichbarkeit der beiden Verteilungen im Sinne der angegebenen Ordnungsrelation. Wenn sich $F_X(x)$ und $F_Y(x)$ schneiden, ist diese Voraussetzung nicht erfüllt. Oft wird davon ausgegangen, dass Behandlungseffekte durch ein „additives Lokationsmodell" beschreibbar sind, $F_X(x) = F_Y(x - \Delta)$, $\Delta \in \mathbb{R}$. Beide Verteilungsfunktionen seien formgleich und können durch Verschiebung zur Deckung gebracht werden. Eine solche Annahme im Kontext fachspezifischer Anwendung zu begründen erfordert besondere Sorgfalt. Sie erlaubt die Interpretation, dass der U-Test die Unterschiede der zentralen Tendenz (Mittelwerte) anzeigt. Der U-Test ist jedoch i.a. kein Mittelwertvergleich. Er beurteilt die Verteilungen der beobachteten Zufallsgrößen insgesamt. Da Messwerte in Rangzahlen umgewandelt werden, ist dieser statistische Test wenig anfällig gegen Ausreißer. Geprüft wird mit dem zweiseitigen U-Test die **Nullhypothese H$_0$:** $F_Y(x) = F_X(x)$.

Wird ein additives Lokationsmodell unterstellt, ist $\Delta = 0$ die Nullhypothese.
Statistische Entscheidung: Es wird das Signifikanzniveau α festgelegt. Die Testgröße U ermittelt man wie folgt: Beide Stichproben des Umfanges N_X bzw. N_Y werden in eine gemeinsame ansteigende Rangordnung gebracht. R_X und R_Y sind die Summen der Rangzahlen, die dabei den jeweiligen Stichproben zugeordnet wurden. Man berechnet

$$U_X = R_X - \frac{1}{2}(N_X + 1)N_X \text{ und } U_Y = R_Y - \frac{1}{2}(N_Y + 1)N_Y.$$

Die Testgröße $U = \min\{U_X, U_Y\}$ wird für kleine Stichprobenumfänge anhand spezieller Tabellen beurteilt (Tab. A.7). Für $N_1 = N_2 = 5$ zeigt jedes $U \leq 2$ einen signifikanten Unterschied der den Stichproben zugeordneten Grundgesamtheiten an.
Die Beziehung $U_X + U_Y = N_X N_Y$ kann zur Überprüfung der Rechnung dienen.
Für größere Stichprobenumfänge (etwa $N_X \geq 8$ und $N_Y \geq 8$) kann

$$T = \frac{\left| U - \dfrac{N_X N_Y}{2} \right|}{\sqrt{\dfrac{N_X N_Y (N_X + N_Y + 1)}{12}}}$$

ausreichend genau als standardnormalverteilt gelten. Damit ist die Nullhypothese abgelehnt, falls $T > u_{1-\alpha/2}$.
Gleiche Beobachtungswerte (sie heißen hier **Bindungen**) können aufgrund der Stetigkeitsvoraussetzung nicht auftreten. Da Messungen stets beschränkte Genauigkeit besit-

zen, ist das praktisch jedoch möglich. Deshalb gibt es Varianten des U-Tests, die Bindungen berücksichtigen.

Mit den Zahlen des Beispiel 2.69 hat man $R_X = 18$, $R_Y = 37$, $U_X = 3$, $U_Y = 22$ und $U = 3$. Nach Tab. A.7 wird die Nullhypothese bei Anwendung des U-Tests nicht abgelehnt.

- Bei normalverteilten Grundgesamtheiten ist der *t*-Test **für unabhängige Stichproben** anwendbar. Es wird metrische Skalierung vorausgesetzt!

Nullhypothese H_0: Die Grundgesamtheiten haben den gleichen Erwartungswert, $E(X) = E(Y)$.

Statistische Entscheidung: Nach Festlegen des Signifikanzniveaus α wird die Testgröße berechnet. Sind die Varianzen $V(X)$ und $V(Y)$ bekannt, ist die Testgröße

$$T = \frac{\overline{X} - \overline{Y}}{\sqrt{\dfrac{V(X)}{N_X} + \dfrac{V(Y)}{N_Y}}}$$

standardnormalverteilt. Falls $|T| > u_{1-\alpha/2}$ gilt, wird H_0 abgelehnt.

Sind die Varianzen unbekannt aber gleich (dies muss durch einen Test auf Homogenität der Varianzen geprüft werden!), schätzt man die gemeinsame Varianz aus den Stichprobenvarianzen durch

$$S^2 = \frac{(N_X - 1)S_X^2 + (N_Y - 1)S_Y^2}{N_X + N_Y - 2}$$

und errechnet damit

$$T = \frac{\overline{X} - \overline{Y}}{S}\sqrt{\frac{N_X N_Y}{N_X + N_Y}}\;.$$

Diese Testgröße ist *t*-verteilt mit $f = N_X + N_Y - 2$ Freiheitsgraden. H_0 wird abgelehnt, falls $|T| > t_{f,1-\alpha/2}$ (s. Tab. A.3).

Bei unbekannten und ungleichen Varianzen $V(X)$ und $V(Y)$ wird der **WELCH-Test** angewandt. Die Testgröße

$$T = \frac{|\overline{X} - \overline{Y}|}{\sqrt{\dfrac{S_X^2}{N_X} + \dfrac{S_Y^2}{N_Y}}}$$

ist *t*-verteilt, wobei sich die Anzahl f der Freiheitsgrade ganzzahlig gerundet aus

$$\left(\frac{S_{N_X}^2}{N_X} + \frac{S_{N_Y}^2}{N_Y}\right) \Bigg/ \left[\frac{1}{N_X - 1}\left(\frac{S_{N_X}^2}{N_X}\right)^2 + \frac{1}{N_Y - 1}\left(\frac{S_{N_Y}^2}{N_Y}\right)^2\right]$$

ergibt.

- Nicht immer trifft ein Vergleich von Erwartungswerten das Anliegen des Untersuchenden. Die Nullhypothese kann auch auf die Varianz bezogen werden. Es macht einen bedeutenden Unterschied, nach der Richtigkeit (Erwartungswert) oder nach der Präzision (Varianz) einer Methode zu fragen.

Die Notwendigkeit von Varianzprüfungen als Vortest ergibt sich auch bei der Anwendung anderer statistischer Verfahren. Bei einem Vortest wird das Signifikanzniveau $\alpha = 0.10$ empfohlen. Ein hohes α bedeutet einen geringeren Fehler 2. Art, und dies ist in diesem Zusammenhang wesentlich.

Varianztests gibt es für metrisch und auch für ordinal skalierte Größen. Betrachtet seien hier normalverteilte Grundgesamtheiten.

Nullhypothese H_0: Es gilt $V(X) = V(Y)$ für die Varianzen der Grundgesamtheiten.

Statistische Entscheidung: Nach Festlegen des Signifikanzniveaus wird die Testgröße

$$T = \frac{S_X^2}{S_Y^2}$$

berechnet. Dabei werden die Bezeichnungen so gewählt, dass für die Realisierungen der Varianzschätzer die den Freiheitsgraden Beziehung $s_X^2 \geq s_Y^2$ gilt. Die Prüfgröße T ist F-verteilt mit $m = N_X - 1$ und $n = N_Y - 1$. H_0 wird abgelehnt bei $T > F_{n,m,1-\alpha}$ (s. Tab. A.5). Man beachte bei der Benutzung von Tabellen, dass in der Varianzanalyse üblicherweise eine einseitige statistische Fragestellung geprüft wird. Die Begründung dafür ist einfach: Wie eben gesehen wird ggf. durch Umbenennung $T \geq 1$ erreicht.

Tests zum Vergleich zweier verbundener Stichproben
In der klinischen Forschung bewährt sich vielfach ein Versuchsplan mit **verbundenen Stichproben**. Um die Wirkung einer Behandlung einzuschätzen erweist es sich als günstig, an den Probanden sowohl vor als auch nach der Behandlung das interessierende Merkmal zu beobachten. Man hat damit zwei Stichproben, die nicht unabhängig sind und die verbundene Stichproben genannt werden.

Der Vorteil dieses Versuchsplanes besteht in einer Verringerung der Variabilität des Merkmals im Vergleich zu unabhängigen Stichproben. Unterschiede sind damit eher durch die Behandlung zu erklären.

Für die Hypothesenprüfung bezüglich verbundener Stichproben sind spezifische statistische Tests entwickelt worden. Hier werden besprochen der Vorzeichentest, der Vorzeichenrangtest (WILCOXON-Test) und der t-Test für verbundene Stichproben.

- Der **Vorzeichentest** setzt ordinales Skalenniveau voraus. Er erlaubt die Prüfung von Hypothesen über die zentrale Tendenz zweier verbundener Stichproben.
  An N zufällig ausgewählten Merkmalsträgern werden jeweils vor und nach einer Behandlung die Merkmalswerte x_i und y_i ermittelt. Eine dichotome Zufallsgröße D erhält bei $x_i > y_i$ den Wert D^+, bei $x_i < y_i$ den Wert D^-. Für metrische Merkmale betrachtet man die Paardifferenzen $D = X - Y$ und ihre Vorzeichen D^+ und D^-. Hat die Behandlung keine Wirkung auf das betrachtete Merkmal, sind D^+ und D^- gleich wahrscheinlich. Hier wird demnach vorausgesetzt, dass unter der Nullhypothese die Verteilung der Zufallsgröße D symmetrisch ist.
  Nullhypothese H_0: $P(D^+) = P(D^-) = \frac{1}{2}$.

Statistische Entscheidung: Es wird α festgelegt. Sind N_0 der Differenzen gleich Null, werden sie nicht weiter berücksichtigt. Es verbleiben $N - N_0$ Differenzen. Der Stichprobenumfang soll weiterhin mit N bezeichnet werden. Durch das Weglassen der Nulldifferenzen wird die Beibehaltung der Nullhypothese begünstigt!

Testgröße ist die Anzahl H_+ des Auftretens positiver Differenzen. Unter der Nullhypothese H_0 ist H_+ binomialverteilt mit den Parametern N und $p = \frac{1}{2}$. Liegt H_+ im Ablehnungsbereich der Nullhypothese der Binomialverteilung, wird die Nullhypothese verworfen. Für kleinere N liegen in manchen Statistik-Büchern Binomialverteilungen tabelliert vor. Für $N \geq 25$ ist eine Approximation über die Normalverteilung möglich, der kritische Bereich des Vorzeichentests wird durch die Quantile $u_{1-\alpha/2}$ definiert. Als Testgröße dient

$$T = \frac{H_+ - \frac{N}{2}}{\sqrt{\frac{N}{4}}} = \frac{H_+ - H_-}{\sqrt{N}}$$

denn es sind $E(H_+) = N/2$, $V(H_+) = N/4$ und $N = H_+ + H_-$. Hier bezeichnet H_- die Anzahl der negativen Differenzen. H_0 wird abgelehnt bei $|T| > u_{1-\alpha/2}$.

- Mehr Information über die gepaarten Stichproben als der Vorzeichentest wertet der **Vorzeichenrangtest** nach WILCOXON oder kurz **WILCOXON-Test** aus. Neben den Vorzeichen der Differenzen $d_i = x_i - y_i$ werden auch deren Beträge berücksichtigt. Damit setzt dieser Test metrische Skalierung der beobachteten Größen voraus!

Nullhypothese H_0: Geprüft wird, ob die Differenzen symmetrisch zu Null verteilt sind.

Statistische Entscheidung: Es wird das Signifikanzniveau α festgelegt. Die Absolutbeträge $|d_i|$ werden aufsteigend geordnet. Für die positiven Differenzen werden deren Rangsumme R_+, für die negativen R_- gebildet. $R_+ + R_- = N(N+1)/2$ kann als Rechenkontrolle dienen. Testgröße ist

$$T = \min\{R_+, R_-\}.$$

Für kleine N stehen Tabellen für die kritischen Werte der Prüfgröße zur Verfügung (Tab. A.6). H_0 wird abgelehnt, falls T kleiner ist als der in den Tabellen angegebene Wert. Ergeben verbundene Stichproben bei $N = 8$ ein $T = 4 > 3$ (Wert aus Tab.A.6), so ist dieser Wert nicht signifikant. Wenn T allerdings die Werte 0, 1 oder 2 annehmen würde, muss H_0 abgelehnt werden. Für $N \geq 25$ ist R_+ angenähert normalverteilt mit dem Erwartungswert $E(R_+) = N(N+1)/4$ und der Varianz $V(R_+) = N(N+1)(2N+1)/24$. Damit kann

$$T_u = \frac{R_+ - N(N+1)/4}{\sqrt{N(N+1)(2N+1)/24}}$$

verwendet werden, um anhand der Quantile der Standardnormalverteilung die Nullhypothese zu entscheiden.

Bemerkungen:

- Die Möglichkeit des Auftretens von Nulldifferenzen wurde nicht diskutiert, man verfährt wie beim Vorzeichentest angegeben. Durch das Weglassen von Nulldifferenzen begünstigt man die Nullhypothese. Das Signifikanzniveau α wird eingehalten, der Fehler 2. Art vergrößert sich. Eine solche statistische Entscheidung heißt konservativ.
- Treten übereinstimmende Differenzen auf (Bindungen), so kann bei kleinen Stichproben die Testentscheidung beeinflusst werden. In diesen Fällen sind weitere Überlegungen nötig, die hier nicht ausgeführt werden sollen.
- In mehreren im Gebrauch befindlichen Statistik- und Tabellenbüchern sind die Tabellen der kritischen Werte des WILCOXON-Tests fehlerhaft! Tab. A.6 wurde deshalb neu berechnet.

- Der **t-Test für verbundene Stichproben** findet Anwendung, wenn diese aus normalverteilten Grundgesamtheiten stammen. Man unterscheide zwei Fälle:

Fall 1: Die Varianz $V(D)$ von $D = X - Y$ sei bekannt.
Nullhypothese H_0: $E(X) = E(Y)$.
Statistische Entscheidung: Nach Festlegen des Signifikanzniveaus α wird die standardnormalverteilte Testgröße

$$T = \frac{\overline{D}}{\sqrt{V_D}} \sqrt{N}$$

mit dem $u_{1-\alpha/2}$-Quantil zwecks Testentscheidung verglichen. H_0 wird abgelehnt bei $|T| > u_{1-\alpha/2}$.

Fall 2: Die Varianz $V(D)$ ist unbekannt.
Dann ist diese Varianz $V(D)$ aus den Beobachtungen durch S_D^2 zu schätzen,

$$S_D^2 = \frac{1}{N-1} \sum_{i=1}^{N} \left(D_i - \overline{D} \right)^2 . \text{ Die Prüfgröße}$$

$$T = \frac{\overline{D}}{S_d} \sqrt{N}$$

ist t-verteilt und wird bezüglich des $t_{N-1,1-\alpha/2}$-Quantils (Tab.A.3) zwecks Testentscheidung bewertet. H_0 wird abgelehnt bei $|T| > t_{N-a,1-\alpha/2}$.

Anpassungstest

- Für ein diskretes Merkmal prüft der im folgenden Teil B dieses Abschnittes vorgestellte χ^2-Anpassungstest die Übereinstimmung von beobachteten und den aufgrund einer Verteilungsannahme erwarteten Werten.
- Der **KOLMOGOROV-SMIRNOV-Test** beurteilt für stetige Zufallsgrößen bezüglich einer Stichprobe die Übereinstimmung von beobachteter Verteilungsfunktion $F_b(x)$ und vorgegebener Verteilungsfunktion $F_X(x)$ anhand von

$$D_N = \sup | F_N \left(x \right) - F_X \left(x \right) | .$$

Die Stichprobe geht durch ihre empirische Verteilungsfunktion $F_N(x)$ ein.

Nullhypothese H_0: $F_b(x) = F_X(x)$ für alle x aus $\mathbb{R}$.

Statistische Entscheidung: Die Nullhypothese ist auf dem Signifikanzniveau α abzulehnen, wenn $D_N > d_{N,\alpha}$ gilt. Tab. A.9 enthält kritischen Werte $d_{N,\alpha}$.

Der KOLMOGOROV-SMIRNOV-Test kann insbesondere zur Prüfung dienen, ob Stichprobenergebnisse mit einer vorgegebenen Normalverteilung verträglich sind. Hat man bei der Beurteilung der Anpassung an eine Normalverteilung den Erwartungswert und die Varianz aus der Stichprobe zu schätzen, begünstigen die kritischen Werte nach KOLMOGOROV-SMIRNOV sehr stark die Beibehaltung der Nullhypothese (konservative Entscheidung). Man verwende dann die kritischen Werte nach LILLIEFORS (1967).

- Ein sogenannter Schnelltest zur Prüfung der Normalverteilungshypothese ist der **DAVID-Test.** Er ist einfach durchzuführen und sollte der Anwendung von Verfahren, die Normalverteilung voraussetzen, stets vorgeschaltet werden.

  Nullhypothese H_0: Die zu beurteilende konkrete Stichprobe stellt Realisierungen einer normalverteilten Zufallsgröße dar.

  Statistische Entscheidung: Nach Festlegung des Signifikanzniveaus α berechnet man mit den extremen Stichprobenwerten die Testgröße

$$T = \frac{\left(X_{max} - X_{min}\right)}{S}.$$

Ist dieses Verhältnis T von Spannweite und empirischer Standardabweichung zu groß, wird H_0 abgelehnt. Der kritische Bereich K des DAVID-Tests ist die Menge der reellen Zahlen außerhalb des Intervalls $[k_u, k_o]$. Intervallgrenzen sind in Tab.A.11 angegeben.

Multiple Tests

Die simultane Prüfung der Fragestellung, ob k Stichproben derselben Grundgesamtheit entstammen, stellt ein multiples statistisches Testproblem dar. Hier werden zwei Verfahren kurz vorgestellt, der KRUSKALL-WALLIS-Test für unverbundene und der FRIEDMAN-Test für verbundene Stichproben.

- Der **KRUSKALL-WALLIS-Test** ist eine Verallgemeinerung des U-Tests von MANN und WHITNEY und wird bei k unverbundenen Stichproben angewandt.

  Nullhypothese H_0: $F_1(x) = F_2(x) = \ldots = F_k(x)$.

  Man testet die Hypothese, dass die Verteilungsfunktionen der beobachteten k Zufallsgrößen gleich sind. Vorausgesetzt wird lediglich, dass es sich um stetige Zufallsgrößen handelt.

  Statistische Entscheidung: Alle Daten vom Gesamtumfang n werden in einer gemeinsamen Rangreihe aufsteigend geordnet. Anstelle der Daten arbeitet man mit den assoziierten Rangzahlen. Die Rangsummen R_i in den Gruppen sollten nahe ihren unter der Voraussetzung H_0 erwarteten Rangsummen $E(R_i)$ liegen. Die Summe aller Ränge ist $1 + 2 + \ldots + n = n(n+1)/2$, der mittlere Rang folglich $(n+1)/2$. Man erhält als erwartete Rangsummen in den Gruppen $E(R_i) = n_i(n+1)/2$. Die Prüfgröße

$$T = \frac{12}{n(n+1)} \sum_{i=1}^{k} \frac{1}{n_i} \left(R_i - E(R_i)\right)^2$$

ist asymptotisch χ^2-verteilt mit $k - 1$ Freiheitsgraden. Für $n_i \leq 5$ gibt es Tabellen für die kritischen Werte der exakten Verteilung der Prüfgröße T (z.B. HARTUNG 1984, S. 615).

Beispiel 2.70
Für drei Behandlungsgruppen ist die Differenz in mmHg zwischen dem arithmetischen Mittel von Blutdruckwerten am Tag und in der Nacht ermittelt worden (siehe folgende Tabelle). Es soll überprüft werden, ob die Verteilungen des arithmetischen Mitteldrucks in allen drei Gruppen als gleich angesehen werden kann. Als Prüfgröße erhält man

$$T = \frac{12}{21(21+1)}\left(\frac{1}{6}(68-66)^2 + \frac{1}{8}(84-88)^2 + \frac{1}{7}(79-77)^2\right) = 0.0841$$

Dieses Ergebnis liegt unter dem kritischen $\chi^2_{2;0.95}$-Tabellenwert 5.991, H_0 wird nicht abgelehnt.

◄

- Der FRIEDMAN-Test für k verbundene Stichproben des Umfanges von jeweils n ist die Erweiterung des WILCOXON-Tests auf die multiple Testsituation.
  Nullhypothese H_0: $F_1(x) = F_2(x) = \ldots = F_k(x)$.

Tab. 2.28 Blutdruckdifferenzen aus 3 unverbundenen Stichproben, (fiktive Daten)

j	\multicolumn{6}{c}{Behandlungsgruppe}
	\multicolumn{2}{c}{1 ($n_1 = 6$)}	\multicolumn{2}{c}{2 ($n_2 = 8$)}	\multicolumn{2}{c}{3 ($n_3 = 7$)}
	X	Rang	X	Rang	X	Rang
1	14.51	20	8.07	15	3.78	8
2	5.10	9	6.07	12	3.52	6
3	7.48	14	3.53	7	9.20	16
4	0.08	1	6.66	13	6.00	11
5	16.69	21	2.81	5	0.75	2
6	2.38	3	5.25	10	9.66	17
7			9.93	18	14.03	19
8			2.48	4		
Summe		$R_1 = 68$		$R_2 = 84$		$R_3 = 79$

Man testet die Hypothese, dass die Verteilungsfunktionen der Zufallsgrößen, aus denen die jeweils n Beobachtungen stammen, gleich sind. Vorausgesetzt wird lediglich, dass es sich um stetige Zufallsgrößen handelt.
Die jedem Beobachtungsobjekt i zugeordneten Daten $x_{i1}, \ldots, x_{ik}$ werden aufsteigend geordnet. Dem entsprechend schreibt man anstelle dieser Beobachtungswerte die assoziierten Rangzahlen $r_{i1}, \ldots, r_{ik}$. Für jede der k Beobachtungsreihen ist damit die Rangsumme R_j ausrechenbar. Gilt die Nullhypothese, sollten sich diese k Rangsummen nicht zu sehr unterscheiden. Die Testgröße

$$T = \frac{12}{n\,k\,(k+1)}\left(\sum_{j=1}^{k} R_j^{\,2}\right) - 3\,n\,(k+1)$$

ist asymptotisch χ^2-verteilt mit k - 1 Freiheitsgraden.

Die Berechnung kritischer Werte der Testgröße, die auf der exakten Verteilung von T beruhen, wird im Anschluss an das folgende Beispiel erläutert.

Beispiel 2.71

Es werden Hormonkonzentrationen im Blut einer Stichprobe von n = 6 Patienten zu k = 4 Zeitpunkten bestimmt und zwar vor einer Therapie (Zeitpunkt A), während der Therapie (B), am Ende der Therapie (C) und drei Monate nach Therapieende (D). Man möchte überprüfen, ob die Therapie einen Einfluss auf den Hormonstatus hat. Die den Messwerten assoziierten Rangzahlen sind in der Tab. 2.30 wiedergegeben. Daraus errechnet man als Wert der Testgröße

$$T = \frac{12}{6 \cdot 4 \cdot (4+1)} \left(13^2 + 23^2 + 17^2 + 7^2\right) - 3 \cdot 6 \cdot (4+1) = 13.6 \ .$$

Er ist größer als der Tabellenwert $\chi^2_{3;0.95} = 7.81$, H_0 wird abgelehnt.

Die Vermutung, dass die Hormonkonzentration unter Therapie ansteigen, am Ende der Therapie wieder abfallen und später unter das Ausgangsniveau zu fallen, müsste in einer Folgestudie durch Beobachtung der Hormonkinetiken untersucht werden.

Tab. 2.29 Hormonwerte von sechs Patienten zu den Zeitpunkten A bis D

Patient	A	B	C	D
1	41	73	65	21
2	85	223	137	64
3	61	184	92	41
4	253	157	54	29
5	72	204	141	89
6	44	146	72	20

Tab. 2.30 Rangplätze der Hormonwerte beim jeweiligen Patienten, vgl. vorherige Tabelle

Patient	A	B	C	D
1	2	4	3	1
2	2	4	3	1
3	2	4	3	1
4	4	3	2	1
5	1	4	3	2
6	2	4	3	1
Summe	R_1=13	R_2=23	R_3=17	R_4=7

◀

Exakte, simulierte und asymptotische kritische Werte von statistischen Tests

Üblicherweise heißen statistische Tests exakt, wenn man ihre Testgrößenverteilung kennt. Ist nur die asymptotische Verteilung der Testgröße nutzbar, spricht man von asymptotischen Tests. Wie groß der Beobachtungsumfang sein soll, damit ein solcher Test „genau genug" entscheidet, kann generell nicht beantwortet werden. Für Anwender kann es indes wichtig sein, im konkreten Falle dieses Problem genauer zu analysieren. Neben dem Versuch einer mathematisch-theoretischen Bearbeitung erscheint auch eine empirische Untersuchung der betreffenden Situation empfehlenswert. Dies wird am Beispiel des FRIEDMAN-Tests verdeutlicht.

Es sind $k \cdot n$ Daten auszuwerten. In einer Datenmatrix werden die assoziierten Rangzahlen angeordnet, aus denen die Testgröße des FRIEDMAN -Tests zu berechnen ist. Die eigentlichen Beobachtungsdaten spielen dabei keine Rolle mehr. Folglich ist die Testgrößenverteilung durch alle Anordnungen der $k \cdot n$ Rangzahlen in einer Matrix mit k Spalten und n Zeilen definiert. Werden wie im vorangehenden Beispiel $n = 6$ Patienten $k = 4$ mal beobachtet, überlege man wie folgt:

Es sind 4! verschiedene Anordnungen der Rangzahlen 1 bis 4 in jeder Zeile der Matrix in Betracht zu ziehen. Dies führt zu $(4!)^6 = 191\,102\,976$ möglichen Rangzahl-Matrizen. Unter der Nullhypothese, dass die k Stichproben über derselben Zufallsgröße erhoben wurden, sind alle Rangzahl-Matrizen gleichwahrscheinlich. Aus dieser Gleichverteilung gewinnt man die exakte Verteilung der Testgröße T, indem man die Anzahlen aller Rangzahl-Matrizen, die dasselbe T ergeben, auswertet. Bezüglich der exakten Verteilung bestimmt man so die exakten kritischen Werte des FRIEDMAN- Tests.

Aus einer Stichprobe über der Menge aller Rangzahl-Matrizen kann man eine empirische Verteilungsfunktion für die Testgröße T und daraus ein empirisches Quantil gewinnen, welches als simulierter kritischer Wert des Tests bezeichnet wird.

Schließlich liefert die χ^2 -Verteilung mit $k - 1$ Freiheitsgraden als Grenzverteilung von T den asymptotischen kritischen Wert. In der nachfolgenden Tabelle sind einige exakte und simulierte (Simulationsumfang 50 000) sowie zugehörige asymptotische kritische Werte angegeben. Man sieht, dass die simulierten Werte nahe den exakten sind und dass für kleine n und k der Bezug auf die χ^2 -Quantile nicht empfohlen werden kann.

Beim FRIEDMAN-Test ist für $n = 5$ und $k = 5$ der exakte kritische Wert 8.80 noch weit entfernt von 9.488, dem auf der χ^2-Verteilung mit $k - 1$ Freiheitsgraden beruhenden kritischen Wert. Dem simulierten Wert 8.93 für $n = 6$ und $k = 5$ vertraut man mit Recht mehr als dem asymptotischen Wert 9.488.

Die Tabelle A.13 im Anhang enthält simulierte kritische Werte des FRIEDMAN-Tests.

Tab. 2.31 Einige exakt berechnete, simulierte und asymptotische (letzte Zeile) kritische Werte t_α des FRIEDMAN-Test für $\alpha = 0.05$

n	k					
	3		4		5	
	exakt	simuliert	exakt	simuliert	exakt	simuliert
3	4.67	4.67	7.00	7.00	8.27	8.26
4	6.00	6.00	7.50	7.50	8.60	8.60
5	5.20	5.20	7.32	7.32	8.80	8.96
6	6.33	6.33	7.40	7.40		8.93
7	6.00	6.00	7.63	7.62		9.14
8	5.25	5.25	7.50	7.36		9.20
∞	5.991		7.815		9.488	

B. Tests für diskrete Zufallsgrößen

Eine $(r \times s)$- Kontingenztafel ermöglicht für eine zweidimensionale diskrete Zufallsgröße (X,Y) die Anordnung beobachteter Häufigkeiten H_{jk}. Zeilenanzahl r bzw. Spaltenanzahl s sind die Anzahlen der verschiedenen Merkmalsausprägungen a_j bzw. b_k der diskreten Zufallsvariablen X bzw. Y. Für $r = s = 2$ ergibt sich eine Vierfeldertafel.

Auch Beobachtungen über stetige Zufallsgrößen lassen sich in eine Kontingenztafel einordnen, indem durch Klassenbildung eine Diskretisierung erfolgt.

In Abschnitt 2.1.7 wurden bereits die hier zu verwendenden Begriffe eingeführt.Die Symbole sind aus der folgenden Tabelle ersichtlich.

Analog wird für die relativen Häufigkeiten h_{jk} und die Wahrscheinlichkeiten p_{jk} die Tafel gebildet. Es heißen

$$H_{j\bullet} = \sum_{k=1}^{s} H_{jk} \quad \text{bzw.} \quad h_{j\bullet} = \sum_{k=1}^{s} h_{jk}$$

Tab. 2.32 $r \times s$- Kontingenztafel der absoluten Häufigkeiten H_{jk}

	b_1	b_2	.....	b_s	Σ
a_1	H_{11}	H_{12}	.....	H_{1s}	$H_{1\bullet}$
a_2	H_{21}	.....	.....	H_{2s}	$H_{2\bullet}$
.....	.....	.....	.....	.....	.....
a_r	H_{r1}	H_{r2}	.....	H_{rs}	$H_{r\bullet}$
Σ	$H_{\bullet 1}$	$H_{\bullet 2}$	.....	$H_{\bullet s}$	N

absolute bzw. relative **Randhäufigkeiten** von a_j (Zeilenhäufigkeiten) für $j = 1, ..., r$. Die Randhäufigkeiten

$$H_{\bullet k} = \sum_{j=1}^{r} H_{jk} \quad \text{bzw.} \quad h_{j\bullet} = \sum_{k=1}^{s} h_{jk}$$

der b_k (Spaltenhäufigkeiten) sowie die **Randwahrscheinlichkeiten** werden entsprechend ausgerechnet.

Kontingenztafeln werden mit statistischen Signifikanztests in Beziehung gesetzt. Dabei geht es um die χ^2 - **Anpassungstests**, die χ^2 - **Unabhängigkeitstests** und die χ^2 - **Homogenitäts-tests**.

Prüfgröße dieser Tests ist die PEARSON'sche Chiquadrat-Statistik

$$\chi^2 = \sum_i \frac{(B_i - E_i)^2}{E_i} \, .$$

Hier bezeichnen E_i die unter Gelten der Nullhypothese erwarteten und B_i die beobachteten Häufigkeiten der Merkmalsausprägungen, wobei mit der Nummerierung i alle $r \times s$ Zellen der Kontigenztafel aufgezählt werden. Die B_i, ebenso die E_i, addieren sich zum Stich-probenumfang N. Unter gewissen Bedingungen ist die Wahrscheinlichkeitsverteilung der PEARSON'schen Prüfgröße bekannt. Sie gehört zur Familie der χ^2-Verteilungen. Hinzuweisen ist darauf, dass üblicherweise sowohl die Prüfgröße als auch ihre Grenzverteilung mit dem Symbol Chiquadrat (χ^2) bezeichnet werden. Die χ^2-Tests sind asymptotische Tests, also erst für „genügend großen" Datenumfang verwendbar.

Anstelle der PEARSON'schen Prüfgröße können unter Umständen auch Binomial- bzw. Poly-nomialverteilungen zur Testentscheidung herangezogen werden. Hinzuweisen ist außerdem auf die sogenannten **exakten Tests** für Kontingenztafeln. Dies ist besonders dann angezeigt, wenn Zellen mit erwarteten Häufigkeiten kleiner als 5 auftreten.

Alternativen zur χ^2-Statistik (insbesondere für erwarteten Häufigkeiten $E_i < 5$)
- Binomialverteilungen
- Polynomialverteilungen
- exakte Testverteilungen

Der χ^2-Anpassungstest

Beim χ^2- Anpassungstest handelt es sich um ein Einstichprobenproblem. Beobachtet werde eine polynomialverteilte Zufallsgröße.

Eine Stichprobe vom Umfang n ergebe Häufigkeiten B_k des Auftretens der Ereignisse A_k, $k = 1, ..., s$, $B_1 + ... + B_s = n$. Zum Signifikanzniveau α ist zu prüfen, ob diese Beobach-tungen mit vorgegebenen Wahrscheinlichkeiten $p_0 = (p_{01}, ..., p_{0s})$ des Polynomialmodells verträglich sind.

Die Nullhypothese H_0: $p = p_0$ wird gegen die Alternativhypothese H_A: $p \neq p_0$ getestet. Dazu berechnet man die Erwartungswerte E_k und damit aus den beobachteten B_k die Prüfgröße χ^2. Für große n ist die Prüfgröße angenähert χ^2-verteilt mit $FG = s - 1$ Freiheitsgraden. Sind allerdings noch t unbekannte Verteilungsparameter aus der Stichprobe zu schätzen (um die erwarteten Häufigkeiten E_i zu berechnen), hat man $FG = s - t - 1$ zu verwenden. Das jewei-lige α-Quantil $\chi^2_{FG;1-\alpha}$ ist einer Tabelle A.4 zu entnehmen.

Ist n klein, kann der Ablehnungsbereich des Tests aus der assoziierten Polynomialverteilung berechnet werden. Für $s = 2$ reduziert sich das Problem auf eine Vierfeldertafel mit zugehö-riger Binomialverteilung.

Beispiel 2.72

Von gesunden Paternitätsprobanden wurden in Greifswald die Haptoglobintypen bestimmt (ZIPPRICH 1980). In der Stichprobe vom Umfang $n = 1726$ sind die Genotypen mit den in der Tab. 2.33 angegebenen Häufigkeiten B_1 für den Typ Hp1-1, B_2 für den Typ Hp2-1 und B_3 für den Typ Hp2-2 gefunden worden. Man geht davon aus, dass der Vererbungsmechanismus durch ein Zwei-Allelen-System beschrieben wird.

Als Allelfrequenz p wird die Wahrscheinlichkeit bezeichnet, mit der das Allel Hp1 auftritt. Man errechnet sie als

$$p = \frac{2\,B_1 + B_2}{2n} = \frac{2 \cdot 264 + 820}{2 \cdot 1726} = 0.3905.$$

Hier wird berücksichtigt, dass in der Stichprobe vom Umfang n genau $2n$ Allele vorkommen, der Homozygot Hp1-1 zwei Hp1-Allele und der Heterozygot Hp2-1 nur eines besitzt („**Genzählmethode**"). Es ist $q = 1 - p$ die Wahrscheinlichkeit für Hp2.

Tab. 2.33 Anpassungstest: Hp-Typen und Erbmodell

	Hp1-1	Hp2-1	Hp2-2	Σ
B_i	264	820	642	1726
E_i	263.2	821.6	641.2	1726
χ^2_i	0.0024	0.0031	0.0010	0.0065

Das **Hardy-Weinberg-Gesetz** besagt, dass die Genotypen mit den Wahrscheinlichkeiten $w_1 = P(\text{Hp1-1}) = p^2$, $w_2 = P(\text{Hp2-1}) = 2\,pq$ und $w_3 = P(\text{Hp2-2}) = q^2$ auftreten, die erwarteten Häufigkeiten sind dann $E_i = n \cdot w_i$ $(i = 1, 2, 3)$.

Nullhypothese:

Die beobachteten Genotyphäufigkeiten stehen nicht im Widerspruch zu den nach dem Hardy-Weinberg-Gesetz erwarteten Häufigkeiten.

Statistische Entscheidung:

Den Gegebenheiten entsprechend wird $\alpha = 0.05$ festgelegt. Die Anzahl der Freiheitsgrade ist $FG = 1$, weil drei Genotypen und ein geschätzter Parameter $p = P(\text{Hp1})$ berücksichtigt werden. Die restlichen Häufigkeiten sind daraus über das Vererbungsmodell berechenbar.

Um die Prüfgröße T des χ^2-Tests zu erhalten, berechnet man die mit χ^2_i bezeichneten Summanden. Tab. 2.33 enthält die Rechenergebnisse.

Der summarische Testwert $\chi^2 = 0.0065$ ist kleiner 3.84 (Tab. A.4), sodass aufgrund der Beobachtungen gegen die Nullhypothese keine Einwände erhoben werden. Es sei bemerkt, dass damit nicht etwa ein Beweis für das Gelten des Vererbungsmodells erbracht wurde.

◄

Im folgenden Beispiel sind aus den vorliegenden Daten keine Modellparameter zu schätzen. Sie werden aus einer Berliner Quelle bezogen und sind nicht weiter nachprüfbar. Würde man die Berliner Daten direkt mit dem Greifswalder Material vergleichen, wäre anstelle des χ^2-Anpassungstests ein χ^2-Homogenitätstest angezeigt.

Tab. 2.34 Anpassungstest: Hp-Typen in Greifswalder und Berliner Studien

	Hp1-1	Hp2-1	Hp2-2	Σ
B_i	264	820	642	1726
E_i	246.9	811.8	667.3	1726
χ^2_i	1.184	0.083	0.959	2.226

Beispiel 2.73

Das im vorigen Beispiel beschriebene Greifswalder Untersuchungsgut soll mit im Berliner Raum erhobenem Material (SERFAS /SCHUBERT 1960) verglichen werden. In dieser Studie wurde $p = 0.3782$ ermittelt.

Nullhypothese:

Die Greifswalder Untersuchungsergebnisse und die Berliner Studie beziehen sich auf die gleiche Zufallsgröße.

Statistische Entscheidung:

Es wird $\alpha = 0.05$ festgelegt. In die Rechnung geht die Greifswalder Stichprobe ein, die Berliner Genfrequenz $p = 0.3782$ ist Grundlage für die Ermittlung der Erwartungswerte, z.B. $E_1 = 1726 \cdot 0.3782^2$. Deshalb erhöht sich die Zahl der Freiheitsgrade auf $FG = 2$. Die Tab. 2.34 enthält das Rechenergebnis. Der Testwert $\chi^2 = 2.226$ überschreitet die kritische Größe 5.99 (s. Tab. A.4) nicht. Es kann demnach nicht auf einen bemerkenswerten (signifikanten) Unterschied zwischen dem Greifswalder und dem Berliner Untersuchungsmaterial für Haptoglobintypen geschlossen werden.

◄

Der χ^2-Unabhängigkeitstest

(X,Y) sei eine zweidimensionale diskrete Zufallsgröße, deren Werte (x_j, y_k) die Einzelwahrscheinlichkeiten p_{jk} besitzen, $k = 1, ..., r$; $j = 1, ..., s$. Die Daten einer Stichprobe vom Umfang n dieser zweidimensionale Zufallsgröße seien in einer $(r \times s)$-Kontingenztafel zusammengefasst. Zu vorgegebenem Signifikanzniveau α wird die **Nullhypothese der Unabhängigkeit** der Variablen X und Y,

$$H_0^u : p_{jk} = P(X = x_j) \cdot P(Y = y_k) = p_{j\bullet} \cdot p_{\bullet k} \quad \text{für alle } j \text{ und } k,$$

gegen die Alternative

$$H_0^u : p_{j_0 k_0} \neq p_{j_0 \bullet} \cdot p_{\bullet k_0} \quad \text{für mindestens ein } (j_0, k_0)$$

getestet.

Statistische Entscheidung:

Die Prüfgröße χ^2 wird mit dem kritischen Wert $\chi^2_{FG,1-\alpha}$ verglichen. Die Anzahl der Freiheitsgrade ist $FG = (r-1)(s-1)$.

Beispiel 2.74

In einer Stichprobe von 59 internistischen Patienten ergaben sich hinsichtlich der Erkrankungen Diabetes und Hyperlipoproteinämie, deren Unabhängigkeit untersucht werden soll, die in der Tab. 2.35 mitgeteilten Informationen. Als Signifikanzniveau wird $\alpha = 0.05$ festgelegt.

Tab. 2.35 Angaben zu $n = 59$ Patienten betreffend das Vorliegen von Diabetes bzw. Hyperlipoproteinämie

		Hyperlipoproteinämie		Summe
		ja	nein	
Diabetes	ja	14	6	20
	nein	11	28	39
Summe		25	34	59

Die erwarteten Häufigkeiten E_{jk} sind unter der Annahme der Unabhängigkeit als $E_{jk} = p_{j\bullet} \cdot p_{\bullet k} \cdot n$ zu berechnen. Die hier verwendeten Randwahrscheinlichkeiten schätzt man aus den Randsummen. Beispielsweise ist

$$E_{21} = \frac{39}{59} \cdot \frac{25}{59} \cdot 59 = 16.5.$$

Man erhält insgesamt $\chi^2 = 9.367 > 3.84 = \chi^2_{1,0.95}$, sodass aus den Daten die Ablehnung der Unabhängigkeit (im wahrscheinlichkeitstheoretischen Sinne) der beiden Erkrankungen folgt.

◄

Der χ^2-Homogenitätstest
Es seien X_1, X_2 unabhängige diskrete Zufallsgrößen, die die Werte a_k, $k = 1, ..., s$, mit den Einzelwahrscheinlichkeiten p_{jk}, $j = 1, 2$, annehmen. Die Daten zweier Stichproben nicht notwendig gleichen Umfanges seien in einer $(2 \times s)$-Kontingenztafel zusammengefasst. Zu vorgegebenem Signifikanzniveau α wird die
Nullhypothese:

$$H_0^{\text{Hom}} : p_{1k} = p_{2k} \quad \text{für alle } k = 1, ..., s,$$

gegen die Alternative

$$H_A^{\text{Hom}} : p_{1k_0} \neq p_{2k_0} \quad \text{für mindestens ein } k_0$$

getestet.
Statistische Entscheidung:
Die Prüfgröße χ^2 ist mit dem kritischen Wert $\chi^2_{\text{FG};1-\alpha}$ zu vergleichen, wobei die Anzahl der Freiheitsgrade $FG = s - 1$ ist.
Unabhängigkeits- und Homogenitätstest werden formal gleichartig durchgeführt. Der Unterschied beider Verfahren liegt in der Fragestellung, in der Art der Stichprobenerhebung und in der Ergebnisinterpretation des Tests. Beim χ^2-Homogenitätstest wertet man die Daten aus 2 Stichproben über eindimensionale Zufallsgrößen aus. Der χ^2-Unabhängigkeitstest geht in dieser Situation von *einer* Stichprobe über eine zweidimensionale Zufallsgröße aus.

Der χ^2-Test für verbundene Stichproben
Es sei (X_1, X_2) eine diskrete zweidimensionale Zufallsgrößen. X_1 und X_2 nehmen die Werte a_k, $k = 1, ..., s$, mit den Einzelwahrscheinlichkeiten $p_{jk} = P(X_1 = a_j, X_2 = a_k)$ an.
Die Daten einer zweidimensionalen Stichprobe vom Umfang n dieser zweidimensionalen Zufallsgröße seien in einer $(s \times s)$-Kontingenztafel zusammengefasst. Zu vorgegebenem Signifikanzniveau α wird die

Nullhypothese

$$H_0 : p_{jk} = p_{kj} \text{ für alle } j \text{ und } k \text{ von 1 bis } s,$$

gegen die Alternative

$$H_A : p_{j_0 k_0} \neq p_{k_0 j_0} \text{ für mindestens ein } \left(j_0, k_0 \right)$$

getestet. Wenn die Nullhypothese richtig ist, erwartet man für die $(s \times s)$- Kontingenztafel der Beobachtungsdaten auf der Hauptdiagonale die meisten Einträge B_{ii}. Die Anzahlen B_{ij} von Beobachtungsobjekten im Zustand a_i bei der ersten Beobachtung und im Zustand a_j bei der zweiten Beobachtung sollten ähnlich den B_{ji} für die gegensinnige Veränderung sein. Um die Nullhypothese zu entscheiden, wird die aus den Stichprobendaten gebildete Kontingenztafel auf Symmetrie geprüft.

Statistische Entscheidung:

Die Prüfgröße

$$T = \sum_{j=1}^{s} \sum_{i>j} \frac{\left(B_{ij} - B_{ji} \right)^2}{B_{ij} + B_{ji}}$$

ist nach BOWKER (1948) asymptotisch χ^2-verteilt mit $FG = s(s-1)/2$ Freiheitsgraden.

Beispiel 2.75

Der APGAR - Wert wurde 1953 von der amerikanischen Anästhesistin Virginia APGAR eingeführt. Er beschreibt den Reifegrad eines Neugeborenen durch Summation von 5 Kriterien (Herzfrequenz, Atemantrieb, Reflexauslösbarkeit, Muskeltonus und Hautfarbe), denen je eine Zensurenskala von 0 bis 2 zugeordnet ist. Der Score nimmt also Werte von 0 bis 10 an. Von 550 Zwillingen (beide lebend, d. h. APGAR - Werte nach 1 Minute größer 0) soll untersucht werden, ob es Unterschiede des Reifegrades zwischen dem 1. und 2. Zwilling gibt. Aus sachlichen Gründen wurden Score-Werte gruppiert. Die in der folgenden Tabelle zusammengestellten Daten dienen als Rechenbeispiel, sie sind fiktiv!

Hieraus errechnet man $T = 85.23 > 12.592 = \chi^2_{6,0.95}$. Die Nullhypothese ist abzulehnen, es ist von Unterschieden im Reifegrad der Zwillingspärchen auszugehen.

Tab. 2.36 APGAR-Werte bei Zwillingskindern, unterschieden je Paar nach der Geburtsreihenfolge; Werte fiktiv!

		APGAR-Wert 2. Kind			
		1 bis 4	5 und 6	7	8 und 9
APGAR-Wert 1. Kind	1 bis 4	30	20	10	0
	5 und 6	20	60	20	10
	7	60	50	11	50
	8 und 9	10	10	10	80

Für erwartete Anzahlen kleiner 5 in irgendeiner Zelle der Kontingenztafel wird die Anwendung des χ^2-Tests nicht empfohlen. Die Symmetriehypothese ist mit einer exakten Methode zu prüfen.

Am einfachsten ist das für eine Vierfeldertafel. Mit den abkürzenden Bezeichnungen $a = B_{11}$, $b = B_{12}$, $c = B_{21}$ und $d = B_{22}$ schreibt sich die Prüfgröße nach BOWKER als

$$T = \frac{(b-c)^2}{b+c} .$$

Unter der Annahme der Nullhypothese beträgt die Wahrscheinlichkeit jeweils 0.5 dafür, dass eine neue Beobachtung zur Vergrößerung von b bzw. c beiträgt, sofern sie überhaupt eine Zustandsänderung dokumentiert. Die Nullhypothese ist damit durch einen Binomialtest entscheidbar. Man berechnet

$$2\sum_{i=0}^{c}\binom{b+c}{i}\left(\frac{1}{2}\right)^{(b+c)} = \sum_{i=0}^{c}\binom{b+c}{i}\left(\frac{1}{2}\right)^{b+c} + \sum_{i=b}^{b+c}\binom{b+c}{i}\left(\frac{1}{2}\right)^{b+c}$$

Würden die Daten die Zellenbesetzungen $a = 8$, $b = 7$, $c = 1$ und $d = 9$ ergeben, hätte man

$$2\sum_{i=7}^{b+c}\binom{7+1}{i}\left(\frac{1}{2}\right)^{(7+1)} = 0.070 .$$

In diesem Falle wäre die Nullhypothese auf dem 0.05-Niveau nicht ablehnbar.

Vierfeldertafeln

Hypothesenprüfungen in mehrdimensionalen Kontingenztafeln erfordern eine sorgfältige statistische Modellierung. Die erforderliche Breite der Darstellung ist im Umfang dieses Buches nicht zu leisten. Anwendern solcher Methoden wird ein detailliertes Studium der Auswertekonzepte und ihres Bezuges zu den Studiendesigns sehr empfohlen. Umfassende Darstellungen dieser Thematik findet man beispielsweise in FLEISS/LEVIN/PAIK (2003), LACHIN (2000) oder HIRJI (2006). Ergänzend zu den oben vorgestellten χ^2-Tests sollen in diesem Abschnitt Grundideen bedingter und unbedingter sowie exakter und asymptotischer Tests für Vierfeldertafeln besprochen werden. Zwei Methoden für so genannte geschichtete Auswertungen sind erläutert.

Die Wahrscheinlichkeiten statistischer Testgrößen sind oft nur asymptotisch bekannt. Nur für „genügend große" Stichprobenumfänge ist die Testentscheidung genau genug bewertet. Der χ^2-Tests soll beispielsweise bei zu gering besetzen Kontingenztafeln nicht angewandt werden. Alternativen bieten bedingte Tests. Hier ist zwar die Testgrößenverteilung exakt berechenbar, jedoch aus der bedingten Verteilung bezüglich der vorliegenden Daten. Die χ^2-Tests sind demgegenüber unbedingte Tests. Hinsichtlich der Datenerhebung seien hier zwei Situationen betrachtet:

a) Zwei unabhängige Stichproben werden erhoben, also zwei binomialverteilte Zufallsgrößen werden betrachtet, man prüft Homogenität zweier Zufallsgrößen.

b) Eine Stichprobe über eine zweidimensionale (vier Werte sind möglich) Zufallsgröße wird erhoben, man prüft stochastische Unabhängigkeit der beiden Komponenten der zweidimensionalen Zufallsgröße.

Die Daten seien in einer Vierfeldertafel angeordnet. Die Tab. 2.37 gibt ein Beispiel und erklärt die nachfolgend verwendeten Symbole. Der Einfachheit halber seien Zufallsgrößen und ihre Werte nicht unterschiedlich bezeichnet. Die Vierfeldertafel kann resultieren aus einer

Stichprobe vom Unfang N mit Beobachtung von Exposition und Vorliegen einer bestimmten Erkrankung an jedem Beobachteten, aus zwei unabhängigen Stichproben von n_1 Kranken und n_2 Nichtkranken, die hinsichtlich einer bestimmten Exposition beurteilt werden, sowie aus zwei Stichproben von k_1 Exponierten und k_2 Nichtexponierten, bei denen das Vorliegen einer bestimmten Erkrankung registriert wird.

Tab. 2.37 Vierfeldertafel, enthaltend die Daten der Beobachtung von Exposition und Gesundheitsstatus an einer Stichprobe von N zufällig ausgewählten Personen bzw. an zwei unabhängigen Stichproben von n_1 Kranken und n_2 Nichtkranken bzw. an zwei Stichproben von k_1 Exponierten und k_2 Nichtexponierten

	krank	nicht krank	Randsumme
exponiert	t_1	t_2	k_1
nicht exponiert	$n_1 - t_1$	$n_2 - t_2$	k_2
Randsumme	n_1	n_2	N

Die Wahrscheinlichkeit einer solchen Vierfeldertafel T ist bei Unabhängigkeit zweier Stichproben vom Umfang n_1 und n_2 das Produkt von zwei Binomialwahrscheinlichkeiten,

$$P(t_1,t_2) = \binom{n_1}{t_1}\binom{n_2}{t_2} p_1^{t_1} \left(1-p_1\right)^{n_1-t_1} p_2^{t_2} \left(1-p_2\right)^{n_2-t_2}.$$

Man kann diese Wahrscheinlichkeitsangabe auch anders darstellen. Mit der Randsumme k_1, damit $t_2 = k_1 - t_1$, und dem **Chancenverhältnis (Odds ratio)**

$$OR = \frac{p_1/(1-p_1)}{p_2/(1-p_2)}$$

ergibt sich

$$P(t_1,k_1) = \binom{n_1}{t_1}\binom{n_2}{k_1-t_1} OR^{t_1} \left(1-p_1\right)^{n_1} p_2^{k_1} \left(1-p_2\right)^{n_2-k_1}.$$

Daraus resultiert die **unbedingte Wahrscheinlichkeit** der Vierfeldertafel unter der Nullhypothese $H_0 : p_1 = p_2 = p$, also $OR = 1$,

$$P_{H_0}(t_1,k_1) = \binom{n_1}{t_1}\binom{n_2}{k_1-t_1} p^{k_1} \left(1-p\right)^{N-k_1}.$$

Der Ein-Stichproben-Fall erlaubt es nicht, die Wahrscheinlichkeit einer Vierfeldertafel als Produkt von Binomialwahrscheinlichkeiten zu gewinnen. Deshalb verwendet man zur Konstruktion von Tests bedingte Wahrscheinlichkeiten in der folgenden Weise:
Vorgegeben seien die Randsummen der Vierfeldertafel (**Vierfeldertafel mit festen Randsummen**). Die dadurch bedingte Wahrscheinlichkeit unter der Nullhypothese für den beobachteten Wert t_1 soll ausgerechnet werden. Die Zufallsgröße t_1 variiert bei gegebenen Randsummen k_1, n_1 und n_2 zwischen $t_u = max\{0, k_1 - n_2\}$ und $t_o = min\{k_1, n_1\}$. Aus dem Stichprobenumfang N ergibt sich die vierte Randsumme k_2. Es bezeichne $\mathbb{T}$ die Menge aller Vierfeldertafeln mit den vorgegebenen Randsummen.

Für eine zweidimensionale diskrete Zufallsgröße (X,Y) ist die bedingte Wahrscheinlichkeitsverteilung für jeden Wert von Y univariat. Das konkretisiert sich für $Y = k_1$ zu

$$P_{bedingt}(t_1) = \frac{P(t_1,k_1)}{\sum_{i=t_u}^{t_o} P(i,k_1)} = \frac{\binom{n_1}{t_1}\binom{N-n_1}{k_1-t_1} OR^{t_1}}{\sum_{i=t_u}^{t_o} \binom{n_1}{i}\binom{N-n_1}{k_1-i} OR^i}.$$

Natürlich kann auch die auf gegebene Randsummen bedingte Wahrscheinlichkeit einer Vierfeldertafel ausgerechnet werden, wenn die Beobachtungen aus zwei Stichproben stammen. Unter der Nullhypothese $H_0 : OR = 1$, ihr entspricht im Falle zweier Stichproben des Umfanges n_1 bzw. n_2 die Nullhypothese $H_0 : p_1 = p_2 = p$, ergibt sich damit die durch die gegebenen Randsummen bedingte Wahrscheinlichkeit aus einer hypergeometrischen Verteilung

$$P_{bedingt\,,H_0}(t_1) = \frac{\binom{n_1}{t_1}\binom{N-n_1}{k_1-t_1}}{\binom{N}{k_1}}.$$

Der Nenner in der vorletzten Formel reduziert sich auf den angegebenen Term.

Jeder Vierfeldertafel $T \in \mathbb{T}$ kann unter Voraussetzung der Nullhypothese $H_0 : OR = 1$ die durch die gegebenen Randsummen bedingte Wahrscheinlichkeit

$$P_{bed}(T) = \frac{\binom{n_1}{t_1}\binom{N-n_1}{k_1-t_1}}{\binom{N}{k_1}}$$

zugeordnet werden. Hier bezeichnet t_1 den in der jeweils betrachteten Vierfeldertafel $T \in \mathbb{T}$ eingetragenen Wert.

Dies bildet die Grundlage zur Definition so genannter exakter statistischer Tests für Vierfeldertafeln. Am bekanntesten dürfte der exakte Test von FISHER sein, der eigentlich auf YATES (1934) und IRWIN (1935) zurückgeht. Ausgangspunkt ist die aus Stichprobendaten erstellte Vierfeldertafel T^* mit ihren Randsummen. Sie definiert eine Menge $\mathbb{T}$ von Vierfeldertafeln mit gleichen Randsummen. Summiert man die durch die Randsummen bedingten Wahrscheinlichkeiten aller Vierfeldertafeln aus $\mathbb{T}$, die „extremer" als die beobachtete Tafel T^* sind,

$$p^* = \sum_{T \succ T^*} P_{bed}(T),$$

so ist durch den Vergleich dieser Zahl mit dem vorgegebenen Signifikanzniveau α der **exakte bedingte zweiseitige FISHER-Test** der Nullhypothese gegeben:

> Die Nullhypothese $H_0 : OR = 1$ wird bei $p^* < \alpha$ abgelehnt.

Die Relation $\succ$ ist noch näher zu spezifizieren. Die Vierfeldertafeln T aus $\mathbb{T}$ werden entsprechend ihren bedingten Wahrscheinlichkeiten $P_{bed}(T)$ geordnet. Die „extremeren" Tafeln als die beobachtete sind diejenigen mit gleicher oder kleinerer bedingter Wahrscheinlichkeit.

Tab. 2.38 Alle Vierfeldertafeln mit den Randsummen $n_1 = 13$, $n_2 = 7$, $k_1 = 9$ und $k_2 = 11$

Nr	Vierfeldertafel T		$P_{bed}(T)$	p^*
1	2	7	0,0005	0,0005
	11	0		
2	3	6	0,0119	0,0166
	10	1		
3	4	5	0,0894	0,1597
	9	2		
4	5	4	0,2682	0,6424
	8	3		
5	6	3	0,3576	1,0000
	7	4		
6	7	2	0,2146	0,3742
	6	5		
7	8	1	0,0536	0,0703
	5	6		
8	9	0	0,0043	0,0047
	4	7		

Man beachte, dass die Anordnung der Vierfeldertafeln aus $\mathbb{T}$ entsprechend ihren bedingten Wahrscheinlichkeiten im Allgemeinen verschieden ist von der Anordnung gemäß der natürlichen Ordnung der möglichen Werten von t_1 ! Deshalb sind auch Empfehlungen irreführend, aus p-Werten von einseitigen exakten bedingten Fisher-Tests die p-Werte für den zweiseitigen Fall zu berechnen.

Beispiel 2.76
Vorgegeben seien die Randsummen $n_1 = 13$, $n_2 = 7$, $k_1 = 9$ und $k_2 = 11$ einer Vierfeldertafel. Alle möglichen Tafeln nebst ihren bezüglich dieser Randsummen bedingten Wahrscheinlichkeiten unter der Nullhypothese sowie die p^* - Werte des zweiseitigen exakten bedingten FISHER-Tests sind in der Tab. 2.38 aufgelistet. Diese bedingten Wahrscheinlichkeiten summieren sich zu 1, die Verteilung ist nicht symmetrisch. Die in der Tabelle gegebene Zeilennummerierung entspricht der Anordnung der Vierfeldertafeln hinsichtlich der Größe ihrer jeweiligen Eintragung t_1. Davon verschieden ist offenbar die Anordnung nach den bedingten Wahrscheinlichkeiten. Die in der 3. Zeile der Tabelle stehende Tafel sei beobachtet worden. Extremere Tafeln sind die mit der Nr. 1, 8, 2 und 7. Die Testgröße nach FISHER, 0.0005 + 0.0043 + 0.0119 + 0.0536 + 0.0894, ist verschieden von der Summe bedingter Wahrschein-

lichkeiten $0.0005 + 0.0119 + 0.0894$, die bezüglich der Anordung entsprechend dem t_1 -Wert zu bilden wäre.

◄

Wird die Anordnung der Vierfeldertafeln $T = \{t_{ij}, i, j = 1, 2\}$ aus $\mathbb{T}$ bezüglich der PEARSON-Statistik

$$\chi^2 (T) = \sum_{i=1}^{2} \sum_{j=1}^{2} \frac{\left(t_{ij} - k_i n_j / N\right)^2}{k_i n_j / N}$$

definiert, führt die beschriebene Testkonstruktion auf den **exakten bedingten zweiseitigen PEARSON-Test**. Die Stichprobenfunktion

$$SLR(T) = 2 \sum_{i=1}^{2} \sum_{j=1}^{2} t_{ij} \, log\left(\frac{t_{ij}}{k_i n_j / N}\right)$$

ergibt den **exakten bedingten zweiseitigen Likelihood-ratio-Test**.

Der exakte bedingte zweiseitige FISHER-Test ist im Zwei-Stichproben-Fall bekanntlich konservativ. Das nominale Signifikanzniveau wird nicht ausgeschöpft, die Nullhypothese eher selten abgelehnt. Das wirkt sich negativ auf die Power des Tests aus. Die intensive Diskussion dieser Thematik in der Literatur wird hier nicht referiert.
Eine leichte Variation der Vierfeldertafel führt auf den **exakten bedingten zweiseitigen LIEBERMEISTER-Test** (LIEBERMEISTER 1877). Eine Vorstellung von Leben und Werk des Mediziners Carl LIEBERMEISTER, der in Greifswald, Basel und Tübingen wirkte, findet sich in (SENETA, SEIF, LIEBERMEISTER und DIETZ 2004).
Bei der Testprozedur nach LIEBERMEISTER erhöht man die beobachteten Häufigkeiten t_1 sowie n_2 - t_2 jeweils um 1, also N um 2, und berechnet

$$P_{bed, L}(T) = \frac{\binom{n_1 + 1}{t_1 + 1} \binom{N - n_1 + 1}{k_1 - t_1}}{\binom{N + 2}{k_1 + 1}} \, .$$

Damit ist, wie oben für den FISHER-Test beschrieben, der exakte bedingte zweiseitige LIEBERMEISTER-Test aus der Summation bedingter Wahrscheinlichkeiten $P_{bed, L}(T)$ erhältlich.
SENETA und PHIPPS (2001) zeigten, dass der LIEBERMEISTER-Test weniger konservativ als der FISHER -Test ist. Seine Anwendung unter Verwendung von SAS® ist unproblematisch. Man hat lediglich die Werte der Vierfeldertafel in der angegebenen Weise zu modifizieren. Die Ergebnisse eines Rechenexperimentes sind in Abb. 2.58 zusammenfassend betrachtet. Sie mögen die Empfehlung unterstützen, den LIEBERMEISTER-Test anstelle des exakten Tests von FISHER zu nutzen.

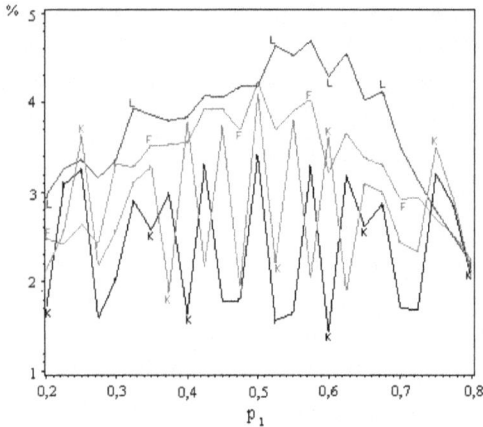

Abb. 2.58 Empirisch ermittelte Fehler 1. Art in Prozent als Funktion von $p = p_1 = p_2$ im Bereich von 0.2 bis 0.8 (Schrittweite 0.1) aus jeweils 10 000 simulierten Tests an zwei Stichproben über Binomialverteilungen, $n_1 = 15$, $n_2 = 20$. Bezeichnungen: L – exakter bedingter zweiseitiger LIEBERMEISTER-Test, F - exakter bedingter zweiseitiger FISHER-Test, K - zwei auf den exakt berechneten Konfidenzintervallen für p basierende Tests (Stichprobe 1 versus Stichprobe 2). Die Berechnungen erfolgten mit SAS®.

Ein bedingter asymptotischer Test geht auf MANTEL/HAENSZEL (1959) zurück. Die Ränder der Vierfeldertafel werden als fixiert angesehen. Dann ist t_1 die einzige variierende Zufallsgröße, die bedingten Wahrscheinlichkeiten sind $P_{bedingt}(t_1)$. Ein Standardkonzept asymptotischer Verfahren beruht auf Approximationen durch die Normalverteilung. Wenn

$$U = \frac{X - E(X)}{\sqrt{V(X)}}$$

standardnormalverteilt ist, dann besitzt U^2 eine χ^2-Verteilung mit einem Freiheitsgrad. Werden Erwartungswert und Varianz von $X = t_1$ bezüglich der $P_{bedingt}(t_1)$ unter Voraussetzung der Nullhypothese ausgerechnet, definiert

$$\chi^2_{MH} = \left(\frac{t_1 - E_{bedingt}(t_1)}{\sqrt{V_{bedingt}(t_1)}} \right)^2 \text{ mit}$$

mit

$$E_{bedingt}(t_1) = \frac{k_1 n_1}{N} \text{ und } V_{bedingt}(t_1) = \frac{k_1 k_2 n_1 n_2}{N^3 - N}$$

den **asymptotischen bedingten MANTEL/HAENSZEL-Test**. Diese Testgröße ist asymptotisch χ^2-verteilt mit einem Freiheitsgrad. Erwartungswert und Varianz der hypergeometrisch verteilten Zufallsgröße sind mit den Parametern der Verteilung, den vorgegebenen Rändern der Vierfeldertafel, bekannt und wie angegeben auszurechnen.

Soll ein entsprechender unbedingter Test betrachtet werden, ist von zwei unabhängigen Stichproben auszugehen. Die unbedingte Verteilung der zweidimensionalen Zufallsgröße

(t_1, t_2) ist aus den Produkten von Binomialwahrscheinlichkeiten generierbar. Unter der Nullhypothese berechnet man für t_1 bezüglich dieser Verteilung wie üblich den Erwartungswert $E(t_1) = n_1 p$ und Varianz die $V(t_1) = n_1 p(1-p)$. Der Verteilungsparameter ist unbekannt und wird durch seinen erwartungstreuen Schätzer $\hat{p} = k_1 / N$ ersetzt. Man erhält damit für Erwartungswert und Varianz ebenfalls Schätzungen;

$$t_1 - \hat{E}(t_1) = t_1 - k_1 n_1 / N = (n_2 t_1 - n_1 t_2) / N \text{ , also}$$

$$V_{unbedingt}\left(t_1 - \hat{E}(t_1)\right) = \left(n_2^2 V(t_1) + n_1^2 V(t_2)\right) / N^2 = n_1 n_2 p(1-p) / N \text{ ,}$$

mit $\hat{p} = k_1 / N$ und $1 - \hat{p} = k_2 / N$ daraus

$$V_C(t_1) = \hat{V}_{unbedingt}\left(t_1 - \hat{E}(t_1)\right) = n_1 n_2 \hat{p}(1-\hat{p}) / N = k_1 k_2 n_1 n_2 / N^3 .$$

Die unbedingte Testgröße

$$\chi_C^2 = \left(\frac{t_1 - \hat{E}(t_1)}{\sqrt{V_C(t_1)}}\right)^2$$

ist asymptotisch χ^2-verteilt mit einem Freiheitsgrad. Der Test heißt auch **unbedingter** COCHRAN-**Test**.

Asymptotisch sind der unbedingte χ^2-Test nach PEARSON, der bedingte Test nach MANTEL/HAENSZEL und der unbedingte Test nach COCHRAN äquivalent. Aus der Ungleichung (LACHIN 2000, Seite 41)

$$\hat{V}_{unbedingt} = \frac{N-1}{N} V_{bedingt}(t_1) < V_{bedingt}(t_1)$$

ergibt sich, dass der bedingte asymptotische Test konservativer als der unbedingte asymptotische Test ist. Dieser Unterschied verschwindet rasch mit wachsendem N.

Geschichtete Vierfeldertafeln

Es gibt viele Veranlassungen, die in einer Vierfeldertafel repräsentierten Beziehungen zweier Merkmale in Hinsicht auf einen zusätzlichen Aspekt beurteilen zu wollen. Dies kann eine Zusammenschau mehrerer Vierfeldertafeln aus verschiedenen Studien sein (Metaanalyse) oder die Notwendigkeit, etwa das Geschlecht der Personen in einer Präventionsstudie berücksichtigen zu müssen und dementsprechend die Beobachtungen in zwei Schichten zu trennen. Geschichtete Vierfeldertafeln treten bei unterschiedlichen Studiendesigns auf. Eine systematische Darstellung solcher Beobachtungsstrategien, Modelle, Hypothesen, statistischer Verfahren und rechentechnischer Realisierungsmöglichkeiten betrifft mehrdimensionale Zufallsgrößen. Diesen umfangreichen Themenkreis betreffend wird dem Leser ein spezielles Literaturstudium (z.B. FLEISS/LEVIN/PAIK 2003, HIRJI 2006) empfohlen, zumal auch die Dokumentationen zu renommierten Software-Produkten nur bei entsprechenden Kenntnissen verständlich lesbar sind. Die Dinge liegen in der Tat nicht so einfach. Zwar gibt es sehr populäre Methoden mit einer Vielzahl von Anwendungen. Gleichzeitig muss man sich jedoch sehr bemühen, die Voraussetzungen dieser Verfahren, ihre Eigenschaften sowie Möglichkeiten der Ergebnisinterpretation in einschlägigen Lehrbüchern gut erläutert zu finden. Selten liest man derart explizite Hinweise auf falsche Vorgehensweisen wie in FLEISS/LEVIN/PAIK (2003), Kap.10.8.

Die Menge der Beobachteten wird disjunkt zerlegt. Man bezeichnet dies auch als **Schichtung**. Die den Schichten entsprechenden Vierfeldertafeln (X_i, Y_i), $i = 1, ..., s$, möchte man simultan beurteilt haben. Hier sollen einige Gesichtspunkte zur Orientierung im dem dafür erforderlichen Methodensprektrum empfohlen werden.

1. *Die Aufgabenstellung*

   Sind Parameter zu schätzen, Konfidenzintervalle gefragt oder geht es um statistisches Testen?

2. *Das Datenmodell*

   Bezüglich der Schichten können die Stichproben unabhängig erhoben sein oder eine Zusammenhangsstruktur besitzen. Typisch für letztere Situation sind Untersuchungen an denselben Patienten zu verschiedenen Zeitpunkten. Diese Zeitpunkte definieren die Schichten.

   In jeder Schicht können Daten vorliegen aus einer Stichprobe der multivariaten Zufallsgröße (X_i, Y_i) oder aus zwei Stichproben jeder der beiden Zufallsgrößen X und Y.

   Spielen Randomisierungsverfahren eine Rolle? Der Merkmalstyp ist zu beachten!

3. *Die Hypothesen*

   Je nach Datenmodell kann man nach Homogenität oder nach Unabhängigkeit von X und Y fragen. Die Hypothesenbildung bei Schichtung ist nicht trivial.

   Es ist denkbar, einen vorgegebenen funktionalen Zusammenhang der Variablen zu prüfen. Falls ein Zusammenhang besteht, wie kann man ihn sinnvoll summarisch über die Schichten messen?

   Zu den Nullhypothesen gibt es jeweils verschiedene Möglichkeiten, Alternativen zu formulieren.

4. *Die Beschreibung der Assoziation von X und Y*

   Differenz der Binomialwahrscheinlichkeiten, Odds ratio, relatives Risiko, Rangkorrelation sind Beispiele für Statistiken zur Beurteilung der Assoziation von X und Y.

5. *Das statistische Verfahren*

   Sind approximative Verfahren zur Berechnung der erforderlichen Größen im konkreten Falle verfügbar bzw. anwendbar? Was weiß man über ihre Eigenschaften? Sind exakte Verfahren angezeigt? Welche Möglichkeiten bietet das verfügbare Software-Paket?

   Stichprobenumfang und Zellenbesetzung der Vierfeldertafeln (Treten auch Nullen auf?) sind zu berücksichtigen.

Beispiel 2.77 (**BRESLOW/DAY (1980)**)

In einer Fall-Kontroll-Studie wurde der Einfluss von exzessivem Alkoholgenuss auf die Ausbildung eines Ösophaguskarzinoms untersucht. Insgesamt beobachtete man Trinkgewohnheiten von $n_1 = 200$ Patienten mit Ösophaguskarzinom und $n_2 = 765$ Kontrollpersonen. Dabei ergaben sich die in der folgenden Tabelle zusammengefassten Daten.

Tab. 2.39 Ergebnisse der Fall-Kontroll-Studie zum Einfluss von Alkoholgenuss auf die Ausbildung eines Ösophaguskarzinoms

	Ösophaguskarzinom	Kontrollgruppe	Randsumme
Alkoholexposition	96	109	205
Keine Exposition	104	666	770
	200	775	975

Als Odds ratio erhält man $OR = 5.6401$ sowie ein asymptotisches 0.95-Konfidenzintervall (4.0006; 7.9515). Da 1 nicht zu diesem Konfidenzintervall gehört, wird von unterschiedlichen Alkohol-Expositionen in der Gruppe mit Ösophaguskarzinom und in der Kontrollgruppe ausgegangen. In der Studie ist auch das Alter der Studienteilnehmer erhoben. Es interessiert, ob die Exposition in allen festgelegten Altersgruppen gleich ist. Der Index i verweist auf die betreffende Altersgruppe (vgl. Tab. 2.40).

Tab. 2.40 Ergebnisse der Fall-Kontroll-Studie zum Einfluss von exzessivem Alkoholgenuss auf die Ausbildung eines Ösophaguskarzinoms für die angegebenen Altersschichten. Bei nicht definiertem OR_i (0 als Zahlenwert, vgl. Altersgruppe 1 und 6) in einer Schicht i wird hilfsweise eine Schätzung für OR_i durchgeführt, indem der Zahlenwert in jeder Zelle der entsprechenden Vierfeldertafel um 0.5 erhöht wird

i	Altersgruppe		Karzinom case	Kontrolle control	Summe	Odds ratio OR_i
1	25-34	Exposition	1	9	10	
		Keine Exposition	0	106	106	33.6316
		Summe	1	115	116	
2	35-44	Exposition	4	26	30	
		Keine Exposition	5	164	169	5.0462
		Summe	9	190	199	
3	45-54	Exposition	25	29	54	
		Keine Exposition	21	138	159	5.6650
		Summe	46	167	213	
4	55-64	Exposition	42	27	69	
		Keine Exposition	34	139	173	6.3595
		Summe	76	166	242	
5	65-74	Exposition	19	18	37	
		Keine Exposition	36	88	124	2.5802
		Summe	55	106	161	
6	75+	Exposition	5	0	5	
		Keine Exposition	8	31	39	40.7647
		Summe	13	31	44	

Schätzung der Odds ratio bei Schichtung

Vorausgesetzt wird die stochastische Unabhängigkeit der den Schichten entsprechenden Stichproben. Für jede Schicht schätzt man dann die Odds ratio als

$$\widehat{OR}_i = \frac{t_{1i}}{t_{2i}} \cdot \frac{n_{2i} - t_{2i}}{n_{1i} - t_{1i}} \; .$$

Eine über die Schichten summarische Schätzer $\widehat{OR}_{MH}$ für die Odds ratio ist nach MANTEL/HAENSZEL (1959) als gewichtetes Mittel erhältlich,

$$\widehat{OR}_{MH} = \sum_i g_i \widehat{OR}_i \Big/ \sum_i g_i = \frac{\sum\limits_{i=1}^{s} t_{1i} \cdot (n_{2i} - t_{2i}) / N_i}{\sum\limits_{i=1}^{s} t_{2i} \cdot (n_{1i} - t_{1i}) / N_i} \; .$$

Hierbei sind die Gewichte

$$g_i = \frac{t_{2i} \cdot (n_{1i} - t_{1i}) / N_i}{\sum\limits_{i=1}^{s} t_{2i} \cdot (n_{1i} - t_{1i}) / N_i} \; .$$

Sie summieren sich zu Eins. Dieser **MANTEL/HAENSZEL-Schätzer** ist heuristisch begründet und kein Maximum-Likelihood-Schätzer. Seine mathematischen Eigenschaften sind, auch für große Stichproben, nicht bekannt. Der MANTEL/HAENSZEL-Test basiert auch nicht auf der Betrachtung des zu prüfenden Parameters selbst, sondern auf dem χ^2-Prinzip.

Für das letzte Beispiel ergibt sich $\widehat{OR}_{MH} = 5.1576$.

Tests für geschichtete Vierfeldertafeln

Sie können als multiple Tests formuliert werden. Dieses Vorgehen vergrößert den Fehler 1. Art. Den Vorzug haben daher spezielle Verfahren. Vorgestellt werden hier der BRESLOW/DAY-Test und der MANTEL/HAENSZEL-Test.

Der bedingte **MANTEL/HAENSZEL-Test** wird zur Bewertung geschichteter Vierfeldertafeln wie folgt erweitert: Vorauszusetzen sind die stochastische Unabhängigkeit der den Schichten entsprechenden Stichproben sowie fixierte Randsummen. Geprüft wird die Nullhypothese

$$H_0: OR_i = 1 \text{ bzw. } p_{1i} = p_{2i} \text{ für } i = 1, ..., s$$

gegen die Alternativhypothese

$$H_A: OR_i = OR \neq 1 \text{ für } i = 1, ..., s \; .$$

Die Prüfgröße

$$\chi^2_{MH,geschichtet} = \frac{\left(\sum_{i=1}^{s} t_{1i} - \sum_{i=1}^{s} E(t_{1i})\right)^2}{\sum_{i=1}^{s} \dfrac{k_{1i} \cdot k_{2i} \cdot n_{1i} \cdot n_{2i}}{(N_i - 1) \cdot N_i^2}}$$

ist asymptotisch χ^2-verteilt mit einem Freiheitsgrad. Unter Voraussetzung der Nullhypothese sind die Erwartungswerte $E(t_{1i}) = k_{1i} \cdot n_{1i} / N_i$ und die Varianzen gemäß der hypergeometrischen Verteilung gegeben. Die vorausgesetzte schichtweise Unabhängigkeit gestattet die Summation der Varianzen.

Der **BRESLOW/DAY-Test** prüft dieNullhypothese

H_0: $OR_i = OR$ für alle $i = 1, \ldots, s$

gegen die Alternativhypothese

H_A: $OR_{i_0} \neq OR$ für mindestens ein i_0.

Vorausgesetzt werden die stochastische Unabhängigkeit der den Schichten entsprechenden Stichproben sowie fixierte Randsummen. Bezüglich einer fest vorgegebenen Odds ratio X, insbesondere natürlich auch für OR_{MH}, lassen sich für jede Schicht die erwarteten Anzahlen in den Zellen der Vierfeldertafel berechnen, die als Schätzung eben diese Odds ratio X ergeben. Es genügt, die Bestimmungsgleichung für einen Erwartungswert anzugeben. Die übrigen Erwartungswerte erhält man daraus unter Verwendung der gegebenen Randsummen der betreffenden Vierfeldertafel. Die Bestimmungsgleichung für $E(t_{1i})$ ist

$$X = \frac{E(t_{1i}) \cdot (N_i - k_{1i} - n_{1i} + E(t_{1i}))}{(k_{1i} - E(t_{1i}))(n_{1i} - E(t_{1i}))}.$$

Die rationale Funktion der rechten Seite hat wegen der quadratischen Nennerfunktion zwei Polstellen bei k_{1i} und n_{1i}. Die gesuchte Lösung liegt vor der ersten Polstelle, weil eine Lösung zusätzlich der Nebenbedingung $E(t_{1i}) < \min(k_{1i}, n_{1i})$ genügen muss. Durch umstellen erhält man eine quadratische Gleichung, sofern $X \neq 1$. Die kleinere der beiden Lösungen, die links von der ersten Polstelle liegt, ist die gesuchte. Für den häufig betrachteten Spezialfall $X = 1$, in allen Schichten ist das Chancenverhältnis 1, ergibt sich sogar eine lineare Bestimmungsgleichung. Man erhält dann

$$E(t_{1i}) = k_{1i} \cdot n_{1i} / N_i.$$

Die übrigen Erwartungswerte für die Zellen sind

$$E(t_{2i}) = k_1 - E(t_{1i}),$$
$$E(n_{1i} - t_{1i}) = n_{1i} - E(t_{1i}) \text{ und}$$
$$E(n_{2i} - t_{2i}) = N_i - k_{1i} - n_{1i} + E(t_{1i}).$$

Für die Varianz $V(t_{1i})$ der Zellenhäufigkeit in der i-ten Schicht unter der Voraussetzung einer für alle Schichten gleichen OR_{MH} geben BRESLOW und DAY

$$V(t_{1i}) = \left(\frac{1}{E(t_{1i})} + \frac{1}{E(t_{2i})} + \frac{1}{E(n_{1i} - t_{1i})} + \frac{1}{E(n_{2i} - t_{2i})} \right)^{-1}$$

an. Damit berechnet man

$$\chi^2_{BD} = \sum_{i=1}^{s} \frac{(t_{i1} - E(t_{i1}))^2}{V(t_{i1})}$$

als Prüfgröße des BRESLOW- DAY-Test. Sie ist asymptotisch χ^2-verteilt mit s - 1 Freiheits-graden. Zur Verbesserung der asymptotischen Eigenschaften des BRESLOW- DAY-Tests hat TARONE (1985) ein zusätzliches Korrekturglied eingeführt.

$$\chi^2_T = \chi^2_{BD} - \frac{\left(\sum_{i=1}^{s} t_{1i} - \sum_{1=1}^{s} E(t_{i1}) \right)^2}{\sum_{i=1}^{s} V(t_{i1})} .$$

Diese Prüfgröße nach der TARONE ist ebenfalls asymptotisch χ^2-verteilt mit s - 1 Freiheits-graden.

Die Berechnungsschritte für die Testgrößen nach BRESLOW und DAY sowie der Variante des Tests nach TARONE für das vorangegangene Beispiel sind in Tab. zusammengefasst. Man erhält

$$\chi^2_{BD} = 9.3234 \text{ und } \chi^2_T = 9.3234 - (96 - 95.1802)^2 / 28.9253 = 9.3002.$$

Tab. 2.41 Berechnungen des MANTEL/HAENSZEL-Schätzers für die Odds ratio, des BRESLOW/DAY-Tests und des Korrekturfaktors des TARONE-Tests für das Beispiel 2.77

Alters-gruppe	OR_{MH}		t_{1i}	$E(t_{1i})$	$V(t_{1i})$	$\frac{(t_{i1} - E(t_{i1}))^2}{V(t_{i1})}$
	Zähler $\frac{t_{1i} \cdot (n_{2i} - t_{2i})}{N_i}$	Nenner $\frac{t_{2i} \cdot (n_{1i} - t_{1i})}{N_i}$				
25-34	0.9138	0.0000	1	0.3216	0.2129	2.1618
35-44	3.2965	0.6533	4	4.0442	2.0256	0.0010
45-54	16.1970	2.8592	25	24.2710	7.8037	0.0681
55-64	24.1240	3.7934	42	39.8139	10.6098	0.4508
65-74	10.3851	4.0248	19	23.5561	6.2719	3.3097
75+	3.5227	0.0000	5	3.1734	1.0014	3.3320
Summe	58.4391	11.3307	96	95.1802	28.9253	9.3234
	$OR_{MH} = 5.1576$					

Die Prüfgröße des BRESLOW- DAY-Test bleibt ebenso wie die des Tests von TARONE unter dem kritischen Wert $\chi^2_{5;0.95} = 11.07$. Die Nullhypothese, die Werte die Odds ratio in den Schichten seien gleich, wird nicht abgelehnt. Das ist auch nicht weiter überraschend, da die beiden extremen Odds ratios aus der untersten (33.6316) und obersten Altersschicht

(40.7647) nur durch Korrekturfaktoren berechnet werden konnten (siehe Tab. 2.40). Nimmt man diese extremen Altersgruppen zu ihren benachbarten hinzu, so ergibt das für die untere zusammengefasste Vierfeldertafel (Alter über 65) ein OR von 7.7143 und für die obere (Alter unter 45) 3.6061.

Konfidenzschätzung bei Schichtung
Vorausgesetzt werden die stochastische Unabhängigkeit der den Schichten entsprechenden Stichproben sowie fixierte Randsummen.
Eine exakte Konfidenzschätzung für OR_{MH} bei Schichtung geschieht wie folgt:
Für jede Schicht hat man eine hypergeometrische Verteilung, die $P_{bedingt}(t_1)$ erzeugt. Die für die jeweilige Schicht spezifische Odds ratio OR_i ist Verteilungsparameter dieser für $OR_i \neq 1$ so genannten **nicht-zentralen hypergeometrischen Verteilung**. Man unterscheide OR_i von ihrem Schätzwert. Aus diesen bedingten Verteilungen ist die bedingte Verteilung der summarischen Vierfeldertafel durch Faltung erhältlich. (Über die **Faltung** von Wahrscheinlichkeitsverteilungen informiere man sich in Lehrbüchern der Wahrscheinlichkeitstheorie.) Die gewünschten Konfidenzgrenzen für die summarische Odds ratio berechnet man daraus wie im Abschnitt über Konfidenzschätzungen erläutert. Insgesamt ist dies ein aufwändiges Verfahren, bei dem spezielle numerische Algorithmen eingesetzt werden.
Üblich sind approximative Konfidenzschätzungen für OR_{MH}. Auf ROBINS/BRESLOW/ GREENLAND (1986) geht eine Konfidenzschätzung zurück, die eine Normalverteilungsapproximation für $ln(OR_{MH})$ ausnutzt. Näherungsweise gilt

$$V\left(\ln(OR_{MH})\right) = \frac{\sum_{i=1}^{s}\left(t_{1i} + (N_i - k_{1i} - n_{1i} - t_{1i})\right)\left(t_{1i}(N_i - k_{1i} - n_{1i} - t_{1i})\right)/N_i^2}{2\left(\sum_{i=1}^{s} t_{1i}(N_i - k_{1i} - n_{1i} - t_{1i})/N_i\right)^2}$$

$$+ \frac{\sum_{i=1}^{s}\left(t_{1i} + (N_i - k_{1i} - n_{1i} - t_{1i})\right)(k_{1i} - t_{1i})(n_{1i} - t_{1i}) + \left((k_{1i} - t_{1i}) + (n_{1i} - t_{1i})\right)t_{1i}(N_i - k_{1i} - n_{1i} - t_{1i})/N_i^2}{2\left(\sum_{i=1}^{s} t_{1i}(N_i - k_{1i} - n_{1i} - t_{1i})/N_i\right)\left(\sum_{i=1}^{s}(k_{1i} - t_{1i})(n_{1i} - t_{1i})/N_i\right)}$$

$$+ \frac{\sum_{i=1}^{s}\left((k_{1i} - t_{1i}) + (n_{1i} - t_{1i})\right)\left((k_{1i} - t_{1i})(n_{1i} - t_{1i})\right)/N_i^2}{2\left(\sum_{i=1}^{s}(k_{1i} - t_{1i})(n_{1i} - t_{1i})/N_i\right)^2} \ .$$

Es ist dann

$$\left(\ln(OR_{MH}) - u_{1-\frac{\varepsilon}{2}}\sqrt{V\left(\ln(OR_{MH})\right)}, \ \ln(OR_{MH}) + u_{1-\frac{\varepsilon}{2}}\sqrt{V\left(\ln(OR_{MH})\right)}\right)$$

ein approximatives $(1-\varepsilon)$-Konfidenzintervall für $ln(OR_{MH})$. Transformation dieser Konfidenzgrenzen mittels der Exponentialfunktion ergibt ein Intervall für OR_{MH}

$$\left[OR_{MH} \exp\left(-u_{1-\frac{\varepsilon}{2}} \sqrt{V\left(\ln\left(OR_{MH}\right)\right)} \right), OR_{MH} \exp\left(u_{1-\frac{\varepsilon}{2}} \sqrt{V\left(\ln\left(OR_{MH}\right)\right)} \right) \right].$$

Mit den Zahlenwerten des obigen Beispiels erhält man so für die summarische Odds ratio bezüglich der MANTEL/HAENSZEL-Schätzung das Intervall [3.5621, 7.4677].

Multiple Tests

Die Analysemöglichkeiten mehrdimensionaler Kontingenztafeln sind außerordentlich umfangreich und können hier nicht allgemein entwickelt werden. Literaturhinweise sind im Abschnitt über Vierfeldertafeln gegeben. Betrachtet seien lediglich einige Gesichtspunkte der statistischen Modellierung und Methodenwahl am Beispiel einer dreidimensionalen diskreten Zufallsgröße (X,Y,Z).

- Die Anordnung der Variablen im Zufallsvektor ist beliebig (**ungeordnete Kontingenztafel**) oder durch die betrachtete Problematik in natürlicher Weise gegeben (**geordnete Kontingenztafel**).
- Die Variablen können **Beobachtungsmerkmale** oder **Auswahlmerkmale** sein.
- Bei mehrdimensionalen Problemen ergeben sich weitergehende Möglichkeiten der Hypothesenbildung. So sind unterschiedliche Unabhängigkeitshypothesen formulierbar: X, Y und Z sind voneinander unabhängig, je zwei Variable sind voneinander unabhängig, je eine Variable ist vom Vektor der beiden anderen unabhängig, je zwei Variable sind voneinander unabhängig und der Einfluss der dritten bleibt ausgeschaltet (bedingte Unabhängigkeit).
- Die Prüfgröße ist zu wählen. Verschiedene Korrelationskoeffizienten, Konkordanzmaße und Abstandsbegriffe stehen je nach Situation zur Verfügung.
- Die zu Testentscheidungen erforderliche Wahrscheinlichkeitsverteilung kann asymptotisch, exakt oder empirisch durch Simulationen gegeben sein.

In der Epidemiologie möchte man oft den Einfluss einer Größe Z auf die Beziehung von X und Y erklären. Man sieht deshalb Z als Auswahlmerkmal an, erhält für jeden Wert von Z eine Kontingenztafel der Beobachtungen von (X,Y) und möchte sowohl deren einzelne als auch eine zusammengefasste Beurteilungen vergleichen. Auf geschichtete Vierfeldertafeln und ihre Auswertung wurde bereits eingegangen. Ein weiterer Ansatz ist im Folgenden dargestellt.

Das loglineare Modell

Eine zweidimensionale diskrete Zufallsgröße (X, Y) steht mit $r \times s$ - Tafeln beobachteter Häufigkeiten, relativer Häufigkeiten bzw. Wahrscheinlichkeiten der Werte der Zufallsvariablen in Beziehung. Unabhängigkeits- und Homogenitätshypothesen können formuliert und statistisch geprüft werden.

In gleicher Weise kann man dreidimensionale Zufallsgrößen analysieren. Aus der Kontingenztafel wird ein räumliches Gebilde. Weniger einfach ist die Verallgemeinerung der möglichen Hypothesenbildungen und der zugehörigen statistischen Tests.

Das dafür entwickelte loglineare Modell wird nachfolgend der Einfachheit halber am zweidimensionalen Fall erläutert.

Unter der Annahme der Unabhängigkeit sind in einer$(r \times s)$- Kontingenztafel die erwarteten Häufigkeiten

$$E_{j,k} = p_{j,k} \cdot n = p_{j\bullet} \cdot p_{\bullet k} \cdot n = \frac{H_{j\bullet}}{n} \cdot \frac{H_{\bullet k}}{n} \cdot n = H_{j\bullet} \cdot \frac{H_{\bullet k}}{n}.$$

Diese Gleichung wird logarithmiert,

$$\ln E_{j,k} = -\ln n + \ln H_{j\bullet} + \ln H_{\bullet k}.$$

Mit den Bezeichnungen $u = -\ln n$, $u_{X_j} = \ln H_{j\bullet}$ und $u_{Y_k} = \ln H_{\bullet k}$ erhält man das **loglineare Modell** in der Form

$$\ln E_{j,k} = u + u_{X_j} + u_{Y_k}$$

mit den Nebenbedingungen

$$\sum_j u_{X_j} = \sum_k u_{Y_k} = 0 \quad \text{und} \quad n = \sum_{j,k} e^{u + u_{X_j} + u_{Y_k}}$$

für $j = 1, ..., r;\ k = 1, ..., s$.

Der Name des Modells ist aus seiner Struktur erklärbar. Für die Schätzung der Modellparameter stehen nachfolgende Formeln bereit:

$$u = \frac{1}{r \cdot s} \sum_{j,k} \ln E_{j,k} \qquad u_{x_j} = \frac{1}{r} \sum_j \ln E_{j,k} - u \qquad u_{Y_k} = \frac{1}{s} \sum_k \ln E_{j,k} - u.$$

Eine Wechselwirkung zwischen X und Y (d.h. Abhängigkeit dieser Zufallsvariablen) wird durch einen Term $u_{XY_{jk}}$ in das Modell eingebracht. Man notiert dann das Modell in der Form

$$\ln E_{j,k} = u + u_{X_j} + u_{Y_k} + u_{XY_{jk}}$$

mit den Nebenbedingungen

$$\sum_j u_{X_j} = \sum_k u_{Y_k} = \sum_{j,k} u_{XY_{jk}} = 0, \quad n = \sum_{j,k} e^{u + u_{X_j} + u_{Y_k} + u_{XY_{jk}}}, \text{ für } j = 1, ..., r\ ; k = 1, ..., s.$$

Indem Sonderfälle dieses loglinearen Modells benannt werden, formuliert man gleichzeitig Hypothesen:

Die **Unabhängigkeits- bzw. Homogenitätshypothese** wird durch

$$H_0^{u,Hom} : u_{XY_{jk}} = 0, \text{ für } j = 1, ..., r\ ; k = 1, ..., s,$$

repräsentiert. Im Falle der (2×2) - Tafeln wurden beide Hypothesen unterschieden aber mit dem gleichen Verfahren getestet. Im loglinearen Modell lassen sie sich einheitlich formulieren und einheitlich testen. Lediglich die Interpretation muss auf die Differenzierung eingehen.

Die **Hypothese der bedingten Gleichverteilung**

$$H_0^{bG} : u_{XY_{jk}} = u_{X_j} = 0, \text{ für } j = 1, ..., r\ ; k = 1, ..., s,$$

bedeutet das Fehlen von Wechselwirkungen und die Gleichverteilung bezüglich X. Analog formuliert man diesbezüglich Y

$$H_0^{bG}: u_{XY_{jk}} = u_{Y_j} = 0, \text{ für } j = 1, ..., r\,;\, k = 1, ..., s.$$

Die **Hypothese der totalen Gleichverteilung** ist

$$H_0^{tG} = u_{XY_{jk}} = u_{X_j} = u_{Y_k} = 0, \text{ für } j = 1, ..., r\,;\, k = 1, ..., s.$$

Im dreidimensionalen Falle gibt es eine ganze Anzahl von möglichen Hypothesenbildungen über Kontingenztafeln. Eine sachgerechte Anwendung und Interpretation erfordern ein systematisches Herangehen an die Problematik. Ausführlich wird dies beispielsweise erläutert in ADAM (1992) oder in AGRESTI (2002).

Maximum-Likelihood-Parameterschätzungen und statistische Tests stehen für mehrdimensionale Kontingenztafeln ebenfalls zur Verfügung. Neben dem χ^2 - Test sei auf den **Likelihood-Quotiententest** hingewiesen. Für große n liefern beide Tests nahezu identische Ergebnisse, das zweite Verfahren bietet bei der Ergebnisinterpretation Vorteile.

2.3.4   Analyse von Überlebenskurven

Wahrscheinlichkeitstheoretische Modellierung
Die statistische Beschreibung zeitabhängiger Vorgänge nimmt auf **Lebensdauerverteilungen** Bezug. An einem Beispiel aus der Zuverlässigkeitstheorie können die Begriffe anschaulich diskutiert werden. Es interessieren elektronische Bauteile eines gewissen Typs. Ihre **Lebensdauer** T sei eine Zufallsgröße. Bezugspunkt ist die Zeit $t = 0$. Die Wahrscheinlichkeitsverteilung $F_T(t) = P(T \leq t)$ sei stetig und besitze die Dichte $f_T(t)$. Offenbar ist $0 = P(T < 0)$ anzusetzen, Dichte- und Verteilungsfunktionen für Lebensdauerverteilungen sind für negative t stets Null.
Die **Überlebenswahrscheinlichkeit** (auch Zuverlässigkeit eines Bauteiles) ist gegeben durch $S_T(t) = P(T > t) = 1 - F_T(t)$.
Die auf $t_0 > 0$ bezogene **bedingte Überlebenswahrscheinlichkeit**

$$P(T > t_0 + t \mid T > t_0) = \frac{P(T > t_0 + t)}{P(T > t_0)} = \frac{S_T(t_0 + t)}{S_T(t_0)} = S_T(t_0 + t \mid t_0)$$

kennzeichnet die Wahrscheinlichkeit, dass ein Bauteil, das t_0 überlebt hat, auch $t_0 + t$ überlebt. Die Zeit zwischen t_0 und dem Ausfall des Bauteils heißt **Restlebensdauer** bzgl. t_0. Die Restlebensdauer ist eine Zufallsgröße. Sie wird durch $S_T(t_0 + t \mid t_0)$ beschrieben.
Der Erwartungswert $E(T)$ der Zufallsgröße T heißt die **Lebenserwartung** oder die **mittlere Lebensdauer** der Bauteile des betrachteten Typs und ist als die durchschnittliche Betriebsdauer vom Zeitpunkt $t = 0$ an (Inbetriebnahme) interpretierbar.
Die zu einem Zeitpunkt t bestehende **Restlebenserwartung** $LE_T(t)$ kann aus der Überlebenswahrscheinlichkeit abgeleitet werden,

$$LE_T(t) = \int_t^\infty S_T(\tau)\, d\tau \,{}^\backprime\, S_T(\tau).$$

Offensichtlich ist die Restlebenserwartung zum Zeitpunkt Null genau die Lebenserwartung. In der Epidemiologie wird die Restlebenserwartung auch als **spezifische Lebenserwartung** oder als **altersspezifische Lebenserwartung** bezeichnet.

Die **altersspezifische Ausfallrate** $r_T(t)$ ist eine Kennzeichnung der Lebensdauerverteilungen. In den Anwendungen auf epidemiologische Problemstellungen werden für $r_T(t)$ die Begriffe **altersspezifische Ausfallrate, altersspezifische Sterberate, altersspezifische Mortalitätsrate** oder **Hazard** benutzt. Die Funktion $r_T(t)$ ist definiert als

$$r_T(t) = \lim_{\Delta t \to 0} \frac{1}{\Delta t} P(t < T \le t + \Delta t \,|\, T > t) = \frac{f_T(t)}{1 - F_T(t)} = \frac{f_T(t)}{S_T(t)}.$$

Dies lässt sich so interpretieren: Für kleine Werte Δt ist $r_T(t) \cdot \Delta t$ angenähert die Wahrscheinlichkeit dafür, dass ein Bauteil mit der Lebensdauerverteilung $F_T(t)$ nach Erreichen des Alters t im Zeitintervall $[t, t + \Delta t]$ ausfällt.

Die Abb. 2.59 skizziert eine altersspezifische Ausfallrate $r_T(t)$. In der Zuverlässigkeitstheorie interpretiert man den Frühfehler als „Verjüngung" des Bauteils, die Ermüdungsfehler entstehen durch die Alterung. Auch für die Lebensdauerverteilung gewisser menschlicher Populationen lässt sich eine derartige altersspezifische Ausfallrate $r_T(t)$ beobachten. Hohe Säuglings- und Kindersterblichkeit ergeben einen zunächst fallenden Verlauf von $r_T(t)$.

Gefragt wird nach einer Lebensdauerverteilung, die eine vom Alter unabhängige Zuverlässigkeit des Bauteils beschreibt.

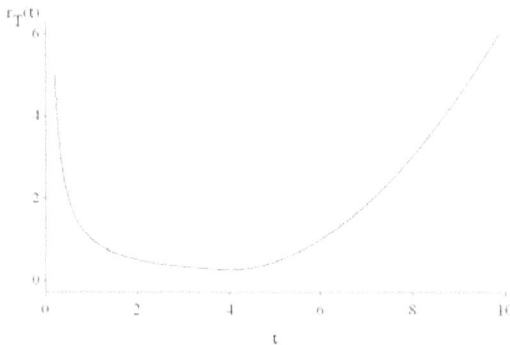

Abb. 2.59 Beispiel für eine altersspezifische Ausfallrate $r_T(t)$

Die einzigen stetigen Lebensdauerverteilungen, die eine konstante altersspezifische Ausfallrate besitzen, sind die Exponentialverteilungen mit den Verteilungsfunktionen $F_T(t) = 1 - e^{-\lambda t}$, $\lambda > 0$.

Man nennt sie auch gedächtnislose Lebensdauerverteilungen oder Lebensdauerverteilungen für den Fall ohne Alterung. Die einer exponentialverteilten Lebensdauer zugehörige Überlebenswahrscheinlichkeit wird durch die Funktion

$$S_T(t) = 1 - F_T(t) = 1 - (1 - e^{-\lambda t}) = e^{-\lambda t}, \quad \lambda > 0,$$

beschrieben. Als altersspezifische Ausfallrate errechnet man

$$r_T(t) = \frac{f_T(t)}{1 - F_T(t)} = \frac{\lambda e^{-\lambda t}}{1 - \left[1 - e^{-\lambda t}\right]} = \lambda.$$

Bei exponentialverteilter Lebensdauer ist die bedingte Überlebenswahrscheinlichkeit natürlich nicht vom Bezugszeitpunkt t abhängig,

$$P(t + \Delta t \mid t) = \frac{S_T(t + \Delta t)}{S_T(t)} = \frac{e^{-\lambda(t + \Delta t)}}{e^{-\lambda t}} = e^{-\lambda \Delta t}.$$

Auch die Restlebenserwartung ist konstant,

$$LE_T(t) = \frac{\int_t^\infty S_T(\tau) d\tau}{S_T(t)} = \frac{\int_t^\infty e^{-\lambda t} d\tau}{e^{-\lambda t}} = \frac{1}{\lambda}$$

und stimmt überein mit der Lebenserwartung

$$E(T) = \int_0^\infty t \, \lambda \exp(-\lambda t) \, dt = \frac{1}{\lambda}.$$

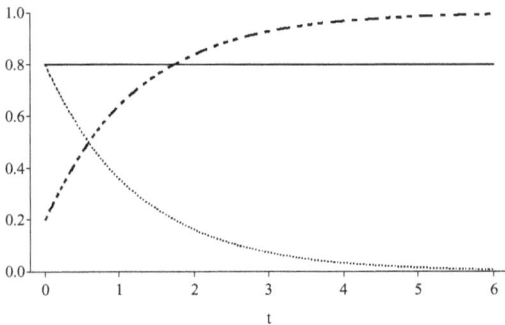

Abb. 2.60 Verteilungsfunktion (gestrichelt), zugehörige Dichte (gepunktet) und altersspezifische Ausfallrate (volle Linie) für eine exponentialverteilte Zufallsgröße mit $\lambda = 0.8$

Eine konstante Hazard-Funktion, also eine Lebensdauerverteilung ohne Alterung, lässt sich in einem biologischen Kontext nur schwer interpretieren. Es ist zu fragen, ob im jeweiligen Falle die Exponentialverteilung das geeignete wahrscheinlichkeitstheoretische Modell zur Beschreibung beobachteter Lebensdauern ist.

Beispiel 2.78
Die quantitative Beschreibung der Wechselwirkungen eines Organismus mit einer einverleibten Substanz ist eine zentrale Aufgabe der Pharmakokinetik. Beobachtete zeitabhängige Arzneimittelkonzentrationen mathematisch zu beschreiben erfordert, vereinfachende Vorstellungen von den Lebensvorgängen anzuwenden. Beim sogenannten Ein-Kompartiment-Modell stellt man sich den Organismus als ein mit Flüssigkeit gefülltes Gefäß vor, in dem sich ein appliziertes Arzneimittel momentan und homogen verteilt. Alle zur Verminderung

der Arzneimittelkonzentration $c(t)$ führenden Vorgänge werden unter dem Begriff Eliminati-
on vereint. Analog zum Diffusionsprozess wird die Differentialgleichung

$$\frac{d}{dt}c(t) = -\alpha\, c(t)$$

formuliert. Die Konzentrationsänderung ist der aktuellen Konzentration proportional. Mit der
Anfangsbedingung $c(0) = A$ ist $c(t) = Ae^{-\alpha t}$ die Lösung der Differentialgleichung. Die
Anwesenheitsdauer eines Pharmakonmoleküls im Kompartiment wird als Zufallsgröße angesehen und als Lebensdauer aufgefasst. Die zugehörige Wahrscheinlichkeitsdichte entsteht,
indem die Funktion $c(t)$ durch ihr bestimmtes Integral

$$\int_{-\infty}^{+\infty} c(\tau)\,d\tau = \lim_{R\to\infty}\int_0^R c(\tau)\,d\tau = \lim_{R\to\infty} A\left[-\frac{1}{\alpha}e^{-\alpha t}\right]_0^R = \lim_{R\to\infty} A\left[-\frac{1}{\alpha}e^{-\alpha R} + \frac{1}{\alpha}\right] = \frac{A}{\alpha}$$

dividiert wird,

$$f_T(t) = \frac{c(t)}{A/\alpha} = \alpha e^{-\alpha t}.$$

Dies ist die Dichte einer exponentialverteilten Lebensdauer.

◀

Der Parameter einer Exponentialverteilung soll aus Beobachtungsdaten geschätzt werden.
Realisierung einer Stichprobe vom Umfang N bedeutet, die Lebensdauern $t_1, ..., t_N$ der aus-
gewählten Objekte festzustellen. Eine Punktschätzung für λ nach dem Maximum-Likelihood-
Prinzip ist

$$\hat{\lambda} = \frac{1}{\bar{t}} = 1' \left(\frac{1}{N}\sum_{i=1}^N t_i\right),$$

ein asymptotisches $(1-\varepsilon)$-Konfidenzintervall ist

$$\left[\chi^2_{2N,\varepsilon/2}\bigg/\left(2\sum_{i=1}^N t_i\right);\ \chi^2_{2N,1-\varepsilon/2}\bigg/\left(2\sum_{i=1}^N t_i\right)\right].$$

Tab. 2.42 Lebensdauer von 12 Implantaten in Tagen

i	t_i	i	t_i
1	635	7	913
2	840	8	468
3	721	9	1079
4	610	10	876
5	805	11	715
6	585	12	988

Beispiel 2.79
Untersucht wird die Lebensdauer eines Implantats. Für einen Gütevergleich werden $N = 12$
Patienten bis zum Ausfall ihres Implantats beobachtet. Die Ergebnisse sind in der Tab. mit-

geteilt. Es soll die Ausfallrate als Punkt- und Intervallschätzung bestimmt werden. Man erhält $\hat{\lambda} = 12 \; ' \sum_{i=1}^{N} t_i = 0.0013$ und als mittlere Lebensdauer $\hat{t} = 769.58$ Tage. Als asymptotisches Konfidenzintervall für den Parameter λ zum Konfidenzniveau $1 - \varepsilon = 0{,}95$ ergibt sich

$$\left[\frac{12.4}{2 \cdot 9235}; \frac{39.4}{2 \cdot 9235} \right] = \left[0.00067; 0.00213 \right].$$

◀

Bei langer Lebensdauer ist die genannte Beobachtungsstrategie unpraktikabel. Daher sind alternative Versuchspläne und die dazugehörigen Auswerteverfahren entwickelt worden. Näheres dazu findet man bei beispielsweise bei HARTUNG (2005).
Weitere Familien von Lebensdauerverteilungen sind die **Weibull-Verteilungen**, die **Hjorth-Verteilungen**, die **Erlang-Verteilungen** und die **Gamma-Verteilungen**.

Üblich ist es auch, die Hazard-Funktion vorzugeben und daraus die entsprechende Lebensdauerverteilung zu gewinnen. Zunächst wird die Hazard-Funktion etwas anders notiert,

$$r(t) = \frac{f_T(t)}{1 - F_T(t)} = -\frac{d}{dt} \ln \left[1 - F_T(t) \right].$$

Integration ergibt

$$- \int_0^t r(\tau)\, d\tau = \ln \left[1 - F_T(\tau) \right] \Big|_{\tau=0}^{\tau=t} = \ln \left[1 - F_T(\tau) \right] - \ln \left[1 - F_T(0) \right].$$

Da für die Lebensdauerverteilungen $F_T(0) = 0$ gilt, dies wurde eingangs erläutert, hat man $\ln \left[1 - F_T(0) \right] = 0$. Somit entsteht aus der vorgegebenen Ausfallrate bzw. Hazard-Funktion $r_T(t)$ die assoziierte Lebensdauerverteilung als

$$F_T(t) = 1 - e^{\int_0^t r(\tau) d\tau}.$$

> Mit der Lebensdauerverteilung kennt man den Hazard und umgekehrt!

Diese Korrespondenz zwischen Hazard-Funktion und Lebensdauerverteilung erweist sich im konkreten Fall als problematisch hinsichtlich der Interpretation. Die Schwierigkeit ist dabei nicht die Ermittlung der zugehörigen Lebensdauerverteilung $F_T(t)$ aus der Hazard-Funktion. Zu beantworten ist die Frage, welches wahrscheinlichkeitstheoretische Modell, also welches Zufallsexperiment, mit dieser Verteilung $F_T(t)$ in Beziehung steht. Hat man darüber keine Vorstellung, ist die Anwendung einer solchen Lebensdauerverteilung auf das Datenmaterial letztlich nicht schlüssig interpretierbar.

Sterbetafeln
Eingangs wurde die Lebensdauer eines elektronischen Bauteiles als Zufallsgröße aufgefasst und durch die entsprechende Wahrscheinlichkeitsverteilung $F_T(t)$ beschrieben bzw. durch

die altersspezifische Ausfallrate $r_T(t)$ charakterisiert. In der Lebensdaueranalyse ist auch der Gebrauch der Überlebensfunktion $S_T(t)$ üblich.

Zunächst werden die Zeit und damit die Lebensdauer als eine stetige Zufallsgröße angesehen. Es erweist sich jedoch im Zusammenhang mit der Auswertung von Beobachtungsmaterial oft als vorteilhaft, die Zeitachse in disjunkte Intervalle zu zerlegen und damit sowohl die Zeit als auch die Zufallsgröße Lebensdauer zu diskretisieren.

Auch in den schon seit langem durch die Verwaltung von Staaten erstellten Bevölkerungsstatistiken erfolgen die Angaben jahresbezogen. Die Ergebnisse der Todesstatistiken werden in Sterbetafeln mitgeteilt.

Eine **Sterbetafel** stellt eine Modellpopulation von üblicherweise $N = 100\,000$ Individuen dar, die vom Zeitpunkt $t = 0$ an existieren. Die an der beobachteten realen Population ermittelten Charakteristika werden auf die Modellpopulation übertragen. Dabei bezieht man sich auf die jährlichen Veränderungen. Die geschätzten Wahrscheinlichkeiten und Raten sind als Anzahlen von Individuen der Sterbetafel angebbar. Zeitangaben für Sterbetafeln betreffen das Lebensalter der Modellpopulation. Lebensdauerverteilungen für menschliche Populationen werden zu unterschiedlichen Zwecken ermittelt. Sie können sich auf die gegenwärtig lebenden Personen beziehen, auf einen Geburtsjahrgang oder auf ausgewählte Teile einer Bevölkerung.

Die klassische Darstellung der Mortalitätsstatistik als Sterbetafel erfordert zu ihrem Verständnis also den Rückgriff auf die Wahrscheinlichkeitsrechnung. Nur auf diese Weise sind auch die Auswertemethoden zu erschließen und gültig zu interpretieren. Es erscheint deshalb empfehlenswert, Sterbetafeln als eine zusätzliche Möglichkeit der Veranschaulichung anzusehen.

> Eine Sterbetafel ist eine Modellpopulation, an der eine Lebensdauerverteilung veranschaulicht wird. Man beachte die Bezugspopulation!

Datenauswertung

Will man einer Bewertung von Datenmaterial über zeitabhängige Vorgänge Lebensdauerverteilungen unterlegen, kann man in vielen Fällen auf speziell dafür verfügbare Methoden der Parameterschätzung, der Konfidenzschätzung bzw. auf Anpassungstests zurückgreifen. Hierzu gibt es reichhaltige Spezialliteratur! Ist beispielsweise anhand einer Stichprobe vom Umfang N zu prüfen, ob der beobachtete Vorgang mit einer Exponentialverteilung hinreichend gut beschreibbar ist, nutzt ein Anpassungstest die Stichprobenfunktion

$$T = \frac{S_X^{\,2}}{\overline{X}} - 1 \, .$$

Dabei sind $S_X^{\,2}$ bzw. $\overline{X}$ die empirische Varianz und der Mittelwert, aber T darf keineswegs mit der Lebensdauer verwechselt werden. Diese Prüfgröße ist asymptotisch χ^2-verteilt mit $N-1$ Freiheitsgraden. Der Test beruht darauf, dass für eine beliebige exponentialverteilte Zufallsgröße X Varianz und Erwartungswert gleich sind und folglich gilt:

$$V(X)/E(X) = 1 \, .$$

Eine Alternative zur Anpassung spezieller Lebensdauerverteilungen stellen die sogenannten nichtparametrischen Methoden der Lebensdaueranalyse dar. Nachfolgend sollen die **Sterbe-tafel-Methode** und die KAPLAN-MEIER-Methode vorgestellt werden.

Betrachtet werde das Eintreten eines bestimmten Ereignisses in Abhängigkeit von der Zeit. Die statistische Analyse der Lebensdauer wird durch Sterberaten nach Altersgruppen ausge-drückt.

> In klinischen und epidemiologischen Studien muss das interessierende Zielereignis nicht immer der Tod sein. Auch auf das Auftreten einer bestimmten Erkrankung, die Heilung, den Funktionsausfall eines Implantats, das Auftreten eines Rezidivs u. ä. können die Ster-betafel- oder KAPLAN-MEIER-Methode angewandt werden.

Wird eine Studie in einem bestimmten Zeitraum durchgeführt, wird man bei einem Teil der Beobachteten das interessierende Ereignis registrieren können. Andere Patienten scheiden möglicherweise aus der Studie aus. Außerdem kann man davon ausgehen, bei einer Anzahl von Patienten bis zum Ende der Studie das Zielereignis nicht registrieren zu können. In den beiden letzten Fällen spricht man von **zensierten** Beobachtungen. Auch aus solchen Daten sind Informationen über die untersuchten Lebensdauerverteilungen zu gewinnen. Diese wer-den in den nachfolgend erläuterten Methoden genutzt. Die in einer Langzeitstudie gewonne-nen Daten sind aus einer kalendarischen Aufzeichnung der Zeitpunkte auf eine absolute Zeitachse zu übertragen.

Tab. 2.43 Verweildauern und zensierte Beobachtungen (*) zu Beispiel 2.80

Patien-ten Nr.	Beobach-tungsdauer (Tage)	Verweil-dauer (Tage)	Patien-ten Nr.	Beobach-tungsdauer (Tage)	Verweil-dauer (Tage)
1	1645	*	13	390	390
2	1704	*	14	1024	*
3	1472	*	15	72	72
4	1732	*	16	610	610
5	107	107	17	1250	1250
6	470	470	18	137	*
7	63	*	19	1304	*
8	1465	*	20	1517	1517
9	88	88	21	589	*
10	843	*	22	798	*
11	30	30	23	824	824
12	1128	1128	24	410	*

Beispiel 2.80
In der zahnärztlichen Prothetik werden im Rahmen einer Langzeitstudie die Materialien be-urteilt. Durch regelmäßige Kontrollen wird die Funktionalität überprüft. Bei Funktionsverlust gilt das Kontrolldatum als Zeitpunkt des Verlustes.

Der Untersuchungszeitraum beträgt 5 Jahre, so dass die Beobachtungen **rechtszensiert** sind. Die Tab. enthält die beobachteten Daten. Sie sind bereits von Datums- in Zeitangaben um-gerechnet und auf die Anfangszeit $t_0 = 0$ bezogen. Es ist zu sehen, dass nur für 11 Patienten die Verweildauer des prothetischen Implantates angegeben werden konnte. Die restlichen 13 Beobachtungen sind zensiert und mit * gekennzeichnet. Dabei wird nicht unterschieden, ob aufgrund des Studienendes keine weiteren Kontrollen stattfanden oder ob die Patienten aus anderen Gründen nicht weiter untersucht werden konnten.

◄

Die Sterbetafel-Methode

Die Zeitachse wird in disjunkte nicht notwendig gleich große Intervalle zerlegt. Bezeichnen $t_0 = 0$ und t_{Ende} Anfang und Ende des Beobachtungszeitraumes, so können s Zeitintervalle gebildet werden, $I_1 = (t_0, t_1]$, $I_2 = (t_1, t_2]$, ..., $I_s = (t_{s-1}, t_{Ende}]$, deren Vereinigung wieder das Beobachtungsintervall $(t_0, t_{Ende}]$ ergibt. Indem die Beobachtungen bezüglich der Intervall-zerlegung von $(t_0, t_{Ende}]$ klassifiziert werden, geht man von einer stetigen zu einer diskreten Beschreibung des Geschehens über. Es entsteht dadurch ein Informationsverlust. Der Vorteil liegt aber in der gewonnenen Verallgemeinerung der Auswertemethode.

Für jedes Beobachtungsintervall I_k werden nun das Ausfallrisiko r_k, die Überlebenswahr-scheinlichkeit $S_T(t_k)$ an der Stelle t_k durch S_k und die Dichtefunktion $f_T(t_k)$ an der Stelle t_k durch f_k geschätzt. Zunächst seien als Bezeichnung vereinbart:

n_k die Anzahl der beobachteten Objekte zu Beginn des Intervalls I_k;
d_k die Anzahl der Verluste im Intervall I_k;
z_k die Anzahl der zensierten Beobachtungen im Intervall I_k;
b_k die Breite des Intervalls I_k;
p_k die bedingte Wahrscheinlichkeit, I_k zu überleben, wenn I_{k-1} erlebt wurde.

Es gelten $n_1 = n$ sowie $n_k = n_{k-1} - d_{k-1} - z_{k-1}$ für $k = 2, ..., s$. Auf I_k wird das Ausfallrisiko r_k geschätzt,

$$r_k = d_k / (n_k - z_k / 2).$$

In diese Formel geht ein, dass die Wahrscheinlichkeit des Ausfalls durch Zensierung als auf I_k gleichverteilt angesehen wird. Mit $r_k = P$ (Ausfall während $I_k \mid T > t_{k-1}$) schätzt man die bedingte Wahrscheinlichkeit des Ausfalls von Objekten in I_k unter der Bedingung, dass I_k erreicht wurde, in Bezug auf das gesamte Intervall I_k. Es ist

$$p_k = 1 - r_k$$

die Überlebensrate in Bezug auf das gesamte Intervall I_k. Die Überlebenswahrscheinlichkeit $S_T(t_k) = P(T > t_k)$ bezüglich I_k wird durch das Produkt der bedingten Überlebenswahr-scheinlichkeiten $p_1, ..., p_k$ geschätzt;

$$S_T(t_k) = S_k = p_1 \cdot ... \cdot p_k.$$

Dabei geht man von der Annahme aus, dass zensierte und nichtzensierte Beobachtungsobjek-te die gleiche Lebensdauerverteilung besitzen. In Hinsicht auf den Gesundheitszustand der Untersuchten bei klinischen bzw. epidemiologischen Fragestellungen ist die Berechtigung dieser Annahme diskussionswürdig! Außerdem muss gewährleistet sein, dass sich die Inter-vallwahrscheinlichkeiten p_k über die Zeit nicht ändern; später in eine Studie eintretende Beo-bachtungsobjekte sind mit unveränderten Bedingungen konfrontiert.

Die Rechenergebnisse, die bei der Anwendung dieser Methode auf die Daten des Beispiel 2.80 entstehen, sind in Tab. 2.44 zusammengefasst.

Tab. 2.44 Intervallbezogene Darstellung der Beobachtungen zu Beispiel 2.80 Schätzungen r_k und S_k für Ausfallrate r_t und Überlebenswahrscheinlichkeit $S_T(t)$ nach der Sterbetafel-Methode

Inter-vall Nr. k	Beginn des Inter-valls I_k	Zu Beginn von I_k in Beobachtung n_k	Ausfall- in I_k d_k	zensiert in I_k z_k	Ausfall-rate r_k	Überle-bens-rate p_k	Überlebens-wahr-scheinlichkeit S_k
1	0	24	4	2	0.1739	0.8261	0.8261
2	182	18	0	0	0.0000	1.0000	0.8261
3	365	18	2	1	0.1143	0.8857	0.7316
4	547	15	1	1	0.0689	0.9310	0.6812
5	730	13	1	2	0.0833	0.9166	0.6243
6	912	10	0	1	0.0000	1.0000	0.6243
7	1095	9	2	0	0.2222	0.7777	0.4855
8	1277	7	0	1	0.0000	1.0000	0.4855
9	1460	6	1	2	0.2000	0.8000	0.3884
10	1642	3	0	3	0.0000	1.0000	0.3884

Mit der Sterbetafel-Methode schätzt man die Überlebenswahrscheinlichkeit $S_T(t)$ in den Zeitpunkten t_k und bezieht sich dabei auf die gewählte Intervallzerlegung des Beobachtungs-zeitraumes. Diese beeinflusst die Auswertung des Beobachtungsmaterials.

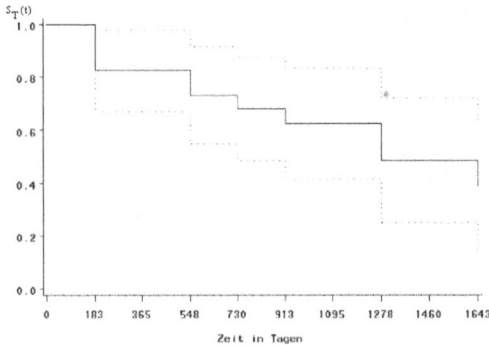

Abb. 2.61 Schätzung der Überlebenswahrscheinlichkeit $S_T(t)$ nach der Sterbetafelmethode (vgl. Tab.) mit unterer und oberer Konfidenzgrenze (gepunktet)

Neben der Überlebenswahrscheinlichkeit $S_T(t)$ soll auch die Ausfallrate $r_T(t)$ aus den Daten geschätzt werden. Zunächst hat man die Dichte $f_T(t)$ als Ableitung der Lebensdauerverteilung $F_T(t)$ in Beziehung zur Überlebenswahrscheinlichkeit $S_T(t)$,

$$f_T(t) = \frac{d}{dt} F_T(t) = \frac{d}{dt}\left[1 - S_T(t)\right].$$

Auf dem Intervall I_k schätzt man deshalb $f_T(t)$ als Konstante f_k,

$$f_k = \frac{1}{b_k}\left[S_{k-1} - S_k\right] = \frac{1-p_k}{b_k} S_{k-1} = \frac{r_k}{b_k} S_{k-1}.$$

Offenbar gilt $S_0 = 1$. Die Ausfallrate bzw. der Hazard $r_T(t)$ ist definiert als

$$r_T\left(t\right) = f_T\left(t\right)^\backprime S_T\left(t\right).$$

Die Überlebenswahrscheinlichkeit $S_T\left(t\right)$ wird in den Intervallendpunkten durch die S_k geschätzt. Auf I_k stellt man sich $S_T\left(t\right)$ durch eine interpolierende Gerade angenähert vor.
In der Intervallmitte t_{mk} ergibt sich der geschätzte Wert für die Überlebenswahrscheinlichkeit

$$S_T\left(t_{mk}\right) = \left(S_k + S_{k-1}\right)/2 = S_{k-1}\left(1 + p_k\right)/2.$$

Damit kann die Ausfallrate in Bezug auf die Zeitpunkte t_{mk} geschätzt werden als

$$r\left(t_{mk}\right) = \frac{f_T\left(t_{mk}\right)}{S_T\left(t_{mk}\right)} = \frac{r_k\,S_{k-1}}{b_k} \cdot \frac{2}{\left(1 + p_k\right)S_{k-1}} = \frac{2\,r_k}{b_k\left(1 + p_k\right)}.$$

Tab. 2.45 Schätzungen der Hazardfunktion $r_T\left(t_{mk}\right)$ und der Dichte $f_T\left(t\right)$ der Lebensdauerverteilung an den Stellen t_{mk} (zu Beispiel 2.80)

Intervall I_k k	Breite von I_k b_k	Ausfallrate r_k	Ausfallrate bzgl. der Intervallmitte $r\left(t_{mk}\right)$	Dichte $f_T\left(t\right)$ auf I_k f_k
1	182	0.1739	0.001046	0.000955
2	183	0.0000	0.000000	0.000000
3	182	0.1143	0.000666	0.000519
4	183	0.0689	0.000390	0.000275
5	182	0.0833	0.000478	0.000312
6	183	0.0000	0.000000	0.000000
7	182	0.2222	0.001373	0.000762
8	183	0.0000	0.000000	0.000000
9	182	0.2000	0.001221	0.000534

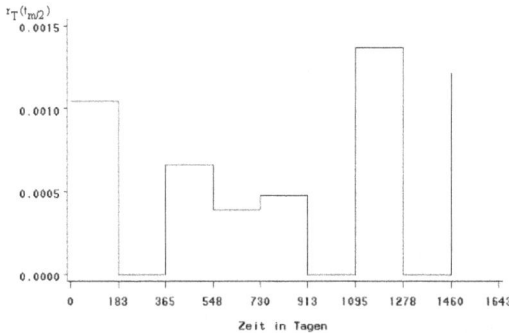

Abb. 2.62 Schätzung der Hazardfunktion bezüglich der Sterbetafelmethode für Beispiel 2.80

Für das Beispiel 2.80 gibt die Tab. 2.45 die Schätzungen für die Dichte der Lebensdauerverteilung $f_T\left(t\right)$ und für die Ausfallrate $r_T\left(t\right)$ wieder. Zum Vergleich wurden die Ausfallraten r_k mit aufgeführt.
Während r_k die Ausfallrate für I_k ohne Berücksichtigung der Intervalllänge b_k angibt, drückt $r\left(t_{mk}\right)$ das Ausfallrisiko pro Zeiteinheit zum Zeitpunkt t_{mk} aus. Hier liegt ein bedeutender Unterschied im Sinn der Begriffe, der bei Ergebnisinterpretationen zu beachten ist!

Die KAPLAN-MEIER-Methode

Die Schätzungen von Überlebenswahrscheinlichkeit und Hazardrate sind bei Anwendung der Sterbetafel-Methode von der gewählten Intervallzerlegung des Beobachtungszeitraumes abhängig und damit willkürlich. Deshalb haben KAPLAN und MEIER (1958) vorgeschlagen, die größenmäßig geordneten Ausfallzeitpunkte $t_{(k)}$ zur Intervalleinteilung zu verwenden,

$$\left(0,\ t_{(1)}\right],\ \left(t_{(1)},\ t_{(2)}\right],\ ...,\ \left(t_{Ende},\infty\right)\ .$$

Damit werden die Überlebenswahrscheinlichkeiten an den Ausfallzeitpunkten geschätzt. Um den Unterschied zur Sterbetafel-Methode zu kennzeichnen, werden die Indizes in Klammern geschrieben. Wieder bezeichnen

　　$n_{(k)}$ die Anzahl der beobachteten Objekte zu Beginn des Intervalls $I_{(k)}$;

　　$d_{(k)}$ die Anzahl der Verluste in $I_{(k)}$.

Das Ausfallrisiko für $I_{(k)}$ wird nach KAPLAN/MEIER geschätzt durch

$$r_{(k)} = d_{(k)}\ /\ n_{(k)}\ .$$

Entsprechend ist $p_{(k)} = 1 - r_{(k)}$ die geschätzte Wahrscheinlichkeit zum Überleben von $I_{(k)}$, falls dieses Intervall erreicht wurde. Als Überlebensfunktion $S_{(k)}$ bezüglich $I_{(k)}$, also $S_{(k)}(t) = S_T(t)$ für $t_{(k)} < t \le t_{(k+1)}$, setzt man wieder $S_{(k)} = p_{(1)},\ ...,\ p_{(k)}$.

Tab. 2.46 Schätzungen von Ausfallrisiken und Überlebensfunktion nach KAPLAN/MEIER (zu Beispiel 2.80)

Intervall $I_{(k)}$ k	Ausfall- zeitpunkt $t_{(k)}$	anfangs in $I_{(k)}$ $n_{(k)}$	Ausfall $d_{(k)}$	Ausfall- risiko $r_{(k)}$	Überlebens- funktion $S_{(k)}$
1	0	24	0	0	1
2	30	24	1	0.04166	95834
3	72	22	1	0.04545	0.91478
4	88	21	1	0.04761	0.87123
5	107	20	1	0.05000	0.82767
6	390	18	1	0.05555	0.78169
7	470	16	1	0.06250	0.73283
8	610	14	1	0.07142	0.68049
9	824	12	1	0.08333	0.62379
10	1128	9	1	0.11111	0.55448
11	1250	8	1	0.12500	0.48517
12	1517	4	1	0.25000	0.36387

Da die Lebensdauerverteilungen als stetig angesehen werden, kann für jeden Zeitpunkt nur ein Ereignis „Ausfall" bzw. „Zensierung" stattfinden. Diese Voraussetzung korrespondiert mit den praktisch möglichen Zeitmessungen nicht. Deshalb kann $d_{(k)}$ einen Wert größer als 1 annehmen. Finden zur Zeit $t_{(k)}$ gleichzeitig ein Ausfall und eine Zensierung statt, verschiebt man die Zensierung in das Folgeintervall. Weiterhin setzt die KAPLAN/MEIER-Methode voraus, dass den zensierten und den nichtzensierten Beobachtungen die gleiche Lebensdauerverteilung assoziiert ist. Auch hier besteht die Notwendigkeit, diesen Umstand im Kontext der Problemstellung angemessen zu diskutieren!

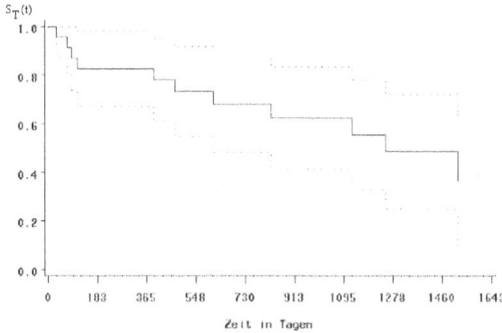

Abb. 2.63 Schätzung der Überlebenswahrscheinlichkeit $S_T(t)$ nach der KAPLAN/MEIER-Me thode (Beispiel 2.80) mit unteren und oberen Konfidenzgrenzen

Die Tabelle 2.46 enthält zu Beispiel 2.80 die KAPLAN/MEIER-Schätzung der Überlebensfunktion, die Abb. 2.63 veranschaulicht die so geschätzte Überlebenswahrscheinlichkeit.

Konfidenzbereiche für Überlebenskurven

Auch für die Lebensdaueranalyse stellt die Kennzeichnung der Varianz einer Schätzung eine wünschenswerte Qualitätskennzeichnung sowohl der Berechnungsmethode als auch der Daten dar. Informativer sind Konfidenzschätzungen für Überlebenskurven. Zunächst kann der Standardfehler $\sigma_{Gk}(t)$ der zum Intervall I_k geschätzten Überlebenswahrscheinlichkeit mittels der **Formel von GREENWOOD** (1926) näherungsweise berechnet werden als

$$\sigma_{SGk}(t) = S_k \sqrt{\sum_{j=1}^{k} \frac{d_j}{n_j(n_j - d_j)}} \ .$$

Die Funktionen $\sigma_{Gk}(t)$ sind auf den I_k konstant. Die GREENWOOD-Formel liefert nur für große n_j gute Näherungswerte und unterschätzt insbesondere am Ende des Beobachtungszeitraumes den wahren Fehler. Weitere Schätzungen der Standardabweichung der Überlebenswahrscheinlichkeit sind die **Formel nach PETO** et al. (1977)

$$\sigma_{SPk}(t) = S_k \sqrt{(1 - S_k)/n_k}$$

sowie der unter Bezug auf die Binomialverteilung erhältliche Ansatz (TOUTENBOURG 1992)

$$\sigma_{SBk}(t) = \sqrt{S_k(1 - S_k)/n_1} \ .$$

Eine punktweise $(1 - \varepsilon)$-Konfidenzschätzung für die Überlebenskurve gewinnt man durch den asymptotischen Ansatz $KS_k(t) = S_k(t) \pm u_{1-\varepsilon/2}\sigma_{Sk}$, wobei eine passende Schätzung σ_{Sk} der Standardabweichung der Überlebenswahrscheinlichkeit gewählt wird. Diese Konfidenzbereiche sind nicht notwendig durch Null und Eins beschränkt. Diesen Nachteil haben die von COLLETT (1994) vorgeschlagenen asymmetrischen $(1 - \varepsilon)$-Konfidenzbereiche nicht. Liegt für die KAPLAN/MEIER-Schätzung keine Zensierung vor, gewinnt man eine Konfidenzschätzung für die Überlebenswahrscheinlichkeit $S_T(t)$ analog dem Vorgehen bei der Konfidenzschätzung für eine Verteilungsfunktion unter Bezug auf die KOLMOGOROV/SMIRNOV-Verteilung. Liegt Zensierung vor, erhält man breitere Konfidenzbereiche. Korrekturen nach HALL/WELLNER (1980) sind Näherungsrechnungen. Eine vergleichende

Darstellung ist bei TOUTENBURG (1992) zu finden. Bootstrap-Verfahren können empirische Konfidenzbereiche für Überlebensfunktionen liefern (z.B. STRAWDERMAN 1997, HUTSON 2004).

Vergleiche von Überlebenskurven

Unterschiede zwischen Populationen hinsichtlich beobachteter Lebensdauern können auf verschiedene Weise festgestellt werden. Zunächst weisen die geschätzten Überlebenskurven darauf hin.

Neben der Beurteilung der Konfidenzbereiche sind die Resultate statistischer Tests in den meisten Fällen die für die Sachdiskussion gewünschten entscheidenden Argumente. Gehören die beobachteten Lebensdauerverteilungen zu bestimmten Funktionenklassen (z. B. Exponentialverteilungen), so sind parametrische Schätzungen und assoziierte statistische Tests zu empfehlen. Die hier besprochenen nichtparametrischen Verfahren der Berechnung empirischer Überlebenskurven (Sterbetafel-Methode und KAPLAN/MEIER-Schätzung) erfordern andere statistische Tests. Die Wahl des Tests wird von der Fragestellung bestimmt. Deshalb ist die Kenntnis des Testprinzips für eine sachgerechte Entscheidung unerlässlich. Fünf Situationen sollen besprochen werden:

- Das Ein-Stichproben-Problem führt auf den Vergleich der Beobachtungsdaten mit vorgegebenen Aussagen.

Beispiel 2.81

Es sollen N Beobachtungen von Überlebenszeiten nach einer Therapiemaßnahme dahingehend beurteilt werden, ob eine geringere Lebenserwartung im Vergleich zur Gesamtbevölkerung besteht.

X_i Alter des Patienten i bei Therapiebeginn

Y_i beobachtete Überlebenszeit in Bezug auf den Therapiebeginn

t_p Quantil der Ordnung p der Lebensdauerverteilung der Normalbevölkerung, so dass $P(X > t_p) = p$. Die Wahrscheinlichkeit, älter als t_p Jahre zu werden, ist p.

Man bilde

$$b_i = \begin{cases} 1 & \text{für } X_i + Y_i > t_p \\ 0 & \text{sonst} \end{cases}.$$

Es ist $k = b_1 + ... + b_N$ binomialverteilt nach $B(N, p)$ unter der Nullhypothese, dass Normalbevölkerung und die Population der Therapierten die gleiche Lebensdauerverteilung haben. Damit ist ein Test möglich.

Bemerkung: Zensierung der Beobachtung bleibt hier unbeachtet!

◄

- Im Zwei-Stichproben-Vergleich gibt es zunächst die lokale Testsituation;

$$H_0 : p_{1i,I} = p_{2i,I}.$$

Zwei Überlebenskurven werden bezüglich des Intervalls $I = (t_i, t_{i+1}]$ auf Übereinstimmung getestet. Dies ist mit dem χ^2-Test möglich. Das gleiche gilt für Tests mit Bezug auf mehrere Intervalle. Die Aufgabenstellung führt auf eine Kontingenztafelanalyse. Voraussetzung ist auch hier, dass keine Zensierung vorliegt.

- Ein globaler Test auf Übereinstimmung zweier Überlebenskurven ist der KOLMOGOROV-SMIRNOV-Test mit der Nullhypothese $H_0 : S_1(t) = S_2(t)$.

Hierbei wird der Zeitpunkt der maximalen Abweichung beider Überlebenskurven beurteilt. Es wird wieder vorausgesetzt, dass keine Zensierung vorliegt und die Sterbezeiten für beide Stichproben bekannt sind. Eine Berücksichtigung von Zensierung erfordert eine Korrektur des KOLMOGOROV-SMIRNOV-Tests! (s. ELANDT-JOHNSON, JOHNSON 1980)

- Ein globaler Test auf Übereinstimmung zweier Überlebenskurven ist ein χ^2 - Test, der auf der Beurteilung aller Intervalle $I_i = (t_i, \ t_{i+1}]$ mit $\cup I_i = \mathbb{R}^+$ beruht.

Die Nullhypothese $H_0 : p_{1i,I} = p_{2i,I}$ für <u>alle</u> Intervalle I_i wird unter der Voraussetzung geprüft, dass keine Zensierung vorliegt.

- Die beiden vorangehenden Verfahren gestatten es nicht, die Richtung der Abweichung von beiden Überlebenskurven zu beurteilen. Soll beispielsweise $H_0 : p_{1i,I} = p_{2i,I}$ gegen die Alternative $H_0 : p_{1i,I} > p_{2i,I}$ für $i > 1$ getestet werden, wählt man den MANTEL-HAENSZEL-Test (s. ELANDT-JOHNSON, JOHNSON 1980). Der Log-Rank-Test ist ein Spezialfall des MANTEL-HAENSZEL-Tests. Dieser Test ist geeignet, wenn die Verteilung der Zensierungsfälle in beiden Populationen gleich ist.

Der MANTEL-HAENSZEL-Test für den Vergleich zweier Überlebenskurven wird nun vorgestellt. Auf Vergleiche von mehr als zwei Überlebenskurven wird hier nicht eingegangen.

Vergleiche von Überlebenskurven $K1$ und $K2$ sollte man möglichst nur dann anstellen, wenn für alle Zeitpunkte t die Differenzen $K2(t) - K1(t)$ nicht das Vorzeichen wechseln.

Für jeden Zeitpunkt t_i ($i=1, ..., k$), an dem es zu einem Ausfall in der Behandlungsgruppe A oder der Kontrollgruppe B kommt, kann eine 2 x 2-Tafel (Tab. 2.47) konstruiert werden.

Tab. 2.47 Für die 2×2-Tafeln verwendeten Bezeichnungen, die die Anzahlen der Ausfälle und der Überlebenden der Gruppen A und B zum Zeitpunkt t_i ($i = 1, ..., k$) beschreiben

Gruppe	Zeitpunkt t_i ($i = 1,..., k$)		
	Ausfall	Überlebende	Summe
A	d_i	x_i	$d_i + x_i$
B	y_i	z_i	$y_i + z_i$
Summe	$d_i + y_i$	$x_i + z_i$	n_i

Unter der Annahme, dass die Todesraten in beiden Gruppen konstant sind und durch $(d_i + y_i)/n_i$ geschätzt werden, bildet man die Prüfgröße des MANTEL-HAENSZEL-Tests

$$\chi^2_{MH} = \frac{\sum_{i=1}^{k} \left(d_i - \frac{(d_i + x_i)(d_i + y_i)}{n_i} \right)^2}{\sum_{i=1}^{k} \frac{(d_i + x_i)(d_i + y_i)(y_i + z_i)(x_i + z_i)}{n_i^2 (n_i - 1)}} \ .$$

Sie ist asymptotisch χ^2-verteilt mit einem Freiheitsgrad. Die Prüfgröße lässt sich inhaltlich gut interpretieren. Die beobachteten Anzahlen d_i werden mit ihren unter der Nullhypothese erwarteten Anzahlen $E(d_i)$ in Beziehung gebracht. χ^2_{MH} ist die Summe der quadrierten Differenzen zwischen beobachteten und erwarteten Anzahlen, die durch einen Nennerterm normiert werden. Wegen

$$E(d_i)=(d_i+x_i)\frac{(d_i+y_i)}{n_i} \text{ und } E(z_i)=(y_i+z_i)\frac{(x_i+z_i)}{n_i}$$

gilt

$$\chi^2{}_{MH}=\sum_{i=1}^{k}(d_i-E(d_i))^2 / \sum_{i=1}^{k}\frac{1}{n_i-1}E(d_i)E(z_i).$$

Beispiel 2.82

Tab. 2.48 Schätzungen von Ausfallrisiken und Überlebensfunktion nach KAPLAN/MEIER für Nierenzellkarzinompatienten mit gutem Prognoseindex nach Mainz-Klassifikation

Ausfallzeit-punkt $t_{(k)}$	anfangs in $I_{(k)}$ $n_{(k)}$	Ausfall $d_{(k)}$	Ausfall-risiko $r_{(k)}$	Überlebens-funktion $S_{(k)}$
0	11	0	0.0000	1.0000
2	11	1	0.0909	0.9091
12	10	1	0.1000	0.8182
27	9	1	0.1111	0.7273
32	8	1	0.1250	0.6364
36	7	1	0.1429	0.5455
40	6	1	0.1667	0.4545
48	5	1	0.2000	0.3636
56	4	1	0.2500	0.2727
59	3	1	0.3333	0.1818
68	2	1	0.5000	0.0909
70	1	1	1	0

Patienten mit Nierenzellkarzinom wurden bzgl. Grading (G1,G2, G3), Zelltyp (klarzellig, klarzellig/gemischt, chromophil, spindelzellig/pleomorph), Wachstumsmuster (kompakt, tubulopapillär) und Alter zum Zeitpunkt ihrer Tumoroperation nach Mainz-Klassifikation in Prognosegruppen P1 (gut) und P3 (schlecht) klassifiziert. Es soll untersucht werden, ob sich beide Überlebenskurven signifikant unterscheiden.

Die Tab. 2.48 und Tab 2.49 geben die Patientendaten zur Berechnung der Überlebenskurven wieder. Abb. 2.64 zeigt die Überlebenskurven, Tab. 50 die Berechnung der Testgröße des Mantel-Haenszel-Tests.

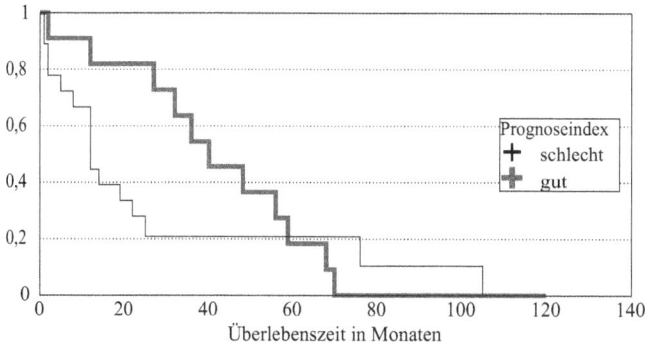

Abb. 2.64 Überlebenskurven nach KAPLAN/MEIER für beide Prognosegruppen

Tab. 2.49 Schätzungen von Ausfallrisiken und Überlebensfunktion nach KAPLAN/MEIER für Nierenzellkarzinompatienten mit schlechtem Prognoseindex nach Mainz-Klassifikation

Ausfall-zeitpunkt $t_{(k)}$	anfangs in $I_{(k)}$ $n_{(k)}$	Ausfall $d_{(k)}$ (zensiert)	Ausfallrisiko $r_{(k)}$	Überlebens-funktion $S_{(k)}$
0	18	0	0.0000	1.0000
1	18	2	0.1111	0.8889
2	16	2	0.1250	0.7778
5	14	1	0.0714	0.7222
8	13	1	0.0769	0.6667
12	12	4	0.3333	0.4444
14	8	1	0.1250	0.3889
19	7	1	0.1429	0.3333
22	6	1 (1)	0.1667	0.2778
25	4	1	0.2500	0.2083
29	3	(1)	0.0000	0.2083
76	2	1	0.5000	0.1042
105	1	1	1	0

Für den Nenner der Testgröße des MANTEL-HAENSZEL-Tests erhält man

$$\sum_{i=1}^{k} \left(d_i - E(d_i) \right)^2 = 5.3583$$

und für den Zähler

$$\sum_{i=1}^{k} \frac{1}{n_i - 1} E(d_i) E(z_i) = 5.3831,$$

so dass sich $\chi^2_{MH} = 0.995$ ergibt.

Der MANTEL-HAENSZEL-Test lehnt die Nullhypothese nicht ab. Auf Abb. 2.64 scheint zwar die Überlebenskurve für die Gruppe mit schlechtem Prognoseindex schneller abzufallen. Aud Grund der beiden Patienten mit 76 bzw. 105 Monaten Überlebenszeit, die alle Patienten

der Gruppe mit gutem Mainz-Index überleben, Bleibt die statistische Testgröße im unent-
schiedenen Bereich.

Tab. 2.50 Berechnung des MANTEL-HAENSZEL-Tests zum Vergleich der Überlebenskurven beider Prognosegruppen

t_i	d_i	x_i	y_i	z_i	N_i	$E(d_i)$	$E(z_i)$	$(d_i - E(d_i))^2$	$1/(n_i\text{-}1)$ $E(d_i)\,E(z_i)$
0	0	11	0	18	29	0.0000	18.0000	0.0000	0.0000
1	0	11	2	16	29	0,7586	16,7586	0,5755	0,4540
2	1	10	2	14	27	1,2222	14,2222	0,0494	0,6686
5	0	10	1	13	24	0,4167	13,4167	0,1736	0,2431
8	0	10	1	12	23	0,4348	12,4348	0,1891	0,2458
12	1	9	4	8	22	2,2727	9,2727	1,6198	1,0035
14	0	9	1	7	17	0,5294	7,5294	0,2803	0,2491
19	0	9	1	6	16	0,5625	6,5625	0,3164	0,2461
22	0	9	1	4	14	0,6429	4,6429	0,4133	0,2296
25	0	9	1	3	13	0,6923	3,6923	0,4793	0,2130
27	1	8	0	3	12	0,7500	2,7500	0,0625	0,1875
29	0	8	0	2	10	0,0000	2,0000	0,0000	0,0000
32	1	7	0	2	10	0,8000	1,8000	0,0400	0,1440
36	1	6	0	2	9	0,7778	1,7778	0,0494	0,1728
40	1	5	0	2	8	0,7500	1,7500	0,0625	0,1875
48	1	4	0	2	7	0,7143	1,7143	0,0816	0,2041
56	1	3	0	2	6	0,6667	1,6667	0,1111	0,2222
59	1	2	0	2	5	0,6000	1,6000	0,1600	0,2400
68	1	1	0	2	4	0,5000	1,5000	0,2500	0,2500
70	1	0	0	2	3	0,3333	1,3333	0,4445	0,2222
76	0	0	1	1	2	0,0000	1,0000	0.0000	0.0000
105	0	0	1	0	1	0.0000	0.0000	0.0000	0.0000

◄

Wenn sich die Graphen der empirischen Überlebenskurven mehrfach überschneiden, wird
man kaum einenen statistischen Nachweis des Unterschiedes der beobachteten Überlebenswahrscheinlichkeiten erwarten können.

Cox-Regression

Hängt die Zufallsgröße Lebensdauer von Einflussfaktoren ab, soll dies in die mathematische
Modellbildung einbezogen werden.

Ist dieser Einflussfaktor ein dichotomes Merkmal, z. B. Exposition vorhanden (E^+) bzw.
nicht vorhanden (E^-), gibt es eine einfache Möglichkeit: Man schätzt aus Stichproben die
Lebensdauerverteilungen $F_{T,E+}(t)$ bzw. $F_{T,E-}(t)$ und vergleicht diese.

Anstelle der Verteilungen werden oft die Hazard Funktionen $r_{T,E+}(t)$ und $r_{T,E-}(t)$ betrachtet.

Für ein stetiges Einflussmerkmal X hat Cox (1972) den Ansatz

$$r_{T,i}(t) = r_{T,0}(t) \, \exp(-\alpha \, x_i), \; \alpha \in \mathbb{R},$$

vorgeschlagen. Das Merkmal X ist nicht zeitabhängig. Man interpretiert diesen Ansatz folgendermaßen:

An einem Individuum Nummer i wirkt ein Einfluss X der Ausprägung x_i und führt zu einem Hazard $r_{T,i}$ (t). Diesen vergleicht man mit dem Basis-Hazard $r_{T,0}$ (t), der dem Fehlen des Einflusses X entspricht.

Wesentlich für den Regressionsansatz von Cox ist die Annahme, dass die Hazardfunktion unter dem Wert $X = x_i$ der Einflussgröße <u>proportional</u> dem Basishazard ist!

Das unbekannte α ist aus Beobachtungen zu schätzen. Dafür stehen spezielle Methoden zur Verfügung. Sollen außerdem eine Störgröße Z und ihre Wechselwirkung mit X berücksichtigt werden, hat man allgemein das

---

Proportional-Hazard-Modell von Cox:
$$r_{T,X,Z}(t) = r_T(t)\exp(\alpha X + \beta Z + \gamma XZ)$$

2.3.5 Generalisierte lineare Modelle (GLM)

Für verschiedene Anwendungen der Statistik ist die Analyse des Zusammenhanges von Zufallsvariablen im Rahmen eines klassischen Regressionsansatzes nicht ausreichend.

Beispielsweise setzt das epidemiologische Grundmodell Einflussvariable X, Störvariable Z und Ziel- oder Wirkungsvariable Y in Beziehung. Die Bearbeitung solcher Fragestellungen erfordert in gewissen Situationen allgemeinere statistische Modellierungen. Hier werden deshalb generalisierte lineare Modelle (GLM) kurz vorgestellt.

In der klassischen Regressionsanalyse unterscheidet man inhaltlich zwei Problemstellungen, deren formale Behandlung weitgehend übereinstimmt. Das sogenannte Modell I untersucht Zusammenhänge zwischen zwei (oder mehreren) Zufallsgrößen. Damit verbunden sind Schätzungen von Regressionsfunktionen. Fasst man eine Zufallsgröße auf als funktional abhängig von einer weiteren Variablen und überlagert durch eine zufällige Größe, entsteht das Modell II der Regressionsanalyse. Im einfachen linearen Regressionsmodell II werden reelle Werte $x_1, ..., x_N$ und Zufallsgrößen über demselben Wahrscheinlichkeitsraum $Y_1, ..., Y_N$ in einen Ansatz

$$Y_i = \alpha \, x_i + \beta + \varepsilon_i, \qquad i = 1, \, ..., \, N,$$

gebracht. Die funktionale Abhängigkeit ist als linear angesehen, für die zufälligen ε_i verlangt man $E\,(\varepsilon_i) = 0$ sowie stochastische Unabhängigkeit für $i = 1, \, ..., \, N$. Die Parameter α und β sind aus Beobachtungsdaten zu bestimmen.

Mit den **generalisierten linearen Modellen** wird dieser Ansatz verallgemeinert. Dabei dienen drei Komponenten zur Definition:

- Die Zielvariable Y wird als zufällig angesehen.
- Die Einflussvariable und auch die Störvariable stehen in einer linearen Beziehung,
  $$\mathscr{L}(X, \, Z, \, \alpha, \, \beta, \, \gamma) = \alpha X + \beta Z + \gamma.$$
- Eine Verknüpfungsfunktion f verbindet die zufällige und die deterministische Komponente, indem der Erwartungswert $E(Y) = \mu$ der Zielvariablen Y mit $\mathscr{L}(X, \, Z, \, \alpha, \, \beta, \, \gamma)$

  durch $f\big(E(Y)\big) = f(\mu) = \mathscr{L}(X, \, Z, \, \alpha, \, \beta, \, \gamma)$ in Beziehung gesetzt wird.

Vielfältige Möglichkeiten in der Wahl der Verknüpfungsfunktion f, der Wahrscheinlichkeits-verteilung von Y sowie der konkreten Form von $\mathscr{L}(X, Z, \alpha, \beta, \gamma)$ machen diese Klasse der verallgemeinerten linearen Modelle besonders reichhaltig. Dementsprechend umfang-reich ist die dazu bereits verfügbare Literatur. An dieser Stelle sollen nur einige orientierende Angaben zu den GLM gemacht werden. Auf die Probleme der Parameterschätzung und der Prüfung der Modellanpassung kann hier nicht eingegangen werden.

Für die Anwendungen wichtige GLM sind durch spezielle Wahrscheinlichkeitsverteilungen der Zielvariablen Y, den Merkmalstyp der Einflussvariablen X und der Störvariablen Z sowie durch drei Verknüpfungsfunktionen charakterisiert (s. Abb. 2.65).

Tab. 2.51 Varianten generalisierter linearer Modelle und assoziierte statistische Aufgabenstellungen

Merkmalstypen der Einflußvariablen X, der Störvariablen Z	Wahrschein-lichkeitsverteilung der Zielvariablen Y	Verknüpfungs funktion $f(\mu)$	statistische Aufgaben-stellung
kombiniert	Poissionverteilung	Logit-Transformation	loglineare Regression
kombiniert	Binomialverteilung	Logit-Transformation	logistische Regression
kombiniert	Normalverteilung	Identität	Kovarianzanalyse
kategorial	Normalverteilung	Identität	Varianzanalyse
quantitativ, stetig	Normalverteilung	Identität	Regression

Varianten generalisierter linearer Modelle

Wahrscheinlichkeitsverteilungen von Y
- Normalverteilung
- Binomialverteilung
- Poissonverteilung
- Polynomialverteilung

Verknüpfungsfunktionen
- $f(\mu) = \mu$ die identische Abbildung
- $f(\mu) = \ln \mu$ der natürliche Logarithmus
- $f(\mu) = \ln\left(\dfrac{\mu}{1-\mu}\right)$ die Logit-Transformation

Merkmalstypen von X und Z
- X und Z quantitativ und stetig
- X und Z kategorial
- X und Z kombiniert aus quantitativ und stetig sowie kategorial

---

Abb. 2.65 Anwendungsbedeutsame Varianten generalisierter linearer Modelle

In der Tab. 2.51 wird für einige Varianten generalisierter linearer Modelle die assoziierte statistische Aufgabenstellung angegeben.

Eine der einfachsten Situationen sei nun genauer betrachtet. Die Störvariable Z soll unberücksichtigt bleiben. Die Wirkungsvariable Y wird als eine dichotome Zufallsgröße angesehen. Ihre beiden möglichen Merkmalsausprägungen (z.B. „krank", „nicht krank") seien entsprechend mit den Zahlen 1 und 0 codiert. Der Erwartungswert $E(Y)$ ist dann

$$E(Y) = 1 \cdot P(Y = 1 \mid X = x) + 0 \cdot P(Y = 0 \mid X = x) = P(Y = 1 \mid X = x).$$

Die Verknüpfungsfunktion soll die identische Abbildung $f(\mu) = \mu$ sein. Damit werden der Erwartungswert von Y und die lineare Beziehung $\mathscr{L}(X, \alpha, \beta) = \alpha X + \beta$ verknüpft zu

$$\mu = f(\mu) = f(E(Y)) = P(Y = 1 \mid X = x) = \mathscr{L}(X, \alpha, \beta) = \alpha X + \beta.$$

Der Erwartungswert der zufälligen Wirkungsvariablen Y ist in diesem verallgemeinerten linearen Modell gleich der bedingten Wahrscheinlichkeit unter der Bedingung $X = x$ für „krank" und stimmt mit dem Wert der linearen Funktion von X an dieser Stelle überein. Aus Beobachtungsdaten sind die Parameter α und β zu schätzen. Methoden hierfür stellt die Statistik bereit, die Daten sind in einer auch dem Sachproblem entsprechend geplanten Studie zu erheben.

2.3.6   Weiterführende statistische Verfahren

Nachfolgend wird eine kurz gefasste Information betreffend weiter gehende statistische Verfahren gegeben. Deren Zweckbestimmung soll dabei genannt werden. Wirkungsweisen oder gar ihre Begründungen zu erläutern kann in der hier gebotenen Kürze nicht sinnvoll sein, zumal hinter diesen Methoden immer ein anspruchsvoller mathematischer Apparat verborgen ist.

Der Begriff **multivariate Statistik** Statistik bezeichnet die Methoden zur Auswertung mehrdimensionaler (d.h. multivariater) Datensätze. Mehrere Merkmale gleichzeitig in die statistische Analyse einzubeziehen, entspricht in vielen Fällen dem fachlichen Anliegen. Neben den mehrdimensionalen Analoga der klassischen Methoden (beschreibende Statistik, Punktschätzungen, Konfidenzschätzungen, Tests) gehören hierher die nachfolgend kurz benannten Problemstellungen. Es macht selten Sinn, bei der Anwendung multivariater Techniken von Datenmaterial geringen Umfanges ausgehen zu wollen.

Die Beschreibung und Handhabung mehrdimensionaler Datensätze erfordert die Kenntnis und das Verständnis algebraischer Methoden. Abschnitt 2.4 gibt dazu eine knappe systematische Einführung.

Neben der algebraischen und dadurch assoziierten geometrisch-topologischen Sicht auf die mehrdimensionale Datenmenge erfordern statistische Verfahren zusätzlich multivariate wahrscheinlichkeitstheoretische Modelle. Ob in der jeweiligen Situation die für ein multivariates statistisches Verfahren erforderlichen wahrscheinlichkeitstheoretischen Voraussetzungen als erfüllt gelten können, erfordert eine sorgfältige Prüfung. Können die Daten überhaupt als Stichprobe über eine mehrdimensionale Zufallsgröße gelten? Man bedenke allein schon den Unterschied zwischen Grundgesamtheit und Population!

Werden Datenmatrizen per se ausgewertet, müssen sich die Interpretationen der Resultate am geometrischen, algebraischen oder topologischen Charakter der angewandten mathematischen Methoden orientieren. Können Annahmen über multivariate Zufallsgrößen begründet werden und sind die Beobachtungsstrategien mit den Erfordernissen der benutzten statistischen Technik verträglich, entstehen weitergehende statistische Aussagemöglichkeiten.

Neben den eigentlichen Schwierigkeiten, Auswerteverfahren adäquat anzuwenden, kann bereits der unexakte Sprachgebrauch eine Quelle von Fehlinterpretationen sein..

Ein Beispiel: Zufallsgrößen heißen unkorreliert, wenn ihre Kovarianz Null ist. Dieser Begriff ist unter Bezug auf eine Wahrscheinlichkeitsverteilung definiert. In Abschnitt 2.4 wird dargestellt, dass die Elemente der empirischen Kovarianzmatrix aus den Skalarprodukten der zentrierten Merkmalsvektoren erhältlich sind. Stichproben-Unkorreliertheit bedeutet also Orthogonalität der Merkmalsvektoren und hat geometrischen Charakter. Aus vorliegender Korrelation zweier Merkmale kann schließlich nicht auf deren kausale Beziehung geschlossen werden.

In diesem Kontext ist auch der Begriff Regression zu erwähnen, der seit GALTON ein Eigenleben entwickelt hat. Sorgfältig ist zu kennzeichnen, ob Kurvenanpassung, Ausgleichsrechnung, Optimierung oder bedingte Erwartungswertfunktion gemeint sind.

Nachfolgend sind beispielhaft einige Verfahren der multivariaten Datenanalyse genannt.

Faktoranalyse
Faktorenanalyse bezeichnet mehrere Methoden der Datananalyse. Ihr Anliegen besteht darin, r Beobachtungsvariable $X_1, ..., X_r$ durch s so genannte Faktoren $Y_1, ..., Y_s$, auch hypothetische oder latente Variable genannt, als Linearkombination rekonstruieren zu wollen. Insbesondere wird eine Verringerung der Dimension, also $r < s$, angestrebt. Die verwendeten Prinzipien sind überwiegend der linearen Algebra zuzuordnen. Die sachgerechte Interpretation der gefundenen Faktoren erweist sich oft als problematisch.

Diskriminanzanalyse
Man denke sich Individuen durch die Variablen $X_1, ..., X_r$ beschrieben. Eine davon beschreibt eine Gruppenzugehörigkeit der Individuen (**Gruppierungsvariable**). Eine Diskriminanzanalyse muss durch eine genügend große Lernstichprobe aktiviert werden. Es wird versucht, die Individuengruppen aufgrund optimaler Kombinationen von Merkmalswerten möglichst fehlerfrei zu trennen. Eine Kontrolle ist über die Gruppierungsvariable gegeben. Da es oft möglich ist, eine Rangfolge der Zufallsgrößen in Bezug auf ihren für die Diskrimination bedeutsamen Informationsgehalt festzustellen, gewinnt man interessante Einsichten.

Sollen beispielsweise Kranke und Gesunde bezüglich eines vorgegebenen Spektrums von 30 klinisch-chemischen Untersuchungsbefunden klassifiziert werden, so wird man nach genügend großer Lernstichprobe feststellen können, mit welcher Fehlerrate diese Klassifikation behaftet ist und welche der Laborwerte in Bezug auf die Diagnostik der in Rede stehenden Erkrankung redundant sind.

Ein durch die Lernstichprobe definiertes Verfahren der Diskriminanzanalyse kann dazu dienen, weitere Individuen den bestehenden Gruppen zuzuordnen.

Es gibt algebraische, topologische und statistische Verfahren der Diskriminanzanalyse. Am Ende von Abschnitt 2.4 wird auf erstere kurz eingegangen.

Clusteranalyse
Dieses Verfahren ist dem vorgenannten in seiner Zielstellung verwandt. Eine Gruppierungsvariable ist nicht verfügbar.

Aufgrund der Daten wird versucht, Individuen zu gruppieren und damit Ähnlichkeiten auf-zuspüren. So kann beispielsweise aus einem Datenbestand von Untersuchungsergebnissen der klinischen Chemie eine Gruppierung der untersuchten Personen vorgenommen werden. Gefragt ist dann, ob die so gefundenen Cluster mit bestimmten Symptomen bzw. Erkrankun-gen in Beziehung gebracht werden können. Ein Beispiel dazu ist am Ende von Abschnitt 2.4 zu finden.

Explorative Datenanalyse
Unter diesem Terminus sind Verfahren summiert, die auf multivariate große Datenmengen angewandt die Hypothesenfindung unterstützen sollen.

Anwendungsspezifische Methoden
In Kapitel 4 sind Beispiele mathematischer Modelle von Lebensvorgängen ausgearbeitet. Sie führen zu spezifischen Vorschriften der Datenauswertung.

2.4 Methoden zur Behandlung höherdimensionaler Datenmengen

Datenanalysen greifen auf ein breites Methodenspektrum zurück, dessen mathematische Herkunft nicht zu eng beschrieben werden darf. Es ist der Anwendung der Methoden und der Ergebnisinterpretation dienlich, deren mathematischen Gehalt klar einzuordnen. Unter die-sem Gesichtspunkt sollte auch der Sprachgebrauch disziplinierter sein. Neben der Wahr-scheinlichkeitsrechnung und der Statistik ist auch auf Geometrie, auf metrische Räume, auf endlichdimensionale EUKLIDISCHE Räume und Operationen auf ihnen, auf numerische Ver-fahren usw. Bezug zu nehmen.

Zunächst bedeutet die Analyse mehrdimensionaler Daten die Notwendigkeit, auf Räumen des Typs $\mathbb{R}^n$ definierte Abbildungen anzuwenden. Statistische sowie wahrscheinlichkeits-theoretische Aspekte treten später hinzu. Dem entsprechend ist auch der Inhalt dieses Ab-schnittes zusammengestellt.

Ob eine Datenanalyse deduktiv oder induktiv angelegt sein kann, hängt vom a-priori-Wissen ab, induktive Schlussweisen erfordern Modellannahmen. Dies führt auf die bekannte Prob-lematik der Beziehung von Wirklichkeit und Modell.

Deduktive Datenanalyse zielt auf die Aufbereitung und Konzentration von Informationen, die in einer Datenmenge enthalten sind. Dabei ist es nicht in jedem Falle erforderlich, dass die auszuwertenden Daten unter statistischen Gesichtspunkten erhoben wurden (Stichprobe). Die Grenzen der Interpretation sind jedenfalls bewusst zu setzen.

Betrachtet man beispielsweise eine Punktemenge im $\mathbb{R}^3$, so ist der Blickwinkel auf diese Punktemenge für den Informationsgewinn entscheidend.

Die Abb. 2.66 zeigt dieselben dreidimensionalen Daten in unterschiedlichen Darstellungen, die z. B. mit SAS/INSIGHT gewonnen werden können. Offenbar ist die letzte Grafik infor-mativer als die beiden anderen. Eine Einteilung in zwei Gruppen ist deutlich erkennbar. Die unterschiedlichen Visualisierungen sind Resultat von Koordinatentransformationen. Das sind hier Abbildungen des $\mathbb{R}^3$ auf sich. Statistische Überlegungen spielen keine Rolle. Das ange-gebene Beispiel ist hinsichtlich der eingesetzten Methoden typisch für eine Reihe von Ver-fahren der mehrdimensionalen Datenanalyse.

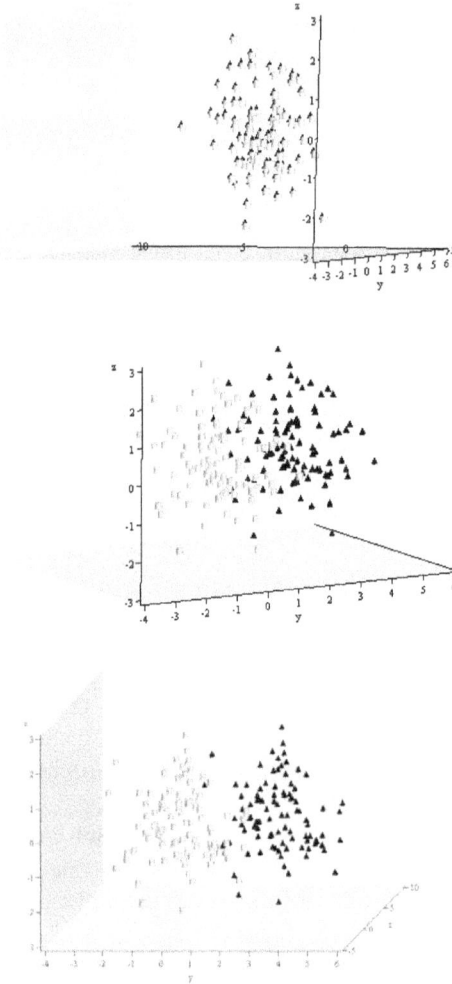

Abb. 2.66 Dreidimensionale Daten aus unterschiedlichen Blickrichtungen

Eine weitere Aufgabenstellung der Datenanalyse ist folgende: Für n Beobachtungsobjekte und p Beobachtungsvariable liegen die Daten $x_{ij}\ (i = 1, ..., n; j = 1, ..., p)$ vor. Lässt sich deren wesentlicher Informationsgehalt bereits aus einer Teilmenge der Daten gewinnen, beispielsweise bezüglich einer reduzierten Variablenmenge?

Die Beantwortung dieser Frage steht zunächst nicht in Beziehung zur Statistik. Sie erfordert lediglich algebraische und numerische Methoden.

Erst für Interpretationen, die über die n Beobachtungsobjekte hinausreichen, sind statistische Methoden und Schlüsse nötig (Grundgesamtheit, Stichprobe).

Es ist nicht nur überflüssig sondern auch verwirrend, die Datentransformationen mit einem der Statistik entlehnten Sprachgebrauch zu beschreiben. Dieses soll hier weitgehend vermieden und damit das Verständnis für die Methoden unterstützt werden.

In dem Abschnitt wird ausschließlich auf metrisch skalierte Merkmale Bezug genommen!

2.4.1   Der n-dimensionale EUKLIDISCHE Raum $\mathbb{R}^n$

Die Beobachtungsdaten stellen eine Teilmenge des n-dimensionalen Raumes $\mathbb{R}^n$ der reellen Zahlen dar. Datenreduktion und Datencharakterisierung bedeuten mathematisch gesprochen, die Konstruktion geeigneter Abbildungen dieser Punktemenge in einen Teilraum des $\mathbb{R}^n$ beziehungsweise in die reellen Zahlen, den $\mathbb{R}^1$. Aus den Anschauungen der räumlichen Geometrie sind algebraische Methoden ableitbar, die auf den $\mathbb{R}^n$ verallgemeinert werden können. Dabei kann es sich um Datentransformationen oder um Parameterberechnungen handeln.

Von besonderem Interesse für die in diesem Buch behandelten Verfahren der Datenanalyse sind lineare Abbildungen und Bilinearformen. Dazu werden nachfolgend die Begriffe eingeführt und einige mathematische Aussagen erläutert, ohne dass die zugehörige Theorie erschöpfend entwickelt wird. Diese Aussagen sind als Sätze formuliert und in ihrer sinnvollen Aufeinanderfolge numeriert. Beweise werden nicht gegeben. Interessenten müssen auf die Lehrbuchliteratur zur linearen Algebra verwiesen werden.

Definition:

Die Menge $\mathbb{R}^n = \mathbb{R} \times \mathbb{R} \times \ldots \times \mathbb{R}$, wobei rechts des Gleichheitszeichens das Mengenprodukt von n Faktoren steht, versehen mit der koordinatenweisen Addition sowie mit der koordinatenweisen skalaren Multiplikation, heißt **n-dimensionaler reeller Raum**.

Die Darstellung $x = (x_1, \ldots, x_n)$ für $x \in \mathbb{R}^n$ heißt **Zeilenvektor**, die Darstellung

$$x = \begin{pmatrix} x_1 \\ \vdots \\ x_n \end{pmatrix} \quad \text{Spaltenvektor.}$$

Es heißt $y = \alpha_1 x_1 + \ldots + \alpha_k x_k$ mit $\alpha_i \in \mathbb{R}$ und $x_i \in \mathbb{R}^n$,

$i = 1, \ldots, k$, eine **Linearkombination** der Elemente x_i des $\mathbb{R}^n$.

Für Elemente $x = (x_1, \ldots, x_n)$ und $y = (y_1, \ldots, y_n)$ aus $\mathbb{R}^n$ sowie Zahlen $\alpha \in \mathbb{R}$ gelten $x + y = (x_1 + y_1, \ldots, x_n + y_n)$ sowie $\alpha x = (\alpha x_1, \ldots, \alpha x_n)$.

Die Menge der reellen Zahlen $\mathbb{R}$ ist der Spezialfall für $n = 1$.

Definition:

Eine Teilmenge $H \subseteq \mathbb{R}^n$ heißt **Unterraum** oder **linearer Teilraum**, wenn sie bezüglich Addition und skalarer Multiplikation abgeschlossen ist:

1. $x, y \in H$, so $x + y \in H$
2. $\alpha \in \mathbb{R}, x \in H$, so $\alpha x \in H$.

Satz 1:
Der mengentheoretische Durchschnitt endlich vieler Unterräume ist wieder ein Unterraum. Hingegen stellt die Vereinigung von Unterräumen i. a. keinen Unterraum dar.

◄

Beispiel 2.83

$$H_1 = \left\{ \alpha x^* \mid \alpha \in \mathbb{R}, \; x^* \in \mathbb{R}^n \text{ fixiert} \right\} \text{ und}$$

$$H_2 = \left\{ \beta y^* \mid \beta \in \mathbb{R}, \; y^* \in \mathbb{R}^n \text{ fixiert} \right\} \text{ sind Unterräume von } \mathbb{R}^n.$$

$H_1 \cup H_2$ ist kein Unterraum, denn $x^* + y^* \notin H_1 \cup H_2$.

$$H_3 = \left\{ (x_1, x_2, 0) \mid x_1, x_2 \in \mathbb{R} \right\} \subseteq \mathbb{R}^3 \text{ und}$$

$$H_4 = \left\{ (x_1, 0, x_3) \mid x_1, x_3 \in \mathbb{R} \right\} \subseteq \mathbb{R}^3 \text{ sind Unterräume des } \mathbb{R}^3.$$

$$H_3 \cap H_4 = \left\{ (x_1, 0, 0) \mid x_1 \in \mathbb{R} \right\} \subseteq \mathbb{R}^3 \text{ und}$$

$H_3 \cup H_4 = \mathbb{R}^3$ sind Unterräume des $\mathbb{R}^3$.

◄

Definition:

Für $X \subseteq \mathbb{R}^n$ heißt $L(X)$ die **lineare Hülle** von X und besteht aus genau allen (endlichen) Linearkombinationen von Elementen aus X:

$$L(X) = \left\{ \sum_{i=1}^n \alpha_i x_i \mid \alpha_i \in \mathbb{R}, \; x_i \in X, \; n \in \mathbb{N} \right\}.$$

Bezeichnet $X \subseteq \mathbb{R}^n$ eine Teilmenge des $\mathbb{R}^n$, so ist der Durchschnitt aller X enthaltenden Unterräume von $\mathbb{R}^n$ offenbar der kleinste Unterraum, der X enthält. Er fällt mit $L(X)$ zusammen.

Definition:

Eine Menge $X \subseteq \mathbb{R}^n$ heißt **linear abhängig,** wenn es eine echte Teilmenge $X' \subset X$ gibt mit $L(X') = L(X)$. Ist $X \subseteq \mathbb{R}^n$ nicht linear abhängig, so heißt X **linear unabhängig.**

Sind die $\{x_1, ..., x_n\}$ linear unabhängig, so folgen aus der Gleichung

$\alpha_1 x_1 + ... + \alpha_n x_n = \beta_1 x_1 + ... + \beta_n x_n$ die Beziehungen $\alpha_i = \beta_i, i = 1, ..., n$.

Die lineare Abhängigkeit ist gleichbedeutend damit, dass es eine nichttriviale Darstellung der Null des $\mathbb{R}^n$ als Linearkombination von Vektoren aus X gibt.

Beispiel 2.84
Die lineare Hülle von $X = \left\{ (1,0,0), (0,0,1), (1,0,1) \right\}$ ist der in Beispiel 2.83 angegebene Raum H_4. Die drei Vektoren sind aber linear abhängig, denn für die Teilmenge

$X' = \{(1,0,0),(0,0,1)\} \subset X$ gilt bereits $L(X') = H_4$, bzw. es gibt neben der trivialen Darstellung des Nullelementes

$(0,0,0) = 0(1,0,0) + 0(0,0,1) + 0(1,0,1)$ eine weitere Darstellung

$(0,0,0) = 1(1,0,0) + 1(0,0,1) - 1(1,0,1)$.

◄

Definition:

> Für einen Teilraum $X \subseteq \mathbb{R}^n$ heißt $B \subset X$ eine (algebraische) **Basis**, wenn B linear unabhängig ist und wenn jedes $x \in X$ als Linearkombination
>
> $$x = \sum_{i=1}^{k} \alpha_i \, \boldsymbol{b}_i \text{ von Basiselementen } \{\boldsymbol{b}_1, \ldots, \boldsymbol{b}_k\} \text{ dargestellt werden kann.}$$
>
> Die α_i heißen **Koordinaten** von $x \in X$ bezüglich B.

Beispiel 2.85

Der Raum H_4 (s. Beispiel 2.83) hat mit $B_1 = \{(1,0,0),(0,0,1)\}$ eine Basis, denn jedes Element $(x_1, 0, x_3)$ von H_4 ist eindeutig darstellbar als Linearkombination der Basiselemente

$(x_1, 0, x_3) = x_1(1,0,0) + x_3(0,0,1) = (x_1, x_3)_{B1}$.

$(x_1, x_3)_{B1}$ bezeichnet die Koordinatendarstellung von $(x_1, 0, x_3)$ bzgl. der Basis B_1.

Ebenso sind $B_2 = \{(1,0,0),(1,0,1)\}$ und $B_3 = \{(0,0,1),(1,0,1)\}$ Basen, denn im ersten Fall gibt es eine Darstellung der Form

$(x_1, 0, x_3) = (x_1 - x_3)(1,0,0) + x_3(1,0,1) = (x_1 - x_3, x_3)_{B2}$

und im zweiten eine Darstellung

$(x_1, 0, x_3) = (x_3 - x_1)(0,0,1) + x_1(1,0,1) = (x_3 - x_1, x_1)_{B3}$.

◄

Eine Basis B für X ist eine maximale Menge linearer unabhängiger Elemente von X. Es gilt $L(B) = X$. Die n Vektoren $\boldsymbol{e}_1, \ldots, \boldsymbol{e}_n$, wobei die $\boldsymbol{e}_i = (\varepsilon_{i1}, \ldots, \varepsilon_{in})$ für $i = 1, \ldots, n$ eine Darstellung in der Art

$$\varepsilon_{ij} = \begin{cases} 1 & \text{für } j = i \\ 0 & \text{sonst} \end{cases}$$

besitzen, bilden die sogenannte **kanonische Basis** des $\mathbb{R}^n$.

Ein $x = (x_1, \ldots, x_n) \in \mathbb{R}^n$ ist dann darstellbar als

$$(x_1, \ldots, x_n) = \sum_{i=1}^{n} x_i \, \boldsymbol{e}_i = x_1(1,0,\ldots,0) + x_2(0,1,0,\ldots,0) + \ldots + x_n(0,\ldots,0,1).$$

Jedes $X \subseteq \mathbb{R}^n$ enthält eine Basis von $L(X)$.

Definition:

Die **Dimension** $\dim X$ eines Teilraumes $X \subseteq \mathbb{R}^n$ ist die Anzahl seiner Basiselemente. Für den Spezialfall $L(\varnothing) = \{0\} \in \mathbb{R}^n$ gilt $\dim \{0\} = 0$.

Die Dimension eines Teilraumes $X \subseteq \mathbb{R}^n$ ist eindeutig bestimmt.

Satz 2:

Es gilt für zwei Teilräume X und Y des $\mathbb{R}^n$, sofern $X \cup Y$ ein Teilraum des $\mathbb{R}^n$ ist, die
Beziehung $\dim X + \dim Y = \dim(X \cap Y) + \dim(X \cup Y)$.

◄

Beispiel 2.86

Man prüft leicht nach, dass für die Dimensionen der in Beispiel 2.83 beschriebenen Teilräume des dreidimensionalen reellen Raumes $\mathbb{R}^3$
$\dim H_4 = \dim H_3 = 2$, $\dim(H_3 \cap H_4) = 1$ und $\dim(H_3 \cup H_4) = 3$ gelten und daraus folgt
$\dim H_3 + \dim H_4 = \dim(H_3 \cap H_4) + \dim(H_3 \cup H_4)$.

◄

Lineare Abbildungen des $\mathbb{R}^n$

Definition:

Eine Abbildung $A | \mathbb{R}^n \to \mathbb{R}^m$ des $\mathbb{R}^n$ in den $\mathbb{R}^m$ heißt **lineare Abbildung,**
wenn für $x, y, \in \mathbb{R}^n$ die folgenden Beziehungen gelten:

1. A ist additiv, d. h. $A(x + y) = A(x) + A(y)$ und
2. A ist homogen, d. h. $A(\alpha x) = \alpha A(x)$.

Es heißt $A(X)$ der **Bildraum** oder das **Bild der Abbildung** A.

Satz 3:

Es sei $A | \mathbb{R}^n \to \mathbb{R}^m$ eine lineare Abbildung. Dann ist das Bild $A(X)$ jedes linearen Teil-
raumes $X \subseteq \mathbb{R}^n$ ein linearer Teilraum des $\mathbb{R}^m$.

Das Urbild jedes linearen Teilraumes von $\mathbb{R}^m$ in $\mathbb{R}^n$ bezüglich A ist wieder ein linearer
Teilraum von $\mathbb{R}^n$.

◄

> **Definition:**
> Eine lineare Abbildung A des $\mathbb{R}^n$ auf einen linearen Teilraum $\mathbb{R}^m$ heißt **Iso-morphismus**, wenn A umkehrbar eindeutig ist.

Eine lineare Abbildung muss kein Isomorphismus sein. Sie ist nicht notwendig eine Abbildung auf den gesamten $\mathbb{R}^m$.

Beispiel 2.87

- Es seien B eine Basis für $\mathbb{R}^n$ und $x = \sum_{i=1}^{n} \alpha_i \, e_i$. Dann ist die Zuordnung

  $A \,|\, x \rightarrow (\alpha_1, \, ..., \, \alpha_n)$, die jedem Element x aus $\mathbb{R}^n$ seine Koordinaten $(\alpha_1, \, ..., \, \alpha_n)$ bezüglich B zuweist, ein Isomorphismus des $\mathbb{R}^n$ auf sich selbst. Für solche Abbildungen ist auch der Begriff Automorphismus gebräuchlich.

- Die Zuordnung $A \,|\, x \rightarrow \left(\alpha_1, \, ..., \, \alpha_n, \, \sum_{i=1}^{n} \alpha_i \right)$ ist eine lineare Abbildung des $\mathbb{R}^n$ auf

  einen linearen Teilraum des $\mathbb{R}^{n+1}$ aber kein Isomorphismus. Sie ist nicht umkehrbar eindeutig.

- Offenbar ist die Abbildung, die jedem Zeilenvektor $x = (x_1, ..., x_n) \in \mathbb{R}^n$ den korrespondierenden Spaltenvektor zuordnet, ein Isomorphismus.

  ◄

Beispiel 2.88

- Jedem Element $x = (x_1, \, x_2, \, x_3)$ des $\mathbb{R}^3$ wird vermöge der Abbildung A_E das Element (x_1, x_2) des $\mathbb{R}^2$ zugeordnet. Diese Abbildung A_E ist eine lineare Abbildung. Der Bildraum von A_E ist der $\mathbb{R}^2$.

- Für jede Permutation P der Zahlen 1, ..., n ist $A_P (x_1, \, ..., \, x_n) = (x_{P(1)}, \, ..., \, x_{P(n)})$ eine lineare Abbildung des $\mathbb{R}^n$ auf sich. Der Bildraum von A_P ist $\mathbb{R}^n$.

  ◄

Eine lineare Abbildung ordnet möglicherweise mehrere Urbilder einem Element des Bildraumes zu. Ist A eineindeutig bzw. umkehrbar eindeutig, besitzt jedes Bild genau ein Urbild.

> **Definition:**
> Für eine lineare Abbildung $A \,|\, \mathbb{R}^n \rightarrow \mathbb{R}^m$ heißt die Menge der Urbilder des Nullelementes aus $\mathbb{R}^m$ der **Kern** K_A der linearen Abbildung A.

Beispiel 2.89

- Die Abbildung A_E aus Beispiel 2.88 besitzt den Kern $L(0,0,1)$, denn es werden genau alle Elemente des $\mathbb{R}^3$ mit $x_1 = x_2 = 0$ auf die Null $(0,0)$ des $\mathbb{R}^2$ abgebildet.

- Jede Permutation ist eine eineindeutige Abbildung, A_P aus Beispiel 2.87 ist demnach eine umkehrbar eindeutige lineare Abbildung von $\mathbb{R}^n$ auf sich. Der Kern von A_P ist der nur aus dem Nullvektor des $\mathbb{R}^3$ bestehende triviale Teilraum.

◄

Definition:

Es bezeichne $L\left(\mathbb{R}^n, \mathbb{R}^m\right)$ die Menge aller linearen Abbildungen des $\mathbb{R}^n$ in den $\mathbb{R}^m$. **Addition und skalare Multiplikation** werden in $L\left(\mathbb{R}^n, \mathbb{R}^m\right)$ folgendermaßen erklärt:

$$\left(A_1 + A_2\right)(x) = A_1(x) + A_2(x),$$
$$(\alpha A)(x) = A(\alpha x) \text{ für } A_1, A_2, A \in L\left(\mathbb{R}^n, \mathbb{R}^m\right), \ \alpha \in \mathbb{R} \text{ und } x \in \mathbb{R}^n.$$

Definition:

Eine **Multiplikation** linearer Abbildungen wird wie folgt erklärt: Es seien $A_1, A_2 \in L\left(\mathbb{R}^n, \mathbb{R}^m\right)$ sowie der Bildraum $A_1(X)$ im Definitionsbereich der Abbildung A_2 enthalten. Die Hintereinanderausführung $A_2 \circ A_1$ der Abbildungen A_1 und A_2, $\left(A_2 \circ A_1\right)(x) = A_2\left(A_1(x)\right)$ für $x \in X \subset \mathbb{R}^n$, heißt das **Produkt** von A_1 und A_2.

Ist $A_2 \circ A_1$ erklärt, so ist $A_1 \circ A_2$ nicht notwendig definiert.

Definition:

Es sei $A \in L\left(\mathbb{R}^n, \mathbb{R}^m\right)$ eine umkehrbar eindeutige lineare Abbildung. Jedem Element y des Bildraumes wird sein eindeutig bestimmtes Urbild x zugeordnet. Diese Zuordnung $A^{-1}(y) = x$ definiert die **inverse Abbildung** A^{-1} oder Umkehrabbildung der linearen Abbildung

---

In diesem Falle sind die Produkte $A^{-1} \circ A$ und $A \circ A^{-1}$ erklärt, und es gilt
$$\left(A^{-1} \circ A\right)(x) = \left(A \circ A^{-1}\right)(x) = x \text{ für } x \in X \subseteq \mathbb{R}^n.$$

Beispiel 2.90

Für A_P (s.Beispiel 2.87) lässt sich die Inverse leicht angeben:

$\left(A_P\right)^{-1} = A_{P^{-1}}$, wobei P^{-1} die Inverse der Permutation P bezeichnet.

P sei die Permutation $\begin{pmatrix} 1 & 2 & 3 \\ P(1) & P(2) & P(3) \end{pmatrix} = \begin{pmatrix} 1 & 2 & 3 \\ 3 & 1 & 2 \end{pmatrix}$. Die zu P inverse

Permutation P^{-1} ist $\begin{pmatrix} 1 & 2 & 3 \\ 3 & 1 & 2 \end{pmatrix}$, denn

$$P \circ P^{-1} = \begin{pmatrix} 1 & 2 & 3 \\ 3 & 1 & 2 \end{pmatrix} \circ \begin{pmatrix} 1 & 2 & 3 \\ 2 & 3 & 1 \end{pmatrix} = \begin{pmatrix} 1 & 2 & 3 \\ 1 & 2 & 3 \end{pmatrix} \text{ und}$$

$$P^{-1} \circ P = \begin{pmatrix} 1 & 2 & 3 \\ 2 & 3 & 1 \end{pmatrix} \circ \begin{pmatrix} 1 & 2 & 3 \\ 3 & 1 & 2 \end{pmatrix} = \begin{pmatrix} 1 & 2 & 3 \\ 1 & 2 & 3 \end{pmatrix}.$$

Die Abbildung $A_P \mid \mathbb{R}^3 \to \mathbb{R}^3$ mit $A_P(x_1, x_2, x_3) = (x_3, x_1, x_2)$ ist invers zu
$A_P^{-1}(x_1, x_2, x_3) = (x_2, x_3, x_1)$, weil $A_P\left(A_P^{-1}(x_1, x_2, x_3)\right) = A_P(x_2, x_3, x_1) = (x_1, x_2, x_3)$.
Ebenso ist $A_{P^{-1}}(x_1, x_2, x_3) = (x_2, x_3, x_1)$, also $A_{P^{-1}} = A_P^{-1}$.

◀

Für $A \in L\left(\mathbb{R}^n, \mathbb{R}^m\right)$ gilt $\dim A\left(\mathbb{R}^n\right) \leq \dim \mathbb{R}^n = n$.

Definition:

Besteht für $A \in L\left(\mathbb{R}^n, \mathbb{R}^m\right)$ die Beziehung $\dim A\left(\mathbb{R}^n\right) = n$, so heißt A **reguläre lineare Abbildung**. Es heißt $\operatorname{Rg}(A) = \dim A\left(\mathbb{R}^n\right)$ der **Rang** von A.

Offenbar ist A_E (s. Beispiel 2.88) keine reguläre lineare Abbildung.

Satz 4:
Es bezeichne $\{b_1, ..., b_n\}$ eine Basis von $\mathbb{R}^n$. Eine lineare Abbildung $A \in L\left(\mathbb{R}^n, \mathbb{R}^m\right)$ ist genau dann regulär, wenn $\{A(b_1), ..., A(b_n)\}$ eine Basis von $\mathbb{R}^m$ bildet.

◀

Definition:

Die Dimension des Kernes K_A heißt **Defekt** $d(A)$ der Abbildung $A \in L\left(\mathbb{R}^n, \mathbb{R}^m\right)$, $d(A) = \dim K_A$.

Für $A \in L\left(\mathbb{R}^n, \mathbb{R}^m\right)$ gilt $d(A) + \operatorname{Rg}(A) = n$.

Beispiel 2.91
Es sei $A \mid \mathbb{R}^3 \to \mathbb{R}^2$ die Abbildung $A(x_1, x_2, x_3) = (x_1, x_2)$.

Der Kern $K_A = \{(0,0,x_3)\}$ ist ein linearer Unterraum von $\mathbb{R}^3$ und hat die Dimension 1, die Abbildung A hat den Rang 2. Es gilt: $d(A) + \mathrm{Rg}(A) = 3 = \dim(\mathbb{R}^3)$.

◄

Matrizen und lineare Abbildungen

Im $\mathbb{R}^n$ sei eine Basis $\{b_1, ..., b_n\}$ gewählt, die man sich zunächst fixiert denke.

Jedes Element des $\mathbb{R}^n$ kann bezüglich dieser Basis durch einen Vektor reeller Zahlen repräsentiert werden. Auch die linearen Abbildungen aus $L(\mathbb{R}^n,\mathbb{R}^m)$ lassen sich durch reelle Zahlen beschreiben. Dies führt zum Begriff der Matrix. Viele Verfahren der mehrdimensionalen Datenanalyse können auf der Grundlage der Matrizenrechnung übersichtlich und verständlich dargestellt werden. Deshalb sind nachfolgend wichtige Aussagen und Definitionen für die Matrizenrechnung zusammengestellt. Andererseits erleichtern Kenntnisse der Theorie linearer Abbildungen den Umgang mit dem Matrizenkalkül.

> ***Definition:***
> Ein rechteckiges Zahlenschema $A = (a_{ij})$ mit $i = 1, ..., m$ Zeilen und
> $j = 1, ..., n$ Spalten heißt **Matrix A vom Typ (m, n)**.

> ***Definition:***
> Die Matrix $A_{n \times m}$ vom Typ (n, m), die man aus der Matrix $A_{m \times n}$ vom Typ
> (m, n) durch Vertauschen der Zeilen und Spalten erhält, heißt **Transponierte**
> der Matrix A und wird mit A' bezeichnet.

Satz 5:
Es gilt $(A')' = A$.

◄

Die Elemente des $\mathbb{R}^n$ sind als Zeilen- bzw. Spaltenvektoren spezielle Matrizen vom Typ $(1, n)$ bzw. $(n, 1)$.

Nachfolgend werden die Elemente des $\mathbb{R}^n$ stets als Spaltenvektoren verwendet, sofern nichts anderes vereinbart ist.

Die transponierte Form $x = (x_1,...,x_n)'$ wird oft in Textzeilen wegen der besseren Schreibweise verwendet. Jede lineare Abbildung $A | \mathbb{R}^n \to \mathbb{R}^m$ kann als Matrix vom Typ (m, n) dargestellt werden, jeder Matrix vom Typ (m, n) entspricht eine lineare Abbildung aus $L(\mathbb{R}^n,\mathbb{R}^m)$. Diese Beziehung ist folgendermaßen beschrieben:

Es seien $x' = (x_1,...,x_n) \in \mathbb{R}^n$ und $y' = A(x)' = (y_1,...,y_m) \in \mathbb{R}^m$ die Koordinatendarstellungen von x bzw. y bezüglich gegebener Basen $\{b_1,...,b_n\}$ des $\mathbb{R}^n$ und $\{c_1,...,c_m\}$ des $\mathbb{R}^m$. Für eine Abbildung $A \in L(\mathbb{R}^n, \mathbb{R}^m)$ ist die der Abbildung A assoziierte Matrix $A = (a_{ij})$ vom Typ (m,n) dadurch definiert, dass die folgenden m Gleichungen gelten:

$$y_i = a_{i1} x_1 + a_{i2} x_2 + ... + a_{in} x_n, \ i = 1, \ ..., \ m.$$

Abkürzend für diese Gleichungen schreibt man auch:

$$\begin{pmatrix} a_{11} & \cdots & a_{1n} \\ \vdots & \vdots & \vdots \\ a_{m1} & \cdots & a_{mn} \end{pmatrix} \begin{pmatrix} x_1 \\ \vdots \\ x_n \end{pmatrix} = \begin{pmatrix} y_1 \\ \vdots \\ y_m \end{pmatrix}.$$

Man beachte, dass die Abbildung mit A und die Matrix mit A bezeichnet sind! Die lineare Abbildung A ist durch die Bilder $A(b_j)$, $j = 1,...,n$, der Basisvektoren aus dem $\mathbb{R}^n$ bereits vollständig gekennzeichnet. Diese Bilder entsprechen den Spalten $A(b_j) = (a_{1j},...,a_{mj})'$ von A, die Spalteneinträge sind ihre Koordinaten im $\mathbb{R}^m$ bezüglich der Basis $\{c_1,...,c_n\}$.

Beispiel 2.92

$B = \{b_1', b_2', b_3'\} = \{(1,0,0), \ (0,1,0), \ (0,0,1)\}$ ist die kanonische Basis des $\mathbb{R}^3$. Eine lineare Abbildung des $\mathbb{R}^3$ in den $\mathbb{R}^2$ sei gegeben durch $A_1(x_1,x_2,x_3)' = (x_1,x_2)'$. Um die zu A_1 gehörige Matrix A_1 zu bestimmen, werden die Bilder der Basisvektoren bezüglich der in $\mathbb{R}^2$ gewählten Basis $\{c_1, c_2\} = \{(1,1)', \ (2,0)'\}$ dargestellt und daraus die a_{ij} berechnet.

$A_1(b_1) = A_1(1,0,0)' = (1,0)' = a_{11}(1,1)' + a_{21}(2,0)'$, also $a_{11} = 0, a_{21} = 1/2$;

$A_1(b_2) = A_1(0,1,0)' = (0,1)' = a_{12}(1,1)' + a_{22}(2,0)'$, also $a_{12} = 1, a_{22} = -1/2$;

$A_1(b_3) = A_1(0,0,1)' = (0,0)' = a_{13}(1,1)' + a_{23}(2,0)'$, also $a_{13} = 0, a_{23} = 0$.

Die der linearen Abbildung A_1 zugeordnete Matrix ist somit $\begin{pmatrix} 0 & 1 & 0 \\ \frac{1}{2} & -\frac{1}{2} & 0 \end{pmatrix}$.

◄

Begriffe und Definitionen des Matrizenkalküls sind nachfolgend zusammengestellt. Für nähere Erläuterungen muss wiederum auf Lehrbücher der Algebra verwiesen werden. Analog zu den Definitionen der Addition und der Multiplikation von linearen Abbildungen sind diejenigen von Matrizen.

Die **Addition zweier Matrizen** $A = (a_{ij})$ und $B = (b_{ij})$ gleichen Typs (m,n) ist elementweise definiert durch $A + B = C = (c_{ij})$, wobei gilt:

$$c_{ij} = a_{ij} + b_{ij} \ \text{für} \ i = 1, \ ..., \ m; j = 1, \ ..., \ n.$$

Die **Multiplikation** einer Matrix A vom Typ (m,n) mit einem Skalar (reelle Zahl) α ist elementweise erklärt durch $\alpha A = \alpha\left(a_{ij}\right) = \left(\alpha\, a_{ij}\right)$ für $i=1,\ ...,\ m;\ j=1,\ ...,\ n$.

Damit ist auch die Differenzbildung von Matrizen gleichen Typs festgelegt,

$$A - B = A + (-B).$$

Beispiel 2.93

Es seien $A = \begin{pmatrix} 2 & 3 & 5 \\ 1 & 2 & 2 \end{pmatrix}$ und $B = \begin{pmatrix} 1 & 2 & 1 \\ 2 & 1 & 2 \end{pmatrix}$ gegeben. Dann ist $A + B = \begin{pmatrix} 3 & 5 & 6 \\ 3 & 3 & 4 \end{pmatrix}$.

◄

Definition:

Hat eine Matrix $A_{m\times n} = \left(a_{ij}\right)$ so viele Spalten wie eine Matrix $B_{n\times p} = \left(b_{jk}\right)$ Zeilen, dann kann die Matrix A von rechts mit der Matrix B multipliziert werden. Das **Produkt** dieser beiden Matrizen ist definiert durch $A_{m\times n} B_{n\times p} = C_{m\times p}$, wobei die Elemente von C berechnet werden als

$$c_{ik} = \sum_{j=1}^{n} a_{ij}\, b_{jk} \quad \text{für } i=1,...,m; k=1,...,p.$$

Beispiel 2.94

$A = \begin{pmatrix} 2 & 3 & 5 \\ 1 & 2 & 2 \end{pmatrix}$ wird mit $B = \begin{pmatrix} 1 & 2 \\ 2 & 1 \\ 1 & 2 \end{pmatrix}$ multipliziert. Das Ergebnis ist:

$$\begin{pmatrix} 2 & 3 & 5 \\ 1 & 2 & 2 \end{pmatrix}\begin{pmatrix} 1 & 2 \\ 2 & 1 \\ 1 & 2 \end{pmatrix} = \begin{pmatrix} 2\cdot1+3\cdot2+5\cdot1 & 2\cdot2+3\cdot1+5\cdot2 \\ 1\cdot1+2\cdot2+2\cdot1 & 1\cdot2+2\cdot1+2\cdot2 \end{pmatrix} = \begin{pmatrix} 13 & 17 \\ 7 & 8 \end{pmatrix}.$$

◄

Das Matrizenprodukt bedeutet die Hintereinanderausführung linearer Abbildungen. Viele Eigenschaften von Matrizen sind damit offensichtlich, weil man sie aus Eigenschaften von Abbildungen schlussfolgern kann, z. B.:

- Die Matrizenmultiplikation ist assoziativ. Sind die Matrizen A vom Typ (m,n), B vom Typ (n,p) und C vom Typ (p,q), so existieren AB, $(AB)C$, BC, $A(BC)$ und es gilt: $(AB)C = A(BC)$.

- Die Matrizenmultiplikation ist nicht kommutativ. Selbst wenn mit AB auch BA existiert, gilt im Allgemeinen $AB \neq BA$.

Beispiel 2.95

Es seien $A = \begin{pmatrix} 1 & 1 \\ 0 & 1 \end{pmatrix}$ und $B = \begin{pmatrix} 1 & 0 \\ 1 & 1 \end{pmatrix}$ gegeben. Dann ist

$$AB = \begin{pmatrix} 1 & 1 \\ 0 & 1 \end{pmatrix} \begin{pmatrix} 1 & 0 \\ 1 & 1 \end{pmatrix} = \begin{pmatrix} 2 & 1 \\ 1 & 1 \end{pmatrix}, \text{ aber } BA = \begin{pmatrix} 1 & 0 \\ 1 & 1 \end{pmatrix} \begin{pmatrix} 1 & 1 \\ 0 & 1 \end{pmatrix} = \begin{pmatrix} 1 & 1 \\ 1 & 2 \end{pmatrix}.$$

◄

Satz 6:

Für die Matrizenaddition, die Matrizenmultiplikation und die Multiplikation einer Matrix mit einem Skalar $\alpha \in \mathbb{R}$ gelten folgende Beziehungen:

1. $(A + B)' = A' + B'$

2. $(AB)' = B'A'$

3. $\alpha(A + B) = \alpha A + \alpha B$

◄

Definition:

> Eine Matrix, die nur aus Nullen besteht, heißt **Nullmatrix**. Sie wird mit **0** bezeichnet. Analog ist ein **Nullvektor** definiert, der ebenfalls mit **0** bezeichnet wird.

Definition:

> Der **Rang** einer Matrix A vom Typ (m, n), kurz $\mathrm{Rg}(A)$, ist definiert als die Anzahl der linear unabhängigen Spaltenvektoren von A oder äquivalent die der linear unabhängigen Zeilenvektoren von A.

Beispiel 2.96

Die Matrix $A = \begin{pmatrix} 0 & 1 & 1 \\ \frac{1}{2} & -\frac{1}{2} & 0 \end{pmatrix}$ hat den Rang 2, weil erster und zweiter Spaltenvektor unabhängig sind und der dritte Spaltenvektor als Summe aus den beiden ersten linear kombinierbar ist. Aus der vorhergehenden Definition folgt

$$\mathrm{Rg}(A') = \mathrm{Rg} \begin{pmatrix} 0 & \frac{1}{2} \\ 1 & -\frac{1}{2} \\ 1 & 0 \end{pmatrix} = 2.$$

Ebenso haben

$$AA' = \begin{pmatrix} 0 & 1 & 1 \\ \frac{1}{2} & -\frac{1}{2} & 0 \end{pmatrix} \begin{pmatrix} 0 & \frac{1}{2} \\ 1 & -\frac{1}{2} \\ 1 & 0 \end{pmatrix} = \begin{pmatrix} 2 & -\frac{1}{2} \\ -\frac{1}{2} & \frac{1}{2} \end{pmatrix} \text{ und}$$

$$A'A \;=\; \begin{pmatrix} 0 & \frac{1}{2} \\ 1 & -\frac{1}{2} \\ 1 & 0 \end{pmatrix} \begin{pmatrix} 0 & 1 & 1 \\ -\frac{1}{2} & -\frac{1}{2} & 0 \end{pmatrix} \;=\; \begin{pmatrix} -\frac{1}{4} & -\frac{1}{4} & 0 \\ \frac{1}{4} & \frac{5}{4} & 1 \\ 0 & 1 & 1 \end{pmatrix}$$

den Rang 2, weil im letzten Fall die dritte Zeile Summe der ersten und zweiten ist. ◄

Satz 7:
Für zwei Matrizen A und B gelten:

1. $\mathrm{Rg}(A + B) \;\leq\; \mathrm{Rg}(A) + \mathrm{Rg}(B)$,

2. $\mathrm{Rg}(A + B) \;\geq\; |(\mathrm{Rg}\,(A)\text{-}\mathrm{Rg}(B))|$,

3. $\mathrm{Rg}(AB) \;\leq\; \min\{\mathrm{Rg}(A),\, \mathrm{Rg}(B)\}$ und

4. $\mathrm{Rg}(A'A) = \mathrm{Rg}(A)$.

◄

Sind die Anzahlen der Zeilen und der Spalten einer Matrix A gleich $(\text{also } m = n)$, dann heißen A **quadratische Matrix** und n **Ordnung** der quadratischen Matrix. Die Elemente $a_{ii}\,(i = 1, \ldots, n)$ bilden die **Hauptdiagonale** einer quadratischen Matrix A der Ordnung n.

> _**Definition:**_
>   Die Summe der Hauptdiagonalelemente einer quadratischen Matrix A heißt **Spur** $Sp(A)$ der Matrix A.

Satz 8:
Für zwei quadratische Matrizen A und B der gleichen Ordnung gilt
$$Sp(A + B) = Sp(A) + Sp(B)$$

◄

Satz 9:
Sind die Matrizenprodukte AB bzw. ABC quadratische Matrizen, dann gelten
$$Sp(AB) = Sp(BA) \text{ bzw. } Sp(ABC) = Sp(BCA) = Sp(CAB).$$

◄

> _**Definition:**_
>   Es sei $A = (a_{ij})$ eine quadratische Matrix der Ordnung n. Unter der **Determinante** der Matrix A auch $(\det(A) \text{ oder } |A| \text{ geschrieben})$ versteht man den folgenden Zahlenausdruck $|A| \;=\; \sum_{\pi \in \Pi} (-1)^{k(\pi)}\, a_{1\pi(1)}\, a_{2\pi(2)} \cdots a_{n\pi(n)}$.
>   Die Zahl n heißt Ordnung der Determinante.

Hier bezeichnen π eine Permutation (Änderung der Reihenfolge) von $1, \ldots, n$ und Π alle $n!$ solcher Permutationen. $k(\pi)$ ist die Anzahl der Inversionen der Permutation. Eine Inversion einer Permutation $\pi = (\pi(1),...,\pi(n))$ ist ein Zahlenpaar der Permutation, für das $i > j$ und $\pi(i) < \pi(j)$ gilt.

Mit der Determinantenbildung wird einer quadratischen Matrix eine reelle Zahl zugeordnet.

Beispiel 2.97

*   Für $n = 1$ gibt es nur eine Permutation, folglich ist $|A| = (a_{11})$.

*   Für $n = 2$ gibt es nur zwei Permutationen, nämlich die Permutation $(1 \quad 2)$ ohne Inversionen und die Permutation $(2 \quad 1)$ mit einer Inversion.

    Damit ist $|A| = a_{11}\,a_{22} - a_{12}\,a_{21}$.

*   Für die Matrix $A = \begin{pmatrix} a_{11} & a_{12} & a_{13} \\ a_{21} & a_{22} & a_{23} \\ a_{31} & a_{32} & a_{33} \end{pmatrix}$ der Ordnung 3 sind $3! = 6$ verschiedene Permuta-

    tionen zu berücksichtigen, die in folgender Tabelle aufgeführt sind:

Tab. 2.52 Permutationen und zugehörige Inversionen einer dreielementigen Menge

Permutationen $(\pi(1) \quad \pi(2) \quad \pi(3))$	Inversionen	$\mathrm{sgn}(\pi)$	$\mathrm{sgn}(\pi)a_{1\pi(1)}a_{2\pi(2)}a_{3\pi(3)}$
$(1 \quad 2 \quad 3)$	keine	$+1$	$+a_{11}a_{22}a_{33}$
$(1 \quad 3 \quad 2)$	32	-1	$-a_{11}a_{23}a_{32}$
$(2 \quad 1 \quad 3)$	21	-1	$-a_{12}a_{21}a_{33}$
$(2 \quad 3 \quad 1)$	$21,31$	$+1$	$+a_{12}a_{23}a_{31}$
$(3 \quad 1 \quad 2)$	$31,32$	$+1$	$+a_{13}a_{21}a_{32}$
$(3 \quad 2 \quad 1)$	$32,31,21$	-1	$-a_{13}a_{22}a_{31}$

Man erhält als Determinante

$$|A| = a_{11}a_{22}a_{33} + a_{12}a_{23}a_{31} + a_{13}a_{21}a_{32} - a_{13}a_{22}a_{31} - a_{11}a_{23}a_{32} - a_{12}a_{21}a_{33}.$$

◄

Satz 10:

Es seien A und B zwei quadratische Matrizen der Ordnung n. Dann haben ihre Determinanten folgende Eigenschaften:

1. Jede Aussage über die Determinante einer Matrix bezüglich ihrer Zeilen gilt auch bezüglich ihrer Spalten.

2. Es können beliebig viele Zeilen einer Matrix A mit den entsprechenden Spalten vertauscht werden, ohne den Wert der Determinante zu ändern. Das heißt insbesondere, dass $|A| = |A'|$ gilt.

3. Besteht für eine Matrix A eine Zeile aus lauter Nullen, dann gilt: $|A| = 0$.

4. Werden zwei Zeilen der Matrix A vertauscht, dann ändert sich das Vorzeichen von $|A|$.

5. Die Determinante hat den Wert Null, wenn eine Zeile als Linearkombination anderer Zeilen erhältlich ist.

6. Multipliziert man in der Matrix A eine Zeile mit einer reellen Zahl λ, so ist die Determinante gleich dem λ-fachen der Ausgangsdeterminante.

7. Hat die Matrix A den Rang n, dann gilt $|A| \neq 0$.

8. Die Determinantenbildung ist multiplikativ. Das bedeutet $|AB| = |A||B|$.

9. Es seien A eine quadratische Matrix der Ordnung n und A_{ij} die aus A durch Streichung der i-ten Zeile und j-ten Spalte entstehende Matrix der Ordnung $n-1$. Dann gilt folgende Entwicklung der Determinante von A nach der i-ten Zeile:

$$|A| = \sum_{j=1}^{n} (-1)^{i+j} a_{ij} |A_{ij}|. \qquad \blacktriangleleft$$

Beispiel 2.98

$A = \begin{pmatrix} a_{11} & a_{12} & a_{13} \\ a_{21} & a_{22} & a_{23} \\ a_{31} & a_{32} & a_{33} \end{pmatrix}$ ist eine Matrix der Ordnung 3. Dann lässt sich die Berechnung dieser

Determinanten nach Aussage 9 des vorangehenden Satzes auf die Berechnung von Determinanten von Matrizen der Ordnung 2 zurückführen. Angegeben wird die „Entwicklung nach der ersten Zeile $(i = 1)$":

$$|A| = (-1)^{1+1} a_{11} \begin{vmatrix} a_{22} & a_{23} \\ a_{32} & a_{33} \end{vmatrix} + (-1)^{1+2} a_{12} \begin{vmatrix} a_{21} & a_{23} \\ a_{31} & a_{33} \end{vmatrix} + (-1)^{1+3} a_{13} \begin{vmatrix} a_{21} & a_{22} \\ a_{31} & a_{32} \end{vmatrix}$$

$$= a_{11} (a_{22}a_{33} - a_{32}a_{23}) - a_{12} (a_{21}a_{33} - a_{31}a_{23}) + a_{13} (a_{21}a_{32} - a_{31}a_{22})$$

Ein Vergleich mit Beispiel 2.97 zeigt die Übereinstimmung.

$\blacktriangleleft$

Die Rekursionsformel in 9. vom vorangegangenen Satz kann insbesondere vorteilhaft angewandt werden, wenn eine Zeile oder Spalte viele Nullen enthält.

Computerprogramme zur Berechnung der Determinante gehen weder auf die Definition noch auf den Entwicklungssatz zurück. Sie berechnen die Determinanten mit iterativen Verfahren.

Der Begriff der Determinante ist unter dem Gesichtspunkt der wissenschaftlichen Datenauswertung nicht essentiell. Er gehört jedoch in das Konzept der linearen Algebra und wird deshalb hier kurz vorgestellt.

Durch Streichen von Zeilen bzw. Spalten einer Rechteckmatrix A können quadratische Matrizen erzeugt werden. Diese Matrizen können von unterschiedlicher Ordnung sein, und man kann die entsprechenden Determinanten (sie heißen Unterdeterminanten der Rechteck-matrix A) berechnen.

Satz 11:
Die größte der Ordnungen der von Null verschiedenen Unterdeterminanten einer Rechteck-matrix A stimmt mit $\mathrm{Rg}(A)$ überein.

◄

Definition:
    Die quadratische Matrix I_n der Ordnung n mit

$$I_n = \begin{pmatrix} 1 & 0 & \dots & 0 \\ 0 & 1 & \dots & 0 \\ \vdots & \vdots & \vdots & \vdots \\ 0 & 0 & \dots & 1 \end{pmatrix}$$ heißt **Einheitsmatrix** der Ordnung n.

Ist die Ordnung n der Einheitsmatrix I_n aus dem Zusammenhang ersichtlich, schreibt man auch einfach I. Es gelten für jede Matrix A vom Typ (m,n) die Beziehung:
$AI_n = A$ und $I_m A = A$.

Definition:
    Eine quadratische Matrix A heißt **regulär**, wenn sie eine **inverse Matrix** A^{-1}
    besitzt. A^{-1} ist eine quadratische Matrix, die durch die Beziehungen $AA^{-1} = I$
    und $A^{-1}A = I$ definiert wird.
    Andernfalls heißt A **singulär**.

Die Inverse einer regulären Matrix A ist eindeutig bestimmt.

Satz 12:
Die quadratische Matrix A der Ordnungen n ist regulär genau dann, wenn sie den Rang n besitzt bzw. wenn $|A| \neq 0$ gilt.

◄

Satz 13:
Die Inverse A^{-1} einer regulären Matrix A berechnet man als $A^{-1} = \dfrac{1}{|A|} A_{ad}$.

◄

Im Satz 13 bezeichnet A_{ad} die **adjungierte Matrix** der Matrix A. Ihre Elemente (**Adjunk-te** oder auch **Kofaktoren** genannt) sind $a_{ij}^{ad} = (-1)^{i+j} |A_{ij}|$, $i,j = 1,\dots,n$, wobei mit A_{ij} diejenige Matrix der Ordnung $n-1$ bezeichnet wird, die man aus A durch Streichung der i-ten Zeile und der j-ten Spalte erhält.

Beispiel 2.99

Gegeben ist $A = \begin{pmatrix} 1 & 2 \\ 3 & 1 \end{pmatrix}$. Gesucht wird die inverse Matrix $A^{-1} = \begin{pmatrix} a_{11} & a_{12} \\ a_{21} & a_{22} \end{pmatrix}$. Aus der

definierenden Gleichung $\begin{pmatrix} 1 & 2 \\ 3 & 1 \end{pmatrix}\begin{pmatrix} a_{11} & a_{12} \\ a_{21} & a_{22} \end{pmatrix} = \begin{pmatrix} 1 & 0 \\ 0 & 1 \end{pmatrix}$ erhält man ein lineares Gleichungssys-

tem mit den vier Unbekannten a_{11}, a_{12}, a_{21} und a_{22} :

1. $a_{11} + 2\,a_{21} = 1$
2. $a_{12} + 2\,a_{22} = 0$
3. $3\,a_{11} + a_{21} = 0$
4. $3\,a_{12} + a_{22} = 1.$

Aus 1. und 3. ergeben sich $a_{11} = -\dfrac{1}{5}$ und $a_{21} = \dfrac{3}{5}$, aus 2. und 4. $a_{12} = \dfrac{2}{5}$ und $a_{22} = -\dfrac{1}{5}$.

Man prüft leicht nach, dass $A^{-1} = \begin{pmatrix} -\frac{1}{5} & \frac{2}{5} \\ \frac{3}{5} & -\frac{1}{5} \end{pmatrix}$ die Inverse von A ist, denn

$$\begin{pmatrix} 1 & 2 \\ 3 & 1 \end{pmatrix}\begin{pmatrix} -\frac{1}{5} & \frac{2}{5} \\ \frac{3}{5} & -\frac{1}{5} \end{pmatrix} = \begin{pmatrix} 1 & 0 \\ 0 & 1 \end{pmatrix} = \begin{pmatrix} -\frac{1}{5} & \frac{2}{5} \\ \frac{3}{5} & -\frac{1}{5} \end{pmatrix}\begin{pmatrix} 1 & 2 \\ 3 & 1 \end{pmatrix}.$$

◀

Die Berechnung der Inversen von Matrizen größerer Ordnung aus einem linearen Glei-chungssystem ist aufwendig. Der vorausgehende Satz bietet eine Vereinfachung.

Beispiel 2.100

Gesucht wird wie in Beispiel 2.99 die inverse Matrix von $A = \begin{pmatrix} 1 & 2 \\ 3 & 1 \end{pmatrix}$. Mit Satz 13 hat

man

$$a_{11}^{\;ad} = (-1)^{1+1}\,|1| \;=\; 1,\; a_{12}^{\;ad} = (-1)^{1+2}\,|3| \;=-3,$$

$$a_{21}^{\;ad} = (-1)^{2+1}\,|2| \;=-2,\; a_{22}^{\;ad} = (-1)^{2+2}\,|1| \;=\; 1$$

und

$$A^{-1} = \frac{1}{1\cdot 1 - 3\cdot 2}\begin{pmatrix} 1 & -3 \\ -2 & 1 \end{pmatrix} = -\frac{1}{5}\begin{pmatrix} 1 & -3 \\ -2 & 1 \end{pmatrix} = \begin{pmatrix} -\frac{1}{5} & \frac{3}{5} \\ \frac{2}{5} & -\frac{1}{5} \end{pmatrix}.$$

◀

Satz 14:

Für reguläre quadratische Matrizen A und B der Ordnung n gelten die folgenden Bezie-hungen:

1. $\left(A^{-1}\right)^{-1} = A,$
2. $\left(A'\right)^{-1} = \left(A^{-1}\right)',$
3. $\left(AB\right)^{-1} = B^{-1}A^{-1}.$

◀

Satz 15:
Sind A eine Matrix vom Typ (m, n) und B eine reguläre Matrix der Ordnung n, dann gilt
$\mathrm{Rg}(AB) = \mathrm{Rg}(A)$.

◄

Satz 16:
Es sei A eine Matrix vom Typ (n, m) mit Rang $\mathrm{Rg}(A) = m \leq n$. Dann gilt $\mathrm{Rg}(A'A) = m$.

◄

Satz 17:
Für eine Matrix A mit den Eigenschaften $A^2 = A$ und $A' = A$ gilt $\mathrm{Sp}(A) = \mathrm{Rg}(A)$.

◄

Satz 18:
Ist A eine reguläre Matrix der Ordnung n, X eine Matrix vom Typ (n, p) und α eine Zahl, so dass $I_p + \alpha \, X' \, A^{-1} \, X$ regulär ist, dann gilt

$$\left(A + \alpha X' X\right)^{-1} = A^{-1} - \alpha A^{-1} X \left(I + \alpha X' A^{-1} X\right)^{-1} X' A^{-1}.$$

◄

> **_Definition:_**
> Eine quadratische Matrix A der Ordnung n heißt **Diagonalmatrix**, wenn $a_{ij} = 0$ für alle $i, j = 1, ..., n$ mit $i \neq j$ erfüllt ist.

Satz 19:
Ist $A = \left(a_{ij}\right)$, $i, j = 1, ..., n$, eine reguläre Diagonalmatrix, dann ist auch A^{-1} eine reguläre Diagonalmatrix, für deren Elemente a_{ii}^{-1} der Hauptdiagonale $a_{ii}^{-1} = 1 / a_{ii}$ gelten.

◄

Die einer linearen Abbildung $A \in L\left(\mathbb{R}^n, \mathbb{R}^m\right)$ zugeordnete Matrix A hängt von der Wahl der Basen in $\mathbb{R}^n$ bzw. $\mathbb{R}^m$ ab. Nachfolgend wird der Übergang zwischen zwei Basen des $\mathbb{R}^n$ erläutert.

Satz 20:
Es seien $\{b_1, ..., b_n\}$ eine Basis des $\mathbb{R}^n$ und $A | \mathbb{R}^n \to \mathbb{R}^n$ eine lineare Abbildung des $\mathbb{R}^n$. Die $A(b_i) = c_i$, $i = 1, ..., n$ bilden genau dann eine Basis $\{c_1, ..., c_n\}$ des $\mathbb{R}^n$, wenn A den Rang n hat.

◄

Satz 21:
Zu zwei gegebenen Basen $\{b_1, ..., b_n\}$ und $\{c_1, ..., c_n\}$ des $\mathbb{R}^n$ gibt es genau eine lineare Abbildung $K | \mathbb{R}^n \to \mathbb{R}^n$, die mit $K(b_i) = c_i$, $i = 1, ..., n$ die Basis $\{b_1, ..., b_n\}$ in die Basis $\{c_1, ..., c_n\}$ überführt.

◄

Die diesem Basisübergang assoziierte Matrix sei $K = (k_{ij})$, $i, j = 1, ..., n$. Das Bildelement $c_1 = K(b_1)$ hat bzgl. $\{b_1, ..., b_n\}$ die Koordinaten $(k_{1i}, ..., k_{ni})'$. Dies sind die Spalten von K. Die Koordinatentransformation bei Basiswechsel wird mittels K folgendermaßen beschreibbar:

$x \in \mathbb{R}^n$ habe bezüglich $\{b_1, ..., b_n\}$ die Koordinatenstellung $x^b = (x_1^b, ..., x_n^b)'$, bezüglich $\{c_1, ..., c_n\}$ gelte $x^c = (x_1^c, ..., x_n^c)'$. Dann besteht die Beziehung $x^c = K^{-1} x^b$ bzw. $x^b = K x^c$. Die Koordinaten werden nicht im gleichen Sinne wie die Basiselemente transformiert!

Beispiel 2.101

- Im $\mathbb{R}^2$ sind $\{b_1, ..., b_n\} = \{(1, 0)', (0, 1)'\}$ und $\{c_1, ..., c_n\} = \{(-1, 0)', (0, 1)'\}$ zwei Basen. Gesucht ist diejenige lineare Abbildung K, die die Basen ineinander überführt. Für die diesem Basisübergang assoziierte Matrix K gelten $Kb_i = c_i$ $(i = 1, 2)$, woraus sich $K = \begin{pmatrix} -1 & 0 \\ 0 & 1 \end{pmatrix}$ sowie $K^{-1} = \begin{pmatrix} -1 & 0 \\ 0 & 1 \end{pmatrix}$ ergeben.

  Das Element $x \in \mathbb{R}^2$ mit der Darstellung $x^b = (1, 1)'$ wird in die Darstellung x^c durch $x^c = K^{-1} x^b$ überführt. Das ergibt $x^c = (-1, 1)'$. Beide Basen sind sogenannte Orthonormalsysteme (s. folgenden Abschnitt: Skalarprodukt, Orthogonalität, Eigenwerte).

- Im $\mathbb{R}^2$ sind $\{b_1, b_2\} = \{(2, 1)', (3, 3)'\}$ und $\{c_1, c_2\} = \{(0, 3)', (2, 4)'\}$ zwei Basen. Gesucht ist diejenige lineare Abbildung K, die die Basen ineinander überführt. Die der linearen Abbildung K assoziierte Matrix K der Ordnung 2 erhält man aus

  $c_1 = k_{11} b_1 + k_{21} b_2$

  $c_2 = k_{12} b_1 + k_{22} b_2$.

  Dies führt auf ein lineares Gleichungssystem mit den Unbekannten k_{11}, k_{12}, k_{21} und k_{22}:

  1. $2k_{11} + 3k_{21} = 0$
  2. $k_{11} + 3k_{21} = 3$
  3. $2k_{12} + 3k_{22} = 2$
  4. $k_{12} + 3k_{22} = 4$.

  Damit ergibt sich die reguläre Matrix $K = \begin{pmatrix} -3 & -2 \\ 2 & 2 \end{pmatrix}$, aus der man $K^{-1} = \begin{pmatrix} -1 & -1 \\ 1 & \frac{3}{2} \end{pmatrix}$ bestimmt.

Das Element $x \in \mathbb{R}^2$ mit der Darstellung $x^b = (1, 1)'$ wird durch $x^c = K^{-1} x^b$ in $x^c = \left(-2, \frac{5}{2}\right)'$ überführt. Umgekehrt wird $x^c = \left(-2, \frac{5}{2}\right)'$ vermöge $x^b = K x^c$ das Element $x^b = (1, 1)' \in \mathbb{R}^2$ zugeordnet.

Dass es sich bei x^b und x^c um das gleiche Element des $\mathbb{R}^2$ handelt, ist leicht nachzurechnen. Die hier angegebenen Basen sind keine Orthonormalsysteme (s. Abschnitt: Skalarprodukt, Orthogonalität, Eigenwerte).

◄

Satz 22:
Sei $A \in L(\mathbb{R}^n, \mathbb{R}^m)$. Seien B die A assoziierte Matrix bezüglich der Basis $\{b_1, ..., b_n\}$ und C die A assoziierte Matrix bezüglich der Basis $\{c_1, ..., c_n\}$. Der Basisübergang von $\{b_1, ..., b_n\}$ nach $\{c_1, ..., c_n\}$ sei durch die Matrix K beschrieben. Dann gilt $C = K^{-1} B K$.

◄

Bilinearformen und quadratische Formen
In der Menge $L(\mathbb{R}^n, \mathbb{R}^m)$ der linearen Abbildungen des $\mathbb{R}^n$ in den $\mathbb{R}^m$ interessieren insbesondere die linearen Abbildungen des $\mathbb{R}^n$ auf sich. Sie werden auch lineare Operatoren genannt. Die assoziierten Matrizen sind quadratisch von der Ordnung n.
Gewisse lineare Operatoren auf dem $\mathbb{R}^n$ erzeugen Strukturen, von denen im Zusammenhang mit mehrdimensionalen Datenanalysen Gebrauch gemacht wird. Hier ist an Koordinatentransformationen zu denken. Wichtig ist auch der Bezug zur Geometrie, der in vielen Anwendungen erst die gewünschte Veranschaulichung bzw. Abstraktion der in den Daten enthaltenen Informationen ermöglicht.
Bilinearformen ermöglichen im $\mathbb{R}^n$ die Definition der Länge eines Vektors und des Winkels zwischen zwei Vektoren, quadratische Formen stehen mit den Kegelschnitten in Beziehung.

Definition:

Eine **Bilinearform** f auf dem $\mathbb{R}^n$ ist eine reellwertige Funktion $f \mid \mathbb{R}^n \times \mathbb{R}^n \to \mathbb{R}$, die in jedem Argument linear ist. Das heißt, für $\alpha \in \mathbb{R}$ und $x_1, x_2, y_1, y_2, x, y \in \mathbb{R}^n$ gelten:

$$f(x_1 + x_2, y) = f(x_1, y) + f(x_2, y)$$
$$f(x, y_1 + y_2) = f(y, y_1) + f(x, y_2)$$
$$f(\alpha x, y) = \alpha f(x, y)$$
$$f(x, \alpha y) = \alpha f(x, y).$$

Bezüglich einer Basis $\{b_1, ..., b_n\}$ des $\mathbb{R}^n$ sollen für $x_1, x_2 \in \mathbb{R}^n$ die Darstellungen

$$x_j = \sum_{i=1}^{n} x_{ij} \, b_i, \, j = 1, 2, \text{ gelten.}$$

Die x_{i1} bzw. x_{i2} sind die Koordinaten von x_1 bzw. x_2 bezüglich der gegebenen Basis. Wird $f(x_1, x_2)$ als Funktion von x_1 betrachtet, x_2 ist also fixiert, hat man

$$f(x_1, x_2) = f_1(x_1) = f_1\left(\sum_{i=1}^{n} x_{i1}\, b_i\right) \;=\; \sum_{i=1}^{n} x_{i1}\, f_1(b_i) \;=\; \sum_{i=1}^{n} x_{i1}\, f(b_i, x_2).$$

Nun werde b_i fixiert und $f(x_1, x_2)$ als Funktion in x_2 angesehen,

$$f(b_i, x_2) = f_{i2}(x_2) = f_{i2}\left(\sum_{k=1}^{n} x_{k2}\, b_k\right) = \sum_{k=1}^{n} x_{k2}\, f_{i2}(b_k) = \sum_{k=1}^{n} x_{k2}\, f(b_i, b_k).$$

Einsetzen in die vorhergehende Beziehung ergibt

$$f(x_1, x_2) = \sum_{i=1}^{n} x_{i1} \sum_{k=1}^{n} x_{k2}\; f(b_i, b_k) \;=\; \sum_{i=1}^{n}\sum_{k=1}^{n} x_{i1}\, x_{k2}\, f(b_i, b_k).$$

Wenn eine Basis $\{b_1, ..., b_n\}$ des $\mathbb{R}^n$ gegeben ist, besitzt demnach jede Bilinearform auf $\mathbb{R}^n$ die angegebene Darstellung. Die Bilder $f(b_i, b_k) = \beta_{ik}$ der Basisvektorenpaare (b_i, b_k) bilden die **Koeffizientenmatrix** $B = (\beta_{ik})$ der Ordnung n der Bilinearform f.

Definition:
>   Eine Bilinearform heißt **positiv definit**, wenn $f(x, x) \geq 0$ für alle $x \in \mathbb{R}^n$
>   gilt und wenn die Beziehung $f(x, x) = 0$ nur für $x = 0$ besteht.

Beispiel 2.102
Auf dem $\mathbb{R}^2$ ist durch $f(x,y) = 16x_1 y_1 - 8x_1 y_2 - 8x_2 y_1 + 6x_2 y_2$ eine positiv definite Bilinearform gegeben. Die positive Definitheit folgt aus

$$f(x, x) = 16x_1^2 - 16x_1 x_2 + 6x_2^2 = (4x_1 - 2x_2)^2 + 2x_2^2 \geq 0.$$

◀

Definition:
>   Die durch eine Bilinearform f erzeugte reellwertige Funktion $q\,|\,\mathbb{R}^n \rightarrow \mathbb{R}$,
>
> $$q(x) = f(x, x) = \sum_{i=1}^{n}\sum_{k=1}^{n} x_i x_k\, f(b_i, b_k) \quad \text{für} \quad x = (x_1, ..., x_n)' \in \mathbb{R}^n \quad \text{heißt}$$
>
>   **quadratische Form** auf $\mathbb{R}^n$.

Jede Bilinearform definiert eine quadratische Form; verschiedene Bilinearformen können jedoch die gleiche quadratische Form erzeugen. Indem für eine Bilinearform die **Symmetrie**

$$f(x_1, x_2) = f(x_2, x_1) \quad \text{für alle} \quad x_1, x_2 \in \mathbb{R}^n$$

gefordert wird, ergibt sich:

Es besteht eine umkehrbar eindeutige Entsprechung zwischen den quadratischen Formen und den **symmetrischen Bilinearformen** auf $\mathbb{R}^n$.

Die Symmetrie von $f(x_1, x_2)$ bedeutet für die assoziierte Matrix B die Eigenschaft $B' = B$. Eine solche Matrix B heißt ebenfalls **symmetrisch**. Eine Bilinearform auf dem $\mathbb{R}^n$ ist dann und nur dann symmetrisch, wenn ihre Koeffizientenmatrix symmetrisch ist.

Satz 23:

Zu jeder quadratischen Form q gibt es bezüglich der Basis $\{b_1, ..., b_n\}$ des $\mathbb{R}^n$ genau eine symmetrische Matrix $B = (\beta_{ij})$ der Ordnung n derart, dass

$$q(x) = \sum_{i=1}^{n} \sum_{j=1}^{n} \beta_{ij} \, x_i \, x_j \quad \text{für} \quad x = (x_1, ..., x_n)'.$$

Umgekehrt, für jede symmetrische Matrix $B = (\beta_{ij})$ wird durch die angegebene Gleichung eine quadratische Form q auf $\mathbb{R}^n$ definiert.

◄

Skalarprodukt, Orthogonalität, Eigenwerte

> ***Definition:***
>
> Sind $x = (x_1, ..., x_n)$ ein Zeilenvektor und $y = (y_1, ..., y_n)'$ ein Spaltenvektor des $\mathbb{R}^n$, so ist ihr Matrizenprodukt erklärt. Es wird **Skalarprodukt** genannt und wie folgt notiert:
>
> $$\langle x, y \rangle = \sum_{i=1}^{n} x_i \, y_i.$$

In der Schreibweise des Skalarproduktes wird vereinfachend oft die Unterscheidung von Zeilen- und Spaltenvektor verzichtet.

Satz 24:

Das Skalarprodukt ist die einzige symmetrische Bilinearform f auf dem $\mathbb{R}^n$ mit der Eigenschaft

$$f(e_i, e_j) = \delta_{ij} = \begin{cases} 1 & \text{für } i = j \\ \\ 0 & \text{sonst} \end{cases}$$

für die Elemente e_i der kanonischen Basis $\{e_1, ..., e_n\}$ des $\mathbb{R}^n$.

Das Skalarprodukt ist positiv definit.

◄

Definition:

Gegeben sei eine positiv definite symmetrische Bilinearform f auf $\mathbb{R}^n \times \mathbb{R}^n$.

Zwei Elemente $x, y \in \mathbb{R}^n$ mit $f(x, y) = 0$ heißen bezüglich f **orthogonal**.

Eine nichtleere Teilmenge $\mathrm{ON}_f \subset \mathbb{R}^n$ heißt **Orthonormalsystem,** wenn für

$x, y \in \mathrm{ON}_f$ und $x \neq y$

1. $f(x, x) = 1$ und

2. $f(x, y) = 0$ gelten.

Beispiel 2.103

Im $\mathbb{R}^2$ seien zwei Punkte $x = (1,0)$ und $y = (0,1)$ gegeben. Ihr Skalarprodukt ist Null, $\langle x, y \rangle = 1 \cdot 0 + 0 \cdot 1 = 0$. Die Elemente x und y sind orthogonal. Durch x und y sind die Einheitsvektoren im **kartesischen Koodinatensystem** bezeichnet. Sie stehen senkrecht aufeinander. Orthogonalität bedeutet hier einen Winkel von $90°$ zwischen den Vektoren.

Die positiv definite symmetrische Bilinearform aus Beispiel 2.102 definiert ein Skalarprodukt

$$\langle x, y \rangle_f = f\big((x_1, x_2), (y_1, y_2)\big) = 16x_1y_1 - 8\,x_1y_2 - 8x_2y_1 + 6x_2y_2 \text{, aber}$$

$$\langle x, y \rangle_f = f\big((1,0),(0,1)\big) = -8 \neq 0.$$

Die im kartesischen Koordinatensystem senkrecht aufeinander stehenden Vektoren x und y sind bezüglich $\langle \cdot, \cdot \rangle_f$ nicht orthogonal. Für $x = (1,1)$ und $y = (1,4)$ ist $\langle x, y \rangle_f = 0$.

Diese Elemente des $\mathbb{R}^2$ sind orthogonal bezüglich $\langle \cdot, \cdot \rangle_f$, stehen jedoch nicht senkrecht aufeinander im Sinne der klassischen EUKLIDISCHEN Geometrie.

◄

Ein Orthonormalsystem ist eine linear unabhängige Teilmenge des $\mathbb{R}^n$. Sie kann folglich aus höchstens n Elementen bestehen. Ein solches maximales Orthonormalsystem heißt **Orthonormalbasis** des $\mathbb{R}^n$.

Wählt man als positiv definite symmetrische Bilinearform das übliche Skalarprodukt im $\mathbb{R}^n$, so ist die kanonische Basis ein Orthonormalsystem des $\mathbb{R}^n$. Ein Orthonormalsystem wird bezüglich einer Bilinearform erklärt. Beim Übergang zu einer anderen Bilinearform ist das Orthonormalsystem entsprechend zu transformieren.

Die zugehörige Methode heißt **Schmidtsches Orthogonalisierungsverfahren.** Aus einer beliebigen linear unabhängigen Teilmenge $\{a_1, ..., a_k\}$ des $\mathbb{R}^n$ ist danach bezüglich einer gegebenen Bilinearform f ein Orthonormalsystem $\{b_1, ..., b_k\}$ konstruierbar.

Satz 25 (Schmidtscher Orthonormierungssatz):

Jeder n - dimensionale reelle Raum besitzt eine Orthonormalbasis.

◄

Zunächst erzeugt man aus einer beliebigen Basis $\{a_1, ..., a_k\}$ eine orthogonale Basis $\{b_1, ..., b_k\}$. Diese wird durch den Normierungsschritt $c_i = \dfrac{b_i}{\| b_i \|_f}$ $(i=1,...,n)$ auf Ortho-normalform gebracht. Hier bezeichnet $\| x \|_f = \sqrt{\langle x, x \rangle}$ die **Norm** eines Elementes $x \in \mathbb{R}^n$, die bezüglich einer gegebenen Bilinearform f berechnet wird.

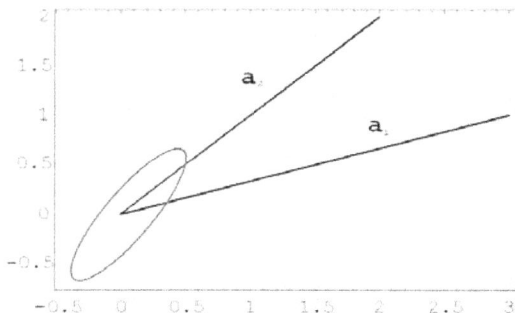

Abb. 2.67 Ausgangssituation: $\{a_1, a_2\}$ ist keine Orthonormalbasis

Beispiel 2.104

$a_1 = (3,1)$ und $a_2 = (2,2)$ bilden im $\mathbb{R}^2$ eine Basis. Aus dieser Basis $\{a_1, a_2\}$ soll eine Orthonormalbasis erzeugt werden.

Ein Skalarprodukt ist durch $\langle (x_1, x_2), (y_1, y_2) \rangle_f = 16x_1x_2 - 8x_1y_2 - 8x_2y_1 + 6y_1y_2$ definiert (siehe Beispiel 2.102). $\{a_1, a_2\}$ ist keine Orthonormalbasis, denn $\langle a_1, a_2 \rangle_f = 44 \neq 0$.

1. Schritt: Erzeugung der orthogonalen Basis $\{b_1, b_2\}$

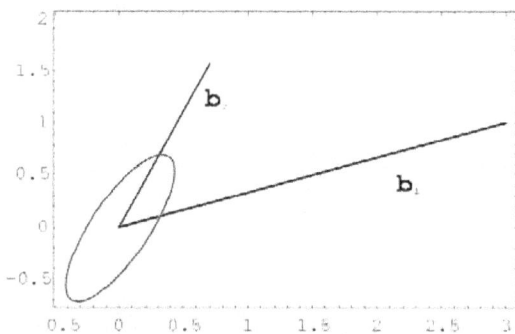

Abb. 2.68 $\{b_1, b_2\}$ ist orthogonale Basis

Als Basisvektor b_1 wird a_1 beibehalten. Der Basisvektor b_2 wird nach der Gleichung

$$b_2 = a_2 - \frac{\langle a_2, b_1 \rangle_f}{\langle b_1, b_1 \rangle_f} b_1 = (2,2) - \frac{44}{102}(3,1) = \left(\frac{36}{51}, \frac{80}{51}\right)$$

gewonnen. $\{b_1, b_2\}$ ist orthogonale Basis (siehe Abb. 2.68).

Im n-dimensionalen Fall gilt $b_k = a_k - \sum_{i=1}^{k-1} \frac{\langle a_k, b_i \rangle_f}{\langle b_i, b_i \rangle_f} \cdot b_i$, $k = 2, ..., n$.

2. Schritt: Normierung der Basis

Durch $\{c_1, ..., c_n\} = \left\{\dfrac{b_1}{\|b_1\|_f}, ..., \dfrac{b_n}{\|b_1\|_f}\right\}$ gewinnt man die orthonormale Basis. Es sind

$\|b_1\|_f = \sqrt{102}$ und $\|b_2\|_f = \sqrt{\dfrac{256}{51}}$. Damit errechnen sich die Elemente der orthonormalen

Basis $\{c_1, c_2\}$ (siehe Abb. 2.69) als $c_1 = \left(\dfrac{3}{\sqrt{102}}; \dfrac{1}{\sqrt{102}}\right)$ und $c = \left(\dfrac{3}{4}\sqrt{\dfrac{3}{17}}; \dfrac{5}{\sqrt{51}}\right)$.

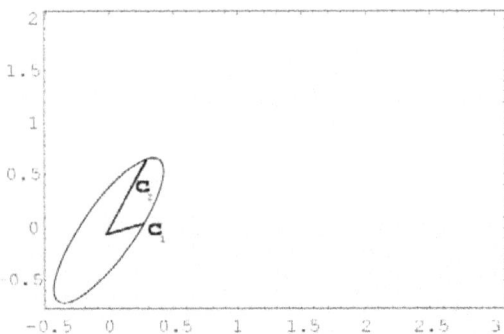

Abb. 2.69 $\{c_1, c_2\}$ ist orthonormale Basis

◀

Ausgehend von einer beliebigen positiv definiten symmetrischen Bilinearform f auf $\mathbb{R}^n \times \mathbb{R}^n$ kann stets eine Orthonormalbasis ON_f des $\mathbb{R}^n$ angegeben werden. Haben die Elemente $x, y \in \mathbb{R}^n$ bezüglich ON_f die Koordinatendarstellungen

$x = (x_1, ..., x_n)$ und $y = (y_1, ..., y_n)'$, so gilt $f(x, y) = \sum_{i=1}^{n} x_i y_i$.

Es ist f somit als Skalarprodukt darstellbar, seine Koeffizientenmatrix ist die Einheitsmatrix I_n.

Positiv definite symmetrische Bilinearformen können immer als Skalarprodukt aufgefasst werden, denn durch geeignete Basiswahl im $\mathbb{R}^n$ ist diese Situation stets herstellbar.

Definition:
> Eine lineare Abbildung $A \in L(\mathbb{R}^n, \mathbb{R}^n)$ heißt **orthogonal**, wenn sie jedes Orthonormalsystem von $\mathbb{R}^n$ in ein Orthonormalsystem überführt.

Dies ist äquivalent dazu, dass A das Skalarprodukt invariant lässt, $\langle x, y \rangle = \langle A(x), A(y) \rangle$.

Definition:
> Eine Matrix der Ordnung n heißt **orthogonal**, wenn das Skalarprodukt zweier gleicher Spalten stets 1 ist, je zweier verschiedener Spalten 0 ist. Dies bedeutet $AA' = A'A = I$.

Satz 26:
Eine lineare Abbildung $A \in L(\mathbb{R}^n, \mathbb{R}^n)$ ist genau dann orthogonal, wenn die ihr entsprechende Matrix A orthogonal ist.

◄

Satz 27:
Für orthogonale Matrizen gilt $A' = A^{-1}$ und $|A| = +1$ oder $|A| = -1$.

◄

Die orthogonalen linearen Abbildungen aus $L(\mathbb{R}^2, \mathbb{R}^2)$ sind, in geometrischer Veranschaulichung, die Drehungen um den Koordinatenursprung und die Spiegelungen an Geraden, die durch den Koordinatenursprung gehen.

Beispiel 2.105 (FLACHSMEIER, PROHASKA, 1975)
Um eine quadratische orthogonale Matrix $A = \begin{pmatrix} a_{11} & a_{12} \\ a_{21} & a_{22} \end{pmatrix}$ zu konstruieren, geht man folgenden Weg:

Aus der Gleichung $AA' = \begin{pmatrix} a_{11} & a_{12} \\ a_{21} & a_{22} \end{pmatrix}\begin{pmatrix} a_{11} & a_{21} \\ a_{12} & a_{22} \end{pmatrix} = \begin{pmatrix} 1 & 0 \\ 0 & 1 \end{pmatrix}$ erhält man das nichtlineare

Gleichungssystem
1. $\quad 1 = a_{11}^2 + a_{12}^2$
2. $\quad 0 = a_{11} a_{21} + a_{12} a_{22}$
3. $\quad 1 = a_{21}^2 + a_{22}^2$

mit drei Gleichungen und vier Unbekannten. Nach Fixierung von $a_{11} - \frac{1}{2}$ erhält man

$a_{12} = \frac{1}{2}\sqrt{3}$, $a_{22} = \frac{1}{2}$ und $a_{21} = -\frac{1}{2}\sqrt{3}$.

Man überzeugt sich leicht, dass A orthogonal ist.
Bei jeder anderen fixen Wahl von a_{11} aus dem Intervall [-1, 1] erhält man ebenfalls eine reellwertige Matrix.

Da die Determinantenbildung multiplikativ ist und $|A| = |A'| = \dfrac{1}{|A^{-1}|}$ gilt, muss für orthogo-

nale Matrizen stets $|A| = 1$ oder $|A| = -1$ sein.

Betrachtet werden soll die durch $A = \begin{pmatrix} \frac{1}{2} & \frac{1}{2}\sqrt{3} \\ -\frac{1}{2}\sqrt{3} & \frac{1}{2} \end{pmatrix}$ bewirkte lineare Abbildung von $\mathbb{R}^2$

auf $\mathbb{R}^2$. Die orthogonale kanonische Basis $\{b_1, b_2\} = \{(1,0),(0,1)\}$ sei gegeben.

Die Bilder der Basis bezüglich der linearen Abbildung sind

$$A(1,0)' = \left(\frac{1}{2}, -\frac{1}{2}\sqrt{3}\right)' = c_1 \text{ und } A(0,1)' = \left(\frac{1}{2}\sqrt{3}, \frac{1}{2}\right)' = c_2.$$

Die Vektoren c_1 und c_2 sind wieder orthogonal. Man erkennt, dass es sich bei A um eine Drehung der Basis $\{b_1, b_2\}$ und damit des ganzen Raumes um den Winkel $\alpha = 60°$ handelt. Der Kosinus von $60°$ entspricht gerade dem anfangs fixierten a_{11}.

Betrachtet wird jetzt noch einmal das ursprüngliche Gleichungssystem. Die erste und dritte Zeile werden unter Rückgriff auf den trigonometrischen Satz des Pythagoras umgeschrieben. Es gibt genau zwei Winkel $\vartheta, \eta \in [0, 2\pi)$, die mit $a_{11} = \cos\vartheta, a_{12} = \sin\vartheta, a_{21} = \sin\eta$ und $a_{22} = \cos\eta$ den Gleichungen

1. $1 = a_{11}{}^2 + a_{12}{}^2 = \cos^2\vartheta + \sin^2\vartheta$,

2. $0 = a_{11}\,a_{21} + a_{12}\,a_{22} = \sin\eta\cos\vartheta + \cos\eta\sin\vartheta = \sin(\eta + \vartheta)$,

3. $1 = a_{21}{}^2 + a_{22}{}^2 = \sin^2\eta + \cos^2\eta$

genügen (bei 2. wurde ein Additionstheorem angewendet). Die Gleichung 2. kann nur erfüllt werden, wenn

1.Fall: $\eta + \vartheta = 0$ $A = \begin{pmatrix} 1 & 0 \\ 0 & 1 \end{pmatrix}$ oder

2.Fall: $\eta + \vartheta = \pi$ $A = \begin{pmatrix} \cos\vartheta & \sin\vartheta \\ -\sin\vartheta & \cos\vartheta \end{pmatrix}$ oder

3.Fall: $\eta + \vartheta = 2\pi$ $A = \begin{pmatrix} \cos\vartheta & \sin\vartheta \\ \sin\vartheta & -\cos\vartheta \end{pmatrix}$.

Wie wirken sich diese linearen Abbildungen in den drei Fällen auf einen Vektor $(x, y) = (r\cos\alpha, r\sin\alpha)$ aus?

Im ersten Fall wird der Vektor identisch auf sich abgebildet, im zweiten gilt

$$A(r\cos\alpha, r\sin\alpha)' = (r\cos(\alpha - \vartheta), r\sin(\alpha - \vartheta))'$$

und im dritten Fall

$$A(r\cos\alpha, r\sin\alpha)' = (r\cos(\alpha - \vartheta), -r\sin(\alpha - \vartheta))'.$$

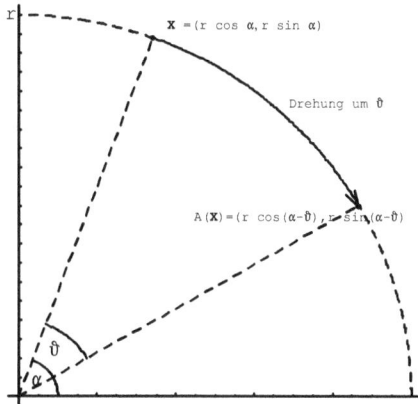

Abb. 2.70 Drehung im $\mathbb{R}^2$ bzgl. linearer Abbildung A mit det $A = 1$

Was bedeutet dies geometrisch? Entweder ist eine orthogonale lineare Abbildung des $\mathbb{R}^2$ die identische Abbildung oder sie bedeuten eine Drehung des $\mathbb{R}^2$ um den Drehwinkel ϑ (siehe Abb. 2.70) oder sie kann durch eine Drehspiegelung, d. h. eine Drehung des $\mathbb{R}^2$ um den Drehwinkel ϑ bei anschließender Spiegelung an der x-Achse (y-Koordinate gegenüber der vorangehenden Abbildung mit umgekehrten Vorzeichen), beschrieben werden.

Die Drehspiegelung kann auch als Spiegelung an einer Ursprungsgeraden mit dem Anstiegswinkel $\vartheta/2$ interpretiert werden (siehe Abb. 2.71).

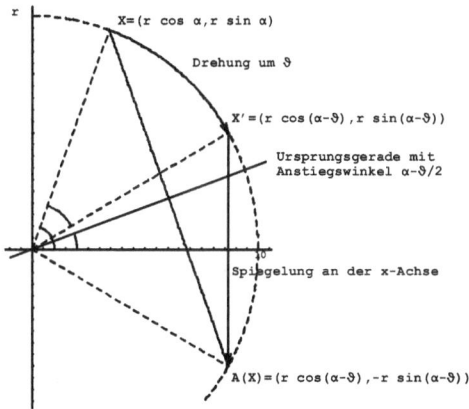

Abb. 2.71 Drehspiegelung im $\mathbb{R}^2$ bzgl. linearer Abbildung A mit det $A = -1$

Die Bestimmung einer Basis des $\mathbb{R}^n$ derart, dass eine lineare Abbildung $A \in L(\mathbb{R}^n, \mathbb{R}^n)$ eine möglichst einfache Darstellung besitzt, führt auf die Theorie der Eigenwerte. Für Diagonalmatrizen und für symmetrische Matrizen werden nachfolgend derartige Aussagen gemacht.

Definition:

Gibt es für eine quadratische Matrix A der Ordnung n einen Vektor x und eine (reelle oder komplexe) Zahl λ , so dass die Gleichung $Ax = \lambda x$ für $x \neq 0$ erfüllt ist, dann heißen λ **Eigenwert** von A und x der zum Eigenwert gehörige **Eigenvektor.**

Die Aufgabe der Auflösung der Gleichung $Ax = \lambda x$ bei gegebenem A wird als **Eigenwertproblem** bezeichnet.

Definition:

Die Gleichung $Ax = \lambda x$, also $(A - \lambda I)x = 0$, heißt **charakteristische Gleichung** der Matrix A .

Satz 28:

Die Gleichung $(A - \lambda I)x = 0$ besitzt genau dann eine nichttriviale Lösung $x \neq 0$, wenn $|A - \lambda I| = 0$ gilt.

◄

Definition:

Die Determinante $|A - \lambda I| = P_n(\lambda)$ ist ein Polynom in λ vom Grade n und heißt **charakteristisches Polynom** von A . Die reellen Nullstellen λ_i von $P_n(\lambda)$ heißen **charakteristische Wurzeln** von A .

Die reellen Nullstellen λ_i von $P_n(\lambda)$ sind die gesuchten Eigenwerte von A. Da jedes Polynom n-ten Grades höchstens n reelle Nullstellen besitzt, gibt es zu A höchstens n nicht notwendig verschiedene Eigenwerte λ_i . Die zu den reellen λ_i gehörigen Eigenvektoren von A sind dann die Lösungen der homogenen linearen Gleichungssysteme $(A - \lambda I)x = 0$, wobei ein von Null verschiedenes beliebiges Vielfaches eines zu λ_i gehörigen Eigenvektors ebenfalls ein zu λ_i gehöriger Eigenvektor ist.

Sind unter den Eigenwerten λ_1, ..., λ_n einer quadratischen Matrix A der Ordnung n genau k verschiedene Eigenwerte λ_i^*, wobei $k \leq n$, und kommt λ_i^* $(i = 1,...,k)$ genau r_i mal vor, wobei $\sum_{i=1}^{k} r_i = n$ gilt, dann heißt λ_i^* ein r_i -**facher Eigenwert** oder **Eigenwert der Vielfachheit** r_i von A .

Satz 29:

Für die Eigenwerte λ_i einer quadratischen Matrix A der Ordnung n gelten die folgenden Aussagen:

1. $Sp(A) = \sum_{i=1}^{n} \lambda_i$

2. $|A| = \prod_{i=1}^{n} \lambda_i$

3. Die Anzahl der verschiedenen Eigenwerte von A ist gleich dem Rang von A.
4. Ist λ ein Eigenwert einer regulären Matrix A, dann ist $1/\lambda$ ein Eigenwert von A^{-1}.
5. Ist C eine reguläre Matrix, dann besitzen A und $B = C^{-1}AC$ dieselben Eigenwerte.
6. Die Eigenwerte einer Diagonalmatrix sind genau die Hauptdiagonalelemente.

◄

Beispiel 2.106

Es sei eine lineare Abbildung A durch die Matrix $\begin{pmatrix} 1 & 2 \\ 3 & 1 \end{pmatrix}$ gegeben.

Die definierende Gleichung für die Eigenwerte von A ist $\begin{pmatrix} 1 & 2 \\ 3 & 1 \end{pmatrix}\begin{pmatrix} x \\ y \end{pmatrix} = \begin{pmatrix} \lambda x \\ \lambda y \end{pmatrix}$.

Sie liefert das lineare Gleichungssystem

$$x + 2y = \lambda x$$
$$3x + y = \lambda y$$

bzw. die charakteristischen Gleichungen

$$(1-\lambda)x + 2y = 0$$
$$3x + (1-\lambda)y = 0 \quad .$$

Die nichttriviale Lösung $\begin{pmatrix} x \\ y \end{pmatrix} \neq \begin{pmatrix} 0 \\ 0 \end{pmatrix}$ gibt es genau dann, wenn die Determinante der Koeffizientanmatrix Null wird, d. h.

$$\begin{vmatrix} 1-\lambda & 2 \\ 3 & 1-\lambda \end{vmatrix} = (1-\lambda)^2 - 6 = 0 .$$

Die Nullstellen des charakteristischen Polynoms $P(\lambda) = (1-\lambda)^2 - 6 = \lambda^2 - 2\lambda - 5$ sind die gesuchten Eigenwerte $\lambda_1 = 1 + \sqrt{6}$ und $\lambda_2 = 1 - \sqrt{6}$. Offensichtlich gelten:

* $|A| = \lambda_1 \cdot \lambda_2 = (1 + \sqrt{6})(1 - \sqrt{6}) = -5$
* $Sp|A| = \lambda_1 + \lambda_2 = 2 = a_{11} + a_{22}$.

Die zu λ_i gehörigen Eigenvektoren von A sind Lösungen des homogenen linearen

Gleichungssystems $(A - \lambda_i I)(x, y)' = 0$, woraus man $y_1 = \frac{\sqrt{6}}{2} x_1$ und $y_2 = -\frac{\sqrt{6}}{2} x_2$ ermittelt.

$(2, \sqrt{6})'$ ist beispielsweise ein Eigenvektor zum Eigenwert $\lambda_1 = 1 + \sqrt{6}$. Aber auch alle skalaren Vielfachen dieses Eigenvektors sind Eigenvektoren zum gleichen Eigenwert, also

$\left(\alpha, \dfrac{\sqrt{6}}{2} \cdot \alpha\right)',\ \alpha \in \mathbb{R},\ \alpha \neq 0.$ Ebenso errechnet man zum Eigenwert $\lambda_2 = 1 - \sqrt{6}$ die Eigen-

vektoren $\left(\alpha, -\dfrac{\sqrt{6}}{2} \cdot \alpha\right)',\ \alpha \in \mathbb{R},\ \alpha \neq 0.$

◄

Satz 30:
Für die Eigenwerte und Eigenvektoren einer symmetrischen Matrix A der Ordnung n gelten die folgenden Aussagen:

- Es existieren genau n reelle Eigenwerte.
- Die zu verschiedenen Eigenwerten gehörenden Eigenvektoren sind paarweise orthogonal.
- Auch wenn die Eigenwerte $\lambda_1, ..., \lambda_n$ von A nicht alle verschieden sind, gibt es zu ihnen mindestens eine Menge von n paarweise orthogonalen Eigenvektoren $x_1, ..., x_n$.
- Sind $\lambda_{\min}$ bzw. $\lambda_{\max}$ der kleinste bzw. größte Eigenwert von A und ist B eine Rechteckmatrix, dann gilt: $\lambda_{\min} Sp(B'B) \leq Sp(B'AB) \leq \lambda_{\max} Sp(B'B).$
- Sind $\lambda_1, ..., \lambda_n$ die Eigenwerte der symmetrischen Matrix A und ist $f(x) = \displaystyle\sum_{i=0}^{p} a_i\, x^{p-i}$

  ein skalares Polynom, so sind $f(\lambda_1), ..., f(\lambda_n)$ die Eigenwerte der symmetrischen Matrix $f(A) = \displaystyle\sum_{i=1}^{p} a_i\, A^{p-1}.$

◄

Ist die einer symmetrischen Matrix assoziierte Bilinearform positiv definit, so sind alle ihre Eigenwerte positiv.

Satz 31:
(Diagonalisierung einer symmetrischen Matrix A oder orthogonale Transformation einer symmetrischen Matrix A auf Diagonalgestalt):
Zu einer symmetrischen Matrix A gibt es eine orthogonale Matrix P derart, dass $P'AP = \Lambda$ bzw. $A = P\Lambda P'$ gilt. Dabei ist Λ eine Diagonalmatrix, deren Hauptdiagonalelemente die Eigenwerte $\lambda_1, ..., \lambda_n$ von A sind. Die Spaltenvektoren von P bestehen aus paarweise orthonormalen Eigenvektoren von A.

◄

2.4.2 Die Hauptachsentransformation quadratischer Formen

Abstandsbegriffe, Längen von Vektoren und Winkel zwischen Vektoren im $\mathbb{R}^n$ sind in Bezug auf symmetrische positiv-definite Bilinearformen erklärbar. Die einer Bilinearform assoziierte quadratische Form definiert im $\mathbb{R}^2$ die Kurven zweiter Ordnung, die Kegelschnitte. Deren allgemeine Gleichung

$$ax^2 + 2bxy + cy^2 + 2dx + 2ey + f = 0$$

beschreibt beispielsweise eine Ellipse, für die man eine einfache Darstellung sucht, die sogenannte Normalform

$$\frac{x^2}{A^2} + \frac{y^2}{B^2} = 1 \; .$$

Geometrisch bedeutet das eine Verschiebung des Koordinatenursprunges in den Mittelpunkt
der Ellipse und eine Drehung der Koordinatenachsen derart, dass die Koordinaten- und die
Ellipsenachsen zusammenfallen. Dem am Koordinatensystem orientierten Betrachter wird
damit die Information über die Ellipse erleichtert, ihre Beschreibung vereinfacht. Genau das
ist das Anliegen der Auswertung mehrdimensionaler Daten und erfordert die Verallgemeinerung der skizzierten Vorgehensweise auf den $\mathbb{R}^n$.
Nachfolgend wird die **Hauptachsentransformation** beschrieben.

Satz 32:

Sei $q(x)$ eine quadratische Form auf dem $\mathbb{R}^n$, $q(x) = \sum_{i=1}^{n} \sum_{j=1}^{n} \alpha_{ij} x_i x_j = x'Ax$. Dann gibt es

eine Orthonormalbasis $\{b_1,...,b_n\}$ von $\mathbb{R}^n$, so dass $q(x)$ als

$q(x) = \lambda_1 \left(x_1^{\,b}\right)^2 + ... + \lambda_m \left(x_n^{\,b}\right)^2$ darstellbar ist.

◀

In diesem Satz bezeichnen $x_1^{\,b},...,x_n^{\,b}$ die Koordinaten des Elementes $x \in \mathbb{R}^n$ in Bezug auf
die Orthonormalbasis $\{b_1,...,b_n\}$.

Die Darstellung für $q(x)$ bezüglich einer Orthonormalbasis heißt **metrische Normalform**
der quadratischen Form $q(x)$.

Die Basiselemente b_i sind die Eigenvektoren der Koeffizientenmatrix A von $q(x)$ und
heißen **Hauptachsen** der quadratischen Form q. Die λ_i sind die Eigenwerte von A, aufgelistet mit der jeweils entsprechenden Vielfachheit und der Größe nach geordnet (vgl. Satz
31).
Wird speziell der $\mathbb{R}^2$ betrachtet, so ist die Begriffsbildung Hauptachsentransformation anschaulich. Die metrische Normalform einer quadratischen Form auf dem $\mathbb{R}^2$ entsteht durch
eine Drehung bzw. Drehspiegelung der Ebene um den Punkt $(0,0)$. Dabei werden die neuen
Koordinatenachsen durch die Eigenvektoren von A festgelegt, der der Bilinearform entsprechende Kegelschnitt liegt achsenparallel.

Beispiel 2.107
Gegeben sei auf dem $\mathbb{R}^2$ die positiv definite Bilinearform f mit

$$f\big((x_1,x_2),(y_1,y_2)\big) = 16x_1x_2 - 8x_1y_2 - 8x_2y_1 + 6y_1y_2 \; ,$$

die die quadratische Form $q\big((x,y)\big) = 16x^2 - 16xy + 6y^2$ erzeugt. Aus der Darstellung

$$q\big((x,y)\big) = (x,y) \begin{pmatrix} a_{11} & a_{12} \\ a_{12} & a_{22} \end{pmatrix} \begin{pmatrix} x \\ y \end{pmatrix} = a_{11}x^2 + 2a_{12}xy + a_{22}y^2 = 16x^2 - 16xy + 6y^2$$

ermittelt man die Koeffizientenmatrix $A = \begin{pmatrix} 16 & -8 \\ -8 & 6 \end{pmatrix}$. Ihre Eigenwerte sind die Nullstellen

des charakteristischen Polynoms

$$P(\lambda) = |A - \lambda I| = \begin{vmatrix} 16-\lambda & -8 \\ -8 & 6-\lambda \end{vmatrix} = \lambda^2 - 22\lambda + 32.$$

Man erhält $\lambda_{1,2} = 11 \pm \sqrt{89}$. Die Eigenvektoren von A sind Vektoren, die wie die Hauptachsen der durch $q((x,y)) = 1$ beschriebenen Ellipse gerichtet sind.

Ein zu $\lambda_1 = 11 + \sqrt{89}$ gehöriger Eigenvektor ist aus dem Ansatz $Ax = \lambda x$ erhältlich, also

$$\begin{pmatrix} 16 & -8 \\ -8 & 6 \end{pmatrix} \begin{pmatrix} x \\ y \end{pmatrix} = \begin{pmatrix} (11+\sqrt{89})x \\ (11+\sqrt{89})y \end{pmatrix}.$$

Das bedeutet die Lösung eines homogenen Gleichungssystems. Aus $(5-\sqrt{89})x - 8y = 0$

errechnet man bei fixiertem y, beispielsweise $y = 1$, den Wert $x = \dfrac{8}{5\sqrt{89}}$. Ein zu

$\lambda_1 = 11 + \sqrt{89}$ gehörender Eigenvektor ist $c_1 = \left(\dfrac{8}{5-\sqrt{89}}, 1 \right)$, ein zu $\lambda_2 = 11 - \sqrt{89}$ gehö-

render ist $c_2 = \left(\dfrac{8}{5+\sqrt{89}}, 1 \right)$. Diese Vektoren sind orthogonal, denn für ihr Skalarprodukt

gilt:

$$\langle c_1, c_2 \rangle = \left\langle \left(\frac{8}{5+\sqrt{89}}, 1 \right), \left(\frac{8}{5-\sqrt{89}}, 1 \right) \right\rangle = 0.$$

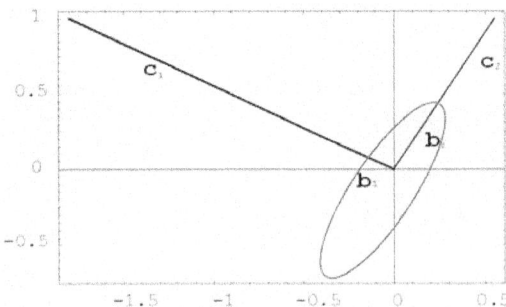

Abb. 2.72 Hauptachsentransformation

Die Abb. 2.72 zeigt die Ellipse $q((x,y)) = 1$. Diese Ellipse ist die Menge aller Punkte mit Abstand 1 zur Null bzgl. des durch die Bilinearform definierten Skalarproduktes. Die Eigenvektoren b_i, die man aus den c_i durch Normierung $c_i = \dfrac{b_i}{\| b_i \|}$, $i = 1, 2$, erhält, fallen mit

den Hauptachsen der Ellipse zusammen. Orthogonalität und senkrechtes Aufeinanderstehen der Vektoren sind hier bedeutungsgleich.

Die quadratische Form $q\big((x, y)\big) = 16x^2 - 16xy + 6y^2$ ist in die metrische Normalform

$$q\big((x, y)\big) = \big(11 - \sqrt{89}\big)\big(x^b\big)^2 + \big(11 + \sqrt{89}\big)\big(y^b\big)^2$$

überführt. Dabei bezeichnet $\big(x^b, y^b\big)$ die Darstellung des Elementes $(x, y) \in \mathbb{R}^2$ bzgl. der Orthonormalbasis $\{b_1,\ b_2\}$, d.h. $(x, y)' = x^b b_1 + y^b b_2$.

◄

2.4.3   Algebraische versus statistische Begriffsbildungen

Die bisherigen Ausführungen waren algebraischen Charakters, Interpretationen betrafen geometrische Denkweisen. In diesem Abschnitt werden Begriffe vorgestellt (z.B. Mittelwert, empirische Standardabweichung, empirische Kovarianzmatrix, Korrelationsellipse), die aus der Statistik bekannt sind. Wie man sehen wird, sind diese algebraisch-theoretisch interpretierbar. Auf ein wahrscheinlichkeitstheoretisches Modell muss nicht Bezug genommen werden. Die Daten müssen keine Stichprobe im Sinne der Statistik darstellen.
Sofern die Datenauswertung auf statistische Schlussweisen abzielt, ist ein Bezug zwischen den algebraischen Beschreibungen der Daten und den statistischen Begriffsbildungen herzustellen.
Wahrscheinlichkeitsrechnung und Statistik für mehrdimensionale Zufallsgrößen sind ein zu breites Feld mathematischer Theorien, als dass es sinnvoll sein könnte, hier auch nur eine kurze Übersicht geben zu wollen. Vielmehr wird die jeweilige Problemstellung erfordern, die nötigen mathematischen Modelle und statistischen Verfahren zu entwickeln. Auf Spezialliteratur kann also nicht verzichtet werden. Bereits die mathematische Beschreibung einer Stichprobe kann sehr aufwändig sein. Ob sich eine solche in der jeweiligen Situation überhaupt realisieren lässt, wäre eine weitere zu untersuchende Frage.
Im statistischen Kontext erfordern Datentransformationen die Beachtung der damit einhergehenden Transformationen der assoziierten Zufallsgrößen. Selbst bei Beschränkung auf lineare Transformationen entstehen außerordentliche Schwierigkeiten. Lineare Transformationen mehrdimensional normalverteilter Zufallsgrößen sind jedoch handhabbar. Auch dies ist ein Grund für die Voraussetzung von Normalverteilungen bei vielen multivariaten statistischen Methoden.

In diesem Abschnitt werden aus Gründen der Zweckmäßigkeit andere Indizes für die Datenmatrix verwendet als vorher.
Werden an n Objekten p Merkmale beobachtet, so kann man jeweils beim i-ten Objekt $(i = 1, \ldots, n)$ die Beobachtungswerte zu dem **Beobachtungswertvektor** bzw. kurz **Beobachtungsvektor** $x_i = \big(x_{i1}, \ldots, x_{ip}\big)$ zusammenfassen. Für alle n Objekte lassen sich die Beobachtungswerte darstellen als **Datenmatrix** X vom Typ (n, p)

$$X = \begin{pmatrix} x_{11} & x_{12} & \cdots & x_{1p} \\ x_{21} & x_{22} & \cdots & x_{2p} \\ \vdots & \vdots & \vdots & \vdots \\ x_{n1} & x_{n2} & \cdots & x_{np} \end{pmatrix} = \begin{pmatrix} \mathbf{x}_1 \\ \mathbf{x}_2 \\ \vdots \\ \mathbf{x}_n \end{pmatrix}.$$

Die Datenmatrix erlaubt auch die merkmalsbezogene Darstellung, also x_j mit Blick auf das

Merkmal m_j aus den Angaben bezüglich der n Objekte als $x_j' = (x_{1j}, \ldots, x_{nj})$. Es ist jeweils

aus dem Kontext und der Darstellung der Vektoren ersichtlich, ob mit den Beobachtungswertvektoren Zeilen oder Spalten der Datenmatrix gemeint sind.

Der Vektor $\overline{x} = (\overline{x}_1, \ldots, \overline{x}_p)$ der arithmetischen Mittel der Beobachtungen für jedes der p

Merkmale kann mit der Datenmatrix ausgedrückt werden als

$$\overline{x} = (\overline{x}_1, \ldots, \overline{x}_p) = \frac{1}{n} \mathbf{1} X.$$

Dabei bezeichnet $\mathbf{1} = (1, \ldots, 1)$ den n-dimensionalen Einsenvektor. Die Matrix $S = (s_{jk})$ vom

Typ (p, p) der Abweichungsquadratsummen

$$s_{jk} = (x_{1j} - \overline{x}_j, \ldots, x_{nj} - \overline{x}_j)(x_{1k} - \overline{x}_k, \ldots, x_{nk} - \overline{x}_k)'$$

ergibt die empirische **Kovarianzmatrix** C der p Merkmale,

$$C = \frac{1}{n-1} S.$$

Die Kovarianzmatrix $C = (c_{ij})$ ist also von der Ordnung p. Die Berechnung von C wird in

einer etwas anderen Darstellung möglicherweise verständlicher. Für das Merkmal m_j liegt

der Beobachtungsvektor $x_j' = (x_{1j}, \ldots, x_{nj})$ vor. Das arithmetische Mittel $\overline{x}_j = \frac{1}{n} \sum_{i=1}^{n} x_{ij}$

seiner Komponenten ermöglicht den Übergang zum **zentrierten Beobachtungsvektor**

$$\left(x_j^z\right)' = (x_{1j} - \overline{x}_j, \ldots, x_{nj} - \overline{x}_j).$$

Die empirische Kovarianz $c_{jk} = \widehat{\mathrm{cov}}(x_j, x_k)$ zweier Beobachtungsvektoren

$$x_j' = (x_{1j}, \ldots, x_{nj}) \text{ und } x_k' = (x_{1k}, \ldots, x_{nk}),$$

$$\widehat{\mathrm{cov}}(x_j, x_k) = \frac{1}{n-1} \left(x_j^z\right)' x_k^z = \frac{1}{n-1} \left\langle x_j^z, x_k^z \right\rangle,$$

ist auf das Skalarprodukt zurückführbar. Werden bezüglich aller Merkmale $m_1, \ldots, m_p$ die

zentrierten Beobachtungsvektoren gebildet, entsteht die **zentrierte Datenmatrix** X^z,

$$\mathbf{X}^z = \begin{pmatrix} x_{11} - \overline{x}_1 & x_{12} - \overline{x}_2 & \cdots & x_{1p} - \overline{x}_p \\ x_{21} - \overline{x}_1 & x_{22} - \overline{x}_2 & \cdots & x_{2p} - \overline{x}_p \\ \vdots & & \vdots & \vdots & \vdots \\ x_{n1} - \overline{x}_1 & x_{n2} - \overline{x}_2 & \cdots & x_{np} - \overline{x}_p \end{pmatrix}.$$

Das Matrizenprodukt der Datenmatrix $\mathbf{X}^z$ mit ihrer Transponierten ergibt die Kovarianzmatrix C,

$$C = \frac{1}{n-1} \left(\mathbf{X}^z\right)' \mathbf{X}^z.$$

Diese Matrix C ist symmetrisch und von der Ordnung p.

Die Begriffe Varianz und Kovarianz werden in der Wahrscheinlichkeitstheorie unter Bezug auf Zufallsgrößen definiert. Hier sind empirische Varianz und empirische Kovarianz bzw. Stichprobenvarianz und Stichprobenkovarianz betrachtet worden. Im Rahmen der statistischen Schätztheorie werden die entsprechenden Begriffsbildungen in Zusammenhang gebracht.

Für das Verständnis des wahrscheinlichkeitstheoretischen Kovarianzbegriffes erscheint eine geometrische Deutung durchaus hilfreich. Für eine eindimensionale stetige Zufallsvariable X ist die Varianz $V(X)$ ein Maß für die Streuung. Die Standardabweichung, $\sigma_x = \sqrt{V(X)}$ erlaubt einen direkten Vergleich dieses Streuungsmaßes mit der Zufallsvariablen.

Eine geometrische Veranschaulichung der Streuung der Zufallsgröße X um ihren Erwartungswert $E(X)$ kann das reelle Intervall $\left[E(X) - \sigma_x \sqrt{3}; E(X) + \sigma_x \sqrt{3}\right]$ liefern. Eine auf ihm gleichverteilte Zufallsgröße besitzt den gleichen Erwartungswert und die gleiche Standardabweichung wie X.

Die Streuung einer zweidimensionalen stetigen Zufallsgröße (X, Y) wird durch die Kovarianzmatrix $\begin{pmatrix} \sigma_x^2 & \sigma_{xy} \\ \sigma_{xy} & \sigma_y^2 \end{pmatrix}$ beschrieben.

Sie enthält neben den Varianzen σ_x^2 und σ_y^2 der Randverteilungen auch die Kovarianzen $\sigma_{xy} = \sigma_{yx}$, die sämtlich existieren sollen.

Die durch die Kovarianzmatrix ausgedrückte Streuungsbeschreibung von (X, Y) kann durch die **Dispersionsellipse** (auch **Korrelationsellipse** genannt) veranschaulicht werden.

Diese Dispersionsellipse wird derart konstruiert, dass eine auf ihr definierte stetige zweidimensional gleichverteilte Zufallsgröße $(X, Y)_G$ dieselbe Kovarianzmatrix wie (X, Y) besitzt. Das geschieht so:

Für (X, Y) werden $E(X) = 0$ und $E(Y) = 0$ vorausgesetzt. Die Kovarianzmatrix von (X, Y) möge existieren. Auf dem $\mathbb{R}^2$ sei eine quadratische Form $q(\mathbf{x}) = (x, y)' A (x, y)$ gegeben, $\mathbf{x} = (x, y)$. $A = \left(a_{ij}\right)$ ist symmetrisch. Es gilt $q(\mathbf{x}) = a_{11} x^2 + 2 a_{12} xy + a_{22} y^2$. Für konstante Werte $q(\mathbf{x}) = c^2$, $0 \neq c \in \mathbb{R}$ erhält man Ellipsen. Ihr Flächeninhalt F ist

$$F = \frac{\pi c^2}{\sqrt{a_{11}a_{22} - a_{12}^{\;2}}} \; .$$

Die auf dieser Ellipse definierte zweidimensional gleichverteilte Zufallsgröße besitzt den Erwartungswertvektor Null. Die Kovarianzen sind

$$\text{cov}(X, X)_G = \frac{c^2}{4} \frac{a_{22}}{a_{11}\, a_{22} - a_{12}^{\;2}} \; ,$$

$$\text{cov}(X, Y)_G = \text{cov}(Y, X)_G = \frac{c^2}{4} \frac{a_{12}}{a_{11}\, a_{22} - a_{12}^{\;2}} \; ,$$

$$\text{cov}(Y, Y)_G = \frac{c^2}{4} \frac{a_{11}}{a_{11}\, a_{22} - a_{12}^{\;2}} \; .$$

Die Herleitungen dieser Formeln findet man schon bei CRAMER (1946). Setzt man für die Kovarianzen der gleichverteilten Zufallsgröße die Kovarianzen der betrachteten zweidimensionalen stetigen Zufallsgröße (X, Y) ein, lassen sich die Parameter der Ellipse bestimmen. Wenn $c^2 = 4$ fixiert wurde, hat man

$$a_{11} = \frac{\sigma_y^{\;2}}{\sigma_x^{\;2}\, \sigma_y^{\;2} - \sigma_{xy}^{\;2}} \; ,$$

$$a_{12} = \frac{-\sigma_{xy}}{\sigma_x^{\;2}\, \sigma_y^{\;2} - \sigma_{xy}^{\;2}} \quad \text{und}$$

$$a_{22} = \frac{\sigma_x^{\;2}}{\sigma_x^{\;2}\, \sigma_y^{\;2} - \sigma_{xy}^{\;2}} \; .$$

Die zweidimensionale stetige Zufallsgröße (X, Y) besitzt dieselbe Kovarianzmatrix wie die gleichverteilte Zufallsgröße auf der soeben konstruierten Dispersionsellipse. Damit wird die Streuung von (X, Y) um $(0, 0)$ anschaulich. Eine Abbildung einer zweidimensionalen Normalverteilungsdichte mit Dispersionsellipse findet sich im Abschnitt über zweidimensionale Zufallsgrößen, eine weitere im Zusammenhang mit der Schätzung von Allelwahrscheinlichkeiten in Abschnitt 4.4.

Neben den statistischen Interpretationsmöglichkeiten bieten die empirische Varianz und die empirische Kovarianz auch Möglichkeiten der geometrischen Ausdeutung des Informationsgehaltes von Daten. Die empirischen Varianzen

$$c_{ii} = \widehat{\text{cov}}(\boldsymbol{x}_i, \boldsymbol{x}_i) = \frac{1}{n-1} \left\langle \boldsymbol{x}_i^z, \boldsymbol{x}_i^z \right\rangle = \frac{\| \boldsymbol{x}_i^z \|^2}{n-1} \quad \text{für } i = 1, \, ..., \, p$$

sind Abstandsquadrate (s. folgende Abschnitt) der zentrierten Beobachtungsvektoren der Merkmale $m_1, \, ..., \, m_p$ vom Nullpunkt des $\mathbb{R}^n$. Dabei hat die Multiplikation mit $1/(n-1)$ keinen geometrischen Hintergrund. Der als Maßstabsänderung bei der Längenmessung der Beobachtungsvektoren auftretende Faktor wird durch die statistische Schätztheorie ins Kalkül gebracht. Er sichert die Erwartungstreue des Varianzschätzers. Für die empirischen Kovarianzen $c_{jk}, j \neq k$, gilt

$$c_{jk} = \widehat{\mathrm{cov}}\left(\boldsymbol{x}_j, \boldsymbol{x}_k\right) = \frac{1}{n-1} \left\langle \boldsymbol{x}_j^z, \boldsymbol{x}_k^z \right\rangle \leq \frac{1}{n-1} \|\boldsymbol{x}_j^z\| \|\boldsymbol{x}_k^z\|$$

gemäß der CAUCHY-SCHWARZschen Ungleichung.

Im $\mathbb{R}^3$ besteht die Beziehung $\left\langle \boldsymbol{x}, \boldsymbol{y} \right\rangle = \|\boldsymbol{x}\| \|\boldsymbol{y}\| \cos\gamma$, wobei γ den von $\boldsymbol{x}$ und $\boldsymbol{y}$ eingeschlossenen Winkel bezeichnet. Man veranschaulicht sich an diesem Spezialfall, dass die empirische Korrelation mit kleiner werdendem γ zunimmt. Für $\gamma = \pi/2$ hingegen nimmt sie den Wert Null an. Die Vektoren sind in diesem Falle orthogonal. In der Sprechweise der Statistik heißen Zufallsgrößen unkorreliert, wenn ihre Kovarianz Null ist.

Der Begriff der Unkorreliertheit ist wahrscheinlichkeitstheoretischen Charakters, empirische Unkorreliertheit bedeutet hingegen Orthogonalität der Beobachtungsvektoren im $\mathbb{R}^n$. Die **empirische Standardabweichung** $s\left(\boldsymbol{x}_j\right)$ des Beobachtungswertvektors $\boldsymbol{x}_j$ berechnet sich als

$$s\left(\boldsymbol{x}_j\right) = \sqrt{\widehat{\mathrm{cov}}\left(\boldsymbol{x}_j, \boldsymbol{x}_j\right)} = \frac{\|\boldsymbol{x}_j^z\|}{\sqrt{n-1}}.$$

Damit sind die **standardisierten Beobachtungswertvektoren**

$$\left(\boldsymbol{x}_j^s\right)' = \frac{\left(\boldsymbol{x}_j^z\right)'}{s\left(\boldsymbol{x}_j\right)} = \left(\frac{x_{1j} - \overline{x}_j}{s\left(\boldsymbol{x}_j\right)}, \; ..., \; \frac{x_{nj} - \overline{x}_j}{s\left(\boldsymbol{x}_j\right)} \right), \; i = 1, \, ..., \, p$$

erhältlich. Für die **empirische Korrelation** $\widehat{\mathrm{corr}}\left(\boldsymbol{x}_j, \boldsymbol{x}_k\right)$ hat man

$$r_{jk} = \widehat{\mathrm{corr}}\left(\boldsymbol{x}_j, \boldsymbol{x}_k\right) = \frac{\left(\boldsymbol{x}_j^s\right)' \boldsymbol{x}_k^s}{n-1} = \frac{\left(\boldsymbol{x}_j^z\right)' \boldsymbol{x}_k^z}{\|\boldsymbol{x}_j^z\| \|\boldsymbol{x}_k^z\|} = \frac{\widehat{\mathrm{cov}}\left(\boldsymbol{x}_j, \boldsymbol{x}_k\right)}{s\left(\boldsymbol{x}_j\right) s\left(\boldsymbol{x}_k\right)}.$$

Die Stichproben-Korrelationsmatrix $\boldsymbol{R} = \left(r_{jk}\right)$ ist von der Ordnung p. Sie ist symmetrisch und kann als

$$\boldsymbol{R} = \frac{1}{n-1} \left(\boldsymbol{X}^s\right)' \boldsymbol{X}^s$$

berechnet werden. Hier bezeichnet $\boldsymbol{X}^s$ die **standardisierte Datenmatrix**

$$\boldsymbol{X}^s = \begin{pmatrix} (x_{11} - \overline{x}_1)/s\left(\boldsymbol{x}_1\right) & (x_{12} - \overline{x}_2)/s\left(\boldsymbol{x}_2\right) & \cdots & \left(x_{1p} - \overline{x}_p\right)/s\left(\boldsymbol{x}_p\right) \\ (x_{21} - \overline{x}_1)/s\left(\boldsymbol{x}_1\right) & (x_{22} - \overline{x}_2)/s\left(\boldsymbol{x}_2\right) & \cdots & \left(x_{2p} - \overline{x}_p\right)/s\left(\boldsymbol{x}_p\right) \\ \vdots & \vdots & \vdots & \vdots \\ (x_{n1} - \overline{x}_1)/s\left(\boldsymbol{x}_1\right) & (x_{n2} - \overline{x}_2)/s\left(\boldsymbol{x}_2\right) & \cdots & \left(x_{np} - \overline{x}_p\right)/s\left(\boldsymbol{x}_p\right) \end{pmatrix}.$$

Ihre Spalten sind die standardisierten Beobachtungswertvektoren. Für alle Elemente r_{jj} der Hauptdiagonale von $\boldsymbol{R}$ gilt $r_{jj} = 1$.

Sind die Daten keine Stichprobenergebnisse, so sind die hier aufgeführten Berechnungen natürlich auch durchführbar. Dies gilt auch für die Hauptachsentransformation. Es bleiben die algebraischen und die geometrischen Interpretationen der Ergebnisse.

2.4.4   Abstandsbegriffe für den $\mathbb{R}^n$

Auf einer abstrakten Menge M können Abstandsbegriffe definiert werden, die die Lage der Elemente der Menge zueinander beschreiben. Die damit entstehende **topologische Struktur** ist zunächst unabhängig von weiteren Strukturen, die M besitzen könnte, beispielsweise einer algebraischen. Mit Abständen können auch Ähnlichkeiten beschrieben werden. Als betrachtete Objekte kommen beispielsweise u.a. solche in Frage, die sich durch symbolische Daten beschreiben lassen, etwa Gensequenzen oder bibliographische Angaben.

Hier wird für M der $\mathbb{R}^n$ gesetzt, bei den Abstandsbegriffen erfolgt eine Beschränkung auf Metriken. Metrische und algebraische Struktur sind sinnvoll zu verknüpfen. Dabei kommt man zu Begriffen wie Abstand und Winkel, die in der Geometrie des $\mathbb{R}^3$ die allgemein bekannte anschauliche Bedeutung haben. Indem auf den $\mathbb{R}^n$ abstrahiert wird, können Punktemengen, also Daten, durch Verallgemeinerungen geometrischer Begriffsbildungen beschrieben werden. Genau dies ist das Anliegen einer großen Klasse von Verfahren der mehrdimensionalen Datenanalyse. Es gibt Klassifikationsverfahren wie Cluster- und Diskriminanzanalysen, die aus topologischen Strukturen begründet werden können. Damit hat man Möglichkeiten der explorativen Analyse höherdimensionaler Datenmengen, ohne an Voraussetzungen über mehrdimensionale Wahrscheinlichkeitsverteilungen der beobachteten Variablen gebunden zu sein.

Definition:

Es seien M eine Menge und $d \mid M \times M \to \mathbb{R}$ eine reelle Funktion mit den für alle $x, y, z \in M$ geltenden Eigenschaften:

1. $d(x, y) \geq 0$ und $d(x, y) = 0$ genau dann, wenn $x = y$

2. $d(x, y) = d(y, x)$ (Symmetrie)

3. $d(x, y) \leq d(x, z) + d(z, y)$ (Dreiecksungleichung).

Dann heißen d **Metrik** und (M, d) **metrischer Raum.**

Beispiel 2.108

*   Die Menge $\mathbb{R}$, versehen mit dem Abstand $d_1(\alpha, \beta) = |\alpha - \beta|$ für $\alpha, \beta \in \mathbb{R}$ ist ein metrischer Raum. Insbesondere gilt $d_1(\alpha, 0) = |\alpha|$. Der Betrag einer reellen Zahl ist ihr Abstand von der Null.

- $d^E\left(x,\,y\right)=\sqrt{\sum_{i=1}^{n}\left(x_i-y_i\right)^2}$ definiert für $x=\left(x_1,...,x_n\right)'$ und $y=\left(y_1,...,y_n\right)'\in\mathbb{R}^n$ die

  EUKLIDISCHE **Metrik** auf dem $\mathbb{R}^n$. $\left(\mathbb{R}^n,d^E\right)$ heißt der EUKLIDISCHE **Raum**.

◄

Für $n=2$ ist durch d^E ein Abstand im $\mathbb{R}^2$ erklärt, der im Zusammenhang mit dem klassischen Satz des PYTHAGORAS veranschaulicht werden kann:

$d^E\left(x,0\right)=\sqrt{x_1^2+x_2^2}$ ist der Abstand des Punktes $x=\left(x_1,x_2\right)$ vom Nullpunkt $0=\left(0,0\right)$.
Für das Quadrat dieses Abstandes gilt

$$\left(d^E\left(x,0\right)\right)^2=x_1^2+x_2^2=\langle x,x\rangle.$$

In einem Dreieck mit den Eckpunkten $x,y,0$ gilt für das Quadrat von d^E die Gleichung

$$\left(d^E\left(x,\,y\right)\right)^2=\left(\mathrm{d}^\mathrm{E}\left(x,\,0\right)\right)^2+\left(\mathrm{d}^\mathrm{E}\left(y,\,0\right)\right)^2-2\sqrt{d^E\left(x,\,0\right)}\cdot\sqrt{d^E\left(y,\,0\right)}\cos\gamma.$$

Hierbei bezeichnet γ den Winkel zwischen den Geraden durch die Punkte 0 und x bzw. 0 und y. Aus der letzten Gleichung erhält man

$$\sqrt{d^E\left(x,\,0\right)}\sqrt{d^E\left(y,\,0\right)}\cos\gamma=\sum_{i=1}^{2}x_i\,y_i\,,\text{ also }\sqrt{\langle x,x\rangle}\,\sqrt{\langle y,y\rangle}\cos\gamma=\langle x,\,y\rangle.$$

Definition:
> Zwei Elemente des $\mathbb{R}^2$ stehen senkrecht auf einander $\left(\cos\gamma=0\right)$, wenn ihr Skalarprodukt Null ist.

Diese Betrachtungen in Bezug auf die Geometrie des $\mathbb{R}^2$ motivieren die folgende Definition:

Definition:
> Für $x\in\mathbb{R}^n$ heißt $\|x\|=\sqrt{\langle x,x\rangle}$ die **Norm** von x.

Eine Norm $\|.\|$ besitzt folgende Eigenschaften:

- $\|x\|\geq0$ für alle $x\in\mathbb{R}^n$, $\|x\|=0$ genau dann, wenn $x=0$
- $\|\alpha x\|=|\alpha|\cdot\|x\|$ für alle $\alpha\in\mathbb{R}$ und $x\in\mathbb{R}^n$
- $\|x+y\|\leq\|x\|+\|y\|$ für alle $x,y\in\mathbb{R}^n$ (Dreiecksungleichung)
- $|\langle x,\,y\rangle|\leq\|x\|\cdot\|y\|$ für alle $x,y\in\mathbb{R}^n$ (CAUCHY-SCHWARZsche Ungleichung)

Die Norm ist ein Maß für den EUKLIDISCHEN Abstand eines Punktes x von der Null,

$$d^E\left(x,\,0\right)=\sqrt{\langle x-0,\,x-0\rangle}=\sqrt{\langle x,\,x\rangle}=\|x\|.$$

Auf diese Weise ist für das Element $x \in \mathbb{R}^n$ eine Länge erklärt. Diese metrische Struktur ist mit dem Skalarprodukt verknüpft.

Durch $d(x, y) = \| x - y \|$ definiert jede Norm eine Metrik.

Jede positiv-definite symmetrische Bilinearform $f \mid \mathbb{R}^n \times \mathbb{R}^n \to \mathbb{R}$ erzeugt eine quadratische Form $q \mid \mathbb{R}^n \to \mathbb{R}$. Es heißt dann

$$\| x \|_f = \sqrt{q(x)} = \sqrt{f(x, x)}$$

die Norm von $x \in \mathbb{R}^n$ bezüglich f.

Wie vorher erläutert wurde, kann eine positiv-definite symmetrische Bilinearform immer als Skalarprodukt aufgefasst werden, wenn im $\mathbb{R}^n$ eine entsprechende Basis gewählt wird. Eine positiv-definite symmetrische Bilinearform erzeugt dann immer eine Norm und damit eine Metrik.

Metriken werden üblicherweise durch die Punkte des Raumes charakterisiert, deren Abstand zum Nullelement 1 ist.

Beispiel 2.109

- Für $\langle x, y \rangle = \sum_{i=1}^{2} x_i \, y_i$ genügt die Menge aller Elemente des $\mathbb{R}^2$ mit dem Abstand 1 zum Nullelement $(0,0)$ der Kreisgleichung $1 = \| x \|^2 = x_1^2 + x_2^2$.

- Eine weitere Metrik auf dem $\mathbb{R}^n$ ist $d(x, y) = \sum_{i=1}^{n} | x_i - y_i |$.

- Durch $d(x, y) = \max \{ | x_i - y_i |, \ i = 1, ..., n \}$ wird ebenfalls eine Metrik auf dem $\mathbb{R}^n$ definiert. Beispielsweise liegen alle Punkte des $\mathbb{R}^2$ mit dem Abstand 1 bezüglich der Null auf der Begrenzung des Quadrates mit den Eckpunkten $(-1, -1), (-1, 1), (1, -1)$ und $(1, 1)$.

◄

Jede Bilinearform erzeugt eine Metrik, aber nicht jede Metrik ist so erhältlich. Eine solche Metrik ist die im letzten Punkt des vorigen Beispiels genannte.

Dienen die empirische Kovarianzmatrix C und die empirische Korrelationsmatrix R der Charakterisierung des Informationsgehaltes der Datenmatrix, so kann die Lage der Beobachtungsobjekte im p-dimensionalen Merkmalsraum zueinander durch die **Distanzmatrix** $D^E = \left(d_{ij}^{\ E} \right)$ von der Ordnung n beschrieben werden. Ihre Elemente sind die EUKLIDISCHEN Abstände der Beobachtungsobjekte, also der Zeilen der Datenmatrix. Es gelten für die Beobachtungswertvektoren $\mathbf{x}_i' = \left(x_{i1}, ..., x_{ip} \right)$ und $\mathbf{x}_j' = \left(x_{j1}, ..., x_{jp} \right)$ die Beziehungen

$$d_{ij}^{\ E} = d_{ij}^{\ E} \left(\mathbf{x}_i, \mathbf{x}_j \right) = \| \mathbf{x}_i - \mathbf{x}_j \| = \sqrt{\langle \mathbf{x}_i - \mathbf{x}_j, \mathbf{x}_i - \mathbf{x}_j \rangle} = \sqrt{\sum_{k=1}^{p} \left(x_{ik} - x_{jk} \right)^2}$$

für $i, j = 1, ..., n$.

Die Distanzmatrix D^E ist symmetrisch, die Elemente $d_{ij}^{\ E}$ ihrer Hauptdiagonale sind sämtlich Null.

Es ist denkbar, dass die euklidische Abstandsmessung nicht sachgerecht ist. Jedes Merkmal, also jede Koordinate der Beobachtungsobjekte, geht mit gleichem „Gewicht" in diese Abstandsberechnung ein. Für zwei stark korrelierte Merkmale würde ein doppelter Anteil an der Entfernungsbestimmung nicht adäquat dem Informationsgewinn sein. Hingegen sollen unkorrelierte Merkmale voll berücksichtigt werden. Einer solchen Intention entspricht die **MAHALANOBIS-Metrik** d^M. Die Elemente der Distanzmatrix D^M berechnen sich als

$$d_{ij}^{\ M} = d_{ij}^{\ M}\left(x_i, x_j\right) = \sqrt{\left(x_i - x_j\right)' C^{-1}\left(x_i - x_j\right)}, \ i, j = 1, \ ...,n \ .$$

Hierbei bezeichnen wieder $x_i = \left(x_{i1}, \ ..., x_{ip}\right)'$ Beobachtungswertvektoren sowie C^{-1} die Inverse der Stichproben-Kovarianzmatrix C.

Betrachtet wird nachfolgend der spezielle Fall einer Datenmatrix vom Typ $(n, 2)$. Beobachtet werden zwei Merkmale m_x und m_y, die Beobachtungswertvektoren sollen $\mathbf{x} = \left(x_1, \ ..., x_n\right)'$ und $\mathbf{y} = \left(y_1, \ ..., y_n\right)'$ heißen. Die Stichproben-Kovarianzmatrix stellt sich als

$$C = \begin{pmatrix} s_x^{\ 2} & s_{xy} \\ s_{xy} & s_y^{\ 2} \end{pmatrix}$$

dar. Abkürzend notiert man üblicherweise

$$\hat{cov}\left(x, y\right) = s_{xy},$$
$$\hat{var}\left(x\right) = s_x^{\ 2},$$
$$\hat{var}\left(y\right) = s_y^{\ 2}.$$

Die inverse Matrix C^{-1} ist

$$C^{-1} = \frac{1}{s_x^{\ 2}s_y^{\ 2} - s_{xy}^{\ 2}}\begin{pmatrix} s_y^{\ 2} & -s_{xy} \\ -s_{yx} & s_x^{\ 2} \end{pmatrix}.$$

Das Quadrat der MAHALANOBIS-Metrik der Beobachtungsobjekte $x_i = \left(x_i, y_i\right)'$ und $x_j = \left(x_j, y_j\right)'$ berechnet sich damit wie folgt:

$$\left(d_{ij}^{\ M}\right)^2 = \left(x_i - x_j\right)' C^{-1}\left(x_i - x_j\right)$$

$$= \frac{\left(x_i - x_j\right)^2 s_y^{\ 2} - 2\left(x_i - x_j\right)\left(y_i - y_j\right)s_{xy} + \left(y_i - y_j\right)^2 s_x^{\ 2}}{s_x^{\ 2}s_y^{\ 2} - s_{xy}^{\ 2}} \ .$$

Alle Punkte der Ebene mit einem MAHALANOBIS-Abstand Eins von der Null bilden eine Ellipse. Für den Fall, dass die Stichproben-Kovarianzmatrix die Einheitsmatrix ist, stimmen MAHALANOBIS-Abstand und EUKLIDISCHER Abstand überein. Das ist dann der Fall, wenn beide Spalten der standardisierten Datenmatrix orthogonal sind. Sofern $n > p$ gilt, die Anzahl der beobachteten Objekte also größer als die Dimension des Merkmalsraumes ist, sind MAHALANOBIS-Abstand und EUKLIDISCHER Abstand stets verschieden; es gibt höchstens p verschiedene orthogonale Vektoren in $\mathbb{R}^p$.

Es ist offensichtlich, dass die MAHALANOBIS-Metrik durch die Datenmatrix definiert und insofern kein fixierter Maßstab ist.

Zu beachten ist die mögliche Auswirkung von Datentransformationen auf den Abstand. Solche Datentransformationen können beispielsweise eine Skalenänderung, also Multiplikation aller beobachteten Werte mit derselben Zahl, Translation, Spiegelung oder Drehung der Vektoren sein.

Der EUKLIDISCHE Abstand ist translationsinvariant, invariant bezüglich Spiegelung und Drehung der Vektoren, nicht aber invariant gegen Skalenänderung. Der MAHALANOBIS-Abstand ist invariant bezüglich aller genannten Datentransformationen.

Betrachtet sei wieder der $\mathbb{R}^n$. Weitere Möglichkeiten der Abstandsmessung bieten die L_p-**Metriken**

$$d^{Lp}\left(\boldsymbol{x},\boldsymbol{y}\right)=\sqrt[p]{\sum_{i=1}^{n}\left|x_i-y_i\right|^p}$$

für $\boldsymbol{x},\boldsymbol{y}\in\mathbb{R}^n$ und eine reelle Zahl $0<p<\infty$. Diese traditionelle Bezeichnung p steht nicht mit der oben für die Datenmatrix benutzten Merkmalsanzahl p in Beziehung!

Für $p=1$ ergibt sich die so genannte **Manhattan-Metrik** und für $p=2$ die EUKLIDISCHE Metrik. Die L_p-Metriken sind im Allgemeinen nicht skaleninvariant.

Als weitere Metriken seien hier genannt die **MINKOWSKI-Metrik**

$$d^{MINK}\left(\boldsymbol{x},\boldsymbol{y}\right)=\sqrt[s]{\sum_{i=1}^{n}\left|x_i-y_i\right|^s/g_i^s}$$

mit $s\geq 1$ und den normalisierenden reellen Faktoren g_i sowie die **Canberra-Metrik**

$$d^{CANB}\left(\boldsymbol{x},\boldsymbol{y}\right)=\sum_{i=1}^{n}\frac{\left|x_i-y_i\right|^s}{\left|x_i\right|+\left|y_i\right|}.$$

Kategoriale Merkmale können immer als Vektoren codiert werden, deren Komponenten 1 oder 0 sind je nachdem, ob die Kategorie vorhanden ist oder nicht. Für Abstandsmessungen von Objekten, die durch kategoriale Merkmale charakterisiert sind, verwendet man spezielle Metriken. Einige werden hier vorgestellt. Tab. 2.53 erläutert die benutzte Symbolik.

Tab. 2.53 Anzahlen der Koordinaten zweier binärer Vektoren der Länge n, für die die Ein tragungen von 0 bzw. 1 in der angegebenen Beziehung stehen. Beispielsweise ist α die Anzahl der Koordinaten, in denen sowohl x als auch y den Wert 1 besitzen.

		y_i	
		Wert 1	Wert 0
x_i	Wert 1	α	β
	Wert 0	γ	δ

Damit lassen sich die folgenden Metriken auf dem $\mathbb{R}^n$ definieren:

die **JACCARD-Metrik**
$$d_J(x,y) = 1 - \frac{\alpha}{\alpha+\beta+\gamma},$$

die **KENDALL-Metrik**
$$d_K(x,y) = 1 - \frac{\alpha+\delta}{\alpha+\beta+\gamma+\delta},$$

die **ANDERBERG-Metrik**
$$d_A(x,y) = 1 - \frac{1}{4}\left[\frac{\alpha}{\alpha+\beta} + \frac{\alpha}{\alpha+\gamma} + \frac{\delta}{\beta+\delta} + \frac{\delta}{\gamma+\delta}\right] \text{ und die}$$

ROGERS/TANIMOTO-Metrik
$$d_T(x,y) = 1 - \frac{\alpha+\delta}{\alpha+2(\beta+\gamma)+\delta}.$$

Umfangreichere Betrachtungen über Metriken im Zusammenhang mit Datenanalysen findet man in BOCK/DIDAY (2000), Kapitel 8.

Metriken für Daten vom gemischten Typ
Für eine Zusammenschau metrischer und kategorialer Daten, und eine solche Situation ist häufig gegeben, ist eine Kombination geeigneter Metriken oft wünschenswert. Um dies zu beschreiben, wird die Datenmatrix für **Daten vom gemischten Typ** folgendermaßen notiert:

$$\mathbf{X} \oplus \mathbf{Y} = \begin{pmatrix} x_{11} & x_{12} & \cdots & x_{1r} & y_{11} & y_{12} & \cdots & y_t \\ x_{21} & x_{22} & \cdots & x_{2r} & y_{21} & y_{22} & \cdots & y_{2t} \\ \vdots & \vdots & \vdots & \vdots & \vdots & \vdots & \cdots & \vdots \\ x_{n1} & x_{n2} & \cdots & x_{nr} & y_{n1} & y_{n2} & \cdots & y_{nt} \end{pmatrix}$$

ist die orthogonale Summe zweier Matrizen, deren eine die Daten bezüglich r metrischer und deren andere die Daten bezüglich t binärer Variabler für n Objekte $\mathbf{O}_i$ enthält.
Sind (M_1,d_1) und (M_2,d_2) zwei metrische Räume, dann definiert

$$d_{sum}(a,b) := d_1(a_1,b_1) + d_2(a_2,b_2),$$

mit $a=(a_1,a_2)$ und $b=(b_1,b_2)$ aus $M_1 \times M_2$, eine Metrik auf dem Produktraum $M_1 \times M_2$. Das muss hier nicht bewiesen werden. Wählt man beispielsweise für die metrischen Variablen die MAHALANOBIS-Metrik und für die binären die ROGERS/TANIMOTO-Metrik, erhält man als Metrik auf $\mathbf{X} \oplus \mathbf{Y}$

$$d_{sum}(\mathbf{O}_i,\mathbf{O}_j) = d^M(\mathbf{x}_i,\mathbf{x}_j) + d_T(\mathbf{y}_i,\mathbf{y}_j).$$

Der Maximalwert der ROGERS/TANIMOTO-Metrik ist die Eins. Die MAHALANOBIS-Metrik nimmt Werte von Null bis Unendlich an. Diese Ungleichheit der Abstandsmessung soll beseitigt werden. Deshalb wird eine Transformation der MAHALANOBIS-Metrik vorgenommen. Eine Abbildung $f, f : \mathbb{R}^+ \rightarrow \mathbb{R}^+$ heißt **Metrik-erhaltend**, wenn $f \circ d : M \times M \rightarrow \mathbb{R}^+$ für jede Metrik d wieder eine Metrik ist. TERPE (1984) untersuchte erstmals solche Abbildungen und stellte fest: Funktionen $f, f : \mathbb{R}^+ \rightarrow \mathbb{R}^+$ mit den Eigenschaften

1. $f(x) = 0 \Leftrightarrow x = 0$,

2. $f(x)$ ist wachsend, d.h. $x < y \Rightarrow f(x) \leq f(y)$ und

3. $f(x)$ ist konkav, d.h. $0 \leq x < y < z \Rightarrow \dfrac{f(z) - f(y)}{z - y} \leq \dfrac{f(y) - f(x)}{y - x}$,

sind Metrik-erhaltend.

In der Klasse $\{f_n \mid n \in \mathbb{N}\}$ der Funktionen $f_n(x) = x^n / (1 + x^n)$, $x \geq 0$, ist f_1 die einzige Metrik-erhaltende Abbildung. Die durch f_1 transformierte MAHALANOBIS-Metrik

$$\left[f_1 \circ d^M \right] \left(\mathbf{x}_i, \mathbf{x}_j \right) = \frac{d^M \left(\mathbf{x}_i, \mathbf{x}_j \right)}{1 + d^M \left(\mathbf{x}_i, \mathbf{x}_j \right)}$$

ist wieder eine Metrik. Ihr Wertebereich ist $[0,1)$. Damit wird die **gemischte Metrik**

$$d^\Sigma \left(\mathbf{O}_i, \mathbf{O}_j \right) = \left[f_1 \circ d^M \right] \left(\mathbf{x}_i, \mathbf{x}_j \right) + d_T \left(\mathbf{y}_i, \mathbf{y}_j \right)$$

mit dem Wertebereich $[0,2)$ definiert. Die Abstandsmessungen betreffend die kategorialen Merkmale und die Abstandsmessungen für die metrischen Merkmale sind vergleichbar gemacht worden und in einer summarischen Metrik zusammengefasst.

Auswerteverfahren können durch Metriken vom gemischten Typ der Datensituation angepasst werden.

2.4.5   Explorative Datenanalysen

Bei explorativen Datenanalysen kann man selten auf Kenntnisse über die Wahrscheinlichkeitsverteilung der beobachteten multivariaten Zufallsgößen Bezug nehmen. Nicht immer können die Daten als konkrete Stichproben gelten. Algebraisch und topologisch begründete Methoden wie Visualisierungen, Hauptkomponentenanalysen, Faktoranalysen und Klassifikationen kommen dann zur Anwendung. Im Folgenden werden beispielhaft topologische Klassifikationen vorgestellt, die Diskriminanzanalyse und die Clusteranalyse.

A. Diskriminanzanalyse

Die Diskriminanzanalyse ist ein multivariates Verfahren der Datenanalyse, das bezüglich beobachteter höherdimensionaler Merkmalsvektoren die Zuordnung der jeweiligen Individuen zu genau einer von mehreren gegebenen Gruppen gewährleistet. Gleichzeitig strebt man mit einer Diskriminanzanalyse die Kennzeichnung der in Hinsicht auf die Gruppenzuordnung informativen Merkmale an. Eine Diskriminanzanalyse setzt zunächst das Vorliegen von Daten von Individuen mit bekannter Gruppenzugehörigkeit voraus.

Diese aus der **Lernstichprobe** gewonnenen Informationen werden zur Konstruktion der Zuordnungsvorschrift genutzt, um weitere beobachtete Individuen den Gruppen zuzuweisen.

Zur Gütekennzeichnung eines Diskriminationsverfahrens kann die aus der Lernstichprobe schätzbare Wahrscheinlichkeit der Fehlerklassifikation dienen. Die **Kreuzvalidierung** ermöglicht es, die Konstruktion der Zuordnungsvorschrift sowie ihre Kontrolle getrennt vorzunehmen, indem eine Hälfte der Lernstichprobe dem einen dient und die andere Hälfte das zweite ermöglicht. Die **leaving-one-out-Methode** ist eine Variante davon und erklärt sich bereits durch ihren Namen. Die Methode der Wahl zur Bewertung des Diskriminationsfehlers ist die **Bootstrap-Methode** (s. EFRON/TIBSHIRANI 1993). Sind hinsichtlich der Anteile der Gruppen in der beobachteten Population Kenntnisse verfügbar, lassen sich unter Benutzung der Formel von BAYES bedingte Wahrscheinlichkeiten für die Korrektheit der Gruppenzuweisungen bestimmen.
Die multivariate Klassifizierungsregel kann auf vielfältige Weise entwickelt werden. Drei Prinzipien werden genannt.

Lineare Diskriminanzanalyse nach FISHER

Indem man das Skalarprodukt eines beliebigen p-dimensionalen Beobachtungsvektors x mit einem fixierten p-dimensionalen Vektor f bildet, wird jedem x eine reelle Zahl r_x zugeordnet. An dieser reellen Zahl wird die Gruppenzugehörigkeit von x entschieden. f wird so bestimmt, dass für die Lernstichprobe die Gruppenmittelwerte der r_x maximalen Abstand haben. Dieses algebraische Diskriminationsverfahren basiert nicht auf einem wahrscheinlichkeitstheoretisch-statistischen Ansatz.

Nächste-Nachbarn-Diskriminanzanalyse

Eine zu klassifizierende Beobachtung x wird der Gruppe zugeordnet, die den am nächsten bei x liegenden Beobachtungsvektor der Lernstichprobe enthält. Grundlage dieses Verfahrens ist eine geeignet zu wählende Metrik auf dem $\mathbb{R}^p$. Häufig verwendet man den EUKLIDISCHEN Abstand oder den MAHALANOBIS-Abstand. Dieses Diskriminationsverfahren hat topologischen Charakter und es bedarf des Begriffes der Zufallsgröße nicht. Varianten der Methode entstehen, wenn **k-nächste Nachbarn** berücksichtigt werden.

Maximum-Likelihood-Diskriminanzanalyse

Anders als bei den beiden vorgenannten Verfahren wird jetzt davon ausgegangen, dass die Beobachtungsvektoren Realisierungen einer mehrdimensionalen Zufallsgröße sind. Bezüglich der Verteilungsfunktion dieser Zufallsgröße gewinnt man aus den Daten der Lernstichprobe für jede Gruppe separat eine Likelihood-Funktion. Die Beobachtung x wird der Gruppe zugeordnet, deren assoziierte Likelihoodfunktion für x den maximalen Wert besitzt. Die Überprüfung von Verteilungsannahmen über mehrdimensionale Zufallsgrößen ist jedoch nicht unproblematisch.
Die Methoden der Diskriminanzanalyse fußen nicht notwendig auf Wahrscheinlichkeitsrechnung und Statistik. Klassifikationsverfahren wie diese findet man jedoch überwiegend in einer stochastischen Diktion erläutert. Es ist empfehlenswert, im Anwendungsfalle eine sorgfältige Methodenanalyse vorzunehmen. Damit ist Fehlern bei den Ergebnisinterpretationen vorgebeugt. Diskriminanzanalysen erfordern aufwendige Berechnungen. Dafür stehen Rechnerprogramme mit einer Vielzahl von Optionen zur Verfügung.
Eine k-nächste-Nachbarn-Methode für Daten vom gemischten Typ ist derzeit in den Standard-Programmsystemen nicht verfügbar. Sofern man sie selbst implementiert, ist ihre Güte-

kennzeichnung an geeigneten Datensätzen unverzichtbar. WEITMANN (2004) hat solche Programme entwickelt und getestet.

Beispiel 2.110

Bei der Suche nach Risikofaktoren für Patienten mit akutem Nierenversagen richtete sich die Aufmerksamkeit auf 79 Aminosäuren und organische Säuren. Diese Merkmale wurden bei 40 Patienten als Konzentrationen im Ultrafiltrat gemessen. 12 dieser Patienten gehören entsprechend dem beobachteten Verlauf der Erkrankung zur Prognosegruppe 1 (reversibles Geschehen), 28 zur Prognosegruppe 0 (infaustes Geschehen).

Eine multivariate explorative Datenanalyse soll Hinweise geben, ob sich die Patienten anhand der beobachteten Merkmalsvektoren der Dimension 79 in die beiden Prognosegruppen

Tab. 2.54 Zusammenfassung der Prozedur STEPDISC

Stepwise Discriminant Analysis Stepwise Selection: Summary			Average Squared Canonical
Step	Variable Entered	Number In	Correlation
1	GLYSAU	1	0.09469250
2	THREOL	2	0.23358099
3	HPROP3	3	0.37821885
4	MALON	4	0.47878831
5	APFEL	5	0.58485717
6	SUBI	6	0.65698129
7	HVS	7	0.68970169
8	CITR	8	0.73560519
9	MILP3	9	0.77767783
10	GLYCOL	10	0.81522479
11	GLYAL2	11	0.85293172
12	ETHYL2	12	0.87149199
13	US121	13	0.88538491
14	HYMEBE	14	0.89484733
15	DIBU34	15	0.90497037
16	APFEL	14	0.90151036
17	MILCH	15	0.91618790

so klassifizieren lassen, dass das Resultat dem klinischen Befund entspricht. Des Weiteren waren die Merkmale auszusondern, die für diese Klassifizierung informativ sind. Die Studie und ihre Resultate sind in JÄGER u.a. (1999) publiziert. Es erscheint unsinnig, bei 79 Merkmalen und 40 Fällen eine statistische Datenauswertung vornehmen zu wollen. In Anbetracht der medizinischen Fragestellung und der realen Beobachtungsmöglichkeiten kann eine explorative Datenanalyse jedoch hilfreich sein.

Die Problemstellung führt auf eine Diskriminanzanalyse. Die an 40 Patienten beobachteten Datensätze bilden die Lernstichprobe. Über die Wahrscheinlichkeitsverteilung des 79-dimensionalen Merkmalsvektors ist nichts bekannt. Verteilungsannahmen statistisch prüfen zu wollen ist bei der gegebenen Fallzahl $N = 40$ nicht sinnhaft. Ob die 40 Datensätze eine

Stichprobe im Sinne der Statistik darstellen, muss also nicht weiter erörtert werden. Aus diesen Gründen ist eine Maximum-Likelihood-Diskriminanzanalyse nicht angezeigt.

Die Berechnungen erfolgen mit dem Statistik-Programm SAS® in zwei Schritten. Zuerst (Prozedur STEPDISC) erofolgt eine Variablenselektion. Anschließend wird unter Verwendung dieser ausgewählten Variableneine Diskriminanzanalyse (Prozedur DISCRIM) durchgeführt. Die Prozedur STEPDISC setzt multivariate Normalverteilungen innerhalb jeder Gruppe sowie gleiche Kovarianzmatrizen der Gruppen voraus. Ob diese Voraussetzungen hier erfüllt sind, kann nicht überprüft werden. Im Sinne eines praktizistischen Vorgehens wird STEPDISC jedoch eingesetzt, denn die eigentliche Diskriminanzanalyse erfolgt erst im zweiten Schritt.

Beginnend mit einem Merkmal (Methode FORWARD) wurden die Datensätze klassifiziert. Dieses Merkmal hat die Bezeichnung GLYSAU (s. Tab. 2.54). Die Güte der Klassifizierung wird über die empirische Korrelation (s. letzte Spalte in Tab. 2.54) beurteilt. Sodann wird das Merkmal THREOL hinzugenommen, die Datensätze werden erneut klassifiziert. Diese Prozedur wird fortgesetzt, bis keine Verbesserung der statistischen Bewertung des Resultates mehr erfolgt.

Auf diese Weise wird die ursprüngliche Menge von 79 Merkmalen auf 15 Merkmale reduziert (s. Spalte 3 in Tab. 2.54). Das Verfahren tauscht unter Umständen bereits in der Auswahl befindliche Variable durch informativere in späteren Schritten wieder aus (s. Tab. 2.55, z.B APFEL). Diese Berechnungen werden im Sinne einer explorativen Datenanalyse als orientierendes Ergebnis gewertet. Man beachte auch die Vielzahl der Merkmale und den geringen Umfang der Beobachtung.

Tab. 2.55 Falsch- bzw. Richtigklassifikation mit der Prozedur DISCRIM bei Vorgabe gleicher a priori-Wahrscheinlichkeiten

Schritt	organische Säure	Prognosegruppe 0 (verstorben)		Prognosegruppe 1 (reversibel)		Summe (richtig)
		richtig	falsch	richtig	falsch	
1	GLYSAU	18	10	9	3	27
2	THREOL	15	13	9	3	24
3	HPROP3	23	5	8	4	31
4	MALON	24	4	8	4	31
5	APFEL	26	2	10	2	36

Es wird nunmehr unter Bezug auf die ausgewählten 15 Merkmale eine Diskriminanzanalyse durchgeführt. Hierzu wurde die Prozedur DISCRIM aus SAS® verwenden. Unter den möglichen Optionen wird eine nichtparametrische Diskriminanzanalyse gewählt. Das System stellt eine Nächste-Nachbarn-Methode zur Verfügung.

Bezüglich des durch STEPDISK zuerst platzierten Merkmals GLYSAU (s. Tab. 2.54) wird zunächst eine Zuordnung der 40 Patienten zu den Prognosegruppen vorgenommen. 27 dieser Zuordnungen sind richtig (s. Tab. 2.55, letzte Spalte). Anschließend erfolgt die Klassifizierung erneut, diesmal bezüglich der Merkmale GLYSAU und THREOL. Das Ergebnis von 24 richtigen Zuordnungen fällt im Vergleich zu Schritt 1 schlechter aus. Dies sollte nicht irritieren, denn die Merkmalsreihenfolge laut Tab. 2.54 erstellt das Programm aus vorgegebenen und hier nicht nachprüfbaren Verteilungsannahmen. Dann werden die Merkmale GLYSAU, THREOL und HPROP3 zur Klassifikation der 40 Patienten benutzt. Dies sei genauer erläutert. Jeder Patient wird durch einen dreidimensionalen Vektor (GLYSAU, THREOL, HPROP3) repräsentiert. Aus den vorliegenden Messwerten ergeben sich die Gruppenmittel

$$\bar{x}_0 = (0.15036,\ 0.04071,\ 0.55321)\ \text{für Prognosegruppe 0 sowie}$$

$$\bar{x}_1 = (0.07417,\ 0.07750,\ 0.54917)\ \text{für Prognosegruppe 1.}$$

Die empirische Kovarianzmatrix

$$C = \begin{pmatrix} 0.0132038462 & 0.0022711538 & 0.0260051282 \\ 0.0022711538 & 0.0042507051 & 0.0027425641 \\ 0.0260051282 & 0.0027425641 & 0.0942112821 \end{pmatrix}.$$

hat den Rang 3, die inverse Kovarianzmatrix ergibt sich daraus als

$$C^{-1} = \begin{pmatrix} 182.615 & -66.2937 & -48.4774 \\ -66.2937 & 263.825, & 10.6189 \\ -48.4774 & 10.6189 & 23.6865 \end{pmatrix}.$$

Damit kann für zwei beliebige Punkte x und y des dreidimensionalen Raumes $\mathbb{R}^3$ der quadrierte MAHALANOBIS-Abstand $\left[d^M(x,y) \right]^2 = (x-y)\, C^{-1}\, (x-y)'$ berechnet werden.

Der quadrierte MAHALANOBIS- Abstand der Mittelwertsvektoren beider Klassen berechnet sich mit $\bar{x}_0 - \bar{x}_1 = (0.07619,\ -0.03679,\ 0.00404)$ als

$$\left[d^M(\bar{x}_0, \bar{x}_1) \right]^2 = (\bar{x}_0 - \bar{x}_1)\, C^{-1} (\bar{x}_0 - \bar{x}_1)'$$

$$= (0.07619, -0.03679,\ 0.00404)\, C^{-1} (0.07619, -0.03679,\ 0.00404)'$$

$$= 1.75619 .$$

Zur Klassifikation eines Patienten werden mit dem Messwertvektor $x = (0.14,\ 0.05,\ 0.6)$ dessen MAHALANOBIS-Abstände zu den Mittelwertsvektoren der Klassen bestimmt. Die Zuordnung erfolgt zu derjenigen Prognosegruppe, zu der der kleinste Abstand besteht. Wegen $(d^M)^2 (x, \bar{x}_0) = 0.163217$ und $(d^M)^2 (x, \bar{x}_1) = 0.938011$ wird der Patient der Prognosegruppe 0 zugewiesen.

Die Tab. 2.55 fasst das Ergebnis der Nächste-Nachbarn-Diskriminanzanalyse zusammen. Die genannten fünf Merkmale berücksichtigend gelingt bei 36 von 40 Patienten eine richtige Reklassifizierung in die Prognosegruppe. Die Hinzunahme weiterer Merkmale bringt keine Verbesserung des Resultates der Reklassifizierung. Die genannten Merkmale sollten als Risikofaktoren für Patienten mit akutem Nierenversagen diskutiert werden. In Anbetracht der geringen Fallzahl kann dieser Hinweis jedoch nur orientierend sein.

◄

B. Clusteranalyse

Mit Clusteranalysen sucht man Klassierungen in mehrdimensionalen Daten. Auf Grund der „Ähnlichkeit" der Merkmalsvektoren sind Beobachtungseinheiten zu Clustern zusammenzufassen. Anders als bei der Diskriminanzanalyse gibt es keine Beobachtungseinheiten mit vorgegebener Klassenzugehörigkeit, also keine Lernstichprobe.

Eine **Klassifikation** ist eine Einteilung von n Objekten in g Klassen. Mit **Überdeckung** bezeichnet man eine Klassifikation, bei der verschiedene Klassen gemeinsame Objekte enthalten können. Es darf jedoch keine Klasse in einer anderen enthalten sein. Eine **Partition** ist eine spezielle Überdeckung, für die ein Objekt zu genau einer Klasse gehört. Eine **Hierarchie** ist eine Klassifikation, die aus einer Folge von Partitionen besteht. Über mehrere Stufen sind Klassen ineinander enthalten. Eine Hierarchie kann durch ein Dendrogramm oder durch eine Tabelle veranschaulicht werden wie im folgenden Beispiel.

Eine Klassifikation soll so gewählt werden, dass die Homogenität in einer Klasse sowie die Heterogenität zwischen den Klassen möglichst groß sind. Diese Beurteilungen können aus einer geeignet definierten Metrik und der dadurch gegebenen Distanzmatrix der Daten gewonnen werden.

Ein hierarchisches Verfahren kann unter Bezug auf eine Metrik so beschrieben werden:

1. Im ersten Schritt wird die Distanzmatrix der Datenmatix (Objektdaten) berechnet. Ihr kleinstes Element definiert als erstes Cluster die mit ihm assoziierten beiden Vektoren. Mehrere kleinste Elemente der Distanzmatrix ergeben mehrere Cluster auf dieser untersten Hierarchiestufe.

2. Es wird nun für die Menge der Objekte und der neu gebildeten Cluster eine neue Distanzmatrix bestimmt. Als Abstand eines Objektes von einem Cluster nimmt man beispielsweise das Minimum der Abstände zu jedem Clusterobjekt. Den Abstand zwischen Clustern kann unterschiedlich definiert werden. Dies gibt den Clustermethoden ihren Namen. Der Cluster-Abstand ist beim **single linkage**-Verfahren das Minimum, beim **complete linkage**-Verfahren das Maximum und beim **average linkage**-Verfahren das arithmetische Mittel der Objektabstände zwischen den Clustern. Bei der **Centroid-Methode** bildet man den quadratischen EUKLIDISCHEN Abstand zwischen den gemittelten Vektoren der Cluster.

3. Man fährt fort wie in 1. beschrieben. Ein Dendrogramm bzw. eine Tabellenform können zur Ergebnisdarstellung dienen.

Im Statistiksystem SAS® werden fünf Prozeduren zur Clusteranalyse angeboten (ACECLUS, CLUSTER, FASTCLUS, MODECLUS und VARCLUS). Jede dieser Prozeduren ermöglicht es, mehrere Clustermethoden über Optionen zu aktivieren. Die Prozedur CLUSTER offeriert beispielsweise 11 Methoden. Im folgenden Beispiel findet die Methode MEDIAN Anwendung. Betreffend die Einzelheiten dazu einschließlich des mathematischen Hintergrundes und der erforderlichen Zitate zur Primärliteratur wird verwiesen auf das SAS®-Manual.

Beispiel 2.111

Möglichkeiten der Erkennung mathematischer Hochbegabung von Schülern des Unterstufenbereichs sind viel diskutiert. Testkombinationen an Teilnehmern nationaler und internationaler Mathematikolympiaden erprobte KÄPNICK (1997). Die erreichte Punktzahl im k-ten Einzeltest wurde als k-te Koordinate der Datenmatrix aufgefasst. Jedem von 28 Schülern wird ein n-dimensionaler Vektor $x \in \mathbb{R}^n$ zugeordnet. Eine Clusteranalyse soll Hinweise über die Verwendbarkeit der Tests liefern. Als Metrik wurde der MAHALANOBIS-Abstand gewählt, die Clustermethode war die Centroid-Methode. Die Fallzahl ist für dieses Beispiel artifiziell auf 28 beschränkt worden, um den Prozess der Clusterbildung graphisch noch gut veranschaulichen zu können.

Die Clusteranalyse ergab die in Tab. 2.56 und in Abb. 2.73 dargestellten Berechnungsergebnisse. Man erkennt deutlich zwei Cluster. Das von den Schülern mit den Nummern 2, 15, 37, 10, 23, 18, 16 und 26 gebildete rechte Cluster hebt sich deutlich vom Rest der Schüler ab. Ob hier genau die mathematisch hochbegabten Schüler charakterisiert werden, kann die Clusteranalyse natürlich nicht beantworten.

Die SAS®-Ausschrift der Tab. 2.56 ist wie folgt zu lesen: In einem ersten Schritt werden die Beobachtungen OB1 und OB22 zu einem Cluster (temporär CL28 genannt) verschmolzen, die offensichtlich die gleichen Messwerte aufweisen, weil ihr Abstand den Wert 0.0 annimmt. Im Dendrogramm werden die beiden in einem Cluster zusammengefassten Beobachtungen als eine Linie weitergeführt (siehe beide Beobachtungen ganz links in Abb. 2.73). Auf der nächsten Abstandsstufe $d = 0.022\,265$ werden die Beobachtungen OB17 und OB20 zum Cluster CL27 zusammengefasst. Erst im übernächsten Schritt wird das Cluster CL27 (bisher aus zwei Beobachtungen bestehend) mit OB29 zu CL25 vereinigt. Dieses neu entstehende Cluster auf dem Abstandsniveau $d = 0.100\,192$ enthält drei Beobachtungen.

Erst im 14. Schritt, wenn nur noch 15 Cluster vorhanden sind, werden erstmals zwei Cluster, nämlich CL24 und CL16 beim Abstand $d = 0.258994$ zu einem gemeinsamen Cluster mit nunmehr sechs Beobachtungen vereinigt. Die Prozedur ist beendet, wenn die Beobachtungen ein einziges Cluster bilden. Das ist beim Abstandsniveau von 1.763427 der Fall. Es gibt keine objektive Regel zum zwischenzeitlichen Abbruch des Verfahrens. Auch das erschwert die Interpretation der Ergebnisse der Clusteranalyse.

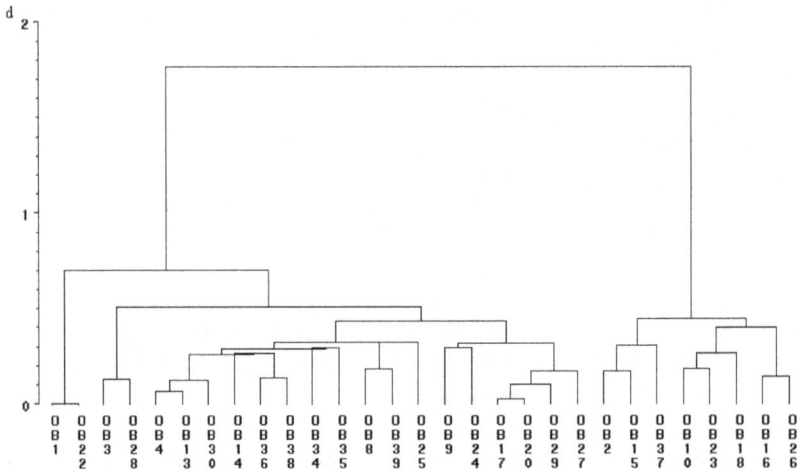

Abb. 2.73 SAS-Graphik, erzeugt mit der Prozedur PROC TREE

Tab. 2.56 Rechenergebnisse der im Beispiel beschriebenen Clusteranalyse (SAS®- Ausdruck)

```
          Median Hierarchical Cluster Analysis


Number                        Frequency   Normalized
of                            of New      Median
Clusters -Clusters Joined-    Cluster     Distance


   28     OB1       OB22           2       0.000000
   27     OB17      OB20           2       0.022265
   26     OB4       OB13           2       0.066795
   25     CL27      OB29           3       0.100192
   24     CL26      OB30           3       0.122457
   23     OB3       OB28           2       0.127902
   22     OB36      OB38           2       0.133589
   21     OB16      OB26           2       0.140815
   20     OB2       OB15           2       0.169564
   19     CL25      OB27           4       0.172553
   18     OB10      OB23           2       0.180881
   17     OB8       OB39           2       0.182246
   16     OB14      CL22           3       0.260604
   15     CL24      CL16           6       0.258994
   14     CL18      OB18           3       0.261079
   13     OB34      OB35           2       0.290298
   12     CL15      CL13           8       0.286606
   11     OB9       OB24           2       0.292849
   10     CL20      OB37           3       0.305686
    9     CL11      CL19           6       0.313208
    8     CL17      OB25           3       0.323224
    7     CL12      CL8          11       0.321991
    6     CL14      CL21           5       0.394770
    5     CL7       CL9          17       0.432151
    4     CL10      CL6           8       0.443712
    3     CL23      CL5          19       0.508899
    2     CL28      CL3          21       0.697294
    1     CL2       CL4          29       1.763427
```

◄

3 Methoden der Epidemiologie

3.1   Was ist Epidemiologie?

Epidemiologie wird in diesem Buch als eine Methodenlehre dargestellt.

Dies zu fassen verlangt, an konkreten Beispielen populationsbezogener Sicht auf bestimmte Erkrankungen und deren Umfeld die zeitliche und räumliche Variationen beispielhaft vor Augen zu haben sowie die zur Beschreibung und Bewertung dieser Variationen geeigneten Denkweisen der Wahrscheinlichkeitsrechnung und Statistik sachgerecht anzuwenden. Deshalb wird in diesem Text konsequent die Sprache der Wahrscheinlichkeitsrechnung und Statistik verwendet, die ohnehin zur Interpretation und zum Verständnis der Fakten unverzichtbar ist.

- **Eine Population im Sinne der Epidemiologie ist eine Gesamtheit von Personen, über die hinsichtlich gewisser Eigenschaften Aussagen gemacht werden sollen.**

Diese Begriffsbildung stimmt mit der in der Statistik verwendeten (vgl. Abschnitt 2.1.1) überein. Epidemiologie als Lehre von den seuchenartigen Erkrankungen (DUDEN 2006) ist zu eng gefasst.

- **Epidemiologie ist die auf eine definierte Population bezogene statistische Betrachtung des Gesundheitsstatus und seines Umfeldes unter dem Aspekt zeitlich-räumlicher Variation.**

Während die klinische Medizin den einzelnen Menschen zum Gegenstand ihres Handelns hat, richtet sich Epidemiologie auf eine Population. Im Unterschied zu anderen medizinischen Disziplinen befasst sich Epidemiologie ausschließlich mit menschlichen Populationen. Die Übertragung tierexperimenteller Befunde oder von Erkenntnissen aus in-vitro-Experimenten auf den Menschen sind **nicht** Gegenstand der Epidemiologie. Theoretische Populationsmodelle und Rechnerexperimente werden jedoch genutzt.

Die Medizinalstatistik gibt ein statisches populationsbezogenes Bild von den Fakten betreffend Krankheiten. Epidemiologie beschreibt die Dynamik dieses Geschehens. Neben Krankheit und Tod sind auch Gesundheitsstatus (im positiven Sinne) oder Lebensqualität Untersuchungsgegenstand epidemiologischer Forschung.

Beispiel 3.1
Über einen Zeitraum von 30 Jahren wurden für die ehemalige DDR jährlich (Stichtag: 31. Dezember) die Anzahlen der Diabetiker, die Anzahlen der Neuerkrankungen und die Anzah-

len der verstorbenen Diabetiker am Zentralinstitut für Diabetes in Karlsburg zusammenge-stellt. Diese Datensammlung hat einen Erfassungsgrad von etwa 98% in Bezug auf die Popu-lation von ungefähr 18 Millionen Menschen.

Im Sinne einer Medizinalstatistik können hieraus für interessierende Subpopulationen unter-schiedliche Angaben entnommen und verwertet werden. Der lange Beobachtungszeitraum ermöglicht eine zeitbezogene Darstellung. Die Angaben erlauben Aussagen in Hinsicht auf Trends.

Epidemiologische Sichtweise des Geschehens geht darüber hinaus. Gefragt wird beispiels-weise nach der Prognose des Krankenstandes oder dem Zusammenhang des beobachteten Geschehens mit der sich verändernden Altersstruktur der Bevölkerung.

Die adäquate Behandlung der genannten Probleme erfordert einen beträchtlichen theoreti-schen Apparat und geschieht im Zusammenwirken von Medizinern, Informatikern und Ma-thematikern. In Kapitel 4 wird das Beispiel detaillierter behandelt.

◄

Für bestimmte Sachverhalte ist die räumliche Strukturierung der Beobachtungen bedeutsam.

Beispiel 3.2

Die Jahresberichte des Deutschen Kinderkrebsregisters in Mainz geben u.a. beobachtete Erkrankungsraten für Malignome als Fälle pro 100 000 Einwohner unter 15 Jahren in Bezug auf Bundesländer wieder.

◄

Die Herkunft epidemiologischen Denkens (in dem hier zu vermittelnden Sinne) wird bis auf HIPPOKRATES zurückgeführt. Die Arbeiten von J. SNOW über die Cholerafälle in London während der Jahre 1849 bis 1854 gelten als Ausgangspunkt der modernen Epidemiologie. Lange bevor die Erreger der Cholera und damit die Krankheitsursache bekannt war, entwi-ckelte SNOW aus den beobachteten Todeshäufigkeiten und ihren Beziehungen zur Wasser-versorgung der Bevölkerung einzelner Stadtteile Londons allgemeine Vorstellungen über den Ablauf von Infektionsmechanismen. Seine Folgerung, dass die Krankheit durch kontaminier-tes Wasser verbreitet wurde, führte zu erfolgreichen praktischen Maßnahmen.

Tab. 3.1 Choleratote in London (Juli und August 1854); Gegenüberstellung der Daten für die Einzugsgebiete zweier Wasserwerke; SNOW (1855/1936).

Wasserwerk	zugehörige Population	Cholera-Todesfälle	Cholera-Todesfälle pro 1000
Southwark	167 654	844	5,0
Lambeth	19 133	18	0,9

Das Studium der Infektionskrankheiten blieb lange Zeit Gegenstand der Epidemiologie, die somit eng an die Mikrobiologie angelehnt war. Diese Nähe zur Mikrobiologie ließ die Epi-demiologie an den aufregenden Entdeckungen jener Zeit teilhaben. Sie hat ein Verdienst an der Durchsetzung der bedeutenden Hygiene- und Sozialreformen jener Zeit (Impfungen, Krankenhaushygiene, Kommunalhygiene etc.).

Nicht übertragbare chronische Krankheiten stellen neben den infektiösen Erkrankungen die größten Herausforderungen an die Medizin. Folgerichtig erweiterte sich der Anwendungsbe-reich der Epidemiologie auch auf dieses Feld.

Methoden der Epidemiologie finden heute nicht nur Anwendung beim Studium der mit Krankheiten vergesellschafteten Probleme.

Eine stärker präventiv orientierte Medizin bedarf der Beobachtung und Bewertung des Gesundheitsstatus der Population, des sozialen Umfeldes und des Lebensstiles der Menschen. Einige Anwendungsbereiche der Epidemiologie seien explizit genannt, ohne dass sie streng voneinander abgegrenzt werden können.

- **infektiöse Erkrankungen**

Dieses klassische Anwendungsfeld verdeutlicht die Rolle der Epidemiologie als einer für die Verbesserung des Gesundheitszustandes einer Population notwendigen Basisdisziplin.

- **Gesundheitsstatus**

In unserer Zeit erfordern Umweltprobleme und ihr Einfluss auf die menschliche Gesundheit Antworten der Medizin. Hier wie auch im Bereich der Gesundheitspolitik mit ihrem Zwang zur Ressourcenoptimierung sind große Anforderungen an die Epidemiologie erwachsen.

- **klinische Epidemiologie**

Seit jeher interessiert die Kliniker aller Fachgebiete der statistische Aspekt des Krankheitsgeschehens. Klinische Forschung und Methodenentwicklungen in Biometrie sowie Epidemiologie befruchten sich wechselseitig. Aktuell sind die Forderungen zur Qualitätskontrolle von Therapien und zur wirtschaftlichen Bewertung ärztlicher und pflegerischer Tätigkeit.

- **Evaluation medizinischer Versorgungssysteme**

Die wachsenden Ausgaben für das Gesundheitswesen zwingen zur Bewertung medizinischer Versorgungssysteme. Die Epidemiologie hat dafür das Methodenrepertoire zu entwickeln und gerät damit in die Nähe der Gesundheitspolitik.

Qualität der Gesundheitsversorgung
- Struktur
- medizinischer Versorgungsprozess
- Ergebnis
- Qualitätssicherung

- **Früherkennungsuntersuchungen**

Die Einführung von Früherkennungsuntersuchungen setzt neben der fachspezifischen Entwicklung dieser Methoden auch eine epidemiologische Bewertung der Situation voraus.

- **Ursachenforschung**

Forschendes Interesse, in vielen Fällen auch praktische Fragen ärztlichen Handelns, zielen auf die Erklärung von Krankheitsursachen. Die vielfachen Verknüpfungen exogener und endogener Einflüsse, sozialer und biologischer Gegebenheiten lassen den Wunsch nach einer möglichst allgemeinen Forschungsmethodik entstehen.

Typische Arbeitsmethoden der Epidemiologie sind:

- **kontinuierliche Beobachtungen**

Teils durch Totalerhebungen, meist anhand von Stichproben werden interessierende Informationen über eine Population gewonnen. So sind beispielsweise aufgrund gesetzlicher Meldepflichten jährlich die Neuerkrankungszahlen für Geschlechtskrankheiten oder für Meningitis/Encephalitis bekannt.

- **epidemiologische Studien**

Hinsichtlich spezieller Untersuchungsziele werden an einer Population Daten erhoben. Die Epidemiologie benutzt dazu spezielle Methoden, deren Erläuterung u. a. Gegenstand dieses Buches ist.

- **theoretische Modellbetrachtungen und Rechnerexperimente**

Die populationsbezogene Sichtweise der Epidemiologie bringt es mit sich, dass in starkem Maße wahrscheinlichkeitstheoretisches und statistisches Denken genutzt wird. Dies bedeutet, dass Denkmodelle der Mathematik eine tragende Rolle spielen. Man kann versuchen, populationsdynamische Vorgänge durch einen Formelapparat zu beschreiben. Es ist aber auch denkbar, eine Population und ihr Verhalten als Rechnerprogramm zu realisieren und auf diese Weise experimentell die Wirkung von Veränderungen zu studieren. Von den genannten Arbeitsmethoden macht man insbesondere beim Studium von Epidemie-Modellen Gebrauch. In Kapitel 4 wird auf diesen Themenkreis anhand von Beispielen eingegangen.

Einige markante Beispiele sollen Resultate epidemiologischer Arbeiten vorstellen und gleichzeitig die Anliegen der Epidemiologie weiter verdeutlichen.

- J. GOLDBERGER (1964) wies um 1920 anhand epidemiolgischer Interventionsstudien nach, dass die Pellagra entgegen bestehender Annahmen keine Infektionskrankheit ist, sondern durch Mangelernährung verursacht wird.

- An den Pocken starben noch Mitte der sechziger Jahre unseres Jahrhunderts bei jährlich 10 – 15 Millionen Neuerkrankungen etwa 2 Millionen Menschen. Und dies, obwohl bereits vor der Wende zum 19. Jahrhundert die Immunisierung durch Kuhpockeninfektion beschrieben wurde! Die WHO hat ein erfolgreiches Zehnjahresprogramm zur Ausrottung der Pocken durchgeführt. Bei der Planung dieser Maßnahmen und bei ihrer Kontrolle spielte die Epidemiologie eine entscheidende Rolle.

- 1941 hat N.M. GREGG die Beziehung zwischen Rötelnerkrankung der Mutter in der Frühschwangerschaft und Kindesmissbildung durch statistische Analysen aufgedeckt.

- Der Kropfbildung kann durch Gabe jodierten Salzes vorgebeugt werden. Nachdem dies in der Schweiz und in den USA durch epidemiologische Untersuchungen gesichert war, kam bereits in den zwanziger Jahren in einigen Ländern Jod in breitem Maße zur Anwendung.

- Der Nachweis präventiver Wirkung von Fluorid auf die Kariesbildung wurde mit epidemiologischen Methoden erbracht (AST und SCHLESINGER, 1956).

- Eine der ersten gut dokumentierten Erkrankungen infolge von Umweltverschmutzung ist die Minimata-Krankheit. In der gleichnamigen japanischen Stadt vergifteten sich in den fünfziger Jahren Einwohner nach dem Genuss von Fisch, der Methylquecksilber aus verunreinigtem Wasser aufgenommen hatte. Die Aufklärung der Krankheitsursache, man vermutete zunächst Meningitis, war wesentlich der Anwendung epidemiologischer Methoden zu danken.

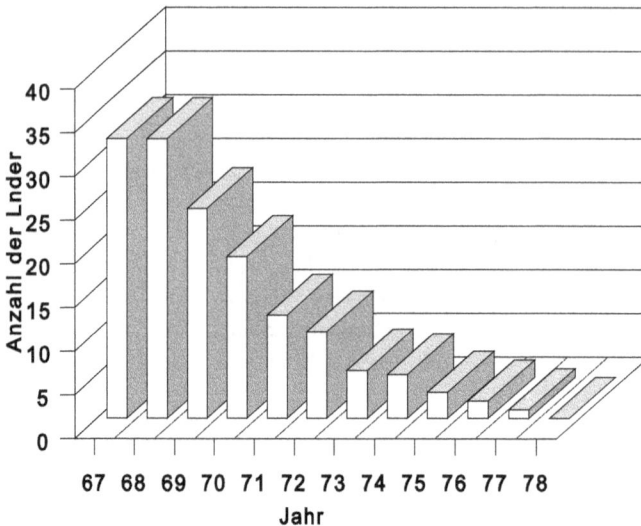

Abb. 3.1 Die Ausrottung der Pocken in den Jahren 1967 bis 1978; (FENNER 1988)

- 1941 hat N.M. GREGG durch statistische Analysen die Beziehung zwischen Rötelner-krankung der Mutter in der Frühschwangerschaft und Kindesmissbildung aufgedeckt.

- Der Kropfbildung kann durch Gabe jodierten Salzes vorgebeugt werden. Nachdem dies in der Schweiz und in den USA durch epidemiologische Untersuchungen gesichert war, kam bereits in den zwanziger Jahren in einigen Ländern Jod in breitem Maße zur An-wendung.

- Der Nachweis präventiver Wirkung von Fluorid auf die Kariesbildung wurde mit epi-demiologischen Methoden erbracht (AST und SCHLESINGER, 1956).

- Eine der ersten gut dokumentierten Erkrankungen infolge von Umweltverschmutzung ist die Minimata-Krankheit. In der gleichnamigen japanischen Stadt vergifteten sich in den fünfziger Jahren Einwohner nach dem Genuss von Fisch, der Methylquecksilber aus verunreinigtem Wasser aufgenommen hatte. Die Aufklärung der Krankheitsursache, man vermutete zunächst Meningitis, war wesentlich der Anwendung epidemiologischer Methoden zu danken.

Epidemiologie berührt viele medizinische Disziplinen, nutzt eine weite Palette allgemeiner biometrischer Methoden und hat zur Entwicklung spezifischer mathematischer Modelle geführt.

Epidemie (griechisch) bezeichnet im Umgangssprachlichen eine zumeist plötzlich auftretende und sich räumlich weit ausdehnende Massenerkrankung (Seuche).

Eine **Endemie** (griechisch) ist eine auf einen definierten geographischen Bereich begrenzte Krankheit (z.B. Malaria).

Epidemiologisches Denken ist gewissermaßen die Kontraposition zur Kasuistik. Typische epidemiologische Aufgabenstellungen aus der Sicht der Kliniker beziehen sich auf

*   Ätiologie,
*   Diagnose,
*   Behandlung,
*   Prävention

einer Erkrankung.

Die Vielfalt der medizinischen Disziplinen, die unterschiedlichen Aufgabenstellungen sowie das breite Spektrum möglicher Erkrankungen bedingen, dass Epidemiologie als ein Bestandteil der jeweils zuständigen medizinischen Fachgebiete aufgefasst werden kann.

Als Epidemiologie im engeren Sinne werden typische Arbeitsweisen, insbesondere auch in ihrer Beziehung zur Biometrie, angesehen.

Epidemiologie leitet die Antworten auf gestellte Fragen aus Beobachtungen ab. Dabei werden die Erscheinungen der realen Welt zunächst vereinfacht und in einem epidemiologischen Grundmodell dargestellt:

*   Einflussgrößen determinieren Zielgrößen,
*   Störungen sollen berücksichtigt werden.

Es erfolgen weitere Abstraktionen, um begründete Methoden der Datenauswertung nutzen zu können. Die beobachteten Vorgänge werden als zufällig angesehen, angemessene wahrscheinlichkeitstheoretische Beschreibungen sind nötig und implizieren spezielle Bedingungen. Auf dieser Grundlage können statistische Modelle des beobachteten Geschehens entworfen werden, die der Datenauswertung zugrunde zu legen sind. Die Interpretationen der Resultate mit Blick auf die Ausgangsfragestellung erfordern die Begründung aller benötigten Abstraktionsschritte und Voraussetzungen. Dabei sollte man sich stets vor Augen halten:

Datenanalysen allein reichen nicht aus zu Kausalitätsbeweisen!

Viel zu oft werden Korrelationen als Kausalitäten fehlinterpretiert. Die Problematik liegt eigentlich noch tiefer. Bereits unser modellhaftes Abbild der Wirklichkeit muss nicht das einzig mögliche und sinnvolle sein.

3.2   Epidemiologisches Grundmodell und assoziierte mathematische Beschreibungen

Epidemiologie hat einen beschreibenden (deskriptiven) und einen schließenden (konfirmatorischen) Aspekt. Beide können nicht strikt getrennt gesehen werden. Beobachtung und Beschreibung sind Voraussetzungen für Schlussfolgerungen. Beschreibungen wird man entsprechend angemessenen Denkmodellen, auch Konventionen sind solche, strukturieren.

Schlussfolgerungen aus Beobachtungen tragen zur Theoriebildung bei und gehen von Hypothesen aus, Modellvorstellungen der Realität sind Voraussetzung.

Für Infektionskrankheiten hat ROBERT KOCH Bedingungen formuliert, die einen Mikroorganismus als Ursache einer Krankheit eindeutig charakterisieren:

- Der Mikroorganismus kann isoliert und in Reinkultur gezüchtet werden.
- In jedem Krankheitsfall ist der Mikroorganismus anwesend.
- Bei einem empfänglichen Lebewesen führt die Impfung mit dem Mikroorganismus zur Krankheit.
- Vom Geimpften kann der Mikroorganismus zurückgewonnen und identifiziert werden.

Die erste Krankheit, an der die Gültigkeit dieser Ursache-Definition demonstriert werden konnte, war Milzbrand. Gegenbeispiele für die Sinnhaftigkeit dieser Definition finden sich sowohl bei infektiösen als auch bei nichtinfektiösen Krankheiten. Offensichtlich sind die dargestellten Überlegungen weniger der Epidemiologie als vielmehr der Mikrobiologie zuzuordnen.

Ein Ansatz, Ursache-Wirkungs-Mechanismen aus der Sicht der Epidemiologie zu beschreiben, ist das **„Modell der hinreichenden Ursachen"**:

- Eine Erkrankung tritt auf, wenn eine hinreichende Ursache dafür vorliegt.
- Eine hinreichende Ursache ist eine minimale Menge von Bedingungen und Ereignissen, die notwendig zur Krankheit führen.
- Die Menge heißt minimal, da kein Element überflüssig ist, da sie nicht reduziert werden kann.
- Die Elemente der Menge „hinreichende Ursache" heißen Komponenten der Ursache.
- Für eine Krankheit kann es mehrere hinreichende Ursachen geben.
- Exposition wird mit genau einer Komponente in Beziehung gebracht.

In den wenigsten Fällen ist Krankheit auf eine Ursache allein zurückführbar. Außerdem können begleitende Bedingungen bedeutsam sein:

- auslösende Faktoren wie z.B. Exposition, Infektion, Trauma
- prädisponierende Faktoren wie z.B. Vorerkrankungen, genetischer Status, Alter
- verstärkende Faktoren wie z.B. Begleiterkrankungen, spezifische körperliche Belastungen, psychische Situation
- soziale Faktoren wie z.B. Lebensgewohnheiten, Einkommen, medizinische Betreuung.

Aus dem Zusammen- und Wechselwirken bekannter und unbekannter Ursachen, Faktoren und Störungen resultiert also eine Auswirkung auf den Gesundheitszustand des Menschen. Um mit epidemiologischen Methoden die Ursachen gesundheitlicher Veränderungen aufspüren zu können, ist ein stufenweises Vorgehen sinnvoll. Zunächst wird allgemein beurteilt.

- Sind die Befunde zufällig?
- Sind die Befunde Resultate von systematischen Beobachtungs- oder Messfehlern?
- Sind die Befunde durch mögliche Störwirkungen erklärbar?

Die Verneinung dieser Fragen legt die Annahme nahe, mit den Befunden auf die Ursachen gesundheitlicher Veränderungen gestoßen zu sein. Ein Katalog von Bedingungen kann bei der Identifizierung eines Befundes als Krankheitsursache helfen.

- Ist die notwendige zeitliche Abfolge Ursache-vor-Wirkung gegeben?
- Sind die Befunde im Blick auf bereits gesichertes Wissen plausibel?
- Wurden die Beobachtungen aufgrund einer sorgfältig geplanten Studie gewonnen?
- Konnten Dosis-Wirkungs-Beziehungen festgestellt werden?
- Führt das Ausbleiben der vermutlichen Ursachen zu einer Verringerung der beobachteten Erkrankungen?
- Gibt es Hinweise aus anderen Untersuchungen?
- Hat man von verschiedenen fachlichen Standpunkten aus Erklärungen für die vermuteten Zusammenhänge?

Kausalität bei beobachteter Korrelation?
- Zeitrelation
- Plausibilität
- Qualität der Studie
- Dosis-Wirkungs-Beziehungen
- Reversibilität
- Konsistenz
- fachübergreifende Begründung

3.2.1   Das epidemiologische Grundmodell

Eine systematische Betrachtung epidemiologischer Methoden erfordert den Bezug auf ein **epidemiologisches Grundmodell**. Es ist in der Abb. 3.2 dargestellt.

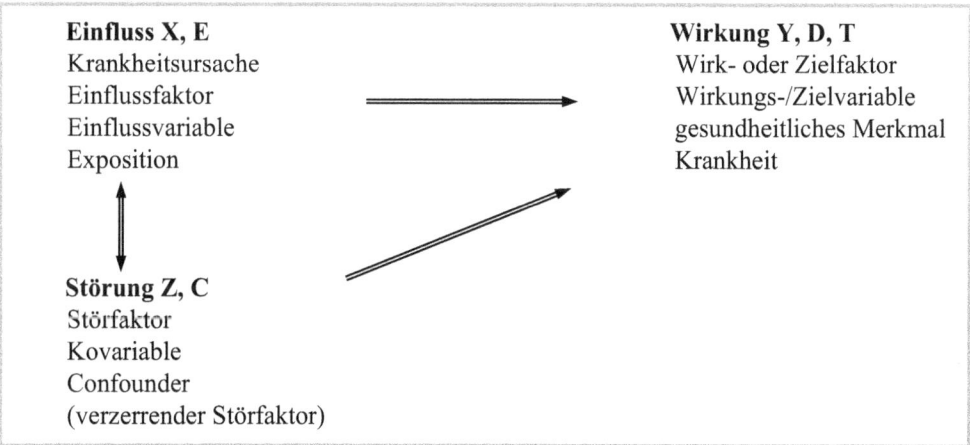

Einfluss X, E
Krankheitsursache
Einflussfaktor
Einflussvariable
Exposition

Wirkung Y, D, T
Wirk- oder Zielfaktor
Wirkungs-/Zielvariable
gesundheitliches Merkmal
Krankheit

Störung Z, C
Störfaktor
Kovariable
Confounder
(verzerrender Störfaktor)

Abb. 3.2 Das epidemiologische Grundmodell: X, Y, Z bezeichnen stetige, E, D, C diskrete Merkmale und T ist eine Zeitvariable

Betrachtet wird eine Population. Untersuchungsgegenstand sind gewisse Merkmale dieser Menschen. Die Wirkungs- oder Zielgrößen sind die Merkmale, die den Gesundheitszustand betreffen. Einflussgrößen werden als bedeutsame Merkmale für die Zielgrößen angesehen und deshalb beobachtet. Störgrößen haben ebenfalls Einfluss auf die Zielgrößen, sind nicht Studiengegenstand an sich und sollen aber berücksichtigt werden.

Wirkungs- oder Zielgröße	Einflussgröße	Störgröße
beispielsweise	beispielsweise	beispielsweise
- Gesundheitszustand	- Alter	- Jahreszeit
- Therapieerfolg	- Genotyp	- Zeit
- Therapiedauer	- Vorerkrankung	
- Behandlungskosten	- berufliche Belastung	

Merkmale werden als Zufallsgrößen im Sinne der Statistik angesehen. Die Population wird selten vollständig beobachtet (Totalerhebung), meist entstammen die Informationen Stichproben. Dann muss gewährleistet sein, dass Zufallsauswahl den Erhebungen zugrunde liegt.
An einer Population können verschiedene Merkmale beobachtet werden. Demgemäß sind ihr auch mehrere Grundgesamtheiten zugeordnet. Die möglichen Merkmalstypen entsprechen den Skalierungen
• diskret: nominal (z.B. Namen, Bezeichnungen, Diagnosen),
• diskret: ordinal, rangskaliert (z.B. Zensuren, gut/besser/schlecht),
• stetig: metrisch (z.B. Messungen) .

Diese Skalenniveaus sind dem Informationswert nach aufsteigend geordnet. Die möglichen Konstellationen der Skalenniveaus führen zu $2^3 = 8$ Varianten des Grundmodells. Sie sind in der Tabelle 3.4 systematisch aufgelistet. Die Nummerierung der Modellvarianten ist so erfolgt, dass die Dualcodierung der Modellnummer das jeweilige Skalenniveau beschreibt. Dabei bedeuten 1 ein stetiges und 0 ein diskretes Merkmal. Setzt man die Störung gleich Null, sind die Zwei-Merkmals-Modelle im Grundmodell mit erfasst. Aus den englischen Begriffen exposure, disease und confouding sind die Abkürzungen E, D und C für die diskreten Merkmale abgeleitet.

Tab. 3.2 Varianten des epidemiologischen Grundmodells entsprechend dem Skalentyp der Merkmale (1 bedeutet stetiges, 0 diskretes Merkmal)

Modell Nr.	Einfluss	Wirkung	Störung	Modell
7	1	1	1	X Y Z
6	1	1	0	X Y C
5	1	0	1	X D Z
4	1	0	0	X D C
3	0	1	1	E Y Z
2	0	1	0	E Y C
1	0	0	1	E D Z
0	0	0	0	E D C

Beispielsweise sind im Modell EYC, das die Nummer 2 hat, Einfluss und Störung diskrete Merkmale, die Wirkung wird durch ein stetiges Merkmal beschrieben. Sind Exposition (z.B. Raucher/ Nichtraucher) und Störfaktor (z.B. Geschlecht) dichotom und Y eine Messgröße, vereinfacht sich das Modell weiter.

Das Modell Nr. 0, EDC, kann durch eine dreidimensionale Kontingenztafel beschrieben werden. Im Falle nur dichotomer Merkmale hat sie 8 Zellen.

Die tatsächlich beobachteten Merkmale sind lediglich Indikatoren für Einfluss, Störung und Wirkung. Inwieweit sie die biologischen Zustände jeweils eindeutig charakterisieren, bedarf besonderer Argumente.

Beispiel 3.3

Ein diagnostisches Verfahren liefert die Aussagen „krank" bzw. „nicht krank". Seine Qualität wird durch Sensitivität (die bedingte Wahrscheinlichkeit $P(T \mid K)$ für das Testergebnis „krank" bei kranker Testperson) und Spezifität ($P(NT \mid NK)$ als bedingte Wahrscheinlichkeit für das Testergebnis „nicht krank" bei nicht kranker Testperson) beschrieben.

◄

Beispiel 3.4

Um die Wirkung zweier Anästhesiemethoden beurteilen zu können, wurde jeweils ein ganzes Spektrum von Laborwerten den Op-Patienten zugeordnet. Die Standardfragestellung zielte auf statistische Nachweise von Unterschieden in diesen Merkmalen, die dann durch die Verschiedenartigkeit der Narkosemethoden erklärbar wären. Eine Diskriminanzanalyse ergab jedoch, dass die Zuordnung der Patienten zum Narkoseverfahren anhand der Laborwerte zu fehlerhaft war. Die ausgewählten Merkmale waren ungeeignet als Indikatoren für den narkosebedingten Zustand der Patienten.

◄

Beispiel 3.5

Exposition und Erkrankung seien dichotom (ja/ nein) beschrieben. Dann sind die Modelle Nr. 1 und Nr. 0 anwendbar, wenn Störgrößen ignoriert werden. Soll das Alter als Kovariable Berücksichtigung finden, so führt dichotome Altersangabe (z.B. ≥ 40 Jahre, < 40 Jahre) auf Modell 0 (Zahlenangaben siehe Tab. 3.3 und Tab. 3.4).

◄

Tab. 3.3 Erkrankungshäufigkeit von 2 000 Exponierten und 2 000 Nicht-Exponierten unabhängig vom Alter dargestellt

	Erkrankt			
	ja	nein	Σ	P_{ja}
exponiert	200	1800	2000	0,1
nicht-exp.	200	1800	2000	0,1
Σ	400	3600	4000	

Die Menge der 8 vorgestellten Grundmodelle wird nun erweitert, indem Zeitabhängigkeit der Wirkung Berücksichtigung findet.

Dabei beschränken wir uns auf dichotome Zielfaktoren (z.B. Erkrankung ja/nein), für die der Zeitpunkt T des Auftretens des Ereignisses registriert wird.

Tab. 3.4 Erkrankungshäufigkeit von 2 000 Exponierten und 2 000 Nicht-Exponierten in Abhängigkeit vom Alter dargestellt

	≥ 40 Jahre				< 40 Jahre			
	erkrankt				erkrankt			
	ja	nein	Σ	P_{ja}	ja	nein	Σ	P_{ja}
exponiert	50	150	200	0.25	150	1350	1500	0.1
nicht-exp.	180	820	1000	0.18	20	1280	1300	0.015
Σ	230	970	1200		170	2630	2800	

Da die Wirkung als stetiges Merkmal T fixiert ist, blieben noch $2^2 = 4$ Modellvarianten zu berücksichtigen:

Tab. 3.5 Varianten des epidemiologischen Grundmodells entsprechend dem Skalentyp der Merkmale und mit Berücksichtigung der Zeitabhängigkeit der Wirkung (1 bedeutet stetiges, 0 diskretes Merkmal)

Modell Nr.	Modell	Einfluss	Wirkung	Störung
11	X T Z	1	T	1
10	X T C	1	T	0
9	E T Z	0	T	1
8	E T C	0	T	0

Damit sind 12 Grundmodelle der Epidemiologie, ausgehend vom Skalenniveau der Merkmale, beschrieben.

Eine weitere Systematisierungsmöglichkeit bezüglich des Grundmodells ergibt sich durch die Unterscheidung in Beobachtungsmerkmale und Auswahlmerkmale.

- Auswahlmerkmale dienen der Definition einer Population oder Subpopulation und betreffen diesbezüglich relevante Eigenschaften der Menschen.
- Beobachtungsmerkmale werden an den Individuen einer Population bzw. einer Stichprobe beobachtet und als Zufallsgrößen angesehen.

Von den 3 Faktoren des epidemiologischen Grundmodells können höchstens 2 als Auswahlmerkmal fungieren.

Die vorgestellten 12 Grundmodelle sind in Hinsicht auf Beobachtungs- und Auswahlmerkmale zusätzlich zu variieren. Konsequenzen hat dies für die Auswahl der geeigneten statistischen Auswerteverfahren und die angemessene Ergebnisinterpretation.

Gilt das (kategoriale) Einflussmerkmal als Auswahlmerkmal, korrespondiert mit diesem epidemiologischen Modell eine prospektive Studie. Wird das Wirkungsmerkmal als Auswahlmerkmal herangezogen, sind nur retrospektive Untersuchungen möglich.

Beispiel 3.6 (MANTEL 1982)

Zwei Krankenhäuser *A* und *B* werden hinsichtlich des Erfolges bei der Behandlung von Krebspatienten verglichen. Dazu wurden je 1 000 Patienten betrachtet (
Tab. 3.6). Summarisch gesehen stimmen die Erfolgswahrscheinlichkeiten überein (Tab. 3.7). Unterscheidet man nach den Behandlungsarten „chirurgisch" und „radiologisch", ergibt sich ein anderes Bild. Hinsichtlich beider Behandlungsarten scheint die Klinik *A* erfolgrei-

cher zu sein. In *A* wurden jedoch 10 Prozent aller Fälle chirurgisch behandelt, in B ist es die Hälfte.

Wie ist das Resultat der Beobachtung zu interpretieren? Sind die Erfolgsquoten von *A* und *B* gleich? Ist Klinik *A* erfolgreicher?

Die Problemstellung wird zunächst mit einem epidemiologischen Grundmodell in Beziehung gebracht. Zielfaktor *D* ist offenbar der Behandlungserfolg, ein dichotomes Merkmal mit den Werten „ja" und „nein". Der Einflussfaktor *E* hat die Werte *A* und *B* und ist Auswahlmerkmal. Ebenfalls dichotom ist der Störfaktor *C* mit den Werten „Chirurgie" und „Radiologie", auch er ist Auswahlmerkmal. Modell Nr. 0 beschreibt die Situation.

Nur die summarische Betrachtung ist auswertbar, die Erfolgsraten von A und B sind gleich. Unterschiede bzgl. Chirurgie und Radiologie sind durch die Auswahl (Zuweisung) der Patienten bestimmt. Da hierzu nichts beobachtet oder mitgeteilt wurde, sind Aussagen über die möglicherweise besseren Resultate von A Spekulation und haben ganz zu unterbleiben.

Tab. 3.6 In zwei Kliniken beobachtete Therapieergebnisse, aufgegliedert nach Behandlungsart

Kranken-haus	Chirurgie				Radiologie			
	Behandlung erfolgreich				Behandlung erfolgreich			
	ja	nein	Σ	P_{ja}	ja	nein	Σ	P_{ja}
A	30	70	100	0,30	90	810	900	0,10
B	100	400	500	0,20	20	480	500	0,04
Σ	130	470	600		110	1290	1400	

Tab. 3.7 Summarische Aufstellung der in zwei Kliniken beobachteten Therapieergebnisse

Kranken-haus	Behandlung erfolgreich			
	ja	nein	Σ	P_{ja}
A	120	880	1000	0,12
B	120	880	1000	0,12
Σ	120	1760	2000	

◄

3.2.2   Assoziierte wahrscheinlichkeitstheoretische Modelle

Die Vielfalt der Einfluss-Wirkungs-Beziehungen, die den Epidemiologen interessiert, erfordert den Einsatz unterschiedlicher Denkweisen zu ihrer Beschreibung.

In den Biowissenschaften war es zuerst die Genetik, die einer breiteren Anwendung der Wahrscheinlichkeitsrechnung Raum bot. Die Bildung **wahrscheinlichkeitstheoretischer Modelle** in diesem Kontext wird in Abschnitt 4.4 entwickelt.

3.2.3   Assoziierte statistische Modelle

Die vorgestellten Varianten des epidemiologischen Grundmodells erlauben eine Systematik epidemiologischer Methoden. Datenauswertungen und Ergebnisdiskussionen erfordern es jedoch, diese Modellvorstellungen mit einem wahrscheinlichkeitstheoretisch-statistischen Ansatz in Verbindung zu bringen.

Das assoziierte statistische Modell ist die einem epidemiologischen Grundmodell angemessene wahrscheinlichkeitstheoretisch-statistische Beschreibung.

Wenn auch jede Problemstellung ihre spezifische Lösung erfordert, können doch allgemeingültige Aussagen zur statistischen Modellierung gegeben werden.

Einfluss, Wirkung und Störung werden als Zufallsgrößen angesehen. Sie sind entweder diskret (E, D, C) oder stetig (X, Y, Z, T).

Die im Folgenden angegebenen statistischen Modelle sind die in den Anwendungen üblich. Die Vielfalt der möglichen Ansätze kann hier nicht annähernd angedeutet werden.

Im konkreten Falle ergeben sich hinsichtlich der Verteilungsannahmen, der Schätz- und Testprobleme weitere Varianten.

Den epidemiologischen Grundmodellen werden nun statistische Modelle zugeordnet.

- **Modell Nr.7**

Die drei stetige Zufallsgrößen X, Y und Z werden durch zwei lineare Ansätze in Beziehung gebracht: Es sind

$$Y = Y(X, Z) = \alpha_0 + \alpha_1 X + \alpha_2 Z$$

ein Modell ohne Wechselwirkung und

$$Y = Y(X, Z) = \alpha_0 + \alpha_1 X + \alpha_2 Z + \alpha_3 XZ$$

ein Modell mit Wechselwirkung zwischen X und Z. Die Parameter α_0, α_1, α_2, α_3 sind reelle Zahlen und aus den Beobachtungsdaten zu bestimmen. Das Modell Nr. 7 repräsentiert ein Regressionsproblem.

- **Modell Nr. 6, Nr. 3**

Beiden Modellen ist gemeinsam, dass der Wirkfaktor Y stetig ist. Die Modellansätze

$$Y = Y(X,C) = \mu_C + \beta_C X$$

und

$$Y = Y(E,Z) = \mu_E + \beta_E Z$$

berücksichtigen neben der stetigen Zufallsgröße als Variable auch die Einwirkung der diskreten Zufallsgröße. Sie sind Modelle der Kovarianzanalyse.

- **Modell Nr. 2**

Sowohl Einflussfaktor E als auch Störfaktor C sind diskrete Zufallsgrößen, der Wirkfaktor Y ist stetig. Der Ansatz

$$Y = Y(E,C) = \mu + \alpha_E + \beta_C + \gamma_{EC}$$

ist ein Varianzanalyse-Modell, dass das Studium des Einflusses von E und von C auf Y erlaubt und Wechselwirkung durch γ_{EC} berücksichtigt.

- **Modelle Nr. 5, Nr. 4, Nr. 1, Nr. 0**

Für alle diese Modelle ist der Wirkfaktor diskret. Es wird nun vorausgesetzt, dass die Zufallsgröße D dichotom ist und die Werte D^+ und D^- hat.

Die statistische Beschreibung der epidemiologischen Grundmodelle geschieht nach dem Prinzip der verallgemeinerten linearen Modelle (NELDER, WEDDERBURN 1972; MCCULLAGH, NELDER 1989).
Dabei wird zunächst über die Wahrscheinlichkeitsverteilung von D der Erwartungswert

$$E(D) = \mu$$

zugänglich. Um die Beeinflussung dieser Zufallsgröße D durch den Einflussfaktor X und den Störfaktor Z zu fassen, macht man den Ansatz

$$\mathscr{L} = \mathscr{L}(X, Z, \alpha, \beta, \gamma, \delta) = \alpha X + \beta Z + \gamma XZ + \delta.$$

Der dritte Summand beschreibt Wechselwirkungen von X und Z.
Eine Verknüpfungs-Funktion f bringt nun den Erwartungswert und seine Beeinflussung durch Einfluss und Störung in eine Formel,

$$f(\mu) = \mathscr{L}(X, Z, \alpha, \beta, \gamma, \delta).$$

Um verallgemeinerte lineare Modelle weiter zu veranschaulichen, wird die Zufallsgröße D spezifiziert: Für $D = D^+$ habe sie den Wert 1, sonst 0. Mit anderen Worten, „krank" wird mit 1 codiert, „nicht krank" mit 0. Dann ist der Erwartungswert von D gerade die Wahrscheinlichkeit von D^+,

$$E(D) = 1 \cdot P(D = D^+) + 0 \cdot P(D = D^-) = P(D = D^+).$$

Für $f(\mu) = \mu$ liefert das verallgemeinerte lineare Modell damit

$$P(D = D^+ \mid Z = z, X = x) = \alpha X + \beta Z + \gamma XZ + \delta.$$

Dies ist die bedingte Wahrscheinlichkeit krank zu sein, wenn der Einflussfaktor den Wert $X = x$ und der Störfaktor den Wert $Z = z$ annehmen.
Hat die Verknüpfungsfunktion die Form

$$f(\mu) = \ln \mu,$$

so ergibt sich

$$P(D = D^+ \mid Z = z, X = x) = \exp(\alpha X + \beta Z + \gamma XZ + \delta).$$

Diese Formel für bedingte Wahrscheinlichkeiten hat den Nachteil, dass rechts Werte größer als 1 auftreten können. Dieses Modell muss als ungeeignet bezeichnet werden.
Deshalb wird nun die Verknüpfungsfunktion

$$f(\mu) = \ln \frac{\mu}{1 - \mu}$$

gewählt. Sie ergibt

$$\ln \frac{P(D = D^+ \mid X = x, Z = z)}{1 - P(D = D^+ \mid X = x, Z = z)} = \alpha X + \beta Z + \gamma XZ + \delta,$$

das **logistische Regressionsmodell** unter Berücksichtigung von Wechselwirkung.

- **Modelle Nr. 8, Nr. 9, Nr. 10, Nr. 11**

Es wird der dichotome Wirkfaktor („krank", „nicht krank") in seiner Zeitabhängigkeit durch diese Modelle beschrieben.

Zur Datenauswertung kommen die statistischen Verfahren der Lebensdaueranalyse in Frage. Dabei bestehen im Wesentlichen 3 Möglichkeiten:

- Modellierung durch eine Klasse von Lebensdauerverteilungen und Schätzung der Parameter aus den Daten;
- Parameterfreier Ansatz und Schätzung der Überlebensfunktionen nach der Sterbetafel-Methode oder nach KAPLAN/MEIER;
- Berücksichtigung von Störfaktoren (Kovariable, Confounder) durch Regressionsansatz nach COX (1972).

Die Tab. 3.8 gibt eine zusammenfassende Darstellung von epidemiologischen Grundmodellen und assoziierten statistischen Modellen.

Tab. 3.8 Epidemiologische Grundmodelle, assoziierte statistische Modelle und Methoden

Modell Nr.	epidemio-logisches Grundmodell	assoziierte statistische Modelle	assoziierte statistische Methoden
7	$X\,Y\,Z$	$Y = Y(X,Z) = \alpha_0 + \alpha_1 X + \alpha_2 Z$ ohne Wechselwirkung $Y = Y(X,Z) = \alpha_0 + \alpha_1 X + \alpha_2 Z + \alpha_3\,XZ$ mit Wechselwirkung	Regressionsanalyse
6	$X\,Y\,C$	$Y = Y(X,C) = \mu_c + \beta_c X$	Kovarianzanalyse
3	$E\,Y\,Z$	$Y = Y(E,Z) = \mu_E + \beta_E Z$	Kovarianzanalyse
2	$E\,Y\,C$	$Y = Y(E,C) = \mu + \alpha_E + \beta_c + Y_{EC}$	Varianzanalyse
5	$X\,D\,Z$	Zielgröße diskret, dichotom Prinzip der verallgemeinerten linearen Modelle, logistisches Modell	logistische Regression
4	$X\,D\,C$		
1	$E\,D\,Z$		
0	$E\,D\,C$		
8	$E\,T\,C$	Lebensdauer-Verteilungen parametrisch, nicht parametrisch	Lebensdaueranalyse
9	$E\,T\,Z$		
10	$X\,T\,C$		
11	$X\,T\,Z$		

3.2.4 Assoziierte deterministische mathematische Modelle

Nachdem beobachtete Epidemien zunächst beschreibend durch ausgewählte Kurventypen nachgebildet wurden, hat HAMER (1906) das Massenwirkungsgesetz zur Modellierung von Epidemien benutzt. Damit wurde das breite Spektrum der Differentialgleichungen in den Dienst der Epidemiologie gestellt. Es entwickelte sich hieraus die klassische Theorie der Epidemien. Eine Einführung dazu wird in Abschnitt 4 dieses Buches gegeben.

3.3   Epidemiologische Maßzahlen

3.3.1   Übersicht

Auch in der Epidemiologie besteht die Notwendigkeit, sowohl die Studienobjekte (hier Populationen) als auch die verwendeten Methoden (z.B. Beobachtungsstrategien, Interventionsmaßnahmen, statistische Auswertungen) in ihren Eigenschaften zu charakterisieren. Es sind spezialfachliche und biometrische Überlegungen, die dabei eine Rolle spielen.

Wenn es gilt, den Gesundheitsstatus zu erfassen, so ist zunächst klarzustellen, auf welche Population sich die gewünschten Aussagen beziehen. In diesem Zusammenhang findet man in der Epidemiologie auch die Bezeichnung **Risikopopulation.** Risikopopulation bezeichnet in der Epidemiologie die Gesamtheit der Menschen, auf die sich die jeweiligen Aussagen beziehen.

Die Population muss so groß sein, dass statistische Aussagen möglich und Verallgemeinerungen überhaupt sinnvoll sind. Mit **Bevölkerung** wird üblicherweise die einem Territorium bzw. einem Verwaltungsbezirk zugeordnete Population aller Einwohner bezeichnet.

Es bedarf einer Definition dessen, was „Gesundheitsstatus" ist. Es muss klar sein, welche Merkmale ihn charakterisieren.

* „Gesundheit ist ein Zustand völligen physischen, mentalen und sozialen Wohlbefindens und nicht bloß die Abwesenheit von Krankheit und Gebrechlichkeit". (WHO)
* Die Person ist an Diabetes mellitus erkrankt bzw. nicht erkrankt.
* Für die Person wurde ein insulinpflichtiger Diabetes (IDDM) festgestellt.

Diese drei Aussagen geben zunehmend spezifischere Charakterisierungen des Gesundheitsstatus wieder.

Schließlich müssen Maße gefunden werden, die den Gesundheitszustand zum Ausdruck bringen. Im Grunde sind hierfür alle die Maßzahlen der Statistik in Betracht zu ziehen, die zur Kennzeichnung beobachteter Daten und in Hinblick auf den Typ der beobachteten Merkmale sinnvoll sind. Dazu gehören

* **Lageparameter**
  Sie kennzeichnen das Zentrum einer beobachteten Häufigkeitsverteilung.

* **Streuungsparameter**
  Die Größenordnung der Variation der beobachteten Merkmalswerte wird zum Ausdruck gebracht.

* **Verhältniszahlen**, insbesondere **Indexzahlen**
  Verhältniszahlen sind Quotienten statistischer Maßzahlen. Man unterscheidet
    Gliederungszahlen
      Sie entstehen, wenn man eine Teilgröße auf eine ihr übergeordnete Gesamtgröße bezieht. Gliederungszahlen werden in Anteilen, Prozenten, Promillen u.ä. angegeben. Die relativen Häufigkeiten sind Beispiele für Gliederungszahlen.

Beziehungszahlen

Sie sind Quotienten zweier Maßzahlen, wenn ein sachlich sinnvoller Zusammenhang besteht. Eine solche Größe ist die **Geburtenziffer G**. Die Population sei die gesamte Bevölkerung eines Bundeslandes. Dann ist die Geburtenziffer

$$G = \frac{Anzahl\ der\ Lebendgeborenen}{Einwohnerzahl} \cdot 1\ 000\ .$$

Die Bedeutung einer Beziehungszahl ist von der Wahl der Bezugsgröße abhängig. Gilt als Population die Anzahl der Frauen im gebärfähigen Alter in der Bevölkerung jenes Landes, erhält man durch analoge Quotientenbildung die **Fruchtbarkeitsrate**. Offenbar sind beide Größen einem Territorium zugeordnet, sie sind aber auch auf Zeitpunkte oder Zeiträume bezogen.

Indexzahlen

Indexzahlen sind Quotienten zweier gleichartiger Maßzahlen. Beispielsweise kann eine Maßzahl m_t zu verschiedenen Zeitpunkten t = 0, 1, 2, 3, ... ermittelt werden. Die Folge m_{t+1}/m_t bildet dann eine Zeitreihe von Indexzahlen.

- **Koeffizienten**

  Werden an einer Person mehrere Merkmale zugleich beobachtet, können die einzelnen Merkmale zu einem mehrdimensionalen Merkmal zusammengefasst werden. Seine statistische Beschreibung führt auf die verschiedenen Korrelations- und Assoziationskoeffizienten, die den Zusammenhang zweier Merkmale ausdrücken.

- **Raten**

  Raten sind relative Häufigkeiten (im Sinne der Statistik). Mitunter sind sie auch als genormte Verhältniszahlen angegeben (z.B. „Erkrankte" pro 1 000);

  $$Rate = \frac{Anzahl\ der\ Individuen\ mit\ Krankheit}{Gesamtzahl\ der\ Individuen\ der\ Population} \cdot$$

  Wesentlich ist die genaue inhaltliche Bestimmung dessen, was als Population anzusehen ist. Da eine Population kein statisches (zeitinvariantes) Gebilde ist, besitzen Raten diese Eigenschaft im Grunde genommen auch nicht. Sieht man sich veranlasst, die Populationsdynamik in epidemiologische Überlegungen und Modelle einzubeziehen, müssen Raten als zeitabhängige Größen aufgefasst werden. Dies würde einen ganz erheblichen theoretischen Aufwand bedeuten, so dass man sich in der Regel mit den einfacheren Modellen begnügt!

In der Literatur zur Epidemiologie werden Raten auch als Ziffern bezeichnet, z.B. Sterbeziffer anstelle von Mortalitätsrate.

- **Wahrscheinlichkeiten**

  Aus den Beobachtungen abgeleitete Wahrscheinlichkeitsangaben begegnen in der Epidemiologie beispielsweise als Risiken, als Überlebenswahrscheinlichkeiten oder als Spezifität und Sensitivität zur Kennzeichnung von diagnostischen Methoden.

Kann der konkreten Situation ein wahrscheinlichkeitstheoretisches Modell assoziiert werden, sind die aus den Beobachtungen (Stichproben im Sinne der Statistik) abgeleiteten epidemiologischen Maßzahlen Schätzungen im Sinne der Statistik.

Das bietet Vorteile bei der Interpretation der Ergebnisse und erlaubt möglicherweise die Anwendung weiterer durch die Statistik bereitgestellter Verfahren (z.B. Konfidenzschätzungen).

Gelingt es nicht, eine wahrscheinlichkeitstheoretische Beschreibung des epidemiologischen Ansatzes angemessen zu begründen, sind Zweifel an der Verallgemeinerungsfähigkeit der aus Beobachtungen abgeleiteten Aussagen geboten!

3.3.2   Maßzahlen zur Charakterisierung des Gesundheitszustandes

Jede vom Arzt am Patienten durchgeführte Messung dient letztlich der Überprüfung des Gesundheitszustandes. Sowohl die eigentlichen Messwerte als auch die Ergebnisse diagnostischer Tests sind mit dem Erfahrungswissen zu vergleichen. Im einfachsten Falle geben **Normbereiche** Auskunft, ob Messwerte auf Krankheit hinweisen.

In der Epidemiologie werden auch populationsbezogene Maßzahlen des Gesundheitszustandes gebraucht. Sie sind nachfolgend erklärt.

- **Morbiditätsrate**
  Die Morbiditätsrate ist die relative Häufigkeit einer bestimmten Erkrankung bezogen auf die Individuenzahl einer Population.

Morbiditätsangaben sind nur mit großem Aufwand erhältlich. Die interessierende Population muss vollständig und über eine lange Zeit hinsichtlich der in Rede stehenden Erkrankung beobachtet werden. Die Auswertung hat die zeitliche Veränderung der Populationsgröße und -zusammensetzung zu berücksichtigen. Derzeit gibt es keine Möglichkeit, die Morbidität der Bevölkerung insgesamt zu beurteilen. Diesbezügliche Kenntnisse gibt es allenfalls für Teilaspekte, für spezifische Populationen oder für ausgewählte Erkrankungen.

Inzidenz und Prävalenz sind die am häufigsten benutzten Maße für Krankheitshäufigkeiten.

- **Prävalenzrate, Prävalenz**
  Die Prävalenzrate (kurz: Prävalenz) bezieht die Morbiditätsangabe auf einen Zeitpunkt und eine Population und ist der Quotient aus der Anzahl der zu diesem Zeitpunkt an einer bestimmten Krankheit Erkrankten einer Population und der Individuenzahl dieser Population. Als Beziehungszahl werden meist 1 000 oder 100 000 angegeben.

$$Pr\ddot{a}valenz = \frac{Anzahl\ der\ erkrankten\ Individuen\ zu\ einem\ definierten\ Zeitpunkt}{Gesamtzahl\ der\ Individuen\ der\ Population} \cdot 10^n.$$

Damit kennzeichnet die Prävalenz den Zustand einer Population in Hinsicht auf eine bestimmte Krankheit und zu einem bestimmten Zeitpunkt. Es ist auch üblich, die Prävalenz in

Hinsicht auf ein Zeitintervall anzugeben. Sie errechnet sich wieder wie angegeben, der Zeitbezug muss aus dem Kontext ersichtlich sein. Prävalenzangaben setzen eine gezielte Beobachtung der betreffenden Population voraus und sind nur für spezielle Situationen verfügbar. **Prävalenz meint <u>alle</u> Erkrankten!**

Beispiel 3.7
Für den Zeitraum von 1960 bis 1989 wurde ein zentrales Diabetes-Register der DDR geführt
(s. Abschnitt 4.5). Während in diesem Zeitraum die Gesamtbevölkerung von 17.18 Millionen
auf 16.64 Millionen sank, stieg die Zahl der Diabetiker von 107 801 auf 663 584. Die Prävalenz dieser Erkrankung hat deutlich zugenommen. Diese summarische Sicht muss ergänzt
werden durch eine Analyse, die sowohl die Spezifik der Erkrankung und ihrer Behand-
lungsmöglichkeiten als auch die Bevölkerungsdynamik erfasst. Bekanntlich besteht ein star-
ker Zusammenhang zwischen dem Lebensalter und dieser Krankheit.
◄

Beeinflussung der Prävalenz
Prävalenz **steigt**   - lange Krankheitsdauer
- bevölkerungsdynamische Effekte:
    Gesunde emigrieren, Kranke immigrieren
- Erkrankung wird häufiger
- Erkrankung wird besser diagnostiziert
- Erkrankte versterben selten

Prävalenz **fällt**   - kurze Krankheitsdauer
- bevölkerungsdynamische Effekte:
    Gesunde immigrieren, Kranke emigrieren
- bessere Therapieerfolge
- Erkrankte versterben häufig

- **Inzidenzrate, Inzidenz**
  Die Inzidenzrate (kurz: Inzidenz) bezieht die Morbiditätsangabe auf einen Zeitraum und
  eine Population. Sie ist der Quotient aus der Anzahl der im Zeitraum Neuerkrankten einer Population und der Gesamtzahl der anfangs Gesunden. Als Beziehungszahl werden
  meist 1 000 oder 100 000 angegeben,

$$Inzidenz = \frac{Anzahl\ der\ im\ Zeitraum\ Neuerkrankten}{Gesamtzahl\ der\ anfangs\ Gesunden} \cdot 10^{\,n}.$$

Inzidenz kennzeichnet in Hinsicht auf eine bestimmte Krankheit die während eines Zeitrau-
mes stattfindenden Erkrankungsereignisse. **Inzidenz meint die Neuerkrankten!**
Es kann sachlich sinnvoll sein, den Begriff Neuerkrankte nicht zu eng zu fassen und auch
Wiedererkrankung einzuschließen.

Beispiel 3.8
Inzidenzangaben sind für bestimmte meldepflichtige Krankheiten für die Bevölkerung von
Mecklenburg-Vorpommern im Jahre 2005 aus den Angaben des Statistischen Landesamtes
errechenbar. Die Bevölkerungszahl war 1 707 300 (männlich: 49.6 %).

Tab. 3.9 Inzidenzangaben: Erkrankungen pro 100 000 Einwohner, (Jahresbericht Mecklenburg-Vorpommern, LAGUS 2005)

Erkrankung	Fälle	Inzidenz ($\cdot 10^5$)
Borreliose	375	22.0
Enteritiden, infektiöse	10 938	640.7
Syphilis	37	2.2
Tuberkulose	124	7.3

Beeinflussung der Inzidenz

Inzidenz **steigt**
- geburtenstarker Jahrgang rückt in die Beobachtung
- diagnostische Kriterien werden geändert
- Früherkennungsprogramme
- Reihenuntersuchungen und Screenings
- nachlassende Impfdisziplin
- Einführung von Meldepflichten
- negative Umwelteinflüsse, schlechte Verhaltensweisen
- Virulenzveränderungen von Erregern
- Resistenzveränderungen in der Bevölkerung

Inzidenz **fällt**
- geburtenschwacher Jahrgang rückt in die Beobachtung
- diagnostische Kriterien werden geändert
- Nachlassen der diagnostischen Aktivität
- Erfolg prophylaktischer Maßnahmen
- Virulenzveränderungen von Erregern
- Resistenzveränderungen in der Bevölkerung

Prävalenz und Inzidenz berühren unterschiedliche Aspekte einer Krankheit. Das Verhältnis dieser Größen zueinander folgt keinem einheitlichen Schema. Während Diabetes mellitus eine niedrige Inzidenz und eine hohe Prävalenz aufweist, kehrt sich dieses Verhältnis für eine Erkältung um.

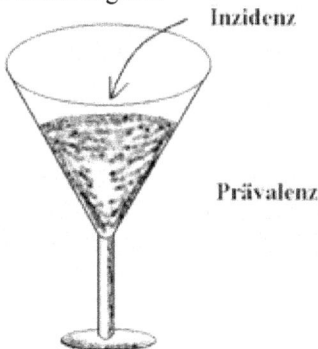

Abb. 3.3 Prävalenz und Inzidenz

In Beobachtungsstudien sind die Zeitbezüge oft nicht Kalenderjahre. Beispielsweise nennt man den relativen Krankenstand <u>vor</u> einem Untersuchungstermin auch Prävalenz und die Neuerkrankungsrate im Untersuchungszeitraum die Inzidenz.

- **Personen-Jahre**
  Eine Variante des Inzidenzbegriffes entsteht dadurch, dass man den Zeitaspekt in die Auswertung einbeziehen möchte. Werden, um den Gedanken zu verdeutlichen, eine Personen über zwei Jahre, eine weitere Person über drei Jahre und eine dritte Person über vier Jahre beobachtet, so bildet man die Einheit „Personen-Jahre" (hier würden sich 9 ergeben) und berechnet die Inzidenzrate unter Bezug darauf. Die statistischen Aussagen beziehen sich damit nicht mehr auf die eigentliche Population.

Die Konstruktion ist auch aus einem anderen Grund nicht unproblematisch: Werden 5 Personen ein Jahr oder 60 Personen einen Monat beobachtet, resultiert beides in 5 Personenjahren. Man setzt also voraus, dass für alle Zeitintervalle eine gleiche Wirkung aller Bedingungen auf den Gesundheitsstatus unterstellt werden kann und dass die Beobachtungsdauer einer Person nicht wesentlich ist. Offenbar steht dies im Widerspruch zum Grundanliegen einer Langzeitbeobachtung!
Empfehlenswerter ist es, den Zeitbezug in die statistische Modellierung einzubeziehen. Hier sind die Methoden der Lebensdaueranalyse, der Zeitreihenanalyse oder allgemein der stochastischen Prozesse verfügbar.

> **Prävalenzrate und Inzidenzrate sind statistische Kennzahlen! Sie spiegeln <u>nicht</u> die Dynamik in einer Population wieder!**

Mortalität
Die systematische Untersuchung der Mortalität reicht in das 17. Jahrhundert zurück und wurde durch die Erfordernisse der Versicherungsgesellschaften veranlasst.
In Hinsicht auf Alter, Geschlecht und Erkrankung gibt man spezifizierte und standardisierte Mortalitätsraten an. Eine weitere Kennzeichnung der Mortalität leistet die Lebenserwartung.

- Mortalitätsrate
  Die Mortalitätsrate ist der Quotient aus der Anzahl der Gestorbenen und der durchschnittlichen Bevölkerungszahl des Kalenderjahres. Als Beziehungszahl wird 1000 angegeben,

$$Mortalität = \frac{Anzahl\ der\ Todesfälle\ im\ Kalenderjahr}{durchschnittliche\ jährliche\ Bevölkerungszahl} \cdot 1\,000\ .$$

Die durchschnittliche Bevölkerungszahl wird in den Statistiken der Bundesrepublik Deutschland wie folgt errechnet: Bevölkerungszahl zu Monatsbeginn und zu Monatsende werden gemittelt. Das arithmetische Mittel der 12 mittleren monatlichen Werte ist die durchschnittliche Bevölkerungszahl des Jahres.

Beispiel 3.9
Für 1999 wird die durchschnittliche Bevölkerungszahl von Mecklenburg-Vorpommern mit 1 789 322 angegeben. Es starben 1999 insgesamt 17 458 Einwohner. Die Mortalitätsrate ist

$$Mortalit\ddot{a}tsrate = \frac{17\,458}{1\,789\,322} \cdot 1\,000 = 9.756 \,.$$

◄

- **altersspezifische Mortalitätsrate**
  Die für eine Altersgruppe der beobachteten Population errechnete Mortalitätsrate heißt altersspezifische Mortalitätsrate.

Das Alter ist eine entscheidende Kovariable hinsichtlich der Mortalität. Dies berücksichtigt man durch spezielle Mortalitätsmaße. Es ist bei Vergleichen von Populationen üblich, für 5-Jahres-Altersgruppen die altersspezifischen Mortalitätsraten zu ermitteln und gegenüberzustellen.

Beispiel 3.10
Im Jahre 1999 verstarben in Mecklenburg-Vorpommern 1919 der 95 361 Einwohner mit einem Alter zwischen 65 und 70 Jahren. Die altersspezifische Mortalitätsrate dieser Subpopulation beträgt 20.1 und ist mehr als doppelt so hoch wie die Mortalität der gesamten Bevölkerung (s. Beispiel 3.9).

◄

Beispiel 3.11
Für das Jahr 1981 war die Mortalitätsrate Floridas 10.9 und Alaskas 4.4. Neben anderen Einflüssen ist das Alter zu berücksichtigen. Tatsächlich gab es erhebliche Unterschiede in der Altersstruktur, die Bevölkerung Alaskas ist jünger gewesen.

◄

- **standardisierte Mortalitätsraten**
  Die standardisierte Mortalitätsrate ist die gewichtete Summe der altersspezifischen Mortalitätsraten einer Population. Als Gewichte werden die Anteile der Altersgruppen an der Bezugspopulation gewählt.

Um bei Vergleichen die Altersabhängigkeit zu eliminieren, werden Mortalitätsraten auf eine Bezugspopulation standardisiert Die Wahl der Bezugspopulation ist willkürlich. Es gibt hinsichtlich der Altersstruktur Vorschläge für Standardpopulationen (s. Tab. 3.11).
Zur Standardisierung von Raten wurden in Abschnitt 2.1.6 Ausführungen gemacht. Hier mögen zwei simple artifizielle Beispiele genügen.

Beispiel 3.12
Die Zusammensetzung hinsichtlich der Altersklassen „jung" und „alt" für die Populationen I, II und III sind zusammen mit den altersspezifischen Mortalitätsraten der Populationen I und II in Tab. 3.10 angegeben.

Tab. 3.10 Alterszusammensetzungen und altersspezifische Mortalitätsraten artifizieller Populationen

	Zusammensetzung		altersspezifische Mortabilität pro 1 000	
	„jung"	„alt"	„jung"	„alt"
Population I	1/4	3/4	4	12
Population II	1/2	1/2	6	14
Standardpopulation III	1/3	2/3		

Zunächst werden aus den Angaben die Mortalitätsraten der Gesamtpopulationen als gewichtete Summen der altersspezifischen Mortalitätsraten errechnet. Die Gewichte sind die Anteile der Altersgruppen an der Population. Für Population I ergibt das

$$\frac{1}{4}\cdot 4 + \frac{3}{4}\cdot 12 = 10 \text{, für Population II erhält man den gleichen Wert}$$

$$\frac{1}{2}\cdot 6 + \frac{1}{2}\cdot 14 = 10 \,.$$

Nun werden beide altersspezifischen Mortalitätsangaben auf die „Standardpopulation" III bezogen;

$$\frac{1}{3}\cdot 4 + \frac{2}{3}\cdot 12 = 9\frac{1}{3}\,, \qquad \frac{1}{3}\cdot 6 + \frac{2}{3}\cdot 14 = 11\frac{1}{3}\,.$$

Damit sind die in beiden Populationen beobachteten altersspezifischen Wahrscheinlichkeiten vergleichbar geworden. Sie stimmen nicht überein.

◀

Tab. 3.11 Altersstruktur von Modellpopulationen (CARSON et. al. 1994)

Europa-Bevölkerung	Europa-Bevölkerung (25-64 Jahre)	Welt-Bevölkerung	Alter (Jahre)
1 600		2 400	0
6 400		9 600	1 - 4
7 000		10 000	5 - 9
7 000		9 000	10 - 14
7 000		9 000	15 - 19
7 000		8 000	20 - 24
7 000	7 000	8 000	25 - 29
7 000	7 000	6 000	30 - 34
7 000	7 000	6 000	35 - 39
7 000	7 000	6 000	40 - 44
7 000	7 000	6 000	45 - 49
7 000	7 000	5 000	50 - 54
6 000	6 000	4 000	55 - 59
5 000	5 000	4 000	60 - 64
4 000		3 000	65 - 69
3 000		2 000	70 - 74
2 000		1 000	75 - 79
1 000		500	80 - 84
1 000		500	> 85
100 000	53 000	100 000	

Zur Standardisierung von Raten wurden in Abschnitt 2.1.6 Ausführungen gemacht. Hier mögen zwei simple artifizielle Beispiele genügen.

Beispiel 3.13
Hinsichtlich der Altersklassen „jung" und „alt" sind für eine Standardpopulation altersspezifische Raten 0.005 und 0.02 bekannt. Beobachtet werden in einer Stichprobe vom Umfang 3000 genau 40 „Fälle". Es wurde nicht dokumentiert, wie viele davon zu den 2 000 Beobachteten der Altersklasse „jung" gehörten. Mit der Methode der indirekten Standardisierung vergleicht man diese Beobachtung mit dem unter Bezug auf die altersspezifischen Raten der Standardpopulation erwarteten Wert E,

$$E = 2\ 000 \cdot 0.005 + 1\ 000 \cdot 0.02 = 30\ .$$

Die beiden Populationen können so verglichen werden.

◄

> **Standardisierung ersetzt nicht „falsche" Zahlen durch „richtige"! Sie liefert fiktive Zahlen, eliminiert rechnerisch die Störgröße und ist damit eine Interpretationshilfe.**

- **Lebenserwartung**
  Die Lebenserwartung eines Neugeborenen heißt **Lebenserwartung** der Population. Sie ist der Erwartungswert der Zufallsgröße Lebensalter der Individuen..

Die Lebenserwartung ist ein häufiges und bereits seit langem benutztes Maß zur Kennzeichnung des Gesundheitszustandes einer Bevölkerung. Zur Beschreibung der Altersverhältnisse einer Population wird ein wahrscheinlichkeitstheoretischer Ansatz benutzt. Zufallsgröße T ist das Lebensalter der Individuen. In Abschnitt 2.3.4 werden Lebensdauerverteilungen besprochen. Es gibt verschiedene statistische Verfahren, den Erwartungswert für vorgegebene Klassen von Lebensdauerverteilungen aus Daten zu berechnen. Für jedes Alter t kann die **altersspezifische Lebenserwartung** der Population angegeben werden. Sie ist genau die in Abschnitt 2.3.4 definierte Restlebenserwartung $LE_T(t)$.

Beispiel 3.14
Für die am wenigsten entwickelten Länder der Erde liegt die Lebenserwartung der Neugeborenen nur etwa bei 40 bis 50 Jahren. Die 1990 berichteten Lebenserwartungen für zwei entwickelte Länder sind in Tab. 3.12 angegeben.

Tab. 3.12 Lebenserwartungen für Japan und USA (1990). Alle Angaben erfolgen in Jahren

Alter	USA	Japan
0	71.6	75.8
45	30.4	32.9
65	15.0	16.2

◄

Sähe man sich ein Histogramm beobachteter Lebensdauern anhand einer Stichprobe aus einer solchen Population an, würden sich in der Regel zwei Gipfel zeigen. Sie stehen für die Kinder- und die Alterssterblichkeit. Das durchschnittliche Lebensalter der Population, also der Erwartungswert der Zufallsgröße bzw. die Lebenserwartung eines Neugeborenen, vermitteln nicht genug Information über die beobachteten Verhältnisse. Dies gelingt erst durch die altersspezifischen Lebenserwartungen.

Beispiel 3.15

E. HALLEY, bekannt als Astronom und durch den nach ihm benannten Kometen, hat 1693 eine Sterbetafel aufgestellt und damit zu den Grundlagen der mathematischen Theorie der Lebensversicherungen beigetragen. Das unterliegende Datenmaterial waren die Geburts- und Todesziffern von Breslau der Jahre 1687 bis 1691. HALLEY wählte diese Population, da er meinte, in London gäbe es zu viele Störeffekte durch Migration. Nach der Sterbetafel von HALLEY beträgt die Lebenserwartung eines Neugeborenen 26 Jahre. Hingegen sind das Risiko, vor Erreichen des 8. Lebensjahres zu sterben, und die Chance, dieses Alter zu erleben, gleich groß. Für die der HALLEY'schen Tafel assoziierte Lebensdauerverteilung stimmen offensichtlich der Median 8 und der Erwartungswert 26 nicht überein. Wenn demnach ein Mensch die frühen Kinderjahre überlebt hatte, konnte er durchaus sehr alt werden.
◄

Neben dem Alter beeinflussen weitere Faktoren die Mortalität mitunter sehr stark. Insbesondere trifft das für Erkrankungen zu.

- **ursachenspezifische Mortalität**
  Eine **krankheitsspezifische Mortalitätsrate** ist der Quotient aus der Anzahl der an dieser Krankheit Verstorbenen und der durchschnittlichen Bevölkerungszahl des Kalenderjahres. Als Beziehungszahl wird üblicherweise 100 000 angegeben,

$$\frac{krankheitsspezifische}{Mortalität} = \frac{Anzahl\ der\ Todesfälle\ im\ Kalenderjahr}{durchschnittliche\ jährliche\ Bevölkerungszahl} \cdot 10^5 .$$

Beispiel 3.16

1990 verstarben in Mecklenburg-Vorpommern 11 430 Einwohner an Krankheiten des Kreislaufsystems. Unter Bezug auf die durchschnittliche Bevölkerungszahl des Jahres von 1 932 590 berechnet sich die krankheitsspezifische Mortalität zu 591.4 pro 100 000.
◄

Die amtlichen Todesursachenstatistiken sind nach den Schlüssel-Nummern der Krankheiten gegliedert und für männliche und weibliche Verstorbene verfügbar. Dementsprechende krankheits- und geschlechtsspezifische Mortalitätsraten können unschwer berechnet werden. Eine **geschlechtsspezifische Mortalitätsrate** wird ebenso berechnet wie eine krankheitsspezifische Mortalitätsrate.

Beispiel 3. 17

1990 sind in Mecklenburg-Vorpommern 10 858 männliche und 11 591 weibliche Einwohner verstorben. Die geschlechtsspezifischen Mortalitäten sind 561.8 und 599.7 pro 100 000. Ein direkter Vergleich dieser Zahlen macht keinen Sinn, da das Lebensalter als wesentlicher Einflussfaktor unberücksichtigt blieb. Eine Standardisierung der Raten hinsichtlich einer vorgegebenen Altersstruktur würde diesem Mangel abhelfen.
◄

Ebenfalls auf die Jahresdurchschnittsbevölkerung und das Kalenderjahr bezogen definiert sind die nachfolgend genannten Raten.

- **Totgeborenenrate**

  Die Totgeborenenrate ist der Quotient aus der Lebendgeborenenanzahl und der durchschnittlichen jährlichen Bevölkerungszahl.

- **Säuglingssterberate**

  Die Säuglingssterberate ist der Quotient aus der Anzahl der Gestorbenen, die jünger als ein Jahr sind, und der durchschnittlichen jährlichen Bevölkerungszahl.

Neben den Raten als Beziehungszahlen sind auch Gliederungszahlen zur Mortalitätskennzeichnung üblich.

- **prozentuale Mortalitätsrate**

  Die prozentuale Mortalitätsrate gibt den prozentualen Anteil einer ursachenspezifischen Mortalitätsrate an der Gesamtsterblichkeit an.

Beispiel 3.18
Wie in den vorangegangenen Beispielen mitgeteilt, starben 1990 in Mecklenburg-Vorpommern 22 449 Menschen, davon 11 430 mit Erkrankungen des Kreislaufsystems. Die prozentuale Mortalitätsrate dieser Krankheitsgruppe beträgt für diesen Zeitraum und für diese Population 50.9 %.

◄

- **Letalitätsrate**

  Die Letalitätsrate ist der prozentuale Anteil der an einer bestimmten Krankheit Verstorbenen in Bezug auf die Gesamtzahl der daran Erkrankten. Sie bezieht sich auf einen definierten Zeitraum.

Letalitätsraten und Mortalitätsraten werden in ihren Aussagen gelegentlich fälschlicherweise gleichgesetzt.

> **Morbiditätsangaben betreffen die in Rede stehende Population. Die Letalitätsrate bezieht sich auf eine durch eine spezielle Krankheit definierte Subpopulation!**

Mit der Letalität wird gewissermaßen die „Gefährlichkeit" einer Erkrankung zum Ausdruck gebracht. Sinnvoll nutzt man dieses Maß für Infektionskrankheiten. Im Zusammenhang mit einer chronischen Erkrankung ist die Interpretation dieser Zahl problematisch, denn sehr lange Krankheitsdauer bringt neben der Primärkrankheit oft weitere Todesursachen mit sich.

Beispiel 3.19
Für meldepflichtige Krankheiten weist das Statistische Jahrbuch von Mecklenburg-Vorpommern 1990 Anzahlen von Erkrankungen und Anzahlen von Sterbefällen aus. Daraus lassen sich formal prozentuale Anteile berechnen. Die Berechtigung dieser Vorgehensweise zur Letalitätskennzeichnung erscheint indes fraglich. Aus den Zahlenangaben ist nicht ersichtlich, ob die Verstorbenen zu jenen gehören, die als erkrankt gemeldet wurden. Es ist deshalb nicht zu empfehlen, diese Rechenergebnisse (s. Tab. 3.13) als Letalitätsraten zu verwenden.

Tab. 3.13 Anzahlen und Letalitätsraten für ausgewählte meldepflichtige Erkrankungen in Mecklenburg-Vorpommmern 1990

Krankheit	erkrankt	verstorben	Letalitätsrate
Gasbrand	9	5	55.6
Hepatitis B	69	1	1.4
Meningitis/Encephalitis	282	16	5.7

◄

Bevölkerungsdynamik

Die Maßzahlen zur Charakterisierung des Gesundheitszustandes stehen in engem Zusammenhang mit der Bevölkerungsdynamik. In den Definitionen der Begriffe kommt der Zeitbezug zum Ausdruck. Veränderungen der Populationen sind durch gesundheitsbezogene Ereignisse wie Geburt und Tod, aber auch durch Bevölkerungswanderungen verursacht. Die amtliche Bevölkerungsstatistik zählt dies unter den **natürlichen** und **räumlichen Bevölkerungsbewegungen.** Weitere Maßzahlen der natürlichen Bevölkerungsbewegung neben den Mortalitätsangaben sind:

- **Geburtenrate**
  Die Geburtenrate einer Population ist die Anzahl der Lebendgeborenen eines Jahres bezogen auf 1000 Individuen.

- **Geburtenüberschußrate**
  Die Geburtenüberschußrate einer Population ist die Differenz von Geburtenrate und Mortalitätsrate.

Die Bevölkerungswanderung innerhalb der Bundesrepublik wird in den amtlichen Statistiken bezüglich der Gemeindegrenzen, der Kreisgrenzen und der Landesgrenzen erfasst. Außerdem sind die Zu- und Abwanderungen über die Bundesgrenzen gezählt.

Maße zur Charakterisierung des oralen Gesundheitszustandes

Der orale Gesundheitszustand wird wesentlich bestimmt durch die Erkrankungen der Zähne und die Erkrankungen des Zahnhalteapparates. Hauptursache des Zahnverlustes ist die Karies. Die epidemiologische Untersuchung dieser Krankheit schließt in der Regel die Ermittlung **verschiedener Karies - Indizes** ein. Diese Maßzahlen sind seit langer Zeit international üblich. Damit wird der Vergleich von Studienresultaten begünstigt. Es hat sich eingebürgert, hier den Begriff Index allgemeiner als in der Statistik gebräuchlich (s. Abschnitt 3.3.1) zu verwenden. Betreffend eine erwachsene Person bezeichnen

D (decayed) die Anzahl der kariösen,

M (missing) die Anzahl der wegen Karies extrahierten,

F (filling)   die Anzahl der gefüllten und

T (tooth)   die Anzahl aller Zähne.

S (surface) ist die Anzahl der Zahnflächen eines Menschen. Frontzähne werden mit vier, Seitenzähne mit fünf Flächen bewertet, so dass das vollständige Gebiss den Wert $S = 128$ erhält. Dabei bleiben die Weisheitszähne unberücksichtigt. Für das Milchgebiss ist die summarischeAnzahl der Zahnflächen maximal 108. In Bezug auf diese beobachtbaren Größen werden Karies-Indizes errechnet.

- **Der DMF/T - Index**

   Der DMF/T - Index ist die summarische Anzahl der kariösen, der wegen Karies extrahierten und der gefüllten Zähne eines Menschen. Sein Wert ist maximal 28, weil Weisheitszähne nicht berücksichtigt werden.

Dieser Index ist, statistisch gesehen, ein direkt beobachtbares diskretes Merkmal und kann
dementsprechend beschrieben und bewertet werden. Er ist die international bevorzugte Methode zur Kariesbeschreibung.

- **Der DMF/S - Index**

   Der DMF/S - Index ist der Quotient aus der summarischen Anzahl der kariösen, der wegen Karies extrahierten und der gefüllten Zähne eines Menschen und der Anzahl der
   Zahnflächen.

Auch dieser Index ist ein direkt beobachtbares diskretes Merkmal.

Die angegebenen Indizes lassen sich bezüglich D, M und F in Anteile zerlegen und entsprechend interpretieren. Für das Milchgebiss geschehen die Index - Bildungen analog.

Zur Beurteilung periodontaler Erkrankungen wurden verschiedene Indizes eingeführt. Für
epidemiologische Anwendungen besonders geeignet ist der **community periodontal Index
of treatment needs CPITN.** Damit können sowohl der periodontale Status als auch die
Behandlungsnotwendigkeit eingeschätzt werden. Die Erläuterung dieses Index erfordert u.a.
Darlegungen zu zahnärztlichen Untersuchungen. Weitere Erläuterungen dazu müssen der
speziellen Fachliteratur vorbehalten bleiben.

Maße zur Charakterisierung allgemeinerer Aspekte von Gesundheit

Neben Krankheiten oder Tod sind psychisches und physisches, aber auch soziales Wohlbefinden durch die Epidemiologie beschreibend zu kennzeichnen. Gesundheit zu definieren
heißt, Abweichungen von durchschnittlichen Eigenschaften und Fähigkeiten zu erfassen,
gesundheitliche Einschränkungen zu bewerten und das soziale Umfeld der Menschen zu
beachten. Für diese Determinanten des Gesundheitszustandes gibt es keine generalisierte
Beschreibung, mithin auch keine allgemeine Bemessung. Neben den aus dem Experiment
bekannten Methoden des Zählens oder Messens ist in diesem Bereich auch an Tests, Frage-
bogentechniken und Interviewmethoden zu denken. Quantifizierungen erfordern hier spezielle Methoden, z.B. psychometrische Analysen. Für die Vergleichbarkeit epidemiologischer
Aussagen wichtig ist der Einsatz standardisierter Verfahren.

Beispiel 3.20

Gesundheitsbezogene Lebensqualität erfaßt ein im angloamerikanischen Sprachbereich ver-
breitetes Standardinstrument zur Selbsteinschätzung, der **SF-36 Health Survey.** Aus Antworten auf 36 Fragen werden Maßzahlen errechnet, die u.a. im Hinblick auf Vitalität, psychisches Wohlbefinden und allgemeinen Gesundheitszustand interpretierbar sind. Inzwischen sind Übersetzungen von SF-36 in mehrere Sprachen erfolgt und validiert worden.
Genaueres über die deutsche Variante erfährt man in BULLINGER/KIRCHBERGER (1998).

◀

3.3.3   Maßzahlen zur Charakterisierung von Untersuchungsmethoden

Die in der Epidemiologie eingesetzten Untersuchungsmethoden sind zu bewerten. Dabei wird vorausgesetzt, dass die beobachteten Größen tatsächlich Indikatoren der studierten Vorgänge sind. Dies zu prüfen führt auf weitere Aufgabenstellungen. Hier interessiert die Charakterisierung von Methoden an sich. Es sind zwei Aufgabenstellungen zu unterscheiden:

- Die Untersuchungsmethode hat das Ziel, Beobachtungswerte oder Messungen zu gewinnen.

In diesem Zusammenhang geht es um Präzision und Richtigkeit der Messungen. Wird ein quantitatives Merkmal gemessen, kann die Präzision der Methode durch die empirische Standardabweichung oder den Variationskoeffizienten ausgedrückt werden. Informativer sind Toleranzschätzungen und Konfidenzschätzungen. Der Korrelationskoeffizient ist als Qualitätsmaß ungeeignet. Für qualitative Merkmale beschreiben Konkordanzraten die Reproduzierbarkeit der Beobachtungen. Die Idee ist die folgende: Für jedes Individuum wird die Beobachtung wiederholt. Die **Konkordanzrate** ist der prozentuale Anteil der in beiden Untersuchungen übereinstimmenden Ergebnisse an der Gesamtzahl der Doppeluntersuchungen. Ein Wert von etwa 90% gilt praktisch als gut.

- Die Untersuchungsmethode wird mit dem Ziel einer (diagnostischen) Entscheidung angewandt.

Dabei besteht die Aufgabe, die Validität, Richtigkeit oder Gültigkeit der Untersuchungsmethode in Hinsicht auf das Entscheidungsproblem zu überprüfen. Man verwendet Wahrscheinlichkeitsangaben. Üblich ist die Angabe von Sensitivität und Spezifität.

Beispiel 3.21

Wird eine epidemiologische Studie zum Wachstum konzipiert, bedarf es näherer Bestimmung dessen, was dieses Wachstum meint und welche Messgrößen es kennzeichnen. Hier sei die Körpermasse betrachtet. Bei Mehrfachmessung an einem Menschen, konstantes Gewicht sei vorausgesetzt, wird die Genauigkeit der Messmethode bestimmt und durch die empirische Varianz der Messwerte zum Ausdruck gebracht. Ist die Waage falsch geeicht, entsteht ein systematischer Fehler (englisch: bias). Einen Fehler begeht man auch bei unsachgemäßer Auswahl der zu beobachtenden Individuen.

◄

Es sind die epidemiologische Untersuchungsmethodik an sich, die Messverfahren und auch die biometrischen Auswerteverfahren hinsichtlich ihrer Eigenschaften zu kennzeichnen.

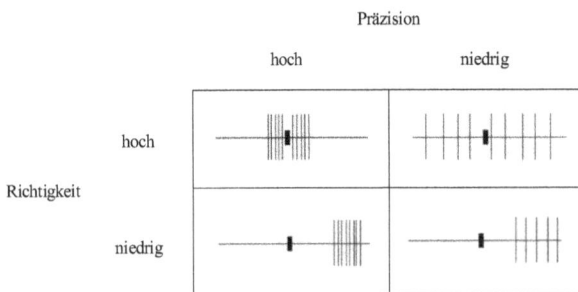

Abb. 3.4 Beziehungen zwischen Präzision und Richtigkeit

Präzision und Richtigkeit

Ein Messverfahren heißt präzise, wenn wiederholte Messungen der gleichen Größe unter konstanten Bedingungen eine geringe empirische Varianz haben. Ein Messverfahren heißt richtig, wenn das Mittel dieser Messungen der wahre Wert ist. Fasst man den Messwert als Zufallsgröße auf, so sind ihre Varianz mit Präzision und die Übereinstimmung von Erwartungswert und Sollwert als Richtigkeit interpretierbar.

Spezifität und Sensitivität

Betrachtet werde eine bestimmte Krankheit X. Eine Methode, sie zu diagnostizieren, heiße Test. Hierbei kann es sich um eine Labormethode, eine standardisierte Röntgenaufnahme für eine Reihenuntersuchung, ein Neugeborenen-Screening auf PKU o.ä. handeln. Das Auftreten der Krankheit X bei einer Person ist ein Zufallsexperiment im abstrakten Sinne der Wahrscheinlichkeitsrechnung. Die Ergebnisse seien mit K („krank") bzw. NK („nicht krank"), der Grundraum mit Ω_K bezeichnet. Analog seien T („diagnostischer Test positiv, d.h. die Person wird als an X erkrankt eingestuft"), NT („diagnostischer Test negativ, d.h. die Person wird als nicht an X erkrankt eingestuft") und Ω_T definiert. Wir setzen also voraus, dass $K \cup NK = \Omega_K$ und $T \cup NT = \Omega_T$ gelten. Andere als die genannten Aussagen K, NK, T, NT gibt es nicht. Die Beziehungen zwischen Realität und Testergebnis werden durch vier Situationen beschrieben, die in einer Vierfeldertafel darstellbar sind:

Tab. 3.14 Schema einer diagnostischen Entscheidung

Test	Realität	
	K	NK
T	$K \cap T$	$NK \cap T$
NT	$K \cap NT$	$NK \cap NT$

Man kennt in der Regel

$P(K)$, die Wahrscheinlichkeit, an X erkrankt zu sein (Prävalenz);

$P(T|K)$, die bedingte Wahrscheinlichkeit für ein positives Testergebnis, wenn die Person an X erkrankt ist;

$P(NT|NK)$, die bedingte Wahrscheinlichkeit für ein negatives Testergebnis, wenn die Person nicht an X erkrankt ist.

Es heißen die bedingten Wahrscheinlichkeiten

$$P(T|K) = \frac{P(T \cap K)}{P(K)} \qquad \text{die \textbf{Sensitivität},}$$

$$P(NT|NK) = \frac{P(NT \cap NK)}{P(NK)} \quad \text{die \textbf{Spezifität} und}$$

$$P(T|NK) = 1 - P(NT|NK) \quad \text{die \textbf{Unspezifität} eines Tests.}$$

Sie sind Güteeigenschaften und durch aufwendige Untersuchungen zu ermitteln, ehe eine Untersuchungsmethode als charakterisiertes Verfahren gelten kann. Mit $P(T|K)$ kennt man auch $P(NT|K)$, denn ihre Summe ist 1. Das gleiche gilt für $P(T|NK)$ und $P(NT|NK)$.

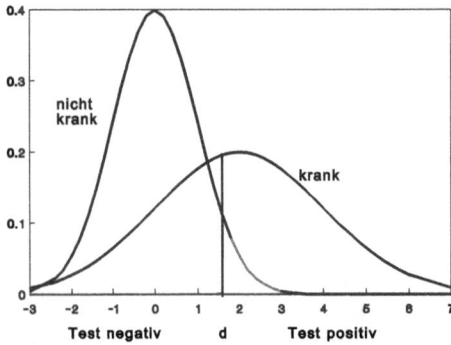

Abb. 3.5 Dichten der Wahrscheinlichkeitsverteilungen eines interessierenden Merkmals, getrennt betrachtet für Kranke und Nichtkranke. Mit d ist der Diskriminationspunkt bezeichnet.

Eine graphische Veranschaulichung der Begriffe soll anhand der Dichtefunktionen des untersuchten Merkmales (Kranke und Nichtkranke werden getrennt betrachtet) gegeben werden. Dies ist in den Abb. 3.6 bis 3.8 veranschaulicht. Mit Blick auf das beobachtete Merkmal entscheidet der Test in Bezug auf einen Diskriminationspunkt d, ob das Testergebnis positiv ist oder nicht. Diese Testentscheidung weicht von der Wirklichkeit ab. Sensitivität und Spezifität dienen als Gütekennzeichnungen des Tests.

Bezüglich der Wahrscheinlichkeitsdichten des beurteilten Merkmals, für Kranke und Nichtkranke separat angegeben, können dann Spezifität und Sensitivität als Teile der Flächen unter diesen Dichten angesehen werden. Es ist sofort erkennbar:

Mit der Wahl des Diskriminationspunktes beeinflusst man die Eigenschaften des diagnostischen Tests. Eine Erhöhung der Sensitivität führt zu einer Verringerung der Spezifität eines diagnostischen Test und umgekehrt.

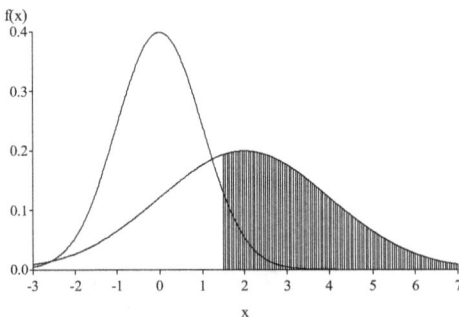

Abb. 3.6 Veranschaulichung der Kenngröße Sensitivität eines diagnostischen Tests als Flächen unter Wahrscheinlichkeitsdichten (vgl. Abb. 3.5)

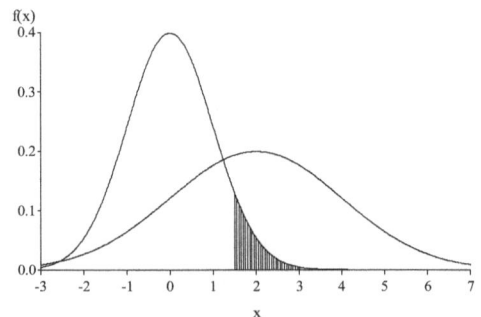

Abb. 3.7 Veranschaulichung der Kenngröße Unspezifität eines diagnostischen Tests als Flächen unter Wahrscheinlichkeitsdichten (vgl. Abb. 3.5)

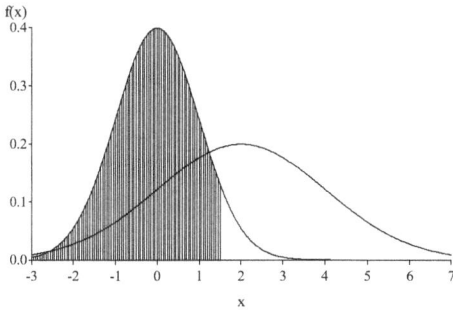

Abb. 3.8 Veranschaulichung der Kenngröße Spezifität eines diagnostischen Tests als Flächen unter Wahrscheinlich-keitsdichten (vgl. Abb. 3.5)

Höchste Sensitivität ist zu fordern, wenn
- die Krankheit ernst ist und auf keinen Fall übersehen werden darf,
- die Krankheit erfolgreich behandelt werden kann,
- falsch positive Resultate nicht zu einer schweren psychologischen und ökonomischen Belastung des Patienten führen.

Eine **hohe Spezifität** muss gewählt werden, wenn
- die Krankheit schwer ist,
- für die Krankheit keine befriedigende Therapie bekannt ist,
- ein falsch positives Ergebnis zu schweren psychologischen und ökonomischen Folgen für den Patienten führen.

Wird eine diagnostische Methode neu eingeführt, bedeutet die Festlegung des Diskriminationspunktes einen Kompromiss von Spezifität und Sensitivität.

Beispiel 3.22

In der Gastroenterologie finden Dünndarmfunktionstests Anwendung. In einer klinischen Studie (MÖLLMANN 1991) wurden 6 diagnostische Tests bei etwa 100 Patienten durchgeführt. Das Datenmaterial gestattet es, Sensitivität sowie Spezifität in Abhängigkeit vom Diskriminationspunkt darzustellen. Die Abb. 3.9 zeigt diese Funktionen. Der Diskriminationspunkt d kann festgelegt werden, sofern bestimmte Forderungen an Sensitivität und Spezifität bestehen. Sollte man beispielsweise beim ^{169}Yb-Test eine Sensitivität von 0.8 anstreben, muss eine Spezifität von lediglich 0.5 in Kauf genommen werden.

◄

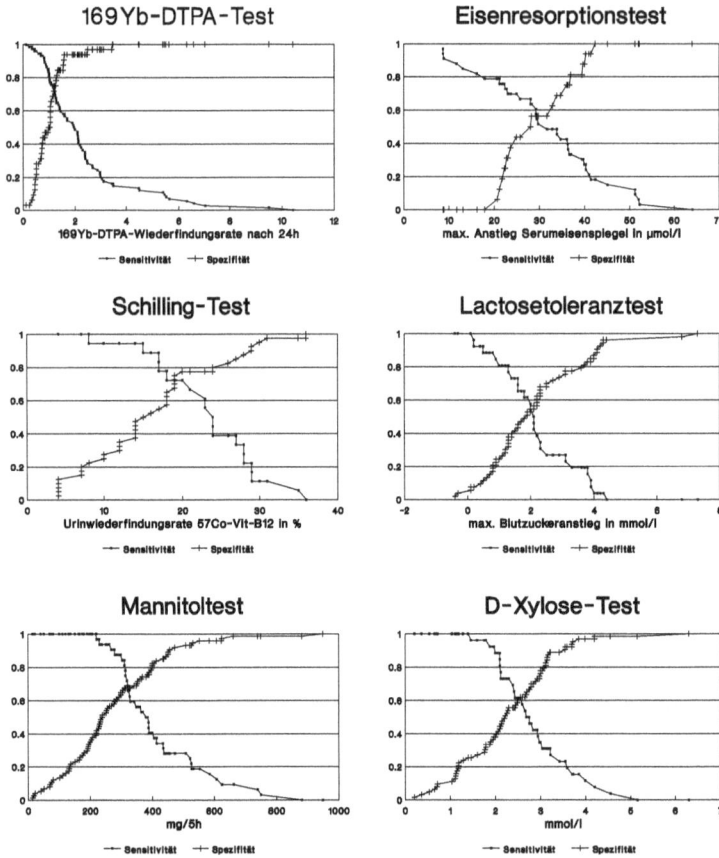

Abb. 3.9 Spezifität und Sensitivität in Abhängigkeit vom Diskriminationspunkt für 6 Dünndarmfunktionstests

Die ROC – Analyse

Die Sensitivität eines diagnostischen Tests wird als Funktion seiner Unspezifität dargestellt. Der Graph dieser Funktion heißt ROC-Kurve. Definitionsbereich und Wertevorrat sind jeweils das Intervall [0, 1]. Damit werden die Testeigenschaften unabhängig von den unterschiedlichen Messbereichen und verschiedenen Maßeinheiten der betrachteten Merkmale beschrieben. Konfidenzschätzungen für ROC-Kurven unter wenig einschränkenden Voraussetzungen entwickelte HILGERS (1991).

- **Die ROC-Kurve f ist eine im Einheitsintervall [0, 1] monoton wachsende Funktion mit $f(0) = 0$ und $f(1)=1$.**

Dabei bedeutet $f(0) = 0$ die Extremsituation, dass die Unspezifität mit dem Wert Null, also die Spezifität 1, mit der Sensitivität Null korrespondiert. Umgekehrt, die geringste Spezifität bedeutet die höhste Sensitivität. Diese Eigenschaften sind in den Abb. 3.11 und 3.12 erkennbar.

169Yb-Test

Eisenresorptionstest

Schillingtest

Lactosetoleranztest

Mannitoltest

D-Xylose

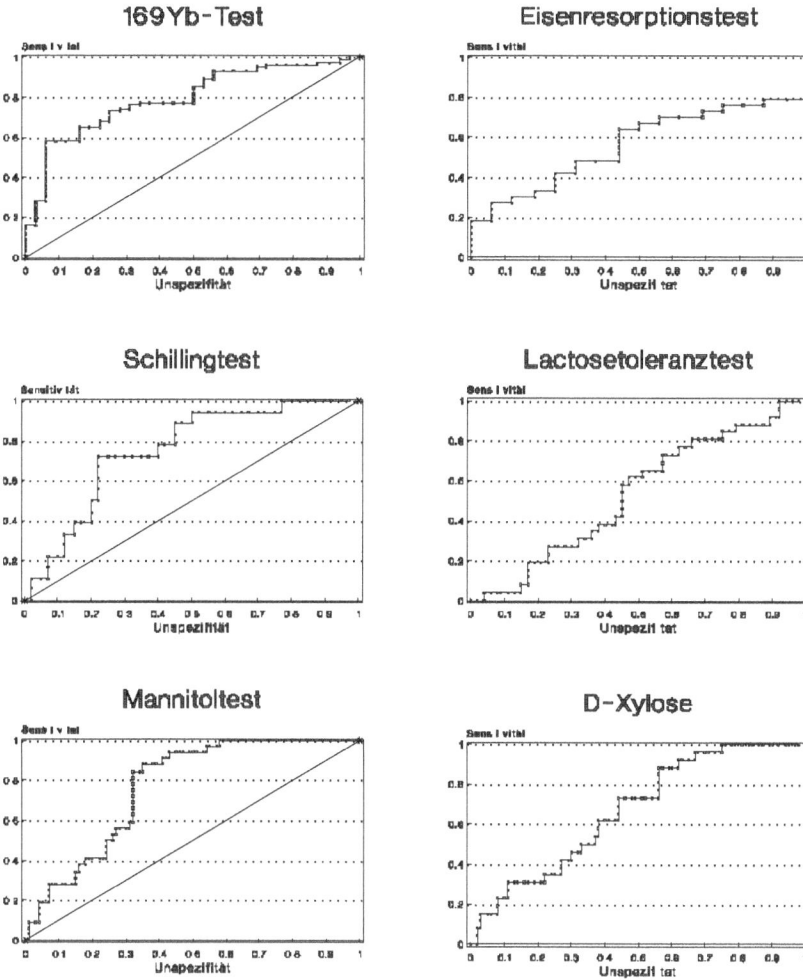

Abb. 3.10 ROC - Kurven, errechnet nach den Daten der oben genannten Dünndarmresorptionstests

- **Die ROC-Kurve verläuft stets oberhalb der Geraden $f(x) = x$ in der Unspezifitäts-Sensitivitäts-Ebene.**

Für diese nicht unterschreitbare Grenzgerade gilt, dass Sensitivität und Unspezifität übereinstimmen, sich folglich Sensitivität und Spezifität zu 1 summieren.

Soll ein bestimmtes Merkmal zur diagnostischen Entscheidung zwischen „krank" und „gesund" dienen, ist ein Diskriminationspunkt d_0 im Merkmalsbereich festzulegen. Üblicherweise wird d_0 so gewählt, dass die Summe aus Sensitivität und Spezifität des derart festgelegten Tests maximal wird. Für die an Kranken und Gesunden gewonnenen Messdaten des Merkmals kann die ROC-Kurve berechnet werden.

- **Der Diskriminanzpunkt d_0 des Tests, für den die Summe aus Sensitivität und Spezifität maximal wird, ist durch den am weitesten von $f(x) = x$ entfernten Punkt der ROC-Kurve definiert.**

Es ist also der Wert d_0 zu bestimmen, der ebendiese Sensitivität und Unspezifität ergibt. Dies ist in den Abb. 3.11 und Abb. 3.12 veranschaulicht.

Die ROC-Kurve kann dazu dienen, zwei oder mehrere diagnostische Tests zu vergleichen. Drei Möglichkeiten werden vorgestellt.

- **Ein diagnostischer Test A ist einem Test B überlegen, wenn $f_A(x) > f_B(x)$ für alle x aus [0; 1].**

Für fixiertes x gilt damit, dass die Sensitivität des Tests A diejenige des Tests B übertrifft, d.h. $f_A(x) > f_B(x)$. Ebenso gilt, dass bei fixierter Sensitivität die Spezifität von A höher als die von B ist. Dieser Vergleich ist nur möglich, wenn sich die ROC-Kurven der Tests nicht überschneiden. Andernfalls kann man Tests wie folgt vergleichen:

- **Ein diagnostischer Test A ist einem Test B überlegen, wenn es einen Punkt der ROC-Kurve von A gibt, der weiter von der Geraden $f(x) = x$ entfernt ist als jeder ROC-Kurvenpunkt bzgl. B.**

- **Ein diagnostischer Test A ist einem Test B überlegen, wenn die Fläche unter der ROC-Kurve von Test A größer ist als diejenige bzgl. Test B.**

Fortsetzung von Beispiel 3.21

Abb. 3.10 zeigt die ROC-Kurven, die aus den erhobenen Daten der durchgeführten sechs Dünndarmfunktionstests errechnet wurden. Bei drei Kurven wurde die Gerade $f(x) = x$ eingezeichnet. Den Diskriminanzpunkt d_0 eines Tests, für den die Summe aus Sensitivität und Spezifität maximal wird, erhält man durch die berührende Parallele zu $f(x) = x$ an die ROC-Kurve. Die Abb. 3.11 zeigt im oberen Teil neben der Sensitivitäts- und Spezifitätskurve auch die Summenkurve beider, deren Maximum 1.519 sich bei einer Sensitivität von 0.581 und einer Spezifität von 0.938 einstellt. In Abb. 3.12 ist die ROC-Kurve dargestellt. Die Parallele zur Geraden $f(x)= x$ berührt die Kurve im Punkte (0.062, 0.581). Die erste Koordinate entspricht der Spezifität von 0.938. Der Diskriminationspunkt d_0 ist auf zweierlei Weise gewonnen worden.

169 Yb-Test

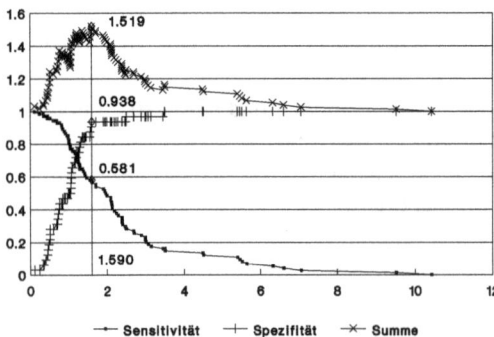

Abb. 3.11 Sensitivitätskurve (monoton fallend), Spezifitätskurve (monoton wachsend) und Summe beider für einen Dünndarmfunktionstest

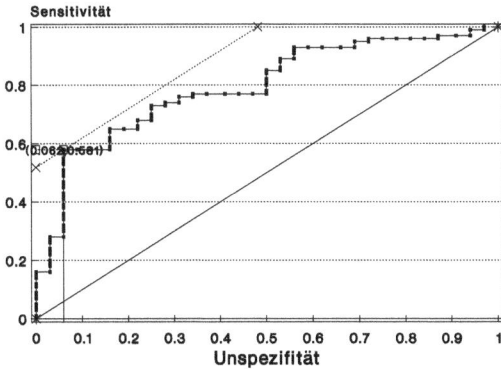

Abb. 3.12 Bestimmung des Diskriminationspunktes durch Anlegen einer Tangente an die ROC-Kurve

◀

Prädiktive Werte

Für eine Population sei in Bezug auf eine Erkrankung X die Prävalenz als Wahrscheinlichkeit $P(K)$ bekannt, für einen diagnostischen Test seien Sensitivität und Spezifität angegeben. Wie groß ist die bedingte Wahrscheinlichkeit $P(K \mid T)$ dafür, dass eine Person bei Vorliegen eines positiven Testergebnisses krank ist?

Die Antwort gewinnt man mittels der BAYES'schen Formel

$$P(K \mid T) = \frac{P(T \mid K) P(K)}{P(T \mid K) P(K) + P(T \mid NK) P(NK)}.$$

Für die Prävalenz $P(K) = 0.1$, Sensitivität $P(T \mid K) = 0.95$ und Spezifität $P(NT \mid NK) = 0.98$ ergibt sich

$$P(K \mid T) = \frac{0.95 \cdot 0.1}{0.95 \cdot 0.1 + 0.02 \cdot 0.9} = 0.84.$$

Die Wahrscheinlichkeit, bei vorliegendem positivem Testergebnis tatsächlich an der Krankheit X erkrankt zu sein, ist 0.84. Dieses Ergebnis ist nicht ohne weiteres aus der Anschauung abzuleiten. Eher hätte man bei den genannten guten Eigenschaften des diagnostischen Verfahrens mit einer höheren Sicherheit der Aussage gerechnet. Aus obigen Angaben hat man

$$P(NK) = 0.9, \ P(NT \mid K) = 1 - P(T \mid K) = 0.05 \text{ und } P(T \mid NK) = 0.02.$$

Daraus lässt sich die Wahrscheinlichkeit

$$P(NK \mid NT) = \frac{P(NT \mid NK) P(NK)}{P(NT \mid NK) P(NK) + P(NT \mid K) P(K)}$$

gesund zu sein, wenn der Test negativ ausfällt, berechnen als

$$P(NK \mid NT) = \frac{0.98 \cdot 0.9}{0.98 \cdot 0.9 + 0.05 \cdot 0.1} = 0.99 \ .$$

Es heißen $P(K \mid T)$ der **positive prädiktive Wert** und $P(NK \mid NT)$ der **negative prädiktive Wert** des diagnostischen Verfahrens.
Bei konstant gehaltenen Güteeigenschaften des diagnostischen Verfahrens sind $P(K \mid T)$ und $P(NK \mid NT)$ von der Prävalenz der betrachteten Erkrankung abhängig!

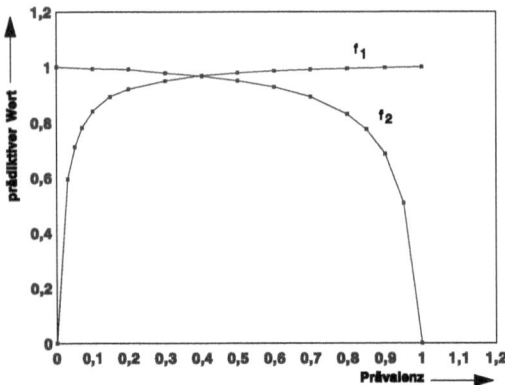

Abb. 3.13 Positive (f_1) und negative (f_2) prädiktive Werte als Funktion der Prävalenz für eine Sensivität von 0.95 und eine Spezifität von 0.98.

Interne und externe Validität

Interne Validität meint die Richtigkeit der Aussagen in Bezug auf die angewandte Untersuchungsmethode. Externe Validität bedeutet die Generalisierbarkeit der Aussagen.
Das erfordert externe Qualitätskontrollen der Methoden und ist bei der Planung einer epidemiologischen Studie besonders zu berücksichtigen.

Bias

Bias ist die englische Bezeichnung für einen systematischen Fehler. Der Begriff entstammt der Wahrscheinlichkeitsrechnung und ist in diesem Umfeld zu erklären und zu verstehen.
Systematische Fehler können in der Epidemiologie aus vielerlei Gründen erwachsen. Man benennt bis zu 30 verschiedene Typen systematischer Fehler. Sinnvoll erscheint es, sich auf drei Hauptursachen zu beziehen:
- systematische Fehler bei der Stichprobenerhebung,
- systematische Fehler bei den Messungen,
- systematische Fehler in den Auswerteverfahren.

Dass auch die Auswertemethoden zu überprüfen sind, mag nicht als selbstverständlich erscheinen. Hier ist zu unterscheiden zwischen der numerischen Korrektheit von Rechnungen und den Eigenschaften des Berechnungsverfahrens. In Abschnitt 4.4 wird das für die Schätzverfahren von Allelwahrscheinlichkeiten genauer dargelegt.
Da die quantitative Erfassung des Bias problematisch ist, liegt das Schwergewicht der Bemühungen in der Ursachenvermeidung durch sorgfältige Planung der Untersuchungen.

3.3.4   Maßzahlen für Beziehungen zwischen Krankheiten und ihren Ursachen

Die Erforschung und Kennzeichnung von Krankheitsursachen erfordert quantitative Methoden. Epidemiologie stützt sich wesentlich auf Beobachtungen und ihre Bewertungen. Häufig finden Regressionsmodelle Anwendung. Es gibt eine Vielzahl von biometrischen Ansätzen. Beispielsweise beruhen die klassischen Beschreibungen von Epidemien auf Differentialgleichungen.

Die folgenden Darlegungen nehmen Bezug auf das in Abschnitt 3.2 dargestellte epidemiologische Grundmodell!

In der üblichen Schlussweise der Epidemiologen werden Einfluss, Exposition, Krankheitsursachen in ihrer Auswirkung auf den Gesundheitszustand durch den Vergleich epidemiologischer Kenngrößen von Gruppen bewertet. Hierfür sind Risiken und Raten gebräuchlich, die nachfolgend definiert werden.

Der Begriff Risiko hat eine selbständige Bedeutung erhalten, die sich vom sonstigen Sprachgebrauch dieses Wortes abhebt. Es kommt darauf an, Risiken als Maßzahlen zur Charakterisierung von Krankheitsursachen in ihrem statistischen Kontext zu interpretieren.

Störungen und Einflüsse werden in ihren Beziehungen zur Wirkung auf das Individuum bezogen modelliert. So können Störungen, Confounder oder Zeitabhängigkeit berücksichtigt werden. Sollen auf diese Weise Beobachtungen bewertet werden, hat man sie als mittlere individuelle Eigenschaften zu interpretieren. Hierzu gehören beispielsweise die Verfahren der Lebensdaueranalyse und diejenigen der Dosis-Wirkungs-Analyse.

Modell für Krankheit und ihre Ursachen
- gruppenbezogen definiert
- individuumbezogen definiert

Maßzahlen für Krankheitsursachen
- Risiken und Raten
- Expositionsmaße
- Kausalindizes
- Infektionsraten
- Effektmaße oder Hazard - Raten

Risiken und Raten im einfachsten epidemiologischen Grundmodell

Ein Anliegen der Epidemiologie ist es, die Bedeutung von Einflussfaktoren und auch von Störfaktoren auf die Ausbildung von Wirkungen zu quantifizieren. Dazu dient die Angabe von Risikomaßen und Raten.

Beispiel 3.23

Vermutet wird ein Einfluss des Rauchens auf die Durchblutung der Unterschenkel. Eine Studie soll darüber weitere Aufschlüsse liefern. Patienten mit Minderdurchblutung der Unterschenkel werden in Raucher und Nichtraucher klassifiziert. Gegenübergestellt seien die diesbezüglichen Angaben für eine Vergleichsgruppe, die hinsichtlich Alter, Geschlecht, frühere Venenerkrankungen und weiterer denkbarer Einflussfaktoren auf den Durchblutungsstatus der Patientengruppe ähnlich ist. In der Vergleichsgruppe sollen jedoch keine Durchblutungsstörungen auftreten.

Ergibt die Auswertung in der Vergleichsgruppe einen niedrigeren Anteil an Rauchern, so wird dieser Gewohnheit ein Einfluss auf die Erkrankung zugeschrieben. Rauchen bezeichnet man als ein Risiko oder Risikofaktor, seine rechnerische Bewertung ist Ziel der Untersuchung.

◄

Im vorangehenden Beispiel ist die Gesundheitsgefährdung durch Rauchen treffend als Risiko bezeichnet. Andere Situationen, z.B. das latente Vorhandensein von gesundheitlichen Gefahren unabhängig vom Handeln der Menschen, sind mit diesem Wort nicht in der üblichen Weise beschrieben.

Nichtsdestoweniger hat der Risikobegriff in der Epidemiologie eine breite Verwendung gefunden. Es ist jedoch erforderlich zu erklären, was Risiko im jeweiligen Falle meint.

Empfehlenswert ist es, die Sachverhalte im Sprachgebrauch der Statistik, auf den man sich ohnehin beziehen muss, zu formulieren. Es sollen nachfolgend Risikobegriffe der Epidemiologie in ihrer statistischen Bedeutung formuliert und erläutert werden.

Zunächst werden die einfachen Situationen kategorial skalierten Einflusses und kategorial skalierter Wirkung besprochen, Störfaktoren bleiben außer acht.

Für die erfolgreiche Bekämpfung oder Prävention von Erkrankungen müssen schlüssige Ursachen-Wirkungs-Beziehungen aufgezeigt werden. Der direkte kausale Schluss von der Ursache oder Exposition auf die Wirkung oder Krankheit ist im allgemeinen nicht möglich, weil sicher erst durch das Zusammenwirken mehrerer Ursachen (Multikausalität) Wirkungen beobachtbar sind. Stets untersucht man aber gemeinsam Exposition und Erkrankung. Dabei seien <u>eine</u> Art der Exposition und <u>eine</u> Krankheit im Blickfeld! Das Ergebnis einer Stichprobe vom Umfang N ordnet sich in einer Vierfeldertafel (Tab. 3.15).

Tab. 3.15 Erkrankte und Exponierte in einer Stichprobe vom Umfang N

Exposition	Krankheit (disease) oder Diagnose		Zeilensumme
	vorhanden D^+	nicht vorhanden D^-	
vorhanden E^+	n_{11}	n_{12}	$n_{1\bullet}$
nicht vorhanden E^-	n_{21}	n_{22}	$n_{2\bullet}$
Spaltensumme	$n_{\bullet 1}$	$n_{\bullet 2}$	N

Dabei bedeutet n_{ij} die Anzahl der Individuen, die sowohl der i-ten Zeile als auch der j-ten Spalte zuzuordnen sind. Folglich ist n_{11} die Anzahl Personen, bei denen gleichzeitig Exposition (1. Zeile) und ebenso die Krankheit (1. Spalte) vorliegen. In der Epidemiologie sind nachfolgend genannte Begriffe üblich. Den Sinn der Definitionen kann man sich leicht an der Vierfeldertafel in Tab. 3.15 verdeutlichen.

Wahrscheinlichkeitstheoretische Beschreibung

Für die untersuchte Population (Risikopopulation) werden die dichotomen Merkmale Exposition mit den Merkmalswerten „exponiert" bzw. „nicht exponiert" und Krankheit mit den Merkmalswerten „krank" bzw. „nicht krank" als zufällige Ereignisse betrachtet.

Damit übliche Wahrscheinlichkeitsverteilungen angewandt werden können, stellt man sich die Risikopopulation als unendlich groß vor. Informationen über die Risikopopulation erhält man aus Stichproben.

Als Wahrscheinlichkeitsverteilungen der betrachteten dichotomen Merkmale sollen Binomialverteilungen dienen!

Die den Merkmalswerten zugehörigen Wahrscheinlichkeiten sollen mit $P(E^+)$, $P(E^-)$, $P(D^+)$ und $P(D^-)$ bezeichnet werden. Die bedingte Wahrscheinlichkeit $P\left(D^+ \mid E^+\right)$ bezeichnet die Wahrscheinlichkeit für „krank" in Bezug auf die Exponierten. Entsprechend ist die bedingte Wahrscheinlichkeit $P\left(D^- \mid E^+\right)$ die Wahrscheinlichkeit für „nicht krank" in Bezug auf die Exponierten. Damit gewinnt man ein wahrscheinlichkeitstheoretisches Verständnis des in der Epidemiologie üblichen Risikobegriffes.

- **Das Risiko der Exponierten** $P\left(D^+ \mid E^+\right)$ **ist die bedingte Wahrscheinlichkeit für „krank" unter Exposition.** Eine Schätzung dafür ist das **Risiko der Exponierten** $R\left(E^+\right) = n_{11} / n_{1\bullet}$, der der Anteil der Exponierten mit Erkrankung unter allen Exponierten.

- **Das Risiko der Nichtexponierten** $P\left(D^+ \mid E^-\right)$ **ist die bedingte Wahrscheinlichkeit für „krank" bei Fehlen der Exposition.** Eine Schätzung dafür ist das **Risiko der Nichtexponierten** $R\left(E^-\right) = n_{21} / n_{2\bullet}$, der Anteil der Nichtexponierten mit Erkrankung unter allen Nichtexponierten.

- **Die Rate der Exponierten unter den Erkrankten** $P\left(E^+ \mid D^+\right)$ **ist die bedingte Wahrscheinlichkeit für „exponiert" bei Kranken.** Eine Schätzung dafür ist die **Rate der Exponierten unter den Erkrankten** $R\left(D^+\right) = n_{11} / n_{\bullet 1}$, der Anteil der Kranken mit Exposition unter allen Erkrankten.

- **Die Rate der Exponierten unter den Nichterkrankten** $P\left(E^+ \mid D^-\right)$ **ist die bedingte Wahrscheinlichkeit für „exponiert" bei Nichtkranken.** Eine Schätzung dafür ist die **Rate der Exponierten unter den Nichterkrankten** $R\left(D^-\right) = n_{12} / n_{\bullet 2}$, der Anteil der Nichterkrankten mit Exposition unter allen Nichterkrankten.

Hinweise:
Man beachte den Unterschied der Begriffe Wahrscheinlichkeit und bedingte Wahrscheinlichkeit! Risiken und Raten sind bedingte Wahrscheinlichkeiten und nicht mit ihren üblicherweise genauso bezeichneten Schätzungen zu verwechseln!

Risikomaße für prospektive Untersuchungen
Man will von der Exposition auf die Erkrankung schließen. Die Wirkung eines die interessierende Krankheit beeinflussenden Faktors, z.B. einer berufsbedingten Exposition, wird typischerweise in prospektiven Untersuchungen studiert. Zum Vergleich dient eine Population,

die hinsichtlich möglichst vieler anderer Faktoren, die unter Umständen auch einen Einfluss auf diese Krankheit haben, mit der Risikopopulation übereinstimmt und der Exposition nicht unterworfen ist. Ausgehend vom Wissen über die Exposition wird das Merkmal Krankheit beobachtet.

Exposition ist Auswahlmerkmal, Krankheit ist Beobachtungsmerkmal, die Studie ist demnach prospektiv orientiert. Es gilt, das Risiko der Exponierten $P(D^+ \mid E^+)$ mit dem Risiko der Nichtexponierten $P(D^+ \mid E^-)$ in Beziehung zu setzen.

Die **Risikodifferenz** ist die Differenz $RD = P(D^+ \mid E^+) - P(D^+ \mid E^-)$ der Risiken der Exponierten und der Nichtexponierten, geschätzt als $\widehat{RD} = R(E^+) - R(E^-) = \dfrac{n_{11}}{n_{1\bullet}} - \dfrac{n_{21}}{n_{2\bullet}}$.

Die Modellannahme geht davon aus, dass ein Grundrisiko in der Gesamtpopulation vorliegt, das durch $P(D^+ \mid E^-)$ geschätzt wird. Hinzu kommt ein additiver Effekt durch die Exposition. Wahrscheinlichkeitstheoretisch betrachtet ist die Risikodifferenz die Differenz zweier bedingter Wahrscheinlichkeiten. Ein Wahrscheinlichkeitsraum mit RD als Wahrscheinlichkeit kann nicht angegeben werden. Damit fehlt das erklärende Modell. Obwohl ein additiver Effekt RD durch Exposition plausibel erscheint, kann RD wahrscheinlichkeitstheoretisch nicht anschaulich interpretiert werden!

Das **relative Risiko** ist der Quotient $RR = P(D^+ \mid E^+) \big/ P(D^+ \mid E^-)$ der Risiken der Exponierten und der Nichtexponierten, geschätzt als $\widehat{RR} = R(E^+) / R(E^-) = \dfrac{n_{11} \cdot n_{2\bullet}}{n_{1\bullet} \cdot n_{21}}$.

Die Modellannahme geht davon aus, dass ein Grundrisiko in der Gesamtpopulation vorliegt, das durch $P(D^+ \mid E^-)$ geschätzt wird. Hinzu kommt ein multiplikativer Effekt durch die Exposition. Wahrscheinlichkeitstheoretisch betrachtet ist die Risikodifferenz der Quotient zweier bedingter Wahrscheinlichkeiten. Ein Wahrscheinlichkeitsraum mit RR als Wahrscheinlichkeit kann nicht angegeben werden. Damit fehlt das erklärende Modell. Obwohl ein multiplikativer Effekt RR durch Exposition plausibel erscheint, kann RR wahrscheinlichkeitstheoretisch nicht anschaulich interpretiert werden!

Ein Risikomaß für retrospektive Untersuchungen
Man will von der Erkrankung auf die Exposition schließen. In einer retrospektiven Studie wird das Auftreten vermuteter Expositionen in einer Gruppe von Kranken und einer Vergleichsgruppe, die nicht an dieser Krankheit leidet, beobachtet. Steht die Exposition mit der Krankheit in Beziehung, wird man häufiger Exponierte in der Gruppe der Erkrankten finden, als das in der Vergleichsgruppe der Fall ist.

Krankheit ist das Auswahlmerkmal und Exposition ist das Beobachtungsmerkmal. Die Raten der Exponierten unter den Erkrankten bzw. unter den Nichterkrankten werden in Beziehung gesetzt. *RR* und *RD* können in dieser Situation nicht berechnet werden, denn die Gesamtzahl der Exponierten $n_{1\bullet}$ bleibt unbekannt.

Die **Ratendifferenz** $RAD = P\left(E^+ \mid D^+\right) - P\left(E^+ \mid D^-\right)$ ist schätzbar als

$$\widehat{RAD} = R\left(D^+\right) - R\left(D^-\right) = \frac{n_{11}}{n_{\bullet 1}} - \frac{n_{12}}{n_{\bullet 2}}.$$

Sie lässt sich als Analogon zur Risikodifferenz bilden, wird aber in der Epidemiologie kaum benutzt.

Die **relative Expositionsrate** $RER = P\left(E^+ \mid D^+\right) \Big/ P\left(E^+ \mid D^-\right)$ ist ein indirektes Maß für das Risiko der Erkrankung unter der Exposition, geschätzt durch

$$\widehat{RER} = R\left(D^+\right) / R\left(D^-\right) = \frac{n_{11} / n_{12}}{n_{\bullet 1} / n_{\bullet 2}}.$$

Die Exposition hat Einfluss, wenn sie bei Kranken und bei Nichtkranken unterschiedlich oft sichtbar wird. Da der Nenner in der Schätzformel mit den Stichprobenumfängen eine vorgegebene Zahl ist, erkennt man nachfolgende Interpretationen:

RER = 1 Die Raten der Exponierten sind bei Kranken und Nichtkranken gleich.

RER > 1 Die Exposition begünstigt die Krankheit.

RER < 1 Die Exposition begünstigt die Krankheit nicht.

Wahrscheinlichkeitstheoretisch betrachtet ist die relative Expositionsrate der Quotient zweier bedingter Wahrscheinlichkeiten. Ein Wahrscheinlichkeitsraum mit *RER* als Wahrscheinlichkeit kann nicht angegeben werden. Damit fehlt das erklärende Modell. Obwohl ein multiplikativer Effekt *RER* durch Exposition plausibel erscheint, kann *RER* wahrscheinlichkeitstheoretisch nicht anschaulich interpretiert werden!

Mit $p_1 = P\left(D^+ \mid E^+\right)$ ist $CH\left(D^+ \mid E^+\right) = p_1 / \left(1 - p_1\right)$ die Chance für „krank" unter der Bedingung „Exposition". Analog bezeichne $CH\left(D^+ \mid E^-\right) = p_0 / \left(1 - p_0\right)$ die Chance für „krank" unter der Bedingung „keine Exposition".

Die **Odds ratio** $OR_D = \dfrac{p_1 / \left(1 - p_1\right)}{p_0 / \left(1 - p_0\right)}$ ist das Chancenverhältnis für Erkrankung unter Bezug auf das Vorliegen bzw. Nichtvorliegen von Exposition. Sie wird üblicherweise geschätzt durch $\widehat{OR} = \dfrac{n_{11} / n_{12}}{n_{21} / n_{22}}.$

Diese Schätzung ist keine Maximum-Likelihood-Schätzung! Die Odds ratio ist als Verteilungsparameter auf einer Vierfeldertafel im Abschnitt 2.3 behandelt worden.

Für große Stichprobenumfänge mit entsprechend hohen Anzahlen von Exponierten n_1. bzw. Nichtexponierten n_2. und seltenen Krankheiten gilt wegen $n_{11} \ll n_{12}$ und $n_{21} \ll n_{22}$ auch $n_{12} \approx n_1$. und $n_{22} \approx n_2$., sodass die Schätzer für die Odds ratio und das relative Risiko nahezu übereinstimmen.

> Die Odds ratio OR ist sowohl zur Bewertung prospektiver als auch retrospektiver Untersuchungen geeignet.

Dies wird bewiesen: Es bezeichne $e_1 = P\left(E^+ \mid D^+\right)$. Dann ist $CH\left(E^+ \mid D^+\right) = e_1/(1-e_1)$ die Chance für „Exposition" unter der Bedingung „krank". Analog bezeichne $CH\left(E^+ \mid D^-\right) = e_0/(1-e_0)$ die Chance für „krank" unter der Bedingung „keine Exposition".

Die Odds ratio $OR_E = \dfrac{e_1/(1-e_1)}{e_0/(1-e_0)}$ ist das Chancenverhältnis für Exposition unter Bezug auf

das Vorliegen bzw. Nichtvorliegen von Erkrankung. Unter Benutzung der Formel BAYES ergibt sich $OR_D = OR_E$. Zunächst hat man

$$e_1 = P\left(E^+ \mid D^+\right) = \frac{P\left(D^+ \mid E^+\right) P\left(E^+\right)}{P\left(D^+ \mid E^+\right) P\left(E^+\right) + P\left(D^+ \mid E^-\right) P\left(E^-\right)} \quad \text{und somit}$$

$$e_1 = \frac{p_1 P\left(E^+\right)}{p_1 P\left(E^+\right) + p_0 \left(1 - P(E^+)\right)} \quad \text{sowie}$$

$$e_0 = P\left(E^+ \mid D^-\right) = \frac{P\left(D^- \mid E^+\right) P\left(E^+\right)}{P\left(D^- \mid E^+\right) P\left(E^+\right) + P\left(D^- \mid E^-\right) P\left(E^-\right)} \quad \text{und somit}$$

$$e_0 = \frac{\left(1 - p_1\right) P\left(E^+\right)}{\left(1 - p_1\right) P\left(E^+\right) + \left(1 - p_0\right) P\left(E^+\right)} \quad .$$

Dies wird in die Formel für OR_E eingesetzt und ergibt

$$OR_E = \frac{p_1 P\left(E^+\right)}{p_0 \left(1 - P\left(E^+\right)\right)} \cdot \frac{\left(1 - p_0\right) P\left(E^+\right)}{\left(1 - p_1\right) P\left(E^+\right)} = OR_D \quad .$$

◄

Damit eignet sich der OR auch für retrospektive Studien, bei denen relatives Risiko und Risikodifferenz keinen Sinn ergeben, weil das Verhältnis von Erkrankten zu Nichterkrankten durch den Untersucher festgelegt wurde.

Standardisierte Ratenverhältnisse

Standardisierte Ratenverhältnisse spielen in der epidemiologischen Forschung eine Rolle, wenn man Mischpopulationen untersucht.
Es werden N Teilpopulationen sowohl einer Risikopopulation als auch einer Vergleichspopulation beobachtet.

Ein standardisiertes Ratenverhältnis SRR,

$$SRR = \sum_{i=1}^{N} w_i R_{1i} \Big/ \sum_{i=1}^{N} w_i R_{2i},$$

kann man auffassen als gewichtetes Mittel von Raten R_{1i} ($i = 1, 2, ..., N$) der Risikopopulation, gemessen am gewichteten Mittel der Raten R_{2i} ($i = 1, 2, ..., N$) der Vergleichspopulation.

Hinsichtlich der Gewichte w_i ($i = 1, 2, ..., N$), deren Summe 1 sein muss, bestehen je nach Anwendungsfall verschiedene Möglichkeiten. Sind die Teilpopulationen z.B. Altersgruppen, so kann man als Gewichte die relativen Häufigkeiten der Altersgruppen wählen.

Expositionsmaße
Im einfachsten Fall hat die Exposition die Ausprägungen „ja" oder „nein". Im Grunde sind aber wenigstens drei Aspekte der Exposition zu beachten: Art, Dauer und Intensität.

Exposition
- Art
- Dauer
- Intensität

Expositionsbewertung bedeutet demnach
- Klassifizierung der Expositionsfaktoren,
- Feststellung der Expositionsdauer,
- Messung der Expositionsintensität.
Eine quantitative Erfassung der Exposition erfordert eine angemessene Skalierung der Expositionsintensität. Jedes Messverfahren für Gefahrstoffe liefert metrisch skalierte Angaben über die Intensität der Exposition. Solche Angaben sind beispielsweise Mengenangaben oder Konzentrationswerte.

Beispiel 3.24
In der Arbeitsmedizin gibt es für Gefahrstoffe zulässige maximale Arbeitsplatzkonzentrationen (MAK - Werte). Diesbezüglich kann Exposition beispielsweise wie folgt ordinalskaliert angegeben werden:
0 keine Exposition
1 schwache Exposition   (unter MAK/4)
2 mäßige Exposition   (zwischen MAK/4 und MAK)
3 starke Exposition   (über MAK)
4 sehr starke Exposition (Mehrfaches von MAK überschritten)
5 Exposition vorhanden, Intensität nicht einschätzbar.
Man sieht bei dieser Bewertung eine Exposition unbekannter Intensität als besonders bedenklich an!

◄

Muss der Zeitaspekt bei der Bewertung von Exposition beachtet werden, ergeben sich vielfältige Möglichkeiten und damit Probleme bei der Definition eines Maßes für Exposition.

Die Exposition ist dann eine Funktion der Zeit. Kennt man im Anwendungsfalle diese Funktion, ist maximale Information über die Exposition verfügbar.

Infektionsraten
Während die Infektologie den individuellen Ablauf von Infektionskrankheiten zum Gegenstand hat, sind die Gesetzmäßigkeiten des Ablaufes einer ansteckenden Krankheit in einer Population ein Arbeitsfeld der Epidemiologie. Zur Beschreibung von Epidemien werden mathematische Modelle benutzt, in denen Infektionsraten als Parameter für die Ansteckungsintensität eingearbeitet sind. Darauf wird im Abschnitt 5 näher eingegangen. Bedeutung haben Infektionsraten im Rahmen von Epidemie-Modellen beispielsweise bei der Konzeption und Bewertung von Impfstrategien und Hygienemaßnahmen.

Effektmaße
In Abschnitt 3.2. wurde das epidemiologische Grundmodell eingeführt. Die nachfolgenden Ausführungen nehmen Bezug auf die Abb.3.2.

__Definition__:
> Die Änderung der Wirkungsvariablen bei variierendem Einfluss und sich ändernder Störung werden als **Effekt** bezeichnet.

Den epidemiologischen Effekt zu messen bedeutet in der Regel, ein statistisches Modell entsprechend der konkreten Situation zu schaffen und davon geeignete Effektmaße abzuleiten.
Der **rohe Effekt** berücksichtigt lediglich den Einfluss von Exposition. Werden Störungen, Kovariable oder Confounder berücksichtigt, können **spezifische Effekte** definiert werden. Beispielsweise kann man sich auf Altersgruppen beziehen.
Mittelung über spezifische Effekte führt auf **standardisierte Effekte**. Verschiedene Möglichkeiten bietet hier allein schon die gewichtete Mittelung.
Der **adjustierte Effekt** drückt den rohen Effekt in Bezug auf eine Störvariable aus. Dies geschieht stets auf dem Hintergrund eines statistischen Modells.

Epidemiologischer Effekt
- roher Effekt
- spezifischer Effekt
- adjustierter Effekt
- standardisierter Effekt

Hazard
In der Epidemiologie ist hazard die englische Bezeichnung für Gesundheitsgefährdung. In diesem Sinne bedeutet Einschätzung des Hazard (hazard assessment) die Bewertung der gesundheitlichen Konsequenzen gewisser Gefährdungen. Hazard ist des Weiteren in der Lebensdaueranalyse ein Synonym für altersspezifische Ausfallrate.

Effekte werden durch Größen gemessen, die in der Epidemiologie wieder als Risiken bezeichnet werden.

Betreffend die Risikobegriffe haben wurde der aus statistischer Sicht einfachste Fall besprochen: Sowohl Einflussfaktoren (Exposition) als auch Wirkungsfaktoren (Krankheit) waren als dichotomes Merkmal angesehen worden. Werden nun stetige Merkmale in die Betrachtungen einbezogen, bedürfen die Risikobegriffe weiterer Spezifizierungen. Zunächst soll der Zeitbezug des Wirkfaktors berücksichtigt werden, „Erkrankung" oder „Tod" treten zu einem bestimmten Zeitpunkt ein. Für den hier betrachteten Fall, dass der Wirkfaktor zeitbezogen ist, werden dem epidemiologischen Grundmodell

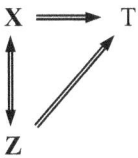

$$\mathbf{X} \Longrightarrow \mathbf{T}$$
$$\Big\updownarrow \nearrow$$
$$\mathbf{Z}$$

statistische Modelle der Lebensdaueranalyse zugeordnet. Die Zufallsgröße T wird als Lebensdauer aufgefasst, Einflussfaktor X und Kovariable Z verändern die Hazardrate $\lambda_0(t)$. Zwei Ansätze haben Bedeutung:

1. additives Modell

$$\lambda(t; X, Z) = \lambda_0(t) + \lambda_1 X + \lambda_2 Z + \lambda_3 XZ,$$

2. Cox'sches proportionales Hazard-Modell

$$\lambda(t; X, Z) = \lambda_0(t) e^{\alpha 1 X + \alpha_2 Z + \alpha_3 XZ}.$$

Beachte: Man nimmt an, dass X und Z nicht zeitabhängig sind!

Definition:
Das **Risiko** $R(t)$ für Tod bzw. Erkrankung eines Menschen im Zeitintervall $[0, t]$ wird als die Wahrscheinlichkeit dieses Ereignisses erklärt;

$$R(t) = F_T(t) = 1 - \exp\left(-\int_0^t \lambda(\tau) d\tau\right).$$

Dieses Risiko ist eine Zeitfunktion. Man bestimmt entweder die Verteilungsfunktion $F_T(t)$ oder die Hazardrate $\lambda(t)$. Für diese Risikodefinition wurde das einfachste epidemiologische Grundmodell

$$\mathbf{E} \Longrightarrow \mathbf{T}$$

zugrundegelegt. Man betrachtet eine bestimmte Krankheit K, also $\lambda(\tau) = \lambda_K(\tau)$ bzw. $F_T(t) = F_{T,K}(t)$, $R(t) = R(t, K)$, man beobachtet an einer bestimmten Population (Risikopopulation). Das diskrete Merkmal E besitzt zwei Merkmalsausprägungen: „krank" und „nicht krank".

Beispiel 3.25
Nach Zahnextraktion werden zwei Methoden A und B der Wundversorgung angewandt, beobachtet wird die Zeitdauer T der Wundheilung. Anhand zweier Stichproben sind A und B einzuschätzen und zu vergleichen. Man bestimmt $R(t, A)$ und $R(t, B)$.
◄

Beispiel 3.26
Eine Gruppe exponierter Arbeiter wird hinsichtlich des Auftretens einer bestimmten Krankheit K beobachtet. Hieraus ist $R(t, K)$ zu schätzen.
◄

In beiden vorangegangenen Beispielen hat „Risiko" jeweils einen anderen Sinn! Man berücksichtigt nun einen stetigen Einflussfaktor X. Betrachtet wird das Modell

$X \Longrightarrow T.$

Für diese Situation definiert man das so genannte

Exzess-Risiko

$ER = ER(t,x) = P(T \le t \mid X = x) - P(T \le t \mid X = 0) = F_{T,X}(t \mid X = x) - F_{T,X}(t \mid X = 0).$

Es ist eine Differenz zweier bedingter Wahrscheinlichkeiten mit folgender inhaltlicher Deutung:
- Sofern der Einflussfaktor X die Erkrankungswahrscheinlichkeit nicht senkt, gilt $0 \le ER(t,x) \le 1$.
- Falls kein (stochastischer!) Zusammenhang zwischen dem Auftreten der Krankheit und der Exposition besteht, gilt $ER = 0$, da $F_{T,X}(t \mid X = x) = F_{T,X}(t \mid X = 0) = F_T(t)$.

Das **summarische Exzess - Risiko** oder **Lebens-Exzess-Risiko** bezieht sich auf eine fiktive menschliche Lebenszeit von 70 Jahren (z.B. in der WHO-Definition des Lebens-Exzess-Risikos) oder auf die tatsächliche Lebensdauer des Individuums. Es ist folglich nicht mehr von der Zeit t abhängig.

Das Lebens - Exzess - Risiko ist definiert als

$$ER(x) = \int_0^\infty F_{T,X}(t \mid X = x)\,dt - \int_0^\infty F_{T,X}(t \mid X = 0)\,dt$$

Von der Epidemiologie wird, mit Blick auf die Konsequenzen einer Exposition, eine absolute Risikoangabe gewünscht. Beispielsweise gibt man für Luftschadstoffe das Exzess-Risiko an, welches bei konstanter lebenslanger Exposition unter einer Konzentration von 1 µg/m^3 entsteht. Es heißt

Unit Risk UR,
$$UR = ER(x=1) = \int_0^\infty F_{T,X}(t \mid X=1)\,dt - \int_0^\infty F_{T,X}(t \mid X=0)\,dt.$$

UR ermöglicht Einschätzung und Rangfolge der Toxizität von Substanzen.

Beachte: Für die Risiken $R(t)$, $ER(t,x)$ und UR wurde ein additives Modell der Expositionswirkung vorausgesetzt!
Ein multiplikatives Modell der Expositionswirkung führt in der hier betrachteten Situation

$$X \Longrightarrow T$$

auf das relative Risiko
$$RR(x) = \frac{P(D = \text{"krank"} \mid X = x)}{P(D = \text{"krank"} \mid X = 0)}.$$

Dies ist eine Verallgemeinerung der durch die Vierfeldertafel (Tab. 3.15) beschriebenen einfachsten Situation

$$E \Longrightarrow T$$

und dem entsprechenden relativen Risiko RR. $RR(x)$ stellt eine Dosis-Wirkungs-Beziehung dar. In der Toxikologie ist dieser Problemkreis eine zentrale Fragestellung, die mathematischen Methoden zur Bestimmung von Dosis-Wirkungs-Kurven aus experimentellen Ergebnissen sind unter dem Begriff **Bioassay** zusammengefasst. Es macht sich erforderlich, den Dosisbegriff hier näher zu erläutern. Formal ist die Dosis A die Fläche über dem relevanten Zeitintervall $[t_1; t_2]$ unter der Zeitfunktion $E(t)$ der Exposition,

$$A = \int_{t_1}^{t_2} E(t)\,dt.$$

Variiert die obere Integralgrenze t_2, wird die Dosis A eine Funktion der Zeit, $A = A(t_2)$.

Damit sind folgende Begriffe erklärbar:

1. Die durchschnittliche Exposition ist der nach dem Mittelwertsatz der Diferential- und Integralrechnung existierende Expositionswert $E(t^*)$ zum Zeitpunkt t^* mit der Eigenschaft $A(t_2) = E(t^*) \cdot (t_2 - t_1)$.

2. Die kumulative Exposition ist offensichtlich $A(t_2)$.

Eine Dosis-Wirkungs-Beziehung ist gegeben durch den Ansatz
$$RR(D^+) = \frac{P(D^+ \mid E^+ = A(t_2))}{P(D^+ \mid E^-)}.$$

Die Exposition E^+ wird durch den Dosiswert $A(t_2)$ konkretisiert. Die bedingte Wahrscheinlichkeit zu erkranken für diese Situation wird ins Verhältnis gesetzt zur bedingten Wahrscheinlichkeit zu erkranken ohne Vorliegen von Exposition. Damit ist eine Dosis-Wirkungs-Beziehung zwischen Krankheit und Exposition definiert. Gleichzeitig ist zu erkennen, dass das relative Risiko ein Spezialfall dieser Dosis-Wirkungs-Beziehung ist. Die Expositionscharakterisierung reduziert sich in dieser Situation auf die Angabe von E^+ und E^-.

Berechnung derartiger Dosis-Wirkungs-Beziehungen ist eine anspruchsvolle biometrische Aufgabe. Standardverfahren können nicht angegeben werden. Eine einfache Methode der Darstellung von Dosis-Wirkungs-Beziehungen besteht in der geschickten tabellarischen Angabe der beobachteten Daten. Mitunter kann auf diese Weise deutlicher als durch Bezug auf mathematische Formulierungen das Resultat einer Studie dargelegt werden (vgl. Tab. 3.16).

Tab. 3.16 Prozentualer Anteil von Arbeitenden mit Hörschäden. Der Geräuschpegel ist ein Durchschnittswert, bezogen auf einen achtstündigen Arbeitstag (WHO Noise, Geneva 1980)

Geräuschpegel (Dezibel)	Expositionszeit		
	5 Jahre	10 Jahre	40 Jahre
< 80	0	0	0
85	1	3	10
90	4	10	21
95	7	17	29
100	12	29	41
105	18	42	54
110	26	55	62
115	36	71	64

Für retrospektive Untersuchungen kommt zur Beschreibung solcher Dosis-Wirkungs-Beziehungen die logistische Regression zum Ansatz. Sollen Kohortenstudien ausgewertet werden, ist z.B. die COX-Regression üblich. Grundsätzlich bieten sich natürlich beliebige geeignete Regressionsmodelle an. Damit ist ein wesentliches Problem der Anwendung des Unit Risk als Parameter zur Beschreibung eines Risikos durch Exposition identifiziert. BECHER/WAHRENDORF (1990) haben dies näher betrachtet. Sie listen für vier Datensätze betreffend die Arsen-Exposition von Kupfer-Bergleuten verschiedene Ansätze zur Berechnung des Unit Risk und zugehörige Ergebnisse auf (s. Tab. 3.17).

Systematik der Effektbegriffe
Die bisher besprochenen Raten und Risiken messen die Wirkung von Exposition auf unterschiedliche Weise. Um einen systematischen Eindruck zu gewinnen, werden die Varianten des epidemiologischen Grundmodells in Beziehung zu statistischen Ansätzen gebracht.

Ausgangspunkt sind die Zufallsgrößen Einfluss, Wirkung, Störung sowie ihre beobachteten Realisierungen. Damit werden Effekt - Begriffe definiert.

Tab. 3.17 Arsen-Expositionen und Unit Risks für Kupfer-Bergleute (BECHER/WAHRENDORF 1990) Variable x ist die Arsenexposition in µg pro m³ und Jahr (kumulative Arbeitsplatzbelastung)

Kohorte	Autor	Dosis-Wirkungs-Beziehung	Unit Risk Schätzer $\cdot 10^{-3}$
Anaconda	LUBIN et al.1981	$1+0.0001175x$	0.97
		$1+0.0002003x$	1.7
		$1+0.0003389x$	2.8
	WELCH et al.1982	$1+0.0003173x$	2.6
		$\exp(0.0001142x)$	0.96
	BRESLOW et al.1983	$\exp(0.000038x)$	0.32
	LEE-FELDSTEIN 1983. 1986	$1+0.0003754x$	3.1
		$\exp(0.0002748x)$	2.4
	ENTERLINE et al.1987	$1+0.04062x^{0.3843}$	9.8
	WAHRENDORF/ BECHER 1990	$\exp(0.00004874x)$	0.41
		$\exp(0.0003416x^{1/2})$	1.7
		$1+0.0003228x$	2.7
Takoma	ENTERLINE et al. 1987	$1+0.04897x^{0.3499}$	9.7
		$1+0.04857x^{0.4081}$	13.0
		$1+0.0007359x$	6.8
8 verschiedene Kupferhütten	ENTERLINE et al. 1987	$1+0.0005237x$	4.3
		$1+0.0003812x$	3.1
		$\exp(0.001x)$	9.5
		$\exp(0.00081x)$	7.5
		$\exp(0.0439x^{1/2})$	30.0
		$\exp(0.0093x^{1/2})$	4.8
Michigan	OTT et al. 1974	$1+0.0003629x$	3.0
		$1+0.0009224x$	7.5

Definition:
Der **individuelle Effekt** R_{ind} ist die bei einem Individuum beobachtete Wirkungsdifferenz infolge einer Einflussdifferenz Δx,
$$R_{ind} = (\,Y \mid X = x + \Delta x) - (Y \mid X = x)\ ,\quad X, Y \text{ Zufallsgrößen.}$$

Hier wird der Effekt als Änderung der Wirkgröße Y, abhängig von der Änderung der Einflussgröße X, aufgefasst. Das entspricht einer linearen Modellvorstellung.
Den individuellen Effekt für ein Mitglied der Risikopopulation festzustellen bereitet grundsätzliche Schwierigkeiten. Man hat <u>ein</u> Individuum unter der Exposition $X = x$ und dann unter der Exposition $X = x + \Delta x$ zu beobachten und dabei identische Bedingungen zu gewährleisten. Dies bedeutet, ein Experiment durchzuführen. In der Epidemiologie bleibt der individuelle Effekt in der Regel unbeobachtbar, da ständig andere Bedingungen die „biologische Wirklichkeit" sind. Deshalb erweist sich ein anderer Effektbegriff als praktikabel.

> **_Definition_:**
> Der **statistischer Effekt** R_{stat} ist der Erwartungswert des individuellen Effektes, $R_{stat} = E\,[\,(Y\mid X = x + \Delta x) - (Y\mid X = x)\,].$

Wahrscheinlichkeitstheoretisch bedeutet diese Definition die Angabe bedingter Erwartungswerte der Zufallsgröße Y. Der statistische Effekt ist ohne Kenntnis der individuellen Effekte feststellbar, denn die Additivität des Erwartungswertes erlaubt die Darstellung

$$R_{stat} = E\left(Y\mid X = x + \Delta x\right) - E\left(Y\mid X = x\right).$$

Damit können Daten aus zwei Stichproben bei Expositionen $X = x + \Delta x$ bzw. $X = x$ verwendet werden, ein Experiment ist nicht erforderlich.
Bei diesen Effektbegriffen bleibt ein möglicher Einfluss von Kovariablen unbeachtet. Das ist Veranlassung zu einer weiteren Definition.

> **_Definition_:**
> Der **spezifische statistische Effekt** ist der Erwartungswert des individuellen Effektes unter der zusätzlichen Beachtung des vorgegebenen Wertes z einer Störgröße Z, $R_{part}(Z) = E\,[(Y\mid X = x + \Delta x, Z = z) - (Y\mid X = x, Z = z)].$

Wahrscheinlichkeitstheoretisch bedeutet diese Definition wieder die Angabe bedingter Erwartungswerte der Zufallsgröße Y. Treten keine Wechselwirkungen zwischen X und Z auf, so ist der spezifische statistische Effekt konstant, $R_{part}(Z) = $ const.
Die so definierten Effektbegriffe sollen im Kontext der epidemiologischen Grundmodelle und der ihnen assoziierten statistischen Modelle (s. Abschnitt 3.2.1 und die dort verwendete Numerierung) erklärt werden.
Der Einfachheit halber bleibt dabei der Störfaktor (Kovariable, Confounder) unberücksichtigt! Diskrete Merkmale werden als dichotom vorausgesetzt!

- **Modelle Nr. 0 und 1**
  Einfluss E und Wirkung D sind diskrete Merkmale. Diese Situation wurde eingangs dieses Abschnittes ausführlich besprochen. In welcher Beziehung stehen die dort vorgestellten und in der Epidemiologie üblichen Risikobegriffe zum statistischen Effekt?
  Zunächst wird das Merkmal D (Krankheit) mit den Merkmalswerten D^+ (erkrankt) und D^- (nicht erkrankt) durch die Zuordnung $D^+ = 1$ und $D^- = 0$ in eine Zufallsgröße überführt. Damit errechnet man die Erwartungswerte

$$E\left(D\mid E^+\right) = 1\cdot P\left(D^+\mid E^+\right) + 0\cdot P\left(D^-\mid E^+\right) = \frac{P\left(D^+ \cap E^+\right)}{P\left(E^+\right)}$$

$$E\left(D\mid E^-\right) = 1\cdot P\left(D^+\mid E^-\right) + 0\cdot P\left(D^-\mid E^-\right) = \frac{P\left(D^+ \cap E^-\right)}{P\left(E^-\right)}\quad.$$

Der statistische Effekt

$$R_{stat} = E\left(D\mid E = E^+\right) - E\left(D\mid E = E^-\right)$$

ist damit die Differenz der bedingten Wahrscheinlichkeiten für Erkrankung unter Exposition bzw. bei Fehlen von Exposition. Die bedingten Wahrscheinlichkeiten können näherungsweise durch relativen Häufigkeiten ausgedrückt werden. Damit ergibt sich ein neues Verständnis des Begriffes der Risikodifferenz:

Die Risikodifferenz ist eine Schätzung für den statistischen Effekt, wenn die Exposition ein dichotomes Merkmal ist und die dichotome Wirkung mit 0 bzw. 1 codiert wurde.

- **Modelle Nr. 2 und 3**
  Der Einfluss E ist ein diskretes und Wirkung Y ist ein stetiges Merkmal.
  Der Einfluss E ist durch die Expositionen E^+ und E^- charakterisiert, so dass der statistische Effekt

  $$R_{stat} = E\left(Y \mid E = E^+\right) - E\left(Y \mid E = E^-\right)$$

  die Erwartungswertdifferenz des Wirkfaktors der Exponierten bzw. der Nichtexponierten ist.

Wenn der Einflussfaktor eine diskrete und der Wirkfaktor eine stetige Zufallsgröße sind, ist der statistische Effekt die expositionsbedingte Erwartungswertdifferenz des Wirkfaktors.

- **Modelle Nr. 4 und 5**
  Der Einfluss X ist ein stetiges und Wirkung D ist ein diskretes Merkmal.
  Das diskrete Wirkmerkmal D wird durch die Festsetzungen $D^+ = 1$ und $D^- = 0$ in eine binäre Zufallsgröße überführt. Mit der Bildung des Erwartungswertes gemäß

  $$E(D \mid X = x) = 1 \cdot P\left(D^+ \mid X = x\right) + 0 \cdot P\left(D^- \mid X = x\right) = P\left(D^+ \mid X = x\right)$$

  hat man

  $$\begin{aligned} R_{stat} &= E(D \mid X = x + \Delta x) - E(D \mid X = x) \\ &= P\left(D^+ \mid X = x + \Delta x\right) - P\left(D^+ \mid X = x\right). \end{aligned}$$

Bei dieser Rechnung wurde von der Definition des Erwartungswertes für diskrete Zufallsgrößen Gebrauch gemacht. Das Resultat lässt sich jedoch noch nicht zufriedenstellend auswerten.

Sinnvolle Interpretationen des statistischen Effektes machen Annahmen über das dem epidemiologischen Grundmodell zuzuordnende statistische Modell notwendig.

Gewählt wird ein **verallgemeinertes lineares Modell** (s. Abschnitt 2.3.5), wobei

$$\mathscr{L}(X) = \alpha X + \beta$$

und als Verknüpfungs-Funktion zwischen dem Erwartungswert $\mu = E(D)$ und $\mathscr{L}(X)$ die identische Abbildung $f(\mu) = \mu$ angesetzt werden. Dies bedeutet

$$E(D) = \alpha X + \beta .$$

Für den statistischen Effekt wird damit

$$R_{stat} = E\big(\alpha(x+\Delta x)+\beta\big) - E\big(\alpha x+\beta\big) = \alpha\,\Delta x \quad .$$

> **Der statistische Effekt R_{stat} für einen stetigen Einflussfaktor und einen dichotomen Wirkfaktor ist unter Bezug auf ein verallgemeinertes lineares Modell mit der identischen Abbildung als Verknüpfungsfunktion dem Koeffizienten α proportional und wird als Risikodifferenz interpretiert.**

Als Verknüpfung im verallgemeinerten linearen Modell wird nun die Logit-Funktion

$$\text{logit}(p) = \ln\big(p/(1-p)\big)$$

gewählt, wobei p eine Wahrscheinlichkeit bezeichnet.

Insbesondere seien $p^+ = P\big(D^+ \mid X = x + \Delta x\big)$ und $p^- = P\big(D^+ \mid X = x\big)$. Damit hat man

$$R_{stat} = p^+ - p^- .$$

Einerseits gilt

$$\log\text{it}\big(p^+\big) - \log\text{it}\big(p^-\big) = \ln\big(p^+/(1-p^+)\big) - \ln\big(p^-/(1-p^-)\big)$$
$$= \ln\big(CH\big(D^+ \mid X = x+\Delta x\big)\big) - \ln\big(CH\big(D^+ \mid X = x\big)\big) = \ln(OR),$$

andererseits hat man aus dem Ansatz des verallgemeinerten linearen Modells

$$\log\text{it}\big(p^+\big) - \log\text{it}\big(p^-\big) = \alpha(x+\Delta x) + \beta - (\alpha x + \beta) = \alpha\,\Delta x .$$

Hieraus folgt

$$OR = \exp(\alpha\,\Delta x) .$$

Wird der Einfluss um den Wert Δx geändert, variiert die Odds Ratio in der dargestellten Weise. Dies ist jedoch nicht der oben definierte statistische Effekt R_{stat}, denn die Logitfunktion ist nicht linear. Der Parameter α ergibt sich aus dem entsprechenden Regressionsansatz unter Verwendung der vorliegenden Daten. Als Größe Δx für die Änderung der Einflussgröße nimmt man in der Regel den Wert 1 oder einen sachlich begründeten Standardwert.

> **Für einen stetigen Einflussfaktor und einem dichotomen Wirkfaktor ist unter Bezug auf ein verallgemeinertes lineares Modell mit der Logitfunktion als Verknüpfungsfunktion bewirkt eine Änderung Δx des Einflussfaktors eine Odds gemäß $OR = e^{\alpha\,\Delta x}$.**

• **Modelle Nr. 6 und 7**
Einfluss X und Wirkung Y sind stetige Merkmale.
Der statistische Effekt errechnet sich unter der Annahme eines verallgemeinerten linearen Modelles mit der identischen Abbildung als Verknüpfungsfunktion als

$$R_{stat} = E\left((Y \mid X = x + \Delta x) - (Y \mid X = x)\right)$$
$$= E\left(\alpha(x + \Delta x) + \beta - E(\alpha x + \beta)\right)$$
$$= \alpha \, \Delta \, x.$$

> **Wird für einen stetigen Einflussfaktor und einen stetigen Wirkfaktor ein lineares Modell unterstellt, ist der statistische Effekt dem Regressionskoeffizienten proportional.**

- **Modelle Nr. 8 und 9**

  Der Einfluss E ist ein diskretes Merkmal und die Wirkung T ist die Lebensdauer. Wieder nutzt man das verallgemeinerte lineare Modell. Die Zufallsgröße T_0 bezeichne die Lebensdauer ohne Exposition, T_1 bezeichnet diese unter Exposition. Ein individueller Effekt E_{ind} hat keinen Sinn: Ein Individuum lebt mit bzw. ohne Exposition, an ihm kann nicht die Zufallsgröße Lebensdauer für beide Situationen beobachtet werden.

Um einen Effekt bezüglich Änderung der Einflussgröße zu definieren, ist eine Verteilungsannahme betreffend die Zufallsgröße Überlebenszeit nötig. Es sei T beispielsweise exponentialverteilt, $F_T(t) = 1 - e^{-\lambda t}$. Dann gilt

$$E(T) = \int_{-\infty}^{+\infty} t \, f_t(t) \, dt = \int_{-\infty}^{+\infty} t \, \lambda e^{-\lambda t} = \frac{1}{\lambda}.$$

Im **verallgemeinerten linearen Modell** mit der Verknüpfungsfunktion $f(\mu) = \ln \mu$ kann

$$f^{-1}\left[f(\mu_0) - f(\mu_1) \right]$$

als Effektmaß dienen. Damit erhält man für eine exponentialverteilte Lebensdauer

$$\exp\left(\ln\left(\frac{1}{\lambda_0}\right) - \ln\left(\frac{1}{\lambda_1}\right) \right) = \exp\left(\ln \frac{\lambda_1}{\lambda_0} \right) = \frac{\lambda_1}{\lambda_0} \ .$$

Dies ist jedoch nicht der oben definierte statistische Effekt R_{stat}, denn die Logarithmusfunktion ist nicht linear.

> **Ist der Einflussfaktor dichotom und der Wirkfaktor eine exponentialverteilte Zufallsgröße (Lebensdauer), kann ein Effekt im Kontext des verallgemeinerten linearen Modells als Quotient von Hazard-Raten interpretiert werden.**

- **Modelle Nr. 10 und 11**

  Einfluss X ist stetiges Merkmal und Wirkung T ist die Zeitvariable.

  Für diese epidemiologischen Grundbegriffe werden Risiken im Kontext der Lebensdaueranalyse erklärt. In Abschnitt 2.3.5 ist der Hazard $r_T(t)$ definiert worden. Er ist die Wahrscheinlichkeit für das Auftreten des betrachteten alternativen Ereignisses (z.B. Heilung, Tod) zum Zeitpunkt t für ein Individuum, das den Zeitpunkt t erlebt hat. Soll der Einflussfaktor X berücksichtigt werden, ist der Hazard eine auch davon abhängige Funktion. Am Individuum Nr. i wird ein Wert x_i des Einflussfaktors X wirken und zu einem Hazard $r_{T,i}(t)$ führen,

$$r_{T,i}(t) = f(x_i, t).$$

Wichtig sind folgende beiden Spezialfälle:

---

proportionaler Hazard (GLASSER 1967)

$r_{T,i} = f(x_i, t) = r_T \exp(-x_i\ \alpha)$, wobei α ein reeller Parameter ist.

Interpretation:
- In der Risikopopulation wird ein konstanter Hazard angenommen.
- Der individuelle Effekt wird durch den Term exp (-x_i α) modelliert.
- Für zwei Individuen ergibt sich ein zeitunabhängiger Quotient
  $r_{T,1}/r_{T,2} = exp$ (-$(x_1 - x_2)\alpha$).

Cox - Modell (COX 1972)

$r_{T,i}(t) = f(x_i, t) = r_{T,0}(t)\ \exp(-x_i\ \alpha)$, wobei α ein reeller Parameter ist.

Interpretation:
- Im Modell stellt $r_{T,0}(t)$ einen Basis-Hazard dar.
- Der relative Hazard $r_{T,i}(t)/r_{T,0}(t)$ ist ein individueller Effekt und als Risikomaß interpretierbar.

3.4   Epidemiologische Studien

Epidemiologische Untersuchungen stützen sich im Wesentlichen
- auf vorhandene Daten
- auf Informationen aus speziell geplanten Studien.

Selten besteht die Möglichkeit der Totalerhebung von Daten an Populationen, so dass Stichprobenverfahren bei epidemiologischen Studien die Regel sind. Bei der Erkenntnisfindung helfen
- die Beobachtung,
- das Experiment.

Während die Beobachtung ohne Eingriff des Wissenschaftlers in das Geschehen stattfindet, bietet das Experiment Gelegenheit, Einfluss- und Störgrößen durch die Versuchsbedingungen zu kontrollieren. In solchen epidemiologischen Studien werden durch den Experimentator die Individuen den unterschiedlichen Ausprägungen der Merkmale Einfluss bzw. Störung zufällig zugewiesen (Studie mit Zufallszuweisung). Wesentliche Aspekte bei der Kategorisierung epidemiologischer Studienformen ergeben sich aus der Zielstellung der Untersuchung, dem Untersuchungsgegenstand sowie der zu wählenden Arbeitstechnik. Sollen durch epidemiologische Untersuchungen Hypothesen geprüft werden, sind kontrollierte Studien erforderlich. Mit Blick auf den möglichen Einfluß einer Exposition auf eine gewisse Erkrankung ist eine Gruppe Nichtexponierter, die sogenannte Kontrollgruppe, vergleichend zu betrachten.

Das geplante Experiment führt in der Regel zu leichter interpretierbaren Ergebnissen. Am häufigsten werden jedoch Beobachtungsdaten als Informationen über natürlicherweise in Population ablaufende Vorgänge genutzt.

Typen epidemiologischer Studien

Beobachtungsstudien
- beschreibend
- analytisch

experimentelle Studien
- Interventionsstudien
- kontrollierte Prüfungen

Zeitbezug der Studien
- prolektiv
- retrolektiv
- Längsschnittuntersuchung
- Querschnittsuntersuchung

Ursache-Wirkungs-Orientierung
- prospektiv
- retrospektiv

Zuordnung des Einflussfaktors
- Studie mit Zufallszuweisung
- Studie ohne Zufallszuweisung

Statistik
- deskriptiv
- explorativ
- konfirmatorisch

Beobachtungseinheit
- Individuum
- Population

Datenquellen
- Primärdaten
- Sekundärdaten

In dieses Schema lassen sich Untersuchungen an Gesunden oder Kranken, an Individuen oder Populationen, betreffend klinische Fragestellungen oder die Feldforschung der Sozialmedizin einordnen. Epidemiologische Studienformen heißen sie deshalb, weil die Zielstellung in der Verallgemeinerung der an Einzelobjekten erhobenen medizinischen Befunde auf übergreifende Entitäten besteht.

Hinsichtlich der zeitlichen Aufeinanderfolge von Studienplanung und Wirkungsbeobachtung unterscheidet man prolektive und retrolektive Studien.

- Bei **prolektiven** epidemiologischen Studien liegt die Planung vor der „Datenentstehung", umgekehrt ist dies bei **retrolektiven** Studien.
- **Prospektiv** meint, dass Wirkung („krank") in Abhängigkeit von Einfluss („exponiert") dargestellt wird. Die Umkehrung dazu stellt die **retrospektive** Studie dar.

Man beachte den Bedeutungsunterschied der Begriffe retrospektiv und retrolektiv!

Wichtig ist es, über die Qualität auszuwertender Daten Klarheit zu haben. In diesem Sinne unterscheidet man

- Primäranalysen
- Sekundäranalysen.

Offenbar wird die Kontrolle der Bedingungen und damit die Ergebnisinterpretation mit zunehmender Distanz von den Originalbefunden schwieriger. Umso wichtiger ist deshalb die Beachtung einer heutzutage eigentlich selbstverständlichen

---

Grundregel: Daten aus Beobachtungen und Experimenten werden nicht geändert, ergänzt oder weggelassen.

Damit wird nicht auf unseriöse Praktiken gezielt. Die Grundregel konzentriert gewissermaßen statistische Erkenntnisse.
Epidemiologische Studien im eigentlichen Sinne sind Primäranalysen. Sie beinhalten Planung, Durchführung der Beobachtungen oder Messungen, Datenauswertung und Ergebnisinterpretation.

---

epidemiologische Studien beinhalten:
- Planung
- Durchführung (beobachten, messen)
- Datenauswertung
- Ergebnisinterpretation

Zu den wesentlichen Aufgaben der Epidemiologie gehört die Sekundärdatenanalyse vorhandener Datensammlungen, insbesondere der Register, der Routinestatistiken und der amtlichen Statistiken. Die dazu nötigen Methoden sind ausgesprochen problemspezifisch.
In jüngerer Zeit spielen **Meta-Analysen** in der Epidemiologie eine zunehmende Rolle. Verschiedene epidemiologische Studien werden dabei zusammenfassend bewertet. Die dabei zu beachtenden Gesichtspunkte erfordern ein hohes Maß an medizinischfachlicher sowie mathematisch-statistischer Kompetenz. Die jeweiligen Varianten epidemiologischer Studien nehmen Bezug auf spezifische statistische Auswertemethoden einschließlich der Beachtung dazu notwendiger Voraussetzungen. Deshalb ist bei der Analyse möglicher Fehlerquellen epidemiologischer Studien auch auf die statistischen Auswerteverfahren zu achten.

3.4.1   Ethische Probleme bei epidemiologischen Studien

Sowohl für gesunde Probanden als auch für Patienten bestehen in Hinsicht auf die Teilnahme an epidemiologischen Untersuchungen Interessengegensätze, die ethische Probleme aufwerfen. Einerseits sind dem Einzelnen persönliche Unverletzlichkeit sowie das Recht auf informelle Selbstbestimmung (Datenschutz) gewährleistet. Demgegenüber fühlen sich viele Menschen ethisch-moralisch verpflichtet, zum Fortschritt der Medizin beizutragen und damit der Allgemeinheit zu nutzen.
Für den die Studie leitenden Arzt können sich aus seiner Obhuts- und Fürsorgepflicht für die ihm anvertrauten Menschen sowie der moralischen Verpflichtung, dem Fortschritt der Medizin zu dienen, Konfliktsituationen ergeben.
Es wurden deshalb national und international rechtliche Normen geschaffen, die für medizinische Handlungen am Menschen richtungsweisend sind und die auch die epidemiologische Forschung betreffen.

Seit den Thalidomid-Zwischenfällen 1959 und 1960, die durch epidemiologische Untersuchungen aufgeklärt werden konnten (MELLIN/KATZENSTEIN 1962), kam es zu einer präzisierten Arzneimittelgesetzgebung in Deutschland und in anderen Industrieländern. Mit der WORLD MEDICAL ASSOCIATION DECLARATION OF HELSINKI (2004) ist ein allgemeiner und international breit akzeptierter Handlungsrahmen für medizinische Forschung gegeben.

Da der Ermessensspielraum der handelnden Personen bei medizinisch-wissenschaftlichen Untersuchungen nicht klar abgegrenzt werden kann, sind Ethik-Kommissionen etabliert worden. Die Zustimmung einer solchen Kommission zu einer epidemiologischen Studie kann jedoch den handelnden Arzt nicht von seiner Verantwortlichkeit für die Patienten bzw. Probanden befreien.

3.4.2   Fehlermöglichkeiten in epidemiologischen Studien

Wie für alle wissenschaftlichen Methoden ist auch für die epidemiologischen Studien eine Analyse denkbarer Fehlerquellen geboten. Die Vermeidung solcher Ungenauigkeiten ist der Sinn geeigneter Maßnahmen der Studienplanung.

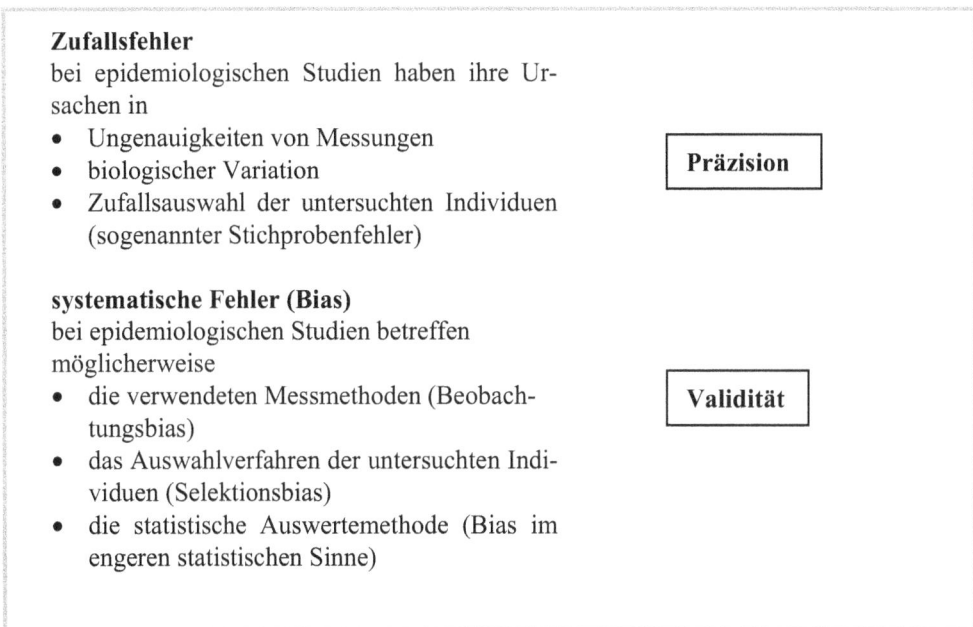

Zufallsfehler
bei epidemiologischen Studien haben ihre Ursachen in
- Ungenauigkeiten von Messungen
- biologischer Variation
- Zufallsauswahl der untersuchten Individuen (sogenannter Stichprobenfehler)

Präzision

systematische Fehler (Bias)
bei epidemiologischen Studien betreffen möglicherweise
- die verwendeten Messmethoden (Beobachtungsbias)
- das Auswahlverfahren der untersuchten Individuen (Selektionsbias)
- die statistische Auswertemethode (Bias im engeren statistischen Sinne)

Validität

Abb. 3.14 Fehlermöglichkeiten und Ansätze zu ihrer Behebung in epidemiologischen Studien

Zufallsfehler
Zufallsfehlern wirkt man entgegen durch
- Erhöhung des Stichprobenumfanges
- geeignete Methoden der zufälligen Zuweisung von Individuen zur Stichprobe (Randomisierung)
- geeignete Maßnahmen der Qualitätskontrolle bei Messungen und Datensammlungen.

Systematische Fehler (Bias)

Systematischen Fehlern versucht man durch Auffinden ihrer Ursachen und entsprechende Gegenmaßnahmen auszuweichen.

**Systematische Fehler können nur in Ausnahmefällen durch statistische Auswerteme-
thoden korrigiert werden!**

Die folgenden 3 Beispiele für Selektionsbias sind IMMICH (1991) entnommen.

Beispiel 3.27

Vom Zufallsfehler, der im Wesen einer Stichprobe begründet liegt, sind durch Selektion hervorgerufene systematische Beeinflussungen der Beobachtungen zu unterscheiden. Das historische Beispiel bezieht sich auf eine 1953 begonnene epidemiologische Untersuchung von 59 072 Stahlarbeitern im Allegheny County (USA). Die beobachteten Sterbeziffern (Zwischenauswertung 1961) liegen für ein ganzes Spektrum von Todesursachen unter denen der männlichen USA-Bevölkerung. Der **Healthy worker effect** ist verantwortlich für diesen systematischen Fehler. Offenbar ist es notwendig, dass Stahlarbeiter besonders gut gesund-heitlich konstituiert sind.

◄

Beispiel 3.28

Eine der frühen epidemiologischen Studien über Rauchen und Krebs in den USA wurde so organisiert, dass die Mitglieder der American Cancer Society in ihrem Bekanntenkreis Pro-banden für die Teilnahme an der Langzeit-Beobachtung gewannen (HAMMOND/HORN 1954). Durch diese **HAMMOND-Auswahl** werden gehobene soziale Schichten überrepräsentiert, die Resultate können nicht auf die US-Bevölkerung übertragen werden.

◄

Beispiel 3.29

An Studien über Rauchgewohnheiten beteiligen sich befragte Nie-Raucher, Ex-Raucher, Zigarren-Raucher, Zigaretten-Raucher sowie gewisse Altersgruppen in unterschiedlichem Maße (sogenannte Responder). Die Resultate sind damit untereinander nicht mehr ohne weiteres vergleichbar. Der Selektionseffekt hinsichtlich des Response-Verhaltens wird nach seinem Erstbeschreiber **BERKSON-Effekt** genannt (BERKSON 1946).

◄

Zu wenig beachtet sind systematische Fehler, die den statistischen Auswertemethoden inne-wohnen. In Abschnitt 4.4 werden dazu detaillierte Betrachtungen angestellt.

Confounder

Im epidemiologischen Grundmodell (Abschnitt 3.2) wird der Einfluss von Störgrößen be-rücksichtigt. Störungen sollen von den oben besprochenen Fehlern unterschieden werden! Dazu wird ein spezieller Begriff verwendet:

**Eine Störgröße heißt Confounder, wenn sie einen verfälschenden Einfluss auf die
Einfluss-Wirkungs-Beziehung ausübt.**

Damit eine Störgröße als Confounder identifiziert werden kann, müssen zwei Bedingungen erfüllt sein:

- Die Störgröße besitzt einen von der Einflussgröße unabhängigen Effekt auf die Wirkungsgröße.
- Die Störgröße muss mit der Einflussgröße zusammenhängen.

Beispiel 3.30

Häufig werden Fehler bei Untersuchungen der Wirkung von Hormonen auf physiologische Parameter gemacht. Von vielen Hormonen ist eine Altersabhängigkeit bekannt. Ist die Alterszusammensetzung von Untersuchungs- und Vergleichsgruppe verschieden, so kann dies die Ergebnisse verfälschen. Besitzen die Hormonspiegel eine ausgeprägte Tages- oder Jahreszeitenrhythmik, bei weiblichen Sexualhormonen eine Eizyklus-Rhythmik, so ist der Untersuchungszeitpunkt von fundamentaler Bedeutung. Noch genauer ist bei Hormonen mit kurzer Halbwertzeit zu arbeiten. Hormonbestimmung und physiologische Wirkung müssen nahezu zeitgleich erfolgen.

◀

Es ist gerade das Anliegen von Studienplanungen, den Einfluss von Störgrößen auf die untersuchte Zielgröße zu eliminieren.

Während das vergleichende Experiment der Naturwissenschaftler mit seinen fest einstellbaren Bedingungen die Kontrolle von Confounding erlaubt, bleibt es in der klassischen epidemiologischen Beobachtungsstudie zwangsläufig von Einfluss auf die Resultate.

Sachlogisch und datenanalytisch ist zu prüfen, ob die Störgrößen statistisch mit der Einflussgröße verknüpft sind. Das bedeutet, die Negation der Confounder- Bedingungen zu prüfen:

- Die Störgröße besitzt keinen von der Einflussgröße unabhängigen Effekt auf die Wirkungsgröße.
- Die Störgröße ist nicht mit der Einflussgröße zusammenhängend.

Die grundsätzlichen Schwierigkeiten bestehen darin, dass die möglichen Confounder bereits vorab bekannt sein müssen und dass an einem Datensatz nicht ein ganzes Spektrum von Hypothesen unter Einhaltung eines sinnvollen Signifikanzniveaus geprüft werden kann.

Das Modellwahl-Problem

Nicht unerwähnt bleiben darf die Möglichkeit, dass eine epidemiologische Studie auf der Grundlage einer nicht adäquaten Modellvorstellung von den interessierenden Vorgängen durchgeführt wird. Es ist das Wesen der Erkenntnisfindung, den temporären Wissensstand zu vervollkommnen.

Die verantwortungsbewusste Interpretation von Studienergebnissen wird also stets die Berechtigung der eingesetzten Modellvorstellungen (epidemiologisches Modell, assoziiertes mathematisches oder statistisches Modell, Auswertemethoden) hinterfragen und dabei an grundsätzliche medizinische und biometrische Probleme heranreichen.

In der Statistik stehen mit den Anpassungstests Möglichkeiten der Modell-Selektion zur Verfügung.

3.4.3   Studientypen

Die wichtigsten Typen epidemiologische Studien sollen nachfolgend dargestellt werden. Sie entwickelten sich aus Standardfragestellungen und den zu ihrer Beantwortung ersonnenen Vorgehensweisen.

Neben der oben dargestellten Fehlerproblematik sind es auch Aufwand, Aussagemöglichkeiten, die Gewährleistung aller nötigen Voraussetzungen für die Anwendung bestimmter statistischer Verfahren sowie Probleme der praktischen Durchführbarkeit, die zur charakteristischen Gestaltung der Untersuchungsmethoden führten.

Die eingesetzten statistischen Methoden dienen der Beschreibung der Befunde (sie sind deskriptiv), der Erkundung möglicher Beziehungen und damit der Bildung von Hypothesen (sie sind explorativ) oder der Prüfung von Hypothesen (sie sind konfirmatorisch).

In der beobachtenden Epidemiologie sind die wichtigsten Studien-Typen
- Querschnittsstudien und
- Längsschnittstudien

zur Charakterisierung von Populationen sowie

- Fall-Kontroll-Studien und
- Kohortenstudien

als kontrollierte epidemiologische Untersuchungen mit dem Ziel der Hypothesenprüfung.

Die Standardmethode der experimentellen Epidemiologie ist die
- randomisierte kontrollierte Studie,

ihrem Anwendungsfeld entsprechend bezeichnet als Feldstudie (field study), gemeindeorientierte Studie (community trial) oder klinische Studie (clinical trial).

Als spezielle Formen epidemiologischer Studien werden vorgestellt
- Register
- Screening - Verfahren
- Sekundärdaten-Studien
- Meta-Analysen.

Beobachtungsstudien

Querschnittsstudien (englisch: cross - sectional studies)

Querschnittsstudien sind Stichprobenverfahren und werden üblicherweise in natürlichen Populationen durchgeführt, um ein Bild vom Gesundheitszustand einer Population zu einem bestimmten Zeitpunkt zu gewinnen. Sie werden deshalb mitunter auch als Prävalenzstudien bezeichnet.

Einflussgrößen, Störgrößen und Wirkungsgrößen (s. epidemiologisches Grundmodell) werden an den beobachteten Individuen gleichzeitig erfasst und erlauben Hypothesenbildungen (explorative Statistik). Da die Lebensprozesse zeitabhängig sind, können in Querschnittsstudien nur dann Erkenntnisse über Einfluss-Wirkungs-Beziehungen erhofft werden, wenn die Wirkungen akut eintreten oder wenn Einflüsse als zeitinvariant gelten können.

Deskriptive Querschnittsstudien sind Grundlagen von Gesundheitsberichten und Einschätzungen des Gesundheitsstatus von Populationen (health surveys).

Ein wesentliches Problem besteht in der Auswahl der Merkmale, die im Rahmen einer Quer-schnittsstudie als Indikatoren für die zu untersuchenden Eigenschaften gelten können.

Vorzüge

- relativ billig
- große Fallzahlen   **Nachteile**
- schnell durchführbar   · Inzidenzen nicht erfassbar
- standardisierte Methoden verwendbar   · Zeitabhängkeiten nicht erkennbar
- viele Merkmale gleichzeitig erfassbar   · für seltene Erkrankungen ungeeignet
- Hypothesenbildung wird unterstützt   · Populationsdynamik ist unbeachtet
- multiple Expositionen erfassbar   · für seltene Expositionen ungeeignet

Charakterisierung:

- beschreibende oder explorative Beobachtungsstudie
- Stichprobenverfahren
- Zeitbezug der Studien: retrolektiv
- Ursache-Wirkungs-Orientierung: nicht allgemein angebbar
- Statistik: deskriptiv, explorativ, konfirmatorisch
- Beobachtungseinheit: Individuum

Längsschnittstudien

Längsschnittstudien werden an Populationen durchgeführt und meinen hier Wiederholungen von Querschnittsstudien über einen längeren Zeitraum. Sie gestatten die Darstellung der zeitlichen Variation sowohl des Gesundheitszustandes der untersuchten Population als auch die sie definierenden Bedingungen. Die Stichproben zu den verschiedenen Zeitpunkten kön-nen verbundene Stichproben oder unabhängige Stichproben sein. Auch andere Strukturen der Daten sind möglich, erfordern aber spezielle Auswerteverfahren.

Charakterisierung:

- beschreibende oder explorative Beobachtungsstudien
- unterschiedliche Stichprobenverfahren, spezielle Datenstrukturen
- Zeitbezug der Studien: prolektiv
- Statistik: deskriptiv, explorativ, konfirmatorisch, Zeitreihenana-lyse, stochastische Prozesse
- Beobachtungseinheit: Individuum

Fall-Kontroll-Studien

Während eines definierten Beobachtungszeitraumes sollen „Fälle", z.B. an X Erkrankte, hinsichtlich bedeutsamer Parameter, z.B. Vorliegen einer Exposition, beobachtet werden. Es werden Hypothesen über den Einfluss dieser Parameter auf den Zustand der Population ge-prüft.

Grundlage dafür sind Daten über „Kontrollen", z.B. an X nicht Erkrankte, also Individuen ohne das Merkmal, das sie zu „Fällen" machen würde. Um im Kontext des epidemiologi-schen Grundmodells zu bleiben: Wirkung ist mit Erkrankung und Einfluss mit Exposition beschrieben. Jedem Fall ist eine oder sind mehrere Kontrollen assoziiert in dem Bestreben, Störgrößen und systematische Fehler möglichst unbedeutend sein zu lassen. Dieses Angleichen von Fällen und Kontrollen (matching) darf nicht zu einer Verfälschung der zu untersuchenden Beziehungen führen.

Fall-Kontroll-Studien sind Stichprobenverfahren. Da Aussagen über eine Population angestrebt werden, sind sowohl die Fälle als auch die Kontrollen durch Zufallsauswahl für die Studie zu rekrutieren. Es sind Randomisierungsmethoden praktisch verfügbar, die matching berücksichtigen.

Fall-Kontroll-Studien haben in der Regel eine retrospektive Orientierung. Sie können aber fortgesetzt werden und gewinnen dann einen prospektiven Aspekt.

Auswahlmerkmal ist die Diagnose. Beobachtungsmerkmal ist das Auftreten einer Exposition. Für den Erfolg solcher Studien ist neben ihrer sorgfältigen Planung vor allem eine gute Dokumentation wichtig!

> **Werden Fall-Kontroll-Studien nicht als Stichprobenverfahren realisiert, ist bei der Ergebnisinterpretation besondere Aufmerksamkeit geboten!**

Vorzüge
- relativ billig, schnell durchführbar
- große Fallzahlen erfassbar
- standardisierte Methoden verwendbar
- viele Merkmale gleichzeitig erfassbar
- bei seltenen Erkrankungen einsetzbar
- multiple Expositionen erfassbar
- unabhängig von Kooperativität der Probanden
- populationsbezogene Inzidenz messbar

Nachteile
- versteckte Probandenselektion möglich
- Zeitabhängigkeiten nicht erkennbar
- systematische Fehler schwer erkennbar
- Populationsdynamik bleibt unbeachtet

Charakterisierung:
- konfirmatorische Beobachtungsstudie
- Stichprobenverfahren
- Zeitbezug der Studien: meist retrolektiv, u.U. prolektiv möglich
- Ursache-Wirkungs-Orientierung: retrospektiv
- Statistik: Kontingenztafelanalyse, Regressionsanalyse, Varianzanalyse
- Beobachtungseinheit: Individuum

Beispiel 3.31
Durch eine Fall-Kontroll-Studie wurde der Zusammenhang zwischen Thalidomid (Contergan) und Fehlbildungen bei Neugeborenen aufgeklärt. In der 1961 durchgeführten Studie wurde festgestellt, dass 41 von 46 Müttern missgebildeter Kinder Contergan eingenommen hatten. Alle 300 Mütter in der Kontrollgruppe mit gesunden Babies wendeten das Medikament nicht an (MELLIN/KATZENSTEIN 1962).   ◄

Kohortenstudien
Ausgehend von Vorwissen bilden Hypothesen die Grundlage der Planung und Durchführung von Kohorten-Studien. Sie zu prüfen ist der Zweck. Der Vorzug dieser Art epidemiologi-

scher Untersuchungen liegt in der Möglichkeit, die Bedingungen ihrer Durchführung mit dem Ziel abstimmen und somit unter den jeweils interessierenden Gesichtspunkten optimieren zu können. Ein Hauptnachteil ist die lange Studiendauer mit den damit entstehenden Problemen wie Kosten, Kooperationsverhalten der Probanden, unvorhergesehene Veränderungen von Bedingungen etc.

Kohortenstudien sind Stichprobenverfahren, bei denen die Einflussvariable (z.B. Exposition) das Auswahlmerkmal ist. Beobachtet werden Wirkungen (z.B. Erkrankung) und Störungen (z.B. zeitabhängige Faktoren, genetische Ausstattung).

Eine zufällig aus der untersuchten Population ausgewählte Probandengruppe, die einer Merkmalsausprägung der Einflussvariablen zugeordnet ist, heißt Kohorte. Im Falle einer dichotomen Einflussvariablen wären das beispielsweise die Kohorten der Exponierten und der Nicht-Exponierten.

Beginnend mit einem Stichtag werden die Beobachtungen in einem definierten Zeitraum durchgeführt, die Studie ist prospektiv. Nachträgliche Zugänge in eine Kohorte sind nicht zulässig. Möglicherweise nehmen Probanden nicht bis zum geplanten Ende an der Studie teil (drop-out), nicht in allen Fällen können im Studienzeitraum die interessierenden Wirkungen festgestellt werden. Solchen Situationen ist bei der Wahl der statistischen AusweVerfahren Rechnung zu tragen. Kohortenstudien erlauben die Feststellung von Inzidenzen und die Beobachtung von Verläufen.

Vorzüge
- Inzidenzen direkt beobachtbar
- günstig bei seltenen Einflüssen
- standardisierte Methoden verwendbar
- viele Merkmale gleichzeitig erfassbar
- Zeitverhalten der Vorgänge messbar
- multiple Expositionen erfassbar

Nachteile
- ungeeignet bei seltenen Erkrankungen
- ungeeignet zum Studium langer Verläufe
- aufwendig in der Durchführung
- teuer
- abhängig von der Kooperativität der Probanden
- zeitstabile Population vorausgesetzt

Kohortenstudien sind die am stärksten zielorientierten epidemiologischen Beobachtungsstudien!

Charakterisierung:
- konfirmatorische Beobachtungsstudie
- Stichprobenverfahren
- Zeitbezug der Studien: prolektiv
- Ursache-Wirkungs-Orientierung: prospektiv
- Statistik: Kontingenztafelanalyse, Regressionsanalyse, Varianzanalyse
- Beobachtungseinheit: Individuum

Für Querschnitts-, Längsschnitts-, Fall-Kontroll- und Kohortenstudien gibt Tab. 3.18 einen Überblick betreffend die üblichen Risikomaße.

Tab. 3.18 Charakterisierung der Studientypen und zugehörige Risikomaße

	Studientyp			
	Querschnitts-S	Längsschnitts-S	Fall-Kontroll-S.	Kohorten-S.
Kennzeichnung der Population durch	externe Kriterien z.B. Altersgruppen, soziale Schicht, administrative Einheit		Wirkung z.B. Gesundheitszustand	Einfluss z.B.Exposition
beobachtet	Kranksein am Stichtag	Neuerkrankung im Zeitraum	Einflussfaktor	Wirkung
Zeitbezug	am Stichtag	im Zeitraum	retrolektiv	prolektiv
übliche Risikomaße	RD	RD	OR RER	RD, RR OR

Register

Die systematische Sammlung von Meldungen über gesundheitsrelevante Vorgänge kann als eine besondere Form beobachtender epidemiologischer Studien angesehen werden. Die auf diese Weise entstehenden Register oder Meldesysteme sind von unterschiedlichem Wert. Erkenntnismöglichkeiten für die Epidemiologie bieten einerseits spezifische Sammlungen von spontanen Mitteilungen über bestimmte Ereignisse (z.B. Arzneimittelnebenwirkungen) und andererseits auf gesetzlicher Grundlage flächendeckend erhobene, möglichst vollständige Beobachtungsdaten über Krankheiten, die eigentlichen Register.

Die Einrichtung und Pflege von Registern ist eine Aufgabe, die hohen Aufwand sowie eine Institutionalisierung erfordert. Je nach ihrer Anlage beinhalten Register Daten, die sowohl multivariate als auch zeitbezogene Auswertemethoden einzusetzen gestatten. Eine typische Charakterisierung von Registern kann nicht gegeben werden.

> **Meldesysteme bzw. Register sind besonders wertvolle Informationsquellen hinsichtlich seltener und unerwarteter gesundheitsrelevanter Ereignisse.**

Beispiel 3.32

Die in Beispiel 3.1 genannte Datensammlung war das Diabetes-Register der DDR. Es wurde 1960 eingerichtet und erfasste bis 1989 die bekannten, neuerkrankten und verstorbenen manifesten Diabetiker des Landes. Damit war die direkte Beobachtung der Diabetes-Inzidenzen und ihrer zeitlichen Verläufe möglich. Die Vergleichszahlen hinsichtlich der Gesamtbevölkerung können den Statistischen Jahrbüchern der DDR entnommen werden, eine nennenswerte Migration gab es nicht. Die Bevölkerungsdynamik wird hauptsächlich durch den Alterungsprozess, durch Geburten und Todesfälle determiniert. Es bietet sich an diesem Register die seltene Gelegenheit, epidemiologische Maßzahlen gleichzeitig in Bezug auf das Krankheitsgeschehen und den Einfluss der Bevölkerungsdynamik zu analysieren (s. Kapitel 4).

◀

Beispiel 3.33

Das Deutsche Kinderkrebsregister am Institut für Medizinische Biometrie und Informatik in Mainz besteht seit 1980. In den ersten 25 Jahren wurden an das Register 37 168 Erkran-

kungsfälle unter 15-jähriger Kinder gemeldet. Es ist damit weltweit eine der größten Datensammlungen ihrer Art und erreicht bei der Registrierung eine Vollzähligkeit von etwa 95%
mit Ausnahme der ZNS-Tumoren (KAATSCH/ SPIX 2006).

◄

Experimentelle epidemiologische Studien
Experimentelle Studien sind mit Einwirkungen auf die Individuen verbunden und haben
methodischen Anforderungen zu genügen, die zu ihrer weitgehenden Standardisierung führten. Die ethischen Ansprüche haben nationale und internationale Normen hervorgebracht, die
für die Planung und Durchführung epidemiologischer Untersuchungen bedeutsam sind.
Das Experiment bei therapeutischen Studien oder im Umfeld der Arzneimittelforschung
bezieht sich in der Regel auf das Individuum.
Ist der Studiengegenstand eine Population, heißen ein Experiment üblicherweise Intervention
und die entsprechende Studie eine Interventionsstudie. Das Experiment besteht in der Einwirkung auf die Population (z.B. Bevölkerungsprogramme) mit einem definierten Ziel (z.B.
einer Verringerung von Erkrankungshäufigkeiten).

Experimentelle epidemiologische Studien
- kontrollierte klinische Studien   - Individuum
- Interventionsstudien   - Population

Nachfolgend soll als die typische experimentelle Methode der klinischen Epidemiologie die
kontrollierte klinische Studie vorgestellt werden. Die Methodik ist auf andere Typen epidemiologischer Interventionsstudien sinngemäß zu übertragen.

Kontrollierte klinische Studien
Eine neue Therapie ist durch eine kontrollierte klinische Studie zu bewerten. Aus der Zielpopulation werden eine Behandlungsgruppe und eine Kontrollgruppe zufällig ausgewählt, so
dass die erhobenen Daten als Stichproben gelten können. Diese Zufallsauswahl bietet bereits
die Möglichkeit, auf Homogenität bezüglich gewisser Merkmale (z.B. Alter, Gewicht, Geschlecht) von Behandlungs- und Kontrollgruppe zu achten.
Entsprechende Randomisierungsmethoden sind verfügbar. Subjektiven Einflußnahmen durch
Arzt bzw. Patient wird, so dies möglich ist, durch verschiedene Methoden der **Verblindung**
der Studie entgegengewirkt. Bei Arzneimittelprüfungen ist es meist unproblematisch, Arzt
und Patient darüber im Unklaren zu lassen, welches der zu prüfenden Medikamente tatsächlich verabreicht wird, um dem Placebo-Effekt entgegenzuwirken.
Oft vergleicht man zwei Therapien oder eine Therapie mit einer Leerbehandlung (Placebo).
Werden mehr als zwei Therapien verglichen, spricht man von **mehrarmigen Studien**. Hier
setzt die praktische Durchführbarkeit Grenzen.
Da die Arzneimittelprüfung sehr stark gesetzlich reguliert ist, steht für diesen Anwen-
dungsbereich eine detaillierte Methodik zur Planung, Durchführung und Auswertung von
Studien zur Verfügung. Es ist angeraten, bei epidemiologischen Studien allgemein so weit
als möglich diesen Vorgaben zu folgen. Wichtig ist, dass experimentelle epidemiologische
Untersuchungen nach einem Studienplan durchgeführt werden sollen, der als wesentliche
Punkte enthält:

Studienplan in der experimentellen Epidemiologie
- Zielpopulation klar definieren
- Interventionsmaßnahme exakt beschreiben
- geeignete Wirkungsvariable und ihre Messmethode auswählen
- Hypothesen, Signifikanzniveau und statistisches Verfahren konkretisieren
- Methode zur Kontrolle von Confounding wählen
- Verhaltensregeln bei Störung des Studienablaufes vorgeben
- Qualifikation der Mitarbeiter prüfen
- zeitlichen Ablauf kalkulieren
- Verantwortlichkeiten namentlich festlegen
- Votum der zuständigen Ethik-Kommisssion einholen

Vorteile
- systematische Fehler kontrollierbar
- Verblindung möglich
- statistische Fehler 1. und 2. Art kontrollierbar
- detaillierte Planung vorab
- standardisierte Methoden verwendbar
- viele Merkmale gleichzeitig erfassbar

Nachteile
- möglicherweise teuer
- Fallzahlen vorgeschrieben
- möglicherweise nicht praktikabel
- möglicherweise ethische Probleme
- für seltene Erkrankungen geeignet

Charakterisierung:
- konfirmatorische experimentelle Studie
- Stichprobenverfahren
- Zeitbezug der Studien: prolektiv
- Ursache-Wirkungs-Orientierung: prospektiv
- Statistik: deskriptiv, konfirmatorisch, Tests
- Beobachtungseinheit: Individuum
- Zuordnung des Einflussfaktors: Zufallszuweisung

Interventionsstudien
Zur epidemiologischen Bewertung von Interventionsmaßnahmen werden Feldstudien durchgeführt. Hinsichtlich der Methodik entsprechen sie den kontrollierten klinischen Studien.
Zusätzlich zur Krankheit sind ihre bedingenden Faktoren in Beobachtung, anstelle einer Therapie ist ein Interventionsprogramm zu prüfen. Untersucht werden nicht nur Kranke, sondern auch Individuen „unter Risiko". Bei seltenen Erkrankungen werden die Logistik von Feldstudien sehr aufwendig, die Kosten enorm.

Beispiel 3.34
Eine der größten bisher unternommenen Feldstudien diente der Bewertung des Salk-Vakzins, das zur Prävention der Poliomyelitis entwickelt wurde. In diese Studie wurden über eine Million Kinder einbezogen.

◄

Beispiel 3.35

Der Koronarsklerose versuchte man entgegenzuwirken, indem eine auf bestimmte krankheitsbezogene Faktoren orientierte Interventionsstrategie angewandt wurde. 12 866 Männer, die diese Faktoren aufwiesen, wurden zufällig dem Interventionsprogramm oder der üblichen Behandlung zugeteilt. Nach 6 Jahren wurde das Ergebnis ermittelt, die Interventionsstrategie brachte keine Vorteile. Diese Studie ist unter der Bezeichnung MRFIT (multiple risk factor intervention trial) bekannt (JAMA 248 (1982) 1465 - 1477).

◄

Screening - Verfahren

Ein Screening-Verfahren ist ein diagnostischer Suchtest, der als Studientyp sowohl der beschreibenden als auch der experimentellen Epidemiologie gelten kann.

Nach der Zielstellung unterscheidet man

• Screening der gesamten Population,

• multiples Screening als gleichzeitige Anwendung mehrerer Tests,

• Screening in Subpopulationen.

Es wird auf Individuen angewandt, die sich wegen der betreffenden Erkrankung noch nicht in ärztliche Behandlung begeben haben. Seine Anwendung ist begründet, wenn drei wesentliche Bedingungen gegeben sind.

Screening-Verfahren ist anwendbar, falls:

• Die betreffende Krankheit ist ein bedeutsamer Faktor für Morbidität und Mortalität.

• Der Suchtest besitzt hohe Qualität und erkennt die Krankheit im Frühstadium.

• Eine Behandlungsmethode mit hoher Erfolgsaussicht ist verfügbar.

Neben dem eigentlichen Ziel der Verbesserung von Heilungsaussichten für Kranke liefern Screening-Verfahren epidemiologische Daten und sind oft Bestandteil von Interventionsprogrammen. Die Einschätzung der Effektivität von Screening-Programmen ist selbst wieder Gegenstand epidemiologischer Interventionsstudien. Als diagnostisches Verfahren ist ein Screening-Test durch Spezifität und Sensitivität gekennzeichnet. Bei Kenntnis der Prävalenz der untersuchten Krankheit kann der prädiktive Wert einer Testentscheidung errechnet werden. Wie in Abschnitt 3.3.3 dargelegt wurde, besteht ein funktionaler Zusammenhang zwischen dem prädiktiven Wert und der Prävalenz bei fixierten Güteeigenschaften des Tests.

Es zeigt sich, dass für seltene Erkrankungen selbst bei sehr hoher Güte des diagnostischen Verfahrens die Wahrscheinlichkeit für das Vorliegen einer Erkrankung bei positivem Testergebnis sehr klein wird. Unter diesem Gesichtspunkt ist zu fragen, ob ein beabsichtigtes Screening-Verfahren den erhofften Nutzen erbringen kann.

In der Tab. 3.19 sind für einige Prävalenzen die minimalen Sensitivitäten und Spezifitäten angegeben, die einen positiven prädikativen Wert von wenigstens 0.50 gewährleisten.

Tab. 3.19 Zu den vorgegebenen Prävalenzen gewährleisten die zugehörigen Werte für Sensitivität und Spezifität einen positiven prädikativen Wert des Screenings-Verfahrens von 0.5

	Prävalenz			
	0.01	0.05	0.10	0.20
Sensitivität	0.99	0.95	0.90	0.80
Spezifität	0.99	0.95	0.90	0.80

Dies kann man auch so formulieren: Wenn die Güteeigenschaften nicht besser als die angegebenen Werte sind, kann man anstelle des Screening-Tests auch durch Münzwurf entscheiden, ob der Betreffende weiter diagnostiziert werden soll.

Für erbliche Krankheiten liegen die Prävalenzen noch unter dem in der Tabelle ausgewiese-
nen kleinsten Wert 0.01. Beispielsweise kommt die PKU als eine der häufigen Erbkrankhei-
ten mit einer Prävalenz in der Größenordnung 0.0001 vor. Ein diagnostischer Test mit einer
Sensitivität und einer Spezifität von jeweils 0.99 liefert Entscheidungen, deren positiver
prädiktiver Wert etwa bei 0.01 liegt. Die Schlussfolgerung hieraus kann nur sein, dass bei
seltenen Erkrankungen ein Screening-Verfahren nahezu mit Sicherheit Gesunde und Kranke
unterscheiden können muss.

Beispiel 3.36

Als Screening-Verfahren für die PKU wird der GUTHRIE-Test mit einer Sensitivität von 0.98
und einer Spezifität von 0.999 eingesetzt. Er liefert Entscheidungen, deren positiver prädika-
tiver Wert bei 0.09 liegt.

◄

> **Der Wert der Screening-Verfahren liegt weniger in der Erstellung einer sicheren Di-
> agnose. Er ist in der Möglichkeit zu sehen, in einer großen Anzahl von Probanden die
> Krankheitsverdächtigen aufzufinden und damit gezielte weitere Maßnahmen zu un-
> terstützen.**

Vorzüge
- Effektivierung von Interventionsstra-
  tegien
- verbesserte individuelle Prognose
- detaillierte Planung vorab
- standardisierte Methoden verwendbar
- große Fallzahlen möglich

Nachteile
- möglicherweise teuer
- verbesserte individuelle Prognose
- möglicherweise nicht praktikabel
- möglicherweise ethische Probleme
- für sehr seltene Erkrankungen ungeeignet

Charakterisierung:
- deskriptive Beobachtungsstudie
- Totalerhebung an Population oder Subpopulation
- Zeitbezug der Studien: hier nicht relevant
- Ursache-Wirkungs-Orientierung: hier nicht relevant
- Statistik: deskriptiv
- Beobachtungseinheit: Individuum
- Zuordnung des Einflussfaktors: hier nicht relevant

Studien auf der Basis von Sekundärdaten
Zu verschiedenen Zwecken erstellte oder geführte Datensammlungen betreffend Populationen sind für epidemiologische Untersuchungen interessant. Man unterscheidet
- personenbezogene Daten
- aggregierte Daten.

Erstere sind in Deutschland nur in Ausnahmefällen für die Forschung verfügbar und nutzbar. Die einem Individuum zuordenbaren Dokumente, die Hausarzt, Fachärzte, Kliniken, Versicherungen, Apotheken sowie Verwaltungen (Krankenscheine, Kurunterlagen etc.) handhaben, sind datentechnisch prinzipiell verknüpfbar und bilden einen für die Epidemiologie hochzuschätzenden Informationspool.

Die Untersuchungen aggregierter Daten bezeichnet man auch als ökologische Studien. Sie stehen oft am Anfang eines epidemiologischen Findungsprozesses. Die Daten betreffen nicht Individuen, die Merkmalsträger sind Populationen.

Sekundärdaten können wie Querschnittsstudien, Fall-Kontroll-Studien oder Kohortenstudien ausgewertet werden.

Vorzüge

- Population repräsentativ erfassbar
- kostengünstig
- zeitsparend
- bei Anonymisierung keine Ethikkommission nötig
- viele Merkmale gleichzeitig erfassbar
- unabhängig von der Kooperativität von Probanden
- multiple Expositionen erfassbar

Nachteile

- Bedingungen nicht standardisiert
- systematische Fehler schwer einschätzbar
- Sub-Populationen ggf. nicht vergleichbar
- externe Datenvalidierung unmöglich (Datenschutz!)
- ggf. Interpretationsprobleme

Charakterisierung:

- Es ist eine Vielfalt von Methoden anwendbar, so dass eine allgemeine Charakterisierung nicht sinnvoll erscheint.

Meta - Analysen

Um vorliegende Resultate mehrerer epidemiologischer Untersuchungen zum selben Gegenstand vergleichen und zusammenfassen zu können, sind Rezensionen oft nicht mehr ausreichend. Als ein mögliches Vorgehen wurde die Meta-Analyse vorgeschlagen, die eine Kombination qualitativer Analysen zur vergleichenden Wertung der einzelnen Studien und ihrer Methodiken sowie quantitativer Analysen zum Zwecke der Kombination der Ergebnisse dieser Studien darstellt.

Meta-Analyse epidemiologischer Studien	
• **qualitativer Teil**	Methodenvergleiche
	Methodenbewertungen
	Qualitätsbewertungen
• **quantitativer Teil**	Reanalyse der Daten
	Zusammenfassung der Einzelergebnisse

Ein wesentlicher Vorteil von Meta-Studien besteht in der Vergrößerung der auswertbaren Fallzahlen. Dem steht die Heterogenität der zusammengefassten Studien in Hinsicht auf Fragestellungen, Zielgröße, Beobachtungsbedingungen, Datenqualität und Datenauswertung gegenüber.

Welche Studien sollen in einer Meta-Analyse zusammengefasst werden?

Um zu einer praktikablen Vorgehensweise finden zu können, sollten ausgehend von der Fragestellung Ein- und Ausschlusskriterien für die zu berücksichtigenden Studien **vorab** formuliert werden. Sich nur auf veröffentlichte Arbeiten beschränken zu wollen birgt die Gefahr eines systematischen Fehlers (publication bias), andererseits müssen die einzubeziehenden Studien gewissen Qualitätsanforderungen genügen.

Eine angemessene Reanalyse der Originaldaten mit dem Ziel der zusammenfassenden Auswertung wird selten möglich sein. Statistische Methoden für Meta-Analysen sind u.a. in HEDGES/OLKIN (1985) und SCHNELL/HILL/ESSER (1995) zu finden.

Vorzüge
- große Fallzahlen
- kostengünstig
- verschiedene Populationen in Beobachtung
- keine ethischen Probleme
- unabhängig von der Kooperativität von Probanden

Nachteile
- Bedingungen nicht standardisiert
- systematische Fehler schwer einschätzbar
- Populationen ggf. nicht vergleichbar
- Datenvalidierung problematisch
- Beobachtungsmerkmale liegen fest
- ggf. Interpretationsprobleme

Charakterisierung:
- Es ist eine Vielfalt von Methoden anwendbar, so dass eine allgemeine Charakterisierung nicht sinnvoll erscheint.

> Die vorgestellten Formen epidemiologischer Studien beinhalten Bedingungen, die bei der praktischen Durchführung nicht immer korrekt eingehalten werden können. Es liegt in der Verantwortung des einzelnen Wissenschaftlers, diese Situationen sachgerecht zu bewerten.

3.5   Planung epidemiologischer Studien

Die Planung wissenschaftlicher Untersuchungen in der Medizin berührt eine Vielzahl fachwissenschaftlicher, ethischer und juristischer Probleme. Es ist eine allgemeine Erfahrung, dass zum Zeitpunkt des Abschlusses einer Studie die erhobenen Daten oft Anlass zur Kritik geben. Unterschiedliche Situationen sind anzutreffen, z.B.:

- Es stellte sich inzwischen heraus, dass nicht beobachtete Merkmale bedeutsam sind.
- Die Daten eignen sich nicht, um das ursprünglich vorgesehene statistische Verfahren einsetzen zu können.
- Beobachtete Merkmale sind irrelevant.
- Die in geplanten Zeitraum verfügbaren Fallzahlen sind zu gering, um eine Aussage treffen zu können.
- Es kommen Zweifel über die Qualität der Daten auf.
- Unnötig viele Daten wurden erfasst.

Die Auflistung lässt sich fortsetzen. Ursachen solch misslicher Situationen lassen sich nie ganz vermeiden. Sorgfältige Vorüberlegungen tragen jedoch nicht unwesentlich zur erfolgreichen Arbeit bei.

> **Gegebenenfalls soll man bereits vor Beginn der eigentlichen Untersuchungen einen Statistiker konsultieren!**

Ausgangspunkt jeder Versuchsplanung ist eine möglichst klare Formulierung des Zieles der beabsichtigten wissenschaftlichen Untersuchung.
Die Abfolge von Planung, Realisierung, Auswertung und Ergebnisinterpretation erfordert das Zusammenwirken von Fachwissenschaftlern unterschiedlicher Disziplinen.
Zunächst ist nachzufragen, welche **ethischen Probleme** die vorgesehene Untersuchung aufwirft und ob bei ihrer Durchführung **gesetzliche Regelungen** zu beachten sind. Insbesondere können für die Form der Versuchsplanung sowie die Durchführung der biometrischen Auswertung Vorschriften bestehen.
Damit wird keinesfalls versucht, den Umfang der bestehenden juristischen Regelungen anzudeuten!
Wenn Zwischenfälle möglich erscheinen, muss an Interventionsmöglichkeiten oder Studienabbruch gedacht werden. Dazu sind vorab Regelungen zu treffen!
Nach Festlegung der **Zielgrößen** der geplanten Untersuchung sind **Einflußgrößen** (in der Statistik-Literatur auch als Faktoren bezeichnet) sowie **Störgrößen** zu benennen. Die Skalentypen der Variablen werden vereinbart.
Man unterscheidet mehrere Arten wissenschaftlicher Studien.

- **Beobachtende Studien** lassen relativ wenig Spielraum bei schlüssigen Interpretationen, da kaum Rücksicht auf Einflußgrößen genommen werden kann. Meist geht es darum, eine Hypothesenbildung zu unterstützen oder Vorinformationen zu gewinnen.
- **Erhebungen** bieten den Vorteil besserer Kontrollmöglichkeit der Daten und erlauben, wenn sie als Stichprobenerhebungen angelegt sind, Verallgemeinerungen auf Grundgesamtheiten. Hier würde sich beispielsweise die Klärung der Beziehungen bestimmter Variablen zueinander methodisch einordnen lassen.
- Das **Experiment** bzw. der **klinische Test** schafft die besten Voraussetzungen, um Einflußgrößen durch definierte Bedingungen zu berücksichtigen und reproduzierbare Ergebnisse zu erhalten. In der klinischen Forschung kann dies jedoch zu ethischen Problemen führen.
- **Kontrollierte Studien** zielen ebenfalls darauf ab, Einfluss- und Störgrößen zu eliminieren. Typisch sind Fall-Kontroll-Studien. Interessierenden Objekten werden (bzgl. relevanter Merkmale) ähnliche Kontrollobjekte gegenübergestellt. Um beispielsweise ätiologische Faktoren zu ermitteln, macht ein Vergleich zwischen Kranken und Gesunden nur Sinn, wenn beide Gruppen in möglichst vielen Einflußfaktoren geringe Unterschiede aufweisen.

Nach den Auswahlverfahren für die „Fälle" unterscheiden sich **prospektive** und **retrospektive** wissenschaftliche Untersuchungen, der Zeitorientierung entsprechen **prolektive** und **retrolektive** Studien.

Oft wird dies durch die Themenstellung festgelegt. Bedenken sollte man, dass prospektiv und prolektiv angelegte Arbeiten die genaue Beobachtung wesentlicher Einflüsse und Bedingungen und damit präzise Aussagen erlauben. Retrospektive und retrolektive Erhebungen sind i.a. stärker fehlerbehaftet.

Den Zeitaspekt berücksichtigen auch **sequentielle Studien**. Die Untersuchung wird laufend ausgewertet und abgebrochen, sobald eine Entscheidung gefallen ist. Hierzu bedarf es spezieller statistischer Methoden. Angezeigt ist solches Vorgehen beispielsweise, wenn geringe Fallzahlen eine lange Dauer der Studie nach sich ziehen, eine belastende Therapievariante zu bewerten ist oder eine als überlegen vermutete Therapie schnellstmöglich eingesetzt werden soll.

Sorgfältige Vorüberlegungen haben auch den Fragen der **Qualitätskontrolle** sowohl bei der Gewinnung der Daten als auch bei ihrer Verarbeitung zu gelten. Für den Arzt ist es ein besonderes Gebot, den **Datenschutz** aller ihm anvertrauten Informationen über Patienten und Probanden zu gewährleisten.

> **Im Plan einer epidemiologischen Studie sollen grundsätzlich die Maßnahmen zur Einhaltung datenschutzrechtlicher Vorschriften schriftlich niedergelegt sein!**

In der Ursachenforschung mittels epidemiologischer Studien lassen die typischen Vorgehensweisen unterschiedlichen Erkenntnisgewinn erwarten. Fünf Ebenen der Argumentation sollen unterschieden werden:

1. Beschreibung allgemeiner Beobachtungsdaten, insbesondere Korrelationsrechnungen, ergeben Hinweise auf Ursache-Wirkungs-Beziehungen. Hier ist auf die Gefahr von Scheinkorrelationen und andere Möglichkeiten von Trugschlüssen hinzuweisen.
    Global- und aggregierte Daten sind in diesem Zusammenhang weniger informativ als Individualdaten.
2. Fall-Kontroll-Studien sind retrolektiv orientiert und stellen Fälle (Raucher, Exponierte, Kranke) einer Kontrollgruppe (Nichtraucher, Nicht-Exponierte, Gesunde) gegenüber. Dies ermöglicht spezifische Aussagen unter Berücksichtigung der Auswahlkriterien (Raucher usw.). Interpretationsfehler sind in beide Richtungen möglich. Lungenkrebspatienten werden ihren Zigarettenkonsum seltener zu niedrig angeben als Gesunde. Umgekehrt suggeriert der „healthy worker effect" ein geringeres Erkrankungsrisiko für Exponierte als für Nicht-Exponierte: Stahlarbeiter sind hinsichtlich ihrer Konstitution eine Positivauswahl aus der Normalbevölkerung.
3. Da Kohortenstudien prospektiv und prolektiv angelegt sind, können ihre Bedingungen im Hinblick auf die zu klärenden Fragen speziell konzipiert werden. Die Wahl der statistischen Methoden erlaubt in der Vorbereitungsphase die Kalkulation (im statistischen Sinne) des Versuchsumfanges.
    Die Prägnanz der zu erzielenden Aussagen ist bereits aus diesen Gründen eine höhere im Vergleich zu den ersten beiden o.g. Vorgehensweisen.
4. Sollen kausale Zusammenhänge zwischen Ursache und Wirkung erwiesen werden, sind quantitative Aussagen nötig. Die Epidemiologie muss beispielsweise zur Aufklärung der Relation von Exposition und Erkrankung die Dosis-Wirkungs-Beziehungen untersuchen und exakt beschreiben.
5. Die gewissermaßen inverse Vorgehensweise zur letztgenannten ist die Interventionsstudie. Die Unterdrückung von Risikofaktoren müsste sich in einer Verringerung der Er-

krankungshäufigkeit niederschlagen, sofern eben dieses Risiko und eben diese Krankheit ursächlich verbunden sind.

Damit ist sichtbar, dass die Qualität der Fragestellung die Planung einer epidemiologischen Untersuchung wesentlich beeinflusst. Gleichzeitig wird klar:

> **Die Universalmethode zur Planung epidemiologischer Untersuchungen gibt es nicht!**

Zu jeder Aufgabenstellung ist ein angemessenes Studienprogramm zu entwickeln. Wesentliche Hilfen dabei sind:

- Nutzung allgemeiner Erfahrungen,
- Lernen an instruktiven Beispielen,
- Konsultation von Fachleuten,
- Kenntnis des biometrisch-statistischen Instrumentariums.

Hier wird ausdrücklich auf die von einer ARBEITSGRUPPE in Abstimmung mit verschiedenen Fachgesellschaften erstellten „Leitlinien und Empfehlungen zur Sicherung von guter epidemiologischer Praxis (GEP)" vom April 2004 hingewiesen!

An guten Beispielen zu lernen ist auch bei der Konzeption epidemiologischer Untersuchungen sehr zu empfehlen. Die FRAMINGHAM-Studie als erste umfangreichere epidemiologische Studie wurde oft zu Rate gezogen, ist vielfach zitiert, geprüft und kritisiert worden. Andere Untersuchungen haben solch aufmerksame Beurteilungen nicht erfahren. Erst der Vergleich ermöglicht die Urteilsbildung, und nicht zu bereitwillig sollte dem einzelnen Beispiel gefolgt werden. Es ist sehr verdienstvoll von C.L.MEINERT, in seinem 1986 erschienenen Buch 14 klinische Studien ausführlich vorgestellt und systematisch verglichen zu haben. Diese vergleichende Übersicht wurde durch die Verantwortlichen der vorgestellten Studien mitgestaltet. Die sehr umfangreiche Darstellung bietet zunächst eine zusammenfassende Beschreibung der einzelnen skizzierten Studien einschließlich der Auflistung der zugehörigen Originalpublikationen. Die systematische Diskussion der Studienmethodik schließt auch praktische Fragen der Studienorganisation, der Dokumentation und der Forschungsfinanzierung ein.

Für klinische Studien ist der Bezug auf die für klinische Prüfungen von Arzneimitteln entwickelten internationalen Standards, die in den ICH Guidelines formuliert sind, unerlässlich. Sie betreffen die Planung, Durchführung und Auswertung der Untersuchungen und setzen Qualitätsmaßstäbe, die inzwischen sinngemäß auch auf alle anderen medizinischen Forschungsaktivitäten übertragen wurden. Die jeweils aktualisierten Versionen findet man im Internet, z.B. unter www.ich.org.

Es folgen noch einige Aussagen zur Versuchsplanung im engeren Sinne der Biometrie. Jene besteht im Wesentlichen in der Festlegung einer der Problemstellung angemessenen Auswertungsmethode, der Studiengestaltung in Hinsicht auf Umfang, Zeit und Lokation von Messungen und Beobachtungen sowie der Gewährleistung einer zweckdienlichen Datenverarbeitung. Es ist eine unrealistische Vorstellung, für jedes Problem auf eine gesicherte Methode der statistischen Planung des Untersuchungsumfanges rechnen zu wollen. Besonders für multivariate statistische Verfahren sind sauber mathematisch begründete Vorgehensweisen selten verfügbar.

> **Exakte statistische Verfahren zur Kalkulation von Stichprobenumfängen stehen nur für besondere Situationen zur Verfügung!**

Als **Randomisierung** bezeichnet man eine Methode zur Gewinnung von Stichproben. Sie stellt eine grundlegende Methode der empirischen Forschung das. Zwei Zielstellungen werden verfolgt:

- Die durch die statistische Auswertung bedingten Voraussetzungen (Unabhängigkeit, identische Verteilung) sind zu gewährleisten.
- Die Wirkung bekannter Störgrößen auf die Zielgröße ist zu minimieren.

Dementsprechend gibt es verschiedene Randomisierungsverfahren, die im wesentlichen zwei Gruppen zugeordnet werden können.

Zum einen sind Randomisierungsverfahren darauf gerichtet, Zufallsauswahlen zu garantieren und Stichproben (im statistischen Sinne) zu erzeugen. Außerdem beabsichtigt man, den Einfluss der an der Studie Beteiligten auf die Art und Reihenfolge der vorgesehenen Experimente oder Behandlungen auszuschalten. Damit werden subjektive Faktoren eliminiert. Dies geschieht auch durch Blindversuche und Doppel-Blindversuche. Bei einem **Blindversuch** ist der Versuchsperson die Art des verabreichten Medikaments nicht bekannt. Auf diese Weise schaltet man die teilweise nicht unerheblichen Placebowirkungen aus. Der **Doppel-Blindversuch** lässt auch den behandelnden Arzt über die stattfindende Behandlung im Unklaren.

Zweitens besteht ein Ziel der Randomisierung darin, ggf. verfälschende Wirkungen von Störgrößen auf die Zielgröße einzuschränken.

Beispiel 3.37

Im Rahmen einer kardiologischen Studie an Patienten in Dauerbehandlung sollen drei Therapien A, B und C verglichen werden. Als wesentliche Einflussfaktoren sind Alter, Geschlecht und Schweregrad der in Rede stehenden Erkrankung (hier die Typen III und IV nach NYHA) bekannt. Als Umfang der Studie wurde $N = 60$ festgelegt, jede Therapie soll auf 20 Patienten angewandt werden.

Wieviele mögliche Zuordnungen der Patienten zu den Behandlungen gibt es? Diese Anzahl aller möglichen Aufteilungen der 60 Patienten in 3 Gruppen á 20 Personen ist

$$\binom{60}{20} \cdot \binom{40}{20} \approx 6 \cdot 10^{26} .$$

Zum Vergleich: Ein Jahr hat etwa $31.5 \cdot 10^6$ Sekunden. Es ist also aussichtslos, eine gute Zusammenstellung der Gruppen mit Blick auf die Einflussfaktoren hier auswählen zu wollen. Eine **gewöhnliche Randomisierung** besteht darin, durch ein Zufallsverfahren die 60 Patienten den Therapien A, B oder C zuzuweisen. Man benutzt zweistellige gleichverteilte Zufallszahlen. Den Patienten werden fortlaufend diese Zufallszahlen zugeordnet, sofern sie kleiner als 60 sind. Die Patienten mit Zufallszahlen kleiner oder gleich 19 erhalten Therapie A (es ist an die Zufallszahl 00 zu denken), die Patienten mit Zufallszahlen größer oder gleich 20 und kleiner 40 erhalten Therapie B, die restlichen Therapie C. Der Nachteil dieses Verfahrens besteht darin, dass unterschiedlich viele Patienten in die drei Gruppen gelangen können. Außerdem bleiben die Einflussgrößen unberücksichtigt.

Das **Blocklängenverfahren** gewährleistet gleiche Anzahlen in den Gruppen, bleibt jedoch ebenfalls ohne Optimierung der Einflussgrößen. Gebildet werden Blocks (Worte) der Länge 6 mit jeweils zwei der Buchstaben A, B bzw. C. Es gibt

$$\binom{6}{2} \cdot \binom{4}{2} = 90$$

verschiedene derartige Wörter, die aufgeschrieben und durchnumeriert werden. Zehn Zufallszahlen zwischen 1 und 90 geben die auszuwählenden Worte an, z.B. (AB BC CA), (CA BA BC), (AC CA BB), ... Die Patienten werden in der so vorgegebenen Reihenfolge zufällig den Behandlungen A, B bzw. C zugeordnet. Damit ist gewährleistet, dass jeweils 20 Patienten je Therapiemethode in der Studie erfasst werden. Auch bei vorzeitigem Abbruch der Studie ist nach jeweils sechs, zwölf, 18 … Behandlungen gleicher Umfang in jeder Behandlungsgruppe gesichert. Die Blocklänge wird aus der Anzahl der Therapieverfahren (3), den vorgesehenen Besetzungszahlen (20) sowie dem Stichprobenumfang (60) kalkuliert.

Sollen zwei Behandlungen, wobei der Erfolg ohne Zeitverzug feststellbar ist, verglichen werden, stellt die **„play the winner"-Methode** ein mögliches Randomisierungsverfahren dar. Es arbeitet erfolgsorientiert. Solange kein Misserfolg eintritt, wird die eine Behandlungsmethode auf die in die Studie eintretenden Probanden angewandt. Bei Auftreten eines Misserfolges wechselt man zur anderen Behandlung usw. Auch hier bleiben die Einflussgrößen unbeachtet. Betrachtet seien nun Randomisierungsverfahren, die Einflussgrößen berücksichtigen. Das **Schichtungsmodell** geht davon aus, dass die Einflussgröße kategorial ist, also sogenannte Schichten bildet. Das können beispielsweise Merkmalsausprägungen oder Klasseneinteilungen der betreffenden Zufallsgrößen sein. Im obigen Beispiel bilden die Einflussgößen Geschlecht (w, m), Schweregrad der Erkrankung (Typ III, Typ IV) und Alter (Altersgruppen 1, 2 und 3) insgesamt $r = 2 \cdot 2 \cdot 3 = 12$ Schichten, in die sich N Patienten einordnen. Innerhalb jeder Schicht werden die $s = 3$ Behandlungen A, B und C nach dem Blocklängenverfahren zufällig den Patienten zugeordnet. Damit die Anzahl der Behandelten für A, B und C gleich ist, muss N ein Vielfaches von r und s sein. Hier wäre, soll das Schichtenmodell zur Randomisierung der Studie herangezogen werden, der vorgesehene Versuchsumfang auf $N = 72$ zu verändern.

◄

Das Schichtenmodell gewährleistet Rücksicht auf die Einflussgrößen, deren Werte allerdings vorher von allen Patienten bekannt sein müssen. Kann dies nicht gewährleistet werden, wird man auf **adaptive Verfahren der Randomisierung** zurückgreifen. Ihr Grundgedanke ist folgender: Ein neu in die Studie eintretender Patient oder Proband wird derart einer Behandlung zugeordnet, dass die Varianz der Einflussgrößen summarisch für alle Schichten minimal wird. Einzelheiten würden hier zu weit führen.

Man sieht leicht ein, dass die detaillierte Berücksichtigung von Einflußgrößen zu einer unpraktikabel hohen Zahl von Schichten führt. Die Fallzahlen je Schicht werden bei begrenztem Studienumfang N zu klein. Es gibt aber noch ein sachliches Argument gegen adaptive Randomisierung: Sie schränkt wegen der Berücksichtigung der individuellen Eigenschaften der Probanden den Zufallscharakter der Auswahl ein. Genau genommen hat man es dann nicht mehr mit Stichproben im Sinne der Statistik zu tun. Inwieweit das verwendete statistische Verfahren robust gegen solche Abweichungen von ihren Voraussetzungen ist, hat man zu begründen. Allerdings ist dieses Problem zu wenig beachtet. Weitere Ausführungen zu dieser Thematik findet man bei KUNDT (2002).

3.6   Datenquelle der Epidemiologie

Epidemiologen beziehen ihre Informationen aus der wissenschaftlichen Literatur, aus eigenen speziell konzipierten wissenschaftlichen Studien und aus den Datensammlungen Dritter. Computerunterstützte Recherchesysteme und verschiedene Datenbasen, z.B. die amtlichen, sind über das Internet bequem verfügbar. Internationale gesundheitsbezogene Daten stellt die WHO bereit, meist in Form spezialfachlicher Publikationen und statistischer Berichte. Auf Datensammlungen in Deutschland soll näher eingegangen werden. Eine umfangreiche Bestandsaufnahme von gesundheitsbezogenen Datenquellen in der Bundesrepublik wurde von einer Forschungsgruppe im Auftrage des Bundesministeriums für Forschung und Technologie erstellt. Der Endbericht wurde in 3 Bänden veröffentlicht (Aufbau einer Gesundheitsberichterstattung: Bestandsaufnahme und Konzeptvorschlag. Forschungsgruppe Gesundheitsberichterstattung. ISBN-Nr. 3-537-78799-5, 1990) und umfasst 1628 Seiten. Die Bewertung und Charakterisierung der etwa 300 Datenquellen erfolgte unter dem Gesichtspunkt ihrer Nutzbarkeit für eine Gesundheitsberichterstattung, enthält aber detaillierte Angaben zu den Datenbanken, die wie folgt gegliedert sind:

- Institution (Datenerheber, Datenverarbeiter, Datenherr, Zweck der Datenerhebung)
- Dateninhalt (Erhebungs- bzw. Speichereinheit, Variablenliste)
- Gesamtheit, Auswahl, Zeit und Raumbezug
- Verfügbarkeit (Datenträger, Zugänglichkeit, Veröffentlichung)
- Aggregationsgrad
- Verknüpfungsmöglichkeiten.

Es gibt Datensammlungen, die mehrere hundert Merkmale enthalten (z.B. Daten der gesetzlichen Krankenversicherung) und solche mit geringer Merkmalsanzahl (z.B. Statistik der Schwangerschaftsabbrüche).
Von den bewerteten Datensammlungen werden etwa 1/6 durch die amtliche Statistik und ein zusätzliches Drittel durch andere staatliche Stellen geführt, die Hälfte sind Datenkörper sonstiger Herkunft, enthaltend Quellen mit sehr großer Datenvielfalt und Merkmalstiefe.
Hier können die Erkenntnisse des o.g. Endberichtes nicht auch nur annähernd wiedergegeben werden. Sinnvoll erscheint eine kurze thematisch gegliederte Darstellung des Informationsangebotes. Anmerkungen zum Datenschutzproblem unterbleiben.

Soziodemographie
Aus den amtlichen Statistiken liegen regional differenzierte Angaben über die Bevölkerungsstruktur vor, die außerordentlich genau sind. Dazu gehören

- Bevölkerungsstand nach Alter, Geschlecht und Familienstand,
- Bevölkerungsstand nach Haushalts- und Familienstruktur,
- Bevölkerungsstand nach Erwerbstätigkeit,
- Einzelkomponenten der Bevölkerungsänderung,
- Geburten, Geburtenrate (nach Alter der Frauen), Alter der Mütter bei der Geburt ihrer lebendgeborenen Kinder,
- Sterbefälle, Lebenserwartung nach sozialer Schicht, nach Berufsgruppen, nach Regionen,

- Familienstandsänderungen,
- Bevölkerungswanderungen und Bevölkerungsprognosen.

Nicht hinreichend regional differenziert sind die Angaben über soziale Merkmale wie Berufszugehörigkeit, Versichertenstatus. Weitere relevante Datenquellen liegen vor (Versicherungen), müssten aber spezifisch ausgewertet werden.

Gesundheitszustand der Bevölkerung
Angaben zum Gesundheitszustand der Bevölkerung aus amtlichen Statistiken resultieren aus den gesetzlichen Meldepflichten. Es sind dies im Wesentlichen die im Folgenden genannten Datenquellen.

Statistiken der Ämter

- Edition der Fachserie 12 (Gesundheitswesen) des Statistischen Bundesamtes
- demographische Bevölkerungsstatistik
- Todesursachenstatistik
- meldepflichtige Krankheiten
- Krankenhausstatistik
- schulärztliche Untersuchung
- Musterungsuntersuchung
- Krankheitsregister
- Mikrozensus

Statistiken der Versicherungen

- gesetzliche Krankenversicherungen
- Medizinischer Dienst
- Rentenversicherungen
- Arbeitslosenversicherungen
- gesetzliche Unfallversicherung

Todesursachenstatistik
Die Todesursachenstatistik bezieht die demographischen Angaben zu den Verstorbenen von den zuständigen Standesämtern und die nach der ICD verschlüsselte Todesursache aus den Leichenschauscheinen. Die Qualität der Angaben zu den Todesursachen wird kontrovers eingeschätzt. Ein wesentlicher Mangel ist die Festlegung, nur ein Grundleiden als Todesursache benennen zu müssen.
Analysen ergaben, dass die Validität der Daten für die einzelnen Diagnosegruppen unterschiedlich zu bewerten ist. Beispielsweise wurde für Schweden festgestellt, dass die Angaben der Todesbescheinigungen für Krebs, cerebrovaskuläre Krankheiten, ischämische Herzkrankheiten, Bronchitis, Asthma, Emphysem, Unfälle und Selbstmord durch zusätzliche Unterlagen weitgehend bestätigt wurden. Die Aussagen betreffend Diabetes, psychiatrische Leiden, rheumatische Herzkrankheiten erschienen ungenau (de FAIREN u.a. 1976). Problematisch sind Vergleiche der Mortalitätsangaben verschiedener Länder.

Meldepflichtige Krankheiten
Für etwa 40 infektiöse Erkrankungen besteht eine gesetzliche Meldepflicht. Auf diese Weise entsteht die einzige amtliche Morbiditätsstatistik. Die Angaben werden von den behandelnden Ärzten an die Gesundheitsämter geliefert. Nur für drei Erkrankungen (Tuberkulose, Tripper, Enteritis infectiosa) wurden 1986 mehr als ein Fall auf 10 000 Ein-

wohner gemeldet. Da zudem viele Fälle unkompliziert verlaufen, ist mit einer Untererfassung zu rechnen.

Krankenhausstatistik
Die Krankenhausstatistik wurde als amtliche Datenquelle bereits 1877 eingeführt und inzwischen inhaltlich mehrfach neu gefasst.
Die Angabe von Haupt- und Entlassungsdiagnosen sowie der Erfassung des Wohnsitzes lässt regionale Angaben zur Morbidität zu.

Schulärztliche Untersuchungen
Von den etwa 320 Gesundheitsämtern werden schulärztliche Untersuchungen durchgeführt. Die Länder haben hierfür unterschiedliche Regelungen getroffen. Eine einheitliche und straffe Dokumentation kann nicht konstatiert werden. Am besten dokumentiert sind die Schulanfängeruntersuchungen.

Musterungsuntersuchungen
Etwa 90 % eines Jahrganges der jungen männlichen Bevölkerung werden durch die Musterung erfasst. Eine größere Anzahl von Merkmalen wird beobachtet, Diagnosen sind aber nicht nach ICD verschlüsselt. Die „Fehlziffern" I bis VI haben interne Bedeutung für die Bundeswehr, bei der Klassifizierung besteht ein breiterer Ermessensspielraum als bei der ICD.

Krankheitsregister
Aufgrund der Gesetzeslage stehen Krankheitsregister nationaler Bedeutung nur in Ausnahmefällen zur Verfügung. Ein Beispiel ist das Kinderkrebsregister in Mainz. Die Schaffung eines nationalen Krebsregisters steht erst am Anfang. Für die Epidemiologie fehlen damit sehr wichtige Datenquellen.

Mikrozensus
Das Statistische Bundesamt erfaßt im Rahmen des Mikrozensus in größeren Zeitabständen zu speziellen Fragen gesundheitsrelevante Angaben der Bevölkerung. Er dürfte die umfangreichsten Stichprobenerhebungen zu gesundheitlichen Fragen in Deutschland liefern. 1 % der Bevölkerung wird durch Zufallsauswahl nominiert und u.a. zu ausgewählten Gesundheitsproblemen befragt. Verfügbar sind Angaben beispielsweise zum Rauchen, zur Jodsalzverwendung, über Unfallverletzte, über Erkrankungen etc.

Wichtige Informationen zum Gesundheitszustand der Bevölkerung stellen die Datensammlungen der Versicherungen bereit. Sie sind nicht in jedem Falle zugänglich. Den Aufgabenfeldern der einzelnen Versicherungen entsprechend unterschiedlich sind die dokumentierten Informationen.

Gesetzliche Krankenversicherung
Für mehr als 90 % der Bevölkerung der Bundesrepublik sind hier die Anlässe medizinischer Behandlungen dokumentiert. Es werden auch Angaben zum Inhalt der medizinischen Maßnahmen gemacht. Die Liste der erhobenen Merkmale ist umfangreich, die Qualität der Datensammlungen ist sehr heterogen in Hinsicht auf Vollständigkeit der An-

gaben oder die Qualität der ICD-Codierungen. Daten zu Krankheitsursachen werden in Sonderfällen (Arbeitsunfähigkeit, Krankenhausbehandlung) erfasst.

Medizinischer Dienst

Der Medizinische Dienst ist ein Beratungsorgan für Krankenkassen und führt Begutachtungen zur Arbeitsunfähigkeit und für Rehabilitationsmaßnahmen durch. Die anfallenden Daten sind besonders für epidemiologisch-sozialmedizinische Forschungen interessant.

Rentenversicherung

Die Rentenversicherung ist gesetzlich zur periodischen Veröffentlichung von Statistiken verpflichtet. Damit erfolgt eine Berichterstattung über geschäftliche Aktionen, obwohl zu einem Rehabilitationsfall meist die gesamte Biographie des Versicherten vorliegt. Epidemiologisch die Daten der Rentenversicherung in Hinsicht auf Verlaufs-Statistiken auszuwerten ist eine aktuelle Aufgabe.

Arbeitslosenversicherung

Die durch diese Versicherung erhältlichen Strukturinformationen über den Beschäftigungsstand in der Bevölkerung sind an sich epidemiologisch wenig ergiebig, da Krankheitsangaben von Arbeitslosen nicht erfasst werden.

Gesetzliche Unfallversicherung

Der Wert der Informationen aus der gesetzlichen Unfallversicherung für epidemiologische Forschungen wird eher zurückhaltend eingeschätzt. Die Berufskrankheitendokumentation erlaubt keine Ursachenforschung, eine Beschreibung bekannter Zusammenhänge ist möglich. Aus epidemiologischer Sich sehr wertvoll sind die Angaben aus den arbeitsmedizinischen Vorsorgeuntersuchungen.

Diagnose und Therapie-Index DTI

Von Infratest seit 20 Jahren erhoben, sind fallbezogene Daten aus Akutkrankenhäusern zusammengestellt und erlauben die Beschreibung der Krankenhausmorbidität. Die Fallzahlen des DTI werden als zu gering angesehen, um detailliertere Aussagen zu treffen.

Gesundheitssurveys sind umfangreiche aperiodische Datensammlungen, die als wissenschaftliche Studien konzipiert sind. In den letzten Jahren wurden sie in der Bundesrepublik beispielsweise zu folgenden Themen erstellt:

- epidemiologische Surveys zu kardiovaskulären Risikofaktoren,
- Surveys über psychische und körperliche Gesundheit im Alter,
- der nationale Gesundheitssurvey im Rahmen der DHP-Studie,
- Surveys zum Ernährungsverhalten,
- Jugendlichen-Surveys zum Suchtverhalten,
- Surveys über Schwangerschaft, Geburt und frühkindliche Entwicklung,
- Epidemiologie der Karies in der BRD.

Ressourcen im Gesundheitswesen

Statistische Angaben liegen vor über Berufe des Gesundheitswesens, Einrichtungen des Gesundheitswesens und ihre Leistungen, die Zahl der freiberuflich tätigen Ärzte und Zahnärzte, Kostenstrukturen im Gesundheitswesen, die stationäre Versorgung, die Jugendhilfe, das Rettungswesen, Strukturen und Leistungen des pharmazeutischen Großhandels, die Apothekenbestände.

Die Angaben sind aus unterschiedlichen Datenbeständen zusammenzustellen, aber nicht in allen Fällen frei zugänglich. Sie sind in der Regel nicht auf Patienten bezogen.

Inanspruchnahme von Leistungen

Die Informationen beziehen sich auf die ambulante und stationäre Patientenversorgung, die Versorgung mit Heil- und Hilfsmitteln, Kuren, Vorsorge und Früherkennung, Rehabilitation. Relevante Datenquellen dazu sind die Statistiken der gesetzlichen und der privaten Krankenversicherungen, die Krankenhausstatistiken, Bevölkerungserhebungen und spezielle Studien sowie die Statistiken der Renten- und der Unfallversicherungen.

Angaben über Arzneimittelanwendungen und -verbrauch sind beispielsweise erhältlich aus folgenden Datensammlungen:

- Arzneimittelindex des Wissenschaftlichen Instituts der Ortskrankenkassen,
- Arzt, Arzneimittel und Selbstmedikation von EMNID,
- Gesundheitsdaten der Bevölkerung von Infratest,
- Gesundheitsverhalten und Einstellung zur Gesundheit, Bundeszentrale für gesundheitliche Aufklärung.

Kosten im Gesundheitswesen

Dem Berichtswesen zur Kostenerfassung und -bewertung wird eine geringe Bedeutung in Hinsicht auf den medizinischen Gehalt epidemiologischer Fragestellungen beigemessen.

4 Spezielle Epidemiologie

Zu den Ursprüngen der Epidemiologie gehört die Untersuchung infektiöser Erkrankungen in Hinsicht auf die Mechanismen ihrer Ausbreitung und die Möglichkeiten, durch geeignete Interventionen die dramatischen Häufungen und Ausbreitungen dieser Erscheinungen einzudämmen. Die biometrische Modellierung solcher Vorgänge reicht bis in die erste Hälfte des 19. Jahrhunderts zurück. Dabei wurden deterministische Ansätze gewählt, wobei die Theorie der Differentialgleichungen bevorzugt Anwendung fand. Dies geschah in einer Zeit, in der auch auf anderen Gebieten der biologischen Wissenschaften erfolgreiche Mathematisierungen zu verzeichnen waren. Beispiele sind die grundlegende Arbeit von MENDEL (1866) zur Genetik oder die Beschreibungen von Wachstumsmodellen durch VERHULST (1838).

Bereits 1760 hat D. BERNOULLI kalkuliert, dass die Lebenserwartung um drei Jahre zunähme, wenn eine allgemeine Impfpflicht gegen die Pocken eingeführt würde. Hier dürfte es sich um die erste Anwendung einer mathematischen Modellierung in der Epidemiologie handeln. Der benutzte Ansatz war das im folgenden Abschnitt erläuterte deterministische Modell 2 und ist genau die Differentialgleichung, die von VERHULST benutzt wurde. Als Datenbasis der BERNOULLI´schen Rechnungen diente eine Sterbetafel für Breslau, die um 1760 entstand.

Die jüngeren Entwicklungen der Mathematik und insbesondere der Wahrscheinlichkeitsrechnung sowie die heutzutage verfügbare leistungsfähige Rechentechnik machen aufwendigere Modellierungen interessant und praktikabel für die Epidemiologie. Damit gehört auch das Rechnerexperiment zum Methodenrepertoire von Biometrie und Epidemiologie.

In diesem Abschnitt werden einführende Darstellungen zu den angedeuteten Themenkreisen gegeben. Betrachtet werden deterministische und stochastische Modelle. Die Auswahl wurde bewusst auf die historische Entwicklung bezogen. So wird sichtbar, dass die mathematische Durchdringung praktischer Fragestellungen nicht ein Privileg unserer Zeit mit ihren hervorragenden technischen Möglichkeiten ist. Der Leser soll ermutigt werden, ebenso wie die vor uns Wirkenden die Mühen der Einarbeitung in diese nicht einfache Materie auf sich zu nehmen. Die Darlegungen zur genetischen Epidemiologie zeigen aber auch Weiterentwicklungen klassischer Vorgehensweisen auf: Exakte simultane Konfidenzschätzungen für Mehrallelensysteme sind erforderlich und möglich.

Schließlich wird ein Beispiel für epidemiologische Modellierung mittels MARKOV'scher Ketten gegeben. Der dargestellte stochastische Prozess beschreibt die Prävalenzentwicklung des Diabetes mellitus und ermöglicht auch die Berücksichtigung der Bevölkerungsdynamik. Die Daten der Jahre 1960 bis 1989 des Diabetesregisters der DDR werden durch das Modell rekonstruiert, die abgeleitete Prognose ist an Befunden der Jahre 2000 und 2004 für das Territorium von Rügen überprüft worden.

4.1   Theorie der Infektionen: Ein deterministischer Ansatz

Den zeitlichen Verlauf von Infektionen in einer Population will man durch ein möglichst einfaches mathematisches Modell beschreiben. Veranlassung sind u. a. der Wunsch nach grundsätzlichen Einsichten in derartige Prozesse oder die Notwendigkeit, Präventionsprogramme quantitativ kalkulieren zu können. Zwischen Epidemie-Modellen und chemischen Reaktionen sowie zur Pharmakokinetik gibt es hinsichtlich der mathematischen Beschreibung Analogien.

Allgemeine Voraussetzungen für die nachfolgend vorgestellten speziellen Modelle sind:

- Die Krankheit wird durch Kontakt zwischen Kranken und Gesunden übertragen.
- Die Übertragung erfolgt unmittelbar, es gibt keine Latenzzeit.
- Alle Kranken sind gleich infiziös, alle Gesunden sind gleich infizierbar.
- Die betrachtete Population hat entweder unendlich viele (1. Modell) oder eine fixierte Anzahl von Individuen (2. und 3. Modell).

Können diese Bedingungen nicht als erfüllt angesehen werden, sind die nachfolgend vorgestellten Modelle auf die betreffende Situation nicht anwendbar.

1. Modell

Die Population habe unendlich viele Individuen. Jedes Individuum ist infizierbar. Eine kleine Anzahl sei bereits zu Beginn infiziert.

Es bezeichnen $I(t)$ die Anzahl der zur Zeit t Infizierten (infectives) und $b > 0$ die Infektionsrate. Diese kann als durchschnittliche Kontaktzahl eines Infizierten mit Gesunden während einer Zeiteinheit angesehen werden. Die Modellvorstellungen über die zwischen diesen Größen bestehende Gesetzmäßigkeiten werden in einer Differentialgleichung formuliert, die es zu lösen gilt.

Modellgleichung 1:

$$\frac{d}{dt} I(t) = b \cdot I(t) \text{ mit der Anfangsbedingung: } I(0) = I_0$$

Erläuterung: Die Differentialgleichung beschreibt inhaltlich, dass die Veränderungen der Anzahl der Infizierten bezüglich der Zeit, d.h. die Ableitung von $I(t)$ nach t, proportional zur Anzahl der Infizierten ist. Die Infektionsrate b ist der Proportionalitätsfaktor. Die Anfangsbedingung sagt aus, dass zum Zeitpunkt $t = 0$ gerade I_0 Individuen infiziert waren. Es ist

---

$$I(t) = I_0 \exp(b \cdot t)$$

Lösung der Modellgleichung 1.

Die Ableitung von $I(t)$ erfüllt die Modellgleichung 1, die Anfangsbedingung ist eingehalten. Abb. 4.1 gibt das Zeitverhalten des Prozesses wieder.

Das Modell ist wirklichkeitsfremd, da $I(t)$ unbeschränkt wächst. Ein generelles Problem der deterministischen Modelle ist die Inkonsistenz von Beobachtung und Modell im folgenden

Sinne: Die Anzahlen von Infizierten können nur Elemente der natürlichen Zahlen sein, während die Modellfunktion $I(t)$ stets reelle Zahlen liefert.

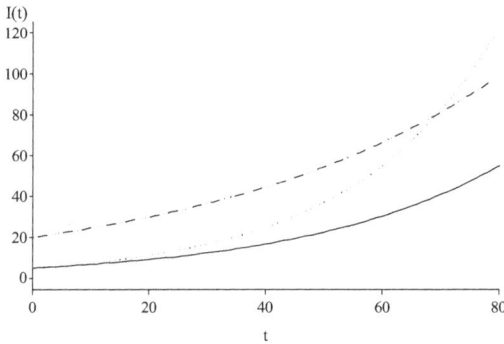

Abb. 4.1 Lösungen $I(t)$ der Modellgleichung 1 für verschiedene b und I_0.
(volle Linie $b = 0.02$ und $I_0 = 5$, gestrichelte Linie $b = 0.03$ und $I_0 = 20$, gepunktete Linie $b = 0.04$ und $I_0 = 5$)

2. Modell
Die Population habe N Individuen. Ein Individuum ist entweder infiziert (krank) oder infizierbar (gesund).

Es bezeichnen $S(t)$ die Anzahl der zur Zeit t infizierbaren Gesunden (susceptibles) und $b > 0$ eine Infektionsrate, die wieder interpretiert werden kann als durchschnittliche Kontaktzahl je Zeiteinheit zwischen einem Gesunden und einem Kranken.

Modellgleichungen 2:

    1. $\dfrac{d}{dt} I(t) = b \cdot S(t) \cdot I(t)$

    2. $S(t) + I(t) = N$

    mit der Anfangsbedingung: $I(0) = I_0$, $0 < I_0 \leq N$.

Erläuterung: Die Differentialgleichung beschreibt inhaltlich, dass die Veränderung der Anzahl der Infizierten bezüglich der Zeit, d.h. die Ableitung von $I(t)$ nach t, nicht mehr nur von $I(t)$ abhängt. Die Modellgleichung ist nichtlinear, denn mit $I(t) + S(t) = N$ ergibt sich

$$\frac{d}{dt} I(t) = b \left(N - I(t) \right) I(t).$$

Die Anfangsbedingung stimmt mit der Modellgleichung 1 überein, wird aber erst sinnvoll, wenn I_0 klein gegenüber N ist, $I_0 \ll N$.

Lösung: Die Methode der „Trennung der Variablen" ergibt $\dfrac{dI}{(N-I)I} = b\,dt$, hieraus folgt

$\displaystyle\int \frac{dI}{(N-I)I} = \int b\,dt$. Die Partialbruchzerlegung des Integranden führt wegen

$$\frac{N}{I(N-I)}=\frac{1}{I}-\frac{1}{N-I} \text{ zu } \int\frac{dI}{I}-\int\frac{dI}{N-I}=\int b\,N\,dt, \text{ also}$$

$$b\,N\,t+Const.=\ln|I|-\ln|N-I|=\ln\left|\frac{I}{N-I}\right|.$$

Die Exponentialfunktion ist die Inverse der Logarithmusfunktion, also hat man

$\frac{I}{N-I}=C\,e^{bNt}$, und damit die allgemeine Lösung $I(t)=\frac{N\,C\,e^{bNt}}{1+C\,e^{bNt}}$.

Aus der Anfangsbedingung $I(0)=I_0=\frac{NC}{1+C}$ ergibt sich die Integrationskonstante

$C=\frac{I_0}{N-I_0}$. Dies in die allgemeine Lösung eingesetzt, $I(t)=\frac{N\,I_0}{N-I_0}e^{bNt}\Big/\left(1+\frac{I_0}{N-I_0}e^{bNt}\right)$,

beziehungsweise leicht umgeformt, resultiert in

$$I(t)=\frac{I_0\,e^{bNt}}{1-\frac{I_0}{N}\left(1-e^{bNt}\right)} \text{ als}$$

Lösung der Modellgleichung 2.

Diese Funktion beschreibt die Anzahl $I(t)$ der zur Zeit t infizierten Individuen bezüglich Modell 2. Die Anzahl $S(t)$ der zur Zeit t Gesunden ist $S(t) = N - I(t)$. Welche Eigenschaften hat die Lösungsfunktion $I(t)$?

Eigenschaften von $I(t)$:
- Die Funktion $I(t)$ ist monoton wachsend
- $\lim\limits_{t\to\infty} I(t)=N$, d.h. im Laufe der Zeit ist die gesamte Population infiziert.

Beweis: Die Funktion $I(t)$ ist monoton wachsend, weil ihre Ableitung positiv ist:

$$\frac{d}{dt}I(t)=b\frac{\frac{NI_0}{N-I_0}e^{bNt}}{1-\frac{I_0}{N-I_0}e^{bNt}}\left(1-\frac{\frac{NI_0}{N-I_0}e^{bNt}}{1-\frac{I_0}{N-I_0}e^{bNt}}\right)=\frac{b\,I_0\left(N-I_0\right)e^{2bNt}}{\left(1-\frac{I_0}{N}\left(1-e^{bNt}\right)\right)^2}>0.$$

Die Grenzwerteigenschaft erhält man durch Ausklammern des Terms e^{bNt} im Nenner von $I(t)$

$$\lim\limits_{t\to\infty} I(t)=\lim\limits_{t\to\infty}\frac{e^{bNt}\,I_0}{e^{bNt}\left(e^{-bNt}-\frac{I_0}{N}e^{-bNt}+\frac{I_0}{N}\right)}=\frac{I_0}{\frac{I_0}{N}}=N.$$

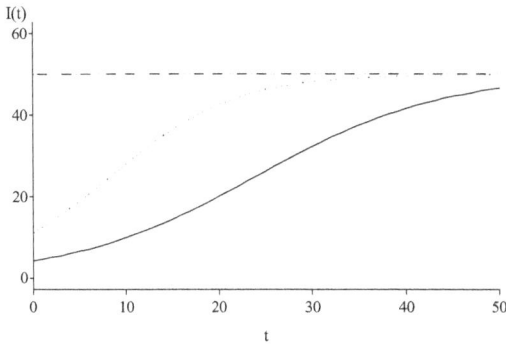

Abb. 4.2 Lösung $I(t)$ der Modellgleichung 2 für $N = 50$ (gestrichelte Asymptote) für verschiedene I_0 und b.
(volle Linie $I_0 = 5$ und $b = 0.002$, gepunktete Linie $I_0 = 12$ und $b = 0.003$)

Die Unzulänglichkeit von Modell 2 besteht darin, dass mit Sicherheit jedes Individuum krank wird. Infektionen verlaufen in der Realität aber anders. Die Möglichkeit der Genesung muss in das Modell einbezogen werden.

3. Modell

Das folgende **klassische allgemeine Epidemie-Modell** geht auf KERMACK und MCKEN-DRICK (1927) zurück. Neben den im zweiten Modell berücksichtigten Kranken und Gesunden wird zusätzlich eine Klasse der „removed individuals" eingeführt. Es handelt sich um diejenigen Individuen der Population, die nach Erkrankung und Wiedergenesung immun geworden sind und dadurch nicht erneut an der Infektion erkranken können. Zusätzlich zu den eingangs gemachten Voraussetzungen soll gelten: Jedes Individuum soll nur einmal erkranken.

Dies ist eine reale Forderung, eine bleibende Immunität wird berücksichtigt. $R(t)$ bezeichnet die Anzahl der „removed individuals" zum Zeitpunkt t. Die Genesungsrate r kennzeichnet den Übertritt von den Kranken zu den „removed individuals". Alle übrigen Variablenbezeichnungen sind beibehalten.

Modellgleichungen 3:

1. $\dfrac{d}{dt} S(t) = -b\, S(t)\, I(t)$

2. $\dfrac{d}{dt} I(t) = b\, S(t)\, I(t) - r\, I(t)$

3. $\dfrac{d}{dt} R(t) = r\, I(t)$

4. $S(t) + I(t) + R(t) = N$

mit den Anfangsbedingungen $S(0) = S_0 = N - I_0$, $I(0) = I_0$ und $R(0) = 0$.

Erläuterungen:

1. Die Veränderungsgeschwindigkeit der Anzahl der infizierbaren Gesunden ist dem Produkt der Anzahlen der infizierbaren Gesunden und der Infizierten proportional mit dem Proportionalitätsfaktor b (Infektionsrate).

2. Die Veränderungsgeschwindigkeit der Infiziertenanzahl ist im Vergleich zu Modell 2 um einen Anteil zu reduzieren, den der immun werdenden Infizierten (Immunitätsrate r).
3. Die Geschwindigkeit der Änderung des immun werdenden Populationsanteils ist proportional zur Anzahl der Infizierten.
4. Die vierte Modellgleichung verknüpft die drei Populationsanteile zur zeitunabhängigen Populationsgröße N. Das kommt auch dadurch zum Ausdruck, dass die Summe der Gleichungen (1), (2) und (3) Null ergibt: $\frac{d}{dt}N = \frac{d(S(t)+I(t)+R(t))}{dt} = 0$.

Eine Epidemie kommt erst in Gang, wenn die Population bestimmte Parameterkonstellationen aufweist. Wie dies von der Infektionsrate b und der Immunisierungsrate r abhängt, sei nachfolgend betrachtet. Mit $\varepsilon = r/b$, dem Quotienten aus „Immunisierungsrate" r und „Infektionsrate" b, wird die obigen Gleichungen (2) vereinfacht zu

$$\frac{d}{dt}I(t) = b(S(t)-\varepsilon)I(t).$$

Da $I(t) > 0$ und $b > 0$, stimmt das Vorzeichen von $\frac{d}{dt}I(t)$ mit dem von $(S(t) - \varepsilon)$ überein.

Insbesondere gilt $\frac{d}{dt}I(t) > 0$ genau dann, wenn $S(t) > \varepsilon$.

Es ist $S(t)$ monoton fallend, da die Anzahl der Gesunden kontinuierlich durch die Infektion abnimmt, Gesunde kommen nicht neu hinzu. Nach erfolgter Immunisierung vergrößert sich der Anteil $R(t)$ der „removed individuals". Wenn $S(0) < a$ gilt, so gelten $S(t) < a$ auch für alle Zeitpunkte $t > 0$ und damit $\frac{d}{dt}I(t) > 0$ für alle $t > 0$. Dies bedeutet:

Ist die Anzahl der Gesunden S_0 bei $t = 0$ kleiner als die kritische Zahl ε, gibt es kein Infektionsgeschehen, keine Epidemie!
Diese Zahl $\varepsilon = r/b$ ist durch die Infektionsrate b und die Rate r des Übertritts von Zustand „krank" nach „removed" bestimmt. Sie heißt **Schwellenwert der Infektion**.

Die Lösung des Differentialgleichungssystems der Modellgleichungen 3 kann nicht vollständig diskutiert werden. Man bildet den Quotienten aus den ersten beiden Gleichungen, $\frac{dS}{dI} = \frac{-bSI}{bSI-rI} = \frac{bS}{r-bS}$, trennt die Variablen $\left(\frac{r}{bS}-1\right)dS = dI$ und integriert

$$\frac{r}{b}\ln|S| - S + Const. = I.$$

Die Integrationskonstante errechnet sich aus den Anfangsbedingungen für $t = 0$,

$$\frac{r}{b}\ln(N-I_0) - (N-I_0) + Const. = I_0, \text{ also } Const. = N - \frac{r}{b}\ln(N-I_0).$$

Damit ist

$$I(t) = \frac{r}{b}\ln|S(t)| - S(t) + N - \frac{r}{b}\ln(N - I_0)$$

Lösung für Modell 3 .

Beispiele für solche Lösungen zeigt die Abb. 4.3. Die Variable $x = S(t)$ nimmt nur positive Werte zwischen 0 und 50 an. Die Lösung I lässt sich als Funktion dieser Variablen x auffassen. Man sieht die sogenannten Trajektorien. Abb. 4.3 gibt für verschiedene Schwellenwerte $\varepsilon = r/b$ ($\varepsilon = 2$ und 5) und verschiedene Populationsumfänge N den Verlauf wieder. Das Maximum von I ist jeweils die größte Anzahl von Infizierten. Der Prozess endet, wo die Funktion die S-Achse trifft (Anzahl der Infiziert gleich Null).

Je größer die Population in Bezug auf den Schwellenwert ε ist, je vollständiger, stärker oder radikaler verläuft die Epidemie. Dies ist die Aussage des sogenannten Schwellenwert-Theorems von KERMACK/MCKENDRICK.

Kennt man die Infektionsrate b, die removal-Rate r und die Populationsgröße N, ist die Stärke der Epidemie kalkulierbar.

Die Modellierung von Epidemie-Mechanismen ist mit diesem Beispielen keineswegs erschöpfend dargestellt. Vielmehr sind erste Möglichkeiten aufgezeigt, die das Studium und die Anwendung von Epidemie-Modellen bieten.

Eine kurz gefasste Einführung in deterministische Modelle von Epidemien findet man bei TEUMER (1996). Hier werden Diffusionsmodelle beschrieben, die Lösungen der entsprechenden Differentialgleichungen entwickelt sowie Anwendungsbeispiele erläutert.

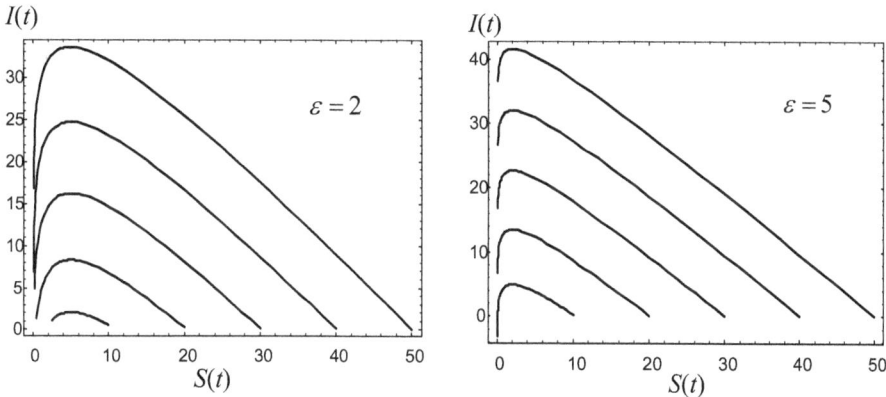

Abb. 4.3 Trajektorienverlauf für Modell 3, verschiedene ε und $N = 10, 20, 30, 40, 50$ (von unten nach oben) in $(S(t), I(t))$-Darstellung

4.2   Theorie der Infektion: Ein stochastischer Ansatz

Die Voraussetzungen der hier behandelten stochstischen Modelle werden analog zu denen obiger Differentialgleichungsmodelle formuliert, allerdings in der Sprache der Stochastik.

Stochastisches Modell 1:

Betrachtet wird eine unendlich große Population. Zu Beginn gibt es genau ein krankes (infiziertes) Individuum, alle anderen sind gesund. Die Zeit t wird als stetig angesehen.
$I(t)$ bezeichne die Anzahl der Kranken zur Zeit t. Es ist $I(t)$ eine Zufallsvariable mit Werten in der Menge der natürlichen Zahlen. Man interessiert sich aber nicht in erster Linie für $I(t)$ als Funktion der Zeit. Dies wäre eine Treppenfunktion mit Sprungstellen t_i. Vielmehr interessieren die Wahrscheinlichkeiten dafür, dass $I(t) = i$, $i = 1, 2, 3$ ... gilt. Diese Wahrscheinlichkeiten sind von der Zeit t abhängig,

$$p_i(t) = P\big(I(t) = i\big).$$

Es ist $I = \{I_t,\ t \in \mathbb{R}\}$ ein so genannter **stochastischer Prozess**. Die reellwertigen Funktionen $p_i(t)$, $i = 1, 2, 3, ...$, beschreiben diesen Prozess. Charakterisierende Gleichungen, die sogenannten KOLMOGOROV'schen Gleichungen, werden nun formuliert:
Zunächst wird der Zeitabschnitt Δt so klein gewählt, dass höchstens eine Infektion in dieser Zeit stattfindet. Es bezeichnet $\lambda \cdot \Delta t$ die Wahrscheinlichkeit, dass in Δt eine Infektion eines Gesunden stattfindet. Wie im deterministischen Falle kann λ als Infektionsrate angesehen werden. Die Wahrscheinlichkeiten zum Zeitpunkt $t + \Delta t$

$$p_i(t + \Delta t) = P\big(I(t + \Delta t) = i\big), \quad i = 1, 2, 3, \dots,$$

gilt es im Folgenden aus der Kenntnis der Verteilung zum vorangehenden Zeitpunkt t

$$p_i(t) = P\big(I(t) = i\big)$$

zu beschreiben. Zum Zustand i im Zeitpunkt $t + \Delta t$ kann es auf zweierlei Weise kommen:

- Entweder hat im Zeitraum Δt <u>eine Infektion</u> stattgefunden, dann entsteht $p_i(t + \Delta t)$ aus $p_{i-1}(t)$ durch den Ansatz $p_{i-1}(t)(i-1)\lambda\,\Delta t$.
  Interpretation: Mit Wahrscheinlichkeit $p_{i-1}(t)$ befinden sich $i - 1$ Infizierte zur Zeit t in der Population. Die Wahrscheinlichkeit einer Neuinfektion im Zeitraum Δt ist dieser erwarteten Zahl Infizierter proportional.
- Sofern jedoch in Δt <u>keine Infektion</u> stattfand, war der Prozess zum Zeitpunkt t bereits im Zustand i. Die Wahrscheinlichkeit für Nichtinfektion im Zeitabschnitt Δt ist näherungsweise $1 - i\lambda\,\Delta t$. Es entsteht $p_i(t + \Delta t)$ aus $p_i(t)$ unter Bezug auf den Ansatz $(1 - i\,\lambda\,\Delta t)\,p_i(t)$.
  Interpretation: Die exakte Wahrscheinlichkeit wäre $(1 - \lambda\,\Delta t)^i$. Man begnügt sich mit dem linearen Glied $(1 - \lambda\,\Delta t)^i = 1 - i\lambda\,\Delta t + R(\Delta t) \approx 1 - i\lambda\,\Delta t$ und verzichtet auf das Restglied $R(\Delta t)$ der TAYLOR'schen Reihenentwicklung. So kommt die angewandte Näherungslösung zustande.

Diese beiden Möglichkeiten schließen einander aus, nach dem Additionssatz für Wahrscheinlichkeiten ist dann $p_i(t + \Delta t) = p_{i-1}(t)(i - 1)\lambda\,\Delta t + p_i(t)(1 - i\lambda\,\Delta t)$. Die Umstellung dieser Formeln ergibt den Differenzenquotienten

$$\frac{p_i(t+\Delta t)-p_i(t)}{\Delta t}=(i-1)\,\lambda\,p_{i-1}(t)-i\,\lambda\,p_i(t)$$

und durch Grenzübergang $\Delta t \to 0$ erhält man

$$\frac{d}{dt}\,p_i(t)=\lim_{\Delta t \to 0}\frac{p_i(t+\Delta t)-p_i(t)}{\Delta t}=(i-1)\,\lambda\,p_{i-1}(t)-i\,\lambda\,p_i(t)\ .$$

Modell 1 (stochastisch)
    $p_i' = (i-1)\,\lambda\,p_{i-1} - i\,\lambda\,p_i$
    mit den Anfangsbedingungen: $p_1(0) = P(I(0) = 1) = 1$, $p_i(0) = 0$ für $i = 2, 3, ...,$

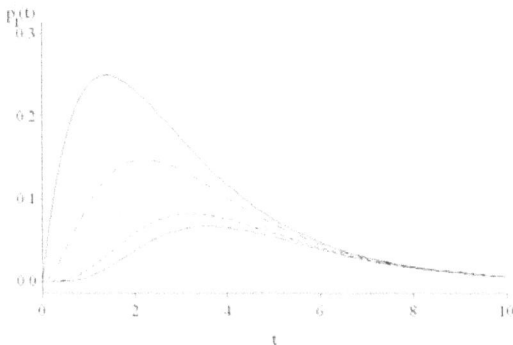

Abb. 4.4 Allgemeine Lösung $p_i(t)$ für $i = 2, 3, 4, 5$ und 6 (von oben nach unten)

Die Lösung der Differentialgleichungen erfolgt rekursiv.
Sei $i = 1$. Dann hat $p_1' = -\lambda p_1$ mit $p_1(0) = 1$ die Lösung $p_1(t) = e^{-\lambda t}$.
Sei $i = 2$. Dann ist die Differentialgleichung $p_2' = \lambda p_1 - 2\,\lambda\,p_2$ mit $p_2(0) = 0$ zu lösen. Nach Einsetzen der Lösung für $i = 1$ erhält man $p_2' + 2\lambda p_2 = \lambda p_1 = \lambda e^{-\lambda t}$, eine nichthomogene lineare Differentialgleichung erster Ordnung. Man wendet die „Methode des integrierenden Faktors" an und multipliziert mit $e^{2\lambda t}$, $p_2' e^{2\lambda t} + 2\lambda p_2\,e^{2\lambda t} = \lambda\,e^{\lambda t}$ oder $\frac{d}{dt}\left(p_2 e^{2\lambda t}\right) = \lambda e^{\lambda t}$. Direkte Integration ergibt $p_2 e^{2\lambda t} = e^{\lambda t} + Const.$ Mit $p_2(0) = 0$ wird Const. $= -1$, also

$$p_2(t) = e^{-\lambda t} - e^{-2\lambda t} = e^{-\lambda t}\left(1 - e^{-\lambda t}\right).$$

Mit vollständiger Induktion beweist man schließlich,

$$p_i(t) = e^{-\lambda t}\left(1 - e^{-\lambda t}\right)^{i-1}$$

ist **allgemeine Lösung** für alle i des stochastischen **Modells 1**.

Mehr als die Realisierungen $p_i(t)$ dieses stochastischen Prozesses interessieren die erwarteten Anzahlen der Infizierten zum jeweiligen Zeitpunkt. Dazu berechnet man

$$E\left(I\left(t\right)\right)=\sum_{i=1}^{\infty}i\,p_i\left(t\right).$$

Abkürzend bezeichne $x = e^{-\lambda t}$. Dann ist $p_i(t) = x\,(1\text{-}x)^{i-1}$, und es gilt für den Erwartungswert

$$E\left(I\left(t\right)\right)=\sum_{i=1}^{\infty}i\,x\left(1-x\right)^{i-1}=x\sum_{i=0}^{\infty}i\left(1-x\right)^{i-1}=-x\frac{d}{dx}\left(\sum_{i=0}^{\infty}\left(1-x\right)^{i}\right)=-x\frac{d}{dx}\left(\frac{1}{x}\right)=\frac{1}{x}=e^{\lambda t}.$$

Wegen $1 - x = 1 - e^{-\lambda t} < 1$ konvergiert die in der Formel stehende geometrischen Reihe,

$\sum_{i=0}^{\infty}\left(1-x\right)^{i}=\dfrac{1}{1-\left(1-x\right)}=\dfrac{1}{x}$. Allgemein lässt sich zeigen:

> Es gilt $E\left(I\left(t\right)\right)=I_0\,e^{\lambda t}$ für das stochastische Modell 1 mit $I(0) = I_0$.

Für das deterministische Modell 1 (siehe Abschnitt 4.1.) war $I\left(t\right) = I_0\,e^{bt}$ die Lösung. Diese Funktion entspricht für $b = \lambda$ der Erwartungswertfunktion im stochastischen Modell.
Allerdings erweist sich dieses stochastische Modell 1 ebenso wie das deterministisches Modell 1 als nicht zufriedenstellend. Man kann jedoch damit gut die Modellentwicklung studieren.

Stochastisches Modell 2
Als weitere Zufallsgröße wird $S(t)$ eingeführt, die Anzahl der Gesunden zum Zeitpunkt t. Weiterhin seien

$$p_{ij}\left(t\right)=P\left(I\left(t\right)=i,\,S\left(t\right)=j\right)\text{ und }I(t)+S(t)=N$$

vereinbart. Offenbar benötigt man nur eine einparametrische Schar von Funktionen, denn

$$p_{ij}\left(t\right)=p_i\left(t\right)=P\left(I\left(t\right)=i,\,S\left(t\right)=N-i\right).$$

Die definierende Differentialgleichung $p'_i=\lambda\left(i-1\right)p_{i-1}-\lambda\,i\,p_i$ des stochastischen Modells 1 wird variiert:

- $\lambda\,(i-1)$ wird ersetzt durch $\lambda\,(i-1)\,(N-(i-1))$, d.h. genau einer der $(i-1)$ Infizierten überträgt die Krankheit auf einen der $(N - i + 1)$ Gesunden.
- Anstelle von $\lambda\,i$ setzt man $\lambda\,i\,(N - i)$ und interpretiert so: Infektionen geschehen proportional zur Anzahl der Erkrankten $\lambda\,i$, aber eine Übertragung kann nur auf einen der $(N\text{-}i)$ Gesunden stattfinden.

Damit lautet der Ansatz für das stochastische

> **Modell 2 (stochastisch)**
> $$p'_i=\lambda\left(i-1\right)\left(N-i+1\right)p_{i-1}-\lambda\,i\left(N-i\right)p_i.$$

Diese Gleichung ist in i nichtlinear. Eine iterative Lösung wie beim vorigen Modell und eine geschlossene Darstellung der Lösungen sind nicht möglich. Man ist allein auf numerische

Näherungslösungen angewiesen. Die Abb. 4.5 stellt die Realisierungen des betrachteten stochastischen Prozesses für $\lambda = 0.005$ und $N = 14$ dar. Jeder Verlauf $p_i(t)$ beschreibt die zeitabhängige Wahrscheinlichkeit, mit der das betrachtete System den Zustand i annimmt.

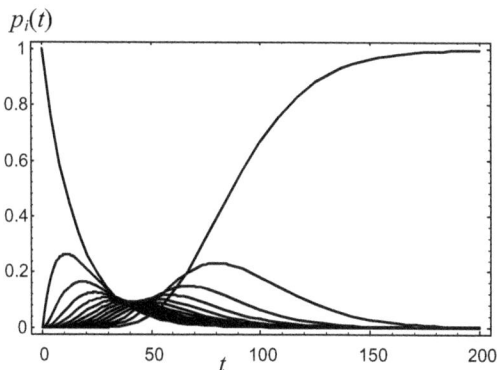

Abb. 4.5 Lösungen $p_i(t)$ des stochastischen Modells 2; $N = 14$, $\lambda = 0.005$. Die Funktion $p_1(t)$ geht rasch von 1 gegen Null und $p_{14}(t)$ geht rasch von Null gegen 1. Die $p_i(t)$, $i = 2, ..., 13$, starten und enden bei 0 und nehmen ihren maximalen Wert mit wachsendem i später an.

Erwartungswertfunktion des stochastischen Modells 2 und Lösung des korrespondierenden deterministischen Modells stimmen nicht überein, wie die folgende Abb. 4.6 zeigt.

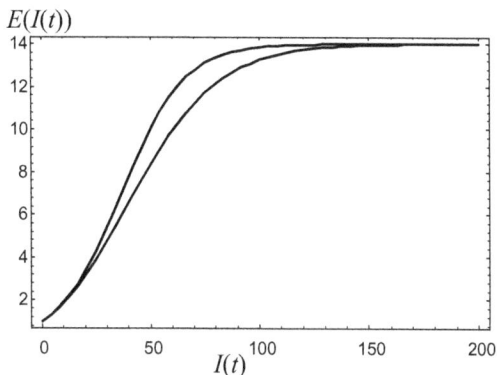

Abb. 4.6 Erwartungswertfunktion $E(I(t))$ des stochastischen Modells 2 (untere Kurve) und Lösungsfunktion $I(t)$ des deterministischen Modells 2 (obere Kurve)

Dass es sich nicht nur um numerische Effekte handelt, die die Differenzen der beiden Funktionen erklären, wird nachfolgend bewiesen:

Man zeigt, dass zwar noch die erste, nicht aber die zweite Ableitung der Erwartungswertfunktion an der Stelle $t = 0$ mit der entsprechenden Ableitungen der deterministischen Lösung $I(t)$ übereinstimmt. Es war im deterministischen Falle

$$\frac{d}{dt}I(t) = b\,I(t)\big(N - I(t)\big); \quad I(0) = 1, \text{ also } \frac{d}{dt}I(t)\Big|_{t=0} = b(N-1).$$

Für das stochastische Modell hat man

$$\frac{d}{dt} E\left(I(t)\right)_{t=0} = \frac{d}{dt} \sum_{i=1}^{N} ip_i'(0) = \sum_{i=1}^{N} i\left\{ \lambda (i-1)(N-i+1) p_{i-1}(0) - \lambda i(N-i) p_i(0) \right\}$$

$$= 2\lambda (N-1) - \lambda (N-1) = \lambda (N-1).$$

Diese Übereinstimmung verschwindet, wenn man die zweiten Ableitungen vergleicht, denn

$$\frac{d^2}{dt^2} I(t)_{t=0} = \frac{d}{dt} b\, I(t)\left(N - I(t)\right)_{t=0} = b^2 (N-2)(N-1),$$

aber

$$\frac{d^2}{dt^2} E\left(I(t)\right)_{t=0} = \lambda^2 (N-1)(N-3)$$

wegen

$$p_1''(0) = \lambda^2 (N-1)^2,$$

$$p_2''(0) = -\lambda^2 (N-1)(3N-5),$$

$$p_2''(0) = 2\lambda^2 (N-1)(N-2) \quad \text{und}$$

$$p_k''(0) = 0 \quad \text{und für alle } k \text{ mit } 4 \le k \le N.$$

Analogien im Lösungsverhalten zwischen dem deterministischen Modell 2 und dem stochastischen Modell 2 gibt es nicht. Es bleibt die Möglichkeit, das Verhalten des stochastischen Modells 2 durch Rechnerexperimente zu studieren und dies mit realen Beobachtungen zu vergleichen.

Ein zeitdiskretes Modell

Eine weitere Möglichkeit der stochastischen Modellierung bietet das REED/FROST-Modell. Die Zeit verlaufe in Zeittakten t_n, $n = 1, 2, 3 \dots$. Zu jedem Zeittakt gehören Anzahlen S_n, I_n, R_n in der Bedeutung wie oben mit $S_n + I_n + R_n = N$.
Ein Individuum durchläuft die Klassen der Population nur in der Weise $S \to I \to R$. Es soll weiter vorausgesetzt werden, dass alle Infizierten im nächsten Zeittakt in R gelangen. Sei p die Wahrscheinlichkeit eines ansteckenden Kontaktes innerhalb eines Zeitintervalls zwischen einem Gesunden und einem Kranken. Dann ist

$$q_n = (1-p)^{I_n}$$

die Wahrscheinlichkeit, dass ein Gesunder nicht von einem Kranken aus I_n während des Zeittaktes n angesteckt wird. Wenn zum Zeitpunkt n die Kategorien S und I aus S_n und I_n Individuen bestanden, so lassen sich die Übergangswahrscheinlichkeiten zum Zeittakt $n+1$ wie folgt beschreiben:

$$P\left(S_{n+1} = S_n, I_{n+1} = 0 \,|\, S_n, I_n\right) = q_n^{S_n}$$

$$P\left(S_{n+1} = S_n - i, I_{n+1} = i \,|\, S_n, I_n\right) = \binom{S_n}{i} \cdot q_n^{S_n - i} \cdot (1 - q_n)^i$$

Dies ist ein MARKOV-Prozess mit zeitabhängigen Übergangswahrscheinlichkeiten. Aus den Übergangswahrscheinlichkeiten lassen sich die bedingten Erwartungswerte

$$E\left(I_{n+1} \mid S_n, I_n\right) = \sum_{i=0}^{S_n} i \cdot P\left(S_{n+1} = S_n - i, I_{n+1} = i \mid S_n, I_n\right) = S_n\left(1 - q_n\right)$$

und

$$E\left(S_{n+1} \mid S_n, I_n\right) = S_n - E\left(I_{n+1} \mid S_n, I_n\right) = S_n \cdot q_n$$

ermitteln. Auch hier kann nur der Computer weitere Einsichten in das Verhalten des Prozesses liefern, um die unbedingten Erwartungswerte $E(S_n)$ und $E(I_n)$ iterativ mit ansteigendem Zeittakt und höher werdendem Aufwand zu berechnen.

Wesentlich einfacher sind die Verhältnisse beim assoziierten deterministischen Modell. Zur Unterscheidung vom stochastischen Modell werden die Belegungen der Klassen S, I und R mit Kleinbuchstaben vorgenommen. Zu jedem Zeitpunkt n gilt das s_n im folgenden Zeittakt zerlegt wird: $s_n = s_{n+1} + i_{n+1}$. Wegen $q_n = \left(1 - p\right)^{i_n} = q^{i_n}$ gelten

$$s_{n+1} = s_n \cdot q_n \quad \text{und}$$
$$i_{n+1} = s_n\left(1 - q_n\right).$$

Aus den Startwerte s_0 und i_0 lassen sich so iterativ die Folgen $(s_1, s_2, s_3, ...)$ und $(i_1, i_2, i_3, ...)$ bestimmen. Insbesondere gelten

$$s_1 = s_0 \cdot q_0 = s_0 \cdot q^{i_0},$$
$$s_2 = s_1 \cdot q_1 = s_0 \cdot q_0 \cdot q_1 = s_0 \cdot q^{i_0 + i_1}$$

und mit vollständiger Induktion über n

$$s_n = s_0 \cdot q^{\sum_{j=0}^{n-1} i_j}.$$

Damit lässt sich ein Grenzübergang $s_\infty = s_0 \cdot q^{N - s_\infty}$ durchführen. Die nach Abklingen der Infektion verbliebenen Individuen y, die nicht immun geworden sind, können aus der nichtlinearen Bestimmungsgleichung

$$y = s_0 \cdot q^{N - y}$$

berechnet werden. Umgekehrt, wenn man den Populationsumfang N beim Start sowie den Anteil s_∞ kennt, lässt sich aus eben dieser Bestimmungsgleichung die Rate q ermitteln. Die gleichen Überlegungen gelten auch für r_∞.

Beispiel 4.1

Für die Startwerte $s_0 = 500$, $i_0 = 1$, $r_0 = 0$, damit eine Population vom Umfang $N - 501$, werden mit den Raten $q_1 = 0.995$ bzw. $q_2 = 0.997$ zwei Infektionsprozesse gestartet. Man erhält im ersten Fall $s_\infty \approx 53$ und $r_\infty \approx 448$. Die Abb. 4.7 links gibt den zeitlichen Verlauf an. Es ist zu sehen, dass die Infizierten nach etwa 7 – 8 Zeittakten ihre maximale Anzahl von etwa 100 bzw. 10 erreicht haben. Nach 14 Zeittakten ist die Infektion so gut wie erloschen. Im zweiten Fall (Abb. 4.7 rechts) verläuft die Infektion wesentlich langsamer, nach etwa 13 Zeittakten erreicht die Infiziertenanzahl ihr Maximum von etwa 32. Im Grenzzustand sind

$s_\infty \approx 206$ und $r_\infty \approx 295$. Stürmerische Infektionen führen zu einer größeren Anzahl von Infizierten und einer größeren Anzahl von „removed" Personen.

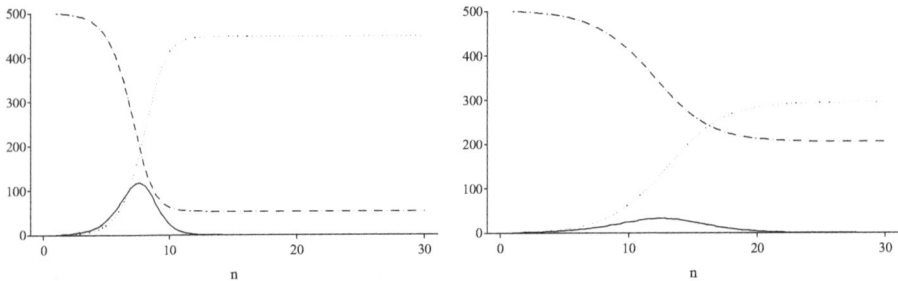

Abb. 4.7 Zeitliche Veränderungen von i_n (volle Linie), s_n (gestrichelt) und r_n (gepunktet) für $s_0 = 500$, $i_0 = 1$ und $r_0 = 0$ bei q = 0.995 (links) und q = 0.997 (rechts)

4.3 Eine VOLTERRA-LOTKA-Gleichung als spezielles Infektionsmodell

In den beiden vorangegangenen Abschnitten dieses Kapitels sind Möglichkeiten der deterministischen und der stochastischen Beschreibung von Infektionsvorgängen vergleichend dargestellt worden. Die Modelle wurden so gewählt, um die Ähnlichkeiten und Unterschiede stochastischer und deterministischer Ansätze gut aufzeigen zu können. Nachfolgend wird das Infektionsgeschehen für die Gonorrhö durch ein mathematisches Modell beschrieben. Diese Krankheit kann geheilt, eine Immunität allerdings nicht erworben werden. Die Gonorrhö ist eine meldepflichtige Erkrankung, deshalb liegen statistische Angaben über die Erkrankung vor, Heilungs- und Ansteckungsraten sind bekannt.

Das mathematische Modell
Es wird ein Differentialgleichungssystem aufgestellt, das die Veränderung der Anzahlen der infizierten Männer und Frauen entsprechend der Gegebenheiten bei der Infektion beschreibt. Folgende Bezeichnungen werden eingeführt:

$I_1(t)$ Anzahl der infizierten Männer zur Zeit t,
$I_2(t)$ Anzahl der infizierten Frauen zur Zeit t,
N_1 Anzahl der Männer in der Population, die dem Erkrankungsrisiko unterworfen sind, weil sie oder ihr(e) Partnerin(nen) in offenen heterosexuellen Beziehungen leben,
N_2 Anzahl der Frauen in der Population mit den obigen Einschlusskriterien,
γ_1 Heilungsrate der Männer,
γ_2 Heilungsrate der Frauen,
β_1 Ansteckungsrate der Männer und
β_2 Ansteckungsrate der Frauen.

Das Differentialgleichungssystem

$$\frac{d}{dt}I_1(t) = -\gamma_1 I_1(t) + \beta_1\big(N_1 - I_1(t)\big)I_2(t)$$

$$\frac{d}{dt}I_2(t) = -\gamma_2 I_2(t) + \beta_2\big(N_2 - I_2(t)\big)I_1(t)$$

ist wie folgt zu deuten: Die zeitlichen Veränderungen in der Anzahl der infizierten Männer $\frac{d}{dt}I_1(t)$ wird bestimmt durch die Anzahlen der durch Heilung ausscheidenden Männer $\gamma_1 \cdot I_1(t)$ und der durch Neuinfektion mit der Rate β_1 hinzukommenden Männer. Letztere ist abhängig von der Anzahl der noch gesunden Männer $N_1 - I_1(t)$ und von der Anzahl infizierter Frauen $I_2(t)$. Vollkommen analog ist die zweite Differentialgleichung zu interpretieren. Die Terme $\beta_1\big(N_1 - I_1(t)\big)I_2(t)$ und $\beta_2\big(N_2 - I_2(t)\big)I_1(t)$ heißen Kopplungsglieder, weil die zeitlichen Veränderungen der Infizierten sowohl durch $I_1(t)$ als auch gleichzeitig durch $I_2(t)$ bedingt werden. Solche Differentialgleichungssysteme heißen gekoppelte Systeme oder VOLTERRA-LOTKA-Systeme.

Das angegebene Diferentialgleichungssystem ist nichtlinear. Eine explizite Lösung existiert im Allgemeinen nicht, sodass man Approximationsmethoden anwenden muss. Hierfür gibt es Computerprogramme.

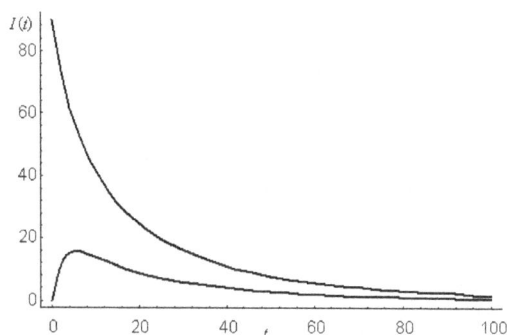

Abb. 4.8 Zeitverläufe $I_1(t)$ und $I_2(t)$ (obere und untere Kurve) für die Startwerte $I_2(0) = 0$ und $I_2(0) = 90$, Parametersatz s. Beispiel 4.2

Beispiel 4.2

Für den Parametersatz $N_1 = 100$, $N_2 = 100$, $\gamma_1 = 0.3$, $\gamma_2 = 0.1$, $\beta_1 = 0.001$ und $\beta_2 = 0.002$ sind für die Startwerte $I_1(0) = 0$, $I_2(0) = 90$ die Funktionen $I_1(t)$ und $I_2(t)$ in Abb. 4.8 dargestellt. Man erkennt, dass für $t \to \infty$ sowohl I_1 als auch I_2 gegen Null streben, d.h. die Population gesundet. Andere Beispiele von Trajektorien des Prozesses sind in Abb. 4.9 gegeben. Sie werden als $(I_1(t), I_2(t))$-Linien in der (I_1, I_2)-Ebene für verschiedene Anfangswerte angegeben. Der zum obigen Startwert $(0, 90)$ gehörende Zeitverlauf aus Abb. 4.8 ist in Abb. 4.9 die Linie, die im Punkte $(0, 90)$ beginnt und im Punkte $(0, 0)$ endet. Alle Trajektorien streben für $t \to \infty$ gegen den Fixpunkt $(0,0)$, aus dem sich der Prozess nicht mehr entfernen kann, wenn er ihn einmal erreicht hat. Sind keine Infizierten in der Population, kann es in Zukunft keine Neuinfektionen geben. Diese Entwicklung ist aus dem Parametersatz zu vermuten, denn wenn die Heilungsraten weit größer als die Ansteckungsraten sind, muss die Population gesunden.

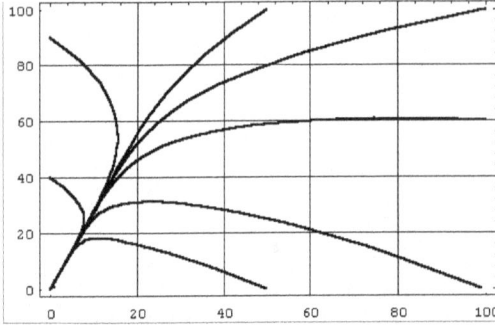

Abb. 4.9 Trajektorien in der (I_1, I_2)-Ebene für den Parametersatz aus Beispiel 4.2, der nur den Fixpunkt $(0, 0)$ erlaubt

Beispiel 4.3

Für den Parametersatz $N_1 = 100$, $N_2 = 100$, $\gamma_1 = 0.3$, $\gamma_2 = 0.2$, $\beta_1 = 0.01$ und $\beta_2 = 0.003$ sind für verschiedene Startwerte $(I_1(0), I_2(0))$ die Trajektorien in Abb. 4.10 dargestellt. Man erkennt, dass ein Fixpunkt existiert, gegen den die Trajektorien streben. Er hat die Koordinaten $(61.54, 48)$.

Es handelt sich um einen sogenannten stabilen Fixpunkt. Der Punkt $(0, 0)$ ist ebenfalls Fixpunkt, ein sogenannter labiler Fixpunkt. Er ist dadurch gekennzeichnet, dass alle Trajektorien, und lägen sie auch nahe bei $(0, 0)$, nicht gegen diesen Punkt konvergieren.

Anschaulich bedeutet dies: Für die betrachtete Parametersituation gesundet die Population mit der Zeit nie. Der stabile Fixpunkt charakterisiert einen Gleichgewichtszustand, in dem Neuerkrankungen und Heilungen balanciert sind. Eine gesunde Population bleibt gesund (labiler Fixpunkt).

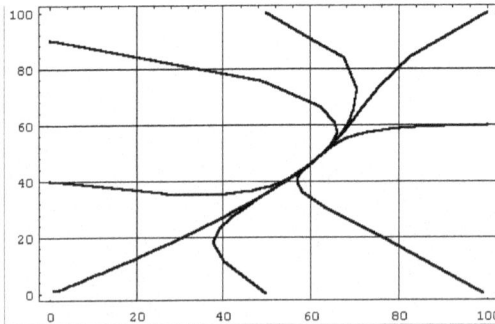

Abb. 4.10 Trajektorien in der (I_1, I_2)-Ebene für den Parametersatz aus Beispiel 4.3, der neben dem trivialen Fixpunkt $(0, 0)$ einen zweiten Fixpunkt $(61.54, 48)$ zulässt

Berechnung der Fixpunkte

Der Fixpunkt ist derjenige Punkt der (I_1, I_2)-Ebene, bei der der hinzukommende Anteil an Neuinfektionen den Anteil an Geheilten aufwiegt. Veränderungen an der Anzahl der Infizierten gibt es nicht mehr. Aus $\frac{d}{dt} I_1(t) = 0$ und $\frac{d}{dt} I_2(t) = 0$ berechnet man die Fixpunkte. Die beiden Lösungen der resultierenden quadratischen Gleichung ergeben die Fixpunkte

$$\left(\overline{I}_1, \overline{I}_2\right) = (0, 0)$$

und

$$\left(\overline{I}_1, \overline{I}_2\right) = \left(\frac{\beta_1 \beta_2 N_1 N_2 - \gamma_1 \gamma_2}{\gamma_1 \beta_2 + \beta_1 \beta_2 N_2}, \frac{\beta_1 \beta_2 N_1 N_2 - \gamma_1 \gamma_2}{\gamma_2 \beta_1 + \beta_1 \beta_2 N_1} \right).$$

Da beide Nennerterme des zweiten Fixpunktes für jeden Modellparametersatz positiv sind, wird das Vorzeichen der Koordinaten allein durch den gemeinsamen Zählerterm bestimmt. Gilt $\beta_1 \beta_2 N_1 N_2 < \gamma_1 \gamma_2$, sind die Koordinaten negativ und der zweite Fixpunkt liegt nicht in der Lösungsmenge des Problems. In diesem Fall ist $(0, 0)$ der einzige Fixpunkt und es lässt sich zeigen, dass er „stabil" ist. Stabil bedeutet, dass bei jedem Startwert in einer Umgebung des Fixpunktes die Trajektorien des Prozesses sich dem Fixpunkt beliebig nähern. Der hinter dieser Aussage stehende Beweis erfordert Kenntnisse über die Lösung von Differentialgleichungssystemen, worauf hier nicht weiter eingegangen werden soll.

Für $\beta_1 \beta_2 N_1 N_2 > \gamma_1 \gamma_2$ gilt, dass neben $(0, 0)$ ein zweiter nichttrivialer stabiler Fixpunkt existiert, wohingegen $(0, 0)$ in diesem Falle nicht stabil ist. Abb. 4.8 Zeitverläufe $I_1(t)$ und $I_2(t)$ (obere und untere Kurve) für die Startwerte $I_2(0) = 0$ und $I_2(0) = 90$, Parametersatz s. Beispiel 4.2 und Beispiel 4.3 sind so gewählt, dass beide Stabilitätskriterien illustriert werden konnten.

Berechnung des Populationsumfanges

Die Heilungs- und Ansteckungsraten für Gonorrhö lassen sich auf Grund der gesetzlichen Meldepflicht im Rahmen von Stichprobenverfahren relativ genau schätzen. Viel schwieriger ist es, aus Raten den Populationsumfang zu bestimmen. Selbstverständlich müssen die Teilpopulationen aus der Betrachtung ausgeblendet werden, die etwa im Zölibat oder in festen Partnerbeziehungen leben. Sind Zahlen $\overline{I}_1, \overline{I}_2$ bekannt, so lassen sich aus der Fixpunktgleichung

$$\left(\overline{I}_1, \overline{I}_2\right) = \left(\frac{\beta_1 \beta_2 N_1 N_2 - \gamma_1 \gamma_2}{\gamma_1 \beta_2 + \beta_1 \beta_2 N_2}, \frac{\beta_1 \beta_2 N_1 N_2 - \gamma_1 \gamma_2}{\gamma_2 \beta_1 + \beta_1 \beta_2 N_1} \right),$$

bei bekannten Heilungs- und Ansteckungsraten die durch Gonorrhö gefährdeten Populationsanteile ermitteln:

$$N_1 = \overline{I}_1 + \frac{\gamma_1}{\beta_1} \frac{\overline{I}_1}{\overline{I}_2} \quad \text{und} \quad N_2 = \overline{I}_2 + \frac{\gamma_2}{\beta_2} \frac{\overline{I}_2}{\overline{I}_1}.$$

4.4   Genetische Epidemiologie

Krankheitsgeschehen mit erblichen Eigenschaften des Menschen in Beziehung zusetzen hat in der Medizin eine lange Tradition. Möglicherweise ist der Begriff „genetische Epidemiologie" von MORTON (1977) geprägt worden, der auch die erste Monografie dieses Titels schrieb (1982). Sah man zunächst die genetische Epidemiologie im Berührungsfeld von klassischer Populationsgenetik und Epidemiologie, so ist die Entwicklung ihrer Methoden in jüngerer Zeit durch die molekulare Genetik stark beeinflußt.

Typische Aufgabenstellungen der genetischen Epidemiologie sind die **Segregationsanalyse (segregation analysis)**, die **Kopplungsanalyse (linkage analysis)** und die **Assoziationsanalyse (association analysis)**.

Bei der ersten geht es darum, den möglichen Einfluss von Erbfaktoren auf die Ausprägung einer individuellen Eigenschaft nachzuweisen. Dies erfordert die Identifizierung entsprechender Erbmodelle und demzufolge die Analyse von Daten Verwandter (**Stammbaumanalyse**). Die Interpretation der Resultate von Segregationsanalysen erfordert große Sorgfalt. OTT (1991) gibt auf Seite 235 dazu Hinweise und Beispiele.

In der Paläontologie hat sich das Konzept der Leitfossilien als äußerst fruchtbare Methode erwiesen. Die sinngleiche Vorgehensweise in der Genetik führt zum Begriff des **genetischen Markers**, der auf Vorhandensein und genomische Lokalisation erblicher Ursachen des interessierenden Merkmals, z.B. einer Krankheit, hinweist. Die Kopplungsanalyse bewertet das gemeinsame Auftreten von Marker und Krankheit unter Bezug auf gewisse genetische Entitäten. Hierzu wird meist von Daten Verwandter ausgegangen. Die klassische Lod-score-Analyse betrifft das Auftreten rekombinanter Haplotypen bezüglich zweier Genorte.

Assoziationsanalysen sind populationsbezogene Bewertungen des Bindungsungleichgewichtes und gestatten die quantitative Beschreibung des Zusammenhanges zweier Genorte in einem wahrscheinlichkeitstheoretischen Kontext. Darauf basieren Ähnlichkeits- bzw. Abstandsbegriffe, die die Grundlage für Genkartierungen liefern. Ausgangspunkt ist die Überlegung, dass sich bei stochastisch unabhängiger Kombination der Allele zweier Genorte die Haplotypenwahrscheinlichkeiten als das Produkt der Wahrscheinlichkeiten der beteiligten Allele ergeben. Davon abweichende Beobachtungen veranlassen zur Einführung eines Parameters, der dieses sogenannte **Bindungsungleichgewicht** beschreibt.

Auf Segregationsanalyse, Kopplungsanalyse und Assoziationsanalyse wird hier nicht näher eingegangen. Aktuelle Darstellungen findet man beispielsweise bei AHRENS/PIGEOT (2005) und bei ZIEGLER/KÖNIG (2006).

Zunächst sind einfachste Vererbungsmodelle einzuführen und ihre Vielfalt zu beschreiben. Typischen Aufgaben bei der Anwendung von Vererbungsmodellen bestehen in der Modellwahl, der Berechnung der Modellparameter aus vorliegenden Daten und der Beurteilung der Konsistenz von Modell und Daten. Dies wird an einfachen Beispielen demonstriert. Dabei zeigt sich bereits, dass die mathematische Charakterisierung der Berechnungsmethoden unverzichtbar ist.

Modellerweiterungen beziehen sich auf die Anzahl der einem Locus assoziierten Allele, die Anzahl der Loci und die Zeitvariation von Allelwahrscheinlichkeiten.

Die vorgestellten Methoden betreffen die Auswertung von Populations-Stichproben. Auf die Analyse von Daten verwandter Personen soll also nicht eingegangen werden.

MENDEL´sche Erbmodelle

Das interessierende erbliche Merkmal wird durch ein Erbmodell beschrieben, dessen Parameter die Allelwahrscheinlichkeiten sind. Zunächst wird angenommen, dass die beobachtete Population eine „**ideale Population**" im Sinne der Genetik ist:

- Die Population besteht aus einer unendlichen Menge diploider Organismen.
- Für den Vererbungsvorgang wird zufällige Allelkombination (**Panmixie**) unterstellt.
- Die Allelwahrscheinlichkeiten gelten als nicht zeitabhängig.
- Alle Genotypen haben die gleiche Fitness, nehmen in gleichem Maße am Vererbungsgeschehen teil.
- Die Vererbungsvorgänge sind nicht generationsübergreifend.

Diese Voraussetzungen ermöglichen die Anwendung einfacher theoretischer Konzepte der Statistik. Sie können in vielen Situationen zumindest der Humangenetik als praktisch erfüllt angesehen werden. Vom Vererbungsgeschehen hat man Modellvorstellungen, die in einen wahrscheinlichkeitstheoretischen Kontext gestellt werden. Erörtert wird zunächst der einfachste Fall:

Einem Genlocus sind zwei Allele A und a zugeordnet, die mit den Wahrscheinlichkeiten $p = P(A)$ und $q = 1 - p = P(a)$ in der Population auftreten. Weitere als die betrachteten Allele sind wegen $p + q = 1$ nicht in Erwägung zu ziehen. Durch zufällige Allelkombinationen entstehen die **Genotypen** AA, Aa, aA und aa. Es sollen Aa und aA identifiziert werden. Mit dem Modell

$$M1 = \left(\{AA,\ Aa,\ aa\} \mid P(AA) = p^2,\ P(Aa) = 2pq,\ P(aa) = q^2\right)$$

ist ein Vererbungsmodell formal beschrieben. Die **Genotypen-Wahrscheinlichkeiten** sind nach dem Multiplikationssatz für Wahrscheinlichkeiten für unabhängige Ereignisse berechnet, z.B. $P(AA) = P(A \cap A) = P(A) \cdot P(A) = p^2$.

Die vorausgesetze Zeitunabhängigkeit der Allelwahrscheinlichkeiten führt auf die konstanten Genotypenwahrscheinlichkeiten p^2, $2pq$ und q^2. Diese summieren sich zu 1 und beschreiben die jeweiligen Anteile der Genotypen an der Population. In der Genetik wird diese Aussage als **HARDY-WEINBERG-Gesetz** formuliert. Unbeachtet bleiben für eine ideale Population Phänomene wie beispielsweise Mutation, Selektion, Fitnessvorteil, die das Vererbungsgeschehen als dynamischen Vorgang zu beschreiben verlangen. Für ein dynamisches Vererbungssystem bedeutet das Gelten des HARDY-WIENBERG-Gesetzes einen statischen Zustand. Für eine ideale Population gilt das HARDY-WIENBERG-Gesetz immer. Die Frage, ob sich eine Population im HARDY-WIENBERG-Gleichgewicht befindet, ist also nur im Kontext eines dynamischen Vererbungsmodelles relevant.

A dominiere a, die Genotypen (AA, Aa) erscheinen als ein Phänotyp. Man erhält

$$M2 = \left(\{(AA,\ Aa),\ aa\} \mid P(AA,\ Aa) = 1 - (1-p)^2,\ P(aa) = (1-p)^2\right)$$

als wahrscheinlichkeitstheoretisches Modell.

Falls A von a dominiert wird, ist (Aa, aa) einen Phänotyp. Dies führt auf das Modell

$$M3 = \left(\{AA, (Aa,\ aa)\} \mid P(AA) = p^2,\ P(Aa,\ aa) = 1 - p^2\right).$$

Erscheinen beide Homozygote als ein Phänotyp, hat man

$$M4 = \left(\{Aa, (AA, aa)\} \mid P(Aa) = 2p(1-p), \; P(AA, aa) = p^2 + (1-p)^2 \right).$$

Der Vollständigkeit halber wird hier noch das ausgeartete Modell

$$M5 = \left(\{(Aa, AA, aa), \varnothing\} \mid P(AA, Aa.aa) = 1, \; P(\varnothing) = 0 \right)$$

angeführt. Offensichtlich ist es bedeutungslos.

Es sollen nun einem Genlocus $\mathbb{A}$ die Allele $A_1, ..., A_k$ assoziiert sein. Die Wahrscheinlichkeiten für die Werte des Alleltyps X seien

$$p_i = P(X = A_i) \text{ mit } p_1 + ... + p_k = 1.$$

Zufällige Allelkombination führt auf k^2 Genotypen $A_i A_j$ mit $p_i p_j$ als jeweilige Wahrscheinlichkeiten. $1 + ... + k = k(k+1)/2$ verschiedene Werte der Zufallsgröße Genotyp Y ergeben sich durch die Identifikationen $A_i A_j = A_j A_i$. Dies wird klar, wenn man sich die identifizierten Genotypen symmetrisch zur Hauptdiagonale der Kreuzungstabelle liegend vorstellt. Die Genotypenwahrscheinlichkeiten sind dann

$$P(Y = A_i A_j) = \begin{cases} 2p_i p_j & \text{für } i \neq j \\ p_i^2 & \text{sonst} \end{cases}.$$

Im Falle zweier Allele wurde durch Dominanzverhältnisse die Gruppierung von Genotypen zu Phänotypen beschrieben. Für mehr als zwei Allele ist das so nicht mehr möglich. Hier hilft ein kombinatorischer Ansatz.

__Definition;__

> Für ein Vererbungssystem mit k Allelen an einem Genlocus bezeichne $\{T_1, ..., T_s\}$ eine beliebige disjunkte Zerlegung der Menge aller Genotypen. Es heißt dann T_r ein Phänotyp.

Betrachtet wird die Zufallsgröße Phänotyp Z. Die einem Phänotyp zugeordnete Wahrscheinlichkeit $P(Z = T_r) = w_r(p_1, ..., p_k)$ ist die Summe der zugehörigen Genotypenwahrscheinlichkeiten und damit eine Funktion der Allelwahrscheinlichkeiten. Mit den eingeführten Bezeichnungen kann definiert werden, was im Folgenden unter einem Erbmodell verstanden wird.

MENDEL´sches Erbmodell

Für eine ideale Population heißt

$$\left[\{T_r\}, P(Z = T_r) = w_r(p_1, ..., p_k), r = 1, ..., s \right] \quad \text{MENDEL´sches Erbmodell}$$

bezüglich des Genlocus $\mathbb{A}$ und der ihm assoziierten Allele $A_1, ..., A_k$.

Einleitend konnten die fünf Modelle $M1 ... M5$ im Falle von zwei Allelen leicht aufgezählt und beschrieben werden. Dies dürfte bereits für drei Allele kaum mehr möglich sein. Die in Tab. 4.1 angegebenen Modellanzahlen verdeutlichen die Reichhaltigkeit der definierten Modellklasse, aber auch das Problem der Modellwahl.

Tab. 4.1 Anzahl der verschiedenen MENDEL´schen Erbmodelle in Abhängigkeit von der Allelzahl

Allel-Anzahl	Genotypen-Anzahl	Anzahl der MENDEL´schen Modelle
2	3	5
3	6	203
	9	21 147
4	10	116 101

Tab. 4.2 Berechnung der Anzahl MENDEL´scher Erbmodelle bei einem Genlocus und drei Allelen. Diese Anzahl 203 ist die Summe der Einträge in der letzten Spalte.

Nr	Zerlegungen	Auswahlen	Vielfachheiten	Modellanzahl
1	6	$\binom{6}{6\ 0}$	0	1
2	5+1	$\binom{6}{5\ 1}$	0	6
3	4+2	$\binom{6}{4\ 2}$	0	15
4	3+3	$\binom{6}{3\ 3}$	2! 2 doppelt	10
5	4+1+1	$\binom{6}{4\,1\,1}$	2! 1 doppelt	15
6	3+2+1	$\binom{6}{3\,2\,1}$	0	60
7	2+2+2	$\binom{6}{2\,2\,2}$	3! 2 dreifach	15
8	3+1+1+1	$\binom{6}{3\,1\,1\,1}$	3! 1 dreifach	20
9	2+2+1+1	$\binom{6}{2\,2\,1\,1}$	2!2! 1 und 2 doppelt	45
10	2+1+1+1+1	$\binom{6}{2\,1\,1\,1\,1}$	4! 1 vierfach	15
11	1+1+1+1+1+1	$\binom{6}{1\,1\,1\,1\,1\,1}$	6! 1 sechsfach	1

Für den Fall $k = 3$, also 6 Genotypen, soll die Modellanzahl nun begründet werden. Man vergleiche dazu die Angaben aus der Tab. 4.2. Es gibt 11 verschiedene disjunkte Zerlegungen der Menge von 6 Genotypen in Teilmengen. Dies ist genau die Anzahl der verschiedenen Zerlegungen der 6 in ganzzahlige Summanden. Sie geben die Anzahlen der Elemente in den Teilmengen an. Zusätzlich sind die Anzahlen der verschiedenen Möglichkeiten zu ermitteln, die Elemente dieser Teilmengen aus den 6 Genotypen auszuwählen. Zu berücksichtigen ist hierbei, dass die Reihenfolge der Auswahl unwichtig ist und zu identischen Zerlegungsmengen führt. In Nummer 11 wird die Zerlegung der Menge der 6 Genotypen in 6 Einermengen beschrieben. Die 6! möglichen Auswahlen von 6 Einermengen ergeben nur ein Modell, denn die Reihenfolge der Auswahl ist uninteressant. Nummer 4 beschreibt eine Aufteilung der 6 Genotypen in 2 Dreiermengen. Dafür gibt es insgesamt $\binom{6}{3\ 3} = 20$ Möglichkeiten. Es interessieren davon aber nur die Hälfte, denn mit der Auswahl einer Dreiermenge ist die verbleibende Dreiermenge determiniert.

Mit den gleichen Argumenten begründet sich die Modellanzahl bei 4 Allelen. Die betrachteten Modellanzahlen sind in der Mathematik als **BELL-Zahlen** bekannt (CIESLIK 2006).

Schätzungen von Allelwahrscheinlichkeiten

Für die Epidemiologie ist die Berechnung von Allelwahrscheinlichkeiten aus Populationsstichproben von besonderem Interesse, denn die damit gegebenen Genotypen- oder Phänotypenwahrscheinlichkeiten können als Inzidenzen bzw. Prävalenzen aufgefaßt werden. Diese Aufgabe wird nachfolgend mit Methoden der statistischen Schätztheorie behandelt. Die Analyse von Daten Verwandter würde zusätzliche Überlegungen erfordern.

Zwei Wahrscheinlichkeitsräume $[\Omega_X, \wp(\Omega_X), P_X]$ sowie $[\Omega_Y, \wp(\Omega_Y), P_Y]$ sind dem Modell $M1$ assoziiert. Ersterer bezieht sich auf die Allele. Es ist $\Omega_X = \{A, a\}$, P_X ist durch p und $q = 1 - p$ gegeben. Der zweite wird entsprechend den biologischen Vorstellungen von der Vererbung aus dem ersten generiert und bezieht sich auf die Genotypen. Es ist $\Omega_Y = \{AA, Aa, aa\}$. P_Y beschreibt die Genotypenwahrscheinlichkeiten wie in $M1$ angegeben und ist vom Parameter p abhängig.

Um Anschluss an die Terminologie der Schätztheorie zu gewinnen, wird von den Ergebnissen Ω_Y des Zufallsexperimentes vermöge einer Zahlencodierung der Genotypen zu einer das modellierte Vererbungsgeschehen beschreibenden Zufallsgröße X_Y übergegangen. Sie ist diskret, die Wahrscheinlichkeitsverteilung von X_Y ist durch P_Y direkt gegeben. Da die Werte von X_Y für die nachfolgenden Betrachtungen ohne Bedeutung sind, ist die spezielle Wahl einer Codierung überflüssig. Es genügt die Vorstellung, dass zwischen den Werten von X_Y und den Genotypen eine umkehrbar eindeutige Beziehung besteht, sie sind identifizierbar. Sei $(y_1, ..., y_N)$ eine konkrete Stichprobe vom Umfang N über X_Y. Dann ist

$$L_1 = L(y_1, ..., y_N, p) = \prod_{i=1}^{N} P_Y(Y = y_i)$$

ihre Likelihood-Funktion. Bezeichnen $H(AA)$, $H(Aa)$ bzw. $H(aa)$ die Häufigkeiten der benannten Genotypen in der konkreten Stichprobe $(x_{1,Y}, ..., x_{N,Y})$, so stellt sich die Likelihood-Funktion wie folgt dar:

$$L_1 = L(y_1, ..., y_N, p) = p^{2H(AA)} \left[2p(1-p) \right]^{H(Aa)} (1-p)^{H(aa)}.$$

Aus $\dfrac{d}{dp} \ln L(y_1, ..., y_N, p) = 0$ errechnet man

$$\hat{p}_{1,N} = \frac{2H(AA)+H(Aa)}{2N}$$

als Maximum-Likelihood-Schätzer für die gesuchte Allelwahrscheinlichkeit p. Der Index in $\hat{p}_{1,N}$ bezeichnet, dass dieser Schätzer in Beziehung zum Modell $M1$ steht. Genetiker kennen $\hat{p}_{1,N}$ als **Genzählmethode**. Alle Genotypen sind beobachtbar, sodass sich die relative Häufigkeit des Allels A in der Menge aller $2N$ Allele der Stichprobe als ML-Schätzung für p ergibt.

Sind für ein Vererbungssystem lediglich Phänotypen beobachtbar, muß die wahrscheinlichkeitstheoretische Modellierung dies berücksichtigen. Für die hier betrachtete einfachste Konstellation ergeben sich drei Varianten.

Sind beispielsweise in einer Stichprobe genau die Träger des Merkmals aa als Kranke erkennbar, gewinnt man eine MLS für p in dieser Situation aus

$$L_2 = \left((1-p)^2\right)^{H(aa)} \cdot \left(1-(1-p)^2\right)^{N-H(aa)}$$

als

$$\hat{p}_{2,N} = 1 - \sqrt{\frac{H(a,a)}{N}}.$$

Bezüglich des Modells

$$M3 = \left(\{AA,\ (Aa,\ aa)\} \mid P(AA) = p^2,\ P(Aa,\ aa) = 1-p^2\right)$$

und der aus einer Stichprobe vom Umfang N erhältlichen Häufigkeit $H(AA)$ wird aus der Likelihood-Funktion

$$L_3 = \left(p^2\right)^{H(AA)} \cdot \left(1-p^2\right)^{N-H(AA)}$$

die MLS

$$\hat{p}_{3,N} = \sqrt{\frac{H(A,A)}{N}}$$

abgeleitet.

Die Maximum-Likelihood-Methode muß jedoch nicht unbedingt zu einem Resultat führen. Mit dem Modell

$$M4 = \left(\{Aa,(AA,\ aa)\} \mid P(Aa) = 2p(1-p),\ P(AA,\ aa) = p^2 + (1-p)^2\right)$$

ist die Likelihood-Funktion

$$L_4 = \left(2p(1-p)\right)^{H(Aa)} \cdot \left(p^2 + (1-p)^2\right)^{N-H(Aa)}$$

verknüpft. Versucht man die Likelihood-Gleichung nach p aufzulösen wird sichtbar, dass im allgemeinen eine Lösung des Schätzproblems im Bereich der reellen Zahlen nicht existiert.

Wie soll man nun die verfügbaren 3 Methoden zur Schätzung der Allelwahrscheinlichkeit p bewerten und vergleichen? Hier hilft die Untersuchung ihrer Eigenschaften weiter.

> Die Genzählmethode ist eine erwartungstreue und effektive Schätzung der Allelwahrscheinlichkeit in Bezug auf das Modell $M1$.

Beweis: Die Anzahl

$$2N\,\hat{p}_{1,N} = 2H(AA) + H(Aa)$$

der Allele des Typs A in einer Stichprobe vom Umfang $2N$ ist eine binomialverteilte Zufallsgröße X mit den Parametern $2N$ und $p = P(A)$. Damit errechnet man

$$E_p\left(\hat{p}_{1,N}\right) = \frac{1}{2N} E_p\left(2N\,\hat{p}_{1,N}\right) = \frac{2Np}{2N} = p,$$

die Genzählmethode ist erwartungstreu. Zu zeigen ist, dass ihre Varianz

$$V\left(\hat{p}_{1,N}\right) = \left(\frac{1}{2N}\right)^2 V\left(2N\,\hat{p}_{1,N}\right) = \frac{2Np(1-p)}{4N^2} = \frac{p(1-p)}{2N}$$

mit der Inversen der FISHER-Information $I_N(p) = N\,I_Y(p)$ übereinstimmt. Die Voraussetzungen betreffend die Ungleichung von RAO/CRAMER sind erfüllt. Dies wird nicht näher ausgeführt. Betrachtet wird $M1$, Zufallsgröße ist Y. Damit berechnet man

$$I_Y(p) = \left[\frac{2}{p}\right]^2 p^2 + \left[\frac{1-2p}{p(1-p)}\right]^2 2p(1-p) + \left[\frac{-2}{1-p}\right]^2 (1-p)^2 = \frac{2}{p(1-p)}$$

sowie

$$I_N^{-1}(p) = I_Y(p)^{-1}\frac{1}{N}.$$

Also besitzt die Genzählmethode Minimalvarianz, sie ist ein effektiver Schätzer für die Allelwahrscheinlichkeit.

◄

> Die Schätzer $\hat{p}_{2,N}$ und $\hat{p}_{3,N}$ sind nicht erwartungstreu.

Beweis:
Es genügt, eine Stichprobe vom Umfang $N = 1$ zu betrachten. In
Tab. 4.3 sind die möglichen Stichprobenergebnisse und die zugeordneten Schätzwerte aufgelistet.

Tab. 4.3 Mögliche Stichprobenergebnisse einer Stichprobe vom Umfang N = 1 und zugehörige Schätzwerte der Allelwahrscheinlichkeit p = P(A) für die Vererbungsmodelle M2 und M3

Genotypen			$\hat{p}_{2,1}$	$\hat{p}_{3,1}$
AA	Aa	aa		
1	0	0	1	1
0	1	0	1	0
0	0	1	0	0

Damit berechnen sich die beiden von p verschiedenen Erwartungswerte

$$E(\hat{p}_{2,N}) = E(\hat{p}_{2,1}) = 1 \cdot p^2 + 1 \cdot 2p(1-p) + 0 \cdot (1-p)^2 = 2p - p^2,$$

$$E(\hat{p}_{3,N}) = E(\hat{p}_{3,1}) = 1 \cdot p^2 + 0 \cdot 2p(1-p) + 0 \cdot (1-p)^2 = p^2.$$

◄

Entsprechend der Theorie der Maximum-Likelihood-Schätzungen sind $\hat{p}_{2,N}$ und $\hat{p}_{3,N}$ a-symptotisch erwartungstreu und asymptotisch wirksamst.

Betrachtet wird nachfolgend der Schätzer $\hat{p}_{3,N}$. Um einen Eindruck vom Bias zu gewinnen, ist der Erwartungswert von $\hat{p}_{3,N}$ gemäß Definition auszurechnen. Dies ergibt

$$E_{3,N}(\hat{p}) = \sum_{k=0}^{N} \sqrt{\frac{k}{N}} \binom{N}{k} p^{2k} \left(1-p^2\right)^{N-k}.$$

Der Bias $B_{3,N}(p) = p - E_{3,N}(p)$ von $\hat{p}_{3,N}$ als Funktion von p ist für N = 100 sowie für N = 1 000 in der Abb. 4.11 dargestellt. Man sieht, dass für kleine Werte von p auch bei großem N der Bias relativ zu p beträchtlich sein kann.

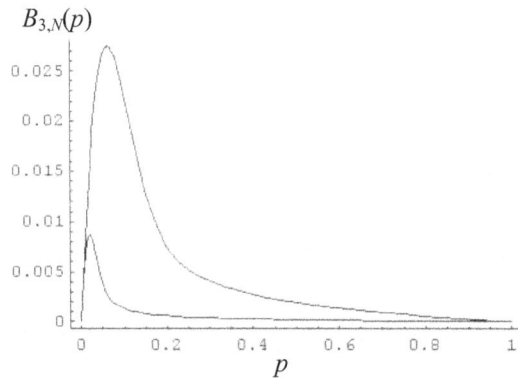

Abb. 4.11 Bias des Schätzers $\hat{p}_{3,N}$ als Funktion von p für N = 100 (oberer Verlauf) und N = 1 000

Die Minimalvarianz $V_{MLS}\left(\hat{p}_{3,N}\right)$ von $\hat{p}_{3,N}$ entsprechend der Theorie der Maximum-Likeli-hood-Schätzungen gewinnt man aus der Ungleichung von RAO/CRAMER unter Bezug auf

Modell $M3$. Dass die erforderlichen Voraussetzungen erfüllt sind ist leicht nachprüfbar und wird hier nicht dargelegt. Als Zufallsgröße Y ist der beobachtbare Genotyp AA gewählt. Die FISHER-Information

$$I_Y(p) = \left(\frac{2}{p^2}\right)^2 p^2 + \left(\frac{-2p}{1-p^2}\right)^2 (1-p)^2 = \frac{4}{1-p^2}$$

führt gemäß der Ungleichung von RAO/CRAMER auf die Minimalvarianz

$$V_{MLS}(\hat{p}_{3,N}) = \frac{(1-p^2)}{4N}\left(\frac{d}{dp}E_{3,N}(p)\right)^2.$$

Als asymptotische Minimalvarianz bezeichnet man

$$V_{MLS}^{\infty}(\hat{p}_{3,N}) = \frac{(1-p^2)}{4N}.$$

Zum Vergleich der tatsächlichen Varianz

$$V_N(\hat{p}_{3,N}) = \sum_{k=0}^{N}\left[\sqrt{\frac{k}{N}} - E_{3,N}(p)\right]^2 \binom{N}{k}p^{2k}(1-p^2)^{N-k}$$

und der Minimalvarianz wird die Differenz $V_{Diff} = V_N(\hat{p}_{3,N}) - V_{MLS}(\hat{p}_{3,N})$ als Funktion von p dargestellt (s. Abb. 4.12).

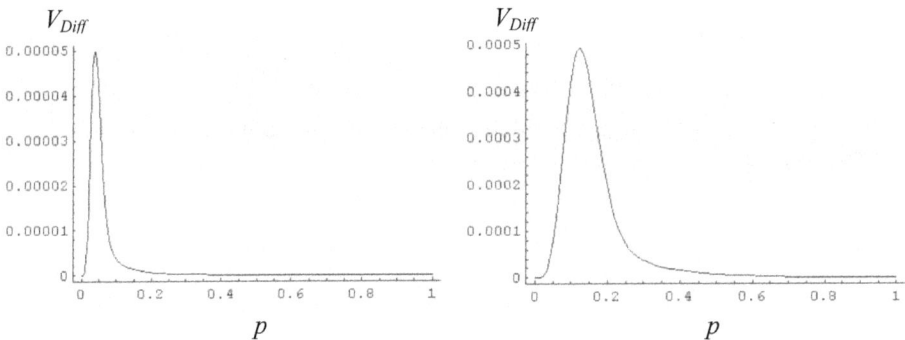

Abb. 4.12 Differenz V_{Diff} (Ordinate) von tatsächlicher und Minimalvarianz gemäß der Ungleichung von RAO/CRAMER für den Schätzer $\hat{p}_{3,N}$ als Funktion von p (Abszisse); links $N = 1\,000$, rechts $N = 100$. Man beachte die unterschiedlichen Skalen der Ordinaten!

Analoge Betrachtungen können für den Schätzer $\hat{p}_{2,N}$ angestellt werden. Man erhält als Erwartungswert

$$E_{2,N}(\hat{p}_2) = \sum_{k=0}^{N}\left(1 - \sqrt{\frac{k}{N}}\right)\cdot\binom{N}{k}\cdot(1-p)^{2k}\cdot\left(1-(1-p)^2\right)^{N-k},$$

als Mimimalvarianz

$$V_{MLS}\left(\hat{p}_{2,N}\right) = \frac{2p - p^2}{4N} \cdot \left[\frac{d}{dp} E_{2,N}\left(p\right)\right]^2$$

und als asymptotische Minimalvarianz

$$V_{MLS}^{\infty}\left(\hat{p}_{2,N}\right) = \frac{2p - p^2}{4N}.$$

Es lassen sich

$$V\left(\hat{p}_1, N\right) < V_{MLS}^{\infty}\left(\hat{p}_{2,N}\right) \text{ und } V\left(\hat{p}_1, N\right) < V_{MLS}^{\infty}\left(\hat{p}_{3,N}\right)$$

nachrechnen.Die günstigste Situation ist gegeben, wenn zur Schätzung der Allelwahrscheinlichkeiten beobachtete Anzahlen aller Genotypen genutzt werden können. Sind lediglich beide Homozygoten beobachtbar, schätze man p aus der Anzahl des häufigsten Typs: Für $p < 1/2$ gilt $V_{MLS}^{\infty}\left(\hat{p}_{2,N}\right) < V_{MLS}^{\infty}\left(\hat{p}_{3,N}\right)$ und für $p > 1/2$ gilt $V_{MLS}^{\infty}\left(\hat{p}_{2,N}\right) > V_{MLS}^{\infty}\left(\hat{p}_{3,N}\right)$. In den verbleibenden Beobachtungssituationen ist die zu verwendende Schätzmethode festgelegt. Kann man die abschätzbaren Ungenauigkeiten nicht tolerieren, müssen entweder der Stichprobenumfang entsprechend gewählt oder die Unterscheidbarkeit der Genotypen (Modell $M1$) gewährleistet werden. Für reale Situationen der genetischen Epidemiologie ist eine fundierte Versuchsplanung unerlässlich!

Die statistische Schätzung der Allelwahrscheinlichkeiten für MENDEL'sche Modelle mit mehr als 2 Allelen wird wieder aus dem Maximum-Likelihood-Ansatz abgeleitet. Im Allgemeinen erfordert sie die Lösung nichtlinearer Gleichungssysteme. Vorteilhaft ist die Anwendung des **EM-Algorithmus** (siehe LANGE 2000, LANGE 2002). Betreffend die Eigenschaften der Schätzer stehen im Allgemeinen nur die asymptotischen Aussagen der Theorie der Maximum-Likelihood-Schätzer zur Verfügung.
Für den Spezialfall der Beobachtbarkeit aller Genotypen gibt es jedoch ein praktisch nützliches Resultat (BIEBLER/JÄGER 1987):

Für ein MENDEL'sches Erbmodell mit k Allelen seien alle Genotypen beobachtbar. Vorausgesetzt wird $A_i A_j = A_j A_i$ für alle Genotypen. $H_{nm} = H(A_n A_m)$ bezeichne die Häufigkeit des Auftretens des Genotypen $A_n A_m$ in einer Stichprobe vom Umfang N.
Dann ist für $i = 1, ..., k$ mit der **verallgemeinerten Genzählmethode**

$$\hat{p}_i = \left(2H_{ii} + \sum_{r=1}^{i-1} H_{ri} + \sum_{r=i+1}^{k} H_{ir}\right) \Big/ 2N$$

ein Maximum-Likelihood-Schätzer für $p = (p_1, ..., p_k)$ explizit gegeben. Dieser Maximum-Likelihood-Schätzer ist erwartungstreu und wirksamst.

Für eine Stichprobe vom Umfang N ist der zufällige Vektor $2N\left(\hat{p}_1, ..., p_k\right)$ der beobachteten Genotyphäufigkeiten eine mit den Parametern $2N$ und $p_1, ..., p_k$ polynomialverteilte Zufallsgröße. Ihre Kovarianzmatrix $K_G = (k^G_{ij})$, $i,j=1, ..., k$, besitzt die Elemente

$$k^G_{ij} = \begin{cases} 2Np_i(1-p_i) & \text{für } i = j \\ -2Np_ip_j & \text{für } i \neq j. \end{cases}$$

Wegen $(\hat{p}_1, ..., \hat{p}_k) = 1/(2N) \cdot 2N(\hat{p}_1, ..., \hat{p}_k)$ hat man daraus die Kovarianzmatrix K^{MLS} des

Maximum-Likelihood-Schätzers als $K^{MLS} = \dfrac{1}{2N} K_G$ mit den Elementen

$$k^{MLS}_{ij} = \begin{cases} \dfrac{p_i(1-p_i)}{2N} = V(\hat{p}_i) & \text{für } i = j \\ \dfrac{-p_ip_j}{2N} = \text{cov}(\hat{p}_i, \hat{p}_j) & \text{für } i \neq j. \end{cases}$$

Die Kovarianzmatrix K^{MLS} beschreibt die Variation von $(\hat{p}_1, ..., \hat{p}_k)$ in einer Umgebung des Erwartungswertes $(p_1, ..., p_k)$. Konstruiert man daraus das k-dimensionale **Dispersionsellipsoid** bzw. **Kovarianzellipsoid**, so ermöglicht dies für den zweidimensionalen und den dreidimensionalen Fall eine geometrische Anschauung der Kovarianz. Im Anwendungsfalle kennt man $(p_1, ..., p_k)$ und damit das Kovarianzellipsoid nicht, wohl aber die Schätzwerte $(\hat{p}_1, ..., \hat{p}_k)$. Wird diesbezüglich das Kovarianzellipsoid konstruiert, hat man die Stichproben-Kovarianz veranschaulicht. Man muss sich allerdings darüber klar sein, dass die Polynomialverteilung eine diskrete Verteilung ist, das Dispersionsellipsoid jedoch bezüglich einer stetigen gleichverteilten Zufallsgröße konstruiert wurde!

Beispiel 4.4
Als Beispiel für ein 3-Allelensystem wird das dem Chromosom Nr. 4 assoziierte Gc-System gewählt. Der Gc-Polymorphismus, fester Bestandteil der klassischen serogenetischen Abstammungsbegutachtung, wurde 1977 von einem 2-Allelen-System zu einem 3-Allelen-System erweitert. Die Allele sind traditionell mit 1F, 1S und 2 bezeichnet. Alle Genotypen sind beobachtbar. Für eine Stichprobe von 100 Probanden ergaben sich die Genotypenhäufigkeiten von Tab. 4.4.

Tab. 4.4 Beobachtete Genotypenhäufigkeiten für das Gc-System in einer Stichprobe vom Umfang $N = 100$ (Daten: Institut für Rechtsmedizin Greifswald , 2004)

Genotyp	1F	1S	2	1F1S	2 1F	2 1S
Häufigkeit	3	29	6	16	5	41

Die verallgemeinerte Genzählmethode ergibt für die Allelwahrscheinlichkeiten die Schätzwerte $\hat{p}_{1F} = 0.135$, $\hat{p}_{1S} = 0.575$ und $\hat{p}_2 = 0.29$. Wegen $p_2 = 1-(p_{1F} + p_{1S})$ handelt es sich hier um ein zweidimensionales Schätzproblem.

Die Aussagen der Ungleichung von RAO/CRAMER lassen sich auch für ein mehrdimensionales Schätzproblem formulieren und beweisen. Die verallgemeinerte Genzählmethode ist wirksam. Aufgrund der Eigenschaften der Polynomialverteilungen konkretisiert sich diese verallgemeinerte Ungleichung von RAO/CRAMER zu der Relation

$$K^{MLS} = \left[2N \, I(p) \right]^{-1}.$$

Die Kovarianzmatrix des Schätzers erhält man aus der vom Vektor der Allelwahrscheinlich-keiten $\boldsymbol{p} = (p_{1F}, p_{1S})$ abhängigen FISHER-Informationsmatrix der Zufallsgröße Alleltyp,

$$I(\boldsymbol{p}) = \begin{pmatrix} \frac{1}{p_{1F}} + \frac{1}{p_2} & \frac{1}{p_2} \\ \frac{1}{p_2} & \frac{1}{p_{1S}} + \frac{1}{p_2} \end{pmatrix} .$$

Die Gleichung

$$2N \cdot (0.135 - p_{1F}, 0.575 - p_{1S}) I(\hat{\boldsymbol{p}})(0.135 - p_{1F}, 0.575 - p_{1S})' = 4$$

definiert die in der Abb. 4.13 angegebene Dispersionsellipse für die beschriebene Schätzung der Allelwahrscheinlichkeiten des Gc-Systems. Sie veranschaulicht die minimale Varianz, die ein erwartungstreuer Schätzer für $\boldsymbol{p} = (p_{1F}, q_{1S})$ bei gegebenem Stichprobenumfang haben kann. Die verallgemeinerte Genzählmethode nutzt die Informationen der Stichprobe zur Berechnung der unbekannten Allelwahrscheinlichkeiten maximal. Eine präzisere Methode gibt es nicht.

Die FISHER-Informationsmatrix ist hier für die geschätzten Allelwahrscheinlichkeiten ausge-rechnet. Die Dispersionsellipse bezieht sich also auf die Daten und veranschaulicht diesbe-züglich die empirische Kovarianz des Schätzers, allerdings in Bezug auf eine auf ihr gleich-verteilte stetige Zufallsgröße.

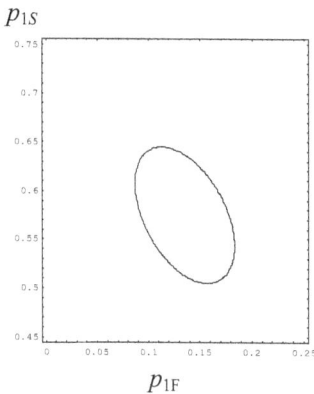

Abb. 4.13 Dispersionsellipse der Schätzung der Allelwahrscheinlichkeiten des Gc-Systems, Daten in Tab. 4.4

Die Berechnung der Dispersionsellipse wird nun erläutert. Es ist $(\hat{p}_1 - p_1, \hat{p}_2 - p_2)$ eine zweidimensionale Zufallsgröße, deren Randerwartungswerte wegen der Erwartungstreue der Maximum-Likelihood-Schätzung Null sind,

$$E_p(\hat{p}_1 - p_1) = 0, \text{ und } E_q(\hat{p}_2 - p_2) = 0.$$

Die Kovarianzmatrix K^{MLS} ist eine symmetrische nichtsinguläre Matrix und erzeugt eine quadratische Form $Q(\hat{p}_1 - p_1, \hat{p}_2 - p_2)$,

$$Q(\hat{p}_1 - p_1, \hat{p}_2 - p_2) = (\hat{p}_1 - p_1, \hat{p}_2 - p_2) K^{MLS} (\hat{p}_1 - p_1, \hat{p}_2 - p_2)'.$$

Für einen konstanten Funktionswert c^2, c eine reelle Zahl, ist $Q(\hat{p}_1 - p_1, \hat{p}_2 - p_2) = c^2$ die Gleichung einer Ellipse. Man setzt $c^2 = 4$, führt die Matrizenmultiplikationen aus und erhält nach einigen Umformungen die Ellipsengleichung

$$\frac{(\hat{p}_1 - p_1)^2}{V(\hat{p})} - \frac{2\rho(\hat{p}_1 - p_1)(\hat{p}_2 - p_2)}{\text{cov}(\hat{p}_1 - \hat{p}_2)} + \frac{(\hat{p}_2 - p_2)}{V(\hat{p}_2)} = 4(1 - \rho^2),$$

wobei $\rho = \dfrac{\text{cov}(\hat{p}_1, \hat{p}_2)}{\sqrt{V(\hat{p}_1)V(\hat{p}_2)}}$. An dieser Darstellung ist sehr gut erkennbar, dass ein Korrelationskoeffizient $\cdot = 0$ dem Übergang der Ellipse zu einem Kreis entspricht. Dies tritt nur im Falle

$$\text{cov}(\hat{p}_1, \hat{p}_2) = -\frac{p_1 p_2}{2N} = 0$$

ein. Ist jedoch eine Allelwahrscheinlichkeit Null, enthält das Vererbungsmodell Redundanz und bedarf der Korrektur.

Sequenzielle Schätzungen von Allelwahrscheinlichkeiten

Die Beobachtung sehr seltener erblicher Merkmale ist in bestimmten Bereichen der Lebenswissenschaften eine typische Aufgabenstellung. Beispielsweise sieht man eine gewisse monogene menschliche Erbkrankheit bei 1 von 10 000 Individuen oder noch seltener. Die Schätzung der Allelwahrscheinlichkeiten erfordert bereits im Falle des einfachsten MENDEL'schen Erbmodells sehr große Stichprobenumfänge.

Das veranlaßt zur Überlegung, sequenzielle Schätzverfahren für Allelwahrscheinlichkeiten einzusetzen. Dies würde der längerfristigen Datensammlung angemessen sein und die Chance bieten, mit einem geringeren Stichprobenumfang auszukommen. Für sequenzielles Vorgehen sprechen auch biometrische Überlegungen.

Die folgenden Darlegungen beziehen sich wieder auf MENDEL'sche Erbmodelle mit zwei Allelen. Die dazu betrachteten Schätzer für die Allelwahrscheinlichkeiten stehen mit einer Binomialverteilung $B(n, p)$ in Beziehung.

Für eine binomialverteilte Zufallsgröße ist der Maximum-Likelihood-Schätzer $\hat{p} = k/n$ erwartungstreu. Seine relative Variation

$$\frac{1}{p}\frac{\sqrt{p(1-p)}}{n} = \sqrt{\frac{1-p}{np}}$$

divergiert für p gegen Null gegen Unendlich. Dies bedeutet, für kleine p ist mit sehr ungenauen Schätzungen zu rechnen.

Von HALDANE (1945) stammt eine Schätzmethode für den Parameter p, die diesen Nachteil überwindet. Im Gegensatz zum Bernoulli-Modell, bei dem der Stichprobenumfang festgehalten und die Anzahl von Realisierungen k des interessierenden Ereignisses beobachtet werden, gibt man ein k vor und führt genau solange das Zufallsexperiment fort, bis k-mal das interessierende Ereignis auftrat. Hier ist die beobachtete Zufallsgröße X der Stichprobenumfang. Es handelt sich offensichtlich um ein so genanntes sequenzielles Verfahren. Die Wahrscheinlichkeit für das Auftreten des zufälligen Stichprobenumfangs n bei vorgegebenen k und p wird durch

$$P(X = n) = \binom{n-1}{k-1} p^k (1-p)^{n-k}$$

beschrieben. Das sieht man leicht ein:

Im n-ten Versuch ist notwendigerweise das beobachtete Ereignis E mit der Wahrscheinlichkeit p eingetreten. Dann ereigneten sich die $(k - 1)$ Ereignisse E in den vorangegangenen $(n - 1)$ Versuchen mit der Wahrscheinlichkeit $\binom{n-1}{k-1} p^{k-1} (1-p)^{n-k}$. Dies multipliziert mit p

ergibt $P(X = n) = P(n \mid k, p) = \binom{n-1}{k-1} p^k (1-p)^{n-k}$. Somit erhält man eine Wahrscheinlichkeitsverteilung, denn es gelten $P(X = n) \geq 0$ und

$$\sum_{n=k}^{\infty} P(X = n) = \sum_{n=k}^{\infty} \binom{n-1}{k-1} p^k (1-p)^{n-k} = 1.$$

Für den Stichprobenumfang X gelten

$$E(X) = k/p \quad \text{und} \quad V(X) = k(1-p)/p^2.$$

Die Kenntnis von Varianz und Erwartungswert der Zufallsgröße Stichprobenumfang ist für praktische Belange der Stichprobenplanung nicht ausreichend. Eine gute Möglichkeit der Veranschaulichung der Verteilung von X bieten Rechnerexperimente. Abb. 4.14 gibt das Resultat von 100 000 Realisierungen von X für $k = 1$ und p von 0.001 bis 0.1 (Schrittweite 0.0025) wieder. Beispielsweise würde man für $p = 0.05$ einen Stichprobenumfang von $X = 20$ erwarten, um einmal das interessierende Ereignis zu beobachten. An den empirischen Quantilen liest man ab, dass in 60 Prozent der Fälle ein $X = 18$ oder in 80 Prozent der Fälle ein $X = 32$ genügen, um das Ergebnis E einmal zu beobachten.

Für das HALDANE-Modell ergibt sich als Maximum-Likelihood-Schätzer wieder

$$\hat{p} = k/n.$$

Allerdings ist dieser Schätzer nicht erwartungstreu. Als erwartungstreuen Schätzer gab bereits HALDANE daher

$$\hat{p}_H = (k-1)/(n-1)$$

an. Die Varianz ist nach oben begrenzt durch

$$V(\hat{p}_H) \leq \frac{p^2 (1-p)}{k-2},$$

MIKULSKI und SMITH (1976), so dass die relative Variation beschränkt ist,

$$\frac{\sqrt{V(\hat{p}_H)}}{E(\hat{p}_H)} \leq \sqrt{\frac{1-p}{k-2}}.$$

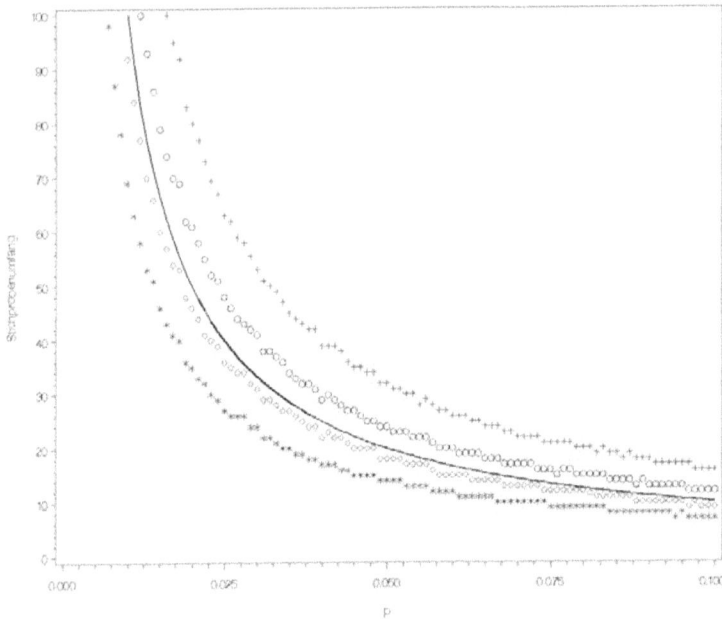

Abb. 4.14 Erwartungswert (durchgehende Linie) und gepunktete Quantile Q_{50}, Q_{60}, Q_{70} und Q_{80} (von unten nach oben) des notwendigen Stichprobenumfangs für $k = 1$ und p von 0.005 bis 0.1. Der Erwartungswert liegt im Simulationsexperiment zwischen Q_{60} und Q_{70}.

Hier zeigt sich einer der Vorteile des sequenziellen Schätzverfahrens im Vergleich mit dem klassischen Schätzen von p im Binomialmodell.

Für das MENDEL´sche Erbmodell $M3$ werden der Maximum-Linkelihoodschätzer

$$\hat{p}_{3,N} = \sqrt{\frac{N_{AA}}{N}}$$

und der HALDANE-Schätzer

$$\hat{p}_{3,N,H} = \sqrt{\frac{N_{AA} - 1}{N - 1}}$$

verglichen, wobei N_{AA} die vorgegebene Anzahl des Genotypen AA bei der sequentiellen Schätzung ist. Die Berechnung von Erwartungswert und Varianz dieses HALDANE-Schätzers findet man in JÄGER u.a. (2004). Hier wird das Resultat einer Simulation mitgeteilt.

Für $p = 0.01$, also eine Genotypenhäufigkeit von 0.0001, wird der Stichprobenumfang X ermittelt, bei dem erstmalig die vorgegebene Anzahl des interessierenden Genotyps AA bei sequenzieller Realisierung der Stichprobe auftrat. Die Tab. 4.5 beschreibt die empirische Verteilung der Schätzer $\hat{p}_{3,N}$ und $\hat{p}_{3,N,H}$. An den Parametern d und s^2 erkennt man den Vorteil der sequenziellen Methode. Der empirische Median zeigt an, dass der HALDANE-Schätzer den Parameter p unterschätzt und dass die Schätzung bei vorgegebenem Stichprobenumfang zu einer Überschätzung des Parameters führt.

Tab. 4.5 Ergebnisse des Simulationsexperimentes zum Vergleich von $\hat{p}_{3,N}$ und $\hat{p}_{3,N,H}$. Vorgegeben ist $p = 0.01$. Es bezeichnen m das arithmetische Mittel, s^2 die empirische Varianz, Q_{50} den empirischen Median der Schätzwerte sowie N_{MAX}, das Maximum der Werte N.

	N_{AA}							
	2		3		5		10	
	$\hat{p}_{3,N}$	$\hat{p}_{3,N,H}$	$\hat{p}_{3,N}$	$\hat{p}_{3,N,H}$	$\hat{p}_{3,N}$	$\hat{p}_{3,N,H}$	$\hat{p}_{3,N}$	$\hat{p}_{3,N,H}$
m	.0125	.0089	.01147	.00936	.01083	.00968	.01038	.00985
$d = \lvert m - .01 \rvert$	.0025	.0011	.00147	.00064	.00083	.00032	.00038	.00015
$s^2 \cdot 10^{-6}$	45.40	22.75	16.83	11.22	7.63	6.10	2.93	2.63
Q_{50}	.0109	.0077	.0106	.0086	.0103	.0092	.0102	.0096
N_{MAX}	117 071		143 416		185 428		261 957	

Konfidenzschätzung von Allelwahrscheinlichkeiten

Konfidenzschätzungen für Allelwahrscheinlichkeiten werden unter Bezug auf Populations-stichproben behandelt. Dabei sind im Falle von 2 Allelen Konfidenzschätzungen binomial-verteilter Zufallsgrößen zu betrachten. Für Erbmodelle mit mehr als 2 Allelen bzw. für Haplotypenmodelle sind Konfidenzschätzungen für Polynomialverteilungen nötig.

Die exakte Konfidenzschätzung für die Wahrscheinlichkeit im Binomialmodell unter Ver-wendung der regularisierten unvollständigen Betafunktion ist in Kapitel 2 erläutert. Nähe-rungsweise Konfidenzintervalle für den Parameter p einer Binomialverteilung werden unter Bezug auf Normalverteilungsapproximationen berechnet. Im folgenden Beispiel werden exakte und asymptotische Konfidenzintervalle vergleichend betrachtet.

Beispiel 4.5

Die Phenylketonurie gilt als häufige Erbkrankheit. In VOGEL/MOTULSKI (1979), Tabelle 6.3., sind Krankheitshäufigkeiten und Stichprobenumfänge von PKU-Studien in verschiedenen Populationen aufgelistet. Gefragt wird, wie genau aus solchen Angaben die Prävalenz der PKU ableitbar ist.

Zur Beschreibung der Vererbung ist das einfachste Erbmodell anwendbar. Die PKU-Kranken sind homozygot, ihr Phänotyp sei mit AA bezeichnet. Mit $p = P(A)$ ergibt sich die Genoty-penwahrscheinlichkeit $P(AA) = p^2$. Es seien N der Stichprobenumfang und N_{AA} die Anzahl der in der Stichprobe beobachteten PKU-Kranken. Es ist N_{AA} binomialverteilt mit den Para-metern N und p^2. Zur Berechnung eines Konfidenzintervalles für die Prävalenz der Krankheit werden zwei Möglichkeiten diskutiert:

Methode 1: Exakte Berechnung eines $(1 - \varepsilon)$-Konfidenzintervalls für p^2 unter Verwendung der regularisierten unvollständigen Betafunktion.

Methode 2: Asymptotische Berechnung eines $(1 - \varepsilon)$-Konfidenzintervalls für p^2 unter Ver-wendung der Normalverteilung mit dem Erwartungswert p^2 und der Varianz $p^2(1 - p^2)/N$ gemäß dem zentralen Grenzwertsatz durch Auflösen der quadrati-schen Gleichung

$$\left| \frac{N_{AA}}{N} - p^2 \right| = u_{1-\varepsilon/2} \cdot \sqrt{p^2 \left(1 - p^2 \right)/N} \quad .$$

Die oft übliche Ersetzung von p durch einen aus den Daten berechneten Wert wird nicht empfohlen!

Soll aus der Anzahl N_{AA} der Kranken eine Konfidenzschätzung für die Allelwahrscheinlichkeit p erfolgen, so ist ein exaktes Verfahren nicht verfügbar. Unter Bezug auf die Theorie der Maximum-Likelihood-Schätzungen hat man jedoch einen approximativen Ansatz.

Methode 3: Zur Behandlung des Problems ist das 2-Allelenmodell $M3$ zu wählen. Der assoziierte Maximum-Likelihood-Schätzer

$$\hat{p}_3 = \sqrt{\frac{N_{AA}}{N}}$$

ist asymptotisch normalverteilt mit dem Erwartungswert p und der Varianz

$$V_{MLS}\left(\hat{p}_{3,N}\right) = \frac{\left(1-p^2\right)\left[\frac{d}{dp}E_N\left(p\right)\right]^2}{4N}$$

Die Auswertung der Gleichung in p,

$$\left|\sqrt{\frac{N_{AA}}{N}} - p\right| = V_{MLS}\left(\hat{p}_{3,N}\right) \cdot u_{1-\varepsilon/2},$$

ist schwierig, denn $\frac{d}{dp}E_N\left(p\right)$ ist eine komplizierte Funktion von p. Möchte man die einfacher handhabbare asymptotische Minimalvarianz

$$V_{MLS}^{\infty}\left(\hat{p}_{3,N}\right) = \frac{1-p^2}{4N}$$

verwenden, involviert man einen zusätzlichen Fehler. Er hängt von den Parametern N und p^2 ab. Dies verdeutlicht Tab. 4.6. Für verschiedene Werte von N ist das minimale p angegeben, welches eine Abweichung kleiner als 0.05 zwischen exakter Varianz und asymptotischer Minimalvarianz gewährleistet. Sind also größere Allelwahrscheinlichkeiten als die angegebenen p-Werte in Beobachtung, sind die mittels $V_{MLS}^{\infty}(\hat{p}_{3,N})$ leichter berechenbaren Konfidenzintervalle für die meisten Zwecke sicher genau genug.

Würde ein Heterozygotentest verfügbar sein, wären alle Genotypen beobachtbar. Eine Konfidenzschätzung für die Prävalenz der PKU erfolgt genauso wie im Falle der auf den Phänotyp beschränkten Beobachtbarkeit. Man wertet N_{AA} aus.

Die Allelwahrscheinlichkeit ist mit der Genzählmethode schätzbar. Die Anzahl N_A der beobachteten A-Allele in einer Stichprobe von $2N$ Allelen ist binomialverteilt mit den Parametern $2N$ und p. Konfidenzintervalle für p erhält man wieder auf verschiedene Weise:

Methode 4: Exakte Berechnung eines $(1-\varepsilon)$-Konfidenzintervalls für p unter Verwendung der regularisierten unvollständigen Betafunktion.

Methode 5: Asymptotische Berechnung eines $(1-\varepsilon)$-Konfidenzintervalls für p unter Verwendung der Normalverteilung mit dem Erwartungswert p und der Varianz

Varianzen

Varianzen

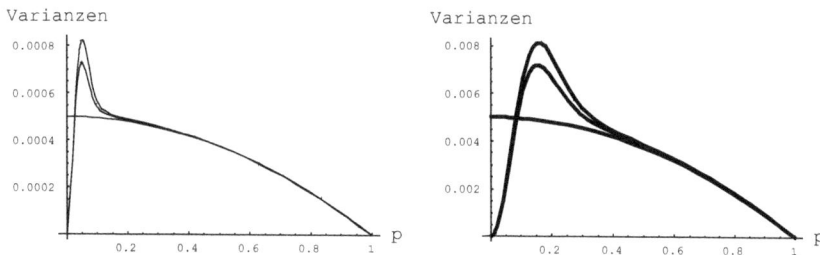

Abb. 4.15 Varianzen des Schätzers $\hat{p}_3$ als Funktion der Allelwahrscheinlichkeit für $N = 500$ und $N = 50$ (rechts). In beiden Darstellungen jeweils von oben nach unten exakte Varianz $V_N\left(\hat{p}_3\right)$, $V_{MLS}\left(\hat{p}_{3,N}\right)$ und $V_{MLS}^{\infty}\left(\hat{p}_{3,N}\right)$. Man beachte die unterschiedlichen Maßstäbe der Ordinaten!

Tab. 4.6 Ist zu gegebenem N die Allelwahrscheinlichkeit größer als der angegebene Wert für p, so weichen exakte Varianz des Schätzers $\hat{p}_3$ und seine asymptotische Varianz $V_{MLS}^{\infty}\left(\hat{p}_{3,N}\right)$ um weniger als 0.05 voneinander ab

N	p
500	0.118
400	0.132
300	0.153
200	0.187
100	0.267
50	0.382

$p(1-p)/2N$ gemäß dem zentralen Grenzwertsatz durch Auflösen der quadratischen Gleichung

$$\left|\frac{N_A}{2N} - p\right| = u_{1-\varepsilon/2} \cdot \sqrt{p(1-p)/N} \ .$$

Konfidenzschätzungen für p^2 und für p betreffen unterschiedliche Zufallsgrößen. Sie sind nicht ineinander umrechenbar. Dies demonstriert ein Beispiel.

Würde man 2 Kranke und 16 Heterozygote in einer Stichprobe vom Umfang 50 beobachtet haben, so sind [0.1267, 0.2918] ein exaktes 0.95-Konfidenzintervall für p und [0.0049, 0.1371] ein exaktes 0.95-Konfidenzintervall für p^2. Die Intervallgrenzen sind nicht durch Quadrieren bzw. Radizieren ineinander überführbar.

In den Abb. 4.16 bis Abb. 4.18 werden nach verschiedenen Methoden berechnete Konfidenzintervalle bezüglich ihrer Längen verglichen. Für kleine Werte von p bzw. p^2 sind die Unterschiede zwischen exakt und asymptotisch berechneten Konfidenzintervallen beachtlich. Natürlich hängen die Beurteilungen zur Approximationsgüte auch vom Stichprobenumfang ab. Dies gibt Gelegenheit zur statistischen Versuchsplanung, auf die im folgenden Abschnitt eingegangen wird.

Die rechnerische Behandlung der konkreten Situation ist für die Beurteilung der Approximationsgüte unverzichtbar. Allgemeine Aussagen, wie z.B. die Abschätzung (NAWROTZKI 1994, Seite 225) über die Verteilungs-Approximation

$$D = \sup_{x \in R} \left| B_{N,p}\left(X < x\right) - \Phi\left(\frac{x - np}{\sqrt{Np\left(1-p\right)}}\right) \right| \leq \frac{0.7975}{\sqrt{N}} \cdot \frac{p^2 + \left(1-p\right)^2}{\sqrt{p\left(1-p\right)}},$$

hier hat man für $N = 10\ 000$ und $p = 0.0001$ beispielsweise

$$D \leq \frac{0.7975}{\sqrt{10000}} \frac{0.0001^2 + 0.9999^2}{\sqrt{0.0001 \cdot 0.9999}} = 0.0079748,$$

sind wenig hilfreich.

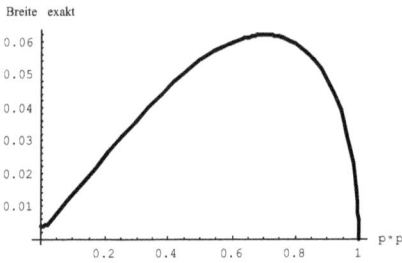

Abb. 4.16 Exakt (Methode 1) berechnete Breite von 0.95-Konfidenzintervallen als Funktion von p^2, $N = 1000$

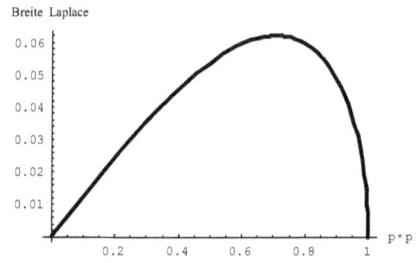

Abb. 4.17 Asymptotisch (Methode 2) berechnete Breite von 0.95-Konfidenzintervallen als Funktion von p^2, $N = 1\ 000$

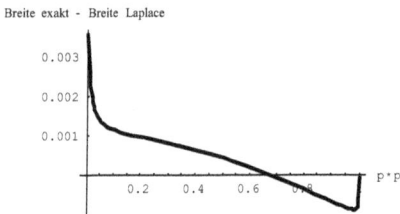

Abb. 4.18 Exakt berechnete Breite (Methode 1) minus asymptotisch berechnete Breite (Methode 2) von 0.95-Konfidenzintervallen als Funktion von p^2, $N = 1\ 000$

Neben der Breite des Konfidenzintervalles ist die Kenntnis der tatsächlichen Überdeckungswahrscheinlichkeit des Parameters durch das Konfidenzintervall zur Beurteilung seiner Berechnungsmethode hilfreich. Eine solche Charakterisierung verschafft man sich durch ein Rechnerexperiment. Das Resultat eines solchen veranschaulichten die Abb. 4.19 bis Abb. 4.21. Es wurden 0.95-Konfidenzintervalle aus jeweils 10 000 Realisierungen binomialverteilter Zufallsgrößen in Abhängigkeit von p^2 bzw. p berechnet und gezählt, wie oft das Konfidenzintervall den Wert p^2 bzw. p enthält. Auf diese Weise ist die den Methoden zuzuordnende tatsächliche Überdeckungswahrscheinlichkeit der Konfidenzintervalle veranschaulicht. Zum Vergleich ist in den Graphiken bei 9 500 die dem Konfidenzniveau entsprechende Linie eingezeichnet. Empfehlenswert ist lediglich die exakte Methode 1!

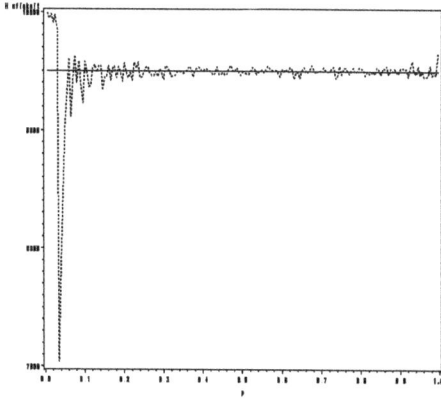

Abb. 4.19 Resultat einer Simulation mit 10 000 runs: Häufigkeit der Überdeckung von p durch das nach Methode 3 berechnete 0.95- Konfidenzintervall, dargestellt in Abhängigkeit von p.

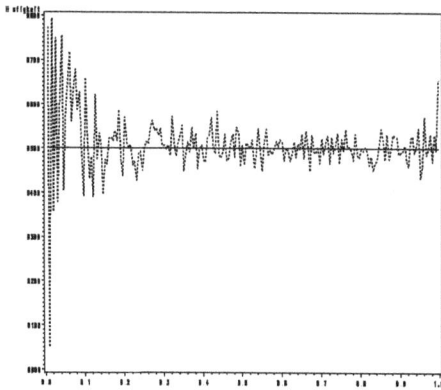

Abb. 4.20 Resultat einer Simulation mit 10 000 runs: Häufigkeit der Überdeckung von p^2 durch das nach Methode 2 berechnete 0.95- Konfidenzintervall, dargestellt in Abhängigkeit von p.

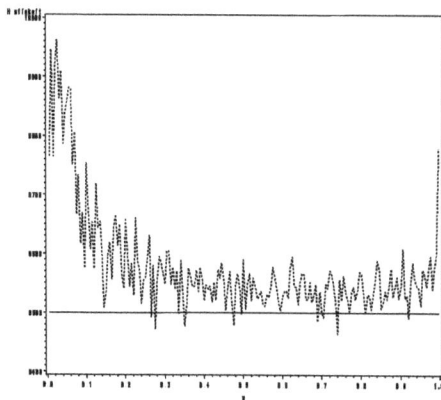

Abb. 4.21 Resultat einer Simulation mit 10 000 runs: Häufigkeit der Überdeckung von p^2 durch das exakt berechnete 0.95- Konfidenzintervall (Methode 1), dargestellt in Abhängigkeit von p.

Für Mehr-Allelen-Systeme bedeuten Konfidenzschätzungen die Behandlung des Problems im Kontext von Polynomialverteilungen und erweisen sich als nichttrivial. Die folgenden Darlegungen beschränken sich auf Drei-Allelen-Modelle, also auf den zweidimensionalen Fall. Im Zusammenhang mit der Schätzung von Allelwahrscheinlichkeiten wurde bereits mitgeteilt, dass im Falle der Identifizierbarkeit aller Genotypen des betrachteten Vererbungsmodells die verallgemeinerte Genzählmethode eine erwartungstreue und wirksamste Maximum-Likelihood-Schätzfunktionen ist. Die Varianz des Schätzers ist durch die Ungleichung von RAO/CRAMER gegeben. Für die Binomialverteilungen wurde demonstriert, dass bei kleinen Allelwahrscheinlichkeiten die asymptotischen Konfidenzschätzungen zu ungenau sind. Auch im zweidimensionalen Fall stellt sich die Frage nach der Möglichkeit der Kalkulation exakter Konfidenzbereiche, also der Berechnung direkt aus der entsprechenden Polynomialverteilung. Die Vorgehensweise wird hier skizziert und am Beispiel des Gc-Systems veranschaulicht.

Beispiel 4.6

Das im Anschluss an die Erläuterung der verallgemeinerten Genzählmethode gegebene Beispiel des Gc-Polymorphismus wird wieder aufgegriffen. Es sind drei Allele 1F, 1S und 2 zu betrachten. Wegen $p_2 = 1 - (p_{1F} + p_{1S})$ geht es jedoch um ein zweidimensionales Schätzproblem.

0.95-Konfidenzbereiche für den Vektor $p = (p_{1F}, p_{1S})$ der Allelwahrscheinlichkeiten werden nachfolgend nach 3 Verfahren konstruiert. Die Berechnungen zu diesem Beispiel erfolgten mit teilweise recht umfangreichen Programmen in MATHEMATICA® (MATTHEUS 2007). Diese Programme können hier nicht mit veröffentlicht werden.

Eine Polynomialverteilung ist angenähert beschreibbar durch eine mehrdimensionale Normalverteilung. Dies ist eine Verallgemeinerung des in Abschnitt 2 erwähnten zentralen Grenzwertsatzes. Die verallgemeinerte Genzählmethode ist wirksamst. Folglich ist die Kovarianzmatrix K des Schätzers $\hat{p} = (\hat{p}_{1F}, \hat{p}_{1S})$ durch die FISHER-Information $I(p)$ der Zufallsgröße Alleltyp und dem Stichprobenumfang N gegeben, wobei

$$I(p) = \begin{pmatrix} \frac{1}{p_{1F}} + \frac{1}{p_2} & \frac{1}{p_2} \\ \frac{1}{p_2} & \frac{1}{p_{1S}} + \frac{1}{p_2} \end{pmatrix}$$

und

$$K = (N \cdot I(p))^{-1}.$$

Man achte darauf, dass als Stichprobenumfang die Anzahl der beobachteten Allele, nicht die der beobachteten Personen steht. Hier und nachfolgend werden Matrizengleichungen formuliert, ohne dass dies weiterhin explizit betont wird. Vielmehr ergibt sich die Interpretation der Gleichungen aus dem Kontext. Es ist nach der Theorie der Maximum-Likelihood-Schätzungen die standardisierte Zufallsgröße

$$(\hat{p} - p)\sqrt{N \cdot I(p)}$$

asymptotisch zweidimensional standardnormalverteilt. Ihr Quadrat

$$N(\hat{p}-p)I(p)(\hat{p}-p)'$$

ist asymptotisch χ^2-verteilt mit 2 Freiheitsgraden. Das 0.95-Quantil dieser Verteilung hat den Wert 5.991. Der **asymptotische Konfidenzbereich**

$$N(\hat{p}-p)I(p)(\hat{p}-p)' = 5.991$$

enthält mit einer Wahrscheinlichkeit von mindestens 0.95 den unbekannten Parametervektor $p = (p_{1F}, p_{1S})$. Da p nicht bekannt ist hilft man sich oft dadurch, dass die Schätzwerte der Allelwahrscheinlichkeiten in die FISHER-Information eingesetzt werden;

$$N(\hat{p}-p)I(\hat{p})(\hat{p}-p)' = 5.991$$

Dies ist eine Ellipsengleichung. Unnötigerweise wird damit ein zusätzlicher Fehler bei der Berechnung der **asymptotischen Konfidenzellipse** in Kauf genommen. Man kann nämlich durch numerische Verfahren alle Punktepaare $p = (p_{1F}, p_{1S})$ bestimmen, die der Gleichung des asymptotischen Konfidenzbereiches genügen. Der so erhältliche Konfidenzbereich ist nicht ellipsenförmig. Die nachfolgenden Abbildungen zeigen asymptotische Konfidenzellipse und asymptotischen Konfidenzbereich, berechnet aus den Daten des Beispiels zum Gc-System.

Die exakte Berechnung von Konfidenzbereichen für Parametervektoren von Polynomialverteilungen ist aufwändig. Nur in einfachsten Situationen ist die direkte Kalkulation der benötigten Wahrscheinlichkeitswerte direkt aus der definierenden Wahrscheinlichkeitsfunktion ein dafür geeignetes Mittel. Für Binomialverteilungen kann auf regularisierte unvollständige Betafunktionen zurückgegriffen werden. Eine Verallgemeinerung dieser Beziehung stammt von OLKIN/SOBEL (1965).

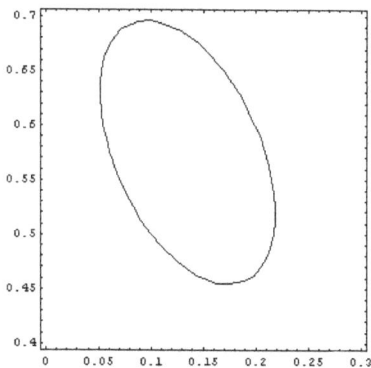

Abb. 4.22 Asymptotische 0.95-Konfidenzellipse für die Allelwahrscheinlichkeiten des Gc-Systems. Die FISHER-Information wird aus den Schätzwerten der Parameter berechnet. Die Daten sind in Tab. 4.4 mitgeteilt.

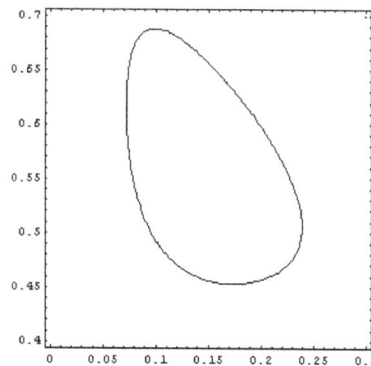

Abb. 4.23 Asymptotischer 0.95-Konfidenzbereich für die Allelwahrscheinlichkeiten des Gc-Systems aus der Lösung der definierenden Gleichungen ohne Verwendung der Schätzwerte zur Berechnung der FISHER-Information. Die Daten sind in Tab. 4.4 mitgeteilt.

Für das hier betrachtete zweidimensionale Problem einer Konfidenzschätzung soll das Vorgehen skizziert werden. Die in Tab. 4.4 mitgeteilten Daten über eine Stichprobe von 100 Gcgenotypisierten Probanden werden jetzt in Bezug auf die Zufallsgröße Alleltyp mit vereinfachender Bezeichnung in Tab. 4.7 wiedergegeben. Man beachte, dass der Stichprobenumfang wegen Diploidie wieder $N = 200$ beträgt. Die Zufallsgröße Alleltyp ist polynomialverteilt. Wegen

$$p_1 + p_2 + p_3 = 1 \text{ und } X_1 + X_2 + X_3 = N$$

genügt die Betrachtung der zweidimsionalen Zufallsgröße (X_1, X_2). Ihr Wertebereich ist definiert durch den Abszissenabschnitt $[0, N]$, den Ordinatenabschnitt $[0, N]$ sowie die Gleichung $X_1 + X_2 + X_3 = N$. Der zulässige Parameterbereich besteht aus allen Punkten der (p_1, p_2)-Ebene, die auf der Abszisse durch die Strecke $[0,1]$, auf der Ordinate durch die Strecke $[0,1]$ sowie durch die Gleichung $p_1 + p_2 + p_3 = 1$ begrenzt werden.

Tab. 4.7 Gc-System Daten betreffend die Stichprobe von 100 Probanden der Tab. 4.4, Daten und Bezeichnungen dargestellt bezüglich der Zufallsgrößen Alleltyp

Alleltyp	1F	1S	2
Allelwahrscheinlichkeit	p_{1F}	p_{1S}	p_2
Allelwahrscheinlichkeit, neu	p_1	p_2	p_3
Allelhäufigkeit	x_1	x_2	x_3
beabachtete Anzahlen	27	115	58

Ausgehend von einer Beobachtung (b_1, b_2) von (X_1, X_2) und dem Konfidenzniveau $\varepsilon > 0$ wird ein Konfidenzbereich für den zweidimensionalen Verteilungsparameter (p_1^*, p_2^*) dieser Zufallsgröße wie folgt konstruiert: Gelten

$$P(X_1 \geq b_1 \wedge X_2 \geq b_2) = \sum_{\substack{x_1 \geq b_1, x_2 \geq b_2 \\ x_1 + x_2 + x_3 = N}} \frac{N!}{x_1! x_2! x_3!} p_1^{x_1} p_2^{x_2} p_3^{x_3} \geq \frac{\varepsilon}{2}$$

und

$$P(X_1 \leq b_1 \wedge X_2 \leq b_2) = \sum_{\substack{0 \leq x_1 \leq b_1, 0 \leq x_2 \leq b_2 \\ x_1 + x_2 + x_3 = N}} \frac{N!}{x_1! x_2! x_3!} p_1^{x_1} p_2^{x_2} p_3^{x_3} \geq \frac{\varepsilon}{2},$$

so liegt (b_1, b_2) für (p_1, p_2) in einem $(1 - \varepsilon)$-Bereich der Verteilung. Alle Parameterpaare, für die dies gilt, bilden den gesuchten Konfidenzbereich. Seine Konturen sind die Lösungen der beiden Gleichungen, die aus den letzten Formeln durch Gleichsetzen mit $\varepsilon / 2$ entstehen. Ist der Stichprobenumfang nicht allzu groß, kann der Konfidenzbereich direkt aus den definierenden Gleichungen berechnet werden. Ansonsten muß auf Integraldarstellungen der Wahrscheinlichkeitssummen in den Randbereichen der Verteilung zurückgegriffen werden. Nach OLKIN/SOBEL (1965) gilt für $N \geq 2$ und ganze Zahlen s_1, s_2 mit $s_1 + s_2 \leq N$

$$P\left(X_1 \geq s_1 \wedge X_2 \geq s_2\right) = \sum_{\substack{x_1 \geq b_1, x_2 \geq b_2 \\ x_1 + x_2 + x_3 = N}} \frac{N!}{x_1! x_2! x_3!} p_1^{x_1} p_2^{x_2} p_3^{x_3}$$

$$= \int_0^{p_1} \int_0^{p_2} \frac{\left[\prod_{i=1}^{2} t_i^{s_i - 1}\right]\left(1 - \left(t_1 + t_2\right)\right)^{N - (s_1 + s_2)}}{B\left(s_1, s_2, N - s_0 + 1\right)} dt_2 \, dt_1 \quad ,$$

wobei

$$B\left(s_1, \ldots s_m\right) = \frac{\left(s_1 - 1\right)! \ldots \left(s_m - 1\right)!}{\left(s_1 + \ldots + s_m - 1\right)!}.$$

Damit erschließt man für die zweite Beziehung

$$P\left(X_1 \leq b_1 \wedge X_2 \leq b_2\right) = 1 - P\left(X_1 \geq s_1 + 1 \wedge X_2 \geq 1\right) - P\left(X_1 \geq s_1 + 1 \wedge X_2 = 0\right)$$
$$- P\left(X_1 \geq 1 \wedge X_2 \geq s_2 + 1\right) - P\left(X_1 = 0 \wedge X_2 \geq s_2 + 1\right)$$
$$+ P\left(X_1 \geq s_1 + 1 \wedge X_2 \leq s_2 + 2\right).$$

Diese Sonderfälle zu beachten ist nötig, da die Integraldarstellung nur auf Schranken s_i größer Null anwendbar ist. Dafür berechnet man gesondert

$$P\left(X_1 \geq s_1 + 1 \wedge X_2 = 0\right) = \sum_{i = s_1 + 1}^{N} \binom{N}{i} p_1^i \left(1 - p_1 - p_2\right)^{N - i}$$

und

$$P\left(X_1 = 0 \wedge X_2 \geq s_2 + 1\right) = \sum_{i = s_2 + 1}^{N} \binom{N}{i} p_2^i \left(1 - p_1 - p_2\right)^{N - i}.$$

Die Zweifachintegration führte bereits bei beispielsweise $N = 100$ zu numerischen Problemen. Ein Ausweg eröffnet sich durch Reduzierung der Dimension des Integrationsproblems unter Bezug auf Dirichlet-Integrale vom Typ 1 (SOBEL/FRANKOWSKI 2004 und FRANKOWSKI/SOBEL 2005). Das Integral

$$I_{p_1, p_2}^{(2)}\left(s_1, s_2, N\right) = P\left(X_1 \geq s_1 \wedge X_2 \geq s_2\right) = \int_0^{p_1} \int_0^{p_2} \frac{\left[\prod_{i=1}^{2} t_i^{s_i - 1}\right]\left(1 - \left(t_1 + t_2\right)\right)^{N - (s_1 + s_2)}}{B\left(s_1, s_2, N - s_0 + 1\right)} dt_2 \, dt_1$$

kann als

$$I_{p_1 p_2}^{(2)}\left(s_1, s_2, N\right) = \sum_{x_1 = s_1}^{N - s_2} \binom{N}{x_1} p_1^{x_1} \left(1 - p_1\right)^{(N - x_1)} I_{p_2 / (1 - p_1)}^{(1)}\left(s_2, N - x_1\right)$$

mit

$$I_{p_2 / (1 - p_1)}^{(1)}\left(s_2, N - x_1\right) = \int_0^{p_2 / (1 - p_1)} \frac{t_2^{s_2 - 1}\left(1 - t_2\right)^{N - x_1 - s_1}}{B\left(s_2, N - x_1 - s_1 + 1\right)} dt_2$$

auf die regularisierte unvollständige Betafunktion zurückgeführt werden. Nach dem gleichen Prinzip behandelt man die Berechnung von $P(X_1 \leq b_1 \wedge X_2 \leq b_2)$.

Mit dieser Vorgehensweise gelingt eine numerisch stabile Berechnung von Konfidenzbereichen im zweidimensionalen Fall (MATTHEUS 2007). Die Rechenzeiten (PC mit 3.2 GHz-Prozessor) sind für $N = 200$ etwa 25 Sekunden und für $N = 50\ 00$ etwa 14 Stunden. Die Abb. 4.24 erlaubt für das Gc-Beispiel (Tab. 4.4) den Vergleich von exaktem und approximativen Konfidenzbereich. Man sieht in Abb. 4.25, dass für $p_1 = 0.000\ 1$ und $p_2 = 0.000\ 1$ die approximative Methode sogar für $N = 50\ 000$ nicht gut genug ist.

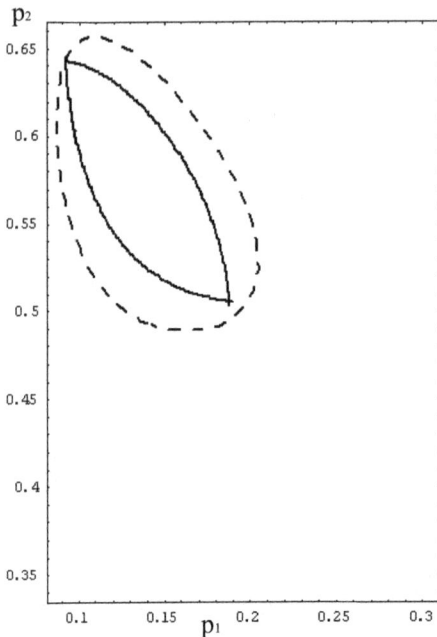

Abb. 4.24 Exakter (volle Line) und approximativer (gestrichelte Line) Konfidenzbereich für das Gc-System (Daten s. Tab. 4.4). Der approximative Konfidenzbereich resultiert hier aus der Lösung der definierenden Gleichungen ohne Verwendung der Schätzwerte zur Berechnung der FISHER-Information.

Zusammenfassend wird festgestellt, dass in der genetischen Epidemiologie auf die exakten Methoden der Konfidenzschätzung für die Parameter eines Erbmodells nicht verzichtet werden kann. Für kleine Allelwahrscheinlichkeiten, wie sie beispielsweise bei Erberkrankungen angetroffen werden, sind die asymptotischen Methoden zu ungenau.

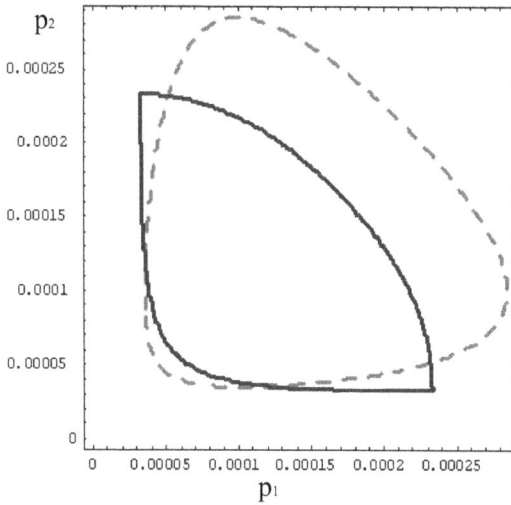

Abb. 4.25 Artifizielles Beispiel: Exakter und approximativer (gestrichelt) Konfidenzbereich sind beachtlich veschieden für N = 50 000, p_1 = 0.000 1 und p_2 = 0.000 1. Der approximative Konfidenzbereich resultiert hier aus der Lösung der definierenden Gleichungen ohne Verwendung der Schätzwerte zur Berechnung der Fisher-Information.

Statistische Versuchsplanung

In vielen Fällen bedeutet statistische Versuchsplanung eine Stichprobenumfangsschätzung. Sie ist, wenn überhaupt, nur in Hinsicht auf die betrachtete Zufallsgröße und die eingesetzte statistische Methode möglich.

Nachfolgend werden Beispiele der Stichprobenumfangsplanung für Konfidenzschätzungen von Allel- bzw. Genotypenwahrscheinlichkeiten in MENDEL'schen Erbmodellen mit 1 Genort und 2 Allelen behandelt. Die Betrachtungen beziehen sich demnach auf Binomialwahrscheinlichkeiten.

Gesucht wird der minimale Stichprobenumfang, welcher eine vorgegebene Breite des Konfidenzintervalles gewährleistet. Auf diese Weise kann eine Genauigkeitsforderung für das Studium von Allel- bzw. Phänotypenwahrscheinlichkeiten aus Populationsstichproben formuliert und realisiert werden.

Die Grenzen eines Konfidenzintervalls sind vom Stichprobenumfang N und von der beobachteten Anzahl X des Auftretens des interessierenden Ereignisses der Stichprobe abhängig. Stichprobenumfangsplanung erfordert also Annahmen oder Vorwissen über X.

Die nachfolgenden Beispiele lassen erkennen, dass die approximativen Methoden zur Berechnung von Stichprobenumfängen zu ungenau sind. Man verwendet die auf der regularisierten unvollständigen Betafunktion beruhende exakte Methode!

Beispiel 4.7

In einer phänotypischen Beobachtung soll die PKU-Prävalenz in einer Stichprobe von Umfang N festgestellt werden.

Die Beispielrechnungen beziehen sich auf das Erbmodell $M3$ und den Wert 1:10 000 für PKU-Kranke, dessen Größenordnung der Realität entspricht. Die Breite B = 0.0001 des 0.95-Konfidenzintervalles soll gewährleistet sein.

Die Berechnung von N nach dem asymptotischen Ansatz gelingt sehr leicht. Aus $2 \cdot u_{1-\varepsilon/2} \cdot \sigma / \sqrt{N} = B$ gewinnt man mit $\sigma^2 = Np^2(1 - p^2)$ die Formel

$$N = 2^2 \cdot u_{1-\varepsilon/2}^2 \cdot p^2 \left(1 - p^2\right) / B^2$$

und daraus $N = 153\ 649$ für das Konfidenzniveau 0.05.

Unter Bezug auf die exakte Methode zur Berechnung eines 0.95-Konfidenzintervalles im Falle von Binomialwahrscheinlichkeiten (s. Kapitel 2) ergibt sich ein Stichprobenumfang von $N = 173\ 146$. Diese Zahl erhält man durch Invertieren der regularisierten unvollständigen Betafunktion $1 - \varepsilon/2 = I_{p^2_\ell}\left(k, n - k + 1\right)$ bzw. $\varepsilon/2 = I_{p^2_r}\left(k, n - k + 1\right)$ und schrittweise Erhöhung von n bis zum Erreichen der geforderten Breite B des Konfidenzintervalles für p^2. Hierfür wurden Programme sowohl in MATHEMATIKA® als auch in SAS® geschrieben. Es ergaben sich identische Rechenergebnisse.

Die Beziehung zwischen Stichprobenumfang N und Breite B des Konfidenzintervalls für das betrachtete Beispiel verdeutlicht Abb. 4.26.

In der Tabelle 6.3 des Buches von VOGEL/MOTULSKI (1979, man verwende diese erste Auflage!) werden neben den relativen PKU-Häufigkeiten auch Studienumfänge und Fallzahlen mitgeteilt. Das ermöglicht exakte Konfidenzschätzungen. Die dort genannte Studie aus Evian, Frankreich, hat einem Umfang von 1 897 734 Untersuchten, die relative PKU-Häufigkeit ist 0.000 073.

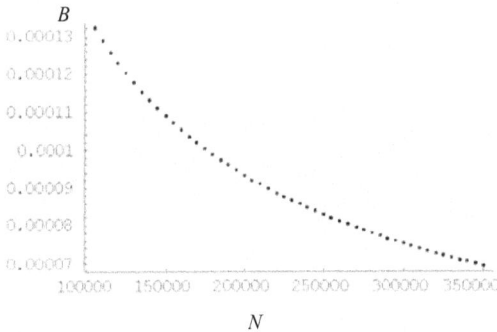

Abb. 4.26 Exakte Breiten des 0.95-Konfidenzintervalls für den Parameter p^2 als Funktion von N, berechnet für PKU-Prävalenzen nahe bei 1:10 000

Damit ergibt sich 0.000 025 als exakt berechnete Breite des 0.95-Konfidenzintervalles für die Inzidenz der PKU. Diese Breite beträgt etwa ein Drittel des Parameterwertes! Um für ein $p^2 = 0.000\ 073$ ein Konfidenzintervall zu schätzen, dessen Breite höchstens 10 % dieses Parameterwertes beträgt, errechnet man nach der exakten Methode einen notwendigen aber praktisch nicht möglichen Stichprobenumfang von 21.3 Millionen!   ◄

Dieses Beispiel bezieht sich auf die Phänotypen-Beobachtung, also das Modell $M3$. Der Heterozygoten-Test für die PKU ermöglicht die Unterscheidung aller Genotypen. Der Informationsgewinn ist durch Vergleich von minimalen Stichprobenumfängen quantifizierbar, welche die geforderte maximale Breite B des Konfidenzintervalles gewährleisten.

Beispiel 4.8

Für eine gewisse Population sei der Anteil defekter PKU-Allele 1:100. Das entspricht einer Prävalenz der Erkrankung von 1:10 000.

Bezüglich des Erbmodells $M1$ und einer vorgegebenen Breite $B_1 = p_r - p_\ell$ des Konfidenzintervalls $[p_\ell; p_r]$ für die Allelwahrscheinlichkeit p berechnet man den erforderlichen Stichprobenumfang $N_{ex,1}$ nach der exakten Methode sowie approximativ $N_{app,1}$. Für $B_1 = p$ enthält die Tab. 4.8 notwendige Stichprobenumfänge.

Tab. 4.8 Approximativ $N_{app,1}$ und exakt $N_{ex,1}$ berechnete Stichprobenumfänge für Konfidenzschätzungen der Allelwahrscheinlichkeit nach Modell $M1$ bei geforderter Breite $B_1 = p$ des Konfidenzintervalls

p	0.25	0.01	0.000 1
$N_{ex,1}$	52	159	1722
$N_{app,1}$	47	139	1522

Sind nur die Phänotypen beobachtbar, ist Modell $M3$ anzuwenden. Diesbezüglich berechnet man das Konfidenzintervall $[p_\ell^2; p_r^2]$ für die Genotypenwahrscheinlichkeit p^2 und setzt $B_3 = \sqrt{p_r^2} - \sqrt{p_\ell^2}$, um mit der Genauigkeit der Schätzung der Allelwahrscheinlichkeit nach Modell $M1$ vergleichen zu können. Die Rechenergebnisse in Tab. 4.9 lassen erkennen, dass bezüglich Modell $M3$ die approximativ berechneten Stichprobenumfänge nicht verwendet werden können.

Tab. 4.9 Approximativ $N_{app,3}$ und exakt $N_{ex,3}$ berechnete Stichprobenumfänge für Konfidenzschätzungen der Allelwahrscheinlichkeit nach Modell $M3$ bei geforderter Breite $B_3 = \sqrt{p_r^2} - \sqrt{p_\ell^2}$ des Konfidenzintervalls

p	0.25	0.1	0.01
p^2	0.0625	0.01	0.000 1
$N_{ex,3}$	70	453	45 865
$N_{app,3}$	58	381	38 413

Eine Stichprobe des exakt berechneten Umfanges $N_{ex,1} = 1\,722$ über die Zufallsgröße Genotyp hat hinsichtlich der unbekannten Wahrscheinlichkeit des PKU-Allels den gleichen Informationsgehalt wie eine Stichprobe über die Zufallsgröße Phänotyp des exakt berechneten Umfanges $N_{ex,3} = 45\,865$. Die Differenz $N^* = 44\,143$ kann als Maß des Informationsgewinnes dienen, den die Verbesserung von der Phäno- zur Genotypisierung bringt.

◄

Die Aussagemöglichkeiten der genetischen Epidemiologie verbessern sich also drastisch, wenn die Beobachtung nicht auf seltene Phänotypen beschränkt ist. Idealerweise sollten alle Genotypen identifizierbar sein. Für seltene Erberkrankungen mit komplizierteren Erbgängen und unvollständigen Beobachtungsmöglichkeiten bestehen die demonstrierten Probleme erst recht.

Versuchsplanung für mehrdimensionale Konfidenzschätzungen erfordert zunächst ein Gütemaß für Konfidenzbereiche. Beispielsweise können dazu Integrale über die Konfidenzbereiche und daraus abgeleitete Größen verwendet werden. Ein solcher Ansatz ist von BEHRENS-MEIER (2004) ausgearbeitet.

Haplotypen

Nachfolgend wird die einfachste Situation behandelt, für die der Begriff Haplotyp eingeführt werden kann.

> Für einen Genlocus $\mathbb{A}$ mit den Allelen A und a sowie einen Genlocus $\mathbb{B}$ mit den Allelen B und b bezeichnet ein **Haplotyp** ein Paar von Allelen, ein Allel zu $\mathbb{A}$ und ein Allel zu $\mathbb{B}$ zu gehörend.

Die vier möglichen Haplotypen

$$
\begin{array}{cccc}
H_1 & H_2 & H_3 & H_4 \\
\hline
A & A & A & A \\
B & b & b & b
\end{array}
$$

sind Elemente des haploiden Chromosomensatzes und kombinieren sich zu 16 **formalen Diplotypen**:

		H_1	H_2	H_3	H_4
		A	A	a	a
		B	b	B	b
H_1	A	$A\,A$	$A\,A$	$A\,a$	$A\,a$
	B	$B\,B$	$B\,b$	$B\,B$	$B\,b$
H_2	A	$A\,A$	$A\,A$	$A\,a$	$A\,a$
	b	$b\,B$	$b\,b$	$b\,B$	$b\,b$
H_3	a	$a\,A$	$a\,A$	$a\,a$	$a\,a$
	B	$B\,B$	$B\,b$	$B\,B$	$B\,b$
H_4	a	$a\,A$	$a\,A$	$a\,a$	$a\,a$
	b	$b\,B$	$b\,b$	$b\,B$	$b\,b$

Die Hauptdiagonale dieser Kreuzungstabelle besteht aus den formalen Diplotypen H_iH_i. Identifiziert man H_iH_j und H_jH_i, kommen diese formalen Diplotypen doppelt vor und liegen symmetrisch zur Hauptdiagonale. Man hat dann 10 unterschiedliche formale Diplotypen. Gelingt bei der Betrachtung formaler Diplotypen zwar die Identifizierung der enthaltenen Allele, nicht aber ihrer Lokalisation im diploiden Chromosomensatz, so sind die formalen Diplotypen H_1H_4 und H_2H_3 nicht unterscheidbar. Man notiert anstelle der beiden formalen Diplotypen den **eigentlichen Diplotyp** $AaBb$. Aus den 4 Haplotypen entstehen somit 9 eigentliche Diplotypen.

Beim Studium von Mehr-Locus-Systemen kommt dem Begriff der **genetischen Kopplung** eine besondere Bedeutung zu. Beim Auftrennen des diploiden Chromosomensatzes des Diplotypen $\begin{smallmatrix}A&a\\B&b\end{smallmatrix}$ können die parenteralen Haplotypen $\begin{smallmatrix}A\\B\end{smallmatrix}$ und $\begin{smallmatrix}a\\b\end{smallmatrix}$ sowie $\begin{smallmatrix}A\\b\end{smallmatrix}$ und $\begin{smallmatrix}a\\B\end{smallmatrix}$, die letzten beiden heißen nicht-parenterale Haplotypen, auftreten. Crossing-over führt zur Rekombination von Allelen, die entstehenden nichtparenteralen oder rekombinanten Haplotypen bedeuten eine größere genetische Vielfalt im Vergleich zur Vererbung ausschließlich parenteraler oder nicht-rekombinanter Haplotypen. Zur Beschreibung des Ausmaßes genetischer Kopplung wird in das relevante Vererbungsmodell als zusätzlicher Parameter eine Rekombinationsrate eingeführt. Sie wird auch zur Definition von Abstandsmaßen (Map-Funktionen) auf Chromosomen benutzt. Dem liegt die Vorstellung zugrunde, dass eng zusammenliegende Genloci eine stärkere Genkopplung besitzen als im umgekehrten Fall und nicht-parenteraler Haplotypen seltener sind.

Nun wird das Auftreten nicht-parenteraler Haplotypen ausgeschlossen. Die Definition eines MENDEL'schen Haplotypenmodells und die Berechnung von Wahrscheinlichkeiten aus Daten sind dann wie für das MENDEL'schen Erbmodell behandelbar. An die Stelle der Allele und der Allelwahrscheinlichkeiten treten die Haplotypen und ihre Wahrscheinlichkeiten. Es gibt keine allgemeine Möglichkeit, Haplotypenwahrscheinlichkeiten aus den Wahrscheinlichkeiten der beteiligten Allele zu errechnen. Den Genotypen entsprechen die eigentlichen Diplotypen, deren Wahrscheinlichkeiten bei vorausgesetzter Panmixie wieder durch Multiplikation der entsprechenden Haplotypenwahrscheinlichkeiten unter Beachtung der genannten Identifizierungen entstehen.

Als Phänotyp gilt jedes Element einer disjunkten Zerlegungsmenge aller eigentlichen Diplotypen. Phänotypenwahrscheinlichkeiten sind die Summen der Wahrscheinlichkeiten der jeweils assoziierten eigentlichen Diplotypen.

Ist diese Modellklasse reichhaltig? Bei der Betrachtung von L Genloci, denen jeweils k_i, $i = 1, ..., L$, Allele assoziiert sind, ergeben sich die Anzahl h der Haplotypen,

$$h = \prod_{i=1}^{L} k_i$$

und die Anzahl $h(h+1)/2$ aller formalen Diplotypen. Die Anzahl

$$\frac{1}{2^L} \prod_{i=1}^{L} k_i (k_i + 1)$$

aller eigentlichen Diplotypen erschließt man durch folgende Überlegungen, wobei hier der Sprachgebrauch der Kombinatorik benutzt wird: Die Haplotypen werden als Worte der Länge L aufgefaßt, wobei an jeder Wortstelle k_i Buchstaben (Allele) verfügbar sind. Diplotypen sind dann Paare solcher Worte. An der Stelle i ergibt sich die Anzahl

$$\binom{k_i + 2 - 1}{2}$$

der Buchstabenpaare der Länge 2 als Anzahl der 2-Tupel von k_i Allelen ohne Beachtung der Anordnung mit Wiederholung (Kombinationen mit Wiederholung). Die Anzahl der eigentlichen Diplotypen entsteht durch Multiplikation dieser i Anzahlen,

$$\prod_{i=1}^{L} \binom{k_i + 2 - 1}{2} = \frac{1}{2^L} \prod_{i=1}^{L} k_i (k_i + 1)$$

.

Im einfachsten Falle, also 4 Haplotypen, ergeben sich 9 eigentliche Diplotypen und nach Tab. 4.1 genau 21 147 MENDEL'sche Haplotypenmodelle. Gelingt indes die Beobachtung aller 10 formalen Diplotypen, hat man 116 101 MENDEL'sche Erbmodelle zur Verfügung.

Unter der Voraussetzung strenger Kopplung, mit anderen Worten: es treten nur parenterale Haplotypen auf, sind die korrespondierenden MENDEL'schen Haplotypenmodelle genau die eingangs definierten MENDEL'schen Erbmodelle.

Die Probleme der Parameterschätzung aus Stichproben, der Modellwahl und der statistischen Versuchsplanung können unter den genannten Voraussetzungen aus Sicht auf die Allele oder aus Sicht auf die Haplotypen gleichartig behandelt werden.
Modellerweiterungen entstehen, wenn die Kopplung der Genloci als Parameter in das Modell einbezogen wird.

Die Arbeit mit den Erbmodellen hat, aus statistischer Sicht, bereits unglücklich begonnen. Dass MENDEL's Versuchsergebnisse „zu genau" sind, hat ihm kein geringerer als R.A. FISHER (1936) zum Vorwurf gemacht. Spätere Recherchen ergaben, dass die damals übliche, aber aus statistischen Gründen unzulässige Auswahl nur der als „gut" befundenen experimentellen Ergebnisse zu diesem Eindruck führte und dass an MENDEL's Integrität kein Zweifel besteht (HAGEMANN, 1984).
Dieses wissenschaftshistorische Beispiel soll darauf hinweisen, dass Entwicklung und Anwendung wissenschaftlicher Methoden insbesondere die Analyse und Beachtung der notwendigen Voraussetzungen bedeutet.

4.5   Ein stochastischer Prozess als epidemiologisches Modell

Stochastische Prozesse sind mathematische Modelle für zeitveränderliches Zufallsgeschehen. Es liegt nahe, sie für epidemiologische Fragestellungen nutzbar zu machen. Hier wird beispielhaft eine Beschreibung der Prävalenzentwicklung des Diabetes mellitus als MARKOV-Kette vorgestellt. Ziel ist es, die beobachtete zeitliche Veränderung der Prävalenz durch ein Modell zu beschreiben, welches das Altern der Patienten und die Bevölkerungsdynamik berücksichtigt.

Mathematische Begriffe
Sich in die Theorie der stochastischen Prozesse einzuarbeiten ist aufwändig. Für das folgende Anwendungsbeispiel werden vorbereitend lediglich einige Begriffe erläutert. Genaueres finden Interessenten in der Literatur, die unter persönlichen Aspekten ausgewählt werden muss.
Es sei $\left[\Omega, \wp(\Omega), P \right]$ ein Wahrscheinlichkeitsraum, T bezeichne eine Parametermenge. Ein stochastischer Prozess ist definiert als eine Abbildung $X \mid \Omega \times T \to \mathbb{R}$ mit den folgenden Eigenschaften:
1. $X(\omega,t)$ ist für ein fixiertes t eine Zufallsgröße $X_t(\omega)$.
2. $X(\omega,t)$ ist für jedes $\omega \in \Omega$ eine reelle Funktion $X_\omega(t)$.

T soll als Raum für den Zeitparameter aufgefasst werden. $X_t(\omega)$ sind die Zustände, $Z = \left\{ X_t(\omega) \mid t \in T, \omega \in \Omega \right\}$ heißt Zustandsraum des stochastischen Prozesses.

Vorausgesetzt wird, dass Ω und T diskret sind, also mit den natürlichen Zahlen $\mathbb{N}$ bzw. einer Teilmenge davon identifiziert werden können. Man spricht in diesem Falle von einer stochastischen Kette. Mit der Zeit ändern sich die Zustände des Prozesses. Sind die Änderungen von den jetzigen Zuständen zu den nächsten Zuständen nur vom aktuellen Prozessstatus abhängig, so ist dies genau die Charakteristik einer MARKOV-Kette. Um dies zu verdeutlichen, spricht man oft vom gedächtnislosen stochastischen Prozess.

Die als Modell für die Prävalenzentwicklung des Diabetes mellitus zu verwendende MARKOV-Kette wird weiter konkretisiert. T ist eine vollständig aufsteigend geordnete Menge. In diesem Anwendungsfalle werden Jahre t_n aufgezählt. In Übereinstimmung zur Theorie zählt man von der Anfangszeit 0 die Zeitpunkte 1, 2, 3, ... Die Zustände sind im Beispiel Anzahlen von Menschen, bezeichnet in der Form $X_{t_n} = i_n$.

Zur Beschreibung einer MARKOV-Kette sind die Angaben zu den Wahrscheinlichkeiten der Zustände in jedem Zeitpunkt erforderlich. Spezielle Eigenschaften des Prozesses vereinfachen dies. Ausgangspunkt ist der Begriff der Übergangswahrscheinlichkeit

$$p_{ik}(s,t) = P(X_t = k \mid X_s = i).$$

Das ist die bedingte Wahrscheinlichkeit, vom Zustand i zum Zeitpunkt s in den Zustand k zum Zeitpunkt t zu wechseln. Für MARKOV-Ketten ist die 1-Schritt-Übergangswahrscheinlichkeit von besonderem Interesse, $t = s+1$. Die MARKOV-Eigenschaft bedeutet, dass für alle Zeitpunkte t gilt

$$P(X_t = i_t \mid X_{t-1} = i_{t-1}, ..., X_0 = i_0) = P(X_t = i_t \mid X_{t-1} = i_{t-1}).$$

Homogene MARKOV-Ketten, und nur solche werden nachfolgend betrachtet, sind vollständig gekennzeichnet durch die Übergangswahrscheinlichkeiten

$$P(X_t = j \mid X_{t-1} = i) = P(X_s = j \mid X_{s-1} = i) = p_{ij}, \text{ für alle } t \text{ und } s$$

und durch die zum Zeitpunkt 0 gegebene sogenannte Anfangsverteilung. Die Übergangswahrscheinlichkeiten von i nach j ändern sich nicht mit der Zeit, sie sind stationär. Die Ein-Schritt-Übergangswahrscheinlichkeiten p_{ij} bilden die Übergangsmatrix

$$\mathcal{M} = (p_{ik}), \quad i,k \in Z.$$

$\mathcal{M}^2 = \mathcal{M} \cdot \mathcal{M} = \left(p_{ik}^{(2)}\right)$ ist die Matrix der Übergangswahrscheinlichkeiten vom Zustand i in den Zustand k nach zwei Zeittakten. Entsprechend lässt sich die n-Schritt-Übergangsmatrix $\mathcal{M}^n$ definieren. Die Schreibweise $p_{ik}^{(2)}$ symbolisiert die Übergangswahrscheinlichkeit nach zwei Zeittakten und bedeutet nicht das Quadrieren der Zahl p_{ik}.

Eine MARKOV-Kette heißt **irreduzibel**, wenn man aus jedem ihrer Zustände in jeden anderen kommen kann. Wenn eine Übergangswahrscheinlichkeit $p_{ik}^{(n)} > 0$ existiert, bedeutet dies, dass der Zustand k vom Zustand i aus in n Zeitschritten erreichbar ist.

Die **Periode eines Zustandes** $d(i)$ bezeichnet die Anzahl der Schritte, nach denen die MARKOV-Kette den Zustand i wieder erreichen kann. Sie ist definiert als

$$d(i) = \begin{cases} \infty & \text{für } \mathcal{N}_i = \{0\} \\ \text{ggT von } \mathcal{N}_i & \text{für } \mathcal{N}_i \neq \{0\}, \end{cases}$$

ggT bezeichnet den größten gemeinsamen Teiler. Es ist $\mathcal{N}_i = \left\{ n \in \mathbb{N} \mid p_{ii}^{(n)} > 0 \right\}$.

Wegen $p_{ii}^{(0)} = 1$ ist die Menge $\mathcal{N}_i$ nicht leer, sodass die angegebene Definition sinnvoll ist.
Eine MARKOV-Kette heißt **aperiodisch**, wenn jeder ihrer Zustände die Periode 1 hat.
Diese Vorbereitungen führen zu einer für die beabsichtigte Modellierung der Diabetespräva-
lenz wichtigen Aussage:
Zu einer homogenen irreduzibel aperiodischen MARKOV-Kette mit endlichem Zustandsraum
gibt es eine sogenannte **stationäre Wahrscheinlichkeitsverteilung** $\Pi = \left(\pi_1, \; ..., \; \pi_r \right)$ derart,
dass

$$\lim_{n \to \infty} \mathcal{M}^n = \begin{pmatrix} \pi_1 & \cdots & \pi_r \\ \vdots & \ddots & \vdots \\ \pi_1 & \cdots & \pi_r \end{pmatrix} \text{ und}$$

$$\Pi = \Pi \cdot \mathcal{M}$$

gelten. Die Multiplikationen sind Matrizen-Multiplikationen, r ist die Anzahl der Elemente
des Zustandsraumes. Die stationäre Verteilung auf dem Zustandsraum existiert unabhängig
von der zum Beginn $t = 0$ des Prozesses gegebenen Anfangsverteilung auf dem Zustandsraum. Aus der Theorie der stochastischen Prozesse ist damit begründet:
Eine MARKOV-Kette mit den genannten Eigenschaften erreicht nach einer gewissen Zeit
einen „statistischen Gleichgewichtszustand". Eine so modellierte Prävalenz wird also ebenfalls einen Gleichgewichtszustand erreichen. Aus den aktuellen Beobachtungen ist mit dem
MARKOV-Modell eine Prognose der Prävalenzentwicklung ableitbar.

Die Daten
Grundlage für die Modellierung der Prävalenzentwicklung sind die im früheren Zentralinstitut für Diabetes in Karlsburg bei Greifswald gesammelten Daten. Für die Jahre 1960 bis
1989 wurden Angaben zu allen Diabetikern in der Bevölkerung der DDR gesammelt. Dabei
wurde zwischen den Geschlechtern und zwischen insulinpflichtigem (IDDM) und nicht-
insulinpflichtigem (IDDM) Diabetes unterschieden. Das Krankheitsschicksal der Einzelper-
sonen ist durch Angaben wie Alter bei Ersterkrankung, Wechsel nebst Datum des Diabetes-
status und weitere Informationen dokumentiert. MICHAELIS/JUTZI (1991) bewerten die Vollständigkeit dieses durch das zentralistische staatliche Gesundheitswesen der DDR organisier-
ten Karlsburger Diabetes-Registers mit ca. 98 % in Bezug auf die DDR-Bevölkerung von
etwa 17 Millionen Menschen. Diese einzigartige Datensammlung repräsentiert damit Informationen aus etwa 500 Millionen Patienten-Jahren.
Zur Populationsdynamik der beobachteten Bevölkerung geben die statistischen Jahrbücher
der DDR der Jahre 1960 bis 1989 Auskunft.

Das Modell
Als Modellansatz wurde eine homogene irreduzible aperiodische MARKOV-Kette mit endlichem Zustandsraum gewählt. Nach der Theorie der MARKOV-Ketten sind damit die Modellparameter nach der Maximum-Likelihood-Methode aus den verfügbaren Daten schätzbar.
Außerdem bietet die Existenz eines Gleichgewichtszustandes die Möglichkeit zur Beurteilung der Prävalenzentwicklung und zu Prognosen.

Die MARKOV-Kette zur Modellierung des Diabetes mellitus enthält 10 Zustände. Ihre Übergangsmatrix enthält 100 Übergangswahrscheinlichkeiten. Diese sind die Modellparameter.

Betrachtet sei hier lediglich die weibliche Bevölkerung (F). In drei AltersgruppenY (bis 19 Jahre), M (20 - 39 Jahre) und O (über 39 Jahre) werden Gesunde (H), IDDM- (T1) und NIDDM (T2) - Diabetikerinnen eingeordnet. Der artifizielle Zustand „gone" sichert die gewünschten mathematische Eigenschaften der MARKOV-Kette. Er ist sinnvoll, denn der Übergang vom Zustand „gone" zum Zustand „HFY" ist als die Geburtsrate der weiblichen Kinder interpretierbar und aus der amtlichen Statistik erhältlich.

Die Theorie der Schätzung der Übergangswahrscheinlichkeiten von MARKOV-Ketten soll hier nicht erläutert werden. Es müßte dann u.a. definiert werden, was eine Stichprobe über eine MARKOV-Kette ist. Für die Parameterschätzung benötigt man die so genannten Übergangszahlen.

Eine gut lesbare Darstellung über Parameterschätzungen in MARKOV-Ketten findet man bei LANGROCK/JAHN (1979). Einzelheiten betreffend das vorgestellten Anwendungsbeispiel sind in SALOMÉ (1994) ausgearbeitet.

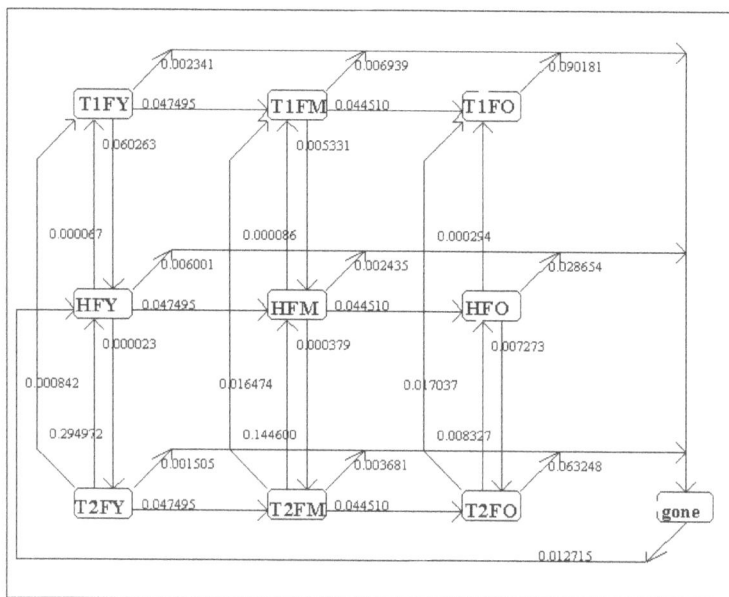

Abb. 4.27 MARKOV-Modell für die Prävalenzentwicklung des Diabetes mellitus: Die zehn Zustände werden im Text erläutert, die ablesbaren Übergangswahrscheinlichkeiten sind die von Null verschiedenenModellparameter und betreffen die weibliche Bevölkerung der DDR.

Ergebnis der Modellierung

Start des Prozesses ist 1960. Ein Zeitschritt entspricht einem Jahr. Die MARKOV-Kette modelliert die Veränderung der Altersstruktur der Bevölkerung und die zeitliche Veränderung der Übergänge zwischen den Zuständen. Betrachtet wird nur die weibliche Bevölkerung.

Zunächst ist zu fragen, ob die Beobachtungen durch das Modell reproduzierbar sind. Die Übereinstimmung kann insgesamt als gut eingeschätzt werden. Für die IDDM-Diabetikerinnen zeigen die Abbildungen die beobachteten und die modellierten Prävalenzverläufe.

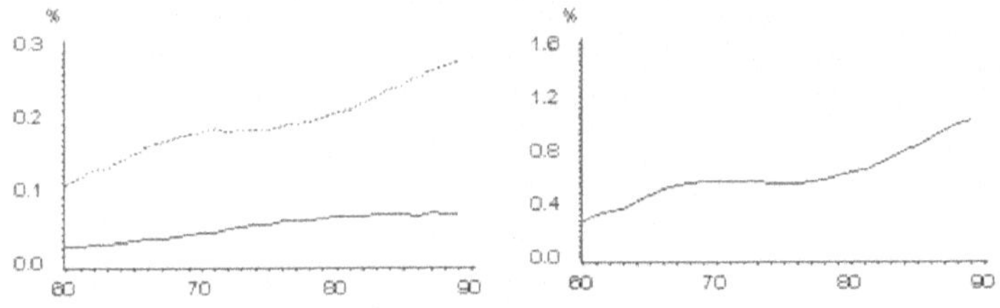

Abb. 4.28 Karlsburger Diabetes-Register: Beobachtete IDDM–Prävalenzverläufe von 1960 – 1989 bei Frauen links Altersgruppen *M* und *Y* (durchgehende Linie), rechts Altersgruppe O

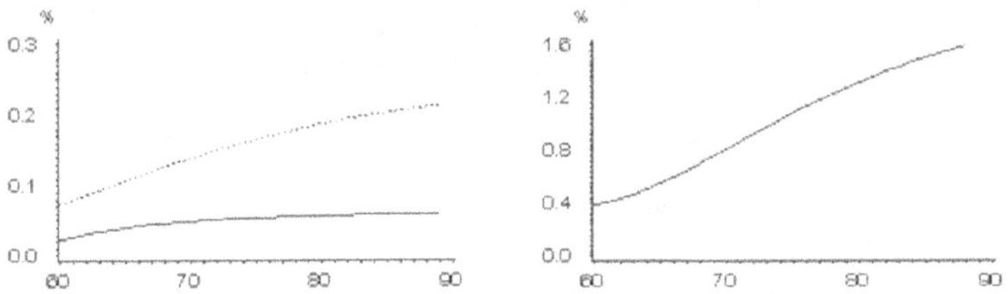

Abb. 4.29 Karlsburger Diabetes-Register: IDDM–Prävalenzverläufe von 1960 - 1989 nach dem an die Daten angepaßten MARKOV-Modell bei Frauen: links Altersgruppen M und Y (durchgehende Linie), rechts Altersgruppe O

Tab. 4.10 Variationskoeffizienten der Schätzwerte der Übergangswahrscheinlichkeiten der MARKOV-Kette aus Abb. 4.27. Erläuterungen siehe Text.

$$
\begin{pmatrix}
0 & 0 & 0 & .043 & 0 & 0 & .015 & 0 & 0 & .001 \\
0 & 0 & 0 & 0 & .005 & 0 & 0 & .012 & 0 & .002 \\
0 & 0 & 0 & 0 & 0 & .001 & 0 & 0 & .007 & 0 \\
.002 & 0 & 0 & .020 & .065 & 0 & .500 & 0 & 0 & .373 \\
0 & .008 & 0 & 0 & .006 & .014 & 0 & .024 & 0 & .051 \\
0 & 0 & .004 & 0 & 0 & .001 & 0 & 0 & .003 & .002 \\
.002 & 0 & 0 & 0 & 0 & 0 & .016 & .025 & 0 & .113 \\
0 & .045 & 0 & 0 & 0 & 0 & 0 & .013 & .015 & .039 \\
0 & 0 & 0 & 0 & 0 & 0 & 0 & 0 & .003 & .003 \\
.001 & 0 & 0 & 0 & 0 & 0 & 0 & 0 & 0 & .001
\end{pmatrix}
$$

Um die Qualität der Parameterschätzung zu beurteilen, werden die Quotienten betrachtet aus den Schätzwerten für die Übergangswahrscheinlichkeiten und den aus den asymptotischen Varianzen berechneten Standardabweichungen (s. Tab. 4.10). Der größte Quotient findet sich in der 4. Zeile und 7. Spalte. Dies betrifft junge Frauen mit NIDDM, die kleinste Gruppe mit insgesamt nur 4 753 beobachteten Krankheitsjahren. Die hier zu findende Zahl 0.5 bedeutet, dass die assoziierte Standardabweichung etwa 50 % des geschätzten Parameterwertes erreicht.

Die Güte der Schätzungen der Übergangswahrscheinlichkeiten kann so betrachtet durchaus zufriedenstellen. Es ist aber auf den außerordentlichen Umfang des Datenmaterials hinzuweisen! Man wird schwerlich die 100 Modellparameter aus kleineren Erhebungen zuverlässig berechnen können.

Interessant ist die Prognose der Prävalenzentwicklung. Da die MARKOV-Kette stationär wird, markiert ihr Grenzzustand die zu erwartende Situation hinsichtlich der Diabetes-Prävalenzen. Abb. 4.30 veranschaulicht diese Entwicklung der Diabetes-Prävalenz der weiblichen Bevölkerung im Zeitraum 1960 bis 2060.

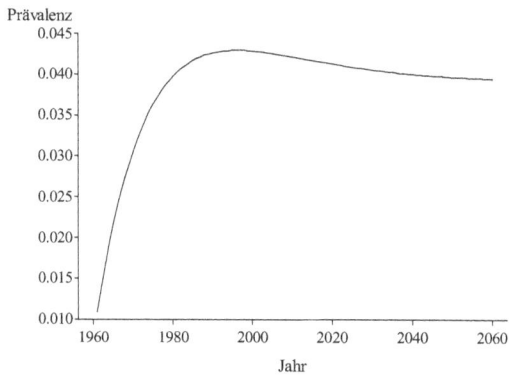

Abb. 4.30 Prognose der Diabetes-Prävalenz der weiblichen Bevölkerung im Zeitraum 1960 bis 2060 nach dem MARKOV-Modell (berechnet aus den Karlsburger Daten, siehe Text)

Bewertung der Prognose

Eine Überprüfung der vorausgesagten Prävalenzentwicklung des Diabetes mellitus erfolgte an Daten der Kassenärztlichen Vereinigung der Jahre 2000 und 2004 betreffend die Bevölkerung der Insel Rügen (LAABS 2006). Das anonymisierte Datenmaterial wurde sorgfältig erstellt und geprüft.

Es ergaben sich Gesamtprävalenzen von 4.11 % (2000) und 7.99 % (2004). Wie aus den Tab. 4.11 und 4.12 ersichtlich ist, erweisen sich die Modell-Prognosen etwa 10 Jahre nach der Schließung des Karlsburger Registers für die untersuchte Region als zutreffend. Bereits 4 Jahre später liegen die Voraussagen nach dem MARKOV-Modell nicht mehr im Konfidenzbereich der Rügener Beobachtungen.

Nirgendwo auf der Welt wurde von einem solch rasanten Anstieg der Diabetes-Prävalenz in einem so kurzen Zeitraum berichtet. Hier spielen offenbar Fragen der Diagnostik oder gesundheitspolitische Regulierungsmechanismen eine Rolle.

Tab. 4.11 Diabetes-Prävalenzen für das Jahr 2000: Prognosewerte nach dem MARKOV-Modell (berechnet aus den Karlsburger Daten, siehe Text), aus KV-Daten für Rügen sowie 0.99-Konfidenzbereiche aus den Daten von Rügen

Alter	Modell	Rügen	0.99-Konfidenzintervall (Rügen-Daten)	Anzahl Diabetiker	Anzahl Einwohner
> 39	0.0799	0.0766	(0.0732, 0.0802)	2 983	38 898
20 - 39	0.0047	0.0050	(0.0038, 0.0064)	101	20 155
0 - 19	0.0006	0.0007	(0.0003, 0.0015)	13	16 333

Tab. 4.12 Diabetes-Prävalenzen für das Jahr 2004: Prognosewerte nach dem MARKOV-Modell (berechnet aus den Karlsburger Daten, siehe Text), aus KV-Daten für Rügen sowie 0.99-Konfidenzbereiche aus den Daten vonRügen

Alter	Modell	Rügen	0.99-Konfidenzintervall (Rügen-Daten)	Anzahl Diabetiker	Anzahl Einwohner
> 39	0.0802	0.1332	(0.1289, 0.1375)	5 594	41 997
20 - 39	0.0048	0.0102	(0.0083, 0.0123)	174	17 089
0 - 19	0.0006	0.0030	(0.0019, 0.0045)	40	13 083

Am Beispiel der Modellierung der Prävalenzentwicklung des Diabetes mellitus durch eine MARKOV-Kette erkennt man sehr gut die Korrespondenz zwischen den mathematischen Eigenschaften des Modells und seinen Interpretationsmöglichkeiten.

Selbst bei außerordentlich günstiger Datenlage und großem Beobachtungsumfang ist die Beurteilung der Modellanpassung erforderlich. Dies ist besonders dann geraten, wenn seltene Ereignisse in die Betrachtungen einbezogen werden.

Schließlich belehrt die Überprüfung der modellgestützten Prognose, dass der Wert epidemiologischer Aussagen wesentlich von den Sichtweisen auf die Realität bestimmt wird.

Literatur

Adam J (Hrsg.): Statistisches Know-how in der medizinischen Forschung. Ullstein Mosby. Berlin 1992

Agresti A: Categorical Data Analysis. 2nd ed. Wiley. Chichester 2002

Agresti A, Coull A: Approximate is better than "Exact" for Interval Estimation of Binomial Proportions. The American Statistician 52 (1998), 119-126

Ahrens W, Pigeot I (Eds.): Handbook of Epidemiology. Springer Verlag. Berlin Heidelberg 2005

Arbeitsgruppe: Leitlinien und Empfehlungen zur Sicherung von guter epidemiologischer Praxis (GEP)" vom April 2004
http://www.gmds.de/publikationen/1b_LeitlinienUndEmpfehlungen_April2004.pdf

Ast DB, Schlesinger ER: The cConclusion of a Ten-year Study of Water Fluoridation. Am J Public Health 46 (1956), 265–271

Autorenkollektiv: Robustheit I. In: Probleme der angewandten Statistik. Heft 4. AdL der DDR. Forschungszentrum Dummerstorf-Rostock 1980

Bailey NT, Bailey J: The Mathematical Theory of Infectious Diseases and its Application. 2nd ed. Griffin. London 1975

Bankhofer U, Bausch Th: Elf Statistikprogramme im Vergleich. PC Magazin 15 (1991), 45-52

Bauer P, Scheiber V, Wohlzogen FX: Sequentielle statistische Verfahren. G. Fischer Verlag. Stuttgart 1986

Becher H, Wahrendorf J: Variability of Unit Risk Estimates under Different Statistical Models and between Different Epidemiological Data Sets. In: Moolgavkar SH (Ed.): Scientific Issues in Quantitative Cancer Risk Assessment. Birkhäuser. Boston Basel Berlin 1990. 267-285

Behrensmeier A: Statistische Schätzung von Haplotypenfrequenzen. Diplomarbeit. Ernst-Moritz-Arndt-Universität. Math.-Nat. Fakultät. Greifswald 2004

Berkson J: Limitations of the Application of Fourfold Table Analysis to Hospital Data. Biom. Bull. 2, 1946

Biebler KE: Mathematische Analyse von Kompartimentmodellen. Biometrie und Medizinische Informatik - Greifswalder Seminarberichte. Heft 8. Shaker Verlag. Aachen 1999

Biebler KE, Jäger B: Confidence Estimations of Allele Probabilities. EDV in Med. und Biolog. 18 (1987), 25-29

Biebler KE, Jäger B, Wodny M, Below E: Mixed Data Type and Topological Classification. J. Jpn. Soc. Comp. Statist. 15(2), (2002), 357-360

Biebler KE, Jäger B, Salomé C: Epidemiology of Diabetes Mellitus – a Markov Chain Approach. Biometrie und Medizinische Informatik – Greifswalder Seminarberichte. Heft 3. GinkgoPark Mediengesellschaft. Gützkow 1997

Biostatistical Methodology in Clinical Trials in Applications for Marketing Authorizations for Medical Products. European Communities. Doc III/3630/92-EN

Bock HH, Diday E: Analysis of Symbolic Data. Springer Verlag. Berlin 2000

Bock J: Bestimmung des Stichprobenumfanges. Oldenbourg Verlag. München Wien 1998

Böhning D: Allgemeine Epidemiologie und ihre methodischen Grundlagen. Oldenbourg Verlag. München Wien 1998

Bortkiewitcz L: Das Gesetz der kleinen Zahlen. Leipzig 1898. Seiten 23-25

Bortz J, Lienert GA, Boehnke K: Verteilungsfreie Methoden in der Biostatistik. 2. Aufl. Springer Verlag. Berlin Heidelberg New York u.a. 2000

Bowker AH: A Test for Symmetry in Contingency Tables. J. Amer. Statist. Assoc. 43 (1948), 572–574

Breslow NE, Day NE: The Analysis of Case-Control Studies. IARC Scientific Publications No. 82, Lyon 1980

Bryant GD, Norman GR: Expressions of Probability: Words and Numbers. N. Engl. J. Med. 302 (1980), 411

Bullinger M, Kirchberger I: SF-36 Fragebogen zum Gesundheitszustand. Hogrefe Verlag. Göttingen Bern Toronto Seattle 1998

Carson C, Taylor D, McCarty P: Age-Standardization in Epidemiological Data. Int. J. of Epidemiol. 23 (1994), 643–644

Cieslik D: Discrete Structures in Biomathematics. Biometrie und Medizinische Informatik – Greifswalder Seminarberichte. Heft 12. Shaker Verlag. Aachen 2006

Collett: Modelling Survival Data in Medical Research. Chapman & Hall. London 1994

Cox DR: Regression Models and Life Tables. J. Royal Stat. Soc. B. 34 (1972), 187-220

Cramer H: Mathematical Methods of Statistics. Princeton University Press 1946

Deichsel G, Trampisch HJ: Clusteranalyse und Diskriminanzanalyse. G. Fischer Verlag. Stuttgart 1985

Daly L: Simple SAS Macros for the Calculation of Exact Binomial and Poisson Confidence Limits. Compuers in Biology and Medicine. 22 (1992), 351-361

Duden: 24., völlig neu bearbeitete und erweiterte Auflage. Dudenverlag. Mannheim Leipzig Wien Zürich 2006

Efron B, Tibshirani R: An Introduction to the Bootstrap. Chapman & Hall. New York London 1993

Elandt-Johnson RC, Johnson NL: Survival Models and Data Analysis. Wiley. New York u. a. 1980

de Fairen U, Friberg L, Lorich U, Lundmann T: A Validation of Cause-of-Death Certification in 1156 Deaths. Acta Med. Scand. 200 (1976), 223-228

Fenner F, Henderson DA, Arita I, Jezek A, Ladnyi ID: Smallpox and its Eradication. World Health Organization. Geneva 1988

Fisher RA: Has Mendel's Work been Rediscovered? Ann. Sci. 1 (1936), 115-137

Fisher RA: Statistical Methods for Research Workers. 5th ed. Oliver & Boyd. Edinburgh 1937

Fisz M: Wahrscheinlichkeitsrechnung und mathematische Statistik. 11. Aufl. Dt. Verlag der Wissenschaften. Berlin 1989

Flachsmeyer J, Prohaska L: Algebra. Dt. Verlag der Wissenschaften. Berlin 1975

Fleiss JL, Levin B, Paik MC: Statistical Methods for Rates and Proportions. Wiley Hoboken. New Jersey 2003

Flury B, Riedwyl H: Angewandte multivariate Statistik. Computergestützte Analyse mehr-
    dimensionaler Daten. G. Fischer Verlag. Stuttgart 1983
Forschungsgruppe Gesundheitsberichterstattung: Aufbau einer Gesundheitsberichterstattung.
    Bestandsaufnahme und Konzeptvorschlag. ISBN-Nr. 3-537-78799-5, 1990
Frankowski KS, Sobel M: Application of Dirichlet Integrals: Solution of some Birthday
    Problems Using Dirichlet Integrals. Communications in Statistics-Theory and
    Methods. 34 (2005), 1393-1410
Glasser M: Exponential Survival with Covariance.
    J. Amer. Statist. Assoc. 62 (1967), 501-568
Goldberger J: Goldberger on Pellagra. Edited by Milton Terris.
    Louisiana State University Press. Baton Rouge 1964
Good Clinical Practice for Trials on Medicinal Products in the European Community.
    European Communities, Doc III/3976/88-EN
Greenwood M: A Report on the Natural Duration of Cancer. Reports on Public Health and
    Medical Subjects. H. M. Stationary Office 33 (1926), 1-26
Gregg NM: Congenital Cataract Following German Measles in the Mother.
    Trans. Ophthalmol. Soc. Aust. 3 (1941), 35-46
Greiling H: Lehrbuch der Klinischen Chemie und Pathobiochemie. 3. Aufl.
    Schattauer Verlag. Stuttgart 1995
Grund- und Strukturdaten 2001/2002. Hrsg.: Bundesministerium für Bildung und Forschung.
    Bonn 2002. www.bmbf.de
Gupta AK, Naradarjah S: Beta Function and the Incomplete Beta Function. In: Gupta AK,
    Naradarja S: Handbook of Beta Functions. Kap. 12, Dekker. New York 2004
Hagemann R: Gibt es Zweifel an Mendels Forschungsergebnissen?
    Wiss. und Fortschr. 34 (1984), 69-71
Haldane JBS: On a Method to Estimate Frequencies. Biometrika 33 (1945), 222-225
Hall WJ, Wellner JA: Confidence Bands for Survival Curve from Censored Data.
    Biometrika 67 (1980), 133-143
Hamer WH: Epidemic Disease in England. Lancet 1 (1906), 733-739
Hammond EC, Horn D: Smoking and Death Rates on 44 Months of Follow Up of 187783
    Men. J. Amer. Med. Assoc. 166 (1958), 1159, 1294
Hartung J, Elpelt B: Multivariate Statistik. Lehr- und Handbuch der angewandten Statistik.
    7. Aufl. Oldenbourg Verlag. München Wien 2007
Hartung J, Elpelt B, Klösener KH: Statistik. Lehr- und Handbuch der angewandten Statistik.
    2. Aufl. Oldenbourg Verlag. München Wien 1984
Hartung J, Elpelt B, Klösener KH: Statistik. Lehr- und Handbuch der angewandten Statistik.
    14. Aufl. Oldenbourg Verlag. München Wien 2005
Hedges LV, Olkin I: Statistical Methods for Meta-Analysis. Academic Press. Orlando 1985
Hilgers RA: Distribution-Free Confidence Bounds for ROC Curves.
    Methods of Information in Medicine 30 (1991), 96-101
Hilgers RA: Biomathematik für Mediziner. Begleittext zur Vorlesung. Göttingen 2003
Hirji KF: Exact Analysis of Discrete Data. Chapman & Hall. Boca Raton 2006
Hutson AD: Exact Nonparametric Bootstrap Confidence Bands for the Quantile Function
    Given Censored Data. Commun. Statist. Simulation Comput. 33 (2004), 729-746
Immich H: Paradigma Epidemiologie. St. Peter-Ording 1991
Irwin JO: Tests of Significance for Differences between Percentages Based on Small Num-
    bers. Metron 12 (1935), 83–94

Jäger B, Zschiesche M, Kraatz G, Panzig E, Rudolph PE, Guth HJ: Which Organic Acids Does Hemofiltrate Contain in the Presence of Acute Renale Failure?. Int. J. Artif. Organs. 22 (1999), 805-810

Jäger B, Biebler KE, Rudolph PE: Sequenzielle Schätzung von Allelfrequenzen. In: Freyer G, Biebler KE (Eds.): Biometrische Aspekte der Genomanalyse II. Shaker Verlag. Aachen 2004. 81-106

Johnson NL, Kotz S, Kemp AW: Univariate Discrete Distributions. 2nd ed. John Wiley & Sons Inc. New York 1992

Johnson NL, Kotz S, Balakrishnan N: Discrete Multivariate Distributions. John Wiley & Sons Inc. New York 1997

Kaatsch P, Spix C: Jahresbericht 2005. Deutsches Kinderkrebsregister. Mainz 2006

Kaplan EL, Meier P: Nonparametric Estimation from Incomplete Observations. J. Amer. Statist. Assoc. 53 (1958), 457-481

Käpnick F: Untersuchungen zu Grundschulkindern mit einer potentiellen mathematischen Begabung. Habil.-Schrift. Ernst-Moritz-Arndt-Universität. Math.-Nat. Fakultät. Greifswald 1997

Kolmogorov AN: Grundbegriffe der Wahrscheinlichkeitsrechnung. Ergebnisse der Mathematik und ihrer Grenzgebiete 2 (1933), Heft 3

Kermack WO, McKendrick AG: Contributions to the Mathematical Theory of Epidemics. Proc. Royal Soc. A. 115 (1927), 700-721

Kreienbrock L, Schach S: Epidemiologische Methoden. 4. Aufl. Spektrum Akademischer Verlag. Heidelberg Berlin 2005

Kundt G: Randomisierungsverfahren für kontrollierte klinische Studien. Shaker Verlag. Aachen 2002

Laabs U: Die Prävalenz des Diabetes mellitus auf der Insel Rügen in den Jahren 2000 und 2004. Dissertation. Ernst-Moritz-Arndt-Universität. Med. Fakultät. Greifswald 2006

Lachin JM: Biostatistical Methods. John Wiley & Sons Inc. New York 2000

Lange K: Mathematical and Statistical Methods for Genetic Analysis. 2nd ed. Springer Verlag. New York Berlin Heidelberg 2002

Lange K: Numerical Analysis for Statisticians. Corr. 2nd printing. Springer Verlag. New York Berlin Heidelberg 2000

Langrock P, Jahn W: Einführung in die Theorie der Markovschen Ketten und ihre Anwendungen. Teubner Verlag. Leipzig 1979

Liebermeister C: Über Wahrscheinlichkeitsrechnung in Anwendung auf therapeutische Statistik. Sammlung klinischer Vorträge Innere Medizin 110, No. 31-64 (1877), 935-962

Lilliefors HW: On the Kolmogorov-Smirnov Test for Normality with Mean and Variance Unknown. J. Amer. Statist. Assoc. 62 (1967), 399-402

Mantel N: An Uncontrolled Clinical Trial-Treatment Response or Spontaneous Improvment? Control Clin Trials. 4 (1982), 369-70

Mantel N, Haenszel W: Statistical Aspects of the Analysis of Data from Retrospective Studies of Disease. J. Nat. Cancer Institute 22 (1959), 719-748

Martini P: Methodenlehre der Therapeutischen Untersuchung. Springer. Berlin 1932

Mattheus M: Berechnungen exakter Konfidenzbereiche für Polynomialverteilungen. Diplomarbeit. Ernst-Moritz-Arndt-Universität. Math.-Nat. Fakultät. Greifswald 2007

McCullagh P, Nelder JA: Generalized Linear Models. Chapman & Hall. London 1989

Mehta C, Patel N: StatXact 5 User Manual. Cytel Corp. Cambridge MA 2007

Meinert CL: Clinical Trials: Design, Conduct and Analysis.
    Oxford University Press. New York 1986
Mellin GW, Katzenstein M: The Saga of Thalidomide. Neuropathy to Embryopathy with
    Case Reports of Congenital Anomalies. N. Engl. J. Med. 267 (1962), 1238-1244
Mendel G: Versuche über Pflanzenhybriden. Verh.-Naturforsch.Verein Brünn 4 (1866), 3-47
Michaelis D, Jutzi E: Epidemiologie des Diabetes mellitus in der Bevölkerung der ehemali-
    gen DDR. Alters- und geschlechtsspezifische Inzidenz- und Prävalenztrends im
    Zeitraum 1960-1987. Z. für klin. Med. 46 (1991), 59-64
Miettinen OS: Estimability and Estimation in Case-Referent Studies.
    Amer. J. Epidemiol. 103 (1976), 226-235
Mitulski P, Smith PJ: A Variance Bound for Unbiased Estimation in Inverse Sampling.
    Biometrika 63 (1976), 216-217
Möllmann R: Zur Wertigkeit klinischer Methoden der Dünndarmfunktionsdiagnostik bei
    ausgewählten Erkrankungen des Dünndarmes. Habil.-Schr. Ernst-Moritz-Arndt-
    Universität. Med. Fakultät. Greifswald 1991
Morton NE, Lalouel JM: Genetic Epidemiology of Lesch-Nyhan Disease.
    Amer. J. Hum. Genet. 29(3), (1977), 304–311
Morton NE: Outline of Genetic Epidemiology. S. Karger. Basel and New York 1982
Nawrotzki K: Lehrbuch der Stochastik. Verlag Harri Deutsch. Frankfurt/M. Thun 1994
Nelder JA, Wedderburn RWM: Generalized Linear Models.
    J. Royal Statist. Soc. A 135 (1972), 370-384
Neyman J: On the Problem of Confidence Limits.
    Annals of Mathematical Statistics 6 (1935), 111-116
Olkin I, Sobel M: Integral Expressions for Tail Probabilities of the Multinomial and Nega-
    tive Multinomial Distributions. Biometrika 52 (1965), 167-179
Peto R, Pike MC, Armitage P, Breslow NE, Cox DR, Howard SV, Mantel N, McPherson K,
    Peto J, Smith PG: Design and Analysis of Randomized Trials Requiring Prolonged
    Observation of Each Patient II. Analysis and Examples.
    Br. J. Cancer 35 (1977), 1-39
Ott J: Analysis of Human Genetic Linkage. The Johns Hopkins University Press.
    Baltimore London 1991
Rasch D u. a. (Hrsg.): Verfahrensbibliothek Versuchsplanung und -auswertung. Bd. I.
    Oldenbourg Verlag. München Wien 1996
Rasch D u. a. (Hrsg.): Verfahrensbibliothek Versuchsplanung und -auswertung. Bd. II.
    Oldenbourg Verlag. München Wien 1998
Rasch D u. a. (Hrsg.): Verfahrensbibliothek. 2. Aufl. Oldenbourg Verlag. München
    Wien 2008
Robins J, Breslow N, Breenland S: Estimators of the Mantel-Haenszel Variance Consistent
    in Both Sparse Data and Large Strata Limiting Models.
    Biometrics 42 (1986), 311-324
Rosner B: Fundamentals of Biostatistics. 6th ed. Thomson-Brooks. Belmont CA 2006
Sachs L: Angewandte Statistik. 8. Aufl. Springer Verlag. Berlin Heidelberg 1997
Sachs L: Angewandte Statistik. 12. Aufl. Springer Verlag. Berlin Heidelberg 2006
Salomé Ch: Modellbildung zur Epidemiologie des Diabetes mellitus. Diplomarbeit.
    Greifswald und Heidelberg 1994
Santner TJ, Duffy DE: The Statistical Analysis of Discrete Data.
    Springer Verlag. Berlin 1989

Schnell R, Paul BH, Esser E: Methoden der empirischen Sozialforschung.
      Oldenbourg Verlag. München 1995
Schumacher M, Schulgen G: Methodik klinischer Studien. Springer Verlag.
      Berlin Heidelberg 2002
Seneta E, Phipps C: On the Comparison of Two Observed Frequencies.
      Biom. J. 43 (2001), 23–43
Seneta E, Seif FJ, Liebermeister H, Dietz K: Carl Liebermeister (1833-1901): A Pioneer of
      the Investigation and Treatment of Fever and the Developer of a Statistical Test.
      J. of Med. Biograph. 12 (2004), 215-221
Snow J: On the Mode of Communication of Cholera. 2nd ed. John Churchill. London 1855
Serfas O, Schubert B: Zur Hp-Verteilung im Raum Berlin. Blut VI (1960), 304-305
Sobel M, Uppuluri VRR, Frankowski K: Selected Tables in Mathematical Statistics. Vol. IV.
      Amer. Math. Soc. Providence Rhode Island 1977
Sobel M, Frankowski KS: Extensions of Dirichlet Integrals: Their Computations and Proba-
      bility Applications. In: Gupta AK, Naradarja S: Handbook of Beta Functions.
      Kap. 12. Dekker. New York 2004
Strawderman RL, Wells MT: Accurate Bootstrap Confidence Limits for the Cumulative
      Hazard and Survivor Functions under Random Censoring.
      J. Amer. Statist. Assoc. 92, No.440 (1997), 1356-1374
Streitberg B: Paradigm Epidemiology? Biom. J. 34 (1992), 437-442
Stürzbecher M: Zur Geschichte der Medizinalstatistik in Berlin. Betrachtungen anlässlich der
      35. Jahrestagung der Dtsch. Gesellschaft für Medizinische Dokumentation, Informa-
      tion und Statistik e.V. 24.-26. September 1990 in Berlin
Tarone RE: On Heterogeneity Tests Based on Efficient Scores. Biometrika 72 (1985), 91-95
Terpe F: Metric Preserving Functions. Topology and Measure IV. Proc. 4th Conf. Trassen-
      heide 1983. Vol. 2. Wiss. Beitr. Ernst-Moritz-Arndt-Universität Greifswald
      (1984), pp. 189-197
Teumer G: Kurze Einführung in die mathematische Modellierung von Epidemien. Biometrie
      und Medizinische Informatik – Greifswalder Seminarberichte. Heft 1.
      Shaker Verlag. Aachen 1996
Toutenbourg H: Moderne nichtparametrische Verfahren der Risikoanalyse. Physika Verlag.
      Heidelberg 1992
Tukey JW: A Quick, Compact, Two-Sample Test to Duckworth's Specifications.
      Technometrics 1 (1959), 31-48
Unkelbach HD, Wolf T: Qualitative Dosis-Wirkungs-Analysen.
      G. Fischer Verlag. Stuttgart 1985
Vogel F, Motulsky AG: Human Genetics: Problems and Approaches. Springer Verlag. Ber-
      lin Heidelberg New York 1979
Vollset SE: Confidence Intervals for a Binomial Proportion.
      Statistics in Medicine 12 (1993), 809-824
Verhulst PF: Notice Sur La Loi Que La Population Suit Dans Son Accroisement.
      Corr. math. phys. 10 (1838), 209-218
Wald A: Sequential Analysis. John Wiley. New York London 1947
Weber E: Grundriss der biologischen Statistik. 6. Aufl. G. Fischer Verlag. Jena 1980
Wegscheider K: Paradigma Epidemiologie – ein Beispiel wofür? Manuskript eines Vortrages
      von K. Wegscheider (Oktober 1993). Archiv der AG "Ethik und Verantwortung in
      der Biometrie". Deutsche Region der Internationalen Biometrischen Gesellschaft

Weitmann K: Vergleich von datenanalytischen Klassifikationsmethoden. Diplomarbeit.
        Ernst-Moritz-Arndt-Universität. Math.-Nat. Fakultät. Greifswald 2004

Wellek S: Statistische Methoden zum Nachweis von Äquivalenz.
        G. Fischer Verlag. Stuttgart Jena New York 1994

Wellek S: Testing Statistical Hypothesis of Equivalence. Chapman & Hall Boca Raton 2003

WHO Task Group on Environmental Health Criteria for Noise. Environmental health criteria
        12: Noise. World Health Organization. Geneva 1980

Witting H: Mathematische Statistik: Eine Einführung in Theorie und Methoden.
        Teubner Verlag. Stuttgart 1978

Woolf B: On Estimating the Relation between Blood Groups and Disease.
        Amer. Human. Genet. 19 (1955), 251-253

World Medical Association: The Declaration of Helsinki. www.wma.net

Yates F: Contigency Tables Involving Small Numbers and the χ^2 Test. Journal of the Royal
        Stat. Soc. Supplement 1 (1934), 217-235

Ziegler A, König IR: A Statistical Approach to Genetic Epidemiology. Wiley-VCH Verlag.
        Weinheim 2006

Zipprich B u. a.: Haptoglobintypisierung bei Lebererkrankungen - eine Möglichkeit zur
        Erfassung eines genetisch präformierten Erkrankungsrisikos?
        Dt. Gesundheitswesen 35 (1980), 49

Index

www.ingramcontent.com/pod-product-compliance
Lightning Source LLC
Chambersburg PA
CBHW081043220326
41598CB00038B/6967